Ludwig Breitenbach

Xenophons Anabasis

Buch I - IV

Ludwig Breitenbach

Xenophons Anabasis
Buch I - IV

ISBN/EAN: 9783742891945

Hergestellt in Europa, USA, Kanada, Australien, Japan

Cover: Foto ©ninafisch / pixelio.de

Manufactured and distributed by brebook publishing software (www.brebook.com)

Ludwig Breitenbach

Xenophons Anabasis

XENOPHONS ANABASIS.

FÜR DEN SCHULGEBRAUCH

ERKLÄRT

VON

LUDWIG BRÉITENBACH.

NEBST EINEM KRITISCHEN ANHANG.

ERSTE HÄLFTE.

BUCH I—IV.

MIT EINER KARTE VON PROFESSOR KIEPERT.

HALLE,

VERLAG DER BUCHHANDLUNG DES WAISENHAUSES.

1865.

VORWORT.

Bei einem Schulbuche, das so viel gelesen wird wie Xenophon's Anabasis, darf der immer wieder erneuerte Versuch, dem Bedürfnisse der Schule durch Commentirung gerecht zu werden, um so weniger auffallen, als die überhaupt nicht leichte Einigung über die Art und das Mass, in welchen Bearbeitungen griechischer und römischer Classiker für den Schulgebrauch gehalten sein sollen, ihre besondere Schwierigkeit bei solchen Schriften hat, in welchen dem bis dahin nur an ausgewählten und besonders zurecht gemachten Lesestücken in den Formen und nur in den ersten Elementen der Syntax geübten Knaben zum ersten Male ein Ursprüngliches, ein mit der ganzen Fülle lexicalischer und grammatischer Eigenthümlichkeiten ausgestattetes Ganzes zur Lectüre geboten wird. Ein gewisses, zum Verständnisse des Schriftstellers unentbehrliches Mass von Kenntnissen der Sprache, welches der Schüler der oberen Klassen zur Lectüre bereits mitbringt, besitzt der Tertianer, der eben an die Anabasis herantritt, noch nicht. Er erwirbt sich diese Kenntnisse zum allergeringsten Theile in besonderen grammatischen Stunden, welche überdiess mit dem, was von Stunde zu Stunde die Lectüre bringt, in gleichem Schritt zu halten, durch keine Kunst der Methode zu ermöglichen ist: er muss sie wesentlich aus der Lectüre selbst gewinnen. Wie diess nun am besten zu erreichen, d. h. wie es einzurichten ist, dass der Schüler aus der Anabasis soviel Griechisch lerne als nöthig ist, um die Anabasis mit möglichst gründlichem Verständnisse zu lesen, diese Frage hat, wie der Lehrer in der Klasse, so auch der Bearbeiter der Schulausgabe, welche die Beihülfe des Lehrers bei der Präparation und ganz besonders bei der Privatlectüre ersetzen will, practisch zu lösen. Man hat sie bereits in verschiedener Weise zu lösen versucht: mit welchem Erfolge, das darzulegen ist hier nicht der Ort. Es genügen folgende Bemerkungen. Der Unterzeichnete weiss sich mit einer Anzahl practischer Schulmänner erstens darin einverstanden, dass die Lectüre griechischer und römischer Klassiker, auch in Quarta und Tertia, vor Allem Lectüre bleiben muss, dass aber die Lectüre dann nicht zu ihrem Rechte kommt, wenn der Leser bei jedem Schritte vorwärts mit einem Masse sprachlicher Kenntnisse ausgestattet wird, das über das Bedürfniss der Stelle weit hinausgeht und nach Quantität und Qualität die Fassungskraft des Tertianers übersteigt; zweitens darin, dass gedrängt fortlaufende und für jeden Fall, wo der Schüler möglicherweise die rechte Bedeutung eines Casus, Tempus, Modus, einer Partikel u. s. w. in Etwas verfehlen kann, eintretende Verweisungen auf die Paragraphen der Grammatik auch den Besten und Tüchtigsten bald ermüden, besonders dann, wenn nichts geschieht, den von der ununterbrochenen Mühe mit der formalen Seite seiner Aufgabe angestrengten Anfänger hier und da durch einen Lichtblick über den Inhalt, z. B. über die Intentionen der handelnden oder redenden Personen, über Schwierigkeiten in der Auffassung der Oertlichkeit u. dgl. zu erfrischen und zum Bewusstsein und Genusse dessen kommen zu lassen, was er liest; drittens endlich darin, dass sich die Erklärung des Sprachlichen im Allgemeinen innerhalb derselben Schranken zu halten hat, welche dem grammatischen Unterrichtscursus der Tertia gezogen sind, da die Anabasis vom Tertianer, wenn auch für seine Entwickelungsstufe gründlich, doch selbstverständlich nicht mit demselben sprachlichen Verständnisse gelesen werden kann als vom Primaner, dieses Verständniss aber sich auf keine Weise vorzeitig erzwingen lässt. Denn, wenn man etwa meint, der 13- bis 14jährige Knabe könne an einigen Büchern der Anabasis dadurch, dass er Zeile für Zeile auf die Grammatik verwiesen wird, damit er sich da auch über den feineren Gebrauch der Casus, Modi u. s. w. belehre, oder dadurch, dass man ihm diese Belehrung in den Anmerkungen selbst giebt, die Sprache etwa binnen Jahresfrist so weit beherrschen lernen, dass er nun die letzten Bücher mit exactem Verständnisse des Sprachlichen zu lesen im Stande sei, so scheint das, ganz abgesehen von dem ungewöhnlichen sittlichen Ernste, den ein solches Verfahren bei dem in Rede stehenden Alter voraussetzt, auf einer Verkennung des Zeitmasses und der Mittel zu beruhen, die zur Erlernung der alten Sprachen erforderlich sind. Dieses Erlernen geht ja in ähnlicher Weise vor sich wie das Wachsen gewisser organischer Gebilde. Schon während der Entwickelung des eigentlichen Körpers beginnt zwar die Gliederung in zartere Theile, jedoch zuerst nur in undeutlichen Spuren, die sich erst dann zu bestimmten, festen Formen ausbilden, wenn jener bereits eine gewisse Reife und Consistenz erlangt hat. So bleiben auch die feineren Nüancen des sprachlichen Ausdruckes dem Lernenden bis auf einige dunkle Ahnungen fremd, bis in ihm die Grundlehren der Grammatik befestigt sind. Erst dann bildet und gliedert sich gleichsam aus diesem festen Körper heraus das Verständniss für die Modificationen jener Grundlehren in deutlichen, sicheren Zügen, doch nur allmählich im Laufe der Jahre und unter Mitwirkung aller anderen geistbildenden Factoren des Unterrichts. Ist nun also im Tertianer, wenigstens im ersten Jahre, die Fähigkeit für ein solches Verständniss noch gering, muss es ihn mehr verwirren als fördern, wenn man ihn schon mit Dingen bekannt machen will, die über seine Kräfte gehen, so scheint es gerathen, diese ihm nicht bloss nicht ohne Noth vorzuführen, sondern ihn sogar da, wo die Lectüre dergleichen enthält, daran stillschweigend vorüberzuführen, wenn nur dafür gesorgt wird, dass ihm das Verständniss des Sinnes, soweit er ihn gerade auf seiner Entwickelungsstufe erfassen kann, nicht entgeht.

Von diesen Gesichtspunkten aus sind für die vorliegende Bearbeitung der Anabasis folgende Grundsätze massgebend geworden.

Das sprachliche Verständniss, das durch die Anmerkungen erzielt werden soll, hat seine Schranken. Was der angehende Tertianer noch nicht wissen kann oder doch in der Regel noch nicht sicher hat, das wird ihm gegeben oder angedeutet. Was über die Fassungskraft eines Obertertianers entschieden hinauszugehen scheint, das bleibt entweder ganz unberührt, oder es wird, wo das Erfassen des Sinnes durch die Kenntniss eines feineren Sprachgebrauches bedingt ist, der Sinn selbst gegeben. Häufung sprachlicher Bemerkungen wird vermieden, selbst auf die Gefahr hin, dass die Eigenthümlichkeit griechischen Ausdruckes an der einen oder anderen Stelle übersehen wird: was hier versäumt ist, wird an späteren Stellen nachgeholt. Das grammatische Gesetz oder der Sprachgebrauch wird in der Regel nur in so weit erörtert, als er auf die zu erklärende Stelle Anwendung findet, wo aber dazu Gehöriges oder Verwandtes herangezogen wird, da geschieht es, weil es den vorliegenden Fall selbst verständlicher macht oder auch der Kürze halber mit Rücksicht auf folgende Rückverweisungen. Letztere, auf dieselbe Sache gehend, kommen nur in längeren Kapiteln mehr als einmal vor, sonst und in den späteren Büchern nur da, wo eine Besonderheit des Falles dazu veranlasst. Die Grammatik*) wird nur in Fällen citirt, wo es zweckmässig erscheint, dass der Schüler das grammatische Gesetz in weiterer Ausdehnung kennen lernt als es hier in der Kürze angegeben werden kann. Beleg- und Parallelstellen werden nur ausnahmsweise gegeben: der ersteren bedarf der Schüler nicht, letztere halten auf, ohne zu nützen, zumal wenn sie denselben Gebrauch nur an anderen Beispielen wiederholen. Die hier und da gelieferte Uebersetzung soll nicht bloss die Mühe, die für den Anfänger immer noch gross genug bleibt, an schwierigeren Stellen erleichtern, sie soll auch nicht selten den Leser den Gräcismus, der ihm rationell noch nicht dargelegt werden kann, wenigstens empirisch aus der Muttersprache herausfühlen lassen. Umständliche Anweisung, wie der dem Griechischen entsprechende deutsche Ausdruck vom Schüler gefunden werden soll, ist als zwecklos — denn eine bildende Kraft liegt nicht darin — unangewendet geblieben.

Was nun die sachliche Erklärung anlangt, so sucht diese Ausgabe darauf hinzuwirken, dass in der Seele des jungen Lesers, bei der fortlaufenden Arbeit, die ihm das Sprachliche macht, die Erzählung immer lebendig bleibt, dass diese ihm mehr und mehr Interesse abnöthigt und dass auch dieses mithilft, ihn in der Lectüre vorwärts zu treiben. Dazu sollen zunächst die den einzelnen Kapiteln vorausgeschickten Inhaltsangaben dienen. In den ersten Büchern, wo dem Anfänger im Ringen mit der Form der Ueberblick über die Sache und über grössere Abschnitte am schwersten wird, sind sie besonders geeignet durch Vorausgeben alles Wesentlichen, das im Kapitel enthalten ist, das Verständniss im Einzelnen zu erleichtern: darum sind sie hier am ausführlichsten. Im Verlauf der folgenden Bücher werden sie, etwa in gleichem Verhältnisse mit der Abnahme der Schwierigkeit des sprachlichen Verständnisses, immer kürzer, damit die nützliche Aufgabe, nach dem Lesen eines Abschnittes das Argument desselben bis in das Einzelne zu liefern, wenigstens in den späteren Theilen der Schrift nicht vorweg gelöst ist. Doch behalten sie bis zuletzt den Zweck im Auge, den Gang des Zuges soweit anzugeben, dass er nach dieser Anleitung auf der

---

*) Durch B., K., C. und die folgenden Zahlen sind die Grammatiken von Buttmann, Krüger und G. Curtius und deren Paragraphen und Unterabtheilungen bezeichnet.

Karte verfolgt werden kann, und die wichtigsten Ereignisse in der Weise zusammen zu stellen, dass ihr pragmatischer Zusammenhang leicht zu übersehen ist. Auch dem guten, gewandten Kopfe werden die ausführlichen Inhaltsangaben von Nutzen sein. Es wird ihn interessiren, die ihm in der Hauptsache bereits bekannte Geschichte im griechischen Texte wieder zu erkennen und im Detail ausgeführt zu finden: ein Interesse, welches — das Sachliche der Lectüre anlangend — für einen Knaben, der die Anabasis vornimmt, vollkommen genügt. Die Verstand und Geist übende Arbeit am Sprachlichen bleibt unbeeinträchtigt. — In den Anmerkungen ist dafür gesorgt, dass die Sache im Einzelnen anschaulich wird: das Terrain, soweit durch dessen Kenntniss die Auffassung der Situationen, der Kämpfe u. s. w. gefördert wird, doch mit Uebergehung moderner Namen und Verhältnisse und alles dessen, was nicht in unmittelbarer Beziehung zur Darstellung bei Xenophon steht: die handelnden Personen mit ihrem Charakter, ihren Motiven und in ihrer Stellung zu einander oder zur Sache: Verhandlungen und Reden, deren Sinn, Zweck und Disposition vom Tertianer nicht eben leicht durchschaut wird. Militärisches, in's Besondere das Söldnerwesen, die Waffen, Tactisches, ist in Kürze erörtert, soweit es in eine Schulausgabe gehört. Namentlich die Tactik, obwohl durch Xenophon ein gutes Stück weiter gefördert, ist doch auch hier noch einfach genug, um an den betreffenden Stellen selbst auf dem Knaben, der doch in der Regel sieht was auf dem Exercierplatze vorgenommen wird, oder wohl auch selbst auf dem Turnplatze dergleichen Evolutionen mitmacht, ohne weitere Illustrationen, durch geeignete Winke verständlich zu werden. Denjenigen aber, die in das Detail dieser Art weiter einzudringen Neigung und Trieb haben, ist G. F. Hertzberg's vortreffliche Schrift: „der Feldzug der Zehntausend Griechen" angelegentlich zu empfehlen. Ueberhaupt wäre zu wünschen, dass dieses musterhaft geschriebene Buch, das mir vor allen anderen bei Erklärung der Sache die besten Dienste geleistet hat, in jedes Schülers Händen wäre; jedoch mit einer Beschränkung, nämlich der, dass er es nicht eher liest, als er von Xenophon's Werke wenigstens einige Bücher gelesen hat. Der Knabe nämlich, der noch nicht im Stande ist, Xenophon's einfach schöne, reflexionslose, objectiv gehaltene Erzählung zu würdigen, wird von Hertzberg's höchst anschaulicher, Menschen und Sachen in helles Licht stellender und durch Benutzung alles dessen, was Geschichts- und geographische Forschung in Betreff des Zuges der Zehntausend bis heute geleistet hat, interessant gemachter Darstellung in hohem Grade angezogen und findet, damit verglichen, das griechische Buch wenigstens im ersten halben Jahre, wo es ihm noch so viel Noth macht, sicher etwas langweilig. Hat er aber etwa die Hälfte der Anabasis redlich durchgearbeitet und er fängt, bei nun leichterem Verständnisse, an wenigstens ohngefähr den Massstab zu finden, nach welchem er den antiken Autor zu messen hat, dann wird der Genuss, den ihm die ebenso belehrende als fesselnde Lectüre des Hertzberg'schen Buches bereitet hat, dazu beitragen, dass er die noch übrige andere Hälfte des Originals mit um so grösserem Eifer und mit dem fruchtbarsten Erfolge liest.

Der Text ist auf Grund der handschriftlichen Mittel gegeben, welche in Dindorf's Oxforder Ausgabe vom J. 1855 veröffentlicht worden sind. Ueber die Grundsätze, nach welchen dieselben benutzt worden sind, sowie über Emendationen und einiges Andere, was für den Lehrer von Interesse ist, giebt der kritische Anhang Rechenschaft.

So möge dieser neue Versuch, die Lectüre der Anabasis für die Schule möglichst fruchtbar zu machen, mit Nachsicht aufgenommen werden. Es giebt viele Wege zum Ziele. Wenn der hier eingeschlagene neben anderen als in der einen oder anderen Beziehung zweckmässiger befunden wird, dann ist dieser Versuch nicht vergeblich gemacht.

Naumburg a/S., d. 18. März 1865.

L. B.

ΞΕΝΟΦΩΝΤΟΣ
ΚΥΡΟΥ ΑΝΑΒΑΣΙΣ.

Α.

Δαρείου καὶ Παρισάτιδος γίγνονται παῖδες δύο, πρε- I. σβύτερος μὲν Ἀρταξέρξης, νεώτερος δὲ Κῦρος. ἐπεὶ δὲ ἠσθένει Δαρεῖος καὶ ὑπώπτευε τελευτὴν τοῦ βίου, ἐβούλετο τὼ παῖδε ἀμφοτέρω παρεῖναι. ὁ μὲν οὖν πρεσβύτερος παρὼν 2 ἐτύγχανε· Κῦρον δὲ μεταπέμπεται ἀπὸ τῆς ἀρχῆς, ἧς αὐτὸν σατράπην ἐποίησε, καὶ στρατηγὸν δὲ αὐτὸν ἀπέδειξε πάντων,

1. **Inhalt**: Darcios II., mit dem Beinamen Nothos, König von Persien von 424 bis 405 v. Chr., da er sein Ende nahe fühlt, ruft seine Söhne Artaxerxes und Kyros zu sich. Als nach des Vaters Tode Artaxerxes die Herrschaft angetreten hat, wird Kyros eines heimlichen Anschlages auf des Bruders Leben beschuldigt und festgenommen, doch auf Bitten der Mutter wieder freigegeben und in seine Provinz zurückgeschickt. Ueber die ihm angethane Schmach erbittert sinnt er auf Rache und auf den Sturz des Königs, um an dessen Stelle selbst zu herrschen. Während er sich alle, die ihm nahen, geneigt und seine heimischen Truppen kriegstüchtig macht, zieht er auch die Jonischen Städte, die bisher unter Tissaphernes standen, auf seine Seite und lässt zugleich in verschiedenen Gegenden Griechenlands Truppen unter verschiedenen Vorwänden anwerben, durch welche er den König über seine wahre Absicht zu täuschen weiss.

1. Die Genitive Δαρείου — Παρυσάτιδος hängen von παῖδες δύο ab. — γίγνονται, es werden geboren. — Bei δύο steht das Nomen ebenso gut im Plural als im Dual; nachher aber bei τὼ — ἀμφοτέρω (den einen wie den anderen) ist παῖδε allein zulässig. — ἠσθένει. Er befand sich gerade in Thamneria in Medien auf einem Feldzuge gegen die aufständigen Kadusier. Dorthin rief er den Kyros. — τελευτὴν τοῦ βίου, sein Lebensende. Ueber das Fehlen des Artikels bei gewissen, meist abstracten, Begriffen s. B. 124, A. 7. K. 50, 2, A. 16. C. 376.
2. παρὼν ἐτύγχανε, war gerade anwesend. So auch λανθάνειν unbemerkt, φθάνειν zuvor, διατελεῖν und διαγίγνεσθαι fortwährend, χαίρειν gern, u. a. B. 144, 5, A. 6. K. 56, 4, A. 1. C. 590. — ἐποίησε — ἀπέδειξε, schon im J. 408; also Aoriste, wo wir uns

ὅσοι εἰς Καστωλοῦ πεδίον ἀθροίζονται. ἀναβαίνει οὖν ὁ Κῦρος λαβὼν Τισσαφέρνην ὡς φίλον, καὶ τῶν Ἑλλήνων δὲ ἔχων ὁπλίτας ἀνέβη τριακοσίους, ἄρχοντα δὲ αὐτῶν Ξενίαν Παρρά-
3 σιον. ἐπεὶ δὲ ἐτελεύτησε Δαρεῖος καὶ κατέστη εἰς τὴν βασιλείαν Ἀρταξέρξης, Τισσαφέρνης διαβάλλει τὸν Κῦρον πρὸς τὸν ἀδελφόν, ὡς ἐπιβουλεύοι αὐτῷ. ὁ δὲ πείθεταί τε καὶ συλλαμβάνει Κῦρον ὡς ἀποκτενῶν· ἡ δὲ μήτηρ ἐξαιτησαμένη
4 αὐτὸν ἀποπέμπει πάλιν ἐπὶ τὴν ἀρχήν. ὁ δ' ὡς ἀπῆλθε κινδυνεύσας καὶ ἀτιμασθείς, βουλεύεται, ὅπως μήποτε ἔτι ἔσται ἐπὶ τῷ ἀδελφῷ, ἀλλ', ἢν δύνηται, βασιλεύσει ἀντ' ἐκείνου. Παρύσατις μὲν δὴ ἡ μήτηρ ὑπῆρχε τῷ Κύρῳ, φιλοῦσα αὐτὸν
5 μᾶλλον ἢ τὸν βασιλεύοντα Ἀρταξέρξην. ὅστις δ' ἀφικνεῖτο τῶν παρὰ βασιλέως πρὸς αὐτόν, πάντας οὕτω διατιθεὶς ἀπε-

---

lieber des Plusquamperfects bedienen. — *Καστωλοῦ*, Stadt in Lydien, Vergl. I, 9, 7. — *ἀναβαίνει*, hinauf, vom Küstenlande nach Hochasien. — *λαβὼν*, und nimmt mit. — *ὡς φίλον*. Dafür hielt ihn der jugendliche, kaum zwanzigjährige Kyros, nicht ahnend, dass jener ihm bitter feind war, weil die eben genannten beiden Macht- und Ehrenstellen der König dem Tissaphernes entzogen hatte, um sie dem Kyros zu geben. Als königlicher Prinz, zumal von edlem, stolzen Selbstgefühl, glaubte er wohl über Neid und Hass des Verdrängten erhaben zu sein. — *τῶν Ἑλλήνων*, von den Hellenen, die schon damals (405) in seinen Diensten standen. — *ἔχων — ἀνέβη*, hatte er bei sich, als er —. Dieses Factum ist hier erwähnt und *τῶν Ἑλλήνων* durch *καὶ — δὲ* noch hervorgehoben, weil I, 3, 18 und I, 4, 12 darauf Bezug genommen werden soll. — *Παρράσιον*, aus Parrhasia in Arkadien.

3. *κατέστη εἰς τὴν β.*, die Herrschaft angetreten hatte. Dass sich auf diese Kyros selbst, von seiner Mutter unterstützt, starke Hoffnung gemacht hatte, gab wohl die Veranlassung zur Verleumdung von Seiten des Tiss. — *ὡς = ὅτι*, mit dem Optativ, denn *διαβάλλει* ist historisches Präsens. Nach des Tissaphernes Angabe sollte Kyros in einem Tempel zu Pasargadä, während daselbst Artaxerxes unter gewissen Ceremonien die königliche Weihe empfing, einen Angriff auf dessen Leben beabsichtigt haben. — *ὡς* beim part. futuri bezeichnet die Absicht, überhaupt bei allen Participien den Gedanken, sei es als wirkliche oder als bloss vorgebliche Meinung, des Subjects, besonders häufig beim absoluten Genitiv oder Accusativ. — *τὴν ἀρχήν*, die §. 2 bereits genannte.

4. *ἐπὶ τῷ ἀδ.*, in der Gewalt des Br. Ausser dem Könige galten nämlich im Perserreiche alle Anderen als *δοῦλοι* (auch Kyros I, 9, 29. II, 5, 38), über deren Leben und Tod jener unumschränkte Gewalt hatte. — *ὑπῆρχε τῷ Κ.*, war für den K.

5. *τῶν παρὰ βασιλέως*, durch Attraction für *τῶν παρὰ βασιλεῖ*. Die Bedeutung des Verbums (der Bewegung) wirkt auf den Casus, wie hier, oder auf die Präposition selbst, wie I, 2, 18: *οἱ ἐκ τῆς ἀγορᾶς ἔφυγον* für *οἱ ἐν τῇ ἀγορᾷ ἔφυγον*, die auf dem Markte wa-

πέμπετο, ὥστε αὐτῷ μᾶλλον φίλους εἶναι ἢ βασιλεῖ. καὶ τῶν παρ' ἑαυτῷ δὲ βαρβάρων ἐπεμελεῖτο, ὡς πολεμεῖν τε ἱκανοί εἴησαν καὶ εὐνοϊκῶς ἔχοιεν αὐτῷ. τὴν δὲ Ἑλληνικὴν δύ- 6 ναμιν ἤθροιζεν ὡς μάλιστα ἐδύνατο ἐπικρυπτόμενος, ὅπως ὅ τι ἀπαρασκευότατον λάβοι βασιλέα. ὧδε οὖν ἐποιεῖτο τὴν συλλογήν. ὁπόσας εἶχε φυλακὰς ἐν ταῖς πόλεσι, παρήγγειλε τοῖς φρουράρχοις ἑκάστοις λαμβάνειν ἄνδρας Πελοποννησίους ὅ τι πλείστους καὶ βελτίστους, ὡς ἐπιβουλεύοντος Τισσαφέρνους ταῖς πόλεσι. καὶ γὰρ ἦσαν αἱ Ἰωνικαὶ πόλεις Τισσαφέρνους τὸ ἀρχαῖον, ἐκ βασιλέως δεδομέναι, τότε δ' ἀφεστήκεσαν πρὸς Κῦρον πᾶσαι πλὴν Μιλήτου· ἐν Μιλήτῳ δὲ Τισσαφέρνης προ- 7 αισθόμενος τὰ αὐτὰ ταῦτα βουλευομένοις, ἀποστῆναι πρὸς Κῦρον, τοὺς μὲν αὐτῶν ἀπέκτεινε, τοὺς δ' ἐξέβαλεν. ὁ δὲ Κῦρος ὑπολαβὼν τοὺς φεύγοντας, συλλέξας στράτευμα ἐπολιόρκει Μίλητον καὶ κατὰ γῆν καὶ κατὰ θάλατταν καὶ ἐπειρᾶτο κατάγειν τοὺς ἐκπεπτωκότας. καὶ αὕτη αὖ ἄλλη πρόφασις ἦν αὐτῷ τοῦ ἀθροίζειν στράτευμα. πρὸς δὲ βασιλέα 8 πέμπων ἠξίου ἀδελφὸς ὢν αὐτοῦ δοθῆναι οἷ ταύτας τὰς πόλεις μᾶλλον ἢ Τισσαφέρνην ἄρχειν αὐτῶν, καὶ ἡ μήτηρ συνέπραττεν αὐτῷ ταῦτα· ὥστε βασιλεὺς τὴν μὲν πρὸς ἑαυτὸν ἐπιβουλὴν οὐκ ᾐσθάνετο, Τισσαφέρνει δὲ ἐνόμιζε πολεμοῦντα

---

ren, flohen. — βασιλεύς, der Perserkönig, wie ein nomen proprium, gewöhnlich ohne Artikel. — πάντας, mit freierer Beziehung auf ὅστις (jeder der), statt eines dem relativen entsprechenden demonstrativen Pronomens. — οὕτω διατιθείς, indem er sie so stimmte, so gegen sich gesinnt machte. — καὶ — δὲ, aber auch, wie §. 2.

6. ὅ τι ἀπαρασκευότατον, quam maxime imparatum. — λάβοι, deprehenderet, träfe. — ταῖς πόλεσι, näml. ταῖς Ἰωνικαῖς, wie das Folgende lehrt. Vergl. I, 9. 9. — ἑκάστοις, der Deutlichkeit wegen hinzugefügt. Es genügte τούτων τοῖς φρουράρχοις. — Ueber ὡς vor ἐπιβουλεύοντος s. zu §. 3. — καὶ γάρ, etenim. Der Gedanke, der eigentlich das Vorhergehende erklärt, folgt erst in τότε δ' ἀφ. πρὸς Κ. — ἦσαν — τὸ ἀρχαῖον, gehörten vormals dem Tiss., näml. so lange er Satrap von Lydien war. S. zu §. 2. — ἐκ βασιλέως, bei Xen. selten, für ὑπὸ oder παρὰ βασ., gleichsam aus der Hand des K.

7. βουλευομένοις, näml. einen Theil, eine Partei der Einwohner.— ἀποστῆναι πρὸς Κ., nachträgliche Erklärung von αὐτὰ ταῦτα.

8. οἷ — μᾶλλον, sibi potius. οἷ, betont wegen des Gegensatzes, selten in attischer Prosa, für ἑαυτῷ. — ὥστε, daher. S. zu I, 3, 10. — Τισσαφέρνει hängt ab von πολεμοῦντα, als Gegensatz zu πρὸς ἑαυτὸν durch die Zwischenstellung von ἐνόμιζε noch gehoben. —

αὐτὸν ἀμφὶ τὰ στρατεύματα δαπανᾶν· ὥστε οὐδὲν ἤχθετο αὐτῶν πολεμούντων. καὶ γὰρ ὁ Κῦρος ἀπέπεμπε τοὺς γιγνομένοις δασμοὺς βασιλεῖ ἐκ τῶν πόλεων, ὧν Τισσαφέρνης ἔτι 9 ἐτύγχανεν ἔχων. ἄλλο δὲ στράτευμα αὐτῷ συνελέγετο ἐν Χερρονήσῳ τῇ κατ᾽ ἀντιπέρας Ἀβύδου τόνδε τὸν τρόπον. Κλέαρχος Λακεδαιμόνιος φυγὰς ἦν· τούτῳ συγγενόμενος ὁ Κῦρος ἠγάσθη τε αὐτὸν καὶ δίδωσιν αὐτῷ μυρίους δαρεικούς. ὁ δὲ λαβὼν τὸ χρυσίον στράτευμα συνέλεξεν ἀπὸ τούτων τῶν χρημάτων καὶ ἐπολέμει ἐκ Χερρονήσου ὁρμώμενος τοῖς Θρᾳξὶ τοῖς ὑπὲρ Ἑλλήσποντον οἰκοῦσι καὶ ὠφέλει τοὺς Ἕλληνας· ὥστε καὶ χρήματα συνεβάλλοντο αὐτῷ εἰς τὴν τροφὴν τῶν στρατιωτῶν αἱ Ἑλλησποντιακαὶ πόλεις ἑκοῦσαι. τοῦτο δ᾽ αὖ 10 οὕτω τρεφόμενον ἐλάνθανεν αὐτῷ τὸ στράτευμα. Ἀρίστιππος δὲ ὁ Θετταλὸς ξένος ὢν ἐτύγχανεν αὐτῷ, καὶ πιεζόμενος ὑπὸ τῶν οἴκοι ἀντιστασιωτῶν ἔρχεται πρὸς τὸν Κῦρον καὶ αἰτεῖ αὐτὸν εἰς δισχιλίους ξένους καὶ τριῶν μηνῶν μισθόν, ὡς οὕτως περιγενόμενος ἂν τῶν ἀντιστασιωτῶν. ὁ δὲ Κῦρος δίδωσιν αὐτῷ εἰς τετρακισχιλίους καὶ ἓξ μηνῶν μισθὸν καὶ δεῖται αὐτοῦ μὴ πρόσθεν καταλῦσαι πρὸς τοὺς ἀντιστασιώτας, πρὶν ἂν αὐτῷ συμβουλεύσηται. οὕτω δὲ αὖ τὸ ἐν Θετταλίᾳ ἐλάν-
11 θανεν αὐτῷ τρεφόμενον στράτευμα. Πρόξενον δὲ τὸν Βοι-

οὐδὲν, nihil, durchaus nicht.— τοὺς γιγνομένους δασμοὺς, die (jedesmal) fälligen Steuern, den Betrag, wie er festgesetzt war. — ὧν durch Attraction für ἅς. B. 143, 13. K. 51, 10. — ἔτι ἐτύγχανεν ἔχων. S. §. 2 zu παρὼν ἐτύγχανεν. Es ist von der ganzen Zeit die Rede, während welcher Kyros dem Tiss. die griechischen Städte, eine nach der anderen, entzog, bis zur Gegenwart, wo Letzterer von allen bloss noch Milet in Besitz hat. In dieser ganzen Zeit (404—401) sendete er die Steuern auch von (ἐκ, insofern sie aus ihnen zu zahlen waren) solchen Städten ein, die gerade (oder etwa) noch in den Händen des Tiss. waren.
9. Ἀβύδου, am östlichen Ufer des Hellesponts. — φυγὰς ἦν, weshalb verbannt, wird II, 6, 2 ff. erzählt. —

ἠγάσθη — δίδωσιν. Der Sinn ist: Den ersten günstigen Eindruck auf Kyros hatte Kl. schon früher gemacht und so giebt er ihm jetzt —. τρεφόμενον ἐλάνθανε. S. zu §. 2.
10. Ἀρίστιππος, aus dem in Larissa (οἴκοι) mächtigen edlen Geschlechte der Aleuaden. Seine ἀντιστασιῶται waren die Volkspartei. — Constr. μισθὸν εἰς (zu, für wie I, 2, 27) δισχιλίους ξένους καὶ (und zwar) τριῶν μηνῶν. — Ueber ὡς beim Particip s. zu §. 3: indem er meinte, er würde so Herr werden können; in or. recta: οὕτως περιγενοίμην ἄν. B. 139, 5, 17. K. 69, 7, A. 1. — Zu καταλῦσαι wird πόλεμον von selbst verstanden; πρὸς ist zu nehmen wie in λύειν τὰς σπονδὰς πρὸς (mit) τοὺς συμμάχους Hellen. III, 5, 3.

ώτιον ξένον όντα εκέλευσε λαβόντα άνδρας ό τι πλείστους
παραγενέσθαι, ως εις Πισίδας βουλόμενος στρατεύεσθαι, ως
πράγματα παρεχόντων τῶν Πισιδῶν τῇ ἑαυτοῦ χώρᾳ. Σο-
φαίνετον δὲ τὸν Στυμφάλιον καὶ Σωκράτην τὸν Ἀχαιόν, ξένοις
όντας καὶ τούτους, ἐκέλευσεν ἄνδρας λαβόντας ἐλθεῖν ὅ τι πλεί-
στους, ὡς πολεμήσων Τισσαφέρνει σὺν τοῖς φυγάσι τῶν Μι-
λησίων. καὶ ἐποίουν οὕτως οὗτοι.
Ἐπεὶ δ' ἐδόκει ἤδη πορεύεσθαι αὐτῷ ἄνω, τὴν μὲν πρό- II.
φασιν ἐποιεῖτο ὡς Πισίδας βουλόμενος ἐκβαλεῖν παντάπασιν

---

2. Inhalt: In der ersten Woche des März 401 vor Chr. bricht Kyros mit den Truppen, soweit sie bereits beisammen waren, von Sardes auf, vorgeblich gegen die Pisiden. Den wahren Zweck aber ahnt Tissaphernes und macht dem König schleunigst Meldung. Der Zug geht durch Lydien über den Fluss Mäander nach Kolossä in Phrygien, wo der Thessaler Menon mit seinem Heerhaufen zu ihm stösst; von da nach Kelänä, wo er einen ganzen Monat verweilt, um die noch fehlenden Söldner-Abtheilungen zu erwarten. Mit diesen geht es nun, nachdem eine Zählung 13000 Hellenische Krieger ergeben hat, um die Nordseite des Pisidischen Gebirgsdreiecks herum, zunächst in nordwestlicher Richtung über Peltä nach Keramon Agora, von da im rechten Winkel nach Osten bis Kaystru Pedion, wo die Kilikische Fürstin Epyaxa sich einfindet und den Kyros in Stand setzt, dem Heere den schuldigen Sold zu zahlen; dann weiter durch Phrygien südöstlich über Thymbrion nach Tyriaeion. Hier gewährt Kyros der ihn begleitenden Kilikerin das glänzende Schauspiel einer grossen Heeresmusterung. Nachdem Ikonion als letzte Stadt in Phrygien erreicht ist, trennt sich Menon mit seinen Thessalern und mit ihm Epyaxa vom Hauptcorps, um südlich durch Lykaonien auf nächstem, aber beschwerlichem Wege (der direct nach Soloi am mittelländischen Meere führte) den steilen Gebirgskamm des Tauros zu überschreiten, während das übrige Heer nordöstlich durch Kappadokien nach Dana marschirt, von wo es dann in südöstlicher Richtung den Hauptpass des Kilikischen Gebirgs erreicht. Diesen finden sie unbesetzt, da Syennesis, der Fürst von Kilikien, weil er sich, zu Lande vom Menon, zu Wasser vom Tamos, im Rücken umgangen sah, die Vertheidigung desselben aufgegeben hatte, und kommen so ungefährdet zu Anfang Juni nach Tarsoi. Hier, wo Menon schon früher mit der Epyaxa angelangt ist, wird Syennesis durch Letztere überredet, die bis dahin, wenn auch nur dem Scheine nach, feindliche Stellung gegen Kyros aufzugeben.

---

11. ὅ τι πλείστοις, quam plurimos. — Das erste ὡς führt das vorgebliche Motiv für das παραγενέσθαι, das zweite für das στρατεύεσθαι ein. — εἰς Πισίδας, in das Land d. P. — ξένοις — τούτοις, d. i. ξένοι γὰρ ἦσαν καὶ οὗτοι.
1. ἐδόκει, gut schien. — ἄνω,

S. I, 1, 2. zu ἀναβαίνει. — τὴν μὲν πρόφασιν. Der Gegensatz mit δέ, die eigentliche Absicht, als aus dem Vorigen bekannt, bleibt weg. — Wegen ὡς — βουλόμενος s. zu I, 1, 3. — παντάπασιν ἐκ τῆς χώρας Er hatte nämlich die Pisiden schon früher bekriegt (s. I, 9, 14.), die aber

ἐκ τῆς χώρας· καὶ ἀθροίζει ὡς ἐπὶ τούτοις τό τε βαρβαρικὸν καὶ τὸ Ἑλληνικόν. ἐνταῦθα καὶ παραγγέλλει τῷ τε Κλεάρχῳ λαβόντι ἥκειν ὅσον ἦν αὐτῷ στράτευμα, καὶ τῷ Ἀριστίππῳ συναλλαγέντι πρὸς τοὺς οἴκοι ἀποπέμψαι πρὸς ἑαυτὸν ὃ εἶχε στράτευμα· καὶ Ξενίᾳ τῷ Ἀρκάδι, ὃς αὐτῷ προειστήκει τοῦ ἐν ταῖς πόλεσι ξενικοῦ, ἥκειν παραγγέλλει λαβόντα τοὺς ἄνδρας
2 πλὴν ὁπόσοι ἱκανοὶ ἦσαν τὰς ἀκροπόλεις φυλάττειν. ἐκάλεσε δὲ καὶ τοὺς Μίλητον πολιορκοῦντας, καὶ τοὺς φυγάδας ἐκέλευσε σὺν αὐτῷ στρατεύεσθαι, ὑποσχόμενος αὐτοῖς, εἰ καλῶς καταπράξειεν ἐφ' ἃ ἐστρατεύετο, μὴ πρόσθεν παύσεσθαι, πρὶν αὐτοὺς καταγάγοι οἴκαδε. οἱ δὲ ἡδέως ἐπείθοντο· ἐπίστευον γὰρ αὐτῷ· καὶ λαβόντες τὰ ὅπλα παρῆσαν εἰς Σάρδεις.
3 Ξενίας μὲν δὴ τοὺς ἐκ τῶν πόλεων λαβὼν παρεγένετο εἰς Σάρδεις ὁπλίτας εἰς τετρακισχιλίοις, Πρόξενος δὲ παρῆν ἔχων ὁπλίτας μὲν εἰς πεντακοσίοις καὶ χιλίοις, γυμνῆτας δὲ πεντακοσίοις, Σοφαίνετος δὲ ὁ Στυμφάλιος ὁπλίτας ἔχων χιλίους, Σωκράτης δὲ ὁ Ἀχαιὸς ὁπλίτας ἔχων ὡς πεντακοσίους, Πασίων δὲ ὁ Μεγαρεὺς εἰς τριακοσίους μὲν ὁπλίτας, τριακοσίους δὲ πελταστὰς ἔχων παρεγένετο· ἦν δὲ καὶ οὗτος καὶ ὁ Σωκρά-
4 της τῶν ἀμφὶ Μίλητον στρατευομένων. οὗτοι μὲν εἰς Σάρδεις αὐτῷ ἀφίκοντο. Τισσαφέρνης δὲ κατανοήσας ταῦτα καὶ

---

immer wieder rebellirten. — καὶ ist auch, denn ὡς ἐπὶ τούτοις ist dem Sinne nach: unter diesem Vorwande. — βαρβαρικὸν — Ἑλληνικόν, nämlich στράτευμα. Ebenso nachher τοῦ — ξενικοῦ. ἐνταῦθα (mit ἥκειν zu verbinden) dahin, näml. wo er ἀθροίζει τό τε β. καὶ τὸ Ἑ., nach dem Sammelplatz. Dass dieser Sardes ist, sieht man erst aus §. 3. — Constr. ἥκειν λαβόντι (mit) — στράτευμα. — Ueber πρὸς nach συναλλαγέντι. s. zu I, 1, 10. — Dass λαβόντα auf ein als Subject von ἥκειν zu denkendes αὐτὸν bezogen und nicht wie vorher durch Attraction (B. 142, 2. K. 55, 2, A. 5. u. 7.) λαβόντι gesagt ist, wird hier durch die weitere Entfernung des Particips von Ξενίᾳ veranlasst. Doch unterbleibt die Attraction auch sonst, besonders wenn das zu attrahirende Prädicat nahe beim Infinitiv steht, wie V, 2, 12. VI, 6 38.
2. τοὺς φυγάδας. S. I, 1. 7. — ἐφ' ἃ, d. i. ταῦτα, ἐφ' ἃ, den Zweck des Feldzugs. — παρῆσαν εἰς Σάρδεις, aderant Sardes. So παρεῖναι besonders vom angeordneten zur Stelle sein von Truppen u. dergl.
3. τοὺς ἐκ τῶν. Ueber d. Attraction s. zu I, 1, 5. — εἰς vor Zahlwörtern ist gegen, ohngefähr; ebenso nachher ὡς. — ἦν — τῶν στρατευομένων, gehörte zu denen, die (bis dahin) — zu Felde lagen.
4. Zu οὗτοι μὲν ist der Gegensatz nicht Τισσαφέρνης δὲ, sondern Xen. denkt dabei an Menon u. Klearch, deren Kommen §. 6 u. §. 9 berich-

μείζονα ἡγησάμενος εἶναι ἢ ὡς ἐπὶ Πισίδας τὴν παρασκευήν, πορεύεται ὡς βασιλέα ᾗ ἐδύνατο τάχιστα ἱππέας ἔχων ὡς πεντακοσίους. καὶ βασιλεὺς μὲν δὴ ἐπεὶ ἤκουσε Τισσαφέρ- 5 νους τὸν Κύρου στόλον, ἀντιπαρεσκευάζετο.

Κῦρος δὲ ἔχων οὓς εἴρηκα ὡρμᾶτο ἀπὸ Σάρδεων· καὶ ἐξελαύνει διὰ τῆς Λυδίας σταθμοὺς τρεῖς παρασάγγας εἴκοσι καὶ δύο ἐπὶ τὸν Μαίανδρον ποταμόν. τούτου τὸ εὖρος δύο πλέθρα· γέφυρα δὲ ἐπῆν ἐζευγμένη πλοίοις ἑπτά. τοῦτον 6 διαβὰς ἐξελαύνει διὰ Φρυγίας σταθμὸν ἕνα παρασάγγας ὀκτὼ εἰς Κολοσσάς, πόλιν οἰκουμένην καὶ εὐδαίμονα καὶ μεγάλην. ἐνταῦθα ἔμεινεν ἡμέρας ἑπτά· καὶ ἧκε Μένων ὁ Θετταλὸς ὁπλίτας ἔχων χιλίους καὶ πελταστὰς πεντακοσίους, Δόλοπας καὶ Αἰνιᾶνας καὶ Ὀλυνθίους. ἐντεῦθεν ἐξελαύνει σταθμοὺς τρεῖς 7 παρασάγγας εἴκοσιν εἰς Κελαινάς, τῆς Φρυγίας πόλιν οἰκουμένην, μεγάλην καὶ εὐδαίμονα. ἐνταῦθα Κύρῳ βασίλεια ἦν καὶ παράδεισος μέγας ἀγρίων θηρίων πλήρης, ἃ ἐκεῖνος ἐθήρευεν ἀπὸ ἵππου, ὁπότε γυμνάσαι βούλοιτο ἑαυτόν τε καὶ τοὺς ἵππους. διὰ μέσου δὲ τοῦ παραδείσου ῥεῖ ὁ Μαίανδρος ποταμός· αἱ δὲ πηγαὶ αὐτοῦ εἰσιν ἐκ τῶν βασιλείων· ῥεῖ δὲ καὶ διὰ τῆς Κελαινῶν πόλεως. ἔστι δὲ καὶ μεγάλου βασιλέως 8 βασίλεια ἐν Κελαιναῖς ἐρυμνὰ ἐπὶ ταῖς πηγαῖς τοῦ Μαρσύου ποταμοῦ ὑπὸ τῇ ἀκροπόλει· ῥεῖ δὲ καὶ οὗτος διὰ τῆς πόλεως καὶ ἐμβάλλει εἰς τὸν Μαίανδρον· τοῦ δὲ Μαρσύου τὸ εὖρός ἐστιν εἴκοσι καὶ πέντε ποδῶν. ἐνταῦθα λέγεται Ἀπόλλων ἐκδεῖραι Μαρσύαν νικήσας ἐρίζοντά οἱ περὶ σοφίας, καὶ τὸ

---

tet wird. — ἢ ὡς, als wie. — ὡς βασιλέα, zum K. So ὡς nur vor einem persönlichen nomen oder pronomen.
5. Τισσαφέρνους, von Tiss. — Μαίανδρον, wo er die Grenze zwischen Lydien u. Phrygien bildet.
6. τοῦτον, ohne δέ oder eine andere Copula, Asyndeton, das sich oft findet, wo ein demonstratives Pronomen oder Adverbium (z. B. ἐνταῦθα, ἐντεῦθεν u. a.) den Satz beginnt. — Μένων, welchem Aristipp (s. I, 1, 10) die Führung der Thessalischen Söldner übertragen.

7. ἀπὸ ἵππου, ex equo, zu Pferde. — ὁπότε, so oft als; daher der Optativ, der nach einem tempus praeteritum auch bei εἰ, ὅτε, ἐπεί u. anderen Conjunctionen der Zeit oder nach einem relativen Pronomen und Adverbium die öftere Wiederholung der Handlung bezeichnet. — εἰσιν ἐκ τῶν. S. §. 8 zu ὅθεν.
8. μεγάλου βασιλέως. S. zu I, 1, 5; auch wenn μέγας beigefügt ist, fehlt der Artikel sehr oft. — περὶ σοφίας, d. i. hier περὶ μουσικῆς. Es war ein Wettstreit zwischen Cither u. Flöte. Ovid. Metam. VI, 382 ff. —

δέρμα κρεμάσαι ἐν τῷ ἄντρῳ, ὅθεν αἱ πηγαί· διὰ δὲ τοῦτο ὁ
9 ποταμὸς καλεῖται Μαρσύας. ἐνταῦθα Ξέρξης, ὅτε ἐκ τῆς
Ἑλλάδος ἡττηθεὶς τῇ μάχῃ ἀπεχώρει, λέγεται οἰκοδομῆσαι
ταῦτά τε τὰ βασίλεια καὶ τὴν Κελαινῶν ἀκρόπολιν. ἐνταῦθα
ἔμεινε Κῦρος ἡμέρας τριάκοντα· καὶ ἧκε Κλέαρχος ὁ Λακε-
δαιμόνιος φυγὰς ἔχων ὁπλίτας χιλίους καὶ πελταστὰς Θρᾷκας
ὀκτακοσίοις καὶ τοξότας Κρῆτας διακοσίους. ἅμα δὲ καὶ Σῶ-
σις παρῆν ὁ Συρακόσιος ἔχων ὁπλίτας τριακοσίους,⁕ καὶ Σο-
φαίνετος ὁ Ἀρκὰς ἔχων ὁπλίτας χιλίους. καὶ ἐνταῦθα Κῦρος
ἐξέτασιν καὶ ἀριθμὸν τῶν Ἑλλήνων ἐποίησεν ἐν τῷ παραδείσῳ,
καὶ ἐγένοντο οἱ σύμπαντες ὁπλῖται μὲν μύριοι καὶ χίλιοι, πελ-
10 τασταὶ δὲ ἀμφὶ τοὺς δισχιλίους. ἐντεῦθεν ἐξελαίνει σταθμοὺς
δύο παρασάγγας δέκα εἰς Πέλτας, πόλιν οἰκουμένην. ἐνταῦθ'

ὅθεν, d. i. ἐξ οὗ, nämlich εἰσίν.
Wir sagen: wo — sind.
9. τῇ μάχῃ, bei Salamis. — Statt
des überlieferten Σοφαίνετος, dessen
Ankunft ja schon §. 3 gemeldet ist,
scheint Ἀγίας zu schreiben. Dieser
wird als Stratcg erwähnt II, 5, 31;
6, 30. III, 1, 47. — ἐγένοντο, es
waren geworden. — πελτασταί,
hier im weiteren Sinne; denn es
umfasst auch die §. 3 erwähnten
Gymneten. — ἀμφὶ τούς, an die.
Rechnet man die §. 3 und die hier
angegebenen Zahlen zusammen, so
ergeben sich nur 9600 Hopliten und
1800 Peltasten, also 11400 Mann.
Die bedeutende Differenz zwischen
dieser Zahl und der von Xen. aufge-
stellten Gesammtzahl 13000 scheint
sich nicht hinlänglich aus der An-
gabe von runden, nur ohngefähren
Zahlen (mit εἰς, ὡς, ἀμφί) zu er-
klären. Ausser den aus Milet Ver-
bannten (I, 2, 2) vermisst man hier
den Namen des II, 1, 10; 5, 37 er-
wähnten Strategen Kleanor aus dem
Arkadischen Orchomenos, auch den
des Arkaders Phryniskos, der VII, 2,
29 als Strateg angeführt wird: sie
haben doch wohl ebenfalls dem Ky-
ros Mannschaften zugeführt. Die
Strategen des Söldnerheers waren
ja alle nur die Führer der von ihnen
selbst oder in ihrem Namen ange-
worbenen Leute.

10. εἰς Πέλτας, d. i. in einer der
Lage von Pisidien von Kelänä aus
gerade entgegen gesetzten Richtung.
Die auffallende Thatsache erklärt
sich etwa so: Hätte Kyros von Ke-
länä aus seinen Marsch direct nach
der nächsten Pisidischen Grenze ge-
nommen, die in ein paar Tagemär-
schen zu erreichen war, so musste
die Wahrheit in Betreff des eigentli-
chen Zieles der Expedition dem Hee-
re schon jetzt offenbar werden. Diess
nicht zu wünschen mochte Kyros sei-
ne guten Gründe haben. Noch war
er den Hellenischen Truppen und
ihren Führern, die erst seit wenigen
Wochen, zum Theil eben erst zu ihm
gestossen waren, zu fremd, als dass
er das Geständniss wagen konnte, er
führe sie in das weit entfernte In-
nere Asiens. Darum wohl umgeht
er das, überdiess schwer zugäng-
liche, zwischen Kelänä und Ikonion
sich weit vorschiebende Pisidische
Gebirgsdreieck und bewahrt sich so
bis nach der letzt genannten Stadt
und bis nach Lykaonien hin, d. h.
auf nicht weniger als einen ganzen
Monat, den Schein, als gelte es dem
Lande der räuberischen Pisiden an
der geeigneten Stelle beizukommen.

ἔμεινεν ἡμέρας τρεῖς· ἐν αἷς Ξενίας ὁ Ἀρκὰς τὰ Λύκαια ἔθυσε καὶ ἀγῶνα ἔθηκε· τὰ δὲ ἆθλα ἦσαν στλεγγίδες χρυσαῖ· ἐθεώρει δὲ τὸν ἀγῶνα καὶ Κῦρος. ἐντεῦθεν ἐξελαίνει σταθμοὺς δύο παρασάγγας δώδεκα εἰς Κεράμων ἀγοράν, πόλιν οἰκουμένην, ἐσχάτην πρὸς τῇ Μυσίᾳ χώρᾳ. ἐντεῦθεν ἐξελαίνει στα- 11 θμοὺς τρεῖς παρασάγγας τριάκοντα εἰς Καΰστρου πεδίον, πόλιν οἰκουμένην. ἐνταῦθ' ἔμεινεν ἡμέρας πέντε· καὶ τοῖς στρατιώταις ὠφείλετο μισθὸς πλέον ἢ τριῶν μηνῶν, καὶ πολλάκις ἰόντες ἐπὶ τὰς θύρας ἀπῄτουν. ὁ δὲ ἐλπίδας λέγων διῆγε καὶ δῆλος ἦν ἀνιώμενος· οὐ γὰρ ἦν πρὸς τοῦ Κύρου τρόπου ἔχοντα μὴ ἀποδιδόναι. ἐνταῦθα ἀφικνεῖται Ἐπύαξα ἡ Συεννέσιος γυνὴ 12 τοῦ Κιλίκων βασιλέως παρὰ Κῦρον· καὶ ἐλέγετο Κύρῳ δοῦναι χρήματα πολλά· τῇ δ' οὖν στρατιᾷ τότε ἀπέδωκε Κῦρος μισθὸν τεττάρων μηνῶν. εἶχε δὲ ἡ Κίλισσα καὶ φύλακας περὶ αὑτὴν Κίλικας καὶ Ἀσπενδίους· ἐλέγετο δὲ καὶ συγγενέσθαι

Wenn er aber die Abweichung nach Nordwesten noch über Peltä hinaus bis Keramon Agora ausdehnt, so gewinnt er dadurch den Vortheil, von dort aus die bequeme „Königsstrasse" wenigstens bis Kaystru Pedion benutzen zu können, von wo aus ihn dann eine andere sehr gangbare Strasse nach Ikonion und den Kilikischen Pässen weiter führt. — τὰ Λ. ἔθυσε, die L. mit Opfern feierte, gehört zu der I, 3, 15 (στρατηγήσοντα στρατηγίαν) berührten Redeweise. Die Λύκαια waren ein Fest zu Ehren des Lykäischen Zeus, das die Parrhasier jährlich in Lykosura begingen. — ἦσαν, bei neutralem Subject, für ἦν, auf das Prädikat bezogen. — πρὸς τῇ Μυσίᾳ χώρᾳ. Von Keramon Agora nach Norden za erheben sich die Vorberge des Temenos, die bereits zu dem Gebiete der Myser gehörten.

11. πλέον ἢ, von oder für mehr als. Ebenso ausser der Construction, gleichsam adverbial, μεῖον, ἔλαττον, plus, amplius, minus. — τὰς θύρας, sonst der Palast, die Residenz des Königs (Hohe Pforte) oder der Satrapen, hier das Zelt des Kyros. — λέγων διῆγε wie λέγων διετέλει. S. zu I, 1, 2. — πρὸς τοῦ τρόπου, der Art, dem Charakter des K. gemäss. B. 147, S. 476. K. 68, 37, A. 1. — ἀποδιδόναι, reddere (τὰ ὠφειλόμενα). Ebenso ἀπό vorher in ἀπῄτουν, nachher in ἀπέδωκε, III, 2, 12. IV, 8, 25 in ἀποθύειν.

12. δ' οὖν hat die Bedeutung: wie es 'um die Wahrheit dieses Gerüchts (ἐλέγετο) immer stehen mag, dem Heere, so viel ist gewiss, gab K. — Xen. enthält sich hier und im Folgenden jedes Urtheils über das Verhalten des Syennesis und seiner Gattin zum Kyros und zum Artaxerxes, dessen Vasall jener war. Aus den einfach erzählten Thatsachen ist aber zu ersehen, dass es zunächst galt die Streitmacht des Kyros zu erkunden, daher nachher (§. 14) die Bitte der Epyaxa um eine Heeresmusterung; dann aber es mit beiden Gegnern nicht zu verderben und in's Besondere sich beim König den Schein zu retten, als sei man nur der Uebermacht des Kyros und der Noth gewichen. — Ἀσπενδίοις, aus Aspendos in dem an Kilikien grenzenden Pamphylien.

13 Κῦρον τῇ Κιλίσσῃ. ἐντεῦθεν δὲ ἐλαύνει σταθμοὺς δύο παρασάγγας δέκα εἰς Θύμβριον, πόλιν οἰκουμένην. ἐνταῦθα ἦν παρὰ τὴν ὁδὸν κρήνη ἡ Μίδου καλουμένη τοῦ Φρυγῶν βασιλέως, ἐφ᾽ ᾗ λέγεται Μίδας τὸν Σάτυρον θηρεῦσαι οἴνῳ κερά-
14 σας αὐτήν. ἐντεῦθεν ἐξελαύνει σταθμοὺς δύο παρασάγας δέκα εἰς Τυριάειον, πόλιν οἰκουμένην. ἐνταῦθα ἔμεινεν ἡμέρας τρεῖς. καὶ λέγεται δεηθῆναι ἡ Κίλισσα Κύρου ἐπιδεῖξαι τὸ στράτευμα αὐτῇ· βουλόμενος οὖν ἐπιδεῖξαι ἐξέτασιν ποιεῖται
15 ἐν τῷ πεδίῳ τῶν Ἑλλήνων καὶ τῶν βαρβάρων. ἐκέλευσε δὲ τοὺς Ἕλληνας, ὡς νόμος αὐτοῖς εἰς μάχην, οὕτω ταχθῆναι καὶ στῆναι, συντάξαι δ᾽ ἕκαστον τοὺς ἑαυτοῦ. ἐτάχθησαν οὖν ἐπὶ τεττάρων· εἶχε δὲ τὸ μὲν δεξιὸν Μένων καὶ οἱ σὺν αὐτῷ, τὸ δὲ εὐώνυμον Κλέαρχος καὶ οἱ ἐκείνου, τὸ δὲ μέσον οἱ ἄλλοι
16 στρατηγοί. ἐθεώρει οὖν ὁ Κῦρος πρῶτον μὲν τοὺς βαρβάρους· οἱ δὲ παρήλαυνον τεταγμένοι κατ᾽ ἴλας καὶ κατὰ τάξεις· εἶτα δὲ τοὺς Ἕλληνας, παρελαύνων ἐφ᾽ ἅρματος καὶ ἡ Κίλισσα ἐφ᾽ ἁρμαμάξης. εἶχον δὲ πάντες κράνη χαλκᾶ καὶ χιτῶνας φοινι-
17 κοῦς καὶ κνημῖδας καὶ τὰς ἀσπίδας ἐκκεκαλυμμένας. ἐπειδὴ δὲ πάντας παρήλασε, στήσας τὸ ἅρμα πρὸ τῆς φάλαγγος μέσης, πέμψας Πίγρητα τὸν ἑρμηνέα παρὰ τοὺς στρατηγοὺς τῶν Ἑλλήνων ἐκέλευσε προβαλέσθαι τὰ ὅπλα καὶ ἐπιχωρῆσαι ὅλην τὴν φάλαγγα. οἱ δὲ ταῦτα προεῖπον τοῖς στρατιώταις· καὶ ἐπεὶ ἐσάλπιγξε, προβαλλόμενοι τὰ ὅπλα ἐπῇσαν. ἐκ δὲ τούτου θᾶττον προϊόντων σὺν κραυγῇ ἀπὸ τοῦ αὐτομάτου δρόμος
18 ἐγένετο τοῖς στρατιώταις ἐπὶ τὰς σκηνάς, τῶν δὲ βαρβάρων

---

13. ἡ — καλουμένη, die so genannte.
15. ὡς νόμος, näml. εἴη. — εἰς μάχην, nämlich ταχθῆναι. — ἕκαστον, näml. στρατηγόν. — ἐπὶ τεττάρων, 4 Mann tief. Bei dieser Musterung soll die Phalanx möglichst ausgedehnt sein und ansehnlich erscheinen, für die Schlacht ist ihre Tiefe gewöhnlich nicht unter 8 Mann.
16. κατ᾽ ἴλας — τάξεις, schwadronen- und kompagnieweise. — τοὺς Ἕλληνας, abhängig von ἐθεώρει. — ἐκκεκαλυμμένας, ohne Hülle, mit welcher der Schild während des Marsches überzogen war.

17. στήσας, liess halten. — προβαλέσθαι, wie zum Angriff. — τὰ ὅπλα, Schild u. Speer. — ἐσάλπιγξε. Das Subject (hier ὁ σαλπιγκτής), wo vom Signalgeben oder vom Ausrufen des κῆρυξ die Rede ist, also bei σαλπίζειν, σημαίνειν, κηρύττειν, bleibt weg. — ἐκ τούτου, darauf. — προϊόντων, näml. αὐτῶν. Das Subject wird nicht bloss beim verbum finitum, sondern auch beim gen. absolutus des Particips, wo es der Zusammenhang erkennen lässt, häufig nicht ausgedrückt. — τοῖς στρατιώταις, statt αὐτοῖς. Es waren Krieger im vollen Lauf: das soll man sich lebhaft vorstellen. — ἐπὶ

φόβος πολὺς καὶ ἥ τε Κίλισσα ἔφυγεν ἐπὶ τῆς ἁρμαμάξης καὶ οἱ ἐκ τῆς ἀγορᾶς καταλιπόντες τὰ ὤνια ἔφευγον· οἱ δὲ Ἕλληνες σὺν γέλωτι ἐπὶ τὰς σκηνὰς ἦλθον. ἡ δὲ Κίλισσα ἰδοῦσα τὴν λαμπρότητα καὶ τὴν τάξιν τοῦ στρατεύματος ἐθαύμαζε. Κῦρος δὲ ἥσθη τὸν ἐκ τῶν Ἑλλήνων εἰς τοὺς βαρβάρους φόβον ἰδών. ἐντεῦθεν ἐξελαύνει σταθμοὺς τρεῖς παρασάγγας εἴκοσιν 19 εἰς Ἰκόνιον, τῆς Φρυγίας πόλιν ἐσχάτην. ἐνταῦθα ἔμεινε τρεῖς ἡμέρας. ἐντεῦθεν ἐξελαύνει διὰ τῆς Λυκαονίας σταθμοὺς πέντε παρασάγγας τριάκοντα. ταύτην τὴν χώραν ἐπέτρεψε διαρπάσαι τοῖς Ἕλλησιν ὡς πολεμίαν οὖσαν. ἐντεῦθεν Κῦρος 20 τὴν Κίλισσαν εἰς τὴν Κιλικίαν ἀποπέμπει τὴν ταχίστην ὁδόν· καὶ συνέπεμψεν αὐτῇ στρατιώτας, οὓς Μένων εἶχε, καὶ αὐτόν. Κῦρος δὲ μετὰ τῶν ἄλλων ἐξελαύνει διὰ Καππαδοκίας σταθμοὺς τέτταρας παρασάγγας εἴκοσι καὶ πέντε πρὸς Δάναν, πόλιν οἰκουμένην, μεγάλην καὶ εὐδαίμονα. ἐνταῦθα ἔμειναν ἡμέρας τρεῖς· ἐν ᾧ Κῦρος ἀπέκτεινεν ἄνδρα Πέρσην Μεγαφέρνην, φοινικιστὴν βασίλειον, καὶ ἕτερόν τινα τῶν ὑπάρχων δυνάστην, αἰτιασάμενος ἐπιβουλεύειν αὐτῷ. ἐντεῦθεν ἐπει- 21 ρῶντο εἰσβάλλειν εἰς τὴν Κιλικίαν· ἡ δὲ εἰσβολὴ ἦν ὁδὸς ἁμαξιτὸς ὀρθία ἰσχυρῶς καὶ ἀμήχανον εἰσελθεῖν στρατεύματι,

---

τὰς σκηνὰς, nach ihrem Lager hin.
18. ἐπὶ τῆς ἁρμαμάξης, auf ihrem Zeltwagen. Das wird absichtlich in Erinnerung gebracht. Denn ein solcher Wagen war schwerfällig und nicht eben zur Flucht geeignet. — οἱ ἐκ τῆς ἀγορᾶς. Ueber die Attraction s. zu I, 1, 5. ἀγορά ist der Platz im Lager, wo die dem Heere folgenden Händler Nahrungsmittel und andere Waaren feil halten. — τὸν — φόβον. Erste Andeutung des tieferen Sinnes der ganzen Schrift: Verherrlichung der Ueberlegenheit des Hellenenthums über Barbarenthum an Kriegskunst und Geist.
19. ὡς — οὖσαν. Ueber ὡς s. zu I, 1, 3. Die Lykaonen waren ein räuberisches Bergvolk, das eben so wie die Pisiden von ihren Gebirgsschluchten aus die Umgegend unsicher machte und mit den Persischen Satrapen in beständiger Fehde lag. Die gestattete Plünderung dieses Landes brachte den Hellenen erwünschte Beute, sah zunächst auch wohl so aus, als sei sie die Erfüllung des vorgespiegelten Zweckes, die Pisiden zu züchtigen. Lagen doch beide Länder dicht neben einander und hatten ähnliche Naturbeschaffenheit.
20. τὴν ταχίστην ὁδόν. S. oben die Inhaltsangabe. — καὶ αὐτόν, et ipsum Menonem. — φοινικιστήν, wie es scheint ein Hofamt, etwa Purpurfärber, oder Vorsteher der Purpurfärbereien. — τῶν ὑπάρχων, der zu den Unterstatthaltern gehörte. — αὐτῷ, ipsi, dem Kyros. — ἰσχυρῶς steht nachdrücklich hinter seinem Adjectiv. Dieser Weg geht über eine Einsattlung des Taurischen Gebirges in

εἴ τις ἐκώλυεν. ἐλέγετο δὲ καὶ Συέννεσις εἶναι ἐπὶ τῶν ἄκρων φυλάττων τὴν εἰσβολήν· διὸ ἔμεινεν ἡμέραν ἐν τῷ πεδίῳ. τῇ δ' ὑστεραίᾳ ἧκεν ἄγγελος λέγων, ὅτι λελοιπὼς εἴη Συέννεσις τὰ ἄκρα, ἐπεὶ ᾔσθετο τό τε Μένωνος στράτευμα ὅτι ἤδη ἐν Κιλικίᾳ ἦν εἴσω τῶν ὀρέων, καὶ ὅτι τριήρεις ἤκουε περιπλεούσας ἀπ' Ἰωνίας εἰς Κιλικίαν Ταμὼν ἔχοντα τὰς Λακεδαιμονίων
22 καὶ αὐτοῦ Κύρου. Κῦρος δ' οὖν ἀνέβη ἐπὶ τὰ ὄρη οὐδενὸς κωλύοντος καὶ εἶδε τὰς σκηνὰς, οὗ οἱ Κίλικες ἐφύλαττον. ἐντεῦθεν δὲ κατέβαινεν εἰς πεδίον μέγα καὶ καλόν, ἐπίρρυτον, καὶ δένδρων παντοδαπῶν σύμπλεων καὶ ἀμπέλων· πολὺ δὲ καὶ σήσαμον καὶ μελίνην καὶ κέγχρον καὶ πυροὺς καὶ κριθὰς φέρει. ὄρος δ' αὐτὸ περιέχει ὀχυρὸν καὶ ὑψηλὸν πάντῃ ἐκ
23 θαλάττης εἰς θάλατταν. καταβὰς δὲ διὰ τούτου τοῦ πεδίου ἤλασε σταθμοὺς τέτταρας παρασάγγας πέντε καὶ εἴκοσιν εἰς Ταρσοὺς, τῆς Κιλικίας πόλιν μεγάλην καὶ εὐδαίμονα. ἐνταῦθα ἦσαν τὰ Συεννέσιος βασίλεια τοῦ Κιλίκων βασιλέως· διὰ μέσου δὲ τῆς πόλεως ῥεῖ ποταμὸς Κύδνος ὄνομα, εὖρος δύο πλέ-
24 θρων. ταύτην τὴν πόλιν ἐξέλιπον οἱ ἐνοικοῦντες μετὰ Συεννέσιος εἰς χωρίον ὀχυρὸν ἐπὶ τὰ ὄρη πλὴν οἱ τὰ καπηλεῖα

---

einer Höhe von 3600 Fuss über dem Meeresspiegel, zwischen gewaltigen Höhen, die ihn um 4 bis 5000 Fuss überragen, zuletzt so eng, dass er nur eben noch für einen Wagen oder für 4 bewaffnete Männer nebeneinander Raum lässt. — ἀμήχανον, nämlich ἦν. — ἔμεινεν, näml. Kyros. — ἐν τῷ πεδίῳ, am Fusse des Taurus, vor der εἰσβολή. — ἐπεὶ ᾔσθετο, da er wahrgenommen hätte, dass das Heer des M. — εἴσω, diesseits, vom Standpunkte des Syennesis. — ὅτι ἤκουε, weil er (wiederholt) hörte. Constr. ὅτι ἤκουε Ταμὼν ἔχοντα τριήρεις. Der Führer ist hier Nebensache, das Wichtigere ist vorangestellt. — Λακεδαιμονίων. Dass diese vom Kyros aufgefordert, ihm die Unterstützung, die er denselben in den letzten Jahren des Pelop. Kriegs geleistet, jetzt durch Beistand bei seinem Unternehmen zu vergelten, ihre Flotte nach Kilikien schickten und hierdurch den Syennesis hinderten, dem Kyros zu Lande entgegen zu treten, erzählt Xen. zu Anfang des III. Buchs seiner Hellenica. — αὐτοῦ Κύρου, d. i. αὐτοῦ τοῦ Κ.

22. ἐφύλαττον. An diesem wichtigen Platze war zwar beständig eine Wache stationirt; doch ist hier das Imperfect nur von der Dauer der letztvergangenen Tage zu verstehen, in denen sie hier Wache hielten. — σύμπλεων ungewöhnlich für ἔμπλεων.

23. ἦσαν. der Plural beim Neutrum, nicht selten bei Xenoph., nicht bloss wo das Subject lebende Wesen sind. B. 129, 3. A. 2. K. 63, 2, A. 1. — ὄνομα und εὖρος, Accusative der Beziehung. — δύο, wie oft, nicht declinirt, wie I, 1, 1, mit dem Plural. Der Genitiv πλέθρων hängt von ποταμός ab.

24. ἐξέλιπον kurz für ἐκλιπόντες ἔφυγον, daher εἰς χωρίον und ἐπὶ τὰ ὄρη.

ἔχοντες· ἔμειναν δὲ καὶ οἱ παρὰ τὴν θάλατταν οἰκοῦντες ἐν Σόλοις καὶ ἐν Ἰσσοῖς. Ἐπύαξα δὲ ἡ Συεννέσιος γυνὴ προτέρα 25 Κύρου πέντε ἡμέραις εἰς Ταρσοὺς ἀφίκετο· ἐν δὲ τῇ ὑπερβολῇ τῶν ὀρῶν τῶν εἰς τὸ πεδίον δύο λόχοι τοῦ Μένωνος στρατεύματος ἀπώλοντο· οἱ μὲν ἔφασαν ἁρπάζοντάς τι κατακοπῆναι ὑπὸ τῶν Κιλίκων, οἱ δὲ ὑπολειφθέντας καὶ οὐ δυναμένους εὑρεῖν τὸ ἄλλο στράτευμα οὐδὲ τὰς ὁδοὺς εἶτα πλανωμένους ἀπολέσθαι· ἦσαν δ᾽ οὖν οὗτοι ἑκατὸν ὁπλῖται. οἱ δ᾽ 26 ἄλλοι ἐπεὶ ἧκον, τήν τε πόλιν τοὺς Ταρσοὺς διήρπασαν, διὰ τὸν ὄλεθρον τῶν συστρατιωτῶν ὀργιζόμενοι, καὶ τὰ βασίλεια τὰ ἐν αὐτῇ. Κῦρος δὲ ἐπεὶ εἰσήλασεν εἰς τὴν πόλιν, μετεπέμπετο τὸν Συέννεσιν πρὸς ἑαυτόν· ὁ δ᾽ οὔτε πρότερον οὐδενί πω κρείττονι ἑαυτοῦ εἰς χεῖρας ἐλθεῖν ἔφη οὔτε τότε Κύρῳ ἰέναι ἤθελε, πρὶν ἡ γυνὴ αὐτὸν ἔπεισε καὶ πίστεις ἔλαβε. μετὰ δὲ ταῦτα ἐπεὶ συνεγένοντο ἀλλήλοις, Συέννεσις μὲν ἔδωκε 27 Κύρῳ χρήματα πολλὰ εἰς τὴν στρατιάν, Κῦρος δὲ ἐκείνῳ δῶρα, ἃ νομίζεται παρὰ βασιλεῖ τίμια, ἵππον χρυσοχάλινον καὶ

---

25. προτέρα, wie prior statt prius. Die Aoriste ἀφίκετο u. ἀπώλοντο wie I, 1, 2 ἐποίησε und ἀπέδειξε. — τῶν εἰς τὸ πεδίον, die sich nach der Ebene hinerstrecken. — κατακοπῆναι. Das §. 17 zu προϊόντων Bemerkte gilt auch vom Subject in der Constr. des Acc. c. Infin. — καὶ οὐ, nicht, wie nachher, οὐδέ; denn καὶ verbindet das ganze Satzglied οὐ δυναμένους — τὰς ὁδοὺς mit ὑπολειφθέντας. — εἶτα hebt das kausale Verhältniss zwischen den vorausgehenden Participien und dem Infin. ἀπολέσθαι, dem erläuternd noch πλανωμένοις beigegeben ist, hervor: dann, d. i. in Folge des Zurückbleibens u. s. w. — δ᾽ οὖν wie §. 12. Der Sinn ist: welcher von beiden Berichten nun auch der richtige gewesen sein mag: es waren 100 H., die hier verloren gingen. Jeder dieser beiden Thessalischen Lochen bestand also aus 50 Mann. Der Spartanische Lochos war freilich = 100 M. Allein gerade daraus, dass Xen. III, 4, 21. IV, 8, 15 die Stärke der Lochen besonders angiebt, ist wohl zu folgern, dass dieselbe nicht bei allen griechischen Stämmen gleich war. Der λόχος ist überhaupt eine Abtheilung, die ein Lochag führt, so viel er eben für seinen Theil im Auftrag des Strategen (s. zu §. 9) geworben hatte. Braucht doch Xen. dasselbe Wort λόχος in der Kyropädie zur Bezeichnung einer Persischen Abtheilung von nur 24 Mann, und in unserer Schrift VI, 3, 1 werden Abtheilungen zu 450 Mann λόχοι genannt.

26. οἱ δ᾽ ἄλλοι, näml. von dem Heerhaufen des Menon. — Das erste οὔτε ist nicht mit ἔφη, sondern mit ἐλθεῖν zu verbinden. Dem würde genau entsprechen οὔτε — ἐθέλειν. Es geht aber die indirecte in die directe Rede über. — κρείττονι, Mächtigeren. — Zu ἰέναι ist εἰς χεῖρας zu wiederholen. — πίστεις, wie πιστά, im concreten Sinne: pignora fidei. — ἔλαβε, näml. Syennesis. Ueber dessen Verhalten s. zu §. 12.

27. εἰς τὴν wie I, 1, 10.

στρεπτὸν χρυσοῦν καὶ ψέλια καὶ ἀκινάκην χρυσοῦν καὶ στολὴν
Περσικήν, καὶ τὴν χώραν μηκέτι ἀφαρπάζεσθαι· τὰ δὲ ἡρπασμένα ἀνδράποδα, ἤν που ἐντυγχάνωσιν, ἀπολαμβάνειν.

III. Ἐνταῦθα ἔμεινε Κῦρος καὶ ἡ στρατιὰ ἡμέρας εἴκοσιν· οἱ
γὰρ στρατιῶται οὐκ ἔφασαν ἰέναι τοῦ πρόσω· ὑπώπτευον γὰρ
ἤδη ἐπὶ βασιλέα ἰέναι· μισθωθῆναι δὲ οὐκ ἐπὶ τούτῳ ἔφασαν.
πρῶτος δὲ Κλέαρχος τοὺς αὑτοῦ στρατιώτας ἐβιάζετο ἰέναι·

3. **Inhalt**: Fast 3 Wochen vergehen, ehe das Heer von Tarsoi aufbricht. Denn die Hellenen, da sie Pisidien längst hinter sich haben, argwöhnen jetzt, es gehe gegen den Grosskönig. Klearch, der einzige von den Strategen, der mit Kyros im Einverständniss ist, nachdem er sich vergeblich bemüht hat, durch gewaltsames Auftreten seine Leute zum Weitermarsch zu nöthigen, versucht es nun mit schlauen Mitteln. Er wirkt zuerst auf das bewegliche Gemüth der erregten Krieger, indem er ihnen vorführt, welches Band der Dankbarkeit ihn an den Kyros fessele, dass er aber gleichwohl keinen Augenblick anstehe, Pflicht und Liebe gegen seine Landsleute höher zu stellen als alle gegen den fremden Fürsten eingegangenen Verbindlichkeiten. Nachdem er so das Vertrauen wieder gewonnen und dasselbe dadurch, dass er sich dem Kyros entfremdet stellt, ja ihn zu fürchten scheint, noch befestigt hat, zeigt er die gefährliche Lage, in der sie sich jetzt im fremden Lande dem Kyros mit seinen zahlreichen Persischen Truppen gegenüber befänden, und fordert von der Versammlung Rath, den er selbst nicht finden könne. Hierauf werden nun, auf Anstiften des Klearch selbst, zur Rückkehr nach Griechenland, sei es mit dem Willen des Kyros, sei es gegen denselben, so thörichte Vorschläge gemacht und diese werden so schlagend als unausführbar dargethan, dass nichts übrig bleibt als was der letzte Redner am Schluss rathet, nämlich Kyros zu bestimmter Erklärung aufzufordern, was er eigentlich mit ihnen vorhabe, und auf alle Fälle sich mit ihm im Guten zu verständigen. Kyros erwidert, er wolle einen persönlichen Feind, den Abrokomas, der mit Truppen am Euphrat stehe, bekriegen. Den Argwohn, es gehe doch gegen den König, so weit er noch bleibt, beschwichtigt er durch Erhöhung des Soldes.

ἀφαρπάζεσθαι, ungewöhnlicher Ausdruck: ab- oder ausgeplündert werden sollte. Die Infinitive setzen die Reihe der Objecte vor ἔδωκε fort: und (er gewährte), dass das Land u. s. w. — Das Subject zu ἐντυγχάνωσιν und λαμβάνειν ergiebt sich aus χώραν, wie oft aus dem vorausgegangenen πόλις oder dem Namen eines Landes oder einer Stadt: die Einwohner. Das Object, das ebenfalls und zwar auch als Dativ häufig unausgedrückt bleibt, ist hier zu ἐντυγχάνωσιν: αὐτοῖς, nämlich ἀνδραπόδοις.

1. οὐκ ἔφασαν ἰέναι, erklärten, sie würden nicht —. τοῦ πρόσω, vorwärts. B. 132, 14, b. K. 47, 1, A. — Das zweite ἰέναι ist wie das erste se esse ituros. — ἐπὶ τούτῳ, unter dieser Bedingung, d. i. zu diesem Zweck. — πρῶτος. Wenigstens Miene zu dem Versuch, oder dem Anfang, den das Imperfect ἐβιάζετο ausdrückt, machen nach Klearchs Vorgang, wie es scheint, auch Xenias und Pasion, deren Leute zur Hälfte in die Lagerabtheilung des Klearch übergehen (§. 7), sobald dieser erklärt hat, er füge sich dem

οἱ δὲ αὐτόν τε ἔβαλλον καὶ τὰ ὑποζύγια τὰ ἐκείνου, ἐπεὶ ἤρξατο προϊέναι. Κλέαρχος δὲ τότε μὲν μικρὸν ἐξέφυγε μὴ κα- 2
ταπετρωθῆναι, ὕστερον δ' ἐπεὶ ἔγνω, ὅτι οὐ δυνήσεται βιάσασθαι, συνήγαγεν ἐκκλησίαν τῶν αὑτοῦ στρατιωτῶν. καὶ πρῶτον μὲν ἐδάκρυε πολὺν χρόνον ἑστώς· οἱ δὲ ὁρῶντες ἐθαύμαζον καὶ ἐσιώπων· εἶτα ἔλεξε τοιάδε. Ἄνδρες στρατιῶται, 3
μὴ θαυμάζετε, ὅτι χαλεπῶς φέρω τοῖς παροῦσι πράγμασιν.
ἐμοὶ γὰρ ξένος Κῦρος ἐγένετο καί με φεύγοντα ἐκ τῆς πατρίδος τά τε ἄλλα ἐτίμησε καὶ μυρίους ἔδωκε δαρεικούς· οὓς ἐγὼ λαβὼν οὐκ εἰς τὸ ἴδιον κατεθέμην ἐμοὶ οὐδὲ καθηδυπάθησα, ἀλλ' εἰς ὑμᾶς ἐδαπάνων. καὶ πρῶτον μὲν πρὸς τοὺς Θρᾷκας 4
ἐπολέμησα καὶ ὑπὲρ τῆς Ἑλλάδος ἐτιμωρούμην μεθ' ὑμῶν, ἐκ τῆς Χερρονήσου αὐτοὺς ἐξελαύνων βουλομένοις ἀφαιρεῖσθαι τοὺς ἐνοικοῦντας Ἕλληνας τὴν γῆν. ἐπειδὴ δὲ Κῦρος ἐκάλει, λαβὼν ὑμᾶς ἐπορευόμην, ἵνα, εἴ τι δέοιτο, ὠφελοίην αὐτὸν ἀνθ' ὧν εὖ ἔπαθον ὑπ' ἐκείνου. ἐπεὶ δὲ ὑμεῖς οὐ βούλεσθε συμ- 5
πορεύεσθαι, ἀνάγκη δή μοι ἢ ὑμᾶς προδόντα τῇ Κύρου φιλίᾳ χρῆσθαι ἢ πρὸς ἐκεῖνον ψευσάμενον μεθ' ὑμῶν ἰέναι. εἰ μὲν δὴ δίκαια ποιήσω οὐκ οἶδα, αἱρήσομαι δ' οὖν ὑμᾶς καὶ σὺν ὑμῖν ὅ τι ἂν δέῃ πείσομαι. καὶ οὔποτε ἐρεῖ οὐδείς, ὡς ἐγὼ Ἕλληνας ἀγαγὼν εἰς τοὺς βαρβάρους, προδοὺς τοὺς Ἕλληνας τὴν τῶν βαρβάρων φιλίαν εἱλόμην, ἀλλ' ἐπεὶ ὑμεῖς ἐμοὶ οὐ 6
θέλετε πείθεσθαι οὐδὲ ἕπεσθαι, ἐγὼ σὺν ὑμῖν ἕψομαι καὶ

Willen seiner Krieger. Xenias' Eifer für Kyros war, um so erklärlicher, als er schon seit Jahren (s. I, 1, 2) in dessen Dienst stand. — ἔβαλλον erklärt sich aus dem folgenden καταπετρωθῆναι.
2. μικρόν, kaum. — μή beim Infinitiv nach Verben, in deren Bedeutung etwas Negatives liegt, bleibt unübersetzt. B. 148, 6, A. 9. K. 67, 12, A. 3. — ἐδάκρυε — ἑστώς, stand er — weinend da. — ἐθαύμαζον. Denn sie kannten ihn sonst nur als strengen, finsteren Mann. S. II, 6, 9. 10. Ueber den Zweck dieser Thränen s. d. Inhaltsangabe.
3. χαλεπῶς φέρω, intransitiv, daher mit d. Dativ, wie ἄχθομαι. —

Zu ἔδωκε ist aus dem vorhergehenden με der nöthige Kasus zu ergänzen. — ἐμοί noch hinzugefügt um des scharfen Gegensatzes (zu εἰς ὑμᾶς) willen.
4. ἐτιμωρούμην, näml. αὐτούς. ἀνθ' ὧν, d. i. ἀντὶ τούτων, ἅ. S. zu I, 1, 8: für das Gute, was mir von ihm erwiesen worden war. Daher ὑπό bei ἔπαθον.
5. Bei ἀνάγκη, necesse est, fehlt ἐστὶ in der Regel. — μεθ' ὑμῶν εἶναι, es mit euch zu halten. — εἰ, ob. — δ' οὖν wie I, 2, 12. — οὔποτε — οὐδείς, mehrere Negationen zu kräftigerer Verneinung. — εἰς τοὺς βαρβάρους, wie I, 1, 11: εἰς Πισίδας.

ὅ τι ἂν δέῃ πείσομαι. νομίζω γὰρ ὑμᾶς ἐμοὶ εἶναι καὶ πατρίδα καὶ φίλους καὶ συμμάχους, καὶ σὺν ὑμῖν μὲν ἂν οἶμαι εἶναι τίμιος ὅπου ἂν ὦ, ὑμῶν δὲ ἔρημος ὢν οὐκ ἂν ἱκανὸς εἶναι οἶμαι οὔτ' ἂν φίλον ὠφελῆσαι οὔτ' ἂν ἐχθρὸν ἀλέξασθαι. ὡς ἐμοῦ οὖν ἰόντος ὅπῃ ἂν καὶ ὑμεῖς, οὕτω τὴν γνώμην ἔχετε.

7 ταῦτα εἶπεν· οἱ δὲ στρατιῶται οἵ τε αὐτοῦ ἐκείνου καὶ οἱ ἄλλοι ταῦτα ἀκούσαντες, ὅτι οὐ φαίη παρὰ βασιλέα πορεύεσθαι, ἐπῄνεσαν· παρὰ δὲ Ξενίου καὶ Πασίωνος πλείους ἢ δισχίλιοι λαβόντες τὰ ὅπλα καὶ τὰ σκευοφόρα ἐστρατοπεδεύσαντο παρὰ 8 Κλεάρχῳ. Κῦρος δὲ τούτοις ἀπορῶν τε καὶ λυπούμενος μετεπέμπετο τὸν Κλέαρχον· ὁ δὲ ἰέναι μὲν οὐκ ἤθελε, λάθρᾳ δὲ τῶν στρατιωτῶν πέμπων αὐτῷ ἄγγελον ἔλεγε θαρρεῖν, ὡς καταστησομένων τούτων εἰς τὸ δέον· μεταπέμπεσθαι δ' ἐκέλευεν 9 αὐτόν· αὐτὸς δ' οὐκ ἔφη ἰέναι. μετὰ δὲ ταῦτα συναγαγὼν τούς θ' ἑαυτοῦ στρατιώτας καὶ τοὺς προσελθόντας αὐτῷ καὶ τῶν ἄλλων τὸν βουλόμενον, ἔλεξε τοιάδε. Ἄνδρες στρατιῶται, τὰ μὲν δὴ Κύρου δῆλον ὅτι οὕτως ἔχει πρὸς ἡμᾶς ὥσπερ τὰ ἡμέτερα πρὸς ἐκεῖνον· οὔτε γὰρ ἡμεῖς ἐκείνου ἔτι στρατιῶται, ἐπεί γε οὐ συνεπόμεθα αὐτῷ, οὔτε ἐκεῖνος ἔτι ἡμῖν μισθοδό-10 της. ὅτι μέντοι ἀδικεῖσθαι νομίζει ὑφ' ἡμῶν οἶδα· ὥστε καὶ μεταπεμπομένου αὐτοῦ οὐκ ἐθέλω ἐλθεῖν, τὸ μὲν μέγιστον αἰσχυνόμενος, ὅτι σύνοιδα ἐμαυτῷ πάντα ἐψευσμένος αὐτόν,

---

6. In ἂν οἶμαι εἶναι gehört ἂν zu εἶναι: sein zu können. Im Folgenden wäre vollständig zu sagen οὔτ' ἂν ἱκανὸς εἶναι φίλον ὠφελῆσαι, οὔτ' ἂν ἱκανὸς εἶναι ἐχθρὸν ἀλέξασθαι. — ὡς οὖν — ἰόντος, — οὕτω τὴν γνώμην ἔχετε, dass ich also — gehen werde, so (davon) haltet euch überzeugt. Wegen ὡς s. zu I, 3. Rost. Schulgr. 182, A. 4. Kühner. Schulgr. 312, A. 12.

7. ταῦτα, ohne δέ, wie I, 2, 6. — οὐ φαίη — πορεύεσθαι wie §. 1. — βασιλέα, wie I, 1, 5.

8. ἰέναι μὲν — λάθρᾳ δὲ. Die Gegensätze sind offen und heimlich. Jenes hat man bei ἰέναι im Sinn. — ἔλεγε θαρρεῖν gleich ἐκέλευε θ.: er solle gutes Muths sein. — τούτων, das gegenwärtige Zerwürfniss; übersetze: die Sache. — εἰς τὸ δέον, in die gehörige Ordnung. — αὐτὸν, den Klearch. — αὐτός, persönlich. Welchen Glauben dieser durch die Weigerung zu kommen bei den Seinen hervorrufen will, sieht man aus §. 10.

9. τοὺς προσελθόντας, die Leute des Xenias u. Pasion. — τὸν βουλόμενον, quicunque vellet.

10. μέντοι, jedoch, zugleich bekräftigend. — ἀδικεῖσθαι, beleidigt zu sein, nachher aber, wo es sich um die facta der Beleidigung handelt, ἠδικῆσθαι. — ὥστε, zu Anfang eines Satzes nach einer grösseren Interpunktion übersetze durch daher. — τὸ μὲν μέγιστον, d. i. ὃ μὲν τὸ μέγιστόν ἐστι: in der

ἔπειτα καὶ δεδιὼς, μὴ λαβών με δίκην ἐπιθῇ ὧν νομίζει ὑπ' ἐμοῦ ἠδικῆσθαι. ἐμοὶ οὖν δοκεῖ οὐχ ὥρα εἶναι ἡμῖν καθεύ- 11 δειν οὐδ' ἀμελεῖν ἡμῶν αὐτῶν, ἀλλὰ βουλεύεσθαι, ὅ τι χρὴ ποιεῖν ἐκ τούτων. καὶ ἕως γε μένομεν αὐτοῦ, σκεπτέον μοι δοκεῖ εἶναι, ὅπως ἀσφαλέστατα μενοῦμεν, εἴ τε ἤδη δοκεῖ ἀπιέναι, ὅπως ἀσφαλέστατα ἄπιμεν καὶ ὅπως τὰ ἐπιτήδεια ἕξομεν· ἄνευ γὰρ τούτων οὔτε στρατηγοῦ οὔτε ἰδιώτου ὄφελος οὐδέν. ὁ δ' ἀνὴρ πολλοῦ μὲν ἄξιος φίλος ᾧ ἂν φίλος ᾖ, χα- 12 λεπώτατος δ' ἐχθρὸς ᾧ ἂν πολέμιος ᾖ, ἔχει δὲ δύναμιν καὶ πεζὴν καὶ ἱππικὴν καὶ ναυτικήν, ἣν πάντες ὁμοίως ὁρῶμέν τε καὶ ἐπιστάμεθα· καὶ γὰρ οὐδὲ πόρρω δοκοῦμέν μοι αὐτοῦ καθῆσθαι. ὥστε ὥρα λέγειν, ὅ τι τις γιγνώσκει ἄριστον εἶναι. ταῦτα εἰπὼν ἐπαύσατο. ἐκ δὲ τούτου ἀνίσταντο οἱ μὲν ἐκ τοῦ 13 αὐτομάτου, λέξοντες ἃ ἐγίγνωσκον, οἱ δὲ καὶ ὑπ' ἐκείνου ἐγκέλευστοι, ἐπιδεικνύντες, οἵα εἴη ἡ ἀπορία ἄνευ τῆς Κύρου γνώμης καὶ μένειν καὶ ἀπιέναι. εἷς δὲ δὴ εἶπε, προσποιού- 14 μενος σπεύδειν ὡς τάχιστα πορεύεσθαι εἰς τὴν Ἑλλάδα, στρατηγοὺς μὲν ἑλέσθαι ἄλλους ὡς τάχιστα, εἰ μὴ βούλεται Κλέαρχος ἀπάγειν· τὰ δ' ἐπιτήδεια ἀγοράζεσθαι· ἡ δ' ἀγορὰ ἦν ἐν τῷ βαρβαρικῷ στρατεύματι· καὶ συσκευάζεσθαι· ἐλθόντας δὲ Κῦρον αἰτεῖν πλοῖα, ὡς ἀποπλέοιεν· ἐὰν δὲ μὴ διδῷ ταῦτα, ἡγεμόνα αἰτεῖν Κῦρον, ὅστις διὰ φιλίας τῆς χώρας ἀπάξει· ἐὰν δὲ μηδὲ ἡγεμόνα διδῷ, συντάττεσθαι τὴν ταχίστην, πέμ-

---

Hauptsache, hauptsächlich. — ἔπειτα ohne δὲ, ebenso εἶτα, sehr oft. — ἐπιθῇ aus με zu ergänzen, wie §. 3. — ὧν, d. i. τούτων (für das), ἅ. S. zu I, 1, 8.
11. καθεύδειν bildlich. — ἐκ τούτων, aus diesen Umständen heraus, d. i. unter diesen Umst. — ἄπιμεν mit Futurbedeutung.
12. ὁ δ' ἀνήρ, Kyros. — Ein πολέμιος (hostis) braucht an sich noch nicht ἐχθρός (inimicus) zu sein. — καὶ γὰρ — καθῆσθαι. Der Sinn ist: denn wir lagern ja auch dem gefährlichen Manne nahe genug, dünkt mich (δοκοῦμέν μοι, ironisch), um die Stärke seiner Macht sehen zu können, d. h. die Gefahr droht uns aus unmittelbarer Nähe. — ὥστε wie §. 10. — ὥρα ohne ἐστὶ wie ἀνάγκη §. 5.
13. ὑπ' ἐκείνου ἐγκέλευστοι. Klearch hatte schon vorher heimlich die Rollen vertheilt. So ist nachher auch προσποιούμενος zu verstehen.
14. εἶπε mit folgenden Infinitiven wie ἔλεγε §. 8. S. zu ἐβόα ἄγειν I, 8, 12. — ἡ δ' ἀγορὰ — στρατεύματι, Zwischenbemerkung des Schriftstellers, um das Unsinnige dieses Vorschlags anzudeuten. Ueber ἀγορά s. zu I, 2, 18. — ἐλθόντας, nämlich τινάς, Gesandte. — Für προκαταληψομένους konnte auch, wie vorher ὅστις — ἀπάξει (worüber s. zu II, 3, 4), gesagt werden οἳ προκαταλήψον-

ψαι δὲ καὶ προκαταληψομένοις τὰ ἄκρα, ὅπως μὴ φθάσωσι μήτε Κῦρος μήτε οἱ Κίλικες καταλαβόντες, ὧν πολλοὺς καὶ πολλὰ χρήματα ἔχομεν ἀνηρπακότες· οὗτος μὲν τοιαῦτα εἶπε·
15 μετὰ δὲ τοῦτον Κλέαρχος εἶπε τοσοῦτον. Ὡς μὲν στρατηγήσοντα ἐμὲ ταύτην τὴν στρατηγίαν μηδεὶς ὑμῶν λεγέτω· πολλὰ γὰρ ἐνορῶ, δι' ἃ ἐμοὶ τοῦτο οὐ ποιητέον· ὡς δὲ τῷ ἀνδρὶ, ὃν ἂν ἕλησθε, πείσομαι ᾗ δυνατὸν μάλιστα, ἵνα εἰδῆτε, ὅτι καὶ ἄρχεσθαι ἐπίσταμαι, ὥς τις καὶ ἄλλος, μάλιστα ἀνθρώπων.
16 μετὰ τοῦτον ἄλλος ἀνέστη, ἐπιδεικνὺς μὲν τὴν εὐήθειαν τοῦ τὰ πλοῖα αἰτεῖν κελεύοντος, ὥσπερ πάλιν τὸν στόλον Κύρου ποιουμένου, ἐπιδεικνὺς δὲ, ὡς εὔηθες εἴη ἡγεμόνα αἰτεῖν παρὰ τούτου, ᾧ λυμαινόμεθα τὴν πρᾶξιν. εἰ δέ τι καὶ τῷ ἡγεμόνι πιστεύσομεν, ὃν ἂν Κῦρος διδῷ, τί κωλύει καὶ τὰ ἄκρα ἡμῖν
17 κελεύειν Κῦρον προκαταλαμβάνειν; ἐγὼ γὰρ ὀκνοίην μὲν ἂν εἰς τὰ πλοῖα ἐμβαίνειν, ἃ ἡμῖν δοίη, μὴ ἡμᾶς αὐταῖς ταῖς τριήρεσι καταδύσῃ, φοβοίμην δ' ἂν τῷ ἡγεμόνι, ᾧ δοίη ἕπεσθαι, μὴ ἡμᾶς ἀγάγῃ ὅθεν οὐκ ἔσται ἐξελθεῖν· βουλοίμην δ' ἂν ἄκοντος ἀπιὼν Κύρου λαθεῖν αὐτὸν ἀπελθών· ὃ οὐ

ται: welche, die — sollten. — Wegen φθάσωσι — καταλαβόντες s. zu πυρὼν ἐτύγχανε I, 1, 2. — Mit ἔχομεν geht die indirecte Rede schliesslich in die directe über, der schon vorher die Nebensätze mit εἰ, ἐάν, ὅστις, ὅπως zustrebten. — τοσοῦτον, tantum, nur soviel. Klearch erklärt sich nur über einen Punkt der vorhergehenden Rede, alles Andere überlässt er seinen Helfern.

15. στρατηγήσοντα — στρατηγίαν, wie νικᾶν νίκην, μάχεσθαι μάχην u. dergl. B. 131, 4. K. 46, 5, A. 1, — ὡς — πείσομαι abhängig von λεγέτω, wozu hier Subject: er, d. i. der Jemand, der im vorhergehenden μηδεὶς negirt ist. — ἄρχεσθαι, mir befehlen zu lassen. — Ueber καὶ nach ὥς τις s. den folg. §. und I, 4, 15 zu εἴ τις καὶ ἄλλος. — μάλιστα ἀνθρώπων mit ἐπίσταμαι zu verbinden.

16. Von ὥσπερ, gerade als ob eben, gilt das zu I, 1, 3 über ὡς Bemerkte. — πάλιν, rückwärts, während doch Kyros seine Schiffe noch zum Weiterzug braucht. — ἐπιδεικνὺς δὲ, der zweitens zeigt. In der Anaphora, d. i. wo das erste Wort eines Satzes zu Anfang des nächsten Satzes wiederholt wird, ist μὲν oft nur durch Betonung jenes Wort's wieder zu geben. — τὴν πρᾶξιν, sein Vorhaben. — καὶ vor τῷ ἡγεμόνι, das sich auf καὶ τὰ ἄκρα bezieht, wird nicht übersetzt. Der Grieche setzt es gern bei jedem der beiden Objecte eines Vergleichs, oder, wenn nur einmal, gerade in dem Gliede (nach ὡς, ὥσπερ, εἰ u. a.) wo wir es nicht ausdrücken. — ἡμῖν, dat. commodi.

17. αὐταῖς ταῖς, mitsammt den. B. 133, A. 14. K. 48, 15, A. 19. — ὅθεν, dahin, von wo. — ἄκοντος ἀπιὼν (abiturus) Κύρου, wenn ich mich wider Willen des Kyros entfernen wollte. — λαθεῖν — ἀπελθών. S. zu I, 1, 2.

δυνατόν ἐστιν. ἀλλ' ἐγώ φημι ταῦτα μὲν φλυαρίας εἶναι· δοκεῖ δέ μοι ἄνδρας ἐλθόντας πρὸς Κῦρον, οἵτινες ἐπιτήδειοι, 18 σὺν Κλεάρχῳ ἐρωτᾶν ἐκεῖνον, τί βούλεται ἡμῖν χρῆσθαι· καὶ ἐὰν μὲν ᾖ ἡ πρᾶξις παραπλησία οἵαπερ καὶ πρόσθεν ἐχρῆτο τοῖς ξένοις, ἕπεσθαι καὶ ἡμᾶς καὶ μὴ κακίους εἶναι τῶν πρόσθεν τούτῳ συναναβάντων· ἐὰν δὲ μείζων ἡ πρᾶξις τῆς 19 πρόσθεν φαίνηται καὶ ἐπιπονωτέρα καὶ ἐπικινδυνοτέρα, ἀξιοῦν ἢ πείσαντα ἡμᾶς ἄγειν ἢ πεισθέντα πρὸς φιλίαν ἀφιέναι· οὕτω γὰρ καὶ ἑπόμενοι ἂν φίλοι αὐτῷ καὶ πρόθυμοι ἐποίμεθα καὶ ἀπιόντες ἀσφαλῶς ἂν ἀπίοιμεν· ὅ τι δ' ἂν πρὸς ταῦτα λέγῃ, ἀναγγεῖλαι δεῦρο· ἡμᾶς δ' ἀκούσαντας πρὸς ταῦτα βουλεύεσθαι. ἔδοξε ταῦτα, καὶ ἄνδρας ἑλόμενοι σὺν 20 Κλεάρχῳ πέμπουσιν, οἳ ἠρώτων Κῦρον τὰ δόξαντα τῇ στρατιᾷ. ὁ δ' ἀπεκρίνατο, ὅτι ἀκούει Ἀβροκόμαν ἐχθρὸν ἄνδρα ἐπὶ τῷ Εὐφράτῃ ποταμῷ εἶναι, ἀπέχοντα δώδεκα σταθμούς· πρὸς τοῦτον οὖν ἔφη βούλεσθαι ἐλθεῖν· κἂν μὲν ᾖ ἐκεῖ, τὴν δίκην ἔφη χρῄζειν ἐπιθεῖναι αὐτῷ, ἢν δὲ φεύγῃ, ἡμεῖς ἐκεῖ πρὸς ταῦτα βουλευσόμεθα. ἀκούσαντες δὲ ταῦτα οἱ αἱρετοὶ ἀναγ- 21 γέλλουσι τοῖς στρατιώταις· τοῖς δὲ ὑποψία μὲν ἦν, ὅτι ἄγοι πρὸς βασιλέα, ὅμως δὲ ἐδόκει ἕπεσθαι. προσαιτοῦσι δὲ μι-

---

18. δοκεῖ — μοι, es scheint mir gut. — τί, wozu. B. 131, 8. K. 46, 5, A. 9. — οἵαπερ für ταύτῃ, οἵαπερ, demjenigen, zu welchem. — καὶ wie §. 15. — πρόσθεν, wovon 1, 1, 2 die Rede war. — ἕπεσθαι noch abhängig von δοκεῖ μοι, ebenso die folgenden Infinitive. — μὴ — εἶναι, uns nicht feiger zeigen.
19. πείσαντα — πεισθέντα, näml. αὐτὸν, Kyros. S. zu κατακοπῆναι I, 2, 25. — πρὸς φιλίαν, freundschaftlich; so auch πρὸς βίαν u. a. — ἂν gehört zu ἐποίμεθα.
20. ἔδοξε ταῦτα, gewöhnliches Asyndeton, wo die Schilderung einer Berathung mit dieser oder einer ähnlichen Formel abschliesst, in welcher das Verbum voran steht. — Man beschliesst hier, was — wie es Klearch eben gewollt — dem Kyros bis auf Weiteres wieder freie Hand giebt. Abrokomas, den, als persönlichen Feind, er jetzt als Ziel seines Zuges angiebt, war Oberbefehlshaber der Truppen von Syrien und Phönikien und hatte als solcher dem Kyros mit seinem Heere den Eintritt in diese Provinzen zu wehren. Gegen diesen, wenn er sich ihm entgegen stellen sollte, zog also Kyros jetzt wirklich. Dabei berechnete er sehr richtig, dass die Hellenen, je weiter sie mit ihm in's Innere Asiens vordrangen, die Umkehr, wenn endlich der eigentliche Zweck der Expedition nicht mehr zu leugnen wäre, immer mehr als gegen seinen Willen kaum ausführbar erkennen und ihm zuletzt, theils nothgedrungen, theils durch Versprechungen gewonnen, ohne Sträuben folgen würden. — ἡμεῖς — βουλευσόμεθα, or. recta wie oben §. 14 bei ἔχομεν.
21. ἐδόκει, wurde beschlossen.

σθόν· ὁ δὲ Κῦρος ὑπισχνεῖται ἡμιόλιον πᾶσι δώσειν οὗ πρότερον ἔφερον, ἀντὶ δαρεικοῦ τρία ἡμιδαρεικὰ τοῦ μηνὸς τῷ στρατιώτῃ· ὅτι δὲ ἐπὶ βασιλέα ἄγοι, οὐδὲ ἐνταῦθα ἤκουσεν οὐδεὶς ἔν γε τῷ φανερῷ.

IV. Ἐντεῦθεν ἐξελαύνει σταθμοὺς δύο παρασάγγας δέκα ἐπὶ τὸν Ψάρον ποταμόν, οὗ ἦν τὸ εὖρος τρία πλέθρα. ἐντεῦθεν ἐξελαύνει σταθμὸν ἕνα παρασάγγας πέντε ἐπὶ τὸν Πύραμον ποταμόν, οὗ τὸ εὖρος στάδιον. ἐντεῦθεν ἐξελαύνει σταθμοὺς δύο παρασάγγας πεντεκαίδεκα εἰς Ἰσσούς, τῆς Κιλικίας ἐσχάτην πόλιν ἐπὶ τῇ θαλάττῃ οἰκουμένην, μεγάλην καὶ εὐδαίμονα. 2 ἐνταῦθα ἔμειναν ἡμέρας τρεῖς· καὶ Κύρῳ παρῆσαν αἱ ἐκ Πελοποννήσου νῆες τριάκοντα καὶ πέντε καὶ ἐπ' αὐταῖς ναύαρχος Πυθαγόρας Λακεδαιμόνιος. ἡγεῖτο δ' αὐταῖς Ταμὼς Αἰγύπτιος ἐξ Ἐφέσου, ἔχων ναῦς ἑτέρας Κύρου πέντε καὶ εἴκοσιν, αἷς ἐπολιόρκει Μίλητον, ὅτε Τισσαφέρνει φίλη ἦν, καὶ συνε-

---

4. Inhalt: Von Tarsoi geht es durch die Kilikische Ebene über die Flüsse Psaros und Pyramos und nach Ueberschreitung des westlichen Zuges des Amanos-Gebirges nach Issoi. Hier findet sich die Flotte des Kyros ein, die zugleich den Cheirisophos mit 700 Spartanischen Hopliten an's Land setzt. Von da aus passirt man die durch Natur und Menschenhand stark befestigten Pforten von Kilikien und Syrien und gelangt, von Abrokomas unbelästigt, nach der ersten Syrischen Stadt Myriandos. Hier entweichen heimlich die Strategen Xenias und Pasion, deren Verfolgung Kyros jedoch verschmäht. Er zieht nun in östlicher Richtung über den Fluss Chalos und über die Quellen des Dardas (oder Daradax) dem Euphrat zu. Nachdem er diesen erreicht hat, sieht er den Zeitpunkt gekommen, wo er seine Absicht, den König zu bekriegen, offen erklären muss. Das griechische Heer murrt zwar gegen seine Strategen, von denen es sich seit lange schon wissentlich getäuscht glaubt, fügt sich aber durch abermalige Erhöhung des Soldes und andere glänzende Versprechungen des Kyros beschwichtigt. Menon ist der erste, der den breiten, jetzt aber gerade nicht zu tiefen Strom durchschreitet, die Anderen folgen. Den Strom nun zur Rechten, ziehen sie im Euphrat-Thale auf der Strasse, die nach Babylon führt, bis zum Fluss Araxes da, wo er in den Euphrat mündet. Hier wird in reichen Dörfern einige Tage Rast gehalten und furagirt, in der ersten Woche des August.

— προσαιτοῦσι, zu dem bisherigen. — οὗ, d. i. τούτου (von dem), ὅν.
1. Ἐντεῦθεν. S. zu I, 2, 6.
2. παρῆσαν. S. zu I, 2, 2. — αἱ ἐκ, Ueber die Attraction s. zu I, 1, 5, über die Lakedämonische Flotte zu I, 2, 21. — Ταμὼς, der Admiral des Kyros, der mit seinen 25 Persischen Schiffen bei Ephesos stand, nahm die ihm dorthin zugeführten 35 Lakedämonischen Schiffe mit unter sein Kommando und führte die vereinigte Flotte nach der Küste von Kilikien, wo sie bereits die I, 2, 21 erwähnten Dienste leistete. — αἷς ἐπολιόρκει I, 1, 7.

πολέμει Κύρῳ πρὸς αὐτόν. παρῆν δὲ καὶ Χειρίσοφος Λακε- 3
δαιμόνιος ἐπὶ τῶν νεῶν, μετάπεμπτος ὑπὸ Κύρου, ἑπτακο
σίους ἔχων ὁπλίτας, ὧν ἐστρατήγει παρὰ Κύρῳ. αἱ δὲ νῆες
ὥρμουν παρὰ τὴν Κύρου σκηνήν. ἐνταῦθα καὶ οἱ παρ' Ἀβρο
κόμα μισθοφόροι Ἕλληνες ἀποστάντες ἦλθον παρὰ Κῦρον τε
τρακόσιοι ὁπλῖται καὶ συνεστρατεύοντο ἐπὶ βασιλέα. ἐντεῦθεν 4
ἐξελαύνει σταθμὸν ἕνα παρασάγγας πέντε ἐπὶ πύλας τῆς Κι
λικίας καὶ τῆς Συρίας. ἦσαν δὲ ταῦτα δύο τείχη, καὶ τὸ μὲν
ἔσωθεν τὸ πρὸ τῆς Κιλικίας Συέννεσις εἶχε καὶ Κιλίκων φυ
λακή, τὸ δὲ ἔξω τὸ πρὸ τῆς Συρίας βασιλέως ἐλέγετο φυλακὴ
φυλάττειν. διὰ μέσου δὲ ῥεῖ τούτων ποταμὸς Κάρσος ὄνομα,
εὖρος πλέθρου. ἅπαν δὲ τὸ μέσον τῶν τειχῶν ἦσαν στάδιοι
τρεῖς· καὶ παρελθεῖν οὐκ ἦν βίᾳ· ἦν γὰρ ἡ πάροδος στενὴ καὶ
τὰ τείχη εἰς τὴν θάλατταν καθήκοντα, ὕπερθεν δ' ἦσαν πέ
τραι ἠλίβατοι· ἐπὶ δὲ τοῖς τείχεσιν ἀμφοτέροις ἐφεστήκεσαν
πύλαι. ταύτης ἕνεκα τῆς παρόδου Κῦρος τὰς ναῦς μετεπέμ- 5
ψατο, ὅπως ὁπλίτας ἀποβιβάσειεν εἴσω καὶ ἔξω τῶν πυλῶν,
καὶ βιασάμενοι τοὺς πολεμίους παρέλθοιεν, εἰ φυλάττοιεν ἐπὶ
ταῖς Συρίαις πύλαις, ὅπερ ᾤετο ποιήσειν ὁ Κῦρος τὸν Ἀβρο
κόμαν, ἔχοντα πολὺ στράτευμα. Ἀβροκόμας δὲ οὐ τοῦτ' ἐποίη-

---

3. Χειρίσοφος mit seiner Schaar kam im Auftrage des Spartanischen Staats ebenso wie Tamos mit der Flotte I, 2, 21, wo s. d. Anm. — ἑπτακοσίους und gleich nachher τετρακόσιοι. Vergl. I, 2, 9. Also jetzt, die in den Kilikischen Bergen verlorenen 100 (I, 2, 25) abgerechnet, zusammen circa 14000 Hellenen. — παρὰ τὴν Κύρου σκηνήν, welches also dicht am Meeresufer stand und hier als Hauptpunkt des ganzen Lagers genannt wird. — οἱ παρ' Ἀβροκόμα (dorischer Genit.) mit ἀποστάντες zu verbinden. Diese hatten wahrscheinlich keine Lust gegen ihre Landsleute zu fechten und desertirten von der Syrisch-Kilikischen Grenze, die sie bewachen sollten, zum Kyros, bei dem sie überdiess wohl reicheren Lohn und grösseren Ruhm zu gewinnen hofften.

4. ἦσαν. Ueber den Plural. s. zu I, 2, 23. — ταῦτα, näml. πύλαι, das pron. demonstr. als Subject ist aber auf das Prädikat bezogen. Der Sinn ist: diese πύλαι (d. h. dieser Pass) bestanden aus 2 mit Thoren versehenen Mauern oder Befestigungen, die den an sich schon schmalen Weg zwischen hohen Felsenwänden und dem Meere noch vollends sperrten u. s. w. — Συέννεσις, der aber jetzt (I, 2, 27) mit Kyros verbündet ist. — ὄνομα, εὖρος πλέθρου wie I, 2, 23. — ἦσαν construirt wie I, 2, 10. — οὐκ ἦν, es war nicht möglich. — ἠλίβατοι, ein poetisches Wort, deren Xenophon nicht wenige braucht. — ἐφεστήκεσαν anschaulicher als ἐπῆσαν sein würde.

5. ἔξω wie §. 4, auf Syrischer Seite. — βιασάμενοι — παρέλθοιεν, das ganze Heer. — φυλάττοιεν, nämlich οἱ πολέμιοι. —

σεν, ἀλλ' ἐπεὶ ἤκουσε Κῦρον ἐν Κιλικίᾳ ὄντα, ἀναστρέψας ἐκ Φοινίκης παρὰ βασιλέα ἀπήλαυνεν, ἔχων, ὡς ἐλέγετο, τριά- 6 κοντα μυριάδας στρατιᾶς. ἐντεῦθεν ἐξελαύνει διὰ Συρίας στα- θμὸν ἕνα παρασάγγας πέντε εἰς Μυρίανδον, πόλιν οἰκουμένην ὑπὸ Φοινίκων ἐν τῇ θαλάττῃ· ἐμπόριον δ' ἦν τὸ χωρίον καὶ 7 ὥρμουν αὐτόθι ὁλκάδες πολλαί. ἐνταῦθ' ἔμειναν ἡμέρας ἑπτά· καὶ Ξενίας ὁ Ἀρκὰς στρατηγὸς καὶ Πασίων ὁ Μεγαρεὺς ἐμ- βάντες εἰς πλοῖον καὶ τὰ πλείστου ἄξια ἐνθέμενοι ἀπεπλευ- σαν, ὡς μὲν τοῖς πλείστοις ἐδόκουν, φιλοτιμηθέντες, ὅτι τοὺς στρατιώτας αὐτῶν τοὺς παρὰ Κλέαρχον ἀπελθόντας, ὡς ἀπιόν- τας εἰς τὴν Ἑλλάδα πάλιν καὶ οὐ πρὸς βασιλέα, εἴα Κῦρος τὸν Κλέαρχον ἔχειν. ἐπεὶ δ' οὖν ἦσαν ἀφανεῖς, διῆλθε λόγος, ὅτι διώκει αὐτοὺς Κῦρος τριήρεσι· καὶ οἱ μὲν εὔχοντο ὡς δειλοὺς 8 ὄντας αὐτοὺς ληφθῆναι, οἱ δ' ᾤκτειρον, εἰ ἁλώσοιντο. Κῦρος δὲ συγκαλέσας τοὺς στρατηγοὺς εἶπεν, Ἀπολελοίπασιν ἡμᾶς Ξενίας καὶ Πασίων. ἀλλ' εὖ γε μέντοι ἐπιστάσθωσαν, ὅτι οὔτε ἀποδεδράκασιν· οἶδα γάρ, ὅπη οἴχονται· οὔτε ἀποπεφεύγασιν· ἔχω γὰρ τριήρεις, ὥστε ἑλεῖν τὸ ἐκείνων πλοῖον· ἀλλὰ μὰ τοὺς θεοὺς οὐκ ἔγωγε αὐτοὺς διώξω, οὐδ' ἐρεῖ οὐδείς, ὡς ἐγώ, ἕως

ἐπεὶ ἤκουσε — ὄντα, dass Abrokomas auch von der Anwesenheit der Flotte des Kyros wusste, versteht sich von selbst. Von seinem nicht bloss feigen, sondern wohl auch verrätherischen Verhalten wird zu §. 18. u. I, 7, 12 noch die Rede sein. — στρατιᾶς, d. i. στρατιωτῶν.
6. ἐν τῇ, am.
7. ὡς — ἐδόκουν, wie es — schien, aber persönlich construirt, wie videbantur. — φιλοτιμηθέντες, aus (gekränktem) Ehrgeiz. — Constr. ὅτι Κῦρος εἴα τὸν Κλέαρχον ἔχειν τοὺς στρατ. Vergl. damit I, 2, 21: ὅτι τριήρεις — Ταμὼν ἔχοντα. — ὡς ἀπιόντας — πάλιν, redituros. S. zu I, 1, 3. — καὶ οὐ πρὸς βασιλέα, wozu aus ἀπιόντας das simplex (ἰόντας) zu denken. Diese Worte gewinnen erst ihre Bedeutung, wenn die zu I, 3, 1 ausgesprochene Vermuthung richtig ist, dass Xenias und Pasion ähnlich wie Klearch in Tarsoi ihre sich sträu- benden Leute zum Weitermarsch zu zwingen versuchten. Sie sind empört, dass sie für ihre Hingebung an Kyros den Schimpf ernten, dass die Hälfte ihrer Korps, die, weil sie nicht gegen den König ziehen wollten, zu Klearch übergingen, unter dessen Kommando verbleiben soll. Dass sich übrigens hier noch Andere, ausser Xenias und Pasion, entfernten, muss man schliessen aus III, 1, 10: οἱ πολλοὶ — συνηκολούθησαν.

8. μέντοι, profecto. — ὥστε ἑλεῖν, so dass ich einholen kann. — μὰ, nicht νή, vor τοὺς θεούς, weil eine Verneinung folgt. — οὐδ' οὐδείς, s. zu I, 3, 5. — αὐτοὺς, ipsos, der Plural, weil vorher bei τις nicht bloss an Einen gedacht wird; daher auch χρῶμαι durch αὐτοῖς zu ergänzen. S. zu I, 2, 27. — Τράλλεσι, Stadt am Mäander in Karien. — ἀρετῆς, Verdienste.

ΚΥΡΟΥ ΑΝΑΒΑΣΙΣ Ι, 4.

μὲν ἂν παρῇ τις, χρῶμαι, ἐπειδὰν δὲ ἀπιέναι βούληται, συλλίτωσαν καὶ αὐτοὺς κακῶς ποιῶ καὶ τὰ χρήματα ἀποσυλῶ. ἀλλὰ ἰόντων, εἰδότες, ὅτι κακίους εἰσὶ περὶ ἡμᾶς ἢ ἡμεῖς περὶ ἐκείνους. καίτοι ἔχω γε αὐτῶν καὶ τέκνα καὶ γυναῖκας ἐν Τράλλεσι φρουρούμενα· ἀλλ' οὐδὲ τούτων στερήσονται, ἀλλ' ἀπολήψονται τῆς πρόσθεν ἕνεκα περὶ ἐμὲ ἀρετῆς. καὶ ὁ μὲν 9 ταῦτα εἶπεν· οἱ δὲ Ἕλληνες, εἴ τις καὶ ἀθυμότερος ἦν πρὸς τὴν ἀνάβασιν, ἀκούοντες τὴν Κύρου ἀρετὴν ἥδιον καὶ προθυμότερον συνεπορεύοντο.

Μετὰ ταῦτα Κῦρος ἐξελαύνει σταθμοὺς τέτταρας παρασάγγας εἴκοσιν ἐπὶ τὸν Χάλον ποταμόν, ὄντα τὸ εὖρος πλέθρου, πλήρη δ' ἰχθύων μεγάλων καὶ πραέων, οὓς οἱ Σύροι θεοὺς ἐνόμιζον καὶ ἀδικεῖν οὐκ εἴων, οὐδὲ τὰς περιστεράς. αἱ δὲ κῶμαι, ἐν αἷς ἐσκήνουν, Παρυσάτιδος ἦσαν, εἰς ζώνην δεδομέναι. ἐντεῦθεν ἐξελαύνει σταθμοὺς πέντε παρασάγγας τριά- 10 κοντα ἐπὶ τὰς πηγὰς τοῦ Δάρδατος ποταμοῦ, οὗ τὸ εὖρος πλέθρου. ἐνταῦθα ἦσαν τὰ Βελέσυος βασίλεια τοῦ Συρίας ἄρξαντος καὶ παράδεισος πάνυ μέγας καὶ καλός, ἔχων πάντα ὅσα ὧραι φύουσι. Κῦρος δ' αὐτὸν ἐξέκοψε καὶ τὰ βασίλεια κατέκαυσεν. ἐντεῦθεν ἐξελαύνει σταθμοὺς τρεῖς παρασάγγας 11 πεντεκαίδεκα ἐπὶ τὸν Εὐφράτην ποταμόν, ὄντα τὸ εὖρος τεττάρων σταδίων· καὶ πόλις αὐτόθι ᾠκεῖτο μεγάλη καὶ εὐδαίμων Θάψακος ὄνομα. ἐνταῦθα ἔμειναν ἡμέρας πέντε· καὶ Κῦρος μεταπεμψάμενος τοὺς στρατηγοὺς τῶν Ἑλλήνων ἔλεγεν, ὅτι ἡ ὁδὸς ἔσοιτο πρὸς βασιλέα μέγαν εἰς Βαβυλῶνα· καὶ κελεύει αὐτοὺς λέγειν ταῦτα τοῖς στρατιώταις καὶ ἀναπείθειν

---

9. Die hier gezeigte ἀρετή, d. i. Grossmuth, des Kyros sollte bald (§. 12) ihre Wirkung thun. — θεοὺς — τὰς περιστεράς. Nach der Sage wurde Derketo oder Aschera, verehrt in Syrien als Landesgöttin, in einen Fisch, deren Tochter Semiramis in eine Taube verwandelt. Darum assen die Syrer weder Fische, noch Tauben. — οὐδὲ τὰς περ. reiht sich lose an, als ob nicht ein Nebensatz mit οἷς, sondern ein Hauptsatz mit τούτους vorherginge. — εἰς ζώνην, als Gürtelgeld. Den Frauen, Prinzessinnen, auch Günstlingen am Persischen Hofe (Nepos Them. X, 3) wurden Städte, Dörfer oder auch grössere Bezirke des Reichs zugewiesen, aus denen sie die Kosten für gewisse Bedürfnisse bestreiten sollten: εἰς ζώνην, εἰς ὑποδήματα, εἰς καλύπτραν, πρὸς μύρα u. a.

10. ἦσαν τὰ — βασίλεια wie I, 2, 23. — τοῦ ἄρξαντος, der (bis zur Ankunft des Kyros) Syrien (als Satrap) beherrscht hatte. — ὧραι ohne Artikel. S. zu I, 1, 1.

12 ἕπεσθαι. οἱ δὲ ποιήσαντες ἐκκλησίαν ἀπήγγελλον ταῦτα· οἱ δὲ στρατιῶται ἐχαλέπαινον τοῖς στρατηγοῖς καὶ ἔφασαν αὐτοὺς πάλαι ταῦτ' εἰδότας κρύπτειν καὶ οὐκ ἔφασαν ἰέναι, ἐὰν μή τις αὐτοῖς χρήματα διδῷ, ὥσπερ καὶ τοῖς προτέροις μετὰ Κύρου ἀναβᾶσι παρὰ τὸν πατέρα τοῦ Κύρου, καὶ ταῦτα οὐκ ἐπὶ
13 μάχην ἰόντων, ἀλλὰ καλοῦντος τοῦ πατρὸς Κῦρον. ταῦτα οἱ στρατηγοὶ Κύρῳ ἀπήγγελλον· ὁ δ' ὑπέσχετο ἀνδρὶ ἑκάστῳ δώσειν πέντε ἀργυρίου μνᾶς, ἐπὰν εἰς Βαβυλῶνα ἥκωσι, καὶ τὸν μισθὸν ἐντελῆ μέχρι ἂν καταστήσῃ τοὺς Ἕλληνας εἰς Ἰωνίαν πάλιν. τὸ μὲν δὴ πολὺ τοῦ Ἑλληνικοῦ οὕτως ἐπείσθη. Μένων δὲ πρὶν δῆλον εἶναι, τί ποιήσουσιν οἱ ἄλλοι στρατιῶται, πότερον ἕψονται Κύρῳ ἢ οὔ, συνέλεξε τὸ αὑτοῦ στράτευμα
14 χωρὶς τῶν ἄλλων καὶ ἔλεξε τάδε. Ἄνδρες, ἐάν μοι πεισθῆτε, οὔτε κινδυνεύσαντες οὔτε πονήσαντες τῶν ἄλλων πλέον προτιμήσεσθε στρατιωτῶν ὑπὸ Κύρου. τί οὖν κελεύω ποιῆσαι; νῦν

---

12. *ἐχαλέπαινον τοῖς στρατηγοῖς*, also nicht dem Kyros, der durch sein hochherziges Wesen, besonders durch sein Verhalten nach der Flucht des Xenias und Pasion, die für solche Eindrücke so empfänglichen Hellenen vollständig für sich gewonnen hatte. Uebrigens war es nicht Furcht vor der Macht des „grossen Königs", sondern Scheu in das von ihrer Heimath so weit entfernte Innere des grossen Perserreichs zu ziehen, was sie in Tarsoi zur Auflehnung brachte. Dazu kam noch der Unwille, dass sie wie willenlose Werkzeuge zu einem vorher nicht ausgemachten Zwecke (I, 3, 1) in's Weite geführt würden. Am Euphrat angelangt hatten sie diesen Unwillen und jene Scheu bereits überwunden, die Versprechungen des Kyros thaten das Uebrige. Nur ihrer sittlichen Entrüstung, dass ihre heimischen Führer sie lange, wie sie irrthümlich meinten — denn ausser Klearch (s. III, 1, 10) wusste Niemand mit Bestimmtheit, was Kyros vorhabe — täuschen konnten, geben sie jetzt noch einen Ausdruck. — *αὐτοὺς — κρύπτειν* gleich ὅτι — ἔκρυπτον. — *οὐκ ἔφασαν ἰέναι* wie I, 3, 1. — *τις*, man; worin liegt, dass sie dieselbe Forderung stellen würden, wenn statt Kyros ein Anderer der Unternehmer eines solchen Zuges wäre. — Ueber καὶ nach ὥσπερ s. zu I, 3, 16. — *τοῖς προτέροις* wie *προτέρα* I, 2, 25. — *καὶ ταῦτα*, und zwar. B. 150, 16. K. 51, A. 14. Vergl. zu I, 9, 29. — Für *ἰόντων*, als auf *τοῖς προτέροις* gehend, erwartet man *ἰοῦσι*; da aber nach *ἀλλὰ* das Eintreten eines anderen Subjects den gen. abs. nöthig macht, so wird in dem mit diesem in enger Beziehung stehenden Satzglied dieselbe Construction angewendet, indem zu *ἰόντων* das Subject zu ergänzen ist wie I, 2, 17 bei *προϊόντων*.

13. *τὸ — πολὺ*, die grosse Masse, abgesehen von Einzelnen, die nur widerwillig folgten; denn an eine Umkehr durch feindliches Land nach der Syrischen Küste konnten kleinere Trupps doch nicht denken.

14. *προτιμήσεσθε*, passivisch; *προ* wird durch *πλέον* noch verstärkt. — *νῦν δεῖται*, jetzt bedarf, d. h. das ist der Moment, wo dem Kyros alles darauf ankommt, dass —.

δεῖται Κῦρος ἕπεσθαι τοὺς Ἕλληνας ἐπὶ βασιλέα· ἐγὼ οὖν φημι ὑμᾶς χρῆναι διαβῆναι τὸν Εὐφράτην ποταμὸν πρὶν δῆλον εἶναι, ὅ τι οἱ ἄλλοι Ἕλληνες ἀποκρινοῦνται Κύρῳ. ἢν μὲν 15 γὰρ ψηφίσωνται ἕπεσθαι, ὑμεῖς δόξετε αἴτιοι εἶναι ἄρξαντες τοῦ διαβαίνειν, καὶ ὡς προθυμοτάτοις οὖσιν ὑμῖν χάριν εἴσεται Κῦρος καὶ ἀποδώσει· ἐπίσταται δ᾽, εἴ τις καὶ ἄλλος· ἢν δ᾽ ἀποψηφίσωνται οἱ ἄλλοι, ἄπιμεν μὲν ἅπαντες τοὔμπαλιν, ὑμῖν δὲ ὡς μόνοις πειθομένοις πιστοτάτοις χρήσεται καὶ εἰς φρούρια καὶ εἰς λοχαγίας, καὶ ἄλλου οὕτινος ἂν δέησθε οἶδα 16 ὅτι ὡς φίλου τεύξεσθε Κύρου. ἀκούσαντες ταῦτα ἐπείθοντο καὶ διέβησαν πρὶν τοὺς ἄλλους ἀποκρίνασθαι. Κῦρος δ᾽ ἐπεὶ ᾔσθετο διαβεβηκότας, ἥσθη τε καὶ τῷ στρατεύματι πέμψας Γλοῦν εἶπεν, Ἐγὼ μέν, ὦ ἄνδρες, ἤδη ὑμᾶς ἐπαινῶ· ὅπως δὲ καὶ ὑμεῖς ἐμὲ ἐπαινέσετε, ἐμοὶ μελήσει, ἢ μηκέτι με Κῦρον νομίζετε. οἱ μὲν δὴ στρατιῶται ἐν ἐλπίσι μεγάλαις ὄντες 17 εὔχοντο αὐτὸν εὐτυχῆσαι, Μένωνι δὲ καὶ δῶρα ἐλέγετο πέμψαι μεγαλοπρεπῶς. ταῦτα δὲ ποιήσας διέβαινε· συνείπετο δὲ καὶ τὸ ἄλλο στράτευμα αὐτῷ ἅπαν. καὶ τῶν διαβαινόντων τὸν ποταμὸν οὐδεὶς ἐβρέχθη ἀνωτέρω τῶν μαστῶν ὑπὸ τοῦ ποταμοῦ. οἱ δὲ Θαψακηνοὶ ἔλεγον, ὅτι οὐπώποθ᾽ οὗτος ὁ ποταμὸς διαβατὸς γένοιτο πεζῇ εἰ μὴ τότε, ἀλλὰ πλοίοις, ἃ τότε 18 Ἀβροκόμας προϊὼν κατέκαυσεν, ἵνα μὴ Κῦρος διαβῇ. ἐδόκει

---

15. τοῦ διαβ. von αἴτιοι abhängig. — ἄρξαντες, weil ihr —. — καὶ nach εἴ τις wie §. 12. — καὶ ἄλλου οὕτινος, und was ihr sonst —.
16. διαβεβηκότας, näml. αὐτούς. S. zu I, 2, 27. — Γλοῦν, Sohn des Admirals Tamos II, 1, 3.
17. ἐλέγετο — διέβαινε mit verschiedenen Subjecten. — οὐδεὶς — τῶν μαστῶν. Der Euphrat, bei Thapsos ein mächtiger Strom von fast einer viertelstündigen Breite, hat seinen höchsten Wasserstand Ende Mai und Anfang Juni: doch auch Ende Juli ist er gewöhnlich nicht so flach, wie ihn das Heer des Kyros jetzt fand. Uebrigens erklärt sich die dem Kyros schmeicheln sollende und darum wohl etwas übertriebene Aeusserung der Thapsakener leicht aus dem Umstande, dass zum Durchschreiten des breiten Stromes, da zum Ueberfahren sonst immer Schiffe da waren, gewöhnlich keine Veranlassung war.
18. πεζῇ, ein nöthiger Zusatz zu διαβατός, da διαβαίνειν überhaupt traicere ist und also auch auf Schiffen übersetzen heissen kann, wie gleich nachher in ἵνα μὴ — διαβῇ. — Wegen εἰ μὴ nach οὐπώποθ᾽. s. zu §. 6. — ἃ — κατέκαυσε. Das war also das einzige Hinderniss, welches Abrokomas mit seinen 300000 Mann (§. 5) dem Feinde seines Königs entgegen zu stellen wusste! — διαβῇ, der Conjunctiv nach einem Präteritum häufige Abweichung von der gewöhnlichen Regel, die sich oft aus der Neigung in die or. recta überzu-

δὴ θεῖον εἶναι καὶ σαφῶς ὑποχωρῆσαι τὸν ποταμὸν Κύρῳ ὡς
19 βασιλεύσοντι. ἐντεῦθεν ἐξελαύνει διὰ τῆς Συρίας σταθμοὺς
ἐννέα παρασάγγας πεντήκοντα· καὶ ἀφικνοῦνται πρὸς τὸν
Ἀράξην ποταμόν. ἐνταῦθα ἦσαν κῶμαι πολλαὶ μεσταὶ σίτου
καὶ οἴνου. ἐνταῦθα ἔμειναν ἡμέρας τρεῖς καὶ ἐπεσιτίσαντο.

V. Ἐντεῦθεν ἐξελαύνει διὰ τῆς Ἀραβίας τὸν Εὐφράτην ποταμὸν
ἐν δεξιᾷ ἔχων σταθμοὺς ἐρήμοις πέντε παρασάγγας τριάκοντα
καὶ πέντε. ἐν τούτῳ δὲ τῷ τόπῳ ἦν μὲν ἡ γῆ πεδίον ἅπαν
ὁμαλὲς ὥσπερ θάλαττα, ἀψινθίου δὲ πλῆρες· εἰ δέ τι καὶ
ἄλλο ἐνῆν ὕλης ἢ καλάμου, ἅπαντα ἦσαν εὐώδη ὥσπερ ἀρώ-
2 ματα· δένδρον δ' οὐδὲν ἐνῆν, θηρία δὲ παντοῖα, πλεῖστοι
ὄνοι ἄγριοι, πολλαὶ δὲ στρουθοὶ αἱ μεγάλαι· ἐνῆσαν δὲ καὶ

---

5. Inhalt: Am linken Ufer des Euphrat geht es weiter durch eine unabsehbare, mit duftenden Kräutern bewachsene, sonst aber kahle Ebene, die jedoch durch eine Menge von Thieren belebt wurde, deren Jagd wenigstens hinlängliches Fleisch lieferte. Mit sonstigen Nahrungsmitteln versahen sie sich erst wieder in der nächsten Stadt, Korsote am Euphrat. Von da aus werden wieder 13, meist sehr beschwerliche Tagemärsche in der heissen Zeit des Monats August, zurückgelegt bis zu den Babylonischen Pforten. Der Proviant nämlich, der bald wieder ausgeht, ist in diesen öden Gegenden nicht zu ersetzen und die Thiere, denen es an Futter fehlt, fallen in Menge. Dazu kommt noch im südlichen Theil des arabischen Mesopotamiens durch hügliches, theils auch bergiges Land am Flusse hinführender morastiger Weg, so dass Kyros volle Gelegenheit hatte, die seltene Kunst zu zeigen, mit der er Menschen und Umstände beherrschte. Er machte grosse Tagemärsche, theils um über das öde Land schneller hinauszukommen, theils auch um dem Könige möglichst wenig Zeit zur Gegenrüstung zu lassen. Endlich erreichte man gegen Ende August die Stelle am Euphrat, der gegenüber jenseits des Flusses die Stadt Charmande lag, von wo aus sie sich reichlich mit Lebensmitteln versorgen konnten. Während sie aber hier lagern, entsteht ein Streit zwischen Klearch und Menon, der für das ganze Unternehmen verhängnissvoll werden konnte, wenn er nicht durch Kyros kluges und energisches Dazwischentreten noch zur rechten Stunde geschlichtet worden wäre.

---

gehen erklärt. B. 139, 9 u. 45. K. 54, 8, 2. — θεῖον, ein göttliches Zeichen.

19. τῆς Συρίας. Zu diesem rechnete man damals auch das Land zwischen Euphrat und Tigris, das erst später Mesopotamien genannt wird.

1. Ἀραβίας. So hiess damals der Theil Mesopotamiens südlich vom Flusse Araxes. — ἅπαν, völlig. Eine so unabsehbare Steppe war den Hellenen ein ganz fremder Anblick, war aber geeignet sie an das heimische Meer zu erinnern. — εἰ — τι (gleich ὅ τι) — ἅπαντα wie ὅστις — πάντας I, 1, 5. — Wegen des Plurals ἦσαν s. zu I, 2, 23.

2. στρ. αἱ μεγάλαι, Strausse. —

ὠτίδες καὶ δορκάδες· ταῦτα δὲ τὰ θηρία οἱ ἱππεῖς ἐνίοτε ἐδίωκον. καὶ οἱ μὲν ὄνοι, ἐπεί τις διώκοι, προδραμόντες ἔστασαν· πολὺ γὰρ τῶν ἵππων ἔτρεχον θᾶττον· καὶ πάλιν, ἐπεὶ πλησιάζοιεν οἱ ἵπποι, ταὐτὸν ἐποίουν, καὶ οὐκ ἦν λαβεῖν, εἰ μὴ διαστάντες οἱ ἱππεῖς θηρῷεν διαδεχόμενοι. τὰ δὲ κρέα τῶν ἁλισκομένων ἦν παραπλήσια τοῖς ἐλαφείοις, ἁπαλώτερα δέ. στρουθὸν δὲ οὐδεὶς ἔλαβεν· οἱ δὲ διώξαντες τῶν ἱππέων 3 ταχὺ ἐπαύοντο· πολὺ γὰρ ἀπέσπα φεύγουσα, τοῖς μὲν ποσὶ δρόμῳ, ταῖς δὲ πτέρυξιν ἄρασα ὥσπερ ἱστίῳ χρωμένη. τὰς δὲ ὠτίδας ἄν τις ταχὺ ἀνιστῇ, ἔστι λαμβάνειν· πέτονται γὰρ βραχὺ ὥσπερ πέρδικες καὶ ταχὺ ἀπαγορεύουσι. τὰ δὲ κρέα αὐτῶν ἥδιστα ἦν. πορευόμενοι δὲ διὰ ταύτης τῆς χώρας ἀφι- 4 κνοῦνται ἐπὶ τὸν Μάσκαν ποταμόν, τὸ εὖρος πλεθριαῖον. ἐνταῦθα ἦν πόλις ἐρήμη, μεγάλη, ὄνομα δ' αὐτῇ Κορσωτή· περιερρεῖτο δ' αὕτη ὑπὸ τοῦ Μάσκα κύκλῳ. ἐνταῦθ' ἔμειναν ἡμέρας τρεῖς καὶ ἐπεσιτίσαντο. ἐντεῦθεν ἐξελαύνει σταθμοὺς 5 ἐρήμους τρισκαίδεκα παρασάγγας ἐνενήκοντα τὸν Εὐφράτην ποταμὸν ἐν δεξιᾷ ἔχων, καὶ ἀφικνεῖται ἐπὶ Πύλας. ἐν τούτοις τοῖς σταθμοῖς πολλὰ τῶν ὑποζυγίων ἀπώλετο ὑπὸ λιμοῦ· οὐ γὰρ ἦν χόρτος οὐδὲ ἄλλο οὐδὲν δένδρον, ἀλλὰ ψιλὴ ἦν ἅπασα ἡ χώρα· οἱ δὲ ἐνοικοῦντες ὄνους ἀλέτας παρὰ τὸν ποταμὸν ὀρύττοντες καὶ ποιοῦντες εἰς Βαβυλῶνα ἦγον καὶ ἐπώ-

---

Ueber die Opt. διώκοι und nachher πλησιάζοιεν s. zu I, 2, 7. — πολὺ gehört zu θᾶττον. — οὐκ ἦν wie I, 4, 4. — δια in διαστάντες ist in Zwischenräumen. — Das Object zu διαδεχόμενοι ergiebt sich aus θηρῷεν, näml. τὴν θήραν.
3. ἀπέσπα, er führte sie weit (vom Heere) weg. — δρόμῳ, eigentl. als Lauf, dem genau entsprechen würde ἄρσει, als Hebung, wofür, da Xen. dieses Substantiv noch nicht hat, αἴρουσα; also: mit (χρωμένη) den Füssen laufend, mit den Flügeln (hebend, näml. den Körper, d. i.) sich hebend. — ταχὺ bei ἀνιστῇ, aufjagt, hat den Sinn: sie überraschend, schnell vor ihnen stehend.
4. Μάσκαν ποταμὸν. Xen. scheint einen aus dem Euphrat abgeleiteten Kanal für einen Fluss gehalten zu haben, der sich in dieser Gegend nicht findet. — ἐρήμη, wohl nur momentan von den Einwohnern aus Furcht vor dem heranrückenden Heere verlassen.
5. Πύλας, näml. τὰς Βαβυλωνίας, ein Pass, der aus dem südlichen Mesopotamisch-Arabischen Hügellande in das Babylonische Tiefland führt. — ὑπὸ, vor, eigentl. unter Einwirkung. — οὐδὲ—οὐδέν. S. zu I, 3, 5. — ἄλλο, wie unser sonst, indem man bei χόρτος zugleich an die χόρτος und δένδρον als Arten umfassende Gattung (Bodenerzeugnisse) denkt. — ποιοῦντες, zurecht machend.

6 λουν καὶ ἀνταγοράζοντες σῖτον ἔζων. τὸ δὲ στράτευμα ὁ σῖτος ἐπέλιπε, καὶ πρίασθαι οὐκ ἦν εἰ μὴ ἐν τῇ Λυδίᾳ ἀγορᾷ ἐν τῷ Κύρου βαρβαρικῷ, τὴν καπίθην ἀλεύρων ἢ ἀλφίτων τεττάρων σίγλων. ὁ δὲ σίγλος δίναται ἑπτὰ ὀβολοὺς καὶ ἡμιωβόλιον Ἀττικούς· ἡ δὲ καπίθη δύο χοίνικας Ἀττικὰς ἐχώρει.
7 κρέα οὖν ἐσθίοντες οἱ στρατιῶται διεγίγνοντο. ἦν δὲ τούτων τῶν σταθμῶν οὓς πάνυ μακροὺς ἤλαινεν, ὁπότε ἢ πρὸς ὕδωρ βούλοιτο διατελέσαι ἢ πρὸς χιλόν. καὶ δή ποτε στενοχωρίας καὶ πηλοῦ φανέντος ταῖς ἁμάξαις δυσπορεύτου ἐπέστη ὁ Κῦρος σὺν τοῖς περὶ αὐτὸν ἀρίστοις καὶ εὐδαιμονεστάτοις καὶ ἔταξε Γλοῦν καὶ Πίγρητα λαβόντας τοῦ βαρβαρικοῦ στρατοῦ
8 συνεκβιβάζειν τὰς ἁμάξας. ἐπεὶ δ' ἐδόκουν αὐτῷ σχολαίως ποιεῖν, ὥσπερ ὀργῇ ἐκέλευσε τοὺς περὶ αὐτὸν Πέρσας τοὺς κρατίστους συνεπισπεῦσαι τὰς ἁμάξας. ἔνθα δὴ μέρος τι τῆς εὐταξίας ἦν θεάσασθαι. ῥίψαντες γὰρ τοὺς πορφυροῦς κάνδυς ὅπου ἔτυχεν ἕκαστος ἑστηκώς, ἵεντο ὥσπερ ἂν δράμοι τις περὶ νίκης καὶ μάλα κατὰ πρανοῦς γηλόφου, ἔχοντες τούτους τε τοὺς πολυτελεῖς χιτῶνας καὶ τὰς ποικίλας ἀναξυρίδας, ἔνιοι δὲ καὶ στρεπτοὺς περὶ τοῖς τραχήλοις καὶ ψέλια περὶ ταῖς χερσίν· εὐθὺς δὲ σὺν τούτοις εἰσπηδήσαντες εἰς τὸν πηλὸν θᾶττον ἢ ὥς τις ἂν ᾤετο μετεώρους ἐξεκόμισαν τὰς ἁμάξας.
9 τὸ δὲ σύμπαν δῆλος ἦν Κῦρος ὡς σπεύδων πᾶσαν τὴν ὁδὸν καὶ οὐ διατρίβων ὅπου μὴ ἐπισιτισμοῦ ἕνεκα ἢ τινος ἄλλου

---

6. ἐπέλιπε, war ausgegangen, defecerat. — οὐκ — εἰ μή, non nisi. — Λυδίᾳ. Lydische Händler waren es, die dem Persischen Heere des Kyros folgten, um es mit Lebensmitteln zu versorgen. S. zu I, 3, 14. — Vor τὴν καπίθην füge nämlich ein. — τεττάρων σίγλων, gen. pretii. — δύναται, valet, gilt. — δύο χοίνικας. Ueber den Plur. s. zu I, 1, 1. Solcher Chöniken brauchte der Soldat täglich eine, so dass er also für sein tägliches Brod 15 Obolen, d. i. gegen 19 Sgr. aufzuwenden hatte, während sein ganzer Monatssold (I, 3, 21) nur anderthalb Dareiken, d. i. etwa 7½ Thaler betrug. — ἐχώρει, fasste.

7. διεγίγνοντο mit dem Particip. wie διατελεῖν, worüber s. zu I, 1, 2. — ἦν — οὕς. Ueber ἔστιν οἵ gleich ἔνιοι s. B. 150, 21. K. 61, 5. A. 3 u. 4. — διατελέσαι, nämlich τὴν ὁδόν. — εὐδαιμονεστάτους, sehr wohlhabend. — τοῦ — στρατοῦ, gen. partitivus: Leute vom P. H.
8. μέρος τι, ein gutes Stück. Das folgende τῆς bezeichnet die εὐταξία im Persischen Heere als eine bekannte Sache. — ὥσπερ — τις, gerade als ob man. — καὶ, und zwar. — μάλα mit πρανοῦς zu verbinden. — τούτους, d. i. die den Griechen wohlbekannten, auffallenden.
9. τὸ — σύμπαν, im Ganzen. — συναγείρεσθαι. Das Sammeln ge-

ἀναγκαίου ἐκαθέζετο, νομίζων, ὅσῳ μὲν θᾶττον ἔλθοι, τοσούτῳ ἀπαρασκευαστοτέρῳ βασιλεῖ μαχεῖσθαι, ὅσῳ δὲ σχολαίτερον, τοσούτῳ πλέον συναγείρεσθαι βασιλεῖ στράτευμα. καὶ συνιδεῖν δ' ἦν τῷ προσέχοντι τὸν νοῦν ἡ βασιλέως ἀρχὴ πλήθει μὲν χώρας καὶ ἀνθρώπων ἰσχυρὰ οὖσα, τοῖς δὲ μήκεσι τῶν ὁδῶν καὶ τῷ διεσπάσθαι τὰς δυνάμεις ἀσθενής, εἴ τις διὰ ταχέων τὸν πόλεμον ἐποιεῖτο. πέραν δὲ τοῦ Εὐφράτου 10 ποταμοῦ κατὰ τοὺς ἐρήμους σταθμοὺς ἦν πόλις εὐδαίμων καὶ μεγάλη, ὄνομα δὲ Χαρμάνδη· ἐκ ταύτης οἱ στρατιῶται ἠγόραζον τὰ ἐπιτήδεια, σχεδίαις διαβαίνοντες ὧδε. διφθέρας ἃς εἶχον στεγάσματα ἐπίμπλασαν χόρτου κούφου, εἶτα συνῆγον καὶ συνέσπων, ὡς μὴ ἅπτεσθαι τῆς κάρφης τὸ ὕδωρ· ἐπὶ τούτων διέβαινον καὶ ἐλάμβανον τὰ ἐπιτήδεια, οἶνόν τε ἐκ τῆς βαλάνου πεποιημένον τῆς ἀπὸ τοῦ φοίνικος καὶ σῖτον μελίνης· τοῦτο γὰρ ἦν ἐν τῇ χώρᾳ πλεῖστον. ἀμφιλεξάντων δέ τι ἐν- 11 ταῦθα τῶν τε τοῦ Μένωνος στρατιωτῶν καὶ τῶν τοῦ Κλεάρχου ὁ Κλέαρχος κρίνας ἀδικεῖν τὸν τοῦ Μένωνος πληγὰς ἐνέβαλεν· ὁ δὲ ἐλθὼν πρὸς τὸ ἑαυτοῦ στράτευμα ἔλεγεν· ἀκούσαντες δ' οἱ στρατιῶται ἐχαλέπαινον καὶ ὠργίζοντο ἰσχυρῶς τῷ Κλεάρχῳ. τῇ δὲ αὐτῇ ἡμέρᾳ Κλέαρχος ἐλθὼν ἐπὶ τὴν διάβασιν τοῦ πο- 12 ταμοῦ καὶ ἐκεῖ κατασκεψάμενος τὴν ἀγορὰν ἀφιππεύει ἐπὶ τὴν ἑαυτοῦ σκηνὴν διὰ τοῦ Μένωνος στρατεύματος σὺν ὀλίγοις τοῖς περὶ αὐτόν· Κῦρος δὲ οὔπω ἧκεν, ἀλλ' ἔτι προσήλαυνε· τῶν δὲ Μένωνος στρατιωτῶν ξύλα σχίζων τις ὡς εἶδε Κλέαρχον διελαύνοντα, ἵησι τῇ ἀξίνῃ· καὶ οὗτος μὲν αὐτοῦ ἥμαρτεν· ἄλλος δὲ λίθῳ καὶ ἄλλος, εἶτα πολλοί, κραυγῆς γενομένης. ὁ δὲ καταφεύγει εἰς τὸ ἑαυτοῦ στράτευμα καὶ εὐθὺς παραγγέλ- 13 λει εἰς τὰ ὅπλα· καὶ τοὺς μὲν ὁπλίτας αὐτοῦ ἐκέλευσε μεῖναι

---

schieht jetzt schon; daher das Präsens. — διὰ ταχέων, schnell, gewöhnlicher διὰ τάχους.

10. κατὰ — σταθμούς, gegenüber der Strecke, welche sie durch ödes Land zogen. — στεγάσματα, als Zeltdecken. — συνέσπων, zusammennähten. — ὡς mit d. Infin. wie ὥστε I, 4, 8. — τοῦτο geht auf μελίνη: diese (ganze) Getreideart. — τὸν τοῦ Μ., der den Streit angefangen.
11. ἐνέβαλε, näml. αὐτῷ, wie I, 2, 27.
12. τὴν διάβασιν, hier der Ort. — ἧκεν, advenerat. — ἄλλος — καὶ ἄλλος (näml. ἵησι) wie ἄλλη καὶ αὖθις ἄλλη IV, 7, 2.
13. παραγγέλλει εἰς τὰ ὅπλα, conclamat ad arma, militärischer Terminus. — οἱ δὲ, Andere aber.

τὰς ἀσπίδας πρὸς τὰ γόνατα θέντας, αὐτὸς δὲ λαβὼν τοὺς Θρᾷκας καὶ τοὺς ἱππέας, οἳ ἦσαν αὐτῷ ἐν τῷ στρατεύματι πλείους ἢ τετταράκοντα, τούτων δὲ οἱ πλεῖστοι Θρᾷκες, ἤλαυνεν ἐπὶ τοὺς Μένωνος, ὥστ' ἐκείνους ἐκπεπλῆχθαι καὶ αὐτὸν Μένωνα, καὶ τρέχειν ἐπὶ τὰ ὅπλα· οἱ δὲ καὶ ἕστασαν ἀπορ-
14 ροῦντες τῷ πράγματι. ὁ δὲ Πρόξενος, ἔτυχε γὰρ ὕστερος προσιὼν καὶ τάξις αὐτῷ ἑπομένη τῶν ὁπλιτῶν, εὐθὺς οὖν εἰς τὸ μέσον ἀμφοτέρων ἄγων ἔθετο τὰ ὅπλα καὶ ἐδεῖτο τοῦ Κλεάρχου μὴ ποιεῖν ταῦτα. ὁ δ' ἐχαλέπαινεν, ὅτι αὐτοῦ ὀλίγου δεήσαντος καταλευσθῆναι πράως λέγοι τὸ αὐτοῦ πάθος, ἐκέ-
15 λευσέ τε αὐτὸν ἐκ τοῦ μέσου ἐξίστασθαι. ἐν τούτῳ δὲ ἐπῄει καὶ Κῦρος καὶ ἐπύθετο τὸ πρᾶγμα· εὐθὺς δ' ἔλαβε τὰ παλτὰ εἰς τὰς χεῖρας καὶ σὺν τοῖς παροῦσι τῶν πιστῶν ἧκεν ἐλαύνων
16 εἰς τὸ μέσον καὶ λέγει τάδε. Κλέαρχε καὶ Πρόξενε καὶ οἱ ἄλλοι οἱ παρόντες Ἕλληνες, οὐκ ἴστε ὅ τι ποιεῖτε. εἰ γάρ τινα ἀλλήλοις μάχην συνάψετε, νομίζετε ἐν τῇδε τῇ ἡμέρᾳ ἐμέ τε κατακεκόψεσθαι καὶ ἡμᾶς οὐ πολὺ ἐμοῦ ὕστερον· κακῶς γὰρ τῶν ἡμετέρων ἐχόντων πάντες οὗτοι, οὓς ὁρᾶτε, βάρβαροι πολεμιώτεροι ἡμῖν ἔσονται τῶν παρὰ βασιλεῖ ὄντων. ἀκούσας
17 ταῦτα ὁ Κλέαρχος ἐν ἑαυτῷ ἐγένετο· καὶ παυσάμενοι ἀμφότεροι κατὰ χώραν ἔθεντο τὰ ὅπλα.

---

14. ὕστερος wie προτέρα I, 2, 25. — οὖν, wie igitur, nimmt den durch die Parenthese unterbrochenen Satz wieder auf. — ἔθετο τὰ ὅπλα, machte Halt. — ὀλίγου δεήσαντος, obgleich (ihm) wenig gefehlt hätte, dass er —. πράως — πάθος, beide im Klange etwas ähnlich: dass er so (ohne πάθος, leidenschaftslos) ruhig das ihm widerfahrende Leid bespräche.

15. τὰ παλτὰ, die (beiden) Speere, die jeder Persische Reiter führte, die Kyros auch I, 8, 3 ergreift, wohl aus der Hand des begleitenden Waffenträgers.

16. Πρόξενε. Dass dieser an dem Streite unschuldig war und gerade vermitteln wollte, konnte Kyros nicht wissen. — οἱ ἄλλοι, d. i. ἡμεῖς οἱ ἄλλοι, ihr Uebrigen. Die Apposition nach dem Vokativ hat den Artikel des Nominativs, der auch gesetzt wird, wenn wie hier der Vokativ als persönliches Pronomen im Verbum verborgen liegt. — τῶν ἡμετέρων, unsere Sache. — πολεμιώτεροι — ἔσονται, schon deshalb, weil das Hellenische Heer vom Kyros so sichtbar vor dem Persischen begünstigt wurde.

17. ἐν ἑαυτῷ ἐγένετο, kam er (wieder) zur Besinnung. — κατὰ χώραν, an ihren Platz, d. h. jeder an die Stelle, die ihm im Lager angewiesen war.

Ἐντεῦθεν προϊόντων ἐφαίνετο ἴχνη ἵππων καὶ κόπρος· VI. εἰκάζετο δ' εἶναι ὁ στίβος ὡς δισχιλίων ἵππων. οὗτοι προϊόντες ἔκαιον καὶ χιλὸν καὶ εἴ τι ἄλλο χρήσιμον ἦν. Ὀρόντας δὲ Πέρσης ἀνὴρ γένει τε προσήκων βασιλεῖ καὶ τὰ πολέμια λεγόμενος ἐν τοῖς ἀρίστοις Περσῶν ἐπιβουλεύει Κύρῳ καὶ πρόσθεν πολεμήσας, καταλλαγεὶς δέ. οὗτος Κύρῳ εἶπεν, εἰ 2 αὐτῷ δοίη ἱππέας χιλίους, ὅτι τοὺς προκατακαίοντας ἱππέας ἢ κατακάνοι ἂν ἐνεδρεύσας ἢ ζῶντας πολλοὺς αὐτῶν ἂν ἕλοι καὶ κωλύσειε τοῦ καίειν ἐπιόντας καὶ ποιήσειεν, ὥστε μήποτε δύνασθαι αὐτοὺς ἰδόντας τὸ Κύρου στράτευμα βασιλεῖ διαγγεῖλαι. τῷ δὲ Κύρῳ ἀκούσαντι ταῦτα ἐδόκει ὠφέλιμα εἶναι, καὶ ἐκέλευσεν αὐτὸν λαμβάνειν μέρος παρ' ἑκάστου τῶν ἡγεμόνων. ὁ δ' Ὀρόντας νομίσας ἑτοίμους εἶναι αὐτῷ τοὺς ἱππεῖς γράφει 3 ἐπιστολὴν παρὰ βασιλέα, ὅτι ἥξοι ἔχων ἱππεῖς ὡς ἂν δύνηται πλείστους· ἀλλὰ φράσαι τοῖς ἑαυτοῦ ἱππεῦσιν ἐκέλευεν ὡς φίλιον αὐτὸν ὑποδέχεσθαι. ἐνῆν δὲ ἐν τῇ ἐπιστολῇ καὶ τῆς πρόσθεν φιλίας ὑπομνήματα καὶ πίστεως. ταύτην τὴν ἐπιστολὴν δίδωσι πιστῷ ἀνδρὶ, ὡς ᾤετο· ὁ δὲ λαβὼν Κύρῳ δί- 4 δωσιν. ἀναγνοὺς δὲ αὐτὴν ὁ Κῦρος συλλαμβάνει Ὀρόνταν καὶ συγκαλεῖ εἰς τὴν ἑαυτοῦ σκηνὴν Πέρσας τοὺς ἀρίστους τῶν περὶ αὐτὸν ἑπτὰ καὶ τοὺς τῶν Ἑλλήνων στρατηγοὺς ἐκέλευσεν

6. Inhalt: Beim Eintritt nach Babylonien zeigen sich bald Spuren eines vorgeschickten königlichen Streifcorps. Das Anerbieten des Persers Orontas, dasselbe mit einer Reiterschaar unschädlich zu machen, wird von Kyros angenommen. Bevor es aber zum Ausrücken dieser Schaar kommt, fällt dem Kyros ein von Orontas an den König geschriebener Brief in die Hände, der jenen des Verraths überführt. Ein feierlicher Kriegsrath verurtheilt den früher bereits zweimal nach gegen Kyros begangener Untreue begnadigten Perser zum Tode, der sofort auf geheimnissvolle Weise an ihm vollstreckt wird.

1. Ἐντεῦθεν. Als Endziel der letzten 13 Tagemärsche sind I, 5, 5 die Babylonischen πύλαι angegeben worden. Demnach hat man sich den letzten, Charmande gegenüber gelegenen Lagerplatz ganz in der Nähe jener πύλαι zu denken. — προϊόντων, ohne Angabe des Subjects wie I, 2, 17. — ὡς wie I, 2, 3. — οὗτοι. näml. ἱππεῖς, an die bei ἵππων mit gedacht ist. — εἴ τι, si quid, quidquid. — τὰ πολέμια, Accus. der Beziehung, gehört zu ἀρίστοις. — πρόσθεν πολεμήσας wird §. 6 erklärt, ebenso nachher τῆς πρόσθεν φιλίας.
2. ὅτι — κατακάνοι ἄν, or. recta: κατακάνοιμι ἄν. Dieses ἄν ist zu den drei folgenden Optativen zu wiederholen. — αὐτοὺς (ipsos) — διαγγεῖλαι, aus eigener Anschauung — Bericht erstatten könnten.
3. ἐκέλευεν, näml. in dem Briefe. — ὡς ᾤετο geht nur auf πιστῷ.

ὁπλίτας ἀγαγεῖν, τούτους δὲ θέσθαι τὰ ὅπλα περὶ τὴν αὐτοῦ σκηνήν. οἱ δὲ ταῦτα ἐποίησαν, ἀγαγόντες ὡς τρισχιλίους ὁπλί-
5 τας. Κλέαρχον δὲ καὶ εἴσω παρεκάλεσε σύμβουλον, ὅς γε καὶ αὐτῷ καὶ τοῖς ἄλλοις ἐδόκει προτιμηθῆναι μάλιστα τῶν Ἑλλήνων. ἐπεὶ δ᾽ ἐξῆλθεν, ἐξήγγειλε τοῖς φίλοις τὴν κρίσιν τοῦ Ὀρόντα ὡς ἐγένετο· οὐ γὰρ ἀπόρρητον ἦν. ἔφη δὲ Κῦρον ἄρ-
6 χειν τοῦ λόγου ὧδε. Παρεκάλεσα ὑμᾶς, ἄνδρες φίλοι, ὅπως σὺν ὑμῖν βουλευόμενος, ὅ τι δίκαιόν ἐστι καὶ πρὸς θεῶν καὶ πρὸς ἀνθρώπων, τοῦτο πράξω περὶ Ὀρόντα τουτουί. τοῦτον γὰρ πρῶτον μὲν ὁ ἐμὸς πατὴρ ἔδωκεν ὑπήκοον εἶναι ἐμοί· ἐπεὶ δὲ ταχθείς, ὡς ἔφη αὐτός, ὑπὸ τοῦ ἐμοῦ ἀδελφοῦ οὗτος ἐπολέμησεν ἐμοὶ ἔχων τὴν ἐν Σάρδεσιν ἀκρόπολιν καὶ ἐγὼ αὐτὸν προσπολεμῶν ἐποίησα, ὥστε δόξαι τούτῳ τοῦ πρὸς ἐμὲ
7 πολέμου παύσασθαι, καὶ δεξιὰν ἔλαβον καὶ ἔδωκα. μετὰ ταῦτα, ἔφη, ὦ Ὀρόντα, ἔστιν ὅ τι σε ἠδίκησα; ἀπεκρίνατο, ὅτι οὔ. πάλιν δὲ ὁ Κῦρος ἠρώτα, Οὔκουν ὕστερον, ὡς αὐτὸς σὺ ὁμολογεῖς, οὐδὲν ὑπ᾽ ἐμοῦ ἀδικούμενος ἀποστὰς εἰς Μυσοὺς κακῶς ἐποίεις τὴν ἐμὴν χώραν ὅ τι ἐδύνω; ἔφη ὁ Ὀρόντας. Οὔκουν, ἔφη ὁ Κῦρος, ὁπότ᾽ αὖ ἔγνως τὴν σεαυτοῦ δύναμιν, ἐλθὼν ἐπὶ τὸν τῆς Ἀρτέμιδος βωμὸν μεταμέλειν τέ σοι ἔφησθα καὶ πείσας ἐμὲ πιστὰ πάλιν ἔδωκάς μοι καὶ ἔλαβες
8 παρ᾽ ἐμοῦ; καὶ ταῦθ᾽ ὡμολόγει ὁ Ὀρόντας. Τί οὖν, ἔφη ὁ Κῦρος, ἀδικηθεὶς ὑπ᾽ ἐμοῦ νῦν τὸ τρίτον ἐπιβουλεύων μοι

---

4. ἑπτὰ gehört zu τοὺς ἀρίστους. — τῶν Ἑλλήνων, denen er, namentlich in dieser Sache, mehr traute als seinen Persern. — θέσθαι τὰ ὅπλα, sollten (Halt machen, d. i.) sich aufstellen.
5. ἐξῆλθεν, ἐξήγγειλε, näml. Klearch, aus dessen Munde im Folgenden Xen. den Bericht über das im Zelte des Kyros Geschehene giebt. — ἀπόρρητον, näml. der ganze Vorgang. — ἄρχειν, Infinitv des Imperfectums wie I, 4, 12.
6. πρὸς, bei. — ἐμοὶ gehört zu ἔδωκεν und zu ὑπήκοον. — ταχθεὶς — ἀδελφοῦ, natürlich insgeheim. Der ehrgeizige, verhasste Bruder sollte durch solche Aufstände beschäftigt und geschwächt werden.

— ἔχων — ἀκρόπολιν, Kommandant der Citadelle in der Residenz des Kyros. — αὐτὸν — ἐποίησα, ὥστε, ich brachte ihn dahin, dass —.
7. μετὰ ταῦτα, Asyndeton wie I, 2, 6. — ἔφη, fuhr er fort. — ὅτι οὔ, nein. ὅτι führt ein, sei es ein einzelnes Wort oder ein ganzer Satz, die or. recta ein, wo wir ein Kolon setzen. — οὔκουν, nonne —? — Μυσούς, ein räuberisches Gebirgsvolk, das mit den Satrapen von Vorderasien häufig in Fehde lag. Vergl. I, 9, 14. — ὅ τι ἐδύνω. nämlich κακῶς ποιεῖν. — ἔφη vor ὁ Ὀρόντας: bejahte es. — τὴν — δύναμιν, die Orontas überschätzt hatte. — πιστὰ wie πίστεις I, 2, 26.
8. τί abhängig von ἀδικηθείς. —

φανερὸς γέγονας; εἰπόντος δὲ τοῦ Ὀρόντα, ὅτι οὐδὲν ἀδικηθεὶς, ἠρώτησεν ὁ Κῦρος αὐτόν, Ὁμολογεῖς οὖν περὶ ἐμὲ ἄδικος γεγενῆσθαι; Ἡ γὰρ ἀνάγκη, ἔφη ὁ Ὀρόντας. ἐκ τούτου πάλιν ἠρώτησεν ὁ Κῦρος, Ἔτι οὖν ἂν γένοιο τῷ ἐμῷ ἀδελφῷ πολέμιος, ἐμοὶ δὲ φίλος καὶ πιστός; ὁ δὲ ἀπεκρίνατο, ὅτι οὐδ', εἰ γενοίμην, ὦ Κῦρε, σοί γ' ἄν ποτε ἔτι δόξαιμι. πρὸς 9 ταῦτα Κῦρος εἶπε τοῖς παροῦσιν, Ὁ μὲν ἀνὴρ τοιαῦτα μὲν πεποίηκε, τοιαῦτα δὲ λέγει· ὑμῶν δὲ σὺ πρῶτος, ὦ Κλέαρχε, ἀπόφηναι γνώμην, ὅ τι σοι δοκεῖ. Κλέαρχος δὲ εἶπε τάδε. Συμβουλεύω ἐγὼ τὸν ἄνδρα τοῦτον ἐκποδὼν ποιεῖσθαι ὡς τάχιστα, ὡς μηκέτι δέῃ τοῦτον φυλάττεσθαι, ἀλλὰ σχολὴ ᾖ ἡμῖν τὸ κατὰ τοῦτον εἶναι τοὺς ἐθελοντὰς φίλους τούτους εὖ ποιεῖν. ταύτῃ δὲ τῇ γνώμῃ ἔφη καὶ τοὺς ἄλλους προσθέσθαι. μετὰ 10 ταῦτα, ἔφη, κελεύοντος Κύρου ἔλαβον τῆς ζώνης τὸν Ὀρόνταν ἐπὶ θανάτῳ ἅπαντες ἀναστάντες καὶ οἱ συγγενεῖς· εἶτα δὲ ἐξῆγον αὐτὸν οἷς προσετάχθη. ἐπεὶ δὲ εἶδον αὐτὸν οἵπερ πρόσθεν 11 προσεκύνουν, καὶ τότε προσεκύνησαν, καίπερ εἰδότες, ὅτι ἐπὶ θάνατον ἄγοιτο. ἐπεὶ δὲ εἰς τὴν Ἀρταπάτου σκηνὴν εἰσήχθη τοῦ πιστοτάτου τῶν Κύρου σκηπτούχων, μετὰ ταῦτα οὔτε ζῶντα Ὀρόνταν οὔτε τεθνηκότα οὐδεὶς εἶδε πώποτε οὐδὲ ὅπως ἀπέθανεν οὐδεὶς εἰδὼς ἔλεγεν· εἴκαζον δὲ ἄλλοι ἄλλως· τάφος δὲ οὐδεὶς πώποτε αὐτοῦ ἐφάνη.

Ἐντεῦθεν ἐξελαύνει διὰ τῆς Βαβυλωνίας σταθμοὺς τρεῖς VII.

---

7. **Inhalt**: Nach drei mässigen Tagemärschen durch die fruchtbare Ebene des nördlichen Babyloniens wird mitten in der Nacht — denn

οὐδὲν ἀδικηθεὶς zu ergänzen: τὸ τρίτον σοι ἐπεβούλευσα, denn im Vorhergehenden liegt der Hauptbegriff in ἐπιβουλεύων. — γὰρ zu Anfang einer Antwort begründet etwas im Gedanken Behaltenes, das sich aus dem Zusammenhange leicht ergiebt, hier ὁμολογῶ. — ἀνάγκη wie I, 3, 5.
9. φυλάττεσθαι, cavere. — τὸ κατὰ τοῦτον εἶναι, so weit es diesen betrifft, d. i. von diesem abhängt. B. 150, 38. K. 55, 1, A. 1. Denn die Wohlthaten, die ihm, dem unverbesserlichen Verräther, noch zu Theil würden, entzöge er gewissermassen den treuen Freunden des Kyros. — τούτοις weist kräftig auf ἐθελοντὰς zurück.
10. ἔφη. Xen. lässt den Klearch hier indirect, gleich darauf aber wieder direct (ἔλαβον — ἐξῆγον) weiter erzählen. — προσθέσθαι, hätten zugestimmt. — ἔλαβον τῆς ζώνης, am Gürtel, als Zeichen, dass der Mann dem Tode geweiht sei: ἐπὶ θανάτῳ. — Von den Worten ἐπεὶ δὲ εἶδον αὐτὸν an erzählt Xen. weiter was er selbst sah, wenigstens gesehen haben kann.
11. οὔτε — οὐδεὶς. S. zu I, 3, 5. — ὅπως ἀπέθανε. Vermuthlich wurde er lebendig begraben, eine persische Art der Hinrichtung.

παρασάγγας δώδεκα. ἐν δὲ τῷ τρίτῳ σταθμῷ Κῦρος ἐξέτασιν ποιεῖται τῶν Ἑλλήνων καὶ τῶν βαρβάρων ἐν τῷ πεδίῳ περὶ μέσας νύκτας· ἐδόκει γὰρ εἰς τὴν ἐπιοῦσαν ἕω ἥξειν βασιλέα σὺν τῷ στρατεύματι μαχούμενον· καὶ ἐκέλευε Κλέαρχον μὲν τοῦ δεξιοῦ κέρως ἡγεῖσθαι, Μένωνα δὲ τὸν Θετταλὸν τοῦ εὐω-
2 νύμου, αὐτὸς δὲ τοὺς ἑαυτοῦ διέταξε. μετὰ δὲ τὴν ἐξέτασιν ἅμα τῇ ἐπιούσῃ ἡμέρᾳ ἥκοντες αὐτόμολοι παρὰ μεγάλου βασιλέως ἀπήγγελλον Κύρῳ περὶ τῆς βασιλέως στρατιᾶς. Κῦρος δὲ συγκαλέσας τοὺς στρατηγοὺς καὶ λοχαγοὺς τῶν Ἑλλήνων συνεβουλεύετό τε, πῶς ἂν τὴν μάχην ποιοῖτο, καὶ αὐτὸς παρῄνει
3 θαρρύνων τοιάδε. Ὦ ἄνδρες Ἕλληνες, οὐκ ἀνθρώπων ἀπορῶν βαρβάρων συμμάχους ὑμᾶς ἄγω, ἀλλὰ νομίζων ἀμείνους καὶ κρείττους πολλῶν βαρβάρων ὑμᾶς εἶναι, διὰ τοῦτο προσέλαβον. ὅπως οὖν ἔσεσθε ἄνδρες ἄξιοι τῆς ἐλευθερίας ἧς κέκτησθε καὶ ἧς ὑμᾶς ἐγὼ εὐδαιμονίζω. εὖ γὰρ ἴστε, ὅτι τὴν ἐλευ-

---

für den kommenden Tag stellt sich der Kampf in Aussicht — Heeresmusterung gehalten. Kyros fordert die Hellenen auf, ihren Werth als freie Männer dem Haufen geknechteter Barbaren gegenüber zu zeigen und wiederholt und steigert noch die früheren glänzenden Versprechungen, zu deren Erfüllung, da sie angezweifelt wird, er das weite väterliche Reich, über das er zu herrschen hofft, für mehr als ausreichend erklärt. Alle sind vom besten Muthe beseelt, wenn nur Kyros nicht persönlich im Kampfe sein Leben aufs Spiel setze, obwohl das Heer des Königs an Masse dem des Kyros unendlich überlegen ist. Doch der Tag vergeht ohne Schlacht, da das königliche Heer selbst einen Graben, der als Bollwerk dienen sollte, aufgebend, sich weiter nach Süden zurück gezogen hat. Man glaubt jetzt kaum noch an einen ernsten Kampf und zieht sorglos und mit aufgelösten Reihen weiter, so auch noch am folgenden Tage und am Vormittag des dritten Tages.

---

1. εἰς—ἕω, bis zum —. — τοὺς ἑαυτοῦ, seine Perser.
2. αὐτὸς παρῄνει. Dazu ist Object das griechische Heer, soweit es ihn hören kann. Denn diese letzte Ansprache in entscheidender Stunde überträgt er nicht etwa dem Klearch als Oberanführer oder den einzelnen Strategen (wie I, 4, 11), er hält sie selbst. Aus seinem Munde muss die Verherrlichung Hellenischen Freiheitsgefühls, das er höher stellt als allen Persischen Glanz, die Hellenen mit stolzer Siegesgewissheit erfüllen. Vergl. zu I, 2,

18. — τοιάδε hängt ab von παρῄνει.
3. διὰ τοῦτο weist kräftig auf νομίζων zurück. — ὅπως mit dem Futurum, gewöhnlich nach den Begriffen des Dafürsorgens, Sich Bemühens, wird auch, ohne dass ein solches Verbum vorhergeht, gebraucht als lebhafte Aufforderung: zeigt euch also als. — Das erste ἧς durch Attraction, worüber s. zu I, 1, 8. — τὴν ἐλευθερίαν ἑλοίμην ἄν, denn auch Kyros ist δοῦλος des Königs. S. zu I, 1, 4 und I, 9, 29: Κύρου δοῦλον ὄντος.

θερίαν ἐλοίμην ἂν ἀνθ' ὧν ἔχω πάντων καὶ ἄλλων πολλαπλασίων. ὅπως δὲ καὶ εἰδῆτε, εἰς οἷον ἔρχεσθε ἀγῶνα, ὑμᾶς 4 εἰδὼς διδάξω. τὸ μὲν γὰρ πλῆθος πολὺ, καὶ κραυγῇ πολλῇ ἐπίασιν· ἂν δὲ ταῦτα ἀνάσχησθε, τὰ ἄλλα καὶ αἰσχυνεῖσθαί μοι δοκῶ, οἵους ἡμῖν γνώσεσθε τοὺς ἐν τῇ χώρᾳ ὄντας ἀνθρώπους. ὑμῶν δὲ ἀνδρῶν ὄντων καὶ εὐτόλμων γενομένων, ἐγὼ ὑμῶν τὸν μὲν οἴκαδε βουλόμενον ἀπιέναι τοῖς οἴκοι ζηλωτὸν ποιήσω ἀπελθεῖν· πολλοὺς δὲ οἶμαι ποιήσειν τὰ παρ' ἐμοὶ ἑλέσθαι ἀντὶ τῶν οἴκοι. ἐνταῦθα Γαυλίτης παρὼν φυγὰς Σάμιος, πι- 5 στὸς δὲ Κύρῳ, εἶπε, Καὶ μήν, ὦ Κῦρε, λέγουσί τινες, ὅτι πολλὰ ὑπισχνῇ νῦν διὰ τὸ ἐν τοιούτῳ εἶναι τοῦ κινδύνου τοῦ προσιόντος. ἂν δὲ εὖ γένηταί τι, οὐ μεμνήσεσθαί σέ φασιν· ἔνιοι δὲ οὐδ', εἰ μεμνῷό τε καὶ βούλοιο, δύνασθαι ἂν ἀποδοῦναι ὅσα ὑπισχνῇ. ἀκούσας ταῦτα ἔλεξεν ὁ Κῦρος, Ἀλλ' ἔστι μὲν 6 ἡμῖν, ὦ ἄνδρες, ἡ ἀρχὴ ἡ πατρῴα πρὸς μὲν τὴν μεσημβρίαν μέχρι οὗ διὰ καῦμα οὐ δύνανται οἰκεῖν ἄνθρωποι, πρὸς δὲ ἄρκτον μέχρι οὗ διὰ χειμῶνα· τὰ δ' ἐν μέσῳ τούτων πάντα σατραπεύουσιν οἱ τοῦ ἐμοῦ ἀδελφοῦ φίλοι. ἢν δ' ἡμεῖς νική- 7 σωμεν, ἡμᾶς δεῖ τοὺς ἡμετέρους φίλους τούτων ἐγκρατεῖς ποιῆσαι. ὥστε οὐ τοῦτο δέδοικα, μὴ οὐκ ἔχω, ὅ τι δῶ ἑκάστῳ τῶν φίλων, ἂν εὖ γένηται, ἀλλὰ μὴ οὐκ ἔχω ἱκανοὺς, οἷς δῶ. ὑμῶν δὲ τῶν Ἑλλήνων καὶ στέφανον ἑκάστῳ χρυσοῦν δώσω. οἱ δὲ ταῦτα ἀκούσαντες αὐτοί τε ἦσαν πολὺ προθυμότεροι καὶ 8 τοῖς ἄλλοις ἐξήγγελλον. εἰσῄεσαν δὲ παρ' αὐτὸν οἵ τε στρατη-

---

4. γὰρ, nämlich. — πολὺ, näml. ἐστί. — τὰ ἄλλα, Accus. der Beziehung. — καὶ, sogar. — οἵους γνώσεσθε von αἰσχυνεῖσθαι abhängig, insofern in diesem Verbum der Begriff des Erwägens liegt. — ἡμῖν, ethischer Dativ. B. 133, 2, A. 5. K. 48, 6, A. 3. C. 433. — ἀνθρώπους im verächtlichen Sinne, Gegensatz dazu ἀνδρῶν. — ὄντων — γενομένων, da ihr euch als Männer (schon während des ganzen Zuges) zeigt und wenn ihr kühnen Muth (im bevorstehenden Kampfe) gezeigt haben werdet (ἐὰν εὐτόλμοι γένησθε). — ποιήσω und ποιήσειν ist efficere, ut.

5. καὶ μὴν führt einen Einwurf ein: und doch, jedoch. — ἐν τοιούτῳ — τοῦ, in solchem Momente der —. — εὖ γένηταί τι, vorsichtige Umschreibung für: wenn du König geworden sein wirst.

6. ἔστι, es erstreckt sich. — ἡμῖν, der Plural mit Würde und Selbstgefühl. — τὰ πάντα. Substantivirte Neutra der Pronomina und gewisser Adjectiva wie πολύς, πᾶς, ἄλλος treten als Object auch zu Verbis, die sonst keinen Accus. regieren, wie hier σατραπεύειν. B. 131, 8. K. 46, 5, A. 4.

7. ὥστε wie I, 3, 10.

γοὶ καὶ τῶν ἄλλων Ἑλλήνων τινὲς ἀξιοῦντες εἰδέναι, τί σφισιν ἔσται, ἐὰν κρατήσωσιν. ὁ δὲ ἐμπιμπλὰς ἁπάντων τὴν γνώμην 9 ἀπέπεμπε. παρεκελεύοντο δὲ αὐτῷ πάντες, ὅσοιπερ διελέγοντο, μὴ μάχεσθαι, ἀλλ' ὄπισθεν ἑαυτῶν τάττεσθαι. ἐν δὲ τῷ καιρῷ τούτῳ Κλέαρχος ὧδέ πως ἤρετο τὸν Κῦρον· Οἴει γάρ σοι μαχεῖσθαι, ὦ Κῦρε, τὸν ἀδελφόν; Νὴ Δί', ἔφη ὁ Κῦρος, εἴπερ γε Δαρείου καὶ Παρυσάτιδός ἐστι παῖς, ἐμὸς 10 δὲ ἀδελφός, οὐκ ἀμαχεὶ ταῦτ' ἐγὼ λήψομαι. ἐνταῦθα δὴ ἐν τῇ ἐξοπλισίᾳ ἀριθμὸς ἐγένετο τῶν μὲν Ἑλλήνων ἀσπὶς μυρία καὶ τετρακοσία, πελτασταὶ δὲ δισχίλιοι καὶ πεντακόσιοι, τῶν δὲ μετὰ Κύρου βαρβάρων δέκα μυριάδες καὶ ἅρματα δρεπα-11 νηφόρα ἀμφὶ τὰ εἴκοσι. τῶν δὲ πολεμίων ἐλέγοντο εἶναι ἑκατὸν καὶ εἴκοσι μυριάδες καὶ ἅρματα δρεπανηφόρα διακόσια. ἄλλοι δὲ ἦσαν ἑξακισχίλιοι ἱππεῖς, ὧν Ἀρταγέρσης ἦρχεν· 12 οὗτοι δὲ πρὸ αὐτοῦ βασιλέως τεταγμένοι ἦσαν. τοῦ δὲ βασιλέως στρατεύματος ἦσαν ἄρχοντες τέτταρες, τριάκοντα μυριάδων ἕκαστος, Ἀβροκόμας, Τισσαφέρνης, Γωβρύας, Ἀρβάκης. τούτων δὲ παρεγένοντο ἐν τῇ μάχῃ ἐνενήκοντα μυριάδες καὶ ἅρματα δρεπανηφόρα ἑκατὸν καὶ πεντήκοντα· Ἀβροκόμας δὲ

---

8. τὴν γνώμην, d. h. ihre Wünsche.
9. μάχεσθαι, nämlich persönlich. Eine Mahnung, deren Nichtbefolgung für das ganze Unternehmen, in's Besondere für die Griechen so verhängnisvoll werden sollte. ταῦτ' ἐγὼ λήψομαι denke man sich mit einer Handbewegung gesprochen.
10. ἀριθμὸς ἐγένετο, wie ἐγένοντο οἱ σύμπαντες I, 2, 9. — ἀσπίς, die characteristische Waffe der Hopliten, ein grösseres ovales Schild, für ὁπλῖται. Beim Eintritt nach Syrien (I, 4, 3) waren es 14000 Hellenen, deren Verminderung um 1100 Mann ohne Kampf, bloss durch die Beschwerden des Marsches — wenn auch die Arabische Steppe in der heissesten Jahreszeit nicht Wenige fortgerafft haben mag — sich nicht wohl erklären lässt. Ausser Xenias und Pasion (I, 4, 7) mögen, so lange man sich in der Nähe der Kilikischen und Syrischen Hafenstädte befand, noch manche Andere, da die Vermuthung, der Zug habe ein so weites Ziel, immer stärker wurde, sich vom Heere entfernt haben. — ἀμφὶ τὰ. S. zu I, 2, 9.
12. Τισσαφέρνης, von dem zuletzt I, 2, 4. 5 die Rede war. — ἐνενήκοντα μυριάδες. Nach anderen der Wahrscheinlichkeit näher kommenden Berichten waren es nur etwa 400000. Die um so vieles grössere Zahlangabe mag darauf beruhen, dass die Aussagen der Ueberläufer (§. 13) auch diejenigen Völker-Contingente mit in Rechnung zogen, die aus den entlegenen Provinzen des weiten Reiches zwar nach Ekbatana berufen, aber zur Zeit noch nicht eingetroffen waren, z. B. ein II, 4, 25 erwähntes. — Ἀβροκόμας hatte Thapsakos, als Kyros dort ankam, bereits verlassen. Wenn er nun trotz dieses Vorsprunges jetzt, wo der Entscheidungskampf stattfinden sollte,

ὑστέρησε τῆς μάχης ἡμέραις πέντε, ἐκ Φοινίκης ἐλαύνων. ταῦτα δὲ ἤγγελλον πρὸς Κῦρον οἱ αὐτομολήσαντες ἐκ τῶν πο- 13 λεμίων παρὰ μεγάλου βασιλέως πρὸ τῆς μάχης, καὶ μετὰ τὴν μάχην οἳ ὕστερον ἐλήφθησαν τῶν πολεμίων ταὐτὰ ἤγγελλον. ἐντεῦθεν δὲ Κῦρος ἐξελαύνει σταθμὸν ἕνα πα- 14 ρασάγγας τρεῖς συντεταγμένῳ τῷ στρατεύματι παντὶ καὶ τῷ Ἑλληνικῷ καὶ τῷ βαρβαρικῷ· ᾤετο γὰρ ταύτῃ τῇ ἡμέρᾳ μαχεῖσθαι βασιλέα· κατὰ γὰρ μέσον τὸν σταθμὸν τοῦτον τάφρος ἦν ὀρυκτὴ βαθεῖα, τὸ μὲν εὖρος ὀργυιαὶ πέντε, τὸ δὲ βάθος ὀργυιαὶ τρεῖς. παρετέτατο δὲ ἡ τάφρος ἄνω διὰ τοῦ 15 πεδίου ἐπὶ δώδεκα παρασάγγας μέχρι τοῦ Μηδίας τείχους. ἔνθα δή εἰσιν αἱ διώρυχες, ἀπὸ τοῦ Τίγρητος ποταμοῦ ῥέουσαι· εἰσὶ δὲ τέτταρες, τὸ μὲν εὖρος πλεθριαῖαι, βαθεῖαι δὲ ἰσχυρῶς, καὶ πλοῖα πλεῖ ἐν αὐταῖς σιταγωγά· εἰσβάλλουσι δὲ εἰς τὸν Εὐφράτην, διαλείπουσι δ' ἑκάστη παρασάγγην, γέφυ-

---

nicht zur Stelle ist und erst 5 Tage später mit seinem Heere bei Artaxerxes anlangt, so liegt, zumal wenn man sein Verhalten an der Kilikisch-Syrischen Grenze und dann am Euphrat (s. zu I, 4, 5 u. 18) mit in Erwägung zieht, die Vermuthung sehr nahe, dass er, ähnlich wie Syennesis (s. zu I, 2, 12), es weder mit dem Könige noch mit Kyros ganz verderben wollte, bevor das Kriegsglück sich für diesen oder für jenen entschieden haben würde.
13. οἵ zu verbinden mit τῶν πολεμίων.
14. συντ. τῷ στρατεύματι, Dativ wie im Lateinischen der blosse Ablativ von militärischer Begleitung. — ὀργυιαὶ — τρεῖς, Apposition zu τάφρος, statt attributiver Genitive.
15. τοῦ Μηδίας τείχους. Diese „Medische Mauer", unten II, 4, 12 näher beschrieben, wahrscheinlich um 580 v. Ch. von Nebukadnezar gebaut, um das im Norden offene Babylonien gegen die Meder zu schützen, ging vom Euphrat bis zum Tigris wenige Stunden südlich von der Stelle, an der sich jetzt Kyros mit seinem Heere befindet. Bis zu einem Punkte dieser Mauer quer durch das Babylonische Tiefland war (18 Stunden lang) ein Graben gezogen bis zum Euphrat, jedoch so, dass am Ufer des Stromes ein 20 Fuss breiter Durchgang gelassen war, der aber leicht gesperrt und vertheidigt werden konnte. An dieser so festen Position wollte der König den feindlichen Bruder erwarten. Allein Furcht vor der entscheidenden Schlacht liess ihn auch diese Stellung aufgeben und er soll sogar Willens gewesen sein, bis nach dem eigentlichen Persis zurück zu weichen, wenn ihn nicht der energische Widerspruch des treuen Tiribazos, Satrapen von West-Armenien, getrieben hätte, zum Schutze des grossen, reichen Babylon noch vor dieser Stadt Stand zu halten und den Kampf zu wagen. — ἀπὸ τοῦ Τίγρητος. Xen. hat sich versehen. Diese Kanäle laufen vielmehr vom Euphrat nach dem Tigris hin, dessen Bett tiefer liegt. — ἰσχυρῶς, nachgestellt wie I, 2, 20. — ἑκάστη ist Apposition zum Subject (αἱ διώρυχες).

ραι δ' ἔπεισιν. ἦν δὲ παρὰ τὸν Εὐφράτην πάροδος στενὴ μεταξὺ τοῦ ποταμοῦ καὶ τῆς τάφρου ὡς εἴκοσι ποδῶν τὸ εὖρος·
16 ταύτην δὲ τὴν τάφρον βασιλεὺς ποιεῖ μέγας ἀντὶ ἐρύματος, ἐπειδὴ πυνθάνεται Κῦρον προσελαύνοντα. ταύτην δὴ τὴν πάροδον Κῦρός τε καὶ ἡ στρατιὰ παρῆλθε καὶ ἐγένοντο εἴσω τῆς
17 τάφρου. ταύτῃ μὲν οὖν τῇ ἡμέρᾳ οὐκ ἐμαχέσατο βασιλεύς, ἀλλ' ὑποχωρούντων φανερὰ ἦσαν καὶ ἵππων καὶ ἀνθρώπων
18 ἴχνη πολλά. ἐνταῦθα Κῦρος Σιλανὸν καλέσας τὸν Ἀμβαρκιώτην μάντιν ἔδωκεν αὐτῷ δαρεικοὺς τρισχιλίους, ὅτι τῇ ἑνδεκάτῃ ἀπ' ἐκείνης ἡμέρᾳ θυόμενος εἶπεν αὐτῷ, ὅτι βασιλεὺς οὐ μαχεῖται δέκα ἡμερῶν, Κῦρος δ' εἶπεν, Οὐκ ἄρα ἔτι μαχεῖται, εἰ ἐν ταύταις οὐ μαχεῖται ταῖς ἡμέραις· ἐὰν δ' ἀληθεύσῃς, ὑπισχνοῦμαί σοι δέκα τάλαντα. τοῦτο τὸ χρυσίον τότε ἀπέ-
19 δωκεν, ἐπεὶ παρῆλθον αἱ δέκα ἡμέραι. ἐπεὶ δ' ἐπὶ τῇ τάφρῳ οὐκ ἐκώλυε βασιλεὺς τὸ Κύρου στράτευμα διαβαίνειν, ἔδοξε καὶ Κύρῳ καὶ τοῖς ἄλλοις ἀπεγνωκέναι τοῦ μάχεσθαι· ὥστε
20 τῇ ὑστεραίᾳ Κῦρος ἐπορεύετο ἠμελημένως μᾶλλον. τῇ δὲ τρίτῃ ἐπί τε τοῦ ἅρματος καθήμενος τὴν πορείαν ἐποιεῖτο καὶ ὀλίγους ἐν τάξει ἔχων πρὸ αὑτοῦ, τὸ δὲ πολὺ αὐτῷ ἀνατεταραγμένον ἐπορεύετο καὶ τῶν ὅπλων τοῖς στρατιώταις πολλὰ ἐπὶ ἁμαξῶν ἤγετο καὶ ὑποζυγίων.

VIII. Καὶ ἤδη τε ἦν ἀμφὶ ἀγορὰν πλήθουσαν καὶ πλησίον ἦν ὁ σταθμός, ἔνθα ἔμελλε καταλύειν, ἡνίκα Πατηγύας ἀνὴρ Πέρ-

8. Inhalt: Endlich, am Vormittage des dritten Septembers 401 v. Ch., kommt die Meldung, dass das königliche Heer naht. In Eile ordnet sich das Heer des Kyros und macht sich kampfbereit: rechts, an den Euphrat gelehnt, die Hellenen, links die Perser. Das ungeheure Heer des Artaxerxes, nach Völkern geordnet, steht ihnen jetzt deutlich sichtbar gegenüber, dessen Mitte schon, in der sich der König befindet, über

16. ποιεῖ, historisches Präsens, zu nehmen wie der Aorist I, 1, 2.
17. ἦσαν, Plural wie I, 2, 23.
18. δέκα ἡμερῶν, im Verlauf von 10 T. B. 132, 14, a. K. 47, 2, A. 3. — In εἰ — οὐ μαχεῖται ist οὐ statt μή auffallend, erklärt sich aber wie sonst wo οὐ mit seinem Verbum zu einem Begriffe wird. B. 148, 2, 6, Anm.* K. 67, 4, A. 1. Hier: die Schlacht meiden wird.
— ἀπέδωκε wie I, 2, 11.

19. ἐκώλυε, zu hindern versuchte. S. zu I, 3, 1. — ἀπεγνωκέναι, näml. αὐτὸν, der König. S. zu I, 2, 25. — μᾶλλον gestellt wie §, 15 ἰσχυρῶς.
20. τό — πολὺ wie I, 4, 13.
1. ἤδη — ἦν, es war bereits. — ἀμφὶ ἀγ. πλήθουσαν, d. i. zwischen 10 und 12 Uhr Morgens. — ἔμελλε, Kyros. — καταλύειν, wozu I, 10, 19 noch πρὸς ἄριστον gesetzt ist.

σης τῶν ἀμφὶ Κῦρον πιστῶν προφαίνεται ἐλαύνων ἀνὰ κράτος ἱδροῦντι τῷ ἵππῳ, καὶ εὐθὺς πᾶσιν, οἷς ἐνετύγχανεν, ἐβόα καὶ βαρβαρικῶς καὶ ἑλληνικῶς, ὅτι βασιλεὺς σὺν στρατεύματι πολλῷ προσέρχεται ὡς εἰς μάχην παρεσκευασμένος. ἔνθα δὴ 2 πολὺς τάραχος ἐγένετο· αὐτίκα γὰρ ἐδόκουν οἱ Ἕλληνες καὶ πάντες δὲ ἀτάκτοις σφίσιν ἐπιπεσεῖσθαι· Κῦρός τε καταπη- 3 δήσας ἀπὸ τοῦ ἅρματος τὸν θώρακα ἐνεδύετο καὶ ἀναβὰς ἐπὶ τὸν ἵππον τὰ παλτὰ εἰς τὰς χεῖρας ἔλαβε, τοῖς τε ἄλλοις πᾶσι παρήγγελλεν ἐξοπλίζεσθαι καὶ καθίστασθαι εἰς τὴν ἑαυτοῦ τάξιν ἕκαστον. ἔνθα δὴ σὺν πολλῇ σπουδῇ καθί- 4 σταντο, Κλέαρχος μὲν τὰ δεξιὰ ἔχων πρὸς τῷ Εὐφράτῃ ποταμῷ, Πρόξενος δὲ ἐχόμενος, οἱ δ᾽ ἄλλοι μετὰ τοῦτον, Μένων δὲ τὸ εὐώνυμον κέρας ἔσχε τοῦ Ἑλληνικοῦ. τοῦ δὲ βαρβαρικοῦ ἱππεῖς μὲν Παφλαγόνες εἰς χιλίους παρὰ 5 Κλέαρχον ἔστησαν ἐν τῷ δεξιῷ καὶ τὸ Ἑλληνικὸν πελταστικόν, ἐν δὲ τῷ εὐωνύμῳ Ἀριαῖός τε ὁ Κύρου ὕπαρχος καὶ τὸ ἄλλο βαρβαρικόν. Κῦρος δὲ καὶ ἱππεῖς τούτου ὅσον ἑξακόσιοι 6 ὡπλισμένοι θώραξι μὲν αὐτοὶ καὶ παραμηριδίοις καὶ κράνεσι

ihren linken Flügel hinausragt. Kyros' Aufforderung, dass der Angriff auf das feindliche Centrum von den Hellenen ausgeführt werde, lehnt Klearch ab. Letztere rücken gegen den linken Flügel der Barbaren vor, werfen ihn und verfolgen die Fliehenden. Unterdess behält Kyros, an der Spitze seiner Persischen Truppen, den König im Auge, der mit dem Centrum, welches gar keinen Feind vor sich hat, bereits eine Schwenkung macht, um den linken Flügel des Kyros in der Flanke und im Rücken anzugreifen. Da wirft sich Kyros mit seinem Leibcorps von 600 Reitern der zehnfach stärkeren Reitertruppe, die vor dem Könige ihre Stellung hat, entgegen, schlägt sie in die Flucht und ereilt, während sich seine 600 im Verfolgen zerstreuen, nur von Wenigen gefolgt, den König. Er verwundet ihn, wird aber gleichzeitig selbst von einem feindlichen Speere unter dem Auge schwer getroffen. Doch kommt es noch zwischen den Brüdern und ihrem beiderseitigen Gefolge zu einem wüthenden Kampfe, in welchem Kyros fällt und mit ihm seine Getreuesten.

τῶν — πιστῶν, einer von den —.
— ἀνὰ κράτος, aus allen Kräften, im Carriere.
2. αὐτίκα gehört zu ἐπιπεσεῖσθαι, wozu das Subject aus dem Vorhergehenden zu ergänzen. S. zu I, 2, 25.
— καὶ πάντες δὲ, aber auch alle anderen.

3. τὰ παλτά. S. zu I, 5, 15. — ἕκαστον, wie I, 7, 15.
4. ἐχόμενος, näml. αὐτοῦ, dicht neben ihm, wozu zu wiederholen καθίστατο.
5. εἰς wie I, 2, 3.
6. θώραξι μὲν αὐτοί. Das so gestellte μέν bringt nicht bloss αὐτοὶ

πάντες πλὴν Κύρου· Κῦρος δὲ ψιλὴν ἔχων τὴν κεφαλὴν εἰς
7 τὴν μάχην καθίστατο. οἱ δ' ἵπποι πάντες οἱ μετὰ Κύρου εἶ-
χον καὶ προμετωπίδια καὶ προστερνίδια· εἶχον δὲ καὶ μαχαί-
8 ρας οἱ ἱππεῖς Ἑλληνικάς. καὶ ἤδη τε ἦν μέσον ἡμέρας
καὶ οὔπω καταφανεῖς ἦσαν οἱ πολέμιοι· ἡνίκα δὲ δείλη ἐγί-
γνετο, ἐφάνη κονιορτὸς ὥσπερ νεφέλη λευκή, χρόνῳ δὲ συχνῷ
ὕστερον ὥσπερ μελανία τις ἐν τῷ πεδίῳ ἐπὶ πολύ. ὅτε
δὲ ἐγγύτερον ἐγίγνοντο, τάχα δὴ καὶ χαλκός τις ἤστραπτε
9 καὶ αἱ λόγχαι καὶ αἱ τάξεις καταφανεῖς ἐγίγνοντο. καὶ ἦσαν
ἱππεῖς μὲν λευκοθώρακες ἐπὶ τοῦ εὐωνύμου τῶν πολεμίων·
Τισσαφέρνης ἐλέγετο τούτων ἄρχειν· ἐχόμενοι δὲ τούτων γερ-
ροφόροι, ἐχόμενοι δὲ ὁπλῖται σὺν ποδήρεσι ξυλίναις ἀσπίσιν·
Αἰγύπτιοι δ' οὗτοι ἐλέγοντο εἶναι· ἄλλοι δ' ἱππεῖς, ἄλλοι
τοξόται. πάντες δ' οὗτοι κατὰ ἔθνη ἐν πλαισίῳ πλήρει ἀν-
10 θρώπων ἕκαστον τὸ ἔθνος ἐπορεύετο. πρὸ δὲ αὐτῶν ἅρματα
διαλείποντα συχνὸν ἀπ' ἀλλήλων τὰ δὴ δρεπανηφόρα καλού-
μενα· εἶχον δὲ τὰ δρέπανα ἐκ τῶν ἀξόνων εἰς πλάγιον ἀπο-
τεταμένα καὶ ὑπὸ τοῖς δίφροις εἰς γῆν βλέποντα, ὡς διακό-
πτειν ὅτῳ ἐντυγχάνοιεν. ἡ δὲ γνώμη ἦν, ὡς εἰς τὰς τάξεις τῶν
11 Ἑλλήνων ἐλῶντα καὶ διακόψοντα. ὃ μέντοι Κῦρος εἶπεν, ὅτε
καλέσας παρεκελεύετο τοῖς Ἕλλησι τὴν κραυγὴν τῶν βαρβάρων

---

mit dem §. 7. folgenden οἱ δ' ἵπ-
ποι, sondern zugleich auch die Aus-
rüstung der ersteren mit der der
letzteren in Beziehung: sämmtliche
Pferde der Kavallerie des Kyros
hatten Stirn- und Brustdecken, von
den Reitern waren nur die 600 ge-
panzert. — ψιλὴν — τὴν κεφαλήν,
d. h. er hatte statt des κράνος nur
die τιάρα auf, die Stirn und Ge-
sicht ungeschützt liess. Dieser Um-
stand sollte für ihn (§. 27) verhäng-
nissvoll werden.

7. μαχαίρας, kurz, gekrümmt und
einschneidig, während das ξίφος län-
ger, gerade und zweischneidig war.

8. ἤδη τε — καὶ, schon war
es —, als. — ἐπὶ πολύ, weit-
hin.— χαλκός τις, es blitzte wie Erz.

9. ἐχόμενοι wie §. 4. — Αἰγύ-
πτιοι, vielleicht aus Aeolis, wo
Kyros der Aeltere Aegyptier ange-
siedelt hatte. Denn Aegypten be-
fand sich jetzt im Aufstand gegen
den König. S. zu II, 1, 14. —
ἕκαστον τὸ ἔθνος wie §. 3. Denn
gewöhnlicher wäre statt ἐπορεύετο,
das sich hier im Numerus nach der
Apposition richtet, ἐπορεύοντο.

10. τὰ δή, die bekanntlich.
— εἶχον. Ueber den Plural s. zu I,
2, 23. — ὡς vor διακόπτειν wie
ὥστε, so dass. — ὡς — διακό-
ψοντα, wie I, 3, 6 der absolute Ge-
nitiv, so hier der absolute Accusa-
tiv: als würden, oder sollten
sie — zerschneiden.

11. ὃ — εἶπεν I, 7, 4.

ἀνέχεσθαι, ἐψεύσθη τοῦτο· οὐ γὰρ κραυγῇ ἀλλὰ σιγῇ ὡς ἀνυστὸν καὶ ἡσυχῇ ἐν ἴσῳ καὶ βραδέως προσῄεσαν. καὶ ἐν τούτῳ Κῦρος παρελαύνων αὐτὸς σὺν Πίγρητι τῷ ἑρμηνεῖ καὶ ἄλλοις 12 τρισὶν ἢ τέτταρσι τῷ Κλεάρχῳ ἐβόα ἄγειν τὸ στράτευμα κατὰ μέσον τὸ τῶν πολεμίων, ὅτι ἐκεῖ βασιλεὺς εἴη· κἂν τοῦτ᾽, ἔφη, νικῶμεν, πάνθ᾽ ἡμῖν πεποίηται. ὁρῶν δὲ ὁ Κλέαρχος τὸ μέσον στῖφος καὶ ἀκούων Κύρου ἔξω ὄντα τοῦ Ἑλληνικοῦ 13 εὐωνύμου βασιλέα· τοσοῦτον γὰρ πλήθει περιῆν βασιλεύς, ὥστε μέσον τῶν ἑαυτοῦ ἔχων τοῦ Κύρου εὐωνύμιον ἔξω ἦν· ἀλλ᾽ ὅμως ὁ Κλέαρχος οὐκ ἤθελεν ἀποσπάσαι ἀπὸ τοῦ ποταμοῦ τὸ δεξιὸν κέρας, φοβούμενος, μὴ κυκλωθείη ἑκατέρωθεν, τῷ δὲ Κύρῳ ἀπεκρίνατο, ὅτι αὐτῷ μέλει, ὅπως καλῶς ἔχοι. καὶ ἐν τούτῳ τῷ καιρῷ τὸ μὲν βαρβαρικὸν στράτευμα ὁμαλῶς προῄει, 14

ὡς ἀνυστὸν, quoad fieri poterat. — ἐν ἴσῳ, in gleicher Linie.
12. τῷ Κλεάρχῳ. Von hieran sehen wir den Klearch als Oberfeldherrn des ganzen Griechischen Heeres handeln, ohne dass eine förmliche Wahl von Seiten des Heeres oder der Officiere erfolgt ist, wie II, 2, 5 ausdrücklich erwähnt wird. — ἐβόα mit folgendem Infinitiv, wie alle Verba des Sagens, Rufens u. ä. wenn sie zugleich eine Aufforderung ausdrücken. S. zu I, 3, 14. — πάνθ᾽ ἡμῖν πεποίηται, weil im Centrum, wo der König war, dessen Kerntruppen standen.
13. τὸ μέσον στῖφος, in's Besondere die I, 7, 11 und nachher §. 24 erwähnten vor dem Artaxerxes aufgestellten 6000 Reiter. — Κύρου, vom Kyros. — ἔξω ὄντα, überragte. Wie gleich folgt, reichte das Centrum des Artaxerxes sogar über den linken Flügel des ganzen Heeres des Kyros hinaus. Doch wird hier zunächst τοῦ Ἑλληνικοῦ gesagt, weil es hier nur darauf ankommt, die Stellung der Hellenen als eine solche zu bezeichnen, in welcher sie nicht mit jenem στῖφος zu kämpfen haben würden, weil er viel weiter links stand, während es doch von grosser Wichtigkeit war, dass gegen den stärksten Punkt des feindlichen Heeres auch von Seiten des Kyros der tüchtigste Theil seiner Truppen, d. s. die Hellenen, gerichtet würde. Obwohl diess Klearch theils selbst sah (ὁρῶν), theils, soweit er es nicht selbst sehen konnte, vom Kyros hörte, so lehnte er doch (ὅμως) dessen Forderung ab. — ἀλλ᾽ führt einen selbstständigen Satz ein, weil die durch γὰρ eingeführte Parenthese die mit Participien begonnene Construction unterbrochen hat. — μέσον — ἔχων, obwohl er die M. — inne hatte, und es ist doch ein seltener Fall, dass schon die Mitte eines zur Schlacht aufgestellten Heeres über den einen Flügel des Gegners hinausreicht. — κυκλωθείη, näml. Kyros, oder vielmehr sein Heer. — ἑκατέρωθεν; denn auch der rechte Flügel würde, wenn die Hellenen von ihrer Stellung am Euphrat links abmarschirten, durch die hierdurch entstehende Lücke umgangen werden können.
14. ὁμαλῶς, wie §. 11. ἐν ἴσῳ. — τὸ — βαρβαρικὸν, nämlich das des Königs, dem gegenüber nur τὸ Ἑλληνικόν, als der wichtigste Theil im Heere des Kyros in seinem gegen-

τὸ δὲ Ἑλληνικὸν ἔτι ἐν τῷ αὐτῷ μένον συνετάττετο ἐκ τῶν ἔτι προσιόντων. καὶ ὁ Κῦρος παρελαύνων οὐ πάνυ πρὸς αὐτῷ τῷ στρατεύματι κατεθεᾶτο ἑκατέρωσε, ἀποβλέπων εἴς τε τοὺς πολεμίους καὶ τοὺς φίλους. ἰδὼν δὲ αὐτὸν ἀπὸ τοῦ Ἑλληνικοῦ Ξενοφῶν Ἀθηναῖος, ὑπελάσας ὡς συναντῆσαι ἤρετο, εἴ τι παραγγέλλοι· ὁ δ' ἐπιστήσας εἶπε καὶ λέγειν ἐκέλευσε πᾶσιν, ὅτι καὶ τὰ ἱερὰ καλὰ καὶ τὰ σφάγια καλά. ταῦτα δὲ λέγων θορύβου ἤκουσε διὰ τῶν τάξεων ἰόντος, καὶ ἤρετο, τίς ὁ θόρυβος εἴη. ὁ δὲ εἶπεν, ὅτι τὸ σύνθημα παρέρχεται δεύτερον ἤδη. καὶ ὃς ἐθαύμασε, τίς παραγγέλλει, καὶ ἤρετο, ὅ τι εἴη τὸ σύνθημα. ὁ δ' ἀπεκρίνατο Ζεὺς σωτὴρ καὶ νίκη. ὁ δὲ Κῦρος ἀκούσας, Ἀλλὰ δέχομαί τε, ἔφη, καὶ τοῦτο ἔστω. ταῦτα δ' εἰπὼν εἰς τὴν ἑαυτοῦ χώραν ἀπήλαυνε· καὶ οὐκέτι τρία ἢ τέτταρα στάδια διειχέτην τὼ φάλαγγε ἀπ' ἀλλήλων, ἡνίκα ἐπαιάνιζόν τε οἱ Ἕλληνες καὶ ἤρχοντο ἀντίοι ἰέναι τοῖς πολεμίοις. ὡς δέ πορευομένων ἐξεκύμαινέ τι τῆς φάλαγγος, τὸ ἐπιλειπόμενον ἤρξατο δρόμῳ θεῖν· καὶ ἅμα ἐφθέγξαντο πάντες οἷόνπερ τῷ Ἐνυαλίῳ ἐλελίζουσι, καὶ πάντες δὲ ἔθεον. λέγουσι δέ τινες, ὡς καὶ ταῖς ἀσπίσι πρὸς τὰ δόρατα ἐδούπησαν φόβον ποιοῦντες τοῖς ἵπποις. πρὶν δὲ τόξευμα ἐξικνεῖσθαι ἐκκλίνουσιν οἱ βάρβαροι καὶ φεύγουσι. καὶ ἐνταῦθα δὴ ἐδίωκον μὲν κατὰ κράτος οἱ Ἕλληνες, ἐβόων δὲ ἀλλήλοις μὴ θεῖν δρόμῳ, ἀλλ' ἐν τάξει ἕπεσθαι. τὰ δ' ἅρματα ἐφέρετο τὰ μὲν δι' αὐτῶν

---

wärtigen Verhalten geschildert wird. — ἐν τῷ αὐτῷ, auf derselben Stelle, Gegensatz zu προῄει. — παρελαύνων, vom Klearch weg. — οὐ πάνυ πρὸς, nicht sehr nahe an.

15. Ξενοφῶν, hier zuerst erwähnt, war als Volontair mitgezogen und dem Kyros persönlich bekannt (III, 1, 4 ff.). So erklärt sich was er hier thut. — ὡς mit d. Infin. ist auch hier so dass. — ἐπιστήσας, näml. τὸν ἵππον. Vergl. I, 2, 17: στήσας τὸ ἅρμα.

16. ὁ δὲ, nämlich Xenophon. — δεύτερον. Das Feldgeschrei ging durch die Reihen von Mund zu Munde und dann denselben Weg wieder zurück, d. i. hier δεύτερον. — καὶ ὅς, und er. — ἐθαύμασε, fragte verwundert.

17. Ἀλλὰ, nun wohlan! — εἰς — χώραν, an die Spitze seiner Perser.

18. πορευομένων, wie προϊόντων I, 2, 17. — τὸ ἐπιλειπόμενον, der zurückbleibende Theil. — οἷόνπερ wie eben (immer). — τῷ Ἐνυαλίῳ, ihm gilt das Kriegsgeschrei, an ihn ist es gerichtet.

19. πρὶν — ἐξικνεῖσθαι, bevor — herüber oder hinüber gelangen konnte, d. i. noch vor Schussweite. — κατὰ κράτος, wie §. 1. ἀνὰ κράτος.

τῶν πολεμίων, τὰ δὲ καὶ διὰ τῶν Ἑλλήνων κενὰ ἡνιόχων. οἱ δ' ἐπεὶ προϊδοιεν, διΐσταντο· ἔστι δ' ὅστις καὶ κατελήφθη ὥσπερ ἐν ἱπποδρόμῳ ἐκπλαγείς· καὶ οὐδὲν μέντοι οὐδὲ τοῦτον παθεῖν ἔφασαν, οὐδ' ἄλλος δὲ τῶν Ἑλλήνων ἐν ταύτῃ τῇ μάχῃ ἔπαθεν οὐδεὶς οὐδέν, πλὴν ἐπὶ τῷ εὐωνύμῳ τοξευθῆναί τις ἐλέγετο. Κῦρος δ' ὁρῶν τοὺς Ἕλληνας νικῶντας τὸ καθ' 21 αὑτοὺς καὶ διώκοντας, ἡδόμενος καὶ προσκινούμενος ἤδη ὡς βασιλεὺς ὑπὸ τῶν ἀμφ' αὑτόν, οὐδ' ὣς ἐξήχθη διώκειν, ἀλλὰ συνεσπειραμένην ἔχων τὴν τῶν σὺν αὐτῷ ἑξακοσίων ἱππέων τάξιν ἐπεμελεῖτο, ὅ τι ποιήσει βασιλεύς. καὶ γὰρ ᾔδει αὐτὸν, ὅτι μέσον ἔχοι τοῦ Περσικοῦ στρατεύματος. καὶ πάντες δ' οἱ 22 τῶν βαρβάρων ἄρχοντες μέσον ἔχοντες τὸ αὑτῶν ἡγοῦνται, νομίζοντες οὕτω καὶ ἐν ἀσφαλεστάτῳ εἶναι, ἢν ᾖ ἡ ἰσχὺς αὐτῶν ἑκατέρωθεν, καὶ εἴ τι παραγγεῖλαι χρῄζοιεν, ἡμίσει ἂν χρόνῳ αἰσθάνεσθαι τὸ στράτευμα. καὶ βασιλεὺς δὴ τότε μέσον ἔχων 23 τῆς αὑτοῦ στρατιᾶς ὅμως ἔξω· ἐγένετο τοῦ Κύρου εὐωνύμου κέρατος. ἐπεὶ δὲ οὐδεὶς αὐτῷ ἐμάχετο ἐκ τοῦ ἀντίου οὐδὲ τοῖς αὐτοῦ τεταγμένοις ἔμπροσθεν, ἐπέκαμπτεν ὡς εἰς κύκλωσιν. ἔνθα δὴ Κῦρος δείσας, μὴ ὄπισθεν γενόμενος κατακόψῃ 24 τὸ Ἑλληνικὸν, ἐλαύνει ἀντίος· καὶ ἐμβαλὼν σὺν τοῖς ἑξακοσίοις νικᾷ τοὺς πρὸ βασιλέως τεταγμένους καὶ εἰς φυγὴν ἔτρεψε τοὺς ἑξακισχιλίους καὶ ἀποκτεῖναι λέγεται αὐτὸς τῇ ἑαυτοῦ χειρὶ Ἀρταγέρσην τὸν ἄρχοντα αὐτῶν. ὡς δ' ἡ τροπὴ ἐγένετο, 25 διασπείρονται καὶ οἱ Κύρου ἑξακόσιοι εἰς τὸ διώκειν ὁρμήσαντες, πλὴν πάνυ ὀλίγοι ἀμφ' αὐτὸν κατελείφθησαν, σχεδὸν οἱ ὁμοτράπεζοι καλούμενοι. σὺν τούτοις δὲ ὢν καθορᾷ βασι- 26

---

20. ἐπεὶ προΐδοιεν. Ueber d. Optativ s. zu I, 2, 7. — ὥσπερ, wie (es vorkommt). — ἐκπλαγεὶς, (nur) weil er die Besinnung verlor. — οὐδ' — οὐδεὶς οὐδέν. S. zu I, 3, 5.
21. τὸ καθ' αὑτοὺς, den Theil, der ihnen gegenüber stand. — καὶ γὰρ, etenim. — οὐδ' ὣς, auch so nicht, d. i. dennoch nicht. — ᾔδει αὐτὸν, ὅτι — ἔχοι, ein sehr häufiger Gräcismus, nach welchem das Subject des abhängigen Satzes für das regierende Verbum als Object vorweggenommen wird,

Prolepsis, oder Anticipation, oder auch Attraction des Subjects genannt.
22. καὶ πάντες — ἡγοῦνται. Diess wird bemerkt, weil es bei den Griechen anders war, deren Oberbefehlshaber immer auf dem rechten Flügel stand.
23. αὐτοῦ hängt von ἔμπροσθεν ab.
24. ὄπισθεν γενόμενος, er (der König) möchte dem Hell. Heere in den Rücken kommen und es —.
25. οἱ — καλούμενοι, wie I, 2, 13.

λέα καὶ τὸ ἀμφ' ἐκεῖνον στῖφος· καὶ εὐθὺς οὐκ ἠνέσχετο, ἀλλ'
εἰπών, Τὸν ἄνδρα ὁρῶ, ἵετο ἐπ' αὐτὸν καὶ παίει κατὰ τὸ
στέρνον καὶ τιτρώσκει διὰ τοῦ θώρακος, ὥς φησι Κτησίας ὁ
27 ἰατρὸς καὶ ἰᾶσθαι αὐτὸς τὸ τραῦμά φησι. παίοντα δ' αὐτὸν
ἀκοντίζει τις παλτῷ ὑπὸ τὸν ὀφθαλμὸν βιαίως· καὶ ἐνταῦθα
μαχόμενοι καὶ βασιλεὺς καὶ Κῦρος καὶ οἱ ἀμφ' αὐτοὺς
ὑπὲρ ἑκατέρου, ὁπόσοι μὲν τῶν ἀμφὶ βασιλέα ἀπέθνησκον
Κτησίας λέγει· παρ' ἐκείνῳ γὰρ ἦν· Κῦρος δὲ αὐτός τε ἀπέ-
θανε καὶ ὀκτὼ οἱ ἄριστοι τῶν περὶ αὐτὸν ἔκειντο ἐπ' αὐτῷ.
28 Ἀρταπάτης δ' ὁ πιστότατος αὐτῷ τῶν σκηπτούχων λέγεται,
ἐπειδὴ πεπτωκότα εἶδε Κῦρον, καταπηδήσας ἀπὸ τοῦ ἵππου
29 περιπεσεῖν αὐτῷ. καὶ οἱ μέν φασι βασιλέα κελεῦσαί τινα
ἐπισφάξαι αὐτὸν Κύρῳ, οἱ δ' ἑαυτὸν ἐπισφάξασθαι σπασά-
μενον τὸν ἀκινάκην· εἶχε γὰρ χρυσοῦν· καὶ στρεπτὸν δ' ἐφόρει
καὶ ψέλια καὶ τἆλλα ὥσπερ οἱ ἄριστοι Περσῶν· ἐτετίμητο
γὰρ ὑπὸ Κύρου δι' εὔνοιάν τε καὶ πιστότητα.

IX. Κῦρος μὲν οὖν οὕτως ἐτελεύτησεν, ἀνὴρ ὢν Περσῶν τῶν
μετὰ Κῦρον τὸν ἀρχαῖον γενομένων βασιλικώτατός τε καὶ ἄρχειν

9. Inhalt: Schon I, 2, 12 bot Veranlassung zu der Bemerkung,
dass Xen. die Ereignisse einfach erzählt, ohne sich über die Eigenschaf-
ten, die Zwecke und Beweggründe der handelnden Personen in Betrach-
tungen einzulassen. Auch Kyros haben wir bis hierher nur aus seiner
Handlungsweise kennen gelernt. Jetzt aber, wo der Hauptheld des ersten
Buchs der Anabasis durch den Tod vom Schauplatze abgerufen ist, er-
halten wir eine zusammenhängende Schilderung seines Charakters. Das
Bild, das von ihm gegeben wird, ist ein edles, das Barbarenthum an
Geist, Sitte und Bildung weit überragendes. Wir begreifen danach, wie
eine so gross angelegte, hochherzige Natur den Gedanken fassen konnte,
den „Grossen König" mit einer verhältnissmässig geringen Macht aus
weiter Ferne zu bekriegen und vom Throne zu stossen. Wir erfahren
hier, wo und wie er zu dem herangebildet wurde, was er später war,
wie er in seiner Machtstellung als Statthalter von Vorderasien durch

26. Κτησίας, ein Grieche aus Kni-
dos in Karien, der schon dem Vater
des Artaxerxes als Arzt diente und
in seinen Περσικά (Persische Ge-
schichten) auch diesen Bruderkrieg
beschrieben hat, von dem aber auf
uns nur ein Auszug gekommen ist.
— Zu καὶ — φησι ist aus dem vor-
hergehenden ὥς zu entnehmen ὅς:
der auch.
27. μαχόμενοι übersetze als ob

ἐμάχοντο und hinter ὑπὲρ ἑκατέ-
ρου ein Punkt stände. Bei μαχόμενοι
hatte Xen. als Fortsetzung zunächst
im Sinne: richteten sie ein blutiges
Gemetzel an, das auf Seiten des Ar-
taxerxes einer grossen Zahl (statt
deren Angabe auf Ktesias verwiesen
wird), auf Seiten des Kyros diesem
selbst u. s. w. den Tod brachte.
29. ἑαυτὸν ἐπισφάξασθαι, nämlich
αὐτόν.

ἀξιώτατος, ὡς παρὰ πάντων ὁμολογεῖται τῶν Κύρου δοκούντων ἐν πείρᾳ γενέσθαι. πρῶτον μὲν γὰρ ἔτι παῖς ὤν, ὅτ' ἐπαιδεύετο 2 καὶ σὺν τῷ ἀδελφῷ καὶ σὺν τοῖς ἄλλοις παισί, πάντων πάντα κράτιστος ἐνομίζετο. πάντες γὰρ οἱ τῶν ἀρίστων Περσῶν παῖδες 3 ἐπὶ ταῖς βασιλέως θύραις παιδεύονται· ἔνθα πολλὴν μὲν σωφροσύνην καταμάθοι ἄν τις, αἰσχρὸν δ' οὐδὲν οὔτ' ἀκοῦσαι οὔτ' ἰδεῖν ἔστι. θεῶνται δ' οἱ παῖδες καὶ τιμωμένους ὑπὸ βασιλέως 4 καὶ ἀκούουσι, καὶ ἄλλους ἀτιμαζομένους· ὥστε εὐθὺς παῖδες ὄντες μανθάνουσιν ἄρχειν τε καὶ ἄρχεσθαι. ἔνθα Κῦρος αἰ- 5 δημονέστατος μὲν πρῶτον τῶν ἡλικιωτῶν ἐδόκει εἶναι τοῖς τε πρεσβυτέροις καὶ τῶν ἑαυτοῦ ὑποδεεστέρων μᾶλλον πείθεσθαι, ἔπειτα δὲ φιλιππότατος καὶ τοῖς ἵπποις ἄριστα χρῆσθαι· ἔκρινον δ' αὐτὸν καὶ τῶν εἰς τὸν πόλεμον ἔργων, τοξικῆς τε καὶ ἀκοντίσεως, φιλομαθέστατον εἶναι καὶ μελετηρότατον. ἐπεὶ δὲ τῇ ἡλικίᾳ ἔπρεπε, καὶ φιλοθηρότατος ἦν καὶ πρὸς 6 τὰ θηρία μέντοι φιλοκινδυνότατος. καὶ ἄρκτον ποτὲ ἐπιφερομένην οὐκ ἔτρεσεν, ἀλλὰ συμπεσὼν κατεσπάσθη ἀπὸ τοῦ ἵππου καὶ τὰ μὲν ἔπαθεν, ὧν καὶ τὰς ὠτειλὰς εἶχε, τέλος δὲ κατέκανε· καὶ τὸν πρῶτον μέντοι βοηθήσαντα πολλοῖς μακα-

---

gewissenhafte Treue bei Verträgen und Versprechungen sich bei Freund und Feind das unbedingteste Vertrauen erwarb, wie er Gutes und Böses, das ihm erwiesen wurde, zu vergelten, Uebelthäter im Zaume zu halten und dadurch das Land sicher zu machen wusste. Kriegerische Tugenden zeichnete er zwar vor allen aus, doch ehrte er auch überall rechtschaffenes Thun, belohnte jeden guten Dienst, achtete und mehrte redlich erworbenes Eigenthum, hielt treu ergebene, thatkräftige Freunde hoch, die er durch liebevolle Aufmerksamkeiten an sich fesselte. Daher ihm auch, mit Ausnahme des Orontas, Niemand untreu wurde und seine Vertrauten lieber mit ihm sterben als ohne ihn leben wollten. Bei allem dem bleibt Eines unerörtert: wie konnte sich in einem so edlen Herzen ein so glühender Hass gegen den leiblichen Bruder bilden? Die Antwort auf diese Frage bleibt dem Leser überlassen sich selbst zu geben aus den wenigen aber inhaltschweren Worten I, 1, 3: ὁ δὲ πείθεταί τε καὶ συλλαμβάνει Κῦρον ὥς ἀποκτενῶν.

---

1. Κύρου hängt ab von πείρᾳ.
2. πρῶτον μὲν. Dem entspricht ἐπεὶ δὲ §. 6. — πάντα, Accus. d. Beziehung: in allen Stücken.
3. γὰρ, nämlich. — θύραις. S. zu I, 2, 11. — τις, man.
4. εὐθὺς — ὄντες, sogleich oder schon als Kinder.

5. Ueber die Stellungvon μὲν zwischen αἰδημονέστατος und πρῶτον, dem nachher ἔπειτα δὲ entspricht. s. zu I, 8, 6. — καὶ vor τῶν ist auch oder sogar. — ἔκρινον, man hielt.
6. καὶ — μέντοι, et vero. — τὰ μὲν, Einiges zwar, d. i. einige Wunden zwar.

7 ριστὸν ἐποίησεν. ἐπεὶ δὲ κατεπέμφθη ὑπὸ τοῦ πατρὸς σατράπης Λυδίας τε καὶ Φρυγίας τῆς μεγάλης καὶ Καππαδοκίας, στρατηγὸς δὲ καὶ πάντων ἀπεδείχθη, οἷς καθήκει εἰς Καστωλοῦ πεδίον ἀθροίζεσθαι, πρῶτον μὲν ἐπέδειξεν αὑτόν, ὅτι περὶ πλείστου ποιοῖτο, εἴ τῳ σπείσαιτο καὶ εἴ τῳ συν-
8 θοῖτο καὶ εἴ τῳ ὑπόσχοιτό τι, μηδὲν ψεύδεσθαι. καὶ γὰρ οὖν ἐπίστευον μὲν αὐτῷ αἱ πόλεις ἐπιτρεπόμεναι, ἐπίστευον δ' οἱ ἄνδρες· καὶ εἴ τις πολέμιος ἐγένετο, σπεισαμένου Κύρου
9 ἐπίστευε μηδὲν ἂν παρὰ τὰς σπονδὰς παθεῖν. τοιγαροῦν ἐπεὶ Τισσαφέρνει ἐπολέμησε, πᾶσαι αἱ πόλεις ἑκοῦσαι Κῦρον εἵλοντο ἀντὶ Τισσαφέρνους πλὴν Μιλησίων· οὗτοι δὲ, ὅτι οὐκ
10 ἤθελε τοὺς φεύγοντας προέσθαι, ἐφοβοῦντο αὐτόν. καὶ γὰρ ἔργῳ ἐπεδείκνυτο καὶ ἔλεγεν, ὅτι οὐκ ἄν ποτε προοῖτο, ἐπεὶ ἅπαξ φίλος αὐτοῖς ἐγένετο, οὐδ' εἰ ἔτι μὲν μείους γένοιντο,
11 ἔτι δὲ κάκιον πράξειαν. φανερὸς δ' ἦν καὶ εἴ τίς τι ἀγαθὸν ἢ κακὸν ποιήσειεν αὐτόν, νικᾶν πειρώμενος· καὶ εὐχὴν δέ τινες αὐτοῦ ἐξέφερον, ὡς εὔχοιτο τοσοῦτον χρόνον ζῆν, ἔστε
12 νικῴη καὶ τοὺς εὖ καὶ τοὺς κακῶς ποιοῦντας ἀλεξόμενος. καὶ γὰρ οὖν πλεῖστοι δὴ αὐτῷ ἑνί γε ἀνδρὶ τῶν ἐφ' ἡμῶν ἐπεθύμησαν καὶ χρήματα καὶ πόλεις καὶ τὰ ἑαυτῶν σώματα προέ-
13 σθαι. οὐ μὲν δὴ οὐδὲ τοῦτ' ἄν τις εἴποι, ὡς τοὺς κακούργους

---

7. σατράπης — ἀθροίζεσθαι. S. I, 1, 2. — αὐτόν, ὅτι. Ueber die Prolepsis s. zu I, 8, 21. — περὶ πλείστου ποιοῖτο, plurimi faceret.

8. καὶ γὰρ οὖν, daher denn auch. — αἱ — ἐπιτρεπόμεναι, die sich seinem Schutze anvertrauten. — παρὰ, wider.

9. Κῦρον εἵλοντο. S. I, 1, 6.

10. προοῖτο, das Object versteht sich von selbst, worauf sich dann αὐτοῖς bezieht. — ἐπεὶ ἅπαξ, wenn er einmal, d. i. wenn er nur erst. — ἔτι — κάκιον πράξειαν, in noch üblere Lage kämen.

11. ποιήσειεν. Ueber d. Optat. s. zu I, 2, 7. — ἐξέφερον, wie efferre auch ohne in vulgum. — Hinter τοὺς εὖ vermisst man ein dem ἀλεξόμενος entsprechendes Particip, etwa ὠφελῶν (nach I, 3, 6) oder ἀντ' εὖ ποιῶν (nach V, 5, 21), das aber nur so anzubringen war: καὶ τοὺς εὖ ποιοῦντας ὠφελῶν καὶ τοὺς κακῶς ποιοῦντας ἀλεξόμενος. Da nun die enge Verbindung καὶ τοὺς εὖ καὶ τοὺς κακῶς vorgezogen wurde und so mit dem ersten ποιοῦντας auch ὠφελῶν ausfiel, so musste für beide Objecte ἀλεξόμενος genügen in dem ungewöhnlichen allgemeinen Sinne: durch Wiedervergeltung. Der Wille und das Vermögen zur Wiedervergeltung des Bösen ebenso wie des Guten, hier am Kyros gerühmt, gehörte nach griechischer Denkweise, auch noch bei Sokrates, zur ἀρετὴ ἀνδρός. Memor. II, 6, 35.

12. δή, wirklich, die Thatsache constatirend. — τῶν ἐφ' ἡμῶν unter unseren Zeitgenossen. — προέσθαι, auch hier: preisgeben, d. i. sorglos überlassen.

13. οὐ μὲν δὴ οὐδὲ — εἴποι, aber

καὶ ἀδίκους εἴα καταγελᾶν, ἀλλ' ἀφειδέστατα πάντων ἐτιμωρεῖτο. πολλάκις δ' ἦν ἰδεῖν παρὰ τὰς στειβομένας ὁδοὺς καὶ ποδῶν καὶ χειρῶν καὶ ὀφθαλμῶν στερουμένους ἀνθρώπους· ὥστ' ἐν τῇ Κύρου ἀρχῇ ἐγένετο καὶ Ἕλληνι καὶ βαρβάρῳ μηδὲν ἀδικοῦντι ἀδεῶς πορεύεσθαι, ὅπῃ τις ἤθελεν, ἔχοντι ὅ τι προχωροίη. τούς γε μέντοι ἀγαθοὺς εἰς πόλεμον ὁμο- 14 λόγητο διαφερόντως τιμᾶν. καὶ πρῶτον μὲν ἦν αὐτῷ πόλεμος πρὸς Πισίδας καὶ Μυσούς· στρατευόμενος οὖν καὶ αὐτὸς εἰς ταύτας τὰς χώρας οὓς ἑώρα ἐθέλοντας κινδυνεύειν, τούτοις καὶ ἄρχοντας ἐποίει ἧς κατεστρέφετο χώρας, ἔπειτα δὲ καὶ ἄλλοις δώροις ἐτίμα· ὥστε φαίνεσθαι τοὺς μὲν ἀγαθοὺς εὐδαι- 15 μονεστάτους, τοὺς δὲ κακοὺς δούλους τούτων ἀξιοῦν εἶναι. τοιγαροῦν πολλὴ ἦν ἀφθονία αὐτῷ τῶν θελόντων κινδυνεύειν, ὅπου τις οἴοιτο Κῦρον αἰσθήσεσθαι. εἴς γε μὴν δικαιοσύνην 16 εἴ τις αὐτῷ φανερὸς γένοιτο ἐπιδείκνυσθαι βουλόμενος, περὶ παντὸς ἐποιεῖτο τούτους πλουσιωτέρους ποιεῖν τῶν ἐκ τοῦ ἀδίκου φιλοκερδούντων. καὶ γὰρ οὖν ἄλλα τε πολλὰ δικαίως 17 αὐτῷ διεχειρίζετο καὶ στρατεύματι ἀληθινῷ ἐχρήσατο. καὶ γὰρ στρατηγοὶ καὶ λοχαγοί, οἳ χρημάτων ἕνεκα πρὸς ἐκεῖνον ἔπλευσαν, ἔγνωσαν κερδαλεώτερον εἶναι Κύρῳ καλῶς πειθαρχεῖν ἢ τὸ κατὰ μῆνα κέρδος. ἀλλὰ μὴν εἴ τίς γέ τι αὐτῷ προστά- 18 ξαντι καλῶς ὑπηρετήσειεν, οὐδενὶ πώποτε ἀχάριστον εἴασε τὴν

---

auch das kann Niemand sagen. — στερουμένους mit Perfectbedeutung: privatos, wofür gewöhnlich στερόμενος. — ἐγένετο, möglich wurde, wie vorher ἦν es war möglich. — μηδὲν, nicht οὐδὲν, denn ἀδικοῦντι ist: wenn er —. ὅ τι, näml. ἔχειν. — προχωροίη ihm convenirte, d. i. der Zweck seiner Reise mit sich brachte.

14. πρῶτον μὲν. Der Sinn ist: zuerst nun gab ihm der Krieg Gelegenheit, militärische Eigenschaften auszuzeichnen, ferner (γε μὴν §. 16) belohnte er die Gerechtigkeit u. s. w. — καὶ αὐτὸς, persönlich. — ἧς κατεστρέφετο χώρας, d. i. τῆς χώρας, ἣν κατεστρ.

15. οἴοιτο, Optat. wie §. 11.

16. εἰς, in Betreff. — περὶ παντὸς ἐποιεῖτο. Vergl. §. 7. — ἐκ τοῦ ἀδίκου gleich ἀδίκως.

17. στρατεύματι ἀληθινῷ, ein echtes Heer, das kann in diesem Zusammenhange nur heissen, ein Heer, das dadurch. dass es fühlt, in ihm walte Gerechtigkeit bei Beförderungen, Auszeichnungen, bei Handhabung der Disciplin u. s. w. ein unerschütterliches Vertrauen und unbedingte Anhänglichkeit an Kyros hatte und deshalb seinem Zwecke, ein mächtiges Werkzeug in den Händen seines Führers zu sein, vollkommen entsprach. — τὸ κατὰ μῆνα, den monatlichen.

18. ἀλλὰ μὴν, jedoch liess es sich Kyros angelegen sein, dass es

προθυμίαν. τοιγαροῦν κράτιστοι δὴ ὑπηρέται παντὸς ἔργου Κύρῳ ἐλέχθησαν γενέσθαι. εἰ δέ τινα ὁρῴη δεινὸν ὄντα οἰ-
19 κονόμον ἐκ τοῦ δικαίου καὶ κατασκευάζοντά τε ἧς ἄρχοι χώρας καὶ προσόδους ποιοῦντα, οὐδένα ἂν πώποτε ἀφείλετο, ἀλλ᾽ ἀεὶ πλείω προσεδίδου· ὥστε καὶ ἡδέως ἐπόνουν καὶ θαρραλέως ἐκτῶντο καὶ ὃ ἐπέπατο αὖ τις ἥκιστα Κῦρον ἔκρυπτεν· οὐ γὰρ φθονῶν τοῖς φανερῶς πλουτοῦσιν ἐφαίνετο, ἀλλὰ πειρώμενος χρῆσθαι τοῖς τῶν ἀποκρυπτομένων χρήμασι. φίλους
20 γε μὴν ὅσους ποιήσαιτο καὶ εὔνους γνοίη ὄντας καὶ ἱκανοὺς κρίνειε συνεργοὺς εἶναι ὅ τι τυγχάνοι βουλόμενος κατεργάζεσθαι, ὁμολογεῖται πρὸς πάντων κράτιστος δὴ γενέσθαι θεραπεύειν. καὶ γὰρ αὐτὸ τοῦτο, οὗπερ αὐτὸς ἕνεκα φίλων ᾤετο
21 δεῖσθαι, ὡς συνεργοὺς ἔχοι, καὶ αὐτὸς ἐπειρᾶτο συνεργὸς τοῖς φίλοις κράτιστος εἶναι τούτου, ὅτου ἕκαστον αἰσθάνοιτο ἐπιθυμοῦντα. δῶρα δὲ πλεῖστα μὲν οἶμαι εἷς γε ἀνὴρ ἐλάμβανε
22 διὰ πολλά· ταῦτα δὲ πάντων δὴ μάλιστα τοῖς φίλοις διεδίδου, πρὸς τοὺς τρόπους ἑκάστου σκοπῶν καὶ ὅτου μάλιστα ὁρῴη ἕκαστον δεόμενον. καὶ ὅσα τῷ σώματι αὐτοῦ πέμποι
23 τις ἢ ὡς εἰς πόλεμον ἢ ὡς εἰς καλλωπισμόν, καὶ περὶ τού-

---

auch an dem κέρδος nicht fehlte. — παντὸς ἔργου, für jedes —.
19. ἧς ἄρχοι χώρας, d. i. τὴν χώραν, ἧς ἄρχοι. — ἂν — ἀφείλετο, näml. τί. Durch ἂν wird die Handlung auf die einzelnen Fälle bezogen: dann — nahm er — weg. B. 139, 12. K. 54, 10, A. 3. C. 494, A. 1. So wie alle Anderen des Königs δοῦλοι (s. §. 29 und zu I, 1, 4) waren, so hatte auch wiederum der Satrap in seiner Provinz unbedingte Gewalt über Person und Eigenthum. Davon machte aber Kyros nie einen unedlen Gebrauch. — ὥστε wie I, 3, 10. — ἐπέπατο dichterisches Wort für ἐκέκτητο. — αὖ gehört zu ἔκρυπτεν, denn das Subject τις (man) ist statt in den Relativsatz in den Hauptsatz gestellt: sowie Kyros seinerseits redlichen Erwerb begünstigte, so suchte auch wiederum der Besitzer seinerseits seine Reichthümer nicht vor dem Kyros zu verbergen, wie man es doch vor der Habsucht anderer Satrapen zu thun pflegte.
20. γε μὴν wie §. 16. — συνέργους — ὅ τι, d. i. συνέργους τούτου, ὅ τι. — θεραπεύειν. Object ist φίλους.
21. αὐτὸ τοῦτο, eben das suchte er auch seinerseits den Freunden zu sein. Statt aber den Satz so einfach zu geben, wird nach ἐπειρᾶτο das durch αὐτὸ τοῦτο bereits Angedeutete weiter ausgeführt. Es ist nach ἐπειρᾶτο gleich τοῖς φίλοις εἶναι zu übersetzen und durch nämlich συνεργὸς κράτιστος τούτων u. s. w. anzureihen.
22. εἷς beim Superlativ wie unus. S. K. 50, 10. A. 5. — καὶ ὅτου — δεόμενον ist mit dem Vorhergehenden lose verbunden, statt καὶ ὅτου — ἕκαστος δέοιτο, ὁρῶν. Der Optativ ὁρῴη wie §. 15.
23. ὡς εἰς πόλεμον, in der Mei-

τῶν λέγειν αὐτὸν ἔφασαν, ὅτι τὸ μὲν ἑαυτοῦ σῶμα οὐκ ἂν δύναιτο τούτοις πᾶσι κοσμηθῆναι, φίλους δὲ καλῶς κεκοσμημένους μέγιστον κόσμον ἀνδρὶ νομίζοι. καὶ τὸ μὲν τὰ μεγάλα 24 νικᾶν τοὺς φίλους εὖ ποιοῦντα οὐδὲν θαυμαστόν, ἐπειδή γε καὶ δυνατώτερος ἦν· τὸ δὲ τῇ ἐπιμελείᾳ περιεῖναι τῶν φίλων καὶ τῷ προθυμεῖσθαι χαρίζεσθαι, ταῦτα ἔμοιγε μᾶλλον δοκεῖ ἀγαστὰ εἶναι. Κῦρος γὰρ ἔπεμπε βίκους οἴνου ἡμιδεεῖς πολ- 25 λάκις, ὁπότε πάνυ ἡδὺν λάβοι, λέγων, ὅτι οὔπω δὴ πολλοῦ χρόνου τούτου ἡδίονι οἴνῳ ἐπιτύχοι· τοῦτον οὖν σοὶ ἔπεμψε, καὶ δεῖταί σου τήμερον τοῦτον ἐκπιεῖν σὺν οἷς μάλιστα φιλεῖς. πολλάκις δὲ χῆνας ἡμιβρώτους ἔπεμπε καὶ ἄρτων ἡμίσεα καὶ 26 ἄλλα τοιαῦτα, ἐπιλέγειν κελεύων τὸν φέροντα, τούτοις ἥσθη Κῦρος· βούλεται οὖν καὶ σὲ τούτων γεύσασθαι. ὅπου δὲ χιλὸς 27 σπάνιος πάνυ εἴη, αὐτὸς δὲ δύναιτο παρασκευάσασθαι διὰ τὸ πολλοὺς ἔχειν ὑπηρέτας καὶ διὰ τὴν ἐπιμέλειαν, διαπέμπων ἐκέλευε τοὺς φίλους τοῖς τὰ ἑαυτῶν σώματα ἄγουσιν ἵπποις ἐμβάλλειν τοῦτον τὸν χιλόν, ὡς μὴ πεινῶντες τοὺς ἑαυτοῦ φίλους ἄγωσιν. εἰ δὲ δή ποτε πορεύοιτο καὶ πλεῖστοι μέλ- 28 λοιεν ὄψεσθαι, προσκαλῶν τοὺς φίλους ἐσπουδαιολογεῖτο, ὡς δηλοίη οὓς τιμᾷ. ὥστε ἐγὼ μέν γε ἐξ ὧν ἀκούω οὐδένα κρίνω ὑπὸ πλειόνων πεφιλῆσθαι οὔτε Ἑλλήνων οὔτε βαρβάρων· τεκμή- 29 ριον δὲ τούτου καὶ τόδε. παρὰ μὲν Κύρου δούλου ὄντος οὐδεὶς ἀπῄει πρὸς βασιλέα, πλὴν Ὀρόντας ἐπεχείρησε· καὶ οὗτος δή, ὃν ᾤετο πιστὸν οἱ εἶναι, ταχὺ αὐτὸν εὗρε Κύρῳ φιλαίτερον ἢ

---

nung oder Absicht, dass es zum Kriege dienen sollte.
24. τὰ μεγάλα abhängig von εὖ ποιοῦντα. Vom älteren Kyros sagt Xen. in der Cyrop. VIII, 2, 13: καὶ τῷ μὲν δὴ μεγέθει δώρων ὑπερβάλλειν πλουσιώτατον (wofür hier δυνατώτερος) ὄντα οὐ θαυμαστόν. τὸ δὲ δὴ θεραπείᾳ καὶ τῇ ἐπιμελείᾳ τῶν φίλων βασιλεύοντα περίγιγνεσθαι, τοῦτο ἀξιολογώτερον.
25. πολλοῦ χρόνου, seit langer Z. — τούτου, gleich ἢ τούτῳ. S. B.132, 11, A. 19. K. 47, 27, A.1. C. 416, A. 1. — σοὶ ἔπεμψε, Uebergang in d. or. recta, wie I, 3, 14. Der Aorist, wie auch im Lateinischen das Präteritum im Briefstil; aber δεῖται,

weil die Bitte bei Lesung des empfangenen Briefs noch fortdauernd gedacht wird. — σὺν οἷς — φιλεῖς. Ueber d. Attraction s. zu I, 1, 8.
27. πάνυ nachgestellt wie ἰσχυρῶς I, 2, 21. — ὡς μὴ — ἄγωσι. Wegen des Conjunctivs s. zu I, 4, 18.
28. ὄψεσθαι, näml. αὐτόν. — μὲν hebt ἐγώ hervor im Gegensatze zu Anderen, die vielleicht anders urtheilen. S. zu I, 2, 1. — ἐξ ὧν, nach dem, was.
29. δούλου. S. zu I, 1, 4. — βασιλέα. S. zu I, 1, 5. — ὃν ᾤετο πιστόν, näml. den, der den verrätherischen Brief an den König überbringen sollte I, 6, 3. — ταχὺ αὐτὸν

ἑαυτῷ· παρὰ δὲ βασιλέως πολλοὶ πρὸς Κῦρον ἀπῆλθον, ἐπειδὴ πολέμιοι ἀλλήλοις ἐγένοντο, καὶ οὗτοι μέντοι οἱ μάλιστα ὑπ' αὐτοῦ ἀγαπώμενοι, νομίζοντες παρὰ Κύρῳ ὄντες
30 ἀγαθοὶ ἀξιωτέρας ἂν τιμῆς τυγχάνειν ἢ παρὰ βασιλεῖ. μέγα δὲ τεκμήριον καὶ τὸ ἐν τῇ τελευτῇ τοῦ βίου αὐτῷ γενόμενον, ὅτι καὶ αὐτὸς ἦν ἀγαθὸς καὶ κρίνειν ὀρθῶς ἐδύνατο τοὺς πι-
31 στοὺς καὶ εὔνους καὶ βεβαίους· ἀποθνήσκοντος γὰρ αὐτοῦ πάντες οἱ παρ' αὐτὸν φίλοι καὶ συντράπεζοι ἀπέθανον μαχόμενοι ὑπὲρ Κύρου πλὴν Ἀριαίου· οὗτος δὲ τεταγμένος ἐτύγχανεν ἐπὶ τῷ εὐωνύμῳ τοῦ ἱππικοῦ ἄρχων· ὡς δ' ᾔσθετο Κῦρον πεπτωκότα, ἔφυγεν ἔχων καὶ τὸ στράτευμα πᾶν, οἷ ἡγεῖτο.

X. Ἐνταῦθα δὴ Κύρου ἀποτέμνεται ἡ κεφαλὴ καὶ ἡ χεὶρ ἡ δεξιά. βασιλεὺς δὲ διώκων εἰσπίπτει εἰς τὸ Κύρειον στρατόπεδον· καὶ οἱ μὲν μετὰ Ἀριαίου οὐκέτι ἵστανται, ἀλλὰ φεύ-

---

10. Inhalt: Nachdem Kyros gefallen, Ariäos aber mit seinen Persischen Truppen geflohen war, wird das Lager des Kyros von den Kerntruppen des Königs genommen und geplündert; nur im Lager der Hellenen behauptet sich die zum Schutze desselben zurückgelassene Mannschaft. Der König sammelt und ordnet hier, wo er mit Tissaphernes zusammentrifft, der sich durch die am Euphrat ihm gegenüber stehenden griechischen Peltasten durchgeschlagen hat, sein Heer, um die Hellenen anzugreifen. Letztere in derselben Zeit im Begriff, ihrem bedrängten Lager zu Hülfe zu kommen, kehren ihre Front (durch Contremarsch der Rotten) dem Feinde zu und machen sich bereit dem Angriffe zu begegnen. Da der Feind seitwärts marschirt und so der dem Euphrat abgewendete Flügel bedroht erscheint, breiten sie die Schlachtlinie weiter aus und lehnen sich mit dem Rücken an den Euphrat. Nachdem das königliche Heer in dieselbe Richtung ihnen gegenüber gebracht ist, rücken die Hellenen vor, jagen die Barbaren in die Flucht und verfolgen sie bis zu einem Dorfe (vielleicht Kunaxa, das zwar nicht von Xenophon, aber von Anderen als Schlachtfeld angegeben wird) vor einer Anhöhe, von wo aus die fliehenden Feinde sich nach verschiedenen Seiten hin zerstreuen. Mit Sonnenuntergang kehren sie nun nach ihrem Lager zurück, wo sie, da der plündernde Feind alles Ess- und Trinkbare mitgenommen hat, hungernd und durstend die Nacht zubringen.

εὗρε, die Ueberraschung ausdrükkend: bald erfand er ihn. — φιλαίτερον, selten für φίλτερον. — καὶ οὗτοι, et ii, iique, und zwar. S. I, 4, 12 zu καὶ ταῦτα.
30. τεκμήριον (näml. ἐστὶ), wovon ὅτι, dafür dass, abhängt.
31. γὰρ, nämlich. — οἱ παρ' αὐτὸν. Auch hier (vergl. zu I, 1, 5)

Attraction, insofern ἀπέθανον ist: fielen sterbend hin. — Der mit οὗτος δὲ beginnende Satz soll erklären, wie es kam, dass Ariäos nicht auch an Kyros' Seite fiel. — ἔχων καὶ — πᾶν, mit sammt dem.
1. Ἐνταῦθα weist auf I, 8, 29 zurück. — οἱ μὲν μετὰ Ἀριαίου,

γουσι διὰ τοῦ αὑτῶν στρατοπέδου εἰς τὸν σταθμὸν, ἔνθεν ὥρμηντο· τέτταρες δ' ἐλέγοντο παρασάγγαι εἶναι τῆς ὁδοῦ. βασιλεὺς δὲ καὶ οἱ σὺν αὐτῷ τά τε ἄλλα πολλὰ διαρπάζουσι 2 καὶ τὴν Φωκαΐδα τὴν Κύρου παλλακίδα τὴν σοφὴν καὶ καλὴν λεγομένην εἶναι λαμβάνει. ἡ δὲ Μιλησία ληφθεῖσα ὑπὸ τῶν 3 ἀμφὶ βασιλέα ἐκφεύγει γυμνὴ πρὸς τῶν Ἑλλήνων, οἳ ἔτυχον ἐν τοῖς σκευοφόροις ὅπλα ἔχοντες καὶ ἀντιταχθέντες πολλοὺς μὲν τῶν ἁρπαζόντων ἀπέκτειναν, οἱ δὲ καὶ αὐτῶν ἀπέθανον· οὐ μὴν ἔφυγόν γε, ἀλλὰ καὶ ταύτην ἔσωσαν καὶ ἄλλα ὁπόσα ἐντὸς αὐτῶν καὶ χρήματα καὶ ἄνθρωποι ἐγένοντο πάντα ἔσωσαν. ἐνταῦθα διέσχον ἀλλήλων βασιλεύς τε καὶ οἱ Ἕλληνες 4 ὡς τριάκοντα στάδια, οἱ μὲν διώκοντες τοὺς καθ' αὑτοὺς ὡς πάντας νικῶντες, οἱ δ' ἁρπάζοντες ὡς ἤδη πάντες νικῶντες. ἐπεὶ δ' ᾔσθοντο οἱ μὲν Ἕλληνες, ὅτι βασιλεὺς σὺν τῷ στρα- 5 τεύματι ἐν τοῖς σκευοφόροις εἴη, βασιλεὺς δ' αὖ ἤκουσε Τισσαφέρνους, ὅτι οἱ Ἕλληνες νικῷεν τὸ καθ' αὑτοὺς καὶ εἰς τὸ πρόσθεν οἴχονται διώκοντες, ἐνταῦθα δὴ βασιλεὺς μὲν ἀθροίζει τε τοὺς ἑαυτοῦ καὶ συντάττεται, ὁ δὲ Κλέαρχος ἐβουλεύετο Πρόξενον καλέσας, πλησιαίτατος γὰρ ἦν, εἰ πέμποιέν τινας ἢ πάντες ἴοιεν ἐπὶ τὸ στρατόπεδον ἀρήξοντες. ἐν τούτῳ καὶ βα- 6 σιλεὺς δῆλος ἦν προσιὼν πάλιν, ὡς ἐδόκει, ὄπισθεν. καὶ οἱ μὲν

---

alle Nichthellenen im Heere des Kyros. S. I, 8, 5. Bei μὲν ist an das gedacht, was die Hellenen in ihrem Lager thun, besonders an οὐ μὴν ἔφυγόν γε §. 3. — ἔνθεν ὥρμηντο, d. h. wo sie die letzte Nacht gelagert hatten I, 7, 20.

2. λαμβάνει geht auf βασιλεύς zurück, als die Hauptperson: er ergreift die Gefangene als ihm persönlich zukommende Beute.

3. γυμνὴ, ohne Obergewand. — πρὸς τῶν Ἑλλήνων, nach der Seite, wo die Hellenen waren. Vrgl. IV, 3, 26: πρὸς τῶν Καρδούχων ἰέναι. — οἱ δὲ καὶ αὐτῶν, an den Relativsatz sich lose anreihend für ὧν δὲ καὶ τινες. — ὁπόσα ἐντὸς αὐτῶν — ἐγένοντο, was an — Menschen in ihren Bereich kam.

4. ἐνταῦθα, da, d. i. in diesem Momente der Schlacht. — τε καὶ. Bloss καὶ ist zu übersetzen. Durch τέ καὶ werden auch Subjecte verbunden, von denen eine Gleichheit oder Verschiedenheit ausgesagt wird. — καθ' αὑτοὺς wie I, 8, 21. — νικῶντες und nachher νικῷεν Sieger sein. — οἱ μὲν, die Hellenen, οἱ δ' der König und sein Heer.

5. ᾔσθοντο, durch Boten, die aus dem bedrängten Lager zu ihnen eilten. — Τισσαφέρνους, vom Tiss. Wie dieser zum Könige kam, erfahren wir erst §. 7. — πλησιαίτατος, näml. unter den Strategen. — εἰ πέμποιεν, ob sie schicken sollten. K. 54, 7, A. 1.

6. προσιὼν, aggressurus. — ὡς ἐδόκει bezieht sich nur auf ὄπισθεν. Es schien zunächst, als wolle der König von dem geplünderten La-

Ἕλληνες στραφέντες παρεσκευάζοντο, ὡς ταύτῃ προσιόντος καὶ δεξόμενοι, ὁ δὲ βασιλεὺς ταύτῃ μὲν οὐκ ἦγεν, ᾗ δὲ παρῆλθεν ἔξω τοῦ εὐωνύμου κέρατος, ταύτῃ καὶ ἀπήγαγεν, ἀναλαβὼν καὶ τοὺς ἐν τῇ μάχῃ κατὰ τοὺς Ἕλληνας αὐτομολή-
7 σαντας καὶ Τισσαφέρνην καὶ τοὺς σὺν αὐτῷ. ὁ γὰρ Τισσαφέρνης ἐν τῇ πρώτῃ συνόδῳ οὐκ ἔφυγεν, ἀλλὰ διήλασε παρὰ τὸν ποταμὸν κατὰ τοὺς Ἕλληνας πελταστάς· διελαύνων δὲ κατέκανε μὲν οὐδένα, διαστάντες δ' οἱ Ἕλληνες ἔπαιον καὶ ἠκόντιζον αὐτούς· Ἐπισθένης δὲ Ἀμφιπολίτης ἦρχε τῶν πελταστῶν
8 καὶ ἐλέγετο φρόνιμος γενέσθαι. ὁ δ' οὖν Τισσαφέρνης ὡς μεῖον ἔχων ἀπηλλάγη, πάλιν μὲν οὐκ ἀναστρέφει, εἰς δὲ τὸ στρατόπεδον ἀφικόμενος τὸ τῶν Ἑλλήνων ἐκεῖ συντυγχάνει βα-
9 σιλεῖ, καὶ ὁμοῦ δὴ πάλιν συνταξάμενοι ἐπορεύοντο. ἐπεὶ δ' ἦσαν κατὰ τὸ εὐώνυμον τῶν Ἑλλήνων κέρας, ἔδεισαν οἱ Ἕλληνες, μὴ προσάγοιεν πρὸς τὸ κέρας καὶ περιπτύξαντες ἀμφοτέρωθεν αὐτοὺς κατακόψειαν· καὶ ἐδόκει αὐτοῖς ἀναπτύσ-
10 σειν τὸ κέρας καὶ ποιήσασθαι ὄπισθεν τὸν ποταμόν. ἐν ᾧ δὲ ταῦτα ἐβουλεύοντο, καὶ δὴ βασιλεὺς παραμειψάμενος εἰς

---

ger aus in gerader Richtung auf den Rücken der Hellenen losgehen. Da macht das griechische Heer kehrt (στραφέντες). Der König aber bewegt sich auf derselben Linie, auf welcher er vom Centrum aus (I, 8, 21—23) zum Lager des Kyros gekommen war, jetzt rückwärts, d. h. so weit links, dass er der linken Flanke der Hellenen (κατὰ τὸ εὐώνυμον §. 9) die aber jetzt, nach der Frontänderung, die rechte ist, gegenüber zu stehen kommt. — ὡς mit προσιόντος ist in der Meinung, dass, mit δεξόμενοι: in der Absicht zu. S. zu I, 3, 6 u. I, 1, 3. Wegen des fehlenden αὐτοῦ bei προσιοντος s. I, 2, 17 zu προϊόντων.

7. γὰρ, nämlich. — κατὰ τοὺς — πελταστάς, an der Stelle, wo die Hell. Pelt. standen. Ueber deren Stellung s. I, 8, 5.

8. μεῖον ἔχων, den Kürzeren ziehend.

9. ἀναπτύσσειν τὸ κέρας, den (bedrohten) Flügel zurückzunehmen, d. h. ihn hinter den (jetzt) linken Flügel zu schieben und zugleich eine Schwenkung zu machen, um den Fluss, dem das Heer jetzt die eine Flanke zukehrte, in den Rücken zu bekommen.

10. καὶ δὴ βασιλεύς. Da die Beschaffenheit des Terrains und die Stellung des kleinen griechischen Heeres den Massen der Perser gegenüber das Manöver, das jetzt die Griechen auszuführen im Begriff sind, von selbst an die Hand gaben, so konnte der König voraussehen, was jetzt geschehen würde. Er führt also sein Heer an dem Flügel der Hellenen soweit vorbei (παραμειψάμενος) als nöthig war, damit es, wenn diese ihre Schwenkung ausgeführt hätten, ihnen gegenüber die rechte Stelle einnehme, d. h. beide feindlichen Flügel überrage, und bringt es nun ebenfalls in eine dem Euphrat und dem Griechenheere parallele Stellung.

τὸ αὐτὸ σχῆμα κατέστησεν ἀντίαν τὴν φάλαγγα. ὡς δὲ εἶδον οἱ Ἕλληνες ἐγγύς τε ὄντας καὶ παρατεταγμένους, αὖθις παιανίσαντες ἐπῄεσαν πολὺ ἔτι προθυμότερον ἢ τὸ πρόσθεν. οἱ 11 δ' αὖ βάρβαροι οὐκ ἐδέχοντο, ἀλλ' ἐκ πλέονος ἢ τὸ πρόσθεν ἔφευγον· οἱ δ' ἐπεδίωκον μέχρι κώμης τινός· ἐνταῦθα δ' ἔστησαν οἱ Ἕλληνες· ὑπὲρ γὰρ τῆς κώμης γήλοφος ἦν, ἐφ' οὗ 12 ἀνεστράφησαν οἱ ἀμφὶ βασιλέα, πεζοὶ μὲν οὐκέτι, τῶν δὲ ἱππέων ὁ λόφος ἐνεπλήσθη· ὥστε τὸ ποιούμενον μὴ γιγνώσκειν. καὶ τὸ βασίλειον σημεῖον ὁρᾶν ἔφασαν ἀετόν τινα χρυσοῦν ἐπὶ πέλτης ἀνατεταμένον. ἐπεὶ δὲ καὶ ἐνταῦθ' ἐχώρουν 13 οἱ Ἕλληνες, λείπουσι δὴ καὶ τὸν λόφον οἱ ἱππεῖς· οὐ μὴν ἔτι ἀθρόοι ἀλλ' ἄλλοι ἄλλοθεν· ἐψιλοῦτο δ' ὁ λόφος τῶν ἱππέων· τέλος δὲ καὶ πάντες ἀπεχώρησαν. ὁ οὖν Κλέαρχος οὐκ 14 ἀνεβίβαζεν ἐπὶ τὸν λόφον, ἀλλ' ὑπ' αὐτὸν στήσας τὸ στράτευμα πέμπει Λύκιον τὸν Συρακόσιον καὶ ἄλλον ἐπὶ τὸν λόφον καὶ κελεύει κατιδόντας τὰ ὑπὲρ τοῦ λόφου, τί ἐστιν ἀπαγγεῖλαι. καὶ ὁ Λύκιος ἤλασέ τε καὶ ἰδὼν ἀπαγγέλλει, ὅτι φεύ- 15 γουσιν ἀνὰ κράτος. σχεδὸν δ' ὅτε ταῦτα ἦν, καὶ ἥλιος ἐδύετο. ἐνταῦθα δ' ἔστησαν οἱ Ἕλληνες καὶ θέμενοι τὰ ὅπλα ἀνε- 16 παύοντο· καὶ ἅμα μὲν ἐθαύμαζον, ὅτι οὐδαμοῦ Κῦρος φαίνοιτο οὐδ' ἄλλος ἀπ' αὐτοῦ οὐδεὶς παρῄει· οὐ γὰρ ᾔδεσαν αὐτὸν τεθνηκότα, ἀλλ' εἴκαζον ἢ διώκοντα οἴχεσθαι ἢ καταληψόμενόν τι προεληλακέναι· καὶ αὐτοὶ ἐβουλεύοντο, εἰ αὐτοῦ μεί- 17 ναντες τὰ σκευοφόρα ἐνταῦθα ἄγοιντο ἢ ἀπίοιεν ἐπὶ τὸ στρατόπεδον. ἔδοξεν αὐτοῖς ἀπιέναι· καὶ ἀφικνοῦνται ἀμφὶ δορπηστὸν ἐπὶ τὰς σκηνάς. ταύτης μὲν τῆς ἡμέρας τοῦτο τὸ 18 τέλος ἐγένετο. καταλαμβάνουσι δὲ τῶν τε ἄλλων χρημάτων τὰ

---

11. ἐκ πλέονος, aus oder in grösserer Entfernung. — τὸ πρόσθεν I, 8, 19.
12. τῶν δὲ ἱππέων, eine andere Wendung statt οἱ δὲ ἱππεῖς, ὧν. — ὥστε mit dem Infin., wie I, 4, 8, schliesst sich an den Hauptsatz ὑπὲρ γὰρ — γήλοφος ἦν an. Was hinter dem Hügel vorging, konnten die Griechen nicht sehen: deshalb hielten sie eine Weile vor dem Hügel.
13. οὐ μὴν ἔτι, doch nicht mehr wie bisher.

14. ὑπὲρ, trans. — Zu τί ἐστιν ist ὑπὲρ τοῦ λόφου zu wiederholen.
16. θέμενοι τὰ ὅπλα wie I, 5, 14. — φαίνοιτο, Gedanke der Griechen, παρῄει, Angabe des Schriftstellers: kam, d. h. kommend gesehen wurde. — τι, einen Ort.
17. τὰ σκευοφόρα, die bei der raschen Verfolgung zurückgeblieben waren.
18. καταλαμβάνουσι, treffen an.

πλεῖστα διηρπασμένα καὶ εἴ τι σιτίον ἢ ποτὸν ἦν καὶ τὰς ἁμάξας μεστὰς ἀλεύρων καὶ οἴνου, ἃς παρεσκευάσατο Κῦρος, ἵνα, εἴ ποτε σφοδρὰ λάβοι τὸ στράτευμα ἔνδεια, διαδοίη τοῖς Ἕλλησιν· ἦσαν δ' αὗται τετρακόσιαι, ὡς ἐλέγοντο, ἅμαξαι· καὶ 19 ταύτας τότε οἱ σὺν βασιλεῖ διήρπασαν. ὥστε ἄδειπνοι ἦσαν οἱ πλεῖστοι τῶν Ἑλλήνων· ἦσαν δὲ καὶ ἀνάριστοι· πρὶν γὰρ δὴ καταλῦσαι τὸ στράτευμα πρὸς ἄριστον βασιλεὺς ἐφάνη. ταύτην μὲν οὖν τὴν νύκτα οὕτω διεγένοντο.

18. εἴ τι wie I, 6, 1. — τότε, §. 2.
19. καταλῦσαι. S. I, 8, 1.

B.

Ὡς μὲν οὖν ἠθροίσθη Κύρῳ τὸ Ἑλληνικόν, ὅτε ἐπὶ τὸν I. ἀδελφὸν Ἀρταξέρξην ἐστρατεύετο, καὶ ὅσα ἐν τῇ ἀνόδῳ ἐπράχθη, καὶ ὡς ἡ μάχη ἐγένετο, καὶ ὡς Κῦρος ἐτελεύτησε, καὶ ὡς ἐπὶ τὸ στρατόπεδον ἐλθόντες οἱ Ἕλληνες ἐκοιμήθησαν οἰόμενοι τὰ πάντα νικᾶν καὶ Κῦρον ζῆν, ἐν τῷ ἔμπροσθεν λόγῳ δεδήλωται. ἅμα δὲ τῇ ἡμέρᾳ συνελθόντες οἱ στρατηγοὶ ἐθαύ- 2 μαζον, ὅτι Κῦρος οὔτε ἄλλον πέμποι σημανοῦντα, ὅ τι χρὴ ποιεῖν, οὔτε αὐτὸς φαίνοιτο. ἔδοξεν οὖν αὐτοῖς συσκευασαμένοις ἃ εἶχον καὶ ἐξοπλισαμένοις προϊέναι εἰς τὸ πρόσθεν, ἕως Κύρῳ συμμίξειαν. ἤδη δὲ ἐν ὁρμῇ ὄντων ἅμ' ἡλίῳ ἀνί- 3 σχοντι ἦλθε Προκλῆς ὁ Τευθρανίας ἄρχων, γεγονὼς ἀπὸ Δα-

1. Inhalt: Bei Anbruch des nächsten Tages kommt vom Ariäos, der mit seinen Truppen nach dem Lagerplatz der vorletzten Nacht zurückgeflohen, die Botschaft von Kyros' Tod: Ariäos wolle am folgenden Tage den Rückweg nach Jonien antreten und fordere die Griechen auf, sich ihm anzuschliessen. Klearch lässt ihm antworten, er solle zu ihnen kommen, sie wollten ihn auf den Persischen Thron setzen. Bald darauf, während man den Hunger, so gut es geht, zu stillen beschäftigt ist, erscheint Phalinos im Auftrage des Königs und fordert Auslieferung der Waffen und Unterwerfung. Die Führer berathen sich und sprechen ihre Verwunderung aus, wie man ihnen, den Siegern, solche Forderung stellen könne; doch schon beginnen Einige den königlichen Abgesandten durch gütliche Worte gewinnen zu wollen, da kommt Klearch, der sich während der Berathung entfernt hatte, zurück. Er fordert den Phalinos auf, wie er als Hellene und eingedenk seiner Ehre thun müsse, ihnen nach bestem Wissen und Gewissen zu rathen, was sie thun sollten. Dieser giebt aber eine ausweichende, zweideutige Antwort, worauf dann Klearch einen Vorschlag des Phalinos, der nur bezweckt, die weiteren Pläne der Griechen zu erkunden, ebenso ausweichend beantwortet.

1. νικᾶν wie I, 10, 4.
2. συσκευασαμένοις — προϊέναι. zusammen zu packen — und vorzurücken, wie aus §. 4. zu ersehen, ἐπὶ βασιλέα, also in der Richtung, in welcher das königliche Heer am vorhergehenden Abend geflohen war.
3. ὄντων. S. I, 2, 17 zu προϊόντων.

— Τευθρανίας in Mysien, das Prokles als Nachkomme des Demaratos beherrschte, welcher 90 Jahre früher, von seinem Mitkönige Kleomenes vertrieben, sich zu Dareios Hystaspis begeben hatte und von diesem mit jener Herrschaft beschenkt worden war.

μαράτου τοῦ Λάκωνος, καὶ Γλοῦς ὁ Ταμώ. οὗτοι ἔλεγον, ὅτι Κῦρος μὲν τέθνηκεν, Ἀριαῖος δὲ πεφευγὼς ἐν τῷ σταθμῷ εἴη μετὰ τῶν ἄλλων βαρβάρων, ὅθεν τῇ προτεραίᾳ ὡρμηντο, καὶ λέγοι, ὅτι ταύτην μὲν τὴν ἡμέραν περιμείνειεν ἂν αὐτούς, εἰ μέλλοιεν ἥκειν, τῇ δὲ ἄλλῃ ἀπιέναι φαίη ἐπὶ Ἰωνίας, ὅθεν-
4 περ ἦλθε. ταῦτα ἀκούσαντες οἱ στρατηγοὶ καὶ οἱ ἄλλοι Ἕλληνες πυνθανόμενοι βαρέως ἔφερον. Κλέαρχος δὲ τάδε εἶπεν· Ἀλλ' ὤφελε μὲν Κῦρος ζῆν· ἐπεὶ δὲ τετελεύτηκεν, ἀπαγγέλλετε Ἀριαίῳ, ὅτι ἡμεῖς νικῶμέν τε βασιλέα καὶ, ὡς ὁρᾶτε, οὐδεὶς ἔτι ἡμῖν μάχεται, καὶ εἰ μὴ ὑμεῖς ἤλθετε, ἐπορευόμεθα ἂν ἐπὶ βασιλέα. ἐπαγγελλόμεθα δὲ Ἀριαίῳ, ἐὰν ἐνθάδε ἔλθῃ, εἰς τὸν θρόνον τὸν βασίλειον καθιεῖν αὐτόν· τῶν γὰρ μάχῃ
5 νικώντων καὶ τὸ ἄρχειν ἐστί. ταῦτ' εἰπὼν ἀποστέλλει τοὺς ἀγγέλοις καὶ σὺν αὐτοῖς Χειρίσοφον τὸν Λάκωνα καὶ Μένωνα τὸν Θετταλόν· καὶ γὰρ αὐτὸς Μένων ἐβούλετο· ἦν γὰρ
6 φίλος καὶ ξένος Ἀριαίου. οἱ μὲν ᾤχοντο, Κλέαρχος δὲ περιέμενε. τὸ δὲ στράτευμα ἐπορίζετο σῖτον ὅπως ἐδύνατο, ἐκ τῶν ὑποζυγίων κόπτοντες τοὺς βοῦς καὶ ὄνους· ξύλοις δ' ἐχρῶντο μικρὸν προϊόντες ἀπὸ τῆς φάλαγγος, οὗ ἡ μάχη ἐγένετο, τοῖς τε οἰστοῖς πολλοῖς οὖσιν, οὓς ἠνάγκαζον οἱ Ἕλληνες ἐκβάλλειν τοὺς αὐτομολοῦντας παρὰ βασιλέως, καὶ τοῖς γέρροις καὶ ταῖς ἀσπίσι ταῖς ξυλίναις ταῖς Αἰγυπτίαις· πολλαὶ δὲ καὶ πέλται καὶ ἄμαξαι ἦσαν φέρεσθαι ἔρημοι· οἷς πᾶσι χρώμενοι κρέα
7 ἕψοντες ἤσθιον ἐκείνην τὴν ἡμέραν. καὶ ἤδη τε ἦν περὶ πλήθουσαν ἀγορὰν καὶ ἔρχονται παρὰ βασιλέως καὶ Τισσαφέρνους κήρυκες οἱ μὲν ἄλλοι βάρβαροι, ἦν δ' αὐτῶν Φαλῖνος εἷς Ἕλλην, ὃς ἐτύγχανε παρὰ Τισσαφέρνει ὢν καὶ ἐντίμως ἔχων· καὶ γὰρ προσεποιεῖτο ἐπιστήμων εἶναι τῶν ἀμφὶ τάξεις τε
8 καὶ ὁπλομαχίαν. οὗτοι δὲ προσελθόντες καὶ καλέσαντες τοὺς

τέθνηκεν — εἴη. Vergl. I, 10, 16 zu φαίνοιτο — παρήει. — λέγοι, soviel als λέγειν κελεύοι. — ἀπιέναι φαίη, erkläre, er werde zurückkehren.

4. ὤφελε — ζῆν, debebat vivere, musste leben. B. 139, A. 3. K. 53, 2, A. 7. C. 515. Es ist ein schmerzvoller Ausruf.

6. στράτευμα — κόπτοντες, Construction nach dem Sinne, indem an οἱ στρατιῶται gedacht ist. Vergl. zu I, 2, 27. — οὗ, dahin, wo. — ἦσαν φέρεσθαι, konnten herbeigeschafft werden. — ἔρημοι, verlassen, d. i. herrenlos.

7. ἤδη τε — καὶ wie I, 8, 8. — περὶ — ἀγοράν. S. zu I, 8, 1. — ἄλλοι, sonst Perser, einer aber. S. zu §. 14. — ἐτύγχανε — ὤν. S. zu I, 1, 2. — τῶν ἀμφὶ τάξεις, rerum tacticarum, Taktik.

τῶν Ἑλλήνων ἄρχοντας λέγουσιν, ὅτι βασιλεὺς κελεύει τοὺς Ἕλληνας, ἐπεὶ νικῶν τυγχάνει καὶ Κῦρον ἀπέκτονε, παραδόντας τὰ ὅπλα ἰόντας ἐπὶ τὰς βασιλέως θύρας εὑρίσκεσθαι, ἄν τι δύνωνται, ἀγαθόν. ταῦτα μὲν εἶπον οἱ βασιλέως κήρυκες· 9 οἱ δὲ Ἕλληνες βαρέως μὲν ἤκουσαν, ὅμως δὲ Κλέαρχος τοσοῦτον εἶπεν, ὅτι οὐ τῶν νικώντων εἴη τὰ ὅπλα παραδιδόναι· ἀλλ᾽, ἔφη, ὑμεῖς μέν, ὦ ἄνδρες στρατηγοί, τούτοις ἀποκρίνασθε ὅ τι κάλλιστόν τε καὶ ἄριστον ἔχετε· ἐγὼ δὲ αὐτίκα ἥξω. ἐκάλεσε γάρ τις αὐτὸν τῶν ὑπηρετῶν, ὅπως ἴδοι τὰ ἱερὰ ἐξῃρημένα· ἔτυχε γὰρ θυόμενος. ἔνθα δὴ ἀπεκρίνατο 10 Κλεάνωρ μὲν ὁ Ἀρκὰς πρεσβύτατος ὤν, ὅτι πρόσθεν ἂν ἀποθάνοιεν ἢ τὰ ὅπλα παραδοίησαν· Πρόξενος δὲ ὁ Θηβαῖος, Ἀλλ᾽ ἐγώ, ἔφη, ὦ Φαλῖνε, θαυμάζω, πότερα ὡς κρατῶν βασιλεὺς αἰτεῖ τὰ ὅπλα ἢ ὡς διὰ φιλίαν δῶρα. εἰ μὲν γὰρ ὡς κρατῶν, τί δεῖ αὐτὸν αἰτεῖν καὶ οὐ λαβεῖν ἐλθόντα; εἰ δὲ πείσας βούλεται λαβεῖν, λεγέτω, τί ἔσται τοῖς στρατιώταις, ἐὰν αὐτῷ ταῦτα χαρίσωνται. πρὸς ταῦτα Φαλῖνος εἶπε, Βασιλεὺς νικᾶν 11 ἡγεῖται, ἐπεὶ Κῦρον ἀπέκτεινε. τίς γὰρ αὐτῷ ἔστιν ὅστις τῆς ἀρχῆς ἀντιποιεῖται; νομίζει δὲ καὶ ὑμᾶς ἑαυτοῦ εἶναι, ἔχων ἐν μέσῃ τῇ ἑαυτοῦ χώρᾳ καὶ ποταμῶν ἐντὸς ἀδιαβάτων καὶ πλῆθος ἀνθρώπων ἐφ᾽ ὑμᾶς δυνάμενος ἀγαγεῖν ὅσον οὐδ᾽, εἰ παρέχοιεν ὑμῖν, δύναισθε ἂν ἀποκτεῖναι. μετὰ τοῦτον Θεόπομπος 12 Ἀθηναῖος εἶπεν, Ὦ Φαλῖνε, νῦν, ὡς σὺ ὁρᾷς, ἡμῖν οὐδὲν ἔστιν ἀγαθὸν ἄλλο εἰ μὴ ὅπλα καὶ ἀρετή. ὅπλα μὲν οὖν ἔχοντες οἰόμεθα ἂν καὶ τῇ ἀρετῇ χρῆσθαι, παραδόντες δ᾽ ἂν

---

8. τὰς — θύρας. S. zu I, 2, 11. — εὑρίσκεσθαι — ἀγαθόν, sibi quaerere salutem.
9. τοσοῦτον, (zunächst) nur soviel, näml. auf die prahlerische Rede des Phalinos, die zu einer längeren und heftigeren Antwort wohl reizen konnte. — τὰ ἱερὰ ἐξῃρημένα; die ausgeweideten Opferthiere.
10. πότερα — ἤ, denn in θαυμάζω liegt zugleich ein Wissenwollen. Vergl. 2, 8, 16. — ὡς κρατῶν. S. zu I, 1, 3. Das zweite ὡς gehört zu δῶρα. — καὶ οὐ λαβεῖν ἐλθόντα, d. i. statt sie zu holen. — ἐὰν — χαρίσωνται. Dass damit nicht eine Auslieferung der Waffen, sondern dem Könige etwa zu leistende Söldnerdienste gemeint sind, zeigen die Worte τί ἔσται τοῖς στρατιώταις. Auf denselben Gedanken kommen Andere §. 14 zurück.
11. ἑαυτοῦ εἶναι wie I, 1, 6: ἦσαν Τισσαφέρνους. — παρέχοιεν, näml. ἀποκτεῖναι ἑαυτούς, sich dazu hergäben. Vergl. II, 3, 22.
12. Θεόπομπος, sonst nicht weiter erwähnt, gehörte also schwerlich zu den Strategen; denn unter ἄρχοντας (§. 8) sind wohl nicht bloss die höchsten Officiere zu verstehen. — οὐδὲν—εἰ μή, nihil nisi.

ταῦτα καὶ τῶν σωμάτων στερηθῆναι. μὴ οὖν οἴου τὰ μόνα ἀγαθὰ ἡμῖν ὄντα ὑμῖν παραδώσειν, ἀλλὰ σὺν τούτοις καὶ περὶ
13 τῶν ὑμετέρων ἀγαθῶν μαχούμεθα. ἀκούσας δὲ ταῦτα ὁ Φαλῖνος ἐγέλασε καὶ εἶπεν, Ἀλλὰ φιλοσόφῳ μὲν ἔοικας, ὦ νεανίσκε, καὶ λέγεις οὐκ ἄχρηστα· ἴσθι μέντοι ἀνόητος ὤν, εἰ οἴει τὴν ὑμετέραν ἀρετὴν περιγενέσθαι ἂν τῆς βασιλέως δυνά-
14 μεως. ἄλλους δέ τινας ἔφασαν λέγειν ὑπομαλακιζομένους, ὡς καὶ Κύρῳ πιστοὶ ἐγένοντο καὶ βασιλεῖ γ' ἂν πολλοῦ ἄξιοι γένοιντο, εἰ βούλοιτο φίλος γενέσθαι· καὶ εἴτε ἄλλο τι θέλοι χρῆσθαι εἴτ' ἐπ' Αἴγυπτον στρατεύειν, συγκαταστρέψαιντ' ἂν
15 αὐτῷ. ἐν τούτῳ Κλέαρχος ἧκε καὶ ἠρώτησεν, εἰ ἤδη ἀποκεκριμένοι εἶεν. Φαλῖνος δὲ ὑπολαβὼν εἶπεν, Οὗτοι μέν, ὦ
16 Κλέαρχε, ἄλλος ἄλλα λέγει· σὺ δ' ἡμῖν εἰπέ, τί λέγεις. ὁ δ' εἶπεν, Ἐγώ σε, ὦ Φαλῖνε, ἄσμενος ἑώρακα, οἶμαι δὲ καὶ οἱ ἄλλοι πάντες· σύ τε γὰρ Ἕλλην εἶ καὶ ἡμεῖς τοσοῦτοι ὄντες, ὅσους σὺ ὁρᾷς· ἐν τοιούτοις δὲ ὄντες πράγμασι συμβουλευό-
17 μεθά σοι, τί χρὴ ποιεῖν περὶ ὧν λέγεις. σὺ οὖν πρὸς θεῶν συμβούλευσον ἡμῖν, ὅ τι σοι δοκεῖ κάλλιστον καὶ ἄριστον εἶναι, καὶ ὅ σοι τιμὴν οἴσει εἰς τὸν ἔπειτα χρόνον ἀναλεγόμενον, ὅτι Φαλῖνός ποτε πεμφθεὶς παρὰ βασιλέως κελεύσων τοὺς Ἕλληνας τὰ ὅπλα παραδοῦναι συμβουλευομένοις συνεβούλευσεν αὐτοῖς τάδε. οἶσθα δὲ, ὅτι ἀνάγκη λέγεσθαι ἐν τῇ
18 Ἑλλάδι ἃ ἂν συμβουλεύσῃς. ὁ δὲ Κλέαρχος ταῦτα ὑπήγετο βουλόμενος καὶ αὐτὸν τὸν παρὰ βασιλέως πρεσβεύοντα συμβουλεῦσαι μὴ παραδοῦναι τὰ ὅπλα, ὅπως εὐέλπιδες μᾶλλον

— παραδώσειν, nāml. ἡμᾶς. S. zu I, 2, 25. — σὺν, das zu betonen, dürfte hier nicht wegbleiben.
13. Ἀλλὰ — ἔοικας, wahrlich, du sprichst wie ein Ph. Dem μὲν entspricht nachher μέντοι. — ἴσθι — ὤν, wisse aber, dass du — bist. B. 144, 6. K. 56, 7, A. 5. C. 589, 1.
14. ἔφασαν, man sprach davon. — λέγειν, infinit. imperfecti. — ἄλλο τι, zu einem anderen Zwecke, proleptisch mit Bezug auf das folgende ἐπ' Αἴγυπτον στρατεύειν. Die Aegypter befanden sich damals gegen Persien im Aufstande.

S. II, 5, 13. — Ueber den bei χρῆσθαι fehlenden Dativ s. zu I, 2, 27.
16. τοσοῦτοι — ὁρᾷς, und zwar so viele als du hier siehst, d. h. alle, die du hier versammelt siehst, sind Hellenen.
17. ἀναλεγόμενον gehört zu ὅ: wenn man es weiter erzählt, womit ὅτι durch nämlich zu verbinden ist. — τάδε. Folgendes, nāml. den Rath des Phalinos. den der gedachte Erzähler nun folgen lassen wird.
18. ὑπήγετο, dolose inducebat eum, worin der Sinn liegt: suadebat, daher ταῦτα, d. i.

εἶεν οἱ Ἕλληνες. Φαλῖνος δὲ ὑποστρέψας παρὰ τὴν δόξαν αὐτοῦ εἶπεν, Ἐγώ, εἰ μὲν τῶν μυρίων ἐλπίδων μία τις ὑμῖν 19 ἐστι σωθῆναι πολεμοῦντας βασιλεῖ, συμβουλεύω μὴ παραδιδόναι τὰ ὅπλα· εἰ δέ τοι μηδεμία σωτηρίας ἐστὶν ἐλπὶς ἄκοντος βασιλέως, συμβουλεύω σώζεσθαι ὑμῖν ὅπῃ δυνατόν. Κλέ- 20 αρχος δὲ πρὸς ταῦτα εἶπεν, Ἀλλὰ ταῦτα μὲν δὴ σὺ λέγεις· παρ' ἡμῶν δὲ ἀπάγγελλε τάδε, ὅτι ἡμεῖς οἰόμεθα, εἰ μὲν δέοι βασιλεῖ φίλους εἶναι, πλείονος ἂν ἄξιοι εἶναι φίλοι ἔχοντες τὰ ὅπλα ἢ παραδόντες ἄλλῳ, εἰ δὲ δέοι πολεμεῖν, ἄμεινον ἂν πολεμεῖν ἔχοντες τὰ ὅπλα ἢ ἄλλῳ παραδόντες. ὁ δὲ 21 Φαλῖνος εἶπε, Ταῦτα μὲν δὴ ἀπαγγελοῦμεν· ἀλλὰ καὶ τάδε ὑμῖν εἰπεῖν ἐκέλευσε βασιλεύς, ὅτι μένουσι μὲν αὐτοῦ σπονδαὶ εἴησαν, προϊοῦσι δὲ καὶ ἀπιοῦσι πόλεμος. εἴπατε οὖν καὶ περὶ τούτου, πότερα μενεῖτε καὶ σπονδαί εἰσιν ἢ ὡς πολέμου ὄντος παρ' ὑμῶν ἀπαγγελῶ. Κλέαρχος δ' ἔλεξεν, Ἀπάγγελλε 22 τοίνυν καὶ περὶ τούτου, ὅτι καὶ ἡμῖν ταὐτὰ δοκεῖ ἅπερ καὶ βασιλεῖ. Τί οὖν ταῦτά ἐστιν; ἔφη ὁ Φαλῖνος. ἀπεκρίνατο Κλέαρχος, Ἢν μὲν μένωμεν, σπονδαί, ἀπιοῦσι δὲ καὶ προϊοῦσι πόλεμος. ὁ δὲ πάλιν ἠρώτησε, Σπονδὰς ἢ πόλεμον ἀπαγ- 23 γελῶ; Κλέαρχος δὲ ταὐτὰ πάλιν ἀπεκρίνατο, Σπονδαὶ μὲν μένουσιν, ἀπιοῦσι δὲ ἢ προϊοῦσι πόλεμος. ὅ τι δὲ ποιήσοι οὐ διεσήμηνε.

---

dazu suchte er ihn zu verlocken. In ὑποστρέψας steckt wieder ein dolose. — παρὰ τὴν, wider seine (des Klearch) —.
19. πολεμοῦντας, bellando.
20. ἔχοντες — παραδόντες, wenn wir —.
21. ὡς — ὄντος — ἀπαγγελῶ. S. zu I, 3, 6.
22. καὶ ἡμῖν — ἅπερ καὶ βασ. S. zu I, 3, 16.
23. οὐ διεσήμηνε. Klearch vertraute (§. 17), Phalinos, als Hellene, werde für Landsleute, die er in so schwieriger, gefahrvoller Lage sah, so viel nationale Sympathie haben, dass er ihm auf seine gerade und vertrauensvolle Frage eine ehrlich gemeinte, unumwundene Antwort geben würde. Hierin getäuscht merkt er nun wohl, dass die Alternative μένουσι — σπονδαί, προϊοῦσι πόλεμος nur gestellt werde, um zu erfahren, was jetzt die Griechen thun wollen. Dass er diess dem Feinde kund zu thun nicht gewillt sei, diesen Sinn hat Klearchs lakonische Antwort, durch deren Wiederholung er den entarteten Griechen verhöhnt.

II. Φαλῖνος μὲν δὴ ᾤχετο καὶ οἱ σὺν αὐτῷ. οἱ δὲ παρὰ Ἀριαίου ἧκον Προκλῆς καὶ Χειρίσοφος· Μένων δὲ αὐτοῦ ἔμενε παρὰ Ἀριαίῳ· οὗτοι δὲ ἔλεγον, ὅτι πολλοὺς φαίη Ἀριαῖος εἶναι Πέρσας ἑαυτοῦ βελτίους, οὓς οὐκ ἂν ἀνασχέσθαι αὐτοῦ βασιλεύοντος· ἀλλ᾽ εἰ βούλεσθε συναπιέναι, ἥκειν ἤδη κελεύει τῆς 2 νυκτός. εἰ δὲ μή, αὔριον πρωῒ ἀπιέναι φησίν. ὁ δὲ Κλέαρχος εἶπεν, Ἀλλ᾽ οὕτω χρὴ ποιεῖν· ἐὰν μὲν ἥκωμεν, ὥσπερ λέγετε· εἰ δὲ μή, πράττετε ὁποῖον ἄν τι ὑμῖν οἴεσθε μάλιστα 3 συμφέρειν. ὅ τι δὲ ποιήσοι οὐδὲ τούτοις εἶπε. μετὰ ταῦτα ἤδη ἡλίου δύνοντος συγκαλέσας τοὺς στρατηγοὺς καὶ λοχαγοὺς ἔλεξε τοιάδε. Ἐμοί, ὦ ἄνδρες, θυομένῳ ἰέναι ἐπὶ βασιλέα οὐκ ἐγίγνετο τὰ ἱερά. καὶ εἰκότως ἄρα οὐκ ἐγίγνετο· ὡς γὰρ ἐγὼ νῦν πυνθάνομαι, ἐν μέσῳ ἡμῶν καὶ βασιλέως ὁ Τίγρης ποτα-

---

2. **Inhalt**: Am Abend (des Tages nach der Schlacht) kommt vom Ariäos die Botschaft zurück, er lehne den Antrag, nach der Königskrone zu greifen, ab und fordere die Griechen nochmals auf, während der Nacht zu ihm zu kommen; er selbst werde am anderen Morgen unfehlbar abmarschiren. Klearch erklärt sich zwar nicht darüber, was er thun wolle, beruft aber sofort eine Versammlung der Führer, in welcher beschlossen wird, zum Ariäos hinzuziehen. Sie gelangen um Mitternacht — jedoch mit Verlust einer Abtheilung Thraker, die unter dem Schutze der Dunkelheit zum Könige übergehen — in das Lager des Ariäos und befinden sich also nun da, wo sie vor der Schlacht die Nacht zugebracht hatten. Hier schwören die Führer der Hellenen und die des Asiatischen Heeres unter einem feierlichen Opfer treu mit einander auszuharren. Es wird nun beschlossen, nicht denselben Weg, den sie hergekommen, zurück zu ziehen, also nicht am Euphrat hin, sondern mehr in nordöstlicher Richtung, durch die fruchtbare Babylonische Ebene. Während des Marsches zeigen sich Spuren, dass das feindliche Heer nicht fern ist; doch erreichen sie ohne Anfechtung mit Sonnenuntergang Dörfer, die von den Königlichen eben verlassen und ausgeplündert sind. Hier bringen sie die Nacht zu unter grosser Unruhe und mit dem frühesten Morgen ordnet Klearch sein Heer zum Weitermarsche in Schlachtordnung.

---

1. *οἱ — παρὰ Ἀριαίου*, Attraction wie I, 1, 5. — *οὓς — ἀνασχέσθαι*. In der or. obliqua kann auch nach Relativen und den Conjunctionen *ὡς, ὅτε, ἐπεὶ, ἐπειδὴ* die Constr. des Accus. c. infin. angewendet werden. B. 141, 3, A. 5. K. 55, 4, A. 9. C. 567, A. 2. — *αὐτοῦ βασ*. wenn er—. *ἀλλ᾽ εἰ βούλεσθε*, Uebergang in die or. recta. S. zu I, 2, 26. — *τῆς νυκτός*, im Verlauf der folgenden Nacht.
2. *ἂν* gehört zu *συμφέρειν*. —

οὐδὲ — εἶπε, wohl nicht aus Misstrauen gegen Ariäus, aber um sicher zu sein, dass der Feind nichts von seinem Plane erfahre.

3. *ἰέναι* hängt ab von *ἐγίγνετο*, das gleich *καλὰ ἐγίγνετο*, wie es nachher folgt: fiel nicht günstig aus um zu ziehen. — *ἄρα* hat den Sinn: wie sich jetzt ergiebt, wird aber noch durch Betonung von *εἰκότως* (natürlich) wiedergegeben. — *Τίγρης*. Klearch

μός ἐστι ναυσίπορος, ὃν οὐκ ἂν δυναίμεθα ἄνευ πλοίων διαβῆναι· πλοῖα δὲ ἡμεῖς οὐκ ἔχομεν. οὐ μὲν δὴ αὐτοῦ γε μένειν οἷόν τε· τὰ γὰρ ἐπιτήδεια οὐκ ἔστιν ἔχειν· ἰέναι δὲ παρὰ τοὺς Κύρου φίλοις πάνυ καλὰ ἡμῖν τὰ ἱερὰ ἦν. ὧδε οὖν χρὴ 4 ποιεῖν· ἀπιόντας δειπνεῖν ὅ τι τις ἔχει· ἐπειδὰν δὲ σημήνῃ τῷ κέρατι ὡς ἀναπαύεσθαι, συσκευάζεσθε· ἐπειδὰν δὲ τὸ δεύτερον, ἀνατίθεσθε ἐπὶ τὰ ὑποζύγια· ἐπὶ δὲ τῷ τρίτῳ ἕπεσθε τῷ ἡγουμένῳ, τὰ μὲν ὑποζύγια ἔχοντες πρὸς τοῦ ποταμοῦ, τὰ δὲ ὅπλα ἔξω. ταῦτα ἀκούσαντες οἱ στρατηγοὶ καὶ 5 λοχαγοὶ ἀπῆλθον καὶ ἐποίουν οὕτω. καὶ τὸ λοιπὸν ὁ μὲν ἦρχεν, οἱ δὲ ἐπείθοντο, οὐχ ἑλόμενοι, ἀλλὰ ὁρῶντες, ὅτι μόνος ἐφρόνει οἷα δεῖ τὸν ἄρχοντα, οἱ δ' ἄλλοι ἄπειροι ἦσαν. ἀριθμὸς δὲ τῆς ὁδοῦ, ἣν ἦλθον ἐξ Ἐφέσου τῆς Ἰωνίας μέχρι 6 τῆς μάχης, σταθμοὶ τρεῖς καὶ ἐνενήκοντα, παρασάγγαι πέντε καὶ τριάκοντα καὶ πεντακόσιοι, στάδιοι πεντήκοντα καὶ ἑξακισχίλιοι καὶ μύριοι· ἀπὸ δὲ τῆς μάχης ἐλέγοντο εἶναι εἰς Βαβυλῶνα στάδιοι ἑξήκοντα καὶ τριακόσιοι. ἐντεῦθεν ἐπεὶ σκό- 7 τος ἐγένετο, Μιλτοκύθης μὲν ὁ Θρᾷξ ἔχων τούς τε ἱππέας τοὺς μεθ' ἑαυτοῦ εἰς τετταράκοντα καὶ τῶν πεζῶν Θρᾳκῶν ὡς τριακοσίοις ηὐτομόλησε πρὸς βασιλέα. Κλέαρχος δὲ τοῖς ἄλ- 8

---

war falsch berichtet: es war nur ein Kanal des Tigris; denn den Fluss selbst konnte das königliche Heer vom Schlachtfelde, d. h. vom Euphrat aus, binnen 24 Stunden nicht erreicht haben; auch ist es ja (§. 15) nicht weit von den Griechen entfernt. — οὐ μὲν δὴ, jedoch (auch) nicht. — παρὰ τοῖς Κ. φίλοις, d. i. nach dem Lagerplatze des Ariäos. S. zu II, 1, 3.

4. ἀπιόντας, abituros. — σημήνῃ. S. zu I, 2, 17. — τῷ κέρατι, mit dem (gebogenen) Horne wurde das Signal zum Rasten, mit der (geraden) Trompete, σάλπιγξ, zum Kampfe gegeben. — ὡς ἀναπαύεσθαι, wie um zu rasten. Durch dieses Signal soll. der Feind getäuscht werden. — ἀνατίθεσθε, näml. euer Gepäck. — τῷ ἡγουμένῳ, Neutrum, dem führenden, vorangehenden Heerestheile. — ἔξω, d. i. an der dem Strome abgewandten Seite. Sie ziehen also den Euphrat hinauf, ihn zur Linken habend, an der Strom - Seite (πρὸς τοῦ ποταμοῦ) die ὑποζύγια, auf der rechten, ungedeckten Seite die Hopliten. Wie hier τὰ ὅπλα so stand I, 7, 10 ἀσπὶς für ὁπλῖται.

5. ὁ μὲν, Klearch. — οὐχ ἑλόμενοι. Ueber die Sache zu I, 8, 12. Klearch erscheint aber hier und im Folgenden als Leiter und Sprecher auch der mit ihm jetzt vereinigten Truppenmacht des Ariäos. — οἱ δ' ἄλλοι. An Xenophon wird dabei nicht gedacht; denn er war weder Strateg noch Lochag (s. zu I, 8, 15) und nimmt erst später, in höchster Noth, die Leitung des Ganzen in die Hand.

6. ἀπὸ τῆς μάχης, vom Schlachtfelde bei Kunaxa.

7. εἰς und ὡς vor Zahlen wie I, 2, 3. — ηὐτομόλησε πρὸς βασιλέα.

λοις ἡγεῖτο κατὰ τὰ παρηγγελμένα, οἱ δ' εἵποντο· καὶ ἀφικνοῦνται εἰς τὸν πρῶτον σταθμὸν παρὰ Ἀριαῖον καὶ τὴν ἐκείνου στρατιὰν ἀμφὶ μέσας νύκτας· καὶ ἐν τάξει θέμενοι τὰ ὅπλα, συνῆλθον οἱ στρατηγοὶ καὶ λοχαγοὶ τῶν Ἑλλήνων παρ' Ἀριαῖον· καὶ ὤμοσαν οἵ τε Ἕλληνες καὶ ὁ Ἀριαῖος καὶ τῶν σὺν αὐτῷ οἱ κράτιστοι μήτε προδώσειν ἀλλήλους σύμμαχοί τε ἔσεσθαι· οἱ δὲ βάρβαροι προσώμοσαν καὶ ἡγήσεσθαι ἀδόλως. 9 ταῦτα δ' ὤμοσαν, σφάξαντες ταῦρον καὶ λύκον καὶ κάπρον καὶ κριὸν εἰς ἀσπίδα, βάπτοντες οἱ μὲν Ἕλληνες ξίφος, οἱ δὲ βάρβαροι λόγχην. ἐπεὶ δὲ τὰ πιστὰ ἐγένετο, εἶπεν ὁ Κλέαρ- 10 χος, Ἄγε δή, ὦ Ἀριαῖε, ἐπείπερ ὁ αὐτὸς ἡμῖν στόλος ἐστὶ καὶ ἡμῖν, εἰπέ, τίνα γνώμην ἔχεις περὶ τῆς πορείας, πότερον ἄπιμεν ἥνπερ ἤλθομεν ἢ ἄλλην τινὰ ἐννενοηκέναι δοκεῖς ὁδὸν 11 κρείττω. ὁ δ' εἶπεν, Ἢν μὲν ἤλθομεν ἀπιόντες παντελῶς ἂν ὑπὸ λιμοῦ ἀπολοίμεθα· ὑπάρχει γὰρ νῦν ἡμῖν οὐδὲν τῶν ἐπιτηδείων. ἑπτακαίδεκα γὰρ σταθμῶν τῶν ἐγγιτάτω οὐδὲ δεῦρο ἰόντες ἐκ τῆς χώρας οὐδὲν εἴχομεν λαμβάνειν· ἔνθα δέ τι ἦν, ἡμεῖς διαπορευόμενοι κατεδαπανήσαμεν. νῦν δ' ἐπινοοῖμεν πορεύεσθαι μακροτέραν μέν, τῶν δ' ἐπιτηδείων οὐκ ἀπορήσο- 12 μεν. πορευτέον δ' ἡμῖν τοὺς πρώτους σταθμοὺς ὡς ἂν δυνώμεθα μακροτάτους, ἵνα ὡς πλεῖστον ἀποσπασθῶμεν τοῦ βασιλικοῦ στρατεύματος· ἢν γὰρ ἅπαξ δύο ἢ τριῶν ἡμερῶν

Auch das Schmerzliche und höchst Beunruhigende, das in dieser Thatsache für Klearch und sein Heer liegen musste, berührt der objectiv erzählende Schriftsteller mit keinem Worte. Vergl. zu I, 2, 12 und die Inhaltsanzeige zu I, 9.

8. ἡγεῖτο, führte die Vorhut. — κατὰ τὰ παρηγγελμένα, der §. 4 befohlenen Marschordnung gemäss. — εἰς τὸν πρῶτον σταθμόν, II, 1, 3. — ἐν τάξει, in Reih' und Glied. S. zu I, 5, 14. — Zu dem Subject von θέμενοι, das natürlich dasselbe ist als in ἀφικνοῦνται, treten οἱ στρατηγοὶ καὶ λοχ. als partitive Apposition. —, μήτε — τε, neque — et. — ἡγήσεσθαι, den Weg führen zu wollen, da sie wenigstens die Sprache des Landes verstanden.

9. ταῦρον — κάπρον καὶ κριόν. Bei Griechen und Römern war diess das feierlichste Opfer bei Verträgen. Den Wolf, der hier hinzukommt, heischte, wie es scheint, die Persische Sitte, als Thier des Ahriman. — εἰς ἀσπίδα. Das Blut floss in den Schild.

10. τὰ πιστὰ wie I, 2, 26.

12. σταθμῶν, Genit. wie I, 7, 18. — τῶν ἐγγιτάτω, eigentl. der dem Endpunkte nächsten, d. i. letzten. Adverbia der Zeit und des Raumes werden mit dem Artikel wie Adjectiva gebraucht. — Ueber μακροτέραν, näml. ὁδόν s. oben die Inhaltsangabe.

ὁδὸν ἀπόσχωμεν, οὐκέτι μὴ δύνηται βασιλεὺς ἡμᾶς καταλαβεῖν. ὀλίγῳ μὲν γὰρ στρατεύματι οὐ τολμήσει ἐφέπεσθαι· πολὺν δ' ἔχων στόλον οὐ δυνήσεται ταχέως πορεύεσθαι· ἴσως δὲ καὶ τῶν ἐπιτηδείων σπανιεῖ. ταύτην, ἔφη, τὴν γνώμην ἔχω ἔγωγε.

Ἦν δὲ αὕτη ἡ στρατηγία οὐδὲν ἄλλο δυναμένη ἢ ἀπο- 13 δρᾶναι ἢ φυγεῖν· ἡ δὲ τύχη ἐστρατήγησε κάλλιον. ἐπεὶ γὰρ ἡμέρα ἐγένετο, ἐπορεύοντο ἐν δεξιᾷ ἔχοντες τὸν ἥλιον, λογιζόμενοι ἥξειν ἅμα ἡλίῳ δύνοντι εἰς κώμας τῆς Βαβυλωνίας χώρας· καὶ τοῦτο μὲν οὐκ ἐψεύσθησαν. ἔτι δὲ ἀμφὶ δείλην 14 ἔδοξαν πολεμίους ὁρᾶν ἱππέας· καὶ τῶν τε Ἑλλήνων οἳ μὴ ἔτυχον ἐν ταῖς τάξεσιν ὄντες εἰς τὰς τάξεις ἔθεον, καὶ Ἀριαῖος, ἐτύγχανε γὰρ ἐφ' ἁμάξης πορευόμενος διότι ἐτέτρωτο, καταβὰς ἐθωρακίζετο καὶ οἱ σὺν αὐτῷ. ἐν ᾧ δὲ ὡπλίζοντο 15 ἧκον λέγοντες οἱ προπεμφθέντες σκοποί, ὅτι οὐχ ἱππεῖς εἰσιν ἀλλ' ὑποζύγια νέμοιτο. καὶ εὐθὺς ἔγνωσαν πάντες, ὅτι ἐγγύς που ἐστρατοπεδεύετο βασιλεύς. καὶ γὰρ καπνὸς ἐφαίνετο ἐν κώμαις οὐ πρόσω. Κλέαρχος δὲ ἐπὶ μὲν τοὺς 16 πολεμίους οὐκ ἦγεν· ᾔδει γὰρ καὶ ἀπειρηκότας τοὺς στρατιώτας καὶ ἀσίτους ὄντας· ἤδη δὲ καὶ ὀψὲ ἦν· οὐ μέντοι οὐδὲ ἀπέκλινε, φυλαττόμενος, μὴ δοκοίη φεύγειν, ἀλλ' εὐθίωρον

---

12. οὐκέτι μὴ δύνηται, dann kann er gewiss nicht mehr. B. 139, 6. K. 53, 7, A. 6. C. 620. — Ueber den Dativ ὀλίγῳ — στρατεύματι s. zu I, 7, 14.

13. Ἦν — δυναμένη, nachdrücklicher als ἐδύνατο: dieser Zug hatte (eigentlich) keine andere Bedeutung, als dass er eine Flucht war; aber das Glück wollte, dass er ehrenvoller (κάλλιον) wurde, als er gemeint war. Es zeigte sich nämlich nachher, dass nicht sowohl die Griechen und Ariäos, als vielmehr die Königlichen die Fliehenden waren; denn auf den König, der in dem Marsche der Griechen zum Ariäos jeden Falls den Anfang eines auf demselben Wege, auf dem sie gekommen waren, auszuführenden Rückzuges zu sehen glaubte, jetzt aber plötzlich die Annäherung des Feindes wahrnimmt und sich von diesem verfolgt meint, macht dieses vermeintliche kühne Vorgehen einen solchen Eindruck, dass er sich nicht bloss eilig zurückzieht, sondern auch am anderen Tage (folg. Kap. §. 1) nicht mehr Unterwerfung fordert, wie zwei Tage vorher, sondern einen Waffenstillstand vorschlägt. In diesem Sinne heisst es ἡ δὲ τύχη κάλλιον ἐστρατήγησε. Die Erzählung, welche diese zunächst dunklen Worte erklären soll, wird durch γὰρ, nämlich, eingeführt, bringt aber die eigentlich zur Erklärung dienenden Thatsachen erst von §. 17 an, nämlich von den Worten an ὥστε — ἔφυγον ἐκ τῶν σκηνωμάτων.

15. εἰσὶν — νέμοιτο. S. II, 1, 3 zu τέθνηκεν — εἴη.

16. ἀπειρηκότας, ermattet. —

ἄγων ἅμα τῷ ἡλίῳ δυομένῳ εἰς τὰς ἐγγυτάτω κώμας τοὺς πρώτοις ἔχων κατεσκήνωσεν, ἐξ ὧν διήρπαστο ὑπὸ τοῦ βασι-
17 λικοῦ στρατεύματος καὶ αὐτὰ τὰ ἀπὸ τῶν οἰκιῶν ξύλα. οἱ μὲν οὖν πρῶτοι ὅμως τρόπῳ τινὶ ἐστρατοπεδεύσαντο, οἱ δὲ ὕστεροι σκοταῖοι προσιόντες ὡς ἐτύγχανον ἕκαστοι ηὐλίζοντο, καὶ κραυγὴν πολλὴν ἐποίουν καλοῦντες ἀλλήλους, ὥστε καὶ τοὺς πολεμίους ἀκούειν· ὥστε οἱ μὲν ἐγγύτατα τῶν πολεμίων καὶ
18 ἔφυγον ἐκ τῶν σκηνωμάτων. δῆλον δὲ τοῦτο τῇ ὑστεραίᾳ ἐγένετο· οὔτε γὰρ ὑποζύγιον ἔτ' οὐδὲν ἐφάνη οὔτε στρατόπεδον οὔτε καπνὸς οὐδαμοῦ πλησίον. ἐξεπλάγη δὲ, ὡς ἔοικε, καὶ βασιλεὺς τῇ ἐφόδῳ τοῦ στρατεύματος. ἐδήλωσε δὲ τοῦτο οἷς
19 τῇ ὑστεραίᾳ ἔπραττε. προϊούσης μέντοι τῆς νυκτὸς ταύτης καὶ τοῖς Ἕλλησι φόβος ἐμπίπτει, καὶ θόρυβος καὶ δοῦπος ἦν
20 οἷον εἰκὸς φόβου ἐμπεσόντος γίγνεσθαι. Κλέαρχος δὲ Τολμίδην Ἠλεῖον, ὃν ἐτύγχανεν ἔχων παρ' ἑαυτῷ κήρυκα ἄριστον τῶν τότε, τοῦτον ἀνειπεῖν ἐκέλευσε σιγὴν κατακηρύξαντα, ὅτι προαγορεύουσιν οἱ ἄρχοντες, ὃς ἂν τὸν ἀφέντα τὸν ὄνον εἰς τὰ
21 ὅπλα μηνύσῃ, ὅτι λήψεται μισθὸν τάλαντον ἀργυρίου. ἐπεὶ δὲ ταῦτα ἐκηρύχθη, ἔγνωσαν οἱ στρατιῶται, ὅτι κενὸς ὁ φόβος εἴη καὶ οἱ ἄρχοντες σῶοι. ἅμα δὲ ὄρθρῳ παρήγγειλεν ὁ Κλέαρχος εἰς τάξιν τὰ ὅπλα τίθεσθαι τοὺς Ἕλληνας ᾗπερ εἶχον ὅτε ἦν ἡ μάχη.

καὶ αὐτὰ, vel ipsa. — τὰ ἀπὸ τῶν, Attraction wie I, 1, 5.
17. ὅμως, d. h. trotz der in den Dörfern angerichteten Verwüstung. — σκοταῖοι. Ueber den Gebrauch gewisser, besonders temporaler, Adjectiva statt der Adverbia s. B. 123, 6. K. 57, 5, A. 4. — ὡς ἐτύγχανον. In relativen und hypothetischen Nebensätzen ist zu τυγχάνειν das Particip aus dem Verbum des Hauptsatzes zu ergänzen. — Das zweite ὥστε wie I, 3, 10. — οἱ — ἐγγύτατα wie §. 11.
18. οὔτε—οὐδὲν. S. zu I, 3, 5. — καὶ βασιλεὺς, auch d. K., nicht bloss οἱ ἐγγύτατα. — ἐφόδῳ, Anmarsch, den der König für einen Angriff hielt. — τῇ ὑστεραίᾳ, näml. ἡμέρᾳ.
19. Constr. οἷον γίγνεσθαι εἰκός, näml. ἐστί.

20. τῶν τότε, näml. κηρύκων. — Constr. τοῦτον ἐκέλευσε σιγὴν κατακηρύξαντα (Stillschweigen zu bieten und) ἀνειπεῖν, ὅτι. — Das von προαγορεύουσιν abhängige ὅτι ist dem Relativsatze nachgestellt. — τὸν ἀφέντα — εἰς τὰ ὅπλα, denjenigen, der den Esel zwischen die Waffen (die vor der Front des Lagers aufgestellt waren) habe laufen lassen. Die Pointe der Erfindung, durch welche die Aufregung der Soldaten beschwichtigt werden soll, liegt im Artikel τὸν vor ὄνον. Die Voraussetzung, es müssten bereits Alle von dem Esel gehört haben, macht die Sache wenigstens für den Augenblick — und darauf kam es allein an — glaubhaft.
21. εἰς τάξιν — ᾗπερ εἶχον, sich

Ὁ δὲ δὴ ἔγραψα, ὅτι βασιλεὺς ἐξεπλάγη τῇ ἐφόδῳ, τῷδε III. δῆλον ἦν. τῇ μὲν γὰρ πρόσθεν ἡμέρᾳ πέμπων τὰ ὅπλα παραδιδόναι ἐκέλευε, τότε δὲ ἅμα ἡλίῳ ἀνατέλλοντι κήρυκας ἔπεμψε περὶ σπονδῶν. οἱ δ' ἐπεὶ ἦλθον πρὸς τοὺς προφύ- 2 λακας, ἐζήτουν τοὺς ἄρχοντας. ἐπειδὴ δὲ ἀπήγγελλον οἱ προφύλακες, Κλέαρχος τυχὼν τότε τὰς τάξεις ἐπισκοπῶν εἶπε τοῖς προφύλαξι κελεύειν τοὺς κήρυκας περιμένειν, ἄχρι ἂν σχολάσῃ. ἐπεὶ δὲ κατέστησε τὸ στράτευμα, ὥστε καλῶς ἔχειν ὁρᾶσθαι 3 πάντῃ φάλαγγα πυκνήν, τῶν δὲ ἀόπλων μηδένα καταφανῆ εἶναι, ἐκάλεσε τοὺς ἀγγέλους, καὶ αὐτός τε προῆλθε τούς τε εὐοπλοτάτους ἔχων καὶ εὐειδεστάτους τῶν αὐτοῦ στρατιωτῶν

---

3. Inhalt: Am frühesten Morgen des anderen Tages erscheinen im Lager der Griechen Abgesandte des Königs, die einen Waffenstillstand anbieten. Klearch empfängt sie im Angesicht seines geordneten Heeres mit wohlberechnetem Stolze und erklärt ihnen, von Waffenstillstand dürfe nicht eher die Rede sein als der Hunger — denn seit dem Tage vor der Schlacht hatten sie kaum eine ordentliche Mahlzeit gehalten — gestillt sei. Nachdem die Gesandten versprochen, sie sollten dahin geführt werden, wo sie reichliche Nahrungsmittel fänden, geht Klearch — doch scheinbar zögernd — auf den Vorschlag des Waffenstillstandes ein. Sie werden nun über den Marsch vielfach erschwerende Kanäle nach Dörfern geführt, wo sie sich mit Speise und Trank stärken und erquicken. Nach dreitägiger Rast kommt eine Gesandtschaft unter Tissaphernes' Führung. Dieser ränkevolle Perser heuchelt freundschaftliche Gesinnung für die Griechen und erbietet sich, sie unter Zustimmung des Königs nach ihrer Heimath zurück zu geleiten; sie sollten aber vorher den König durch eine Erklärung, weshalb sie gegen ihn zu Felde gezogen, versöhnen. Klearch setzt auseinander, wie sie dazu gekommen und versichert, sie befänden sich jetzt nur im Zustande der Nothwehr. Tissaphernes meldet diess dem Könige, kehrt nach drei Tagen zurück und bringt die königliche Bewilligung, dass er die Hellenen nach Hause führe und dass sie friedlich durch Persisches Gebiet ziehen sollen. Nachdem hierüber ein Vertrag abgeschlossen und beiderseits beschworen ist, geht Tissaphernes fort mit dem Versprechen, nach getroffenen Vorbereitungen wieder zu kommen, um mit den Hellenen die Reise nach Griechenland anzutreten.

in derselben Ordnung aufzustellen, in welcher sie sich befanden oder standen —.
1. Ὁ — ἔγραψα, quod scripsi, was das anlangt, dass ich, oder wenn ich. — τῇ ἐφόδῳ, II, 2, 18. — τῷδε, durch Folgendes. — τῇ — πρόσθεν ἡμέρᾳ, an dem (dem Leser bekannten) früheren Tage, nämlich vorgestern (II, 1, 8).
2. τυχών, welcher gerade. S.

zu I, 1, 2. — εἶπε mit folg. Infin. wie I, 3, 14. — ἄχρι ἂν σχολάσῃ. Weil er die Gesandtschaft vor dem erst zu ordnenden Heere empfangen wollte, hatte er wirklich keine Zeit; er wollte aber durch die stolze Sprache den Barbaren auch imponiren.
3. ὥστε καλῶς ἔχειν ὁρᾶσθαι — πυκνήν, eigentl.: so dass es in einer herrlichen Verfassung war, gesehen zu werden als durchaus dicht-

4 καὶ τοῖς ἄλλοις στρατηγοῖς ταὐτὰ ἔφρασεν. ἐπεὶ δὲ ἦν πρὸς τοῖς ἀγγέλοις, ἀνηρώτα, τί βούλοιντο. οἱ δ' ἔλεγον, ὅτι περὶ σπονδῶν ἥκοιεν ἄνδρες οἵτινες ἱκανοὶ ἔσονται τά τε παρὰ βασιλέως τοῖς Ἕλλησιν ἀπαγγεῖλαι καὶ τὰ παρὰ τῶν Ἑλλήνων
5 βασιλεῖ. ὁ δὲ ἀπεκρίνατο, Ἀπαγγέλλετε τοίνυν αὐτῷ, ὅτι μάχης δεῖ πρῶτον· ἄριστον γὰρ οὐκ ἔστιν οὐδ' ὁ τολμήσων
6 περὶ σπονδῶν λέγειν τοῖς Ἕλλησι μὴ πορίσας ἄριστον. ταῦτα ἀκούσαντες οἱ ἄγγελοι ἀπήλαυνον, καὶ ἧκον ταχύ. ᾧ καὶ δῆλον ἦν, ὅτι ἐγγύς που βασιλεὺς ἦν ἢ ἄλλος τις, ᾧ ἐπετέτακτο ταῦτα πράττειν· ἔλεγον δὲ, ὅτι εἰκότα δοκοῖεν λέγειν βασιλεῖ, καὶ ἥκοιεν ἡγεμόνας ἔχοντες, οἳ αὐτοὺς, ἐὰν σπονδαὶ γένων-
7 ται, ἄξουσιν ἔνθεν ἕξουσι τὰ ἐπιτήδεια. ὁ δὲ ἠρώτα, εἰ αὐτοῖς τοῖς ἀνδράσι σπένδοιτο ἰοῦσι καὶ ἀπιοῦσιν, ἢ καὶ τοῖς ἄλλοις ἔσονται σπονδαί. οἱ δὲ, Ἅπασιν, ἔφασαν, μέχρι ἂν
8 βασιλεῖ τὰ παρ' ὑμῶν διαγγελθῇ. ἐπεὶ δὲ ταῦτα εἶπον, μεταστησάμενος αὐτοὺς ὁ Κλέαρχος ἐβουλεύετο· καὶ ἐδόκει τὰς σπονδὰς ποιεῖσθαι ταχύ τε καὶ καθ' ἡσυχίαν ἐλθεῖν τε ἐπὶ
9 τὰ ἐπιτήδεια καὶ λαβεῖν. ὁ δὲ Κλέαρχος εἶπε, Δοκεῖ μὲν κἀμοὶ ταῦτα· οὐ μέντοι ταχύ γε ἀπαγγελῶ, ἀλλὰ διατρίψω, ἔστ' ἂν ὀκνήσωσιν οἱ ἄγγελοι, μὴ ἀποδόξῃ ἡμῖν τὰς σπονδὰς ποιήσασθαι· οἶμαί γε μέντοι, ἔφη, καὶ τοῖς ἡμετέροις στρα-

---

gedrängte Ph., ist aber kürzer zu übersetzen. — ταὐτὰ, näml. προελθεῖν — ἔχοντας.

4. οἵ τινες, welche eben, d. i. die eben deshalb, weil sie dazu geeignet schienen, gesandt waren. — ἔσονται, wir sagen: sein würden, wie §. 6 ἄξουσιν — ἕξουσι und oben I, 3, 14. Ueber den Indicativ des Futurs s. B. 139, B. 34. K. 53, 7, A. 7. C. 500. — τά τε παρὰ βασιλέως. Ueber die Attraction s. zu I, 1, 5.

5. οὐδ' (näml. ἔστιν) ὁ τολμήσων, und keiner, der da wagen wird. — μὴ πορίσας, wenn oder bevor er nicht —. — ἄριστον, zu Ende wie zu Anfang des Gedankens, mit Nachdruck.

6. ἧκον, waren wieder da. — πράττειν, zu verhandeln.

7. αὐτοῖς τοῖς — ἰοῦσι καὶ ἀπιοῦσιν, bloss für die, welche hin- und hergingen zwischen Klearch und dem König. — σπένδοιτο, Optativ wie πέμποιεν I, 10, 5 aber ἔσονται, Indicativ, um anzudeuten, dass Kl. das Letztere erwartet. — μέχρι — διαγγελθῇ. Dann nämlich soll an die Stelle des vorläufigen Waffenstillstandes ein förmlicher Vertrag treten.

8. μεταστησάμενος, liess abtreten. — ἐδόκει wie I, 2, 1. — τε nach ταχύ verbindet den ganzen Gedanken bis λαβεῖν, als eine Folge der σπονδαί, mit dem Vorhergehenden: und so. καὶ verbindet καθ' ἡσυχίαν mit ταχύ.

9. Mit οἶμαί γε μέντοι macht sich Klearch selbst einen Einwurf. Er will andeuten, dass er die Gesandtschaft — der er durch den angenommenen Schein, als bedürfe er kaum des Waffenstillstandes, Re-

τιώταις τὸν αὐτὸν φόβον παρέσεσθαι. ἐπεὶ δὲ ἐδόκει καιρὸς εἶναι, ἀπήγγελλεν, ὅτι σπένδοιτο, καὶ εὐθὺς ἡγεῖσθαι ἐκέλευε πρὸς τἀπιτήδεια. καὶ οἱ μὲν ἡγοῦντο, Κλέαρχος μέντοι ἐπο- 10 ρεύετο τὰς μὲν σπονδὰς ποιησάμενος, τὸ δὲ στράτευμα ἔχων ἐν τάξει, καὶ αὐτὸς ὠπισθοφυλάκει. καὶ ἐνετύγχανον τάφροις καὶ αὐλῶσιν ὕδατος πλήρεσιν, ὡς μὴ δύνασθαι διαβαίνειν ἄνευ γεφυρῶν· ἀλλ' ἐποιοῦντο ἐκ τῶν φοινίκων, οἳ ἦσαν ἐκπεπτωκότες, τοὺς δὲ καὶ ἐξέκοπτον. καὶ ἐνταῦθα ἦν Κλέαρ- 11 χον καταμαθεῖν ὡς ἐπεστάτει, ἐν μὲν τῇ ἀριστερᾷ χειρὶ τὸ δόρυ ἔχων, ἐν δὲ τῇ δεξιᾷ βακτηρίαν· καὶ εἴ τις αὐτῷ δοκοίη τῶν πρὸς τοῦτο τεταγμένων βλακεύειν, ἐκλεγόμενος τὸν ἐπιτήδειον ἔπαισεν ἄν καὶ ἅμα αὐτὸς προσελάμβανεν εἰς τὸν πηλὸν ἐμβαίνων· ὥστε πᾶσιν αἰσχύνην εἶναι μὴ οὐ συσπουδάζειν. καὶ ἐτάχθησαν μὲν πρὸς αὐτοῖ οἱ τριάκοντα ἔτη γεγονότες· 12 ἐπεὶ δὲ καὶ Κλέαρχον ἑώρων σπουδάζοντα, προσελάμβανον καὶ οἱ πρεσβύτεροι. πολὺ δὲ μᾶλλον ὁ Κλέαρχος ἔσπευδεν, 13 ὑποπτεύων, μὴ ἀεὶ οὕτω πλήρεις εἶναι τὰς τάφρους ὕδατος· οὐ γὰρ ἦν ὥρα οἵα τὸ πεδίον ἄρδειν· ἀλλ' ἵνα ἤδη πολλὰ προφαίνοιτο τοῖς Ἕλλησι δεινὰ εἰς τὴν πορείαν, τούτου ἕνεκα βασιλέα ὑπώπτευεν ἐπὶ τὸ πεδίον τὸ ὕδωρ ἀφεικέναι. πο- 14 ρευόμενοι δὲ ἀφίκοντο εἰς κώμας, ὅθεν ἀπέδειξαν οἱ ἡγεμόνες

---

spekt einflössen will, um für den später zu schliessenden Vertrag desto günstigere Bedingungen zu erlangen, — doch auch nicht zu lange hinhalten darf; daher nachher καιρός, d. i. der Zeitpunkt, der sich ihm ergiebt, indem er das Verhalten gegen die Gesandten durch die Rücksicht auf seine Leute auf das gehörige Maass zurückführt.

10. τὰς μὲν — ποιησάμενος. Der vorläufige Waffenstillstand war zwar abgeschlossen, doch traute er nicht recht. — ὠπισθοφυλάκει, in dieser Lage der wichtigere Posten. — τοὺς δὲ wie οἱ δὲ I, 5, 13.

11. ἦν d. i. ἐξῆν, konnte man. — Κλέαρχον, Prolepsis wie I, 8, 21. — δοκοίη, Optativ wie I, 2, 7. — Wegen ἄν bei ἔπαισεν s. zu I, 9, 19. — τὸν ἐπιτήδειον, den Geeigneten, als Beispiel für Andere. —

προσελάμβανεν, griff zu, legte Hand an. — μὴ οὐ, nicht, beim Infinitiv, wenn er von einem negativen Begriffe — sich schämen ist nicht wollen — abhängt. B. 148, 6, A. 6, 2. K. 67, 12, A. 6. C. 621, d.

13. πολὺ — μᾶλλον, als er gethan haben würde ohne den Argwohn. — οὐ γὰρ versteht man erst, wenn man nach ὕδατος, als Mittelglied aus μὴ ἀεὶ ergänzt: und in's Besondere jetzt nicht. — οἵα (gleich τοιαύτη ὥστε), geeignet z u. Die Zeit des Bewässerns dieser damals überaus fruchtbaren, jetzt aber öden, Landstriches war der Sommer, der Zug geht hier im September durch.

14. ὅθεν, gleich ἐξ ὧν (wie §. 16 gleich ἐξ οὗ), mit λαμβάνειν zu verbinden.

λαμβάνειν τὰ ἐπιτήδεια. ἐνῆν δὲ σῖτος πολὺς καὶ οἶνος φοι-
15 νίκων καὶ ὄξος ἑψητὸν ἀπὸ τῶν αὐτῶν. αὗται δὲ αἱ βάλανοι
τῶν φοινίκων, οἵας μὲν ἐν τοῖς Ἕλλησιν ἔστιν ἰδεῖν, τοῖς
οἰκέταις ἀπέκειντο, αἱ δὲ τοῖς δεσπόταις ἀποκείμεναι ἦσαν
ἀπόλεκτοι, θαυμάσιαι τοῦ κάλλους καὶ μεγέθους, ἡ δὲ ὄψις
ἠλέκτρου οὐδὲν διέφερε· τὰς δέ τινας ξηραίνοντες τραγήματα
ἀπετίθεσαν. καὶ ἦν καὶ παρὰ πότον ἡδὺ μέν, κεφαλαλγὲς δέ.
16 ἐνταῦθα καὶ τὸν ἐγκέφαλον τοῦ φοίνικος πρῶτον ἔφαγον οἱ
στρατιῶται, καὶ οἱ πολλοὶ ἐθαύμαζον τό τε εἶδος καὶ τὴν
ἰδιότητα τῆς ἡδονῆς. ἦν δὲ σφόδρα καὶ τοῦτο κεφαλαλγές. ὁ
δὲ φοῖνιξ, ὅθεν ἐξαιρεθείη ὁ ἐγκέφαλος, ὅλος αὐαίνετο.
17 Ἐνταῦθα ἔμειναν ἡμέρας τρεῖς· καὶ παρὰ μεγάλου βα-
σιλέως ἧκε Τισσαφέρνης καὶ ὁ τῆς βασιλέως γυναικὸς ἀδελ-
φὸς καὶ ἄλλοι Πέρσαι τρεῖς· δοῦλοι δὲ πολλοὶ εἵποντο. ἐπεὶ
δὲ ἀπήντησαν αὐτοῖς οἱ τῶν Ἑλλήνων στρατηγοί, ἔλεγε πρῶ-
18 τος Τισσαφέρνης δι' ἑρμηνέως τοιάδε. Ἐγώ, ὦ ἄνδρες Ἕλλη-
νες, γείτων οἰκῶ τῇ Ἑλλάδι, καὶ ἐπεὶ ὑμᾶς εἶδον εἰς πολλὰ
καὶ ἀμήχανα πεπτωκότας, εὕρημα ἐποιησάμην, εἴ πως δυ-
ναίμην παρὰ βασιλέως αἰτήσασθαι δοῦναι ἐμοὶ ἀποσῶσαι ὑμᾶς
εἰς τὴν Ἑλλάδα. οἶμαι γὰρ ἂν οὐκ ἀχαρίστως μοι ἔχειν οὔτε

---

15. ἀπέκειντο, passiv was nach-
her ἀπετίθεσαν activ ist: bei Sei-
te —. τοῦ κάλλους, von Seiten, in
Ansehung der Sch. — ἠλέκτρου,
verkürzter Vergleich statt τῆς ἠλέ-
κτρου ὄψεως. — τὰς δὲ wie τοὺς δὲ
§. 10. — ἦν — ἡδύ, es war (diese
Frucht) etwas Wohlschmecken-
des. — παρὰ πότον, neben, d. i.
zum G.
16. καὶ τοῦτο, auch diess, d. i.
auch dieser Theil der Palme. — Der
Opt. ἐξαιρεθείη wie §. 11. — ἐγκέ-
φαλος, Palmenkohl, das weisse
Mark auf dem Gipfel des Stammes.
— αὐαίνετο. Bei bleibenden Zustän-
den oder Eigenschaften von Gegen-
ständen der Natur, eines Volkes u.
ä. bedient man sich gern des Imper-
fects mit Rücksicht auf die Zeit, in
der man die Beobachtung machte
oder davon Kunde bekam.
17. ἔμειναν — καὶ — ἧκε, sie wa-

ren — geblieben, da kam. —
μεγάλου βασιλέως. S. zu I, 2, 8.
18. γείτων, als Inhaber der Klein-
asiatischen Satrapien, die ihm sofort
nach Kyros' Tode als Belohnung
für seine Verdienste um den König
wieder verliehen wurden. — πολλὰ
καὶ ἀμήχανα. Der Grieche coordi-
nirt πολύς mit einem anderen Ad-
jectiv, wir nehmen viel als nähere
Bestimmung des Adjectivs, lassen
also und weg, z. B. II, 4, 21: πό-
λεις πολλαὶ καὶ μεγάλαι, viele
grosse St. — εὕρημα ἐποιησάμην,
machte es mir zu einem glücklichen
Funde, d. h. betrachtete es als
ein Glück. — δοῦναι ἐμοί, mir
die Gunst zu gewähren. — ἂν
— ἔχειν, es (das ἀποσῶσαι) möchte
mir nicht ungedankt bleiben.
οὐκ ἀχαρίστως gehören eng zusam-
men und bilden einen und zwar
den verstärkten positiven Begriff,

πρὸς ὑμῶν οὔτε πρὸς τῆς πάσης Ἑλλάδος. ταῦτα δὲ γνοὺς 19 ἡτούμην βασιλέα, λέγων αὐτῷ, ὅτι δικαίως ἄν μοι χαρίζοιτο, ὅτι αὐτῷ Κῦρόν τε ἐπιστρατεύοντα πρῶτος ἤγγειλα καὶ βοήθειαν ἔχων ἅμα τῇ ἀγγελίᾳ ἀφικόμην καὶ μόνος τῶν κατὰ τοὺς Ἕλληνας τεταγμένων οὐκ ἔφυγον, ἀλλὰ διήλασα καὶ συνέμιξα βασιλεῖ ἐν τῷ ὑμετέρῳ στρατοπέδῳ, ἔνθα βασιλεὺς ἀφίκετο, ἐπεὶ Κῦρον ἀπέκτεινε, καὶ τοὺς σὺν Κύρῳ βαρβάρους ἐδίωξα σὺν τοῖσδε τοῖς παροῦσι νῦν μετ' ἐμοῦ, οἵπερ αὐτῷ εἰσι πιστότατοι. καὶ περὶ μὲν τούτων ὑπέσχετό μοι βουλεύ- 20 σεσθαι· ἐρέσθαι δέ με ὑμᾶς ἐκέλευσεν ἐλθόντα, τίνος ἕνεκεν ἐστρατεύσατε ἐπ' αὐτόν. καὶ συμβουλεύω ὑμῖν μετρίως ἀποκρίνασθαι, ἵνα μοι εὐπρακτότερον ᾖ, ἐάν τι δύνωμαι ἀγαθὸν ὑμῖν παρ' αὐτοῦ διαπράξασθαι. πρὸς ταῦτα μεταστάντες οἱ 21 Ἕλληνες ἐβουλεύοντο· καὶ ἀπεκρίναντο, Κλέαρχος δ' ἔλεγεν· Ἡμεῖς οὔτε συνήλθομεν ὡς βασιλεῖ πολεμήσοντες οὔτ' ἐπορευόμεθα ἐπὶ βασιλέα, ἀλλὰ πολλὰς προφάσεις Κῦρος εὕρισκεν, ὡς καὶ σὺ εὖ οἶσθα, ἵνα ὑμᾶς τε ἀπαρασκεύους λάβοι καὶ ἡμᾶς ἐνθάδε ἀναγάγοι. ἐπεὶ μέντοι ἤδη αὐτὸν ἑωρῶμεν 22 ἐν δεινῷ ὄντα, ᾐσχύνθημεν καὶ θεοὺς καὶ ἀνθρώπους προ-

---

daher auch ἄν nicht seine gewöhnliche Stelle hinter οὐκ einnimmt.
19. πρῶτος ἤγγειλα, I, 2, 4. — οὐκ ἔψυγον, ἀλλὰ διήλασα, I, 10, 7. — Κῦρον ἀπέκτεινε. Das meint Tiss. im eigentlichen Sinne. Denn Artaxerxes nahm, nach anderen Nachrichten, den Ruhm in Anspruch und liess die Nachricht verbreiten, er habe den Bruder mit eigener Hand getödtet. Von den Griechen war ja keiner Augenzeuge des Kampfes gewesen, der ihn hätte widerlegen können.
20. βουλεύσεσθαι, später, zunächst aber soll ich euch fragen u. s. w. — μετρίως, d. h. nicht so stolz wie II, 1, 9 ff. u. II, 3, 5. — ἐάν τι δύνωμαι. Er will sagen: damit ich, wenn es mir überhaupt möglich sein wird, für euch beim Könige etwas durchzusetzen, diess um so besser zu Stande bringe.
21. μεταστάντες. Vergl. zu §. 8.

— Κλέαρχος, obwohl selbst schlau und der Verstellung fähig, wie wir ihn I, 3 kennen gelernt haben, war doch der Schlauheit des Tissaphernes nicht gewachsen. Sein starkes Selbstgefühl lässt ihn nicht erkennen, dass es bei der ganzen Verhandlung nur darauf abgesehen war, Zeit zu gewinnen und die Gelegenheit zu erkunden, wie die Griechen am sichersten vernichtet werden könnten. — ἔλεγεν, als Wortführer. — ὡς — πολεμήσοντες wie I, 1, 3. — ἐπορευόμεθα, traten den Marsch an. S. zu I, 3, 1 zu ἐβιάζετο. — ἐπί, in feindlicher Absicht. Von dieser Absicht wusste Klearch allerdings schon beim Ausmarsche (s. III, 1, 10), er spricht ja aber hier im Namen und im Sinne des griechischen Heeres, das von jener erst I, 4, 11 bestimmte Kenntniss bekam.
22. θεούς, vor Göttern. —

δοῦναι αὐτόν, ἐν τῷ πρόσθεν χρόνῳ παρέχοντες ἡμᾶς αὐτοὺς
23 εὖ ποιεῖν. ἐπεὶ δὲ Κῦρος τέθνηκεν, οὔτε βασιλεῖ ἀντιποιού-
μεθα τῆς ἀρχῆς οὔτ' ἔστιν ὅτου ἕνεκα βουλοίμεθ' ἂν τὴν βα-
σιλέως χώραν κακῶς ποιεῖν, οὐδ' αὐτὸν ἀποκτεῖναι ἂν ἐθέ-
λοιμεν, πορευόμεθα δὲ ἂν οἴκαδε, εἴ τις ἡμᾶς μὴ λυποίη· ἀδι-
κοῦντας μέντοι πειρασόμεθα σὺν τοῖς θεοῖς ἀμύνασθαι· ἐὰν
μέντοι τις ἡμᾶς καὶ εὖ ποιῶν ὑπάρχῃ, καὶ τούτου εἴς γε δύ-
24 ναμιν οὐχ ἡττησόμεθα εὖ ποιοῦντες. ὁ μὲν οὕτως εἶπεν·
ἀκούσας δὲ ὁ Τισσαφέρνης ἔφη, Ταῦτα ἐγὼ ἀπαγγελῶ βασι-
λεῖ καὶ ὑμῖν πάλιν τὰ παρ' ἐκείνου· μέχρι δ' ἂν ἐγὼ ἥκω, αἱ
25 σπονδαὶ μενόντων· ἀγορὰν δὲ ἡμεῖς παρέξομεν. καὶ εἰς μὲν
τὴν ὑστεραίαν οὐχ ἧκεν· ὥσθ' οἱ Ἕλληνες ἐφρόντιζον· τῇ δὲ
τρίτῃ ἥκων ἔλεγεν, ὅτι διαπεπραγμένος ἥκοι παρὰ βασιλέως
δοθῆναι αὐτῷ σώζειν τοὺς Ἕλληνας, καίπερ πάνυ πολλῶν ἀν-
τιλεγόντων, ὡς οὐκ ἄξιον εἴη βασιλεῖ ἀφεῖναι τοὺς ἐφ' ἑαυτὸν
26 στρατευσαμένους. τέλος δὲ εἶπε, Καὶ νῦν ἔξεστιν ὑμῖν πιστὰ
λαβεῖν παρ' ἡμῶν ἦ μὴν φιλίαν παρέξειν ὑμῖν τὴν χώραν καὶ
ἀδόλως ἀπάξειν εἰς τὴν Ἑλλάδα ἀγορὰν παρέχοντας· ὅπου δ'
ἂν μὴ ᾖ πρίασθαι, λαμβάνειν ὑμᾶς ἐκ τῆς χώρας ἐάσομεν τὰ
27 ἐπιτήδεια. ὑμᾶς δ' αὖ ἡμῖν δεήσει ὀμόσαι ἦ μὴν πορεύσεσθαι
ὡς διὰ φιλίας ἀσινῶς σῖτα καὶ ποτὰ λαμβάνοντας, ὁπόταν
μὴ ἀγορὰν παρέχωμεν· ἢν δὲ παρέχωμεν ἀγοράν, ὠνουμένους
28 ἕξειν τὰ ἐπιτήδεια. ταῦτα ἔδοξε, καὶ ὤμοσαν καὶ δεξιὰς ἔδοξαν
Τισσαφέρνης καὶ ὁ τῆς βασιλέως γυναικὸς ἀδελφὸς τοῖς τῶν
Ἑλλήνων στρατηγοῖς καὶ λοχαγοῖς καὶ ἔλαβον παρὰ τῶν Ἑλλή-
29 νων. μετὰ δὲ ταῦτα Τισσαφέρνης εἶπε, Νῦν μὲν δὴ ἄπειμι
ὡς βασιλέα· ἐπειδὰν δὲ διαπράξωμαι ἃ δέομαι, ἥξω συσκευα-

παρέχοντες gleich οἳ παρείχομεν, die wir es uns gefallen liessen.
23. οὔτ' ἔστιν ὅτου ἕνεκα, neque est cur. — σὺν τοῖς θεοῖς, diis iuvantibus. — ὑπάρχῃ mit dem Particip wie die zu I, 1, 2 angeführten Verba: zuerst Gutes erweist, damit den Anfang macht. — τούτου — οὐχ ἡττησόμεθα, hinter dem werden wir nicht zurückbleiben. — εἴς γε δύναμιν, wenigstens nach Kr.
24. ἥκω wie §. 6.

26. τέλος, zuletzt. — πιστά. S. z. I, 2, 26. Mit λαβεῖν verbunden ist es hier: die Versicherung empfangen. — ἦ μήν, gewöhnliche Formel vor dem Infinitiv bei Versprechungen oder Schwüren. — Das Subject zu παρέξειν und ἀπάξειν ist aus ἡμῶν zu entnehmen. — ἦ wie ἦν §. 11.
27. ἕξειν, haben wollen, d. i. euch zu verschaffen.
29. ὡς βασιλέα wie I, 2, 4. — Ueber den Accus. ἅ bei δέομαι, das

σάμενος ὡς ἀπάξων ὑμᾶς εἰς τὴν Ἑλλάδα καὶ αὐτὸς ἀπιὼν ἐπὶ τὴν ἐμαυτοῦ ἀρχήν.

Μετὰ ταῦτα περιέμενον Τισσαφέρνην οἵ τε Ἕλληνες καὶ IV. ὁ Ἀριαῖος ἐγγὺς ἀλλήλων ἐστρατοπεδευμένοι ἡμέρας πλείους ἢ εἴκοσιν. ἐν δὲ ταύταις ἀφικνοῦνται πρὸς Ἀριαῖον καὶ οἱ ἀδελφοὶ καὶ οἱ ἄλλοι ἀναγκαῖοι καὶ πρὸς τοὺς σὺν ἐκείνῳ Περσῶν τινες, παρεθάρρυνόν τε καὶ δεξιὰς ἐνίοις παρὰ βασιλέως ἔφερον μὴ μνησικακήσειν βασιλέα αὐτοῖς τῆς σὺν Κύρῳ ἐπιστρα-

4. Inhalt: Drei Wochen lang, bis gegen Ende September — in welcher Zeit Artaxerxes mit seinem Heere in Babylon den glücklichen Ausgang des Kampfes durch Feste und glänzende Belohnungen der Männer, die sich ihm besonders treu gezeigt hatten, feierte — warten nun die Hellenen auf die Rückkunft des Tissaphernes. Ihre Lage wird unheimlich, zumal da ihr Verhältniss zum Ariäos, der mit seinen Asiaten in ihrer Nähe lagert und Besuche von seinen Verwandten empfängt, die ihm Verzeihung vom Könige bringen, sich immer unsicherer gestaltet. Die Meisten argwöhnen bereits Verrath und, mahnen zum Aufbruche. Klearch aber hält es für gerathener noch zu warten: es sei doch nicht abzusehen, warum der König, wenn er sie einmal verderben wolle, mit ihnen einen feierlichen Vertrag geschlossen habe. Da kommt endlich Tissaphernes. Unter seiner Führung wird der Marsch angetreten; aber aus Vorsicht halten sich die Hellenen unterwegs und beim Nachtlager von den Persern, auch von ihren Verbündeten unter Ariäos, gesondert. So ziehen sie in südöstlicher Richtung durch die Medische Mauer, dann über zwei Kanäle dem Tigris zu, wo sie nach fünf Tagen ankommen. Während sie hier, die Hellenen diesseits,[1] bei der Stadt Sittaka, die Perser jenseits des Flusses die Nacht zubringen, wird von Seiten der Letzteren, da sie befürchteten, die Hellenen möchten sich in diesem gesegneten Landstriche festsetzen wollen, der Versuch gemacht, diese durch eine erlogene geheime Botschaft, die Schiffbrücke über den Tigris würde in der Nacht abgebrochen werden, zur schleunigen Ueberschreitung des Stromes zu veranlassen. Die plumpe List wird durchschaut und am anderen Morgen unter geeigneten Vorsichtsmaassregeln die Brücke ungefährdet überschritten. Von hier, den Tigris zur Linken, geht der Zug zunächst noch vier Tage durch fruchtbares Land, auf der Landstrasse, die von Babylon nach Ninive führte, bis zur an der Mündung des Flusses Physkos in den Tigris gelegenen Stadt Opis. Dann aber geht es nordwestlich immer in der Nähe des linken Tigris-Ufers durch öde Gegenden, in denen sie jedoch am sechsten Tage in den Dörfern der Parysatis, am siebenten in der Stadt Känä reiche Vorräthe finden.

sonst den Genitiv regiert, s. zu I, 7, 6.

1. ἀναγκαῖοι, necessarii. — τε nach παρεθάρρυνον ähnlich wie II, 3, 8. Das Mutheinsprechen war bei Verwandten in solcher Lage die natürliche Folge des Besuchs. — δεξιὰς

— ἔφερον, brachten den Handschlag, d. i. das Versprechen; daher der Infin. Fut. folgt wie II, 5, 3: δεξιὰς δεδομένας μὴ ἀδικήσειν. Nepos Dat. 2: Hanc (dextram) ut accepit a rege missam.

2 τείας μηδὲ ἄλλου μηδενὸς τῶν παροιχομένων. τούτων δὲ γιγνομένων ἔνδηλοι ἦσαν οἱ περὶ Ἀριαῖον ἧττον προσέχοντες τοῖς Ἕλλησι τὸν νοῦν· ὥστε καὶ διὰ τοῦτο τοῖς μὲν πολλοῖς τῶν Ἑλλήνων οὐκ ἤρεσκον, ἀλλὰ προσιόντες τῷ Κλεάρχῳ ἔλεγον
3 καὶ τοῖς ἄλλοις στρατηγοῖς, Τί μένομεν; ἢ οὐκ ἐπιστάμεθα, ὅτι βασιλεὺς ἡμᾶς ἀπολέσαι ἂν περὶ παντὸς ποιήσαιτο, ἵνα καὶ τοῖς ἄλλοις Ἕλλησι φόβος ᾖ ἐπὶ βασιλέα μέγαν στρατεύειν; καὶ νῦν μὲν ἡμᾶς ὑπάγεται μένειν διὰ τὸ διεσπάρθαι αὐτῷ τὸ στράτευμα· ἐπὴν δὲ πάλιν ἁλισθῇ αὐτῷ ἡ στρατιά,
4 οὐκ ἔστιν ὅπως οὐκ ἐπιθήσεται ἡμῖν. ἴσως δέ που ἢ ἀποσκάπτει τι ἢ ἀποτειχίζει, ὡς ἄπορος εἴη ἡ ὁδός. οὐ γάρ ποτε ἑκών γε βουλήσεται ἡμᾶς ἐλθόντας εἰς τὴν Ἑλλάδα ἀπαγγεῖλαι, ὡς ἡμεῖς τοσοίδε ὄντες ἐνικῶμεν τὸν βασιλέα ἐπὶ ταῖς
5 θύραις αὐτοῦ καὶ καταγελάσαντες ἀπήλθομεν. Κλέαρχος δὲ ἀπεκρίνατο τοῖς ταῦτα λέγουσιν, Ἐγὼ ἐνθυμοῦμαι μὲν καὶ ταῦτα πάντα· ἐννοῶ δ', ὅτι εἰ νῦν ἄπιμεν, δόξομεν ἐπὶ πολέμῳ ἀπιέναι καὶ παρὰ τὰς σπονδὰς ποιεῖν. ἔπειτα πρῶτον μὲν ἀγορὰν οὐδεὶς παρέξει ἡμῖν οὐδὲ ὅθεν ἐπισιτιούμεθα· αὖθις δὲ ὁ ἡγησόμενος οὐδεὶς ἔσται· καὶ ἅμα ταῦτα ποιούντων ἡμῶν εὐθὺς Ἀριαῖος ἀφεστήξει· ὥστε φίλος ἡμῖν οὐδεὶς λελείψεται, ἀλλὰ καὶ οἱ πρόσθεν ὄντες πολέμιοι ἡμῖν ἔσονται.
6 ποταμὸς δ' εἰ μέν τις καὶ ἄλλος ἄρα ἡμῖν ἐστι διαβατέος οὐκ οἶδα· τὸν δ' οὖν Εὐφράτην οἴδαμεν ὅτι ἀδύνατον διαβῆναι κωλυόντων πολεμίων. οὐ μὲν δή, ἂν μάχεσθαί γε δέῃ, ἱππεῖς εἰσιν ἡμῖν σύμμαχοι, τῶν δὲ πολεμίων ἱππεῖς εἰσιν οἱ πλεῖ-

---

2. οἱ περὶ Ἀριαῖον, Ariäos und seine Leute. Ebenso, οἱ ἀμφί τινα. — ὥστε wie I, 3, 10. — καὶ, auch; die Besuche der Verwandten hatten ihnen schon missfallen. — τοῖς μὲν πολλοῖς, denen §. 5 Κλέαρχος entgegen gesetzt wird.
3. ἂν gehört zu ποιήσαιτο. — περὶ παντὸς ποιήσαιτο. Vergl. zu I, 9, 7. — ὑπάγεται, verlockt. S. zu §. 22. — οὐκ ἔστιν ὅπως οὐκ, sicherlich.
4. τι wie I, 10, 16, erklärt sich auch aus den folgenden Worten. — τοσοίδε. Vergl. II, 1, 9 τοσοῦτον. —

τὸν βασιλέα, hier mit dem Artikel, höhnend: den (grossen) K. — ταῖς θύραις. S. zu 1, 2, 11.
5. ἐπὶ πολέμῳ, unter Annahme des Krieges, im Kriegszustande. — οὐδὲ ὅθεν, und keinen Ort, aus dem. — ὁ ἡγησόμενος S. zu II, 3, 5.
6. ἄλλος ἄρα, etwa ein anderer. — τὸν — Εὐφράτην, Prolepsis wie I, 8, 21 und nachher §. 7: βασιλέα—οὐκ οἶδα. — δ' οὖν wie I, 2, 12. — ἀδύνατον, näml. ἐστίν, wie nachher οἷόν τε. —

στοι καὶ πλείστου ἄξιοι· ὥστε νικῶντες μὲν τίνα ἂν ἀποκτείναιμεν; ἡττωμένων δὲ οὐδένα οἷόν τε σωθῆναι. ἐγὼ μὲν οὖν 7 βασιλέα, ᾧ οὕτω πολλά ἐστι τὰ σύμμαχα, εἴπερ προθυμεῖται ἡμᾶς ἀπολέσαι, οὐκ οἶδα, ὅ τι δεῖ αὐτὸν ὀμόσαι καὶ δεξιὰν δοῦναι καὶ θεοὺς ἐπιορκῆσαι καὶ τὰ ἑαυτοῦ πιστὰ ἄπιστα ποιῆσαι Ἕλλησί τε καὶ βαρβάροις. τοιαῦτα πολλὰ ἔλεγεν.

Ἐν δὲ τούτῳ ἧκε Τισσαφέρνης ἔχων τὴν ἑαυτοῦ δύναμιν 8 ὡς εἰς οἶκον ἀπιὼν καὶ Ὀρόντας τὴν ἑαυτοῦ δύναμιν· ἦγε δὲ καὶ τὴν θυγατέρα τὴν βασιλέως ἐπὶ γάμῳ. ἐντεῦθεν δὲ ἤδη 9 Τισσαφέρνους ἡγουμένου καὶ ἀγορὰν παρέχοντος ἐπορεύοντο· ἐπορεύετο δὲ καὶ Ἀριαῖος τὸ Κύρου βαρβαρικὸν ἔχων στράτευμα ἅμα Τισσαφέρνει καὶ Ὀρόντᾳ καὶ συνεστρατοπεδεύετο σὺν ἐκείνοις. οἱ δὲ Ἕλληνες ὑφορῶντες τούτοις αὐτοὶ ἐφ' 10 ἑαυτῶν ἐχώρουν ἡγεμόνας ἔχοντες. ἐστρατοπεδεύοντο δὲ ἑκάστοτε ἀπέχοντες ἀλλήλων παρασάγγην καὶ μεῖον· ἐφυλάττοντο δὲ ἀμφότεροι ὥσπερ πολεμίους ἀλλήλους, καὶ εὐθὺς τοῦτο ὑποψίαν παρεῖχεν. ἐνίοτε δὲ καὶ ξυλιζόμενοι ἐκ τοῦ αὐτοῦ 11 καὶ χόρτον καὶ ἄλλα τοιαῦτα συλλέγοντες πληγὰς ἐνέτεινον ἀλλήλοις· ὥστε καὶ τοῦτο ἔχθραν παρεῖχε. διελθόντες δὲ 12 τρεῖς σταθμοὺς ἀφίκοντο πρὸς τὸ Μηδίας καλούμενον τεῖχος

ἡττωμένων. S. zu προϊόντων I, 2, 17.

7. βασιλέα, durch αὐτὸν nachher wieder aufgenommen. — ὅ τι, weshalb, in der or. recta τί δεῖ —; Klearch sieht eben nicht, dass es dem Könige darauf ankommt, die Griechen zunächst sicher zu machen, sic aus dem gesegneten Mesopotamien — wie sich bald zeigen wird — hinauszuschaffen, um sie dann am linken Ufer des Tigris, in öder Gegend, wo möglich zu vernichten.

8. ἀπιών, abiturus. — ἦγε, näml. Orontas. Dieser, der Satrap von Ost-Armenien, für seinen dem Könige geleisteten Beistand mit der Hand einer Tochter des Königs belohnt, war mit dieser, wie wir aus III, 4, 13 sehen, bereits verheirathet; also heisst ἐπὶ γάμῳ (vergl. ἐπὶ πολέμῳ §. 5) im Stande der Ehe, als Frau.

10. ἐφ' ἑαυτῶν, für sich, gesondert, das durch αὐτοὶ noch gehoben wird.

11. τοῦ αὐτοῦ. Das Neutrum Sing. u. Plur. von Pronomen und Adjectiven bezeichnet oft Oertliches.

12. τὸ—καλούμενον wie I, 2, 13. Ueber die Medische Mauer s. zu I, 7, 15. Das Schlachtfeld (Kunaxa) war, wie es scheint, nördlich von dieser Mauer; daher geht der Zug (in südöstlicher Richtung) jetzt zum ersten Male hindurch. Andere setzen das Schlachtfeld südlich der Mauer und erklären die Nichterwähnung des ersten Durchzuges (I, 7, 15) durch die Annahme, die Griechen seien an einer Stelle hindurch gekommen, wo die Mauer (durch den älteren Kyros) zerstört oder gänzlich verfallen war,

καὶ παρῆλθον εἴσω αὐτοῦ. ἦν δὲ ᾠκοδομημένον πλίνθοις ὀπταῖς ἐν ἀσφάλτῳ κειμέναις, εὖρος εἴκοσι ποδῶν, ὕψος δὲ ἑκατόν· μῆκος δ' ἐλέγετο εἶναι εἴκοσι παρασαγγῶν· ἀπέχει δὲ 13 Βαβυλῶνος οὐ πολύ. ἐντεῦθεν δ' ἐπορεύθησαν σταθμοὺς δύο παρασάγγας ὀκτώ· καὶ διέβησαν διώρυχας δύο, τὴν μὲν ἐπὶ γεφύρας, τὴν δ' ἐζευγμένην πλοίοις ἑπτά· αὗται δ' ἦσαν ἀπὸ τοῦ Τίγρητος ποταμοῦ· κατετέτμηντο δὲ ἐξ αὐτῶν καὶ τάφροι ἐπὶ τὴν χώραν, αἱ μὲν πρῶται μεγάλαι, ἔπειτα δ' ἐλάτιους· τέλος δὲ καὶ μικροὶ ὀχετοί, ὥσπερ ἐν τῇ Ἑλλάδι ἐπὶ τὰς μελίνας· καὶ ἀφικνοῦνται ἐπὶ τὸν Τίγρητα ποταμόν· πρὸς ᾧ πόλις ἦν μεγάλη καὶ πολυάνθρωπος, ᾗ ὄνομα Σιττάκη, ἀπέ-
14 χουσα τοῦ ποταμοῦ σταδίους πεντεκαίδεκα. οἱ μὲν οὖν Ἕλληνες παρ' αὐτὴν ἐσκήνησαν ἐγγὺς παραδείσου μεγάλου καὶ καλοῦ καὶ δασέος παντοίων δένδρων· οἱ δὲ βάρβαροι διαβεβηκότες
15 τὸν Τίγρητα· οὐ μέντοι καταφανεῖς ἦσαν. μετὰ δὲ τὸ δεῖπνον ἔτυχον ἐν περιπάτῳ ὄντες πρὸ τῶν ὅπλων Πρόξενος καὶ Ξενοφῶν· καὶ προσελθὼν ἄνθρωπός τις ἠρώτησε τοὺς προφύλακας, ποῦ ἂν ἴδοι Πρόξενον ἢ Κλέαρχον· Μένωνα δὲ οὐκ ἐζή-
16 τει, καὶ ταῦτα παρ' Ἀριαίου ὢν τοῦ Μένωνος ξένου. ἐπεὶ δὲ Πρόξενος εἶπεν, ὅτι αὐτός εἰμι ὃν ζητεῖς, εἶπεν ὁ ἄνθρωπος τάδε. Ἔπεμψέ με Ἀριαῖος καὶ Ἀρτάοζος, πιστοὶ ὄντες Κύρῳ καὶ ὑμῖν εὖνοι, καὶ κελεύουσι φυλάττεσθαι, μὴ ὑμῖν ἐπιθῶνται τῆς νυκτὸς οἱ βάρβαροι· ἔστι δὲ στράτευμα πολὺ
17 ἐν τῷ πλησίον παραδείσῳ. καὶ ἐπὶ τὴν γέφυραν τοῦ Τίγρητος ποταμοῦ πέμψαι κελεύουσι φυλακήν, ὡς διανοεῖται

---

an deren Stelle eben Artaxerxes zum Schutze den dort erwähnten Graben habe ziehen lassen. — ποδῶν hängt von dem Subject von ἦν ab.

13. ἀπὸ τοῦ Τίγρητος, ein bereits zu I, 7, 15 erwähntes Versehen. — μελίνας Hirsenfelder, wie II, 2, 6 μάχη Schlachtfeld.

14. δασέος, hier, wie μεστός, ἔμπλεως u. ä., mit dem Genitiv, sonst mit dem Dativ. — Zu οἱ δὲ βάρβαροι ist das vorhergehende verb. fin. zu wiederholen.

15. τῶν ὅπλων wie II, 2, 20. —

Μένωνα, der hierdurch als im geheimen Einverständnisse mit Ariäos und als Verräther bezeichnet werden soll. — καὶ ταῦτα wie I, 4, 12. Ueber die Sache vergl. II, 1, 5. 2, 1. — ὢν soviel als kommend, oder gekommen.

16. ὅτι. S. zu I, 6, 7. — ἔπεμψε, der Sing. bei zwei Subjecten, weil Ariäos die Hauptperson. Nachdem aber mit πιστοὶ ὄντες der Plural eingeführt ist, muss dann das Verbum im Plural folgen. — τῆς νυκτὸς wie II, 2, 1.

17. γέφυραν, Schiffbrücke. —

αὐτὴν λῦσαι Τισσαφέρνης τῆς νυκτός, ἐὰν δύνηται, ὡς μὴ διαβῆτε ἀλλ' ἐν μέσῳ ἀποληφθῆτε τοῦ ποταμοῦ καὶ τῆς διώρυχος. ἀκούσαντες ταῦτα ἄγουσιν αὐτὸν παρὰ τὸν Κλέαρχον 18 καὶ φράζουσιν ἃ λέγει. ὁ δὲ Κλέαρχος ἀκούσας ἐταράχθη σφόδρα καὶ ἐφοβεῖτο. νεανίσκος δέ τις τῶν παρόντων ἐννοήσας 19 εἶπεν, ὡς οὐκ ἀκόλουθα εἴη τό τε ἐπιθήσεσθαι καὶ τὸ λύσειν τὴν γέφυραν. δῆλον γάρ, ὅτι ἐπιτιθεμένοις ἢ νικᾶν δεήσει ἢ ἡττᾶσθαι. ἐὰν μὲν οὖν νικῶσι, τί δεῖ λύειν αὐτοὺς τὴν γέφυραν; οὐδὲ γάρ, ἂν πολλαὶ γέφυραι ὦσιν, ἔχοιμεν ἂν, ὅποι φυγόντες ἡμεῖς σωθῶμεν. ἐὰν δὲ ἡμεῖς νικῶμεν, λελυμένης τῆς 20 γεφύρας οὐχ ἕξουσιν ἐκεῖνοι, ὅποι φύγωσιν· οὐδὲ μὴν βοηθῆσαι πολλῶν ὄντων πέραν οὐδεὶς αὐτοῖς δυνήσεται λελυμένης τῆς γεφύρας. ἀκούσας δὲ ὁ Κλέαρχος ταῦτα ἤρετο τὸν ἄγγελον, πόση τις εἴη χώρα ἡ ἐν μέσῳ τοῦ Τίγρητος καὶ τῆς διώρυχος. ὁ δὲ εἶπεν, ὅτι πολλὴ καὶ κῶμαι ἔνεισι καὶ πόλεις πολλαὶ καὶ μεγάλαι. τότε δὴ καὶ ἐγνώσθη, ὅτι οἱ βάρβαροι 22 τὸν ἄνθρωπον ὑποπέμψειαν, ὀκνοῦντες, μὴ οἱ Ἕλληνες διελόντες τὴν γέφυραν μείναιεν ἐν τῇ νήσῳ ἐρύματα ἔχοντες ἔνθεν μὲν τὸν Τίγρητα, ἔνθεν δὲ τὴν διώρυχα· τὰ δ' ἐπιτήδεια ἔχοιεν ἐκ τῆς ἐν μέσῳ χώρας πολλῆς καὶ ἀγαθῆς οὔσης καὶ τῶν ἐργασομένων ἐνόντων· εἶτα δὲ καὶ ἀποστροφὴ γένοιτο, εἴ τις βούλοιτο βασιλέα κακῶς ποιεῖν. μετὰ δὲ ταῦτα ἀνεπαύ- 23 οντο· ἐπὶ μέντοι τὴν γέφυραν ὅμως φυλακὴν ἔπεμψαν· καὶ οὔτε ἐπέθετο οὐδεὶς οὐδαμόθεν οὔτε πρὸς τὴν γέφυραν οὐδεὶς ἦλθε τῶν πολεμίων, ὡς οἱ φυλάττοντες ἀπήγγελλον. ἐπειδὴ 24 δ' ἕως ἐγένετο, διέβαινον τὴν γέφυραν ἐζευγμένην πλοίοις

ὡς (vor διαν.), weil. — τῆς διώρυχος, des zuletzt (§.13) überschrittenen.
19. νεανίσκος. Mit dem Worte will Xen. andeuten: es gehörte eigentlich nicht allzuviel Verstand und Erfahrung dazu, das Plumpe der Erfindung zu erkennen; aber Klearch, zumal unter der Last schwerer Verantwortlichkeit, hatte bereits den freien, sicheren Blick über die Lage der Dinge verloren. — οὐκ ἀκόλουθα, das Zweite folgt nicht aus dem Ersten. Ueber τε—καὶ s. zu I, 10, 4.
20. οὐδέ—οὐδείς. S. zu I, 3, 5. — μήν, zugleich steigernd.
21. πόση τις, wie gross etwa. — πολλαὶ καὶ μεγ. S. zu II, 3, 18.
22. ὑποπέμψαιεν, in trügerischer Absicht, wie ὑπάγεται §. 3. — τῶν ἐργασομένων, Leute, welche — würden oder könnten. S. zu II, 3, 5.
23. ἐπέθετο, näml. ἐκ τοῦ πλησίον παραδείσου §. 16.

τριάκοντα καὶ ἑπτὰ ὡς οἷόν τε μάλιστα πεφυλαγμένως· ἐξήγγελλον γάρ τινες τῶν παρὰ Τισσαφέρνους Ἑλλήνων, ὡς διαβαινόντων μέλλοιεν ἐπιθήσεσθαι. ἀλλὰ ταῦτα μὲν ψευδῆ ἦν· διαβαινόντων μέντοι ὁ Γλοῦς ἐπεφάνη μετ' ἄλλων σκοπῶν, εἰ διαβαίνοιεν τὸν ποταμόν· ἐπειδὴ δὲ εἶδεν, ᾤχετο ἀπελαύνων.

25 Ἀπὸ δὲ τοῦ Τίγρητος ἐπορεύθησαν σταθμοὺς τέτταρας παρασάγγας εἴκοσιν ἐπὶ τὸν Φύσκον ποταμόν, τὸ εὖρος πλέθρου· ἐπῆν δὲ γέφυρα. καὶ ἐνταῦθα ᾠκεῖτο πόλις μεγάλη, ᾗ ὄνομα Ὦπις· πρὸς ἣν ἀπήντησε τοῖς Ἕλλησιν ὁ Κύρου καὶ Ἀρταξέρξου νόθος ἀδελφὸς ἀπὸ Σούσων καὶ Ἐκβατάνων στρατιὰν πολλὴν ἄγων ὡς βοηθήσων βασιλεῖ· καὶ ἐπιστήσας τὸ

26 ἑαυτοῦ στράτευμα παρερχομένοις τοὺς Ἕλληνας ἐθεώρει. ὁ δὲ Κλέαρχος ἡγεῖτο μὲν εἰς δύο, ἐπορεύετο δὲ ἄλλοτε καὶ ἄλλοτε ἐφιστάμενος. ὅσον δ' ἂν χρόνον τὸ ἡγούμενον τοῦ στρατεύματος ἐπιστήσειε, τοσοῦτον ἦν ἀνάγκη χρόνον δι' ὅλου τοῦ στρατεύματος γίγνεσθαι τὴν ἐπίστασιν· ὥστε τὸ στράτευμα καὶ αὐτοῖς τοῖς Ἕλλησι δόξαι πάμπολυ εἶναι καὶ τὸν Πέρσην ἐκπεπλῆχθαι

27 θεωροῦντα. ἐντεῦθεν δὲ ἐπορεύθησαν διὰ τῆς Μηδίας σταθμοὺς ἐρήμους ἓξ παρασάγγας τριάκοντα εἰς τὰς Παρυσάτιδος κώμας τῆς Κύρου καὶ βασιλέως μητρός. ταύτας Τισσαφέρνης Κύρῳ ἐπεγγελῶν διαρπάσαι ἐπέτρεψε τοῖς Ἕλλησι πλὴν ἀνδραπόδων. ἐνῆν δὲ σῖτος πολὺς καὶ πρόβατα καὶ ἄλλα χρή-

28 ματα. ἐντεῦθεν δ' ἐπορεύθησαν σταθμοὺς ἐρήμους τέτταρας παρασάγγας εἴκοσι τὸν Τίγρητα ποταμὸν ἐν ἀριστερᾷ ἔχοντες.

---

24. ὡς οἷόν τε μάλιστα, soviel als möglich. — τῶν παρὰ Τισσαφέρνους, Attraction wie I, 1, 5. — Ἑλλήνων, aus Kleinasien, vielleicht auch Ueberläufer. — διαβαινόντων wie §. 6. ἡττωμένων, nicht dasselbe als διαβαίνουσι, das auch stehen konnte. B. 145, 3, A. 1. K. 47, 4, A. 2. Ueber das bei ἐπιθήσεσθαι fehlende αὐτοῖς s. zu I, 2, 27. — Γλοῦς, der I, 4, 16. 5, 7. II, 1, 3. erwähnte Dollmetscher des Kyros. — ᾤχετο ἀπελαύνων, ritt er fort.
25. ὡς βοηθήσων. Wahrscheinlich war sein Corps eines der Contingente, die zu spät eintrafen. S. zu I, 7, 12.

26. εἰς δύο (je zwei nebeneinander) und ἐφιστάμενος, damit das Heer grösser erschiene, als es war. — τὸ ἡγούμενον wie II, 2, 4. — ἐπιστήσειε, Optativ wie I, 2, 7.
27. Κύρῳ ἐπεγγελῶν, eine sinnlose Rache an dem Todten, die zugleich die Königin-Mutter treffen soll, weil sie den Kyros bei seinem Streben nach der Krone unterstützt (s. zu I, 1, 3) und wohl auch dazu beigetragen hatte, dass Artaxerxes über die wahren Pläne des Bruders so lange getäuscht wurde. — πλὴν ἀνδραπόδων kurz für πλὴν ἀνδραποδίσασθαι τοὺς ἐνοικοῦντας.

ἐν δὲ τῷ πρώτῳ σταθμῷ πέραν τοῦ ποταμοῦ πόλις ᾠκεῖτο μεγάλη καὶ εὐδαίμων ὄνομα Καιναί, ἐξ ἧς οἱ βάρβαροι διῆγον ἐπὶ σχεδίαις διφθερίναις ἄρτους, τυροὺς, οἶνον. Μετὰ ταῦτα ἀφικνοῦνται ἐπὶ τὸν Ζαπάταν ποταμόν, τὸ εὖρος V. τεττάρων πλέθρων. καὶ ἐνταῦθα ἔμειναν ἡμέρας τρεῖς· ἐν δὲ ταύταις ὑποψίαι μὲν ἦσαν, φανερὰ δὲ οὐδεμία ἐφαίνετο ἐπιβουλή.

5. **Inhalt**: Am Flusse Zapatos angekommen, veranlasst Klearch, der durch das wachsende Misstrauen zwischen seinem Heere und dem des Tissaphernes einerseits immer mehr beunruhigt wird, andererseits aber doch eine Rettung der Griechen ohne Beistand und Willen des Tissaphernes für unmöglich hält, zur Verständigung mit diesem eine Unterredung. Er betheuert, dass von Seiten der Griechen Niemand daran denke, den beschworenen Vertrag zu brechen; sie würden dadurch die Rache der Götter auf sich herabrufen und sich selbst den einzig möglichen Weg zur Rettung sinnlos abschneiden. Er glaube aber auch mit Grund hoffen zu dürfen, Tissaphernes wolle die Griechen gern zu Freunden haben, da eine so tapfere Schaar, die ihm ihre Dienste anbiete, seine weiteren Pläne gegen Feinde des Reiches oder auch seine eigensten Interessen auf das Kräftigste zu fördern, wohl im Stande sei. Auf diese redlich gemeinten und im Drange der Noth nur gar zu offenen Worte, erwidert der tückische Perser, der die Vernichtung der verhassten Griechen längst beschlossen hat, er freue sich der verständigen Rede; denn dass der Argwohn der Griechen grundlos sei, müssten sie selbst erkennen, da sie bis jetzt, bei so vielfach gebotener Gelegenheit, in keiner Weise von ihm geschädigt seien, während er ihren Untergang, wenn er ihn wollte, ohne Eidbruch, bloss durch Verwüstung des Proviants, herbeiführen könne. Nein, er liebe die Griechen und wolle ihre Rettung; denn er hoffe von ihnen für sich noch wichtige Dienste. Durch diese heuchlerische Rede bethört, schlägt nun Klearch zur Beseitigung jedes Missverständnisses vor, die beiderseitigen Verleumder, die diese unselige Spannung herbeigeführt hätten, zur Verantwortung zu ziehen. Tissaphernes, der diesen Vorschlag mit Eifer ergreift, fordert zu seiner Ausführung eine Berufung der Strategen und Lochagen und entlässt den Klearch erst nach äusserst freundlicher Bewirthung. Darauf eilt Letzterer über den vermeintlich günstigen Erfolg höchst erfreut in das Lager zurück und verlangt, dass sämmtliche Strategen und Lochagen vor Tissaphernes erscheinen, in der Absicht, dort den Menon als Verleumder und Verräther zu entlarfen. Diese Forderung findet Widerstand, weil man dem Tissaphernes misstraut; doch setzt Klearch durch, dass wenigstens 5 Strategen und 20 Lochagen in das Persische Lager gehen, ohne irgend eine Garantie für ihre Sicherheit. — Die furchtbare Katastrophe erfolgt: im Zelte des Tissaphernes werden die Strategen festgenommen, die Lochagen vor dem Zelte niedergehauen. Im Griechischen Lager, das von dem der Perser nur etwa anderthalb Stunden entfernt war, wo bald die Schreckensbotschaft anlangt, eilt man zu den Waffen. Bald erscheint Ariäos, verkündigt Klearchs Bestrafung als eines Eidbrüchigen und for-

---

28. ἐπὶ σχεδίαις διφθερίναις, wie auf dem Euphrat bei Charmande I, 5, 10.

1. πλέθρων, Genitiv wie I, 2, 23.
— ὑποψίαι. Der Plural solcher Abstracta bezeichnet concrete Fälle.

2 ἔδοξεν οὖν τῷ Κλεάρχῳ συγγενέσθαι τῷ Τισσαφέρνει, εἴ πως δύναιτο παῦσαι τὰς ὑποψίας πρὶν ἐξ αὐτῶν πόλεμον γενέσθαι·
3 καὶ ἔπεμψέ τινα ἐροῦντα, ὅτι συγγενέσθαι αὐτῷ χρῄζει. ὁ δὲ ἑτοίμως ἐκέλευεν ἥκειν. ἐπειδὴ δὲ συνῆλθον, λέγει ὁ Κλέαρχος τάδε. Ἐγώ, ὦ Τισσαφέρνη, οἶδα μὲν ἡμῖν ὅρκους γεγενημένους καὶ δεξιὰς δεδομένας μὴ ἀδικήσειν ἀλλήλους· φυλαττόμενον δὲ σέ τε ὁρῶ, ὡς πολεμίους ἡμᾶς καὶ ἡμεῖς ὁρῶντες
4 ταῦτα ἀντιφυλαττόμεθα. ἐπεὶ δὲ σκοπῶν οὐ δύναμαι οὔτε σὲ αἰσθέσθαι πειρώμενον ἡμᾶς κακῶς ποιεῖν ἐγώ τε σαφῶς οἶδα, ὅτι ἡμεῖς γε οὐδ' ἐπινοοῦμεν τοιοῦτον οὐδέν, ἔδοξέ μοι εἰς λόγους σοι ἐλθεῖν, ὅπως, εἰ δυναίμεθα, ἐξέλοιμεν ἀλλή-
5 λων τὴν ἀπιστίαν. καὶ γὰρ οἶδα ἀνθρώπους ἤδη τοὺς μὲν ἐκ διαβολῆς τοὺς δὲ καὶ ἐξ ὑποψίας, οἳ φοβηθέντες ἀλλήλους φθάσαι βουλόμενοι πρὶν παθεῖν ἐποίησαν ἀνήκεστα κακὰ τοὺς
6 οὔτε μέλλοντας οὔτε βουλομένους τοιοῦτον οὐδέν. τὰς οὖν τοιαύτας ἀγνωμοσύνας νομίζων συνουσίαις μάλιστα ἂν παύεσθαι ἥκω καὶ διδάσκειν σε βούλομαι, ὡς σὺ ἡμῖν οὐκ ὀρθῶς
7 ἀπιστεῖς. πρῶτον μὲν γὰρ καὶ μέγιστον οἱ θεῶν ἡμᾶς ὅρκοι κωλύουσι πολεμίους εἶναι ἀλλήλοις· ὅστις δὲ τούτων σύνοιδεν αὐτῷ παρημεληκώς, τοῦτον ἐγὼ οὔποτ' ἂν εὐδαιμονίσαιμι. τὸν γὰρ θεῶν πόλεμον οὐκ οἶδα οὔτ' ἀπὸ ποίου ἂν τάχους

---

dert im Namen des Königs Auslieferung der Waffen. Er wird als schändlicher Verräther zurückgewiesen und geht auf die Frage, weshalb denn auch des Eidbruches nicht Beschuldigte zurückbehalten würden, stillschweigend ab.

3. δεξιὰς — μὴ ἀδικήσειν wie II, 4, 1.
4. οὔτε — τι, neque — et. — ἔδοξε wie I, 3, 18.
5. Man sollte erwarten ἀνθρώπους ἤδη, οἳ φοβηθέντες ἀλλήλοις, οἱ μὲν ἐκ διαβολῆς, οἱ δὲ καὶ ἐξ ὑποψίας, φθάσαι. Die etwas auffallende Construction entstand dadurch, dass der Redner die beiden Quellen, aus der eine solche Furcht gewöhnlich entspringt, als das Bedeutsamere vorbringen will. Der διαβολή und der ὑποψία, die diese unerträgliche Lage, wie Klearch wähnt, ganz allein herbeigeführt haben, auf die Spur zu kommen und ihnen ein gründliches Ende zu machen (§. 15. 26 — 28), das ist der alleinige Zweck, den er hier verfolgt. Die Freude, die er §. 27 über den Ausgang der Unterredung äussert, zeigt, dass er durch Erreichung dieses Zweckes wirklich aus aller Noth zu kommen hofft. — μέλλοντας — βουλομένους, näml. ποιεῖν.
6 ἀγνωμοσύνας. S. §. 1. zu ὑποψίαι.
7. πρῶτον — μέγιστον. S. I, 3, 10 zu τὸ μὲν μέγιστον. Dem μὲν entspricht §. 8 τῶν δ' ἀνθρωπίνων. — θεῶν, bei den Göttern, gen. obiect. — τὸν πόλεμον hängt ab von ἀποφύγοι. — ἀπὸ bezeichnet

φεύγων τις ἀποφύγοι οὔτ' εἰς ποῖον ἂν σκότος ἀποδραίη οὔθ' ὅπως ἂν εἰς ἐχυρὸν χωρίον ἀποσταίη. πάντῃ γὰρ πάντα τοῖς θεοῖς ὕποχα καὶ πανταχῇ πάντων ἴσον οἱ θεοὶ κρατοῦσι. περὶ μὲν δὴ τῶν θεῶν τε καὶ τῶν ὅρκων οὕτω γιγνώσκω, παρ' 8 οὓς ἡμεῖς τὴν φιλίαν συνθέμενοι κατεθέμεθα· τῶν δ' ἀνθρωπίνων σὲ ἐγὼ ἐν τῷ παρόντι νομίζω μέγιστον εἶναι ἡμῖν ἀγαθόν. σὺν μὲν γὰρ σοὶ πᾶσα μὲν ὁδὸς εὔπορος, πᾶς δὲ πο- 9 ταμὸς διαβατός, τῶν τε ἐπιτηδείων οὐκ ἀπορία· ἄνευ δὲ σοῦ πᾶσα μὲν διὰ σκότους ἡ ἡδός· οὐδὲν γὰρ αὐτῆς ἐπιστάμεθα· πᾶς δὲ ποταμὸς δύσπορος, πᾶς δὲ ὄχλος φοβερός, φοβερώτατον δ' ἐρημία· μεστὴ γὰρ πολλῆς ἀπορίας ἐστίν. εἰ δὲ δὴ 10 καὶ μανέντες σε κατακτείναιμεν, ἄλλο τι ἂν ἢ τὸν εὐεργέτην κατακτείναντες πρὸς βασιλέα τὸν μέγιστον ἔφεδρον ἀγωνιζοίμεθα; ὅσων δὲ δὴ καὶ οἵων ἂν ἐλπίδων ἐμαυτὸν στερήσαιμι, εἰ σέ τι κακὸν ἐπιχειρήσαιμι ποιεῖν, ταῦτα λέξω. ἐγὼ γὰρ 11 Κῦρον ἐπεθύμησά μοι φίλον γενέσθαι, νομίζων τῶν τότε ἱκανώτατον εἶναι εὖ ποιεῖν ὃν βούλοιτο· σὲ δὲ νῦν ὁρῶ τήν τε Κύρου δύναμιν καὶ χώραν ἔχοντα καὶ τὴν σαυτοῦ ἀρχὴν σώζοντα, τὴν δὲ βασιλέως δύναμιν, ᾗ Κῦρος πολεμίᾳ ἐχρῆτο, σοὶ ταύτην σύμμαχον οὖσαν. τούτων δὲ τοιούτων ὄντων τίς 12 οὕτω μαίνεται, ὅστις οὐ βούλεταί σοι φίλος εἶναι; ἀλλὰ μὴν ἐρῶ γὰρ καὶ ταῦτα, ἐξ ὧν ἔχω ἐλπίδας καὶ σὲ βουλήσεσθαι

---

das Mittel als Ausgangspunkt: mit. — ἀποσταίη, entweichen.

8. οἷς geht natürlich auf das wichtigere τῶν θεῶν, wobei an die Götterbilder gedacht wird, neben welche (hin, daher der Accus.) man seine Schätze legte, um sie unter den Schutz der Götter zu stellen.

9. φοβερώτατον, was (nicht welche) am meisten zu fürchten ist.

10. ἄλλο τι — ἤ. Bei dieser in zuversichtlicher Frage geläufigen Formel schwebt (hier wie IV, 7, 5) ein allgemeines Verbum des Thuns vor, welches aus dem hinter ἤ folgenden Verbum von selbst verstanden wird. Sie gilt also soviel als ein entschiedenes οὔκουν —; — ἔφεδρον ἀγωνιζοίμεθα. Beide Wörter sind dem Kampfspiele, entlehnt. ἔφεδρος ist der, der mit frischen Kräften den Kampf aufnimmt gegen Einen, der durch den Kampf mit einem ersten Gegner, den er besiegt hat, bereits ermüdet ist, also ein ungleicher, furchtbarer Gegner.

11. νῦν gehört zu ἔχοντα — σώζοντα (behalten). — Κύρου — χώραν. S. zu II, 3, 18. — ᾗ — ἐχρῆτο, mit der K. es als einer feindlichen zu thun hatte, qua — utebatur.

12. οὕτω — ὅστις gleich οὕτω —' ὥστε. K. 51, 13, A. 10. — ἀλλὰ μήν, Fortschritt zu einem anderen Argument: aber auch wir können dir nützlich sein. Der mit ἀλλὰ μήν beginnende, durch ἐρῶ γὰρ — ἡμῖν εἶναι unterbrochene Gedanke

13 φίλον ἡμῖν εἶναι. οἶδα μὲν γὰρ ὑμῖν Μυσοὺς λυπηροὺς ὄντας, οἳς νομίζω ἂν σὺν τῇ παρούσῃ δυνάμει ταπεινοὺς ὑμῖν παρασχεῖν· οἶδα δὲ καὶ Πισίδας· ἀκούω δὲ καὶ ἄλλα ἔθνη πολλὰ τοιαῦτα εἶναι, ἃ οἶμαι ἂν παῦσαι ἐνοχλοῦντα ἀεὶ τῇ ὑμετέρᾳ εὐδαιμονίᾳ. Αἰγυπτίους δέ, οἷς μάλιστα ὑμᾶς νῦν γιγνώσκω τεθυμωμένους, οὐχ ὁρῶ, ποίᾳ δυνάμει συμμάχῳ χρησάμενοι
14 μᾶλλον ἂν κολάσαισθε τῆς νῦν σὺν ἐμοὶ οὔσης. ἀλλὰ μὲν ἓν γε τοῖς πέριξ οἰκοῦσι σὺ εἰ μὲν βούλοιό τῳ φίλος εἶναι, ὡς μέγιστος ἂν εἴης, εἰ δέ τίς σε λυποίη, ὡς δεσπότης ἂν ἀναστρέφοιο ἔχων ἡμᾶς ὑπηρέτας, οἵ σοι οὐκ ἂν τοῦ μισθοῦ ἕνεκα μόνον ὑπηρετοῖμεν ἀλλὰ καὶ τῆς χάριτος, ἣν σωθέντες ὑπὸ
15 σοῦ σοὶ ἂν ἔχοιμεν δικαίως. ἐμοὶ μὲν ταῦτα πάντα ἐνθυμουμένῳ οὕτω δοκεῖ θαυμαστὸν εἶναι τὸ σὲ ἡμῖν ἀπιστεῖν, ὥστε καὶ ἥδιστ' ἂν ἀκούσαιμι τοὔνομα τίς οὕτως ἐστὶ δεινὸς λέγειν, ὥστε σε πεῖσαι λέγων, ὡς ἡμεῖς σοι ἐπιβουλεύομεν. Κλέαρχος μὲν οὖν τοσαῦτα εἶπε· Τισσαφέρνης δὲ ὧδε ἀπημείφθη.
16 Ἀλλ' ἥδομαι μέν, ὦ Κλέαρχε, καὶ ἀκούων σου φρονίμους λόγους· ταῦτα γὰρ γιγνώσκων εἴ τι ἐμοὶ κακὸν βουλεύοις, ἅμα ἄν μοι δοκεῖς καὶ σαυτῷ κακόνους εἶναι. ὡς δ' ἂν μάθῃς, ὅτι οὐδ' ἂν ὑμεῖς δικαίως οὔτε βασιλεῖ οὔτ' ἐμοὶ ἀπιστοίητε,
17 ἀντάκουσον. εἰ γὰρ ὑμᾶς ἐβουλόμεθα ἀπολέσαι, πότερά σοι

---

wird mit οἶδα—γὰρ wieder aufgenommen.

13. Μυσοὺς. S. zu I, 6, 7. — ἂν gehört zu παρασχεῖν. — Πισίδας, S. zu I, 2, 1. — Αἰγυπτίους. S. zu II, 1, 14. — τῆς —οὔσης gleich ἢ τῇ —οὔσῃ. S. zu I, 9, 25.

14. ἂν ἀναστρέφοιο, verseris, kannst dich verhalten, leben als Gebieter

15. τοὔνομα, τίς, im lebhaften Affect gesprochen: den Namen — wer ein so gewaltiger Redner ist, dass er statt des regelrechten τοὔνομα τούτου, ὅστις. Vergl. aber auch III, 5, 14: πᾶσαν χώραν τίς ἑκάστη εἴη, wofür auch stehen konnte τοὔνομα πάσης χώρας τίς u. s. w. — ἀπημείφθη, dichterisch.

16. καὶ ἀκούων, auch nur oder schon zu hören; denn daraus ersehe ich zunächst deine Gesinnung, und bei solcher Gesinnung (ταῦτα γιγνώσκων) kann auch dein Handeln gegen mich nicht böse sein, du müsstest ja sonst dir selbst Böses anthun wollen; ich darf also annehmen, dass, was mir darüber hinterbracht ist, auf Missverständnissen beruht. Dieser Gedanken-Complex wird aber in wenige Worte gefasst, um die fragliche Sache als von der einen Seite durch Klearchs Rede vollständig erledigt zu bezeichnen und sofort mit ὡς δ' ἂν μάθῃς zur Erledigung der anderen Seite zu schreiten. — ἅμα gehört zu δοκεῖς, ἂν zu εἶναι: so würdest du, wie mir scheint, auch dir selbst.

δοκοῦμεν ἱππέων πλήθους ἀπορεῖν ἢ πεζῶν ἢ ὁπλίσεως, ἐν ᾗ ὑμᾶς μὲν βλάπτειν ἱκανοὶ εἴημεν ἄν, ἀντιπάσχειν δὲ οὐδεὶς κίνδυνος; ἀλλὰ χωρίων ἐπιτηδείων ὑμῖν ἐπιτίθεσθαι ἀπορεῖν 18 ἄν σοι δοκοῦμεν; οὐ τοσαῦτα μὲν πεδία, ἃ ὑμεῖς φίλια ὄντα σὺν πολλῷ πόνῳ διαπορεύεσθε, τοσαῦτα δὲ ὄρη ὑμῖν ὁρᾶτε ὄντα πορευτέα, ἃ ἡμῖν ἔξεστι προκαταλαβοῦσιν ἄπορα ὑμῖν παρέχειν, τοσοῦτοι δ' εἰσὶ ποταμοί, ἐφ' ὧν ἔξεστιν ἡμῖν ταμιεύεσθαι, ὁπόσοις ἂν ὑμῶν βουλώμεθα μάχεσθαι; εἰσὶ δ' αὐτῶν οὓς οὐδ' ἂν παντάπασι διαβαίητε, εἰ μὴ ἡμεῖς ὑμᾶς διαπορεύοιμεν. εἰ δ' ἐν πᾶσι τούτοις ἡττώμεθα, ἀλλὰ τό γέ τοι 19 πῦρ κρεῖττον τοῦ καρποῦ ἐστιν· ὃν ἡμεῖς δυναίμεθ' ἂν κατακαύσαντες λιμὸν ὑμῖν ἀντιτάξαι, ᾧ ὑμεῖς οὐδ', εἰ πάνυ ἀγαθοὶ εἴητε, μάχεσθαι ἂν δύναισθε. πῶς ἂν οὖν ἔχοντες το- 20 σούτους πόρους πρὸς τὸ ὑμῖν πολεμεῖν, καὶ τούτων μηδένα ἡμῖν ἐπικίνδυνον, ἔπειτα ἐκ τούτων πάντων τοῦτον ἂν τὸν τρόπον ἐξελοίμεθα, ὃς μόνος μὲν πρὸς θεῶν ἀσεβής, μόνος δὲ πρὸς ἀνθρώπων αἰσχρός; παντάπασι δὲ ἀπόρων ἐστὶ καὶ 21 ἀμηχάνων καὶ ἐν ἀνάγκῃ ἐχομένων, καὶ τούτων πονηρῶν, οἵτινες ἐθέλουσι δι' ἐπιορκίας τε πρὸς θεοὺς καὶ ἀπιστίας πρὸς ἀνθρώπους πράττειν τι. οὐχ οὕτως ἡμεῖς, ὦ Κλέαρχε, οὔτε ἀλόγιστοι οὔτε ἠλίθιοί ἐσμεν. ἀλλὰ τί δὴ ὑμᾶς ἐξὸν ἀπολέ- 22

---

17. ἀντιπάσχειν (näml. ἡμᾶς) — κίνδυνος; näml. δοκεῖ εἶναι, dem Vorhergehenden lose angereiht und coordinirt, während wir es subordiniren: während — keine Gefahr ist.
18. φίλια ὄντα, obwohl sie — sind. — ταμιεύεσθαι, es einzutheilen, abzupassen. Bei Ueberschreitung von Flüssen, will er sagen, steht es bei uns, mit wie vielen von euch wir kämpfen wollen, indem wir nur einen beliebigen Theil hinüber gehen zu lassen und den noch nicht übergesetzten anzugreifen brauchen.
19. ἡττώμεθα, die Schwächeren wären, den Kürzeren zögen, was aber nicht anzunehmen. Mit Bezug auf das darin liegende ἥττορες wird nachher κρεῖττον gewählt.

20. καὶ τούτων, eorumque wie I, 9, 29. — ἔπειτα hebt, wie I, 2, 25 εἶτα das kausale Verhältniss, hier den Gegensatz zwischen dem vorhergehenden Particip und dem folgenden Verbum hervor. — ἂν zu Anfang des Satzes gestellt wird bei einem folgenden betonten Worte gern wiederholt.
21. ἐστὶ wie est mit dem Genit., es ist die Sache, wonach man statt οἵτινες ἐθέλουσι einfach ἐθέλειν erwartet. Jenes ist nach dem Sinne construirt, als ob vorher gesagt wäre ἄποροί εἰσι καὶ ἀμήχανοι — ἐχόμενοι καὶ οὗτοι πονηροί.
22. ἐξὸν, obwohl es möglich ist, in unserer Macht steht, absoluter Accusativ des Particips von unpersönlichen Verben wie ἔξεστι, πά-

σαι οὐκ ἐπὶ τοῦτο ἤλθομεν; εὖ ἴσθι, ὅτι ὁ ἐμὸς ἔρως τούτου αἴτιος, τὸ τοῖς Ἕλλησιν ἐμὲ πιστὸν γενέσθαι καὶ ᾧ Κῦρος ἀνέβη ξενικῷ διὰ μισθοδοσίας πιστεύων, τούτῳ ἐμὲ καταβῆναι
23 δι' εὐεργεσίαν ἰσχυρόν. ὅσα δ' ἐμοὶ χρήσιμοι ὑμεῖς ἐστε τὰ μὲν καὶ σὺ εἶπας, τὸ δὲ μέγιστον ἐγὼ οἶδα· τὴν μὲν γὰρ ἐπὶ τῇ κεφαλῇ τιάραν βασιλεῖ μόνῳ ἔξεστιν ὀρθὴν ἔχειν, τὴν δ' ἐπὶ τῇ καρδίᾳ ἴσως ἂν ὑμῶν παρόντων καὶ ἕτερος εὐπετῶς ἔχοι.

24 Ταῦτα εἰπὼν ἔδοξε τῷ Κλεάρχῳ ἀληθῆ λέγειν· καὶ εἶπεν, Οὔκουν, ἔφη, οἵτινες τοιούτων ἡμῖν εἰς φιλίαν ὑπαρχόντων πειρῶνται διαβάλλοντες ποιῆσαι πολεμίους ἡμᾶς, ἄξιοί εἰσι
25 τὰ ἔσχατα παθεῖν; Καὶ ἐγὼ μέν γε, ἔφη ὁ Τισσαφέρνης, εἰ βούλεσθέ μοι οἵ τε στρατηγοὶ καὶ οἱ λοχαγοὶ ἐλθεῖν ἐν τῷ ἐμφανεῖ, λέξω τοὺς πρὸς ἐμὲ λέγοντας, ὡς σὺ ἐμοὶ ἐπιβου-
26 λεύεις καὶ τῇ σὺν ἐμοὶ στρατιᾷ. Ἐγὼ δέ, ἔφη ὁ Κλέαρχος, ἄξω πάντας καὶ σοὶ αὖ δηλώσω, ὅθεν ἐγὼ περὶ σοῦ ἀκούω.
27 ἐκ τούτων δὴ τῶν λόγων ὁ Τισσαφέρνης φιλοφρονούμενος τότε μὲν μένειν τε αὐτὸν ἐκέλευε καὶ σύνδειπνον ἐποιήσατο. τῇ δὲ ὑστεραίᾳ ὁ Κλέαρχος ἐλθὼν ἐπὶ τὸ στρατόπεδον δῆλός τ' ἦν πάνυ φιλικῶς οἰόμενος διακεῖσθαι τῷ Τισσαφέρνει καὶ ἃ ἔλεγεν ἐκεῖνος ἀπήγγελλεν, ἔφη τε χρῆναι ἰέναι παρὰ Τισσα-

ρεστι δεῖ u. a. — οὐκ ἐπὶ τοῦτο ἤλθομεν, schritten wir nicht dazu, thaten wir diess nicht? — τούτου αἴτιος, daran (näml. τοῦ μὴ ἐπὶ τοῦτο ἐλθεῖν) schuld. — τὸ γενέσθαι καὶ καταβῆναι — ἰσχυρόν giebt den Inhalt des Verlangens (ἔρως): nämlich das Vertrauen der Hellenen zu gewinnen, und —. Es entsprechen sich ᾧ — πιστεύων und τούτῳ — ἰσχυρόν.

23. τὰ μὲν, zum Theil. — τὴν — ἐπὶ τῇ καρδίᾳ, die Tiara im Herzen, als Herzenswunsch. — καὶ ἕτερος, auch ein Zweiter (ausser dem Könige). Er meinte sich selber und trifft mit dieser Andeutung in Klearchs Seele gerade das Rechte, um ihm den letzten Rest von Argwohn zu nehmen. Ohne Zweifel nämlich hat Tissaphernes von Ariäos, mit dem er jetzt im Einverständniss operirt, erfahren, dass diesem von Klearch (II, 1, 4) die Krone angeboten worden ist. Je häufiger dergleichen Erhebungen mächtiger Satrapen gegen den Grosskönig vorkamen, desto glaublicher musste es dem Klearch erscheinen, das Anerbieten, das er dem Ariäos gemacht, werde jetzt im Ernst von Tissaphernes aufgenommen. Da diesem für ein solches Ziel das Griechenheer unschätzbar sein musste, so hielt er sich und die Seinen nun für unzweifelhaft sicher.

24. τοιούτων, solche Gründe.
25. οἵ τε στρατηγοί. S. I, 5, 16 zu οἱ ἄλλοι. — Bei μοι — ἐλθεῖν vermisst man εἰς λόγους. Vergl. §. 4. — ἐν τῷ ἐμφανεῖ, vor aller Welt.
27. ἔφη τε, und so sagte er.

φέρνην οὓς ἐκέλευσε, καὶ οἳ ἂν ἐλεγχθῶσι διαβάλλοντες τῶν Ἑλλήνων, ὡς προδότας αὐτοὺς καὶ κακόνους τοῖς Ἕλλησιν ὄντας τιμωρηθῆναι. ὑπώπτευε δὲ εἶναι τὸν διαβάλλοντα Μέ- 28 νωνα, εἰδὼς αὐτὸν καὶ συγγεγενημένον Τισσαφέρνει μετ' Ἀριαίου καὶ στασιάζοντα αὐτῷ καὶ ἐπιβουλεύοντα, ὅπως τὸ στράτευμα ἅπαν πρὸς αὐτὸν λαβὼν φίλος ᾖ Τισσαφέρνει. ἐβού- 29 λετο δὲ καὶ ὁ Κλέαρχος ἅπαν τὸ στράτευμα πρὸς ἑαυτὸν ἔχειν τὴν γνώμην καὶ τοὺς παραλυποῦντας ἐκποδὼν εἶναι. τῶν δὲ στρατιωτῶν ἀντέλεγόν τινες αὐτῷ μὴ ἰέναι πάντας τοὺς λοχαγοὺς καὶ στρατηγοὺς μηδὲ πιστεύειν Τισσαφέρνει. ὁ δὲ Κλέαρχος ἰσχυρῶς κατέτεινεν, ἔστε διεπράξατο πέντε 30 μὲν στρατηγοὺς ἰέναι, εἴκοσι δὲ λοχαγούς· συνηκολούθησαν δὲ ὡς εἰς ἀγορὰν καὶ τῶν ἄλλων στρατιωτῶν ὡς διακόσιοι.

Ἐπεὶ δὲ ἦσαν ἐπὶ ταῖς θύραις ταῖς Τισσαφέρνους, οἱ 31 μὲν στρατηγοὶ παρεκλήθησαν εἴσω, Πρόξενος Βοιώτιος, Μένων Θετταλός, Ἀγίας Ἀρκάς, Κλέαρχος Λάκων, Σωκράτης Ἀχαιός· οἱ δὲ λοχαγοὶ ἐπὶ ταῖς θύραις ἔμενον. οὐ πολλῷ δὲ 32 ὕστερον ἀπὸ τοῦ αὐτοῦ σημείου οἵ τ' ἔνδον συνελαμβάνοντο καὶ οἱ ἔξω κατεκόπησαν. μετὰ δὲ ταῦτα τῶν βαρβάρων τινὲς ἱππέων διὰ τοῦ πεδίου ἐλαύνοντες, ᾧτινι ἐντυγχάνοιεν Ἕλληνι

Ueber τε s. zu II, 3, 8. — οἳ ἂν gleich ἐάν τινες, daher nachher αὐτοὺς, nicht τούτους. — τιμωρηθῆναι von χρῆναι abhängig.
28. Μένωνα. Die feindselige Gesinnung zwischen diesem und Klearch lernten wir schon I, 5, 11 ff. kennen. Schon damals mochte Menon's Auftreten gegen Klearch durch ehrgeizige Absichten mit motivirt worden sein, die aber, so lange Kyros lebte, keinen Erfolg haben konnten. Nach dessen Tode erhielt durch Menon's Verhältniss zu Ariäos (II, 1, 5. 2, 1. 4, 15) das Misstrauen und der Hass Klearch's gegen ihn weitere Nahrung. Jetzt kam noch dazu was Klearch, wie hier folgt, von Menon's nun offenkundigen verrätherischen Plänen gegen ihn und das Heer erfahren hatte. Der leidenschaftliche Wunsch, diesen verhassten und verderblichen Mann zu vernichten, mag noch das Seine dazu beigetragen haben, ihn gegen die sichtbare und von Anderen (§. 29) wohl erkannte Gefahr, in die er jetzt sich und seine Gefährten, auf deren Leben das Heil des Heeres beruhte, schutzlos bringt, so blind zu machen.
29. μὴ ἰέναι, es sollten nicht gehen, wie nach λέγειν I, 3, 8.
30. κατέτεινε, contendebat. — ὡς εἰς, wie zum, d. i. unter dem Scheine. Die Griechen kauften ihre Lebensmittel im Persischen Lager. — ὡς διακ. S. zu I, 2, 3.
31. ταῖς θύραις wie I, 2, 11.
32. ἀπὸ bezeichnet die äussere Veranlassung als Ausgangspunkt: auf. — σημείου, das Aufstecken einer rothen Fahne auf dem Zelte des Tissaphernes. — ᾧ τινι — πάντας, wie I, 1, 5. Es sind eben die ὡς εἰς ἀγορὰν συνακολουθήσαντες.

33 ἢ δούλῳ ἢ ἐλευθέρῳ, πάντας ἔκτεινον. οἱ δὲ Ἕλληνες τήν τε ἱππασίαν ἐθαύμαζον ἐκ τοῦ στρατοπέδου ὁρῶντες καὶ ὅ τι ἐποίουν ἠμφεγνόουν, πρὶν Νίκαρχος Ἀρκὰς ἧκε φεύγων τετρωμένος εἰς τὴν γαστέρα καὶ τὰ ἔντερα ἐν ταῖς χερσὶν 34 ἔχων καὶ εἶπε πάντα τὰ γεγενημένα. ἐκ τούτου δὴ οἱ Ἕλληνες ἔθεον ἐπὶ τὰ ὅπλα πάντες ἐκπεπληγμένοι καὶ νομίζοντες 35 αὐτίκα ἥξειν αὐτοὺς ἐπὶ τὸ στρατόπεδον. οἱ δὲ πάντες μὲν οὐκ ἦλθον, Ἀριαῖος δὲ καὶ Ἀρτάοζος καὶ Μιθριδάτης, οἳ ἦσαν Κύρῳ πιστότατοι· ὁ δὲ τῶν Ἑλλήνων ἑρμηνεὺς ἔφη καὶ τὸν Τισσαφέρνους ἀδελφὸν σὺν αὐτοῖς ὁρᾶν καὶ γιγνώσκειν· συνηκολούθουν δὲ καὶ ἄλλοι Περσῶν τεθωρακισμένοι εἰς τρια-
36 κοσίους. οὗτοι ἐπεὶ ἐγγὺς ἦσαν, προσελθεῖν ἐκέλευον εἴ τις εἴη τῶν Ἑλλήνων ἢ στρατηγὸς ἢ λοχαγός, ἵνα ἀπαγγείλωσι τὰ 37 παρὰ βασιλέως. μετὰ ταῦτα ἐξῆλθον φυλαττόμενοι τῶν Ἑλλήνων στρατηγοὶ μὲν Κλεάνωρ Ὀρχομένιος καὶ Σοφαίνετος Στυμφάλιος, σὺν αὐτοῖς δὲ Ξενοφῶν Ἀθηναῖος, ὅπως μάθοι τὰ περὶ Προξένου· Χειρίσοφος δ᾽ ἐτύγχανεν ἀπὼν ἐν κώμῃ τινὶ 38 σὺν ἄλλοις ἐπισιτιζομένοις. ἐπειδὴ δὲ ἔστησαν εἰς ἐπήκοον, εἶπεν Ἀριαῖος τάδε. Κλέαρχος μέν, ὦ ἄνδρες Ἕλληνες, ἐπεὶ ἐπιορκῶν τε ἐφάνη καὶ τὰς σπονδὰς λύων, ἔχει τὴν δίκην καὶ τέθνηκε· Πρόξενος δὲ καὶ Μένων, ὅτι κατήγγειλαν αὐτοῦ τὴν

---

33. πρὶν, bevor, bis.
35. οὐκ ἦλθον. Auch jetzt nicht einmal wagten es die feigen Barbaren die für den Augenblick bestürzten und auf einen Angriff gar nicht vorbereiteten „Helden von Kunaxa" anzugreifen. Sie meinten auch wohl, eines grossen Theiles ihrer besten Führer beraubt, könne die kleine Schaar in den Steppen am Tigris ihrem Schicksale doch nicht entgehen. — εἰς τριακ. S. zu I, 2, 3.
36. εἴ τις, si quis, quisquis. — Ueber den Conjunctiv nach ἵνα s. zu I, 4, 18.
37. φυλαττόμενοι, d. h. mit einer Leibwache umgeben. — τὰ περὶ Προξένου, was er hinsichtlich des P. erfahren wollte; aber τὰ περὶ Πρόξενον wäre: was hinsichtlich des P. geschehen war. —

ἐτύγχανεν ἀπὼν wie I, 1, 2. Man sieht hieraus, dass man im Heere, in dem doch vorher (§. 29) Misstrauen geäussert wurde, von der Zuversicht des Klearch so angesteckt war, dass vor der blutigen Katastrophe nicht die geringste Vorsichtsmaassregel für nöthig befunden worden war.
38. εἰς ἐπήκοον, auf Hörweite. — τὴν δίκην, sein Recht, seine Strafe. — τέθνηκε. Diese Lüge (s. II, 6, 1) sollte die Griechen schrecken. Die Angabe, dass Proxenos, Xenophon's Freund (s. III, 1, 4), ein Verräther wie Menon gewesen sei, welche durch die Schilderung seines Charakters (II, 6, 16 ff.) Lügen gestraft wird, hatte wohl den gleichen Zweck. Hätte es doch den Griechen vollends unheimlich werden müssen, wenn sie geglaubt hätten, dass allein unter

ἐπιβουλήν, ἐν μεγάλῃ τιμῇ εἰσιν. ὑμᾶς 'δὲ ὁ βασιλεὺς τὰ ὅπλα ἀπαιτεῖ· ἑαυτοῦ γὰρ εἶναί φησιν, ἐπείπερ Κύρου ἦσαν τοῦ ἐκείνου δούλου. πρὸς ταῦτα ἀπεκρίναντο οἱ Ἕλληνες, 39 ἔλεγε δὲ Κλέανωρ ὁ Ὀρχομένιος· Ὦ κάκιστε ἀνθρώπων Ἀριαῖε καὶ οἱ ἄλλοι ὅσοι ἦτε Κύρου φίλοι, οὐκ αἰσχύνεσθε οὔτε θεοὺς οὔτ' ἀνθρώπους, οἵτινες ὀμόσαντες ἡμῖν τοὺς αὐτοὺς φίλους καὶ ἐχθροὺς νομιεῖν, προδόντες ἡμᾶς σὺν Τισσαφέρνει τῷ ἀθεωτάτῳ τε καὶ πανουργοτάτῳ τούς τε ἄνδρας αὐτούς, οἷς ὤμνυτε, ἀπολωλέκατε καὶ τοὺς ἄλλους ἡμᾶς προδεδωκότες σὺν τοῖς πολεμίοις ἐφ' ἡμᾶς ἔρχεσθε; ὁ δὲ Ἀριαῖος εἶπε, 40 Κλέαρχος γὰρ πρόσθεν ἐπιβουλεύων φανερὸς ἐγένετο Τισσαφέρνει τε καὶ Ὀρόντᾳ, καὶ πᾶσιν ἡμῖν τοῖς σὺν τούτοις. ἐπὶ 41 τούτοις Ξενοφῶν τάδε εἶπε. Κλέαρχος μὲν τοίνυν, εἰ παρὰ τοὺς ὅρκους ἔλυε τὰς σπονδάς, τὴν δίκην ἔχει· δίκαιον γὰρ ἀπόλλυσθαι τοὺς ἐπιορκοῦντας· Πρόξενος δὲ καὶ Μένων ἐπείπερ εἰσὶν ὑμέτεροι μὲν εὐεργέται, ἡμέτεροι δὲ στρατηγοί, πέμψατε αὐτοὺς δεῦρο· δῆλον γάρ, ὅτι φίλοι γε ὄντες ἀμφο-

---

den 5 gefangenen Strategen 2 Schurken wären und zwar ausser dem bis dahin schon stark verdächtigen Menon gerade der im reinsten Rufe stehende Proxenos. Menon mochte dem Ariäos diese Lüge an die Hand gegeben haben, um bei seinen Landsleuten nicht allein, sondern in Gesellschaft des ehrenhaftesten Mannes, als Verräther gebrandmarkt zu sein. — ἦσαν, näml. τὰ ὅπλα. Ueber d. Plur. zu I, 2, 23. — τοῦ — δούλου hängt von ἐκείνου ab. Ueber δοῦλος s. zu I, 1, 4. 9, 29.

39. ἔλεγε, wie II, 3, 21. — Κλέανωρ, als der älteste Stratege, wo Klearch fehlt, wie II, 1, 10. Ihm überlassen die übrigen, so empört auch das Herz aller sein muss über die frechste Rede nach schändlichster That, das Wort, in dem Gefühle sittlich und massvoll gebildeter Männer, dass, wo so Unerhörtes geschehen ist, nur Einer der Entrüstung Aller durch wenige, aber gewaltige, vernichtende Worte Ausdruck zu geben hat. Die Worte des Kleanor, in's Besondere ὦ κάκιστε,

ἀνθρώπων — οὔτε θεοὺς οὔτ' ἀνθρώπους — τῷ ἀθεωτάτῳ τε καὶ πανουργοτάτῳ — ἀπολωλέκατε — προδεδωκότες lese man mit klangvollem, energischen Rythmus und vergleiche damit die dagegen matt klingenden Worte, die der mit schwerstem Vorwurfe getroffene Ariäos erwidert. — οἱ ἄλλοι, wie I, 5, 16. — οἵ τινες. S. zu II, 3, 4. — ὁμόσαντες II, 2, 8. — ἡμῖν τοὺς αὐτούς, mit uns dieselben, dieselben als wir. — οἷς, vor allen dem Klearch.

40. γάρ, in der Antwort wie I, 6, 8, ja, oder auch denn, vor welchem zu denken: wir straften den Klearch.

41. ἐπὶ τούτοις, dazu noch. Der ke Sinn der durchweg ironischen Rede Xenophon's ist: Ariäos, deine Rede ist eitel Lüge. Danach zieht es Ariäos, der sich in der Rede eben so wenig als Held zeigt wie auf dem Schlachtfelde oder wenn ihm eine Königskrone offerirt wird, vor schweigend abzuziehen.

τέροις πειράσονται καὶ ὑμῖν καὶ ἡμῖν τὰ βέλτιστα συμβουλεῦσαι.
42 πρὸς ταῦτα οἱ βάρβαροι πολὺν χρόνον διαλεχθέντες ἀλλήλοις ἀπῆλθον οὐδὲν ἀποκριναμένοι.

VI. Οἱ μὲν δὴ στρατηγοὶ οὕτω ληφθέντες ἀνήχθησαν ὡς βασιλέα καὶ ἀποτμηθέντες τὰς κεφαλὰς ἐτελεύτησαν, εἷς μὲν αὐτῶν Κλέαρχος ὁμολογουμένως ἐκ πάντων τῶν ἐμπείρως αὐτοῦ ἐχόντων δόξας γενέσθαι ἀνὴρ καὶ πολεμικὸς καὶ φιλοπό-

6. Inhalt: Wie im 9. Kapitel des 1. Buches (s. dort den Anfang der Inhaltsanz.) der Charakter des Kyros, nachdem er vom Schauplatze abgetreten, geschildert wurde, so erhalten wir hier eine Charakteristik der 5 Strategen, die am Zapatos ein Opfer des schändlichsten Verrathes wurden. Vor allen galt es ein lebensvolles Bild des Mannes zu geben, der bis dahin im Griechischen Heere die bedeutendste Persönlichkeit war und in dessen Händen, wenigstens seit der Schlacht am Euphrat, die Leitung des Ganzen lag. Soldat aus Neigung, ja aus Leidenschaft, zum Befehlshaber wie geboren, war Klearch, der durch sein persönliches Auftreten ebenso dem Feinde zu imponiren als bei den Seinen Gehorsam zu erzwingen und Zuversicht zu erwecken verstand, ganz der Mann für die schwierige Lage, in der sich die Hellenische Schaar seit dem Tode des Kyros befand, bis zu dem Momente, wo eine in verhängnissvoller Situation durchaus verfehlte Berechnung der Menschen und der Umstände ihm selbst das Verderben, dem Heere die grösste Gefahr brachte. — Proxenos, der Freund Xenophon's und des Kyros, wird als fein gebildeter Mann geschildert, der zwar nach Ruhm und Einfluss strebte, sich aber immer nur gerechter und edler Mittel bediente, weshalb er einer Handlung, wie sie (II, 5, 38) Ariäos von ihm aussagt, nicht fähig sein konnte. Zum Feldherrn aber fehlte es ihm an Strenge und imponirender Haltung. Dass er jedoch im Heere eine ansehnliche Stellung einnahm, dürfen wir aus seinem Auftreten I, 5, 14 und II, 1, 10 folgern. — Menon, von dem bereits zu II, 5, 28 die Rede war, erscheint hier als ein Mensch von den schlechtesten und gehässigsten Eigenschaften. Wie eine so gemeine Natur, die (nach §. 26) Lug und Trug und die nichtswürdigste Gesinnung förmlich zur Schau trug, im Heere, das so viele edle Elemente in sich hatte und ohne ein energisches sittliches und nationales Bewusstsein auch nicht bis dahin zusammengehalten worden wäre, seine Stellung als Stratege so lange behaupten konnte, ist schwer zu begreifen. Vielleicht lässt den Schriftsteller die tiefste Entrüstung über den Verräther, der zur Herbeiführung des Unglücks am Zapatos sicherlich viel beigetragen, das Bild des verderblichen Mannes im Einzelnen doch zu schwarz malen. — Agias und Sokrates werden nur kurz als brave Krieger und beliebte Menschen berührt.

1. ὡς βασιλέα. S. zu I, 2, 4. Nach Babylon, wo Artaxerxes sich aufhielt, der zuerst, auf Bitten der Parysatis, wenigstens den Klearch zu schonen versprach, bald aber, von seiner Gattin Stateira gedrängt, auch ihn hinrichten liess. — ἀποτμηθέντες τὰς κεφαλὰς. Wie diese Redeweise aus ἀποτέμνειν τινὶ τὴν κεφαλήν entstehen kann, darüber s. B. 134, 7. K. 52, 4, A. 2. C. 483, 1. — εἷς μὲν. Dem entspricht §. 16 Πρόξενος δέ. — τῶν ἐμπείρως αὐτοῦ ἐχόντων, die ihn aus Erfahrung, durch Verkehr mit ihm, kannten. — καὶ πολεμικὸς καὶ

λεμος ἐσχάτως. καὶ γὰρ δή, ἕως μὲν πόλεμος ἦν τοῖς Λακε- 2
δαιμονίοις πρὸς τοὺς Ἀθηναίους, παρέμενεν, ἐπειδὴ δὲ εἰρήνη
ἐγένετο, πείσας τὴν αὑτοῦ πόλιν, ὡς οἱ Θρᾷκες ἀδικοῦσι τοὺς
Ἕλληνας, καὶ διαπραξάμενος ὡς ἐδύνατο παρὰ τῶν ἐφόρων
ἐξέπλει ὡς πολεμήσων τοῖς ὑπὲρ Χερρονήσου καὶ Περίνθου
Θρᾳξίν. ἐπεὶ δὲ μεταγνόντες πως οἱ ἔφοροι ἤδη ἔξω ὄντος 3
ἀποστρέφειν αὐτὸν ἐπειρῶντο ἐξ Ἰσθμοῦ, ἐνταῦθα οὐκέτι
πείθεται, ἀλλ' ᾤχετο πλέων εἰς Ἑλλήσποντον. ἐκ τούτου 4
καὶ ἐθανατώθη ὑπὸ τῶν ἐν τῇ Σπάρτῃ τελῶν ὡς ἀπειθῶν.
ἤδη δὲ φυγὰς ὢν ἔρχεται πρὸς τὸν Κῦρον, καὶ ὁποίοις μὲν
λόγοις ἔπεισε Κῦρον ἄλλῃ γέγραπται, δίδωσι δὲ αὐτῷ Κῦρος
μυρίους δαρεικούς· ὁ δὲ λαβὼν οὐκ ἐπὶ ῥᾳθυμίαν ἐτράπετο, 5
ἀλλ' ἀπὸ τούτων τῶν χρημάτων συλλέξας στράτευμα ἐπολέμει
τοῖς Θρᾳξί, καὶ μάχῃ τε ἐνίκησε καὶ ἀπὸ τούτου δὴ ἔφερε
καὶ ἦγε τούτοις καὶ πολεμῶν διεγένετο μέχρι Κῦρος ἐδεήθη
τοῦ στρατεύματος· τότε δὲ ἀπῆλθεν ὡς σὺν ἐκείνῳ αὖ πολε-
μήσων. ταῦτα οὖν φιλοπολέμου μοι δοκεῖ ἀνδρὸς ἔργα εἶναι, 6
ὅστις ἐξὸν μὲν εἰρήνην ἔχειν ἄνευ αἰσχύνης καὶ βλάβης αἱρεῖ-
ται πολεμεῖν, ἐξὸν δὲ ῥᾳθυμεῖν βούλεται πονεῖν, ὥστε πολε-
μεῖν, ἐξὸν δὲ χρήματα ἔχειν ἀκινδύνως αἱρεῖται πολεμῶν μείονα
ταῦτα ποιεῖν· ἐκεῖνος δέ, ὥσπερ εἰς παιδικὰ ἢ εἰς ἄλλην τινὰ
ἡδονήν, ἤθελε δαπανᾶν εἰς πόλεμον. οὕτω μὲν φιλοπόλεμος
ἦν· πολεμικὸς δὲ αὖ ταύτῃ ἐδόκει εἶναι, ὅτι φιλοκίνδυνός τε 7

φιλοπόλεμος. Diese beiden Eigenschaften werden in umgekehrter Ordnung §. 2—6 und §. 7 gesondert nachgewiesen. — Ueber die Stellung von ἐσχάτως s. I, 2, 21 zu ἰσχυρῶς.

2. πόλεμος, der Peloponnesische. — παρέμενεν, er harrte bei ihnen aus. — τοὺς Ἕλληνας im Thrakischen Chersones. — διαπραξάμενος, wozu das Object (es) im Folgenden liegt. — ὡς πολεμήσων wie I, 1, 3 ὡς ἀποκτενῶν.

3. πως, aus irgend welchem Grunde. — ὄντος — αὐτόν. S. II, 4, 24 zu διαβαινόντων. — Ἰσθμοῦ, dem Korinthischen.

4. τελῶν, Obrigkeiten, hier Ephoren. — ὁποίοις — λόγοις —

ἄλλῃ, ungenau; denn I, 1, 9 lasen wir nur, dass er die Hochschätzung des Kyros gewann und in Folge dessen das Geld erhielt.

5. ἀπό, wie II, 5, 7. Ueber die Sache vergl. I, 3, 3. — ἔφερε καὶ ἦγε, ferebat agebatque, plünderte. — πολεμῶν διεγένετο. S. zu I, 1, 2.

6. φιλοπολέμου, nach dem dreimal vorhergehenden πολεμεῖν. — ὅστις, wie II, 3, 4. — ἐξόν, wie II, 5, 22. — ὥστε, wie ita ut, zur Beschränkung des weiten Begriffes πονεῖν: d. h. Krieg führen. — ὥσπερ — ἡδονήν, d. h. wie Andere auf — Aufwand machen.

7. ταύτῃ, hac ratione

ἦν καὶ ἡμέρας καὶ νυκτὸς ἄγων ἐπὶ τοὺς πολεμίους καὶ ἐν τοῖς δεινοῖς φρόνιμος, ὡς οἱ παρόντες πανταχοῦ πάντες ὡμο-
8 λόγοιν. καὶ ἀρχικὸς δ' ἐλέγετο εἶναι ὡς δυνατὸν ἐκ τοῦ τοιούτου τρόπου οἷον κἀκεῖνος εἶχεν. ἱκανὸς μὲν γὰρ ὥς τις καὶ ἄλλος φροντίζειν ἦν, ὅπως ἔχοι ἡ στρατιὰ αὐτῷ τὰ ἐπιτήδεια, καὶ παρασκευάζειν ταῦτα, ἱκανὸς δὲ καὶ ἐμποιῆσαι τοῖς παρ-
9 οῦσιν, ὡς πειστέον εἴη Κλεάρχῳ. τοῦτο δ' ἐποίει ἐκ τοῦ χαλεπὸς εἶναι· καὶ γὰρ ὁρᾶν στυγνὸς ἦν καὶ τῇ φωνῇ τραχύς, ἐκόλαζέ τε ἀεὶ ἰσχυρῶς, καὶ ὀργῇ ἐνίοτε, ὡς καὶ αὐτῷ μεταμέλειν ἔσθ' ὅτε. καὶ γνώμῃ δ' ἐκόλαζεν· ἀκολάστου γὰρ
10 στρατεύματος οὐδὲν ἡγεῖτο ὄφελος εἶναι, ἀλλὰ καὶ λέγειν αὐτὸν ἔφασαν, ὡς δέοι τὸν στρατιώτην φοβεῖσθαι μᾶλλον τὸν ἄρχοντα ἢ τοὺς πολεμίους, εἰ μέλλοι ἢ φυλακὰς φυλάξειν ἢ φίλων ἀφέξεσθαι ἢ ἀπροφασίστως ἰέναι πρὸς τοὺς πολεμίους.
11 ἐν μὲν οὖν τοῖς δεινοῖς ἤθελον αὐτοῦ ἀκούειν σφόδρα καὶ οὐκ ἄλλον ᾑροῦντο οἱ στρατιῶται· καὶ γὰρ τὸ στυγνὸν τότε φαιδρὸν αὐτοῦ ἐν τοῖς προσώποις ἔφασαν φαίνεσθαι καὶ τὸ χαλεπὸν ἐρρωμένον πρὸς τοὺς πολεμίους ἐδόκει εἶναι, ὥστε
12 σωτήριον, οὐκέτι χαλεπὸν ἐφαίνετο· ὅτε δ' ἔξω τοῦ δεινοῦ γένοιντο καὶ ἐξείη πρὸς ἄλλον ἀρξομένους ἀπιέναι, πολλοὶ αὐτὸν ἀπέλειπον· τὸ γὰρ ἐπίχαρι οὐκ εἶχεν, ἀλλ' ἀεὶ χαλεπὸς ἦν καὶ ὠμός· ὥστε διέκειντο πρὸς αὐτὸν οἱ στρατιῶται ὥσπερ
13 παῖδες πρὸς διδάσκαλον. καὶ γὰρ οὖν φιλίᾳ μὲν καὶ εὐνοίᾳ ἑπομένους οὐδέποτε εἶχεν· οἵτινες δὲ ἢ ὑπὸ πόλεως τεταγμένοι ἢ ὑπὸ τοῦ δεῖσθαι ἢ ἄλλῃ τινὶ ἀνάγκῃ κατεχόμενοι παρείησαν
14 αὐτῷ, σφόδρα πειθομένοις ἐχρῆτο. ἐπεὶ δὲ ἤρξαντο νικᾶν

---

8. ὡς δυνατόν, beschränkend; denn zum vollendeten Feldherrn fehlte ihm die Gabe, die Menschen zu gewinnen und für alle Fälle an sich zu fesseln §. 12 u. 13. — ἐκ, in Folge, bei. — Ueber καὶ (in κἀκεῖνος) nach οἷον und gleich darauf nach ὡς s. zu I, 3, 16.
9. ἐκ τοῦ εἶναι, durch sein rauhes Wesen. — ὁρᾶν στυγνός, finster zu sehen, d. h. sein Gesicht, sein Blick war finster. — ἔσθ' ὅτε, bisweilen. — γνώμῃ, Gegensatz zu ὀργῇ.

10. λέγειν, gleich ὅτι ἔλεγε, dass er zu sagen pflegte.
11. τοῖς προσώποις, dichterisch für den Singular. — ἐρρωμένον, kräftig, muthig, und als solches zugleich ermuthigend.
12. γένοιντο — ἐξείη, Optative wie I, 2, 7. — ἀρξομένοις, passiv: um unter seinem Commando zu stehen.
13. καὶ γὰρ οὖν wie I, 9, 8. — ὑπὸ τοῦ δεῖσθαι, aus Mangel, Noth.

σὺν αὐτῷ τοὺς πολεμίους, ἤδη μεγάλα ἦν τὰ χρησίμους ποιοῦντα εἶναι τοὺς σὺν αὐτῷ στρατιώτας· τό τε γὰρ πρὸς τοὺς πολεμίους θαρραλέως ἔχειν παρῆν καὶ τὸ τὴν παρ' ἐκείνου τιμωρίαν φοβεῖσθαι εὐτάκτους ἐποίει. τοιοῦτος μὲν δὴ ἄρχων 15 ἦν· ἄρχεσθαι δὲ ὑπὸ ἄλλων οὐ μάλα ἐθέλειν ἐλέγετο. ἦν δὲ ὅτε ἐτελεύτα ἀμφὶ τὰ πεντήκοντα ἔτη.

Πρόξενος δὲ ὁ Βοιώτιος εὐθὺς μὲν μειράκιον ὢν ἐπεθύ- 16. μει γενέσθαι ἀνὴρ τὰ μεγάλα πράττειν ἱκανός· καὶ διὰ ταύτην τὴν ἐπιθυμίαν ἔδωκε Γοργίᾳ ἀργύριον τῷ Λεοντίνῳ. ἐπεὶ 17 δὲ συνεγένετο ἐκείνῳ, ἱκανὸς νομίσας ἤδη εἶναι καὶ ἄρχειν καὶ φίλος ὢν τοῖς πρώτοις μὴ ἡττᾶσθαι εὐεργετῶν, ἦλθεν εἰς ταύτας τὰς σὺν Κύρῳ πράξεις· καὶ ᾤετο κτήσεσθαι ἐκ τούτων ὄνομα μέγα καὶ δύναμιν μεγάλην καὶ χρήματα πολλά· το- 18 σούτων δ' ἐπιθυμῶν σφόδρα ἔνδηλον αὖ καὶ τοῦτο εἶχεν, ὅτι τούτων οὐδὲν ἂν θέλοι κτᾶσθαι μετὰ ἀδικίας, ἀλλὰ σὺν τῷ δικαίῳ καὶ καλῷ ᾤετο δεῖν τούτων τυγχάνειν, ἄνευ δὲ τούτων μή. ἄρχειν δὲ καλῶν μὲν καὶ ἀγαθῶν δυνατὸς ἦν· οὐ μέντοι 19 οὔτ' αἰδῶ τοῖς στρατιώταις ἑαυτοῦ οὔτε φόβον ἱκανὸς ἐμποιῆσαι, ἀλλὰ καὶ ᾐσχύνετο μᾶλλον τοὺς στρατιώτας ἢ οἱ ἀρχόμενοι ἐκεῖνον· καὶ φοβούμενος μᾶλλον ἦν φανερὸς τὸ ἀπεχθάνεσθαι τοῖς στρατιώταις ἢ οἱ στρατιῶται τὸ ἀπιστεῖν ἐκείνῳ. ᾤετο δὲ ἀρκεῖν πρὸς τὸ ἀρχικὸν εἶναι καὶ δοκεῖν τὸν μὲν 20 καλῶς ποιοῦντα ἐπαινεῖν, τὸν δὲ ἀδικοῦντα μὴ ἐπαινεῖν. τοιγαροῦν αὐτῷ οἱ μὲν καλοί τε κἀγαθοὶ τῶν συνόντων εὖνοι ἦσαν, οἱ δὲ ἄδικοι ἐπεβούλευον ὡς εὐμεταχειρίστῳ ὄντι. ὅτε δὲ ἀπέθνησκεν ἦν ἐτῶν ὡς τριάκοντα.

---

14. ἤδη, da vollends. — μεγάλα — ποιοῦντα, gewaltige Motive, die seine Soldaten tüchtig machten, näml. Kampfesmuth in Folge des Sieges, strenge Mannszucht in Folge der Furcht vor ihm.
15. οὐ μάλα, nicht eben sehr, d. i. gar nicht.
16. εὐθὺς — ὢν wie I, 9, 4. — Γοργίᾳ, einem berühmten Sophisten aus Leontinoi in Sicilien, der seit 427 v. Chr. Griechenland durchzog und Unterricht in der Redekunst ertheilte.

17. τοῖς πρώτοις, den Angesehensten. — ταύτας, in dieser Schrift erzählten.
18. σφόδρα, gestellt wie ἐσχάτως §. 1. — ἔνδηλον — εἶχεν, hatte es als etwas Sichtbares, zeigte es sich an ihm deutlich. — αὖ, andererseits, doch auch, insofern in ἐπιθυμῶν σφόδρα etwas wie ein Tadel oder doch etwas Bedenkliches liegt.
19. ἑαυτοῦ, gen. obiectivus, von αἰδῶ abhängig. — ἀπιστεῖν, ungehorsam sein.

21 Μένων δὲ ὁ Θετταλὸς δῆλος ἦν ἐπιθυμῶν μὲν πλουτεῖν ἰσχυρῶς, ἐπιθυμῶν δὲ ἄρχειν, ὅπως πλείω λαμβάνοι, ἐπιθυμῶν δὲ τιμᾶσθαι, ἵνα πλείω κερδαίνοι· φίλος τε ἐβούλετο εἶναι τοῖς μέγιστον δυναμένοις, ἵνα ἀδικῶν μὴ διδοίη δίκην. 22 ἐπὶ δὲ τὸ κατεργάζεσθαι ὧν ἐπιθυμοίη συντομωτάτην ᾤετο ὁδὸν εἶναι διὰ τοῦ ἐπιορκεῖν τε καὶ ψεύδεσθαι καὶ ἐξαπατᾶν· 23 τὸ δ' ἁπλοῖν καὶ τὸ ἀληθὲς τὸ αὐτὸ τῷ ἠλιθίῳ εἶναι. στέργων δὲ φανερὸς μὲν ἦν οὐδένα, ὅτῳ δὲ φαίη φίλος εἶναι, τούτῳ ἔνδηλος ἐγίγνετο ἐπιβουλεύων. καὶ πολεμίου μὲν οὐδενὸς κατεγέλα, τῶν δὲ συνόντων πάντων ὡς καταγελῶν ἀεὶ διελέγετο. 24 καὶ τοῖς μὲν τῶν πολεμίων κτήμασιν οὐκ ἐπεβούλευε· χαλεπὸν γὰρ ᾤετο εἶναι τὰ τῶν φυλαττομένων λαμβάνειν· τὰ δὲ τῶν φίλων μόνος ᾤετο εἰδέναι ῥᾶστον ὂν ἀφύλακτα λαμβάνειν. 25 καὶ ὅσους μὲν αἰσθάνοιτο ἐπιόρκους καὶ ἀδίκους ὡς εὖ ὡπλισμένους ἐφοβεῖτο, τοῖς δ' ὁσίοις καὶ ἀλήθειαν ἀσκοῦσιν ὡς 26 ἀνάνδροις ἐπειρᾶτο χρῆσθαι. ὥσπερ δέ τις ἀγάλλεται ἐπὶ θεοσεβείᾳ καὶ ἀληθείᾳ καὶ δικαιότητι, οὕτω Μένων ἠγάλλετο τῷ ἐξαπατᾶν δύνασθαι, τῷ πλάσασθαι ψευδῆ, τῷ φίλους διαγελᾶν· τὸν δὲ μὴ πανοῦργον τῶν ἀπαιδεύτων ἀεὶ ἐνόμιζεν εἶναι. καὶ παρ' οἷς μὲν ἐπεχείρει πρωτεύειν φιλίᾳ, διαβάλ- 27 λων τοὺς πρώτους τούτους ᾤετο δεῖν κτήσασθαι. τὸ δὲ πειθομένοις τοὺς στρατιώτας παρέχεσθαι ἐκ τοῦ συναδικεῖν αὐτοῖς ἐμηχανᾶτο. τιμᾶσθαι δὲ καὶ θεραπεύεσθαι ἠξίου ἐπιδεικνύμενος, ὅτι πλεῖστα δύναιτο καὶ ἐθέλοι ἂν ἀδικεῖν. εὐεργεσίαν δὲ κατέλεγεν, ὁπότε τις αὐτοῦ ἀφίσταιτο, ὅτι 28 χρώμενος αὐτῷ οὐκ ἀπώλεσεν αὐτόν. καὶ τὰ μὲν δὴ ἀφανῆ ἔξεστι περὶ αὐτοῦ ψεύδεσθαι, ἃ δὲ πάντες ἴσασι τάδ' ἐστί. παρὰ Ἀριστίππῳ μὲν ἔτι ὡραῖος ὢν στρατηγεῖν διεπράξατο

---

22. ὧν für ταῦτα, ὧν. — τὸ αὐτὸ τῷ ἠλιθίῳ wie II, 5, 39.

24. μόνος ᾤετο εἰδέναι, bitterer Spott: es war, als ob er diese ebenso wohlfeile als schnöde Weisheit allein zu besitzen glaubte.

26. οἷς—τούτους entsprechen sich. — Statt διαβάλλων verlangt der Sinn genau genommen διαβάλλοντα: er glaubte, verleumdend, durch Verleumdung, sich erwerben zu müssen. Das Subject von ᾤετο hat aber das Particip an sich gezogen. K. 55, 2, A. 2. — τοὺς πρώτους, welche bei denen, die er für sich gewinnen wollte, die Ersten, die Angesehensten waren.

27. ἐμηχανᾶτο, suchte zu bewerkstelligen. — ὅτι setzen wir vor ὁπότε: dass er, wenn Jemand.

28. Ἀριστίππῳ. S. zu I, 1, 10. 2, 6.

τῶν ξένων, Ἀριαίῳ δὲ βαρβάρῳ ὄντι, ὅτι μειρακίοις καλοῖς ἤδετο, οἰκειότατος ἔτι ὡραῖος ὢν ἐγένετο, αὐτὸς δὲ παιδικὰ εἶχε Θαρύπαν ἀγένειος ὢν γενειῶντα. ἀποθνησκόντων δὲ τῶν 29 συστρατήγων, ὅτι ἐστράτευσαν ἐπὶ βασιλέα σὺν Κύρῳ, ταὐτὰ πεποιηκὼς οὐκ ἀπέθανε, μετὰ δὲ τὸν τῶν ἄλλων θάνατον στρατηγῶν τιμωρηθεὶς ὑπὸ βασιλέως ἀπέθανεν, οὐχ ὥσπερ Κλέαρχος καὶ οἱ ἄλλοι στρατηγοὶ ἀποτμηθέντες τὰς κεφαλάς, ὅσπερ τάχιστος θάνατος δοκεῖ εἶναι, ἀλλὰ ζῶν αἰκισθεὶς ἐνιαυτὸν ὡς πονηρὸς λέγεται τῆς τελευτῆς τυχεῖν.

Ἀγίας δὲ ὁ Ἀρκὰς καὶ Σωκράτης ὁ Ἀχαιὸς καὶ τούτω 30 ἀπεθανέτην. τούτων δὲ οὔθ' ὡς ἐν πολέμῳ κακῶν οὐδεὶς κατεγέλα οὔτ' εἰς φιλίαν αὐτοὺς ἐμέμφετο. ἤστην δὲ ἄμφω ἀμφὶ τὰ πέντε καὶ τριάκοντα ἔτη ἀπὸ γενεᾶς.

28. παιδικὰ, als Geliebten.
29. ταὐτὰ πεποιηκὼς, obwohl er —. — τὰς κεφαλὰς wie §. 1. —
ζῶν αἰκισθεὶς, lebendig gemartert.
29. εἰς, in Betreff, wie I, 9, 16.

Γ.

1. Ὅσα μὲν δὴ ἐν τῇ Κύρου ἀναβάσει οἱ Ἕλληνες ἔπραξαν μέχρι τῆς μάχης, καὶ ὅσα ἐπεὶ Κῦρος ἐτελεύτησεν ἐγένετο ἀπιόντων τῶν Ἑλλήνων σὺν Τισσαφέρνει ἐν ταῖς σπον-
2. δαῖς, ἐν τῷ πρόσθεν λόγῳ δεδήλωται. ἐπεὶ δὲ οἵ τε στρατη-

1. Inhalt: In der unglückseligen Lage, in der sich das Griechische Heer, seiner besten Führer beraubt, von zahlreichen Feinden umringt, durch mächtige Hindernisse der Natur um etwa 250 Meilen von der Heimath getrennt, ohne Reiterei, während die des Königs durch den Abfall ihrer bisherigen Verbündeten unter Ariäos jetzt noch verstärkt war, am Zapatos befindet, hat sich bei eintretender Nacht Aller dumpfe Verzweiflung bemächtigt, aus der sich Niemand emporrafft, um die drohende Vernichtung abzuwehren. Da tritt Xenophon, von dessen Stellung im Heere bereits zu I, 8, 15 die Rede war, der Verfasser dieser Schrift, als Retter auf. Durch ein Traumbild fühlt er sich berufen, noch in der Nacht — denn für den anderen Morgen musste man den Feind erwarten — im muthlosen Heere die Thatkraft von Neuem zu wecken und zu veranlassen was in dieser verhängnissvollen Stunde geschehen musste, wenn sie nicht morgen alle dem Verderben preis gegeben sein sollten. Er weckt und ruft zunächst die Lochagen seines Freundes Proxenos, die ihm persönlich am nächsten standen, zusammen, schildert ihnen das schreckliche Loos, das ihrer aller warte, wenn sie in die Gewalt des Königs geriethen, preist es aber auch als einen Gewinn, dass das bisher während des Vertrages so unsichere, peinliche und lästige Verhältniss zum Tissaphernes jetzt ein klares, entschiedenes geworden sei, bei welchem es ihnen leichter werden würde die nöthigen Bedürfnisse zu schaffen als vorher; denn durch den Beistand der Götter, durch Geist und Kraft sei ihre Schaar den Massen der feigen, meineidigen Barbaren überlegen. Er beschwört sie, nicht darauf zu warten, dass Andere sich ermannen, sondern mit gutem Beispiele voranzugehen; er selbst sei bereit, die Sache in die Hand zu nehmen. Die Lochagen sind damit einverstanden. Nur ein Einziger spricht von der Unmöglichkeit, dem Feinde gegenüber mit Gewalt etwas auszurichten, ist aber, wie sich ergiebt, kein Hellene, und wird aus der Zahl der Lochagen ausgestossen. Darauf rufen sie sämmtliche Strategen und Lochagen vor das Lager zusammen, vor denen nun Xenophon, vom ältesten Lochagen des Proxenos dazu aufgefordert, aus einander setzt was noth thut. Es gelte jetzt Leben und Freiheit zu behaupten. Das beruhe vor Allem auf den Führern; ihr Muth werde auch dem ganzen Heere neue Zuversicht geben. Jeder von ihnen müsse, je nach seiner Stellung im Heere, für das Ganze wirken; statt der verlorenen müssten neue, tüchtige Führer gewählt wer-

---

1. ἐν ταῖς σπονδαῖς, so lange der Vertrag währte.

γοὶ συνειλημμένοι ἦσαν καὶ τῶν λοχαγῶν καὶ τῶν στρατιωτῶν οἱ συνεπόμενοι ἀπωλώλεσαν, ἐν πολλῇ δὴ ἀπορίᾳ ἦσαν οἱ Ἕλληνες, ἐννοούμενοι μὲν, ὅτι ἐπὶ ταῖς βασιλέως θύραις ἦσαν, κύκλῳ δὲ αὐτοῖς πάντῃ πολλὰ καὶ ἔθνη καὶ πόλεις πολέμιαι ἦσαν, ἀγορὰν δὲ οὐδεὶς ἔτι παρέξειν ἔμελλεν, ἀπεῖχον δὲ τῆς Ἑλλάδος οὐ μεῖον ἢ μύρια στάδια, ἡγεμὼν δ' οὐδεὶς τῆς ὁδοῦ ἦν, ποταμοὶ δὲ διεῖργον ἀδιάβατοι ἐν μέσῳ τῆς οἴκαδε ὁδοῦ, προυδεδώκεσαν δὲ αὐτοὺς καὶ οἱ σὺν Κύρῳ ἀναβάντες βάρβαροι, μόνοι δὲ καταλελειμμένοι ἦσαν οὐδὲ ἱππέα οὐδ' ἂν ἕνα σύμμαχον ἔχοντες, ὥστε εὔδηλον ἦν, ὅτι νικῶντες μὲν οὐδ' ἂν ἕνα κατακάνοιεν, ἡττηθέντων δὲ αὐτῶν οὐδεὶς ἂν λειφθείη. ταῦτα 3 ἐννοούμενοι καὶ ἀθύμως ἔχοντες ὀλίγοι μὲν αὐτῶν εἰς τὴν ἑσπέραν σίτου ἐγεύσαντο, ὀλίγοι δὲ πῦρ ἀνέκαυσαν, ἐπὶ δὲ τὰ ὅπλα πολλοὶ οὐκ ἦλθον ταύτην τὴν νύκτα, ἀνεπαύοντο, δὲ ὅπου ἐτύγχανεν ἕκαστος, οὐ δυνάμενοι καθεύδειν ὑπὸ λύπης καὶ πόθου πατρίδων, γονέων, γυναικῶν, παίδων, οὓς οὔποτ' ἐνόμιζον ἔτι ὄψεσθαι. οὕτω μὲν δὴ διακείμενοι πάντες ἀνεπαύοντο.

Ἦν δέ τις ἐν τῇ στρατιᾷ Ξενοφῶν Ἀθηναῖος, ὃς οὔτε 4 στρατηγὸς οὔτε λοχαγὸς οὔτε στρατιώτης ὢν συνηκολούθει,

den, damit das Bewusstsein hergestellter Ordnung die Soldaten mit Vertrauen auf ihre Macht erfülle, die ja nicht in der Menge liege, sondern in dem Gedanken, dass man mit der Götter Hülfe für die edelsten Güter das Leben einsetze. Dem Auftreten Xenophon's zollt Cheirisophos die vollste Anerkennung. Auf des Letzteren Aufforderung schreitet man sofort, noch vor Tagesanbruch, zur Wahl neuer Führer.

2. ταῖς — θύραις. S. zu I, 2, 11. — κύκλῳ — πάντῃ, ringsum, überall. — οὐδὲ — ἔχοντες, ohne auch nur — zu haben.
3. ὀλίγοι μὲν — ὀλίγοι δὲ, partitive, spezieller: distributive Apposition zum Subject (Ἕλληνες). B. 145, 5, A. 6. K. 57, 8. — ἐπὶ τὰ ὅπλα, in's Lager. — ὅπου ἐτύγχανεν ἕκαστος wie II, 2, 17. — ὑπὸ wie I, 5, 5.
4. Ξενοφῶν. bereits zweimal (I, 8, 15. II, 5, 41) beiläufig erwähnt, wird erst hier, wo er entscheidend in die Handlung eintritt, durch ἦν δέ τις bedeutungsvoll eingeführt, damit wir erfahren, wie er in die gegenwärtige Situation, in der er seine Retterschaft beginnt, hineingekommen ist. Zur Ergänzung diene noch: Xenophon ist jetzt ungefähr 44 Jahre alt, aus Athen gebürtig, kämpfte im Peloponnesischen Kriege und hat in demselben seine militärische Tüchtigkeit gewonnen. Der Einladung seines Freundes Proxenos (den er während einer in Böotien überstandenen Gefangenschaft kennen gelernt haben soll), zum Kyros zu reisen, folgte er vielleicht um so lieber, als ihm, wie Anderen, die durch Sokrates' Lehren über das Leben im Staate von den da-

ἀλλὰ Πρόξενος αὐτὸν μετεπέμψατο οἴκοθεν ξένος ὢν ἀρχαῖος· ὑπισχνεῖτο δὲ αὐτῷ, εἰ ἔλθοι, φίλον αὐτὸν Κύρῳ ποιήσειν, 5 ὃν αὐτὸς ἔφη κρείττω ἑαυτῷ νομίζειν τῆς πατρίδος. ὁ μέντοι Ξενοφῶν ἀναγνοὺς τὴν ἐπιστολὴν ἀνακοινοῦται Σωκράτει τῷ Ἀθηναίῳ περὶ τῆς πορείας. καὶ ὁ Σωκράτης ὑποπτεύσας, μή τι πρὸς τῆς πόλεως ὑπαίτιον εἴη Κύρῳ φίλον γενέσθαι, ὅτι ἐδόκει ὁ Κῦρος προθύμως τοῖς Λακεδαιμονίοις ἐπὶ τὰς Ἀθήνας συμπολεμῆσαι, συμβουλεύει τῷ Ξενοφῶντι ἐλθόντα εἰς 6 Δελφοὺς ἀνακοινῶσαι τῷ θεῷ περὶ τῆς πορείας. ἐλθὼν δ' ὁ Ξενοφῶν ἐπήρετο τὸν Ἀπόλλω, τίνι ἂν θεῶν θύων καὶ εὐχόμενος κάλλιστ' ἂν καὶ ἄριστα ἔλθοι τὴν ὁδόν, ἣν ἐπινοεῖ, καὶ καλῶς πράξας σωθείη. καὶ ἀνεῖλεν αὐτῷ ὁ Ἀπόλλων θεοῖς 7 οἷς ἔδει θύειν. ἐπεὶ δὲ πάλιν ἦλθε, λέγει τὴν μαντείαν τῷ Σωκράτει. ὁ δ' ἀκούσας ᾐτιᾶτο αὐτόν, ὅτι οὐ τοῦτο πρῶτον ἠρώτα, πότερον λῷον εἴη αὐτῷ πορεύεσθαι ἢ μένειν, ἀλλ' αὐτὸς κρίνας ἰτέον εἶναι τοῦτ' ἐπυνθάνετο, ὅπως ἂν κάλλιστα πορευθείη. ἐπεὶ μέντοι οὕτως ἤρου, ταῦτ', ἔφη, χρὴ ποιεῖν 8 ὅσα ὁ θεὸς ἐκέλευσεν. ὁ μὲν δὴ Ξενοφῶν οὕτω θυσάμενος οἷς ἀνεῖλεν ὁ θεὸς ἐξέπλει καὶ καταλαμβάνει ἐν Σάρδεσι Πρόξενον καὶ Κῦρον μέλλοντας ἤδη ὁρμᾶν τὴν ἄνω ὁδὸν καὶ συνε- 9 στάθη Κύρῳ. προθυμουμένου δὲ τοῦ Προξένου καὶ ὁ Κῦρος συμπρουθυμεῖτο μεῖναι αὐτόν· εἶπε δέ, ὅτι ἐπειδὰν τάχιστα ἡ στρατεία λήξῃ, εὐθὺς ἀποπέμψειν αὐτόν. ἐλέγετο δὲ ὁ στόλος 10 εἶναι εἰς Πισίδας. ἐστρατεύετο μὲν δὴ οὕτως ἐξαπατηθείς, οὐχ ὑπὸ Προξένου· οὐ γὰρ ᾔδει τὴν ἐπὶ βασιλέα ὁρμὴν οὐδὲ

---

mals in Athen herrschenden verschiedene Ansichten gewonnen hatten, die in seiner Vaterstadt seit 403 wieder eingeführte reine Volksherrschaft (Demokratie) nicht zusagte. — κρείττω, nützlicher, für seine Lebenszwecke, wie sie II, 6, 17 angegeben sind.
5. πρὸς τῆς π. von Seiten der St. — συμπολεμῆσαι, 408—404 v. Ch. — ἀνακοινῶσαι, durch Mittheilung befragen, vorher aber ἀνακοινοῦται mittheilen zu gemeinsamer Besprechung.
6. ἂν — ἂν. S. zu II, 5, 20. — καλῶς πράξας, mit Ehren; denn πράττειν mit einem Adverbium heisst: sich in einer Lage befinden. — θεοῖς für θεούς, attrahirt von οἷς. Dass das Orakel die Götter namentlich angegeben hat, erhellt aus §. 8, vor allen den Ζεὺς βασιλεύς nach VI, 1, 22.
8. οἷς, näml. θύειν, ein Infin. der von ἀνεῖλε regiert zu denken ist wie I, 3, 14 von εἶπε. — συνεστάθη, wurde vorgestellt.
9. ἐπειδὰν τάχιστα, ubi primum. — ἀποπέμψειν, als ob ὅτι nicht vorhergegangen wäre. — εἰς Πισίδας wie I, 1, 11.
10. ᾔδει, näml. Proxenos. —

ἄλλος οὐδεὶς τῶν Ἑλλήνων πλὴν Κλεάρχου· ἐπεὶ μέντοι εἰς Κιλικίαν ἦλθον, σαφὲς πᾶσιν ἤδη ἐδόκει εἶναι, ὅτι ὁ στόλος εἴη ἐπὶ βασιλέα. φοβούμενοι δὲ τὴν ὁδὸν καὶ ἄκοντες ὅμως οἱ πολλοὶ δι' αἰσχύνην καὶ ἀλλήλων καὶ Κύρου συνηκολούθησαν· ὧν εἷς καὶ Ξενοφῶν ἦν. ἐπεὶ δὲ ἀπορία ἦν, ἐλυπεῖτο 11 μὲν σὺν τοῖς ἄλλοις καὶ οὐκ ἐδύνατο καθεύδειν· μικρὸν δ' ὕπνου λαχὼν εἶδεν ὄναρ. ἔδοξεν αὐτῷ βροντῆς γενομένης σκηπτὸς πεσεῖν εἰς τὴν πατρῴαν οἰκίαν καὶ ἐκ τούτου λάμπεσθαι πᾶσαν. περίφοβος δ' εὐθὺς ἀνηγέρθη, καὶ τὸ ὄναρ τῇ 12 μὲν ἔκρινεν ἀγαθόν, ὅτι ἐν πόνοις ὢν καὶ κινδύνοις φῶς μέγα ἐκ Διὸς ἰδεῖν ἔδοξε· τῇ δὲ καὶ ἐφοβεῖτο, ὅτι ἀπὸ Διὸς μὲν βασιλέως τὸ ὄναρ ἐδόκει αὐτῷ εἶναι, κύκλῳ δὲ ἐδόκει λάμπεσθαι τὸ πῦρ, μὴ οὐ δύναιτο ἐκ τῆς χώρας ἐξελθεῖν τῆς βασιλέως, ἀλλ' εἴργοιτο πάντοθεν ὑπό τινων ἀποριῶν. ὁποῖόν τι 13 μὲν δή ἐστι τὸ τοιοῦτον ὄναρ ἰδεῖν, ἔξεστι σκοπεῖν ἐκ τῶν συμβάντων μετὰ τὸ ὄναρ. γίγνεται γὰρ τάδε. εὐθὺς ἐπειδὴ ἀνηγέρθη, πρῶτον μὲν ἔννοια αὐτῷ ἐμπίπτει, τί κατάκειμαι; ἡ δὲ νὺξ προβαίνει· ἅμα δὲ τῇ ἡμέρᾳ εἰκὸς τοὺς πολεμίους ἥξειν. εἰ δὲ γενησόμεθα ἐπὶ βασιλεῖ, τί ἐμποδὼν μὴ οὐχὶ πάντα μὲν τὰ χαλεπώτατα ἐπιδόντας, πάντα δὲ τὰ δεινότατα παθόντας ὑβριζομένους ἀποθανεῖν; ὅπως δ' ἀμυνούμεθα, 14 οὐδεὶς παρασκευάζεται οὐδὲ ἐπιμελεῖται, ἀλλὰ κατακείμεθα ὥσπερ ἐξὸν ἡσυχίαν ἄγειν. ἐγὼ οὖν τὸν ἐκ ποίας πόλεως στρατηγὸν προσδοκῶ ταῦτα πράξειν; ποίαν δ' ἡλικίαν ἐμαυτῷ

οἱ πολλοί. Vergl. τὸ πολὺ I, 4, 13 u. ebenda §. 7. — ἀλλήλων — Κύρου, Gen. wie II, 6, 19.

11. μικρὸν, eine kurze Weile; ὕπνου hängt ab von λαχών. — ἔδοξεν, im ersten Satzgliede persönlich, im zweiten (λάμπεσθαι πᾶσαν) unpersönlich constr.

12. τῇ μὲν — τῇ δὲ, eines Theils — anderes Theils. — Διὸς — βασιλέως, beide Worte werden durch μὲν gehoben wie I, 8, 6. Dadurch tritt das folgende βασιλέως zu diesem hier in eine Art kausaler Beziehung, als fürchte Xenophon, Ζεὺς βασιλεὺς möchte dem βασιλεύς, dem Perserkönige, Helfer sein. — μὴ οὐ, ne non oder ut, gehört zu ἐφοβεῖτο. Xenophon hatte ein gottesfürchtiges Gemüth und achtete, wie sein Lehrer Sokrates, auf alle Zeichen, die für Winke der Götter galten.

13. ὁποῖόν τι, von welcher Art, Wirkung es ist, ein solches Traumgesicht gesehen zu haben. — ἐπί. wie I, 1, 4. — μὴ οὐχὶ wie μὴ οὐ II, 3, 11. Die Negation liegt im Sinne der Frage τί ἐμποδών; — ἐπιδόντας, zu besehen, d. i. zu erleben — und.

14. ἐξὸν, wie II, 5, 22. — τὸν ἐκ ποίας πόλεως στρατηγόν, aus welcher St. soll der Feldherr sein, von

ἐλθεῖν ἀναμείνω; οὐ γὰρ ἔγωγ' ἔτι πρεσβύτερος ἔσομαι, ἐὰν
15 τήμερον προδῶ ἐμαυτὸν τοῖς πολεμίοις. ἐκ τούτου ἀνίσταται
καὶ συγκαλεῖ τοὺς Προξένου πρῶτον λοχαγούς. ἐπεὶ δὲ συνῆλ-
θον, ἔλεξεν, Ἐγώ, ὦ ἄνδρες λοχαγοί, οὔτε καθεύδειν δύναμαι,
ὥσπερ οἶμαι οὐδ' ὑμεῖς, οὔτε κατακεῖσθαι ἔτι, ὁρῶν ἐν οἵοις
16 ἐσμέν. οἱ μὲν γὰρ πολέμιοι δῆλον ὅτι οὐ πρότερον πρὸς ἡμᾶς
τὸν πόλεμον ἐξέφηναν πρὶν ἐνόμισαν καλῶς τὰ ἑαυτῶν παρα-
σκευάσασθαι, ἡμῶν δ' οὐδεὶς οὐδὲν ἀντεπιμελεῖται, ὅπως ὡς
17 κάλλιστα ἀγωνιούμεθα. καὶ μὴν εἰ ὑφησόμεθα καὶ ἐπὶ βασι-
λεῖ γενησόμεθα, τί οἰόμεθα πείσεσθαι; ὃς καὶ τοῦ ὁμομη-
τρίου καὶ ὁμοπατρίου ἀδελφοῦ καὶ τεθνηκότος ἤδη ἀποτεμὼν
τὴν κεφαλὴν καὶ τὴν χεῖρα ἀνεσταύρωσεν· ἡμᾶς δέ, οἷς κηδε-
μὼν μὲν οὐδεὶς πάρεστιν, ἐστρατεύσαμεν δὲ ἐπ' αὐτὸν ὡς
δοῦλον ἀντὶ βασιλέως ποιήσοντες καὶ ἀποκτενοῦντες, εἰ δυναί-
18 μεθα, τί ἂν οἰόμεθα παθεῖν; ἆρ' οὐκ ἂν ἐπὶ πᾶν ἔλθοι, ὡς
ἡμᾶς τὰ ἔσχατα αἰκισάμενος πᾶσιν ἀνθρώποις φόβον παράσχοι
τοῦ στρατεῦσαί ποτε ἐπ' αὐτόν; ἀλλ' ὅπως τοι μὴ ἐπ' ἐκείνῳ
19 γενησόμεθα πάντα ποιητέον. ἐγὼ μὲν οὖν, ἔστε μὲν αἱ σπον-
δαὶ ἦσαν, οὔποτε ἐπαυόμην ἡμᾶς μὲν οἰκτείρων, βασιλέα δὲ

---

dem ich diese That zu erwarten habe? Klearch war Spartaner und der Ausgang des Peloponnesischen Krieges hatte diesen Staat wieder in seiner überlegenen Kriegstüchtigkeit gezeigt; auch bestand mehr als die Hälfte des Heeres aus Peloponnesiern. Das ist das eine Bedenken, das jetzt den Xenophon beschäftigt, zumal da er gar nicht Stratag ist; das andere ist, dass er weit jünger ist als Kleanor, Sophänetos, Cheirosophos. Ueber Letzteren s. auch zu §. 45.

15. ἐν οἵοις, in welchen Umständen (πράγμασι II, 1, 16), in welcher Lage.

16. πρότερον — πρίν, oft pleonastisch statt des einfachen πρίν. — ἐξέφηναν; im Geheimen haben sie schon vorher gegen die Griechen feindlich operirt.

17. καὶ μὴν, und wahrlich, und doch. S. zu I, 7, 5. — ὑφησόμεθα, lässig sein werden. — ὅς, sich nachträglich an βασιλεῖ anschliessend, um τί οἰόμεθα πείσεσθαι zu motiviren, in lebhafter Erregung: von ihm, der. — Bei ἡμᾶς δὲ scheint der Redner im Sinne zu haben τί ἂν οἰόμεθα ποιῆσαι αὐτόν, wofür nach den Zwischensätzen, mit geänderter Construction, τί ἂν οἰόμεθα παθεῖν, eintritt. — ἐστρατεύσαμεν δὲ, die wir aber —. Das in einem anderen Kasus zu wiederholende pron. relat. bleibt weg. K. 60, 6, A. 1. C. 605. — ὡς ἀποκτενοῦντες, wie I, 1, 3.

18. ἐπὶ πᾶν ἔλθοι. S. II, 5, 22 zu ἐπὶ τοῦτο ἤλθομεν. — φόβον τοῦ, Furcht davor — zu ziehen. Denselben Gedanken äusserten die Soldaten gegen Klearch schon II, 4, 3.

19. ἐγὼ μὲν, wie I, 9, 28. — ἔστε μὲν. Dem entspricht ἐπεὶ μέν-

καὶ τοὺς σὺν αὐτῷ μακαρίζων, διαθεώμενος αὐτῶν, ὅσην μὲν χώραν καὶ οἵαν ἔχοιεν, ὡς δὲ ἄφθονα τὰ ἐπιτήδεια, ὅσους δὲ θεράποντας, ὅσα δὲ κτήνη, χρυσὸν δέ, ἐσθῆτα δέ· τὰ δ' αὖ 20 τῶν στρατιωτῶν ὁπότε ἐνθυμοίμην, ὅτι τῶν μὲν ἀγαθῶν πάντων οὐδενὸς ἡμῖν μετείη, εἰ μὴ πριαίμεθα, ὅτου δ' ὠνησόμεθα ᾔδειν ἔτι ὀλίγους ἔχοντας, ἄλλως δέ πως πορίζεσθαι τὰ ἐπιτήδεια ἢ ὠνουμένους ὅρκους ἤδη κατέχοντας ἡμᾶς· ταῦτ' οὖν λογιζόμενος ἐνίοτε τὰς σπονδὰς μᾶλλον ἐφοβούμην ἢ νῦν τὸν πόλεμον. ἐπεὶ μέντοι ἐκεῖνοι ἔλυσαν τὰς σπονδάς, λελύσθαι 21 μοι δοκεῖ καὶ ἡ ἐκείνων ὕβρις καὶ ἡ ἡμετέρα ὑποψία. ἐν μέσῳ γὰρ ἤδη κεῖται ταῦτα τὰ ἀγαθὰ ἆθλα, ὁπότεροι ἂν ἡμῶν ἄνδρες ἀμείνονες ὦσιν, ἀγωνοθέται δ' οἱ θεοί εἰσιν, οἳ σὺν ἡμῖν, ὡς τὸ εἰκός, ἔσονται. οὗτοι μὲν γὰρ αὐτοὺς ἐπιωρ- 22 κήκασιν· ἡμεῖς δὲ πολλὰ ὁρῶντες ἀγαθὰ στερρῶς αὐτῶν ἀπειχόμεθα διὰ τοὺς τῶν θεῶν ὅρκους· ὥστε ἐξεῖναί μοι δοκεῖ ἰέναι ἐπὶ τὸν ἀγῶνα πολὺ σὺν φρονήματι μείζονι ἢ τούτοις. ἔτι δ' ἔχομεν σώματα ἱκανώτερα τούτων καὶ ψύχη καὶ θάλπη 23 καὶ πόνους φέρειν· ἔχομεν δὲ καὶ ψυχὰς σὺν τοῖς θεοῖς ἀμείνονας· οἱ δὲ ἄνδρες καὶ τρωτοὶ καὶ θνητοὶ μᾶλλον ἡμῶν, ἢν οἱ θεοὶ ὥσπερ τὸ πρόσθεν νίκην ἡμῖν διδῶσιν. ἀλλ', ἴσως 24 γὰρ καὶ ἄλλοι ταῦτ' ἐνθυμοῦνται, πρὸς τῶν θεῶν μὴ ἀναμένωμεν ἄλλους ἐφ' ἡμᾶς ἐλθεῖν παρακαλοῦντας ἐπὶ τὰ κάλλιστα ἔργα, ἀλλ' ἡμεῖς ἄρξωμεν τοῦ ἐξορμῆσαι καὶ τοὺς ἄλλους ἐπὶ τὴν ἀρετήν. φάνητε τῶν λοχαγῶν ἄριστοι καὶ τῶν στρατηγῶν ἀξιοστρατηγότεροι. κἀγὼ δέ, εἰ μὲν ὑμεῖς ἐθέλετε 25 ἐξορμᾶν ἐπὶ ταῦτα, ἕπεσθαι ὑμῖν βούλομαι, εἰ δ' ὑμεῖς τάτ-

---

τοι §. 21. — αὐτῶν, das von dem Gesammtbegriffe: Ueberfluss, der in den folgenden Worten enthalten ist, abhängt, bleibt unübersetzt. Vergl. Cycrop. III, 1, 15: ἄγασαι τοῦ πατρὸς, ὅσα βεβούλευται. B. 132, 10, A. 15. K. 47, 10, A. 8. C. 417, A.
20. ὅτι, dass nämlich. — Den Satz ὅτου — ᾔδειν subordiniren wir: während ich doch wusste, dass nur noch wenige etwas hatten, wofür wir —. S. zu II, 5, 17. ὅτου ist gen. pretii, woraus das Object zu ἔχοντας zu entneh-

men. — ὠνησόμεθα, nicht ὠνήσονται, weil sich Xen. unter ὀλίγους mit begreift. — κατέχοντας, hinderten.
21. ἆθλα, als Kampfpreise, d. h. als Gegenstände, von denen es sich fragt, wer von Beiden sie durch grössere Kriegstüchtigkeit (ἀμείνονες) erringen wird. So erklärt sich die lose angefügte indirecte Frage ὁπότεροι ὦσιν.
22. τῶν θεῶν, wie II, 5, 7.
23. ἔτι, noch dazu. — σὺν τοῖς θεοῖς, diis adiuvantibus.

τετέ με ἡγεῖσθαι, οὐδὲν προφασίζομαι τὴν ἡλικίαν, ἀλλὰ καὶ ἀκμάζειν ἡγοῦμαι ἐρύκειν ἀπ' ἐμαυτοῦ τὰ κακά.

26 Ὁ μὲν ταῦτ' ἔλεξεν, οἱ δὲ λοχαγοὶ ἀκούσαντες ἡγεῖσθαι ἐκέλευον πάντες, πλὴν Ἀπολλωνίδης τις ἦν βοιωτιάζων τῇ φωνῇ· οὗτος δ' εἶπεν, ὅτι φλυαροίη ὅστις λέγοι ἄλλως πως σωτηρίας ἂν τυχεῖν ἢ βασιλέα πείσας, εἰ δύναιτο, καὶ ἅμα 27 ἤρχετο λέγειν τὰς ἀπορίας. ὁ μέντοι Ξενοφῶν μεταξὺ ὑπολαβὼν ἔλεξεν ὧδε. Ὦ θαυμασιώτατε ἄνθρωπε, σύγε οὐδὲ ὁρῶν γιγνώσκεις οὐδὲ ἀκούων μέμνησαι. ἐν ταὐτῷ γε μέντοι ἦσθα τούτοις ὅτε βασιλεύς, ἐπεὶ Κῦρος ἀπέθανε, μέγα φρονήσας 28 ἐπὶ τούτῳ πέμπων ἐκέλευε παραδιδόναι τὰ ὅπλα. ἐπεὶ δὲ ἡμεῖς οὐ παραδόντες, ἀλλ' ἐξοπλισάμενοι ἐλθόντες παρεσκηνήσαμεν αὐτῷ, τί οὐκ ἐποίησε πρέσβεις πέμπων καὶ σπονδὰς 29 αἰτῶν καὶ παρέχων τὰ ἐπιτήδεια, ἔστε σπονδῶν ἔτυχεν; ἐπεὶ δ' αὖ οἱ στρατηγοὶ καὶ λοχαγοί, ὥσπερ δὴ σὺ κελεύεις, εἰς λόγους αὐτοῖς ἄνευ ὅπλων ἦλθον πιστεύσαντες ταῖς σπονδαῖς, οὐ νῦν ἐκεῖνοι παιόμενοι, κεντούμενοι, ὑβριζόμενοι, οὐδὲ ἀποθανεῖν οἱ τλήμονες δύνανται, καὶ μάλ' οἶμαι ἐρῶντες τούτου; ἃ σὺ πάντα εἰδὼς τοὺς μὲν ἀμύνεσθαι κελεύοντας φλυαρεῖν 30 φῄς, πείθειν δὲ πάλιν κελεύεις ἰόντας; ἐμοὶ δέ, ὦ ἄνδρες, δοκεῖ τὸν ἄνθρωπον τοῦτον μήτε προσίεσθαι εἰς ταὐτὸν ἡμῖν αὐτοῖς, ἀφελομένους τε τὴν λοχαγίαν σκεύη ἀναθέντας ὡς τοιούτῳ χρῆσθαι. οὗτος γὰρ καὶ τὴν πατρίδα καταισχύνει 31 καὶ πᾶσαν τὴν Ἑλλάδα, ὅτι Ἕλλην ὢν τοιοῦτός ἐστιν. ἐντεῦ-

---

25. ἡγεῖσθαι, voranzugehen in dem, was jetzt geschehen muss. — ἀκμάζειν — ἐρύκειν, die Altersreife zu haben, um — abzuwehren.

26. πλὴν, praeterquam quod. — εἰ δύναιτο, nāml. πείθειν. — τὰς ἀπορίας. Ueber den Plural des abstracten Substantivs s. zu II, 5, 1.

27. μεταξὺ ὑπολαβών, unterbrach ihn (mitten in der Rede) und. — ὁρῶν — ἀκούων, obwohl du sahst — hörtest. — Ueber das Neutrum ταὐτῷ s. zu II, 4, 11, über den Dativ τούτοις s. II, 5,

39 zu ἡμῖν τοὺς αὐτούς. — ἐκέλευε παραδιδόναι, II, 1, 8.

28. τί οὐκ ἐποίησε. Sinn: da that er alles Mögliche: er schickte u. s. w.

29. οἱ τλήμονες, Apposition zum Subject, eingeschobener schmerzvoller Ausruf. — πείθειν — ἰόντας, hinzugehen und es noch einmal mit (gütlicher) Ueberredung zu versuchen.

30. ταὐτὸν ἡμῖν, wie ταὐτῷ — τούτοις §. 27. — Ueber τε nach ἀφελόμενος vergl. zu II, 3, 8. — ὡς τοιούτῳ χρῆσθαι, d. i. χρῆσθαι αὐτῷ ὡς τοιούτῳ, weil er ein solcher Mensch ist.

θεν ὑπολαβὼν Ἀγασίας Στυμφάλιος εἶπεν, Ἀλλὰ τούτῳ γε οὔτε τῆς Βοιωτίας προσήκει οὐδὲν οὔτε τῆς Ἑλλάδος παντάπασιν, ἐπεὶ ἐγὼ αὐτὸν εἶδον ὥσπερ Λυδὸν ἀμφότερα τὰ ὦτα τετρυπημένον. καὶ εἶχεν οὕτως. τοῦτον μὲν οὖν ἀπήλασαν· οἱ 32 δὲ ἄλλοι παρὰ τὰς τάξεις ἰόντες, ὅπου μὲν στρατηγὸς σῶς εἴη, τὸν στρατηγὸν παρεκάλουν, ὁπόθεν δὲ οἴχοιτο, τὸν ὑποστράτηγον, ὅπου δ' αὖ λοχαγὸς σῶος εἴη, τὸν λοχαγόν. ἐπεὶ 33 δὲ πάντες συνῆλθον, εἰς τὸ πρόσθεν τῶν ὅπλων ἐκαθέζοντο· καὶ ἐγένοντο οἱ συνελθόντες στρατηγοὶ καὶ λοχαγοὶ ἀμφὶ τοὺς ἑκατόν. ὅτε δὲ ταῦτα ἦν, σχεδὸν μέσαι ἦσαν νύκτες. ἐνταῦθα 34 Ἱερώνυμος Ἠλεῖος πρεσβύτατος ὢν τῶν Προξένου λοχαγῶν ἤρχετο λέγειν ὧδε. Ἡμῖν, ὦ ἄνδρες στρατηγοὶ καὶ λοχαγοί, ὁρῶσι τὰ παρόντα ἔδοξε καὶ αὐτοῖς συνελθεῖν καὶ ὑμᾶς παρακαλέσαι, ὅπως βουλευσαίμεθα εἴ τι δυναίμεθα ἀγαθόν. λέξον δ', ἔφη, καὶ σύ, ὦ Ξενοφῶν, ἅπερ καὶ πρὸς ἡμᾶς. ἐκ 35 τούτου λέγει τάδε Ξενοφῶν. Ἀλλὰ ταῦτα μὲν δὴ πάντες ἐπιστάμεθα, ὅτι βασιλεὺς καὶ Τισσαφέρνης οὓς μὲν ἠδυνήθησαν συνειλήφασιν ἡμῶν, τοῖς δ' ἄλλοις δῆλον ὅτι ἐπιβουλεύουσιν, ὡς, ἢν δύνωνται, ἀπολέσωσιν. ἡμῖν δέ γε οἶμαι πάντα ποιητέα, ὡς μήποτ' ἐπὶ τοῖς βαρβάροις γενώμεθα, ἀλλὰ μᾶλλον, ἢν δυνώμεθα, ἐκεῖνοι ἐφ' ἡμῖν. εὖ τοίνυν ἐπίστασθε, ὅτι 36 ὑμεῖς τοσοῦτοι ὄντες, ὅσοι νῦν συνεληλύθατε, μέγιστον ἔχετε καιρόν. οἱ γὰρ στρατιῶται οὗτοι πάντες πρὸς ὑμᾶς βλέπουσι, κἂν μὲν ὑμᾶς ὁρῶσιν ἀθύμους, πάντες κακοὶ ἔσονται, ἢν δὲ ὑμεῖς αὐτοί τε παρασκευαζόμενοι φανεροὶ ἦτε ἐπὶ τοὺς πολεμίους καὶ τοὺς ἄλλους παρακαλῆτε, εὖ ἴστε, ὅτι ἕψονται ὑμῖν καὶ πειράσονται μιμεῖσθαι. ἴσως δέ τοι καὶ δίκαιόν ἐστιν 37 ὑμᾶς διαφέρειν τι τούτων. ὑμεῖς γάρ ἐστε στρατηγοί, ὑμεῖς ταξίαρχοι καὶ λοχαγοί· καὶ ὅτε εἰρήνη ἦν, ὑμεῖς καὶ χρήμασι

---

31. τούτῳ — προσήκει mit d. Gen. dieser hat — mit B. — gemein. — τὰ ὦτα τετρυπημένον. Die Ohrringe hatte er klüglich herausgenommen. — εἶχεν, es verhielt sich.

32. οἴχοιτο, durch die Gefangennehmung.

33. τῶν ὅπλων wie §. 3. — ἀμφὶ τοὺς wie I, 2, 9.
34. ἅπερ καὶ. S. zu I, 3, 16.
36. μέγιστον ἔχετε καιρόν, die wichtigste Entscheidung in euren Händen habt. — παρακαλῆτε, näml. παρασκευάζεσθαι.
37. ἴσως — τοι, doch wohl. — τούτων, den gemeinen Soldaten. —

καὶ τιμαῖς τούτων ἐπλεονεκτεῖτε· καὶ νῦν τοίνυν, ἐπεὶ πόλεμός ἐστιν, ἀξιοῦν δεῖ ὑμᾶς αὐτοὺς ἀμείνους τε τοῦ πλήθους εἶναι καὶ προβουλεύειν τούτων καὶ προπονεῖν, ἤν που δέῃ. 38 καὶ νῦν πρῶτον μὲν οἴομαι ἂν ὑμᾶς μέγα ὠφελῆσαι τὸ στράτευμα, εἰ ἐπιμεληθείητε, ὅπως ἀντὶ τῶν ἀπολωλότων ὡς τάχιστα στρατηγοὶ καὶ λοχαγοὶ ἀντικατασταθῶσιν. ἄνευ γὰρ ἀρχόντων οὐδὲν ἂν οὔτε καλὸν οὔτε ἀγαθὸν γένοιτο ὡς μὲν συνελόντι εἰπεῖν οὐδαμοῦ, ἐν δὲ δὴ τοῖς πολεμικοῖς παντάπασιν. ἡ μὲν γὰρ εὐταξία σώζειν δοκεῖ, ἡ δὲ ἀταξία πολλοὺς ἤδη ἀπολώ- 39 λεκεν. ἐπειδὰν δὲ καταστήσησθε τοὺς ἄρχοντας ὅσους δεῖ, ἢν καὶ τοὺς ἄλλους στρατιώτας συλλέγητε καὶ παραθαρρύνητε, 40 οἶμαι ἂν ὑμᾶς πάνυ ἐν καιρῷ ποιῆσαι. νῦν μὲν γὰρ ἴσως καὶ ὑμεῖς αἰσθάνεσθε ὡς ἀθύμως μὲν ἦλθον ἐπὶ τὰ ὅπλα, ἀθύμως δὲ πρὸς τὰς φυλακάς· ὥστε οὕτω γ' ἐχόντων οὐκ οἶδα, ὅ τι ἄν τις χρήσαιτο αὐτοῖς, εἴτε νυκτὸς δέοι τι εἴτε καὶ 41 ἡμέρας. ἢν δέ τις αὐτῶν τρέψῃ τὰς γνώμας, ὡς μὴ τοῦτο μόνον ἐννοῶνται, τί πείσονται, ἀλλὰ καί, τί ποιήσουσι, πολὺ 42 εὐθυμότεροι ἔσονται. ἐπίστασθε γὰρ δή, ὅτι οὔτε πλῆθός ἐστιν οὔτε ἰσχὺς ἡ ἐν τῷ πολέμῳ τὰς νίκας ποιοῦσα, ἀλλ' ὁπότεροι ἂν σὺν τοῖς θεοῖς ταῖς ψυχαῖς ἐρρωμενέστεροι ἴωσιν ἐπὶ τοὺς πολεμίους, τούτους ὡς ἐπὶ τὸ πολὺ οἱ ἀντίοι οὐ 43 δέχονται. ἐντεθύμημαι δ' ἔγωγε, ὦ ἄνδρες, καὶ τοῦτο, ὅτι ὁπόσοι μὲν μαστεύουσι ζῆν ἐκ παντὸς τρόπου ἐν τοῖς πολεμικοῖς, οὗτοι μὲν κακῶς τε καὶ αἰσχρῶς ὡς ἐπὶ τὸ πολὺ ἀποθνήσκουσιν, ὁπόσοι δὲ τὸν μὲν θάνατον ἐγνώκασι πᾶσι κοινὸν εἶναι καὶ ἀναγκαῖον ἀνθρώποις, περὶ δὲ τοῦ καλῶς ἀποθνήσκειν ἀγωνίζονται, τούτους ὁρῶ μᾶλλόν πως εἰς τὸ

ἀξιοῦν δεῖ ἡμᾶς αὐτούς, müsst ihr an euch selbst die Forderung stellen. — πλήθους τούτων, wie II, 1, 6: στράτευμα—κόπτοντες.

38. ὡς συνελόντι εἰπεῖν, für einen Zusammenfassenden zu sagen, d. i. um es kurz zu sagen, überhaupt. B. 140, 4, A. 4. K. 48, 5, A. 2. C. 564. — δὲ δή, in's Besondere oder vollends aber. — παντάπασιν, näml. οὐδέν.

40. νῦν μὲν gehört zu ἦλθον, bei welchem dann μὲν noch einmal gesetzt wird, um auch ἀθύμως mit zu heben. S. zu I, 8, 6. — ἐχόντων. S. II, 4, 24 zu διαβαινόντων. — ὅ τι wozu. S. zu I, 7, 6. — τι, näml. χρήσασθαι.

41. τί ποιήσουσι, um eben nicht leiden zu müssen.

42. ὡς ἐπὶ τὸ πολύ, wie es in den meisten Fällen geschieht, gewöhnlich. — δέχονται, ουδεὶ piunt, Widerstand leisten.

43. Durch πως wird die Behauptung μᾶλλον — ἀφικνουμένους ermässigt: wohl.

γῆρας ἀφικνουμένους καὶ ἕως ἂν ζῶσιν εὐδαιμονέστερον διάγοντας. ἃ καὶ ἡμᾶς δεῖ νῦν καταμαθόντας, ἐν τοιούτῳ γὰρ 44 καιρῷ ἐσμεν, αὐτοίς τε ἄνδρας ἀγαθοὺς εἶναι καὶ τοὺς ἄλλους παρακαλεῖν. ὁ μὲν ταῦτ' εἰπὼν ἐπαύσατο. μετὰ δὲ τοῦτον 45 εἶπε Χειρίσοφος, Ἀλλὰ πρόσθεν μέν, ὦ Ξενοφῶν, τοσοῦτον μόνον σε ἐγίγνωσκον, ὅσον ἤκουον Ἀθηναῖον εἶναι, νῦν δὲ καὶ ἐπαινῶ σε ἐφ' οἷς λέγεις τε καὶ πράττεις καὶ βουλοίμην ἂν ὅ τι πλείστους εἶναι τοιούτους· κοινὸν γὰρ ἂν εἴη τὸ ἀγαθόν. καὶ νῦν, ἔφη, μὴ μέλλωμεν, ὦ ἄνδρες, ἀλλ' ἀπελθόντες ἤδη 46 αἱρεῖσθε οἱ δεόμενοι ἄρχοντας, καὶ ἑλόμενοι ἥκετε εἰς τὸ μέσον τοῦ στρατοπέδου καὶ τοὺς αἱρεθέντας ἄγετε· ἔπειτ' ἐκεῖ συγκαλοῦμεν τοὺς ἄλλους στρατιώτας. παρέστω δ' ἡμῖν, ἔφη, καὶ Τολμίδης ὁ κῆρυξ. καὶ ἅμα ταῦτ' εἰπὼν ἀνέστη, 47 ὡς μὴ μέλλοιτο, ἀλλὰ περαίνοιτο τὰ δέοντα. ἐκ τούτου ᾑρέθησαν ἄρχοντες ἀντὶ μὲν Κλεάρχου Τιμασίων Δαρδανεύς, ἀντὶ δὲ Σωκράτους Ξανθικλῆς Ἀχαιός, ἀντὶ δὲ Ἀγίου Κλεάνωρ Ἀρκάς, ἀντὶ δὲ Μένωνος Φιλήσιος Ἀχαιός, ἀντὶ δὲ Προξένου Ξενοφῶν Ἀθηναῖος.

Ἐπεὶ δὲ ᾕρηντο, ἡμέρα τε σχεδὸν ὑπέφαινε καὶ εἰς τὸ II. μέσον ἧκον οἱ ἄρχοντες· καὶ ἔδοξεν αὐτοῖς προφυλακὰς κατα-

2. **Inhalt**: Bei Tagesanbruch berufen die alten und die neugewählten Führer ihre Soldaten zu einer Versammlung. Cheirisophos schildert kurz die gefährliche Lage: es handele sich um Sieg oder Tod. Kleanor erinnert noch einmal an die schändliche Tücke des Tissaphernes, an den Verrath des Ariäos: fortan würden sie sich nur auf sich selbst und den Beistand der Götter verlassen. Trost und Ermuthigung, deren das Heer jetzt dringend bedarf, bringt erst Xenophon's längere Rede. Der Grundgedanke des ersten Theiles ist: kein Vertrag mehr mit dem Feinde, nur entschlossener Kampf: dann wird Alles gut gehen. Denn **erstens** haben wir die Götter für uns, welche die meineidigen Feinde gegen sich haben. **Zweitens** erhebt uns der Gedanke an unsere Vorfahren, die über zahllose Barbarenheere glänzende Siege erfochten. **Drittens** haben wir die Erbärmlichkeit unserer Gegner bereits selbst kennen gelernt, als wir für Kyros kämpften, werden ihnen also jetzt, wo es die eigene Rettung gilt, um so furchtbarer entgegen treten, auch

---

44. ἃ hängt ab von καταμαθόντας. — παρακαλεῖν, zu ergänzen n. §. 36.
45. Χειρίσοφος hatte zu seinem Auftreten hier, nach dem zu I, 4, 3 Bemerkten, vor Anderen den Beruf. — ὅ τι πλείστους, quam plurimos.

46. οἱ δεόμενοι (näml. ἀρχόντων) wie οἱ ἄλλοι I, 5, 16.

47. ἅμα mit d. Particip wie εὐθύς I, 9, 4. — Δαρδανεὺς S. zu V, 6, 19. — μέλλοιτο, gezaudert würde.

στήσαντας συγκαλεῖν τοὺς στρατιώτας. ἐπεὶ δὲ καὶ οἱ ἄλλοι στρατιῶται συνῆλθον, ἀνέστη πρῶτον μὲν Χειρίσοφος ὁ Λα-
2 κεδαιμόνιος καὶ ἔλεξεν ὧδε. Ὦ ἄνδρες στρατιῶται, χαλεπὰ μὲν τὰ παρόντα, ὁπότε ἀνδρῶν στρατηγῶν τοιούτων στερόμεθα καὶ λοχαγῶν καὶ στρατιωτῶν, πρὸς δ' ἔτι καὶ οἱ ἀμφὶ Ἀριαῖον οἱ πρόσθεν σύμμαχοι ὄντες προδεδώκασιν ἡμᾶς·
3 ὅμως δὲ δεῖ ἐκ τῶν παρόντων ἄνδρας ἀγαθοὺς ἐξελθεῖν καὶ μὴ ὑφίεσθαι, ἀλλὰ πειρᾶσθαι, ὅπως, ἢν μὲν δυνώμεθα, καλῶς νικῶντες σωζώμεθα· εἰ δὲ μή, ἀλλὰ καλῶς γε ἀποθνήσκωμεν, ὑποχείριοι δὲ μηδέποτε γενώμεθα ζῶντες τοῖς πολε-

ohne die Asiatischen Truppen des Ariäos, an denen als feigen Menschen nichts gelegen ist; auch ohne Reiterei, die uns nichts anhaben wird, da wir auf festem Boden stehen; deren wir nicht bedürfen, da wir nicht zu fliehen gewillt sind. Viertens ist es ein Gewinn, dass wir, Weg und Lebensmittel anlangend, nicht mehr von der Führung des hinterlistigen Tissaphernes abhängig sind, vielmehr unsere Führer selbst zu wählen haben, den Proviant aber nicht mehr für unerschwingliches Geld, sondern als Sieger nach Belieben nehmen. Nach diesen Ermuthigungsgründen sucht der Redner noch die Besorgniss zu zerstreuen, sie möchten durch unüberschreitbare Ströme zurückgehalten werden. Verfolgt man diese in der Richtung nach der Quelle, sagt er, dann sind sie alle zu überschreiten, und selbst wenn das nicht wäre, stände es noch nicht übel um uns: wir brauchten uns in dem fruchtbaren Lande nur wo festzusetzen und anzusiedeln. Das würde uns wohl nur zu gut gefallen und wir vergässen am Ende die Heimath, wenn uns nicht die Pflicht nach Hellas zurückriefe, wo wir zu verkünden haben, welche Fülle von Gütern unsere armen Landsleute zur Ansiedelung in diesem Lande einzuladen geeignet ist. — Der zweite kürzere Theil der Rede schlägt für den bevorstehenden Marsch zu nehmende Massregeln vor: Vernichtung alles dessen, was unterwegs hinderlich sein kann, wenn es nur irgend entbehrlich ist, die grösste Fürsorge und Umsicht von Seiten der Officiere, strengste Mannszucht im Heere, schleunige Ausführung des dringend Nöthigen. — Zu diesen Vorschlägen lässt Cheirisophos die Versammlung ihre Zustimmung geben. — Noch einmal erhebt sich Xenophon und empfiehlt, den Marsch nach einigen Dörfern in der Nähe, wo sie Lebensmittel finden würden, zunächst versuchsweise in der Form eines geschlossenen Viereckes zu machen, um so gegen Verfolgung gesichert zu sein. Cheirisophos soll die Spitze, zwei ältere Strategen die Flanken, Xenophon und Timasion die Nachhut führen. — Nachdem auch diess allgemeine Billigung gefunden, schliesst Xenophon die Versammlung mit der Mahnung: wollt ihr eure Angehörigen wiedersehen, so seid tapfere Männer; dann werdet ihr leben, ja ihr könnt Schätze gewinnen.

1. καὶ οἱ ἄλλοι στρ., nicht bloss, wie vorher, die Officiere.
2. ὁπότε, quandoquidem. — στερόμεθα. S. zu I, 9, 13. — προσ-

ἔτι ist hier durch δέ getrennt. — οἱ ἀμφὶ Ἀριαῖον. S. zu II, 4, 2.

3. ὑφίεσθαι, wie III, 1, 17. —

μίοις. οἴομαι γὰρ ἂν ἡμᾶς τοιαῦτα παθεῖν οἷα τοὺς ἐχθροὺς οἱ θεοὶ ποιήσειαν. ἐπὶ τούτῳ Κλεάνωρ Ὀρχομένιος ἀνέστη 4 καὶ ἔλεξεν ὧδε. Ἀλλ' ὁρᾶτε μέν, ὦ ἄνδρες, τὴν βασιλέως ἐπιορκίαν καὶ ἀσέβειαν, ὁρᾶτε δὲ τὴν Τισσαφέρνους ἀπιστίαν, ὅστις λέγων, ὡς γείτων τε εἴη τῆς Ἑλλάδος καὶ περὶ πλείστου ἂν ποιήσαιτο σῶσαι ἡμᾶς, καὶ ἐπὶ τούτοις αὐτὸς ὀμόσας ἡμῖν, αὐτὸς δεξιὰς δούς, αὐτὸς ἐξαπατήσας συνέλαβε τοὺς στρατηγοὺς καὶ οὐδὲ Δία ξένιον ᾐδέσθη, ἀλλὰ Κλεάρχῳ καὶ ὁμοτράπεζος γενόμενος αὐτοῖς τούτοις ἐξαπατήσας τοὺς ἄνδρας ἀπολώλεκεν. Ἀριαῖος δέ, ὃν ἡμεῖς ἠθέλομεν βασιλέα 5 καθιστάναι, καὶ ἐδώκαμεν καὶ ἐλάβομεν πιστὰ μὴ προδώσειν ἀλλήλους, καὶ οὗτος οὔτε τοὺς θεοὺς δείσας οὔτε Κῦρον τεθνηκότα αἰδεσθείς, τιμώμενος μάλιστα ὑπὸ Κύρου ζῶντος νῦν πρὸς τοὺς ἐκείνου ἐχθίστους ἀποστὰς ἡμᾶς τοὺς Κύρου φίλους κακῶς ποιεῖν πειρᾶται. ἀλλὰ τούτους μὲν οἱ θεοὶ ἀποτί- 6 σαιντο· ἡμᾶς δὲ δεῖ ταῦτα ὁρῶντας μήποτε ἐξαπατηθῆναι ἔτι ὑπὸ τούτων, ἀλλὰ μαχομένους ὡς ἂν δυνώμεθα κράτιστα τοῦτο, ὅ τι ἂν δοκῇ τοῖς θεοῖς, πάσχειν.

Ἐκ τούτου Ξενοφῶν ἀνίσταται ἐσταλμένος ἐπὶ πόλεμον 7 ὡς ἐδύνατο κάλλιστα, νομίζων, εἴτε νίκην διδοῖεν οἱ θεοί, τὸν κάλλιστον κόσμον τῷ νικᾶν πρέπειν, εἴτε τελευτᾶν δέοι, ὀρθῶς ἔχειν τῶν καλλίστων ἑαυτὸν ἀξιώσαντα ἐν τούτοις τῆς τελευτῆς τυγχάνειν· τοῦ λόγου δὲ ἤρχετο ὧδε. Τὴν μὲν τῶν 8

ἄν — παθεῖν — ποιήσειαν, dass wir sonst erleiden würden was — anthun mögen, d. h. was wir nur unseren Feinden anwünschen, das Schlimmste.

4. ἐπὶ τούτῳ, auf diesen, gleich nach diesem. — ὅστις wie II, 3, 4. — γείτων τε εἴη, II, 3, 18. — περὶ πλείστου, wie I, 9, 7. — ἐπὶ τούτοις — ὀμόσας, darauf geschworen hatte. — αὐτοῖς τούτοις, eben dadurch, durch gastliche Aufnahme.

5. καί, näml. ᾧ. S. zu ἐστρατεύσαμεν III, 1, 17. — πιστά. S. zu I, 2, 26. — καὶ οὗτος, auch dieser, wie Tissaphernes. — τιμώμενος,

Partic. des Imperfects. — Ueber den Genit. ἐκείνου s. zu IV, 7, 19.

6. δεῖ — πάσχειν. Diese Worte waren nicht eben zur Ermuthigung geeignet. Um so nöthiger war Xenophon's hier folgende Rede, deren Disposition in der Inhaltsangabe oben gegeben ist. Xenophon tritt in glänzendem Waffenschmucke (ἐσταλμένος κάλλιστα) auf und weiss wohl, wie dieser den Eindruck der Worte steigern wird, mit denen er das Selbstgefühl und die Zuversicht auf die eigene Kraft seinen Zuhörern einflössen will.

7. ἐν τούτοις, näml. τοῖς καλλίστοις.

8. Das erste μέν bezieht sich auf einen Gegensatz, der nachher in

βαρβάρων ἐπιορκίαν τε καὶ ἀπιστίαν λέγει μὲν Κλεάνωρ, ἐπίστασθε δὲ καὶ ὑμεῖς οἶμαι. εἰ μὲν οὖν βουλευόμεθα πάλιν αὐτοῖς διὰ φιλίας ἰέναι, ἀνάγκη ἡμᾶς πολλὴν ἀθυμίαν ἔχειν, ὁρῶντας καὶ τοὺς στρατηγούς, οἳ διὰ πίστεως αὐτοῖς ἑαυτοὺς ἐνεχείρισαν, οἷα πεπόνθασιν· εἰ μέντοι διανοούμεθα σὺν τοῖς ὅπλοις ὧν τε πεποιήκασι δίκην ἐπιθεῖναι αὐτοῖς καὶ τὸ λοιπὸν διὰ παντὸς πολέμου αὐτοῖς ἰέναι, σὺν τοῖς θεοῖς πολλαὶ ἡμῖν
9 καὶ καλαὶ ἐλπίδες εἰσὶ σωτηρίας. τοῦτο δὲ λέγοντος αὐτοῦ πτάρνυταί τις· ἀκούσαντες δ' οἱ στρατιῶται πάντες μιᾷ ὁρμῇ προσεκύνησαν τὸν θεόν, καὶ ὁ Ξενοφῶν εἶπε, Δοκεῖ μοι, ὦ ἄνδρες, ἐπεὶ περὶ σωτηρίας ἡμῶν λεγόντων οἰωνὸς τοῦ Διὸς τοῦ σωτῆρος ἐφάνη, εὔξασθαι τῷ θεῷ τούτῳ θύσειν σωτήρια ὅπου ἂν πρῶτον εἰς φιλίαν χώραν ἀφικώμεθα, συνεπεύξασθαι δὲ καὶ τοῖς ἄλλοις θεοῖς θύσειν κατὰ δύναμιν. καὶ ὅτῳ δοκεῖ ταῦτ', ἔφη, ἀνατεινάτω τὴν χεῖρα. καὶ ἀνέτειναν ἅπαντες. ἐκ τούτου εὔξαντο καὶ ἐπαιώνισαν. ἐπεὶ δὲ τὰ τῶν θεῶν καλῶς
10 εἶχεν, ἤρχετο πάλιν ὧδε. Ἐτύγχανον λέγων, ὅτι πολλαὶ καὶ καλαὶ ἐλπίδες ἡμῖν εἶεν σωτηρίας. πρῶτον μὲν γὰρ ἡμεῖς μὲν ἐμπεδοῦμεν τοὺς τῶν θεῶν ὅρκους, οἱ δὲ πολέμιοι ἐπιωρκήκασί τε καὶ τὰς σπονδὰς καὶ τοὺς ὅρκους λελύκασιν. οὕτω δ' ἐχόντων εἰκὸς τοῖς μὲν πολεμίοις ἐναντίους εἶναι τοὺς θεούς, ἡμῖν δὲ συμμάχους, οἵπερ ἱκανοί εἰσι καὶ τοὺς μεγάλους ταχὺ μικροὺς ποιεῖν καὶ τοὺς μικρούς, κἂν ἐν δεινοῖς ὦσι, σώζειν
11 εὐπετῶς, ὅταν βούλωνται. ἔπειτα δὲ, ἀναμνήσω γὰρ ὑμᾶς καὶ τοὺς τῶν προγόνων τῶν ἡμετέρων κινδύνους, ἵνα εἰδῆτε, ὡς ἀγαθοῖς τε ἡμῖν προσήκει εἶναι σώζονταί τε σὺν τοῖς θεοῖς καὶ ἐκ πάνυ δεινῶν οἱ ἀγαθοί. ἐλθόντων μὲν γὰρ Περσῶν καὶ τῶν σὺν αὐτοῖς παμπληθεῖ στόλῳ ὡς ἀφανιούντων τὰς Ἀθήνας, ὑποστῆναι αὐτοῖς Ἀθηναῖοι τολμήσαντες ἐνίκησαν

πολλαὶ—ἐλπίδες εἰσὶ σωτηρίας liegt. — διὰ φιλίας ἰέναι, in Freundschaft verkehren, daher mit dem Dativ; ebenso nachher διὰ παντὸς πολέμου ἰέναι, durchaus feindlich verkehren. — τοὺς στρατηγοὺς—οἷα πεπόνθασιν, Prolepsis wie I, 8, 21.

9. οἰωνὸς τοῦ, ein Zeichen vom. Wegen der Sache s. zu III, 1, 12.

10. οὕτω δ' ἐχόντων, da aber die Sache sich so verhält. S. I, 2, 17 zu προϊόντων.

11. ἔπειτα δὲ, als sollte folgen ἴστε, statt dessen, in dem die Parenthese die Geltung eines Hauptsatzes annimmt, ἵνα εἰδῆτε eintritt. — ἐνίκησαν, bei Marathon.

αυτούς. και ευξάμενοι τη Αρτέμιδι, οπόσους αν κατακάνοιεν 12
των πολεμίων, τοσαύτας χιμαίρας καταθύσειν τη θεώ, επεί ουκ
είχον ικανάς ευρείν, έδοξεν αυτοίς κατ' ενιαυτόν πεντακοσίας
θύειν, και έτι και νυν αποθύουσιν. έπειτα ότε Ξέρξης ύστε- 13
ρον αγείρας την αναρίθμητον στρατιάν ήλθεν επί την Ελλάδα,
και τότε ενίκων οι ημέτεροι πρόγονοι τους τούτων προγόνους
και κατά γην και κατά θάλατταν. ών έστι μεν τεκμήρια οράν
τα τρόπαια, μέγιστον δε μαρτύριον η ελευθερία των πόλεων,
εν αις υμείς εγένεσθε και ετράφητε· ουδένα γαρ άνθρωπον
δεσπότην, αλλά τους θεούς προσκυνείτε. τοιούτων μέν έστε 14
προγόνων. ου μεν δη τούτό γε ερώ, ως υμείς καταισχύνετε
αυτούς· αλλ' ούπω πολλαί ημέραι, αφ' ου αντιταξάμενοι τού-
τοις τοις εκείνων εκγόνοις πολλαπλασίους υμών αυτών ενικάτε
σύν τοις θεοίς. και τότε μεν δη περί της Κύρου βασιλείας 15
άνδρες ήτε αγαθοί· νυν δ', οπότε περί της υμετέρας σωτηρίας
ο αγών εστι, πολύ δήπου υμάς προσήκει και αμείνονας και
προθυμοτέρους είναι. αλλά μην και θαρραλεωτέρους νυν πρέ- 16
πει είναι προς τους πολεμίους. τότε μεν γαρ άπειροι όντες
αυτών τό τε πλήθος άμετρον ορώντες, όμως ετολμήσατε συν
τω πατρίω φρονήματι ιέναι εις αυτούς· νυν δε, οπότε και
πείραν ήδη έχετε αυτών, ότι θέλουσι και πολλαπλάσιοι όντες
μη δέχεσθαι υμάς, τί έτι ημίν προσήκει τούτους φοβείσθαι;
μηδέ μέντοι τούτο μείον δόξητε έχειν, ει οι Κύρειοι πρόσθεν 17
συν ημίν ταττόμενοι νυν αφεστήκασιν. έτι γαρ ούτοι κακίονές
εισι των υφ' ημών ηττημένων· έφευγον γούν προς εκείνους
καταλιπόντες ημάς. τους δ' εθέλοντας φυγής άρχειν πολύ
κρείττον συν τοις πολεμίοις ταττομένους ή εν τη ημετέρα

---

12. ευξάμενοι zu verbinden mit επεί ουκ είχον: da sie — gelobt hatten und nun nicht im Stande waren. — αποθύουσιν. S. zu I, 2, 11.
13. κατά γην — θάλατταν, bei Salamis, Plataä, Mykale. — άνθρωπον δεσπότην, wie die Perser.
14. ημέραι, näml. εισίν. — αφ' ου, seitdem. — πολλαπλασίους — αυτών, eine vielemal grössere Zahl, als ihr selbst seid.

15. περί — βασιλείας αγαθοί erklärt sich aus dem folg. περί — σωτηρίας ο αγών εστι. — προθυμοτέροις, kampfesmuthiger, wozu noch die Steigerung θαρραλεωτέρους, kampfeszuversichtlicher.
17. τούτο μείον — έχειν, darin (in Bezug auf dieses) schlechter (als vorher) daran zu sein. — έτι, zu κακίονες gehörend, ist des Nachdruckes wegen vorgestellt. — έφευγον I, 10, 1.

18 τάξει ὁρᾶν. εἰ δέ τις αὖ ὑμῶν ἀθυμεῖ, ὅτι ἡμῖν μὲν οὐκ εἰσὶν ἱππεῖς, τοῖς δὲ πολεμίοις πολλοὶ πάρεισιν, ἐνθυμήθητε, ὅτι οἱ μύριοι ἱππεῖς οὐδὲν ἄλλο ἢ μύριοί εἰσιν ἄνθρωποι· ὑπὸ μὲν γὰρ ἵππου ἐν μάχῃ οὐδεὶς πώποτε οὔτε δηχθεὶς οὔτε λακτισθεὶς ἀπέθανεν, οἱ δὲ ἄνδρες εἰσὶν οἱ ποιοῦντες ὅ τι
19 ἂν ἐν ταῖς μάχαις γίγνηται. οὔκουν τῶν γε ἱππέων πολὺ ἡμεῖς ἐπ' ἀσφαλεστέρου ὀχήματός ἐσμεν; οἱ μὲν γὰρ ἐφ' ἵππων κρέμανται φοβούμενοι οὐχ ἡμᾶς μόνον ἀλλὰ καὶ τὸ καταπεσεῖν· ἡμεῖς δ' ἐπὶ γῆς βεβηκότες πολὺ μὲν ἰσχυρότερον παίσομεν, ἤν τις προσίῃ, πολὺ δ' ἔτι μᾶλλον ὅτου ἂν βουλώμεθα τευξόμεθα. ἑνὶ μόνῳ προέχουσιν οἱ ἱππεῖς· φεύγειν
20 αὐτοῖς ἀσφαλέστερόν ἐστιν ἢ ἡμῖν. εἰ δὲ δὴ τὰς μὲν μάχας θαρρεῖτε, ὅτι δὲ οὐκέτι ὑμῖν Τισσαφέρνης ἡγήσεται οὐδὲ βασιλεὺς ἀγορὰν παρέξει, τοῦτο ἄχθεσθε, σκέψασθε, πότερον κρεῖττον Τισσαφέρνην ἡγεμόνα ἔχειν, ὃς ἐπιβουλεύων ἡμῖν φανερός ἐστιν, ἢ οὓς ἂν ἡμεῖς ἄνδρας λαβόντες ἡγεῖσθαι κελεύωμεν, οἳ εἴσονται, ὅτι, ἤν τι περὶ ἡμᾶς ἁμαρτάνωσι, περὶ τὰς ἑαυ-
21 τῶν ψυχὰς καὶ σώματα ἁμαρτάνουσι· τὰ δὲ ἐπιτήδεια πότερον ὠνεῖσθαι κρεῖττον ἐκ τῆς ἀγορᾶς ἧς οὗτοι παρεῖχον μικρὰ μέτρα πολλοῦ ἀργυρίου, μηδὲ τοῦτο ἔτι ἔχοντας, ἢ αὐτοὺς λαμβάνειν, ἤνπερ κρατῶμεν, μέτρῳ χρωμένους ὁπόσῳ ἂν ἕκα-
22 στος βούληται. εἰ δὲ ταῦτα μὲν γιγνώσκετε, ὅτι κρείττονα, τοὺς δὲ ποταμοὺς ἄπορον νομίζετε εἶναι καὶ μεγάλως ἡγεῖσθε ἐξαπατηθῆναι διαβάντες, σκέψασθε, εἰ ἄρα τοῦτο καὶ μωρότατον πεποιήκασιν οἱ βάρβαροι. πάντες γὰρ ποταμοί, ἢν

---

18. δηχθεὶς—ἀπέθανε, wurde todt gebissen.

19. οὔκουν, nonne autem. — βεβηκότες, feststehend. — ὅτου nämlich τυγχάνειν.

20. περὶ τὰς—ψυχὰς, auf Gefahr ihres eigenen Lebens.

21. κρεῖττον, nämlich ἐστί. — ἧς, Attraction wie I, 1, 8. — μικρὰ μέτρα, Apposition zu τὰ ἐπιτήδεια: nämlich oder und zwar kleines M. — τοῦτο geht nur auf ἀργυρίου, nicht auch auf πολλοῦ.

22. ταῦτα—ὅτι κρείττονα, Prolepsis wie I, 8, 21. — ἄπορον, etwas Schwieriges. — Bei ἐξαπατηθῆναι διαβάντες ist, während doch auch der Euphrat sie von der Heimath trennt, nur an den Tigris gedacht, über den sie vom Tissaphernes (II, 2, 24) geführt worden sind. — εἰ ἄρα, ob (nicht) etwa. — Das καὶ (vel) μωρότατον wird freilich durch das Folgende nicht bewiesen: der Redner sucht aber über diesen schlimmen Punkt, da er ihn doch einmal nicht unerwähnt lassen durfte, so gut es eben gehen will, kurz hinwegzukommen und

καὶ πρόσω τῶν πηγῶν ἄποροι ὦσι, προϊοῦσι πρὸς τὰς πηγὰς διαβατοὶ γίγνονται οὐδὲ τὸ γόνυ βρέχοντες. εἰ δὲ μήθ' οἱ 23 ποταμοὶ διήσουσιν ἡγεμών τε μηδεὶς φανεῖται, οὐδ' ὣς ἡμῖν γε ἀθυμητέον. ἐπιστάμεθα γὰρ Μυσούς, οὓς οὐκ ἂν ἡμῶν φαίημεν βελτίους εἶναι, οἳ ἐν βασιλέως χώρᾳ πολλάς τε καὶ εὐδαίμονας καὶ μεγάλας πόλεις οἰκοῦσιν, ἐπιστάμεθα δὲ Πισίδας ὡσαύτως, Λυκάονας δὲ καὶ αὐτοὶ εἴδομεν, ὅτι ἐν τοῖς πεδίοις τὰ ἐρυμνὰ καταλαβόντες τὴν τούτων χώραν καρποῦνται· καὶ ἡμᾶς δ' ἂν ἔφην ἔγωγε χρῆναι μήπω φανεροὺς 24 εἶναι οἴκαδε ὡρμημένους, ἀλλὰ κατασκευάζεσθαι ὡς αὐτοῦ που οἰκήσοντας. οἶδα γὰρ, ὅτι καὶ Μυσοῖς βασιλεὺς πολλοὺς μὲν ἡγεμόνας ἂν δοίη, πολλοὺς δ' ἂν ὁμήρους τοῦ ἀδόλως ἐκπέμψειν, καὶ ὁδοποιήσειέ γ' ἂν αὐτοῖς καὶ εἰ σὺν τεθρίπποις βούλοιντο ἀπιέναι. καὶ ἡμῖν γ' ἂν οἶδ' ὅτι τρισάσμενος ταῦτ' ἐποίει, εἰ ἑώρα ἡμᾶς μένειν παρασκευαζομένους. ἀλλὰ γὰρ 25 δέδοικα, μὴ ἂν ἅπαξ μάθωμεν ἀργοὶ ζῆν καὶ ἐν ἀφθόνοις βιοτεύειν καὶ Μήδων δὲ καὶ Περσῶν καλαῖς καὶ μεγάλαις γυναιξὶ καὶ παρθένοις ὁμιλεῖν, μὴ ὥσπερ οἱ λωτοφάγοι ἐπιλαθώμεθα τῆς οἴκαδε ὁδοῦ. δοκεῖ οὖν μοι εἰκὸς καὶ δίκαιον 26 εἶναι πρῶτον εἰς τὴν Ἑλλάδα καὶ πρὸς τοὺς οἰκείους πειρᾶσθαι ἀφικνεῖσθαι καὶ ἐπιδεῖξαι τοῖς Ἕλλησιν, ὅτι ἑκόντες πένονται, ἐξὸν αὐτοῖς τοὺς νῦν οἴκοι ἀκλήρους πολιτεύοντας ἐνθάδε κομισαμένους πλουσίους ὁρᾶν. ἀλλὰ γάρ, ὦ ἄνδρες,

---

stützt die Schwäche seines Arguments im Folgenden durch eine Idee, die, so abenteuerlich sie ist, doch immerhin für die kriegs- und beutelustige Söldnerschaar etwas Verlockendes und in ihrer jetzigen Lage Tröstliches haben musste.

23. οὐδ' ὥς, auch so nicht, auch in diesem Falle nicht. — οἳ in freierer Wendung statt ὅτι, so dass Μυσοὺς proleptisch steht. Ueber die Myser s. zu I, 6, 7. — καὶ αὐτοὶ, auch aus eigener Anschauung; denn sie waren selbst in dem Lande I, 2, 19. — τούτων, der Bewohner τῶν πεδίων. S. zu I, 2, 27.

24. ἂν ἔφην, ich würde sagen. Statt nun fortzufahren: wenn ich nicht fürchtete, folgt §. 25 ἀλλὰ γὰρ δέδοικα, aber ich fürchte ja.

25. Das μὴ nach δέδοικα wird wegen der Zwischensätze nachher noch einmal aufgenommen. — οἱ λωτοφάγοι, in Afrika, bei denen die Gefährten des Odysseus beim Genuss der süssen Lotosfrucht die Heimath vergassen. Homer. Od. XI, 94 ff.

26. ἑκόντες wird durch ἐξὸν—ὁρᾶν erst verständlich. — ἀλλὰ γὰρ wie §. 24. Der Sinn ist: aber von der erwähnten Idee (Ansiedler von Hellas in das reiche Land zu schicken) abgesehen, es genügt ja, dass alles dieses uns (den Siegern) gehört. So wird der Uebergang gebildet zu dem

27 πάντα ταῦτα τἀγαθὰ δῆλον ὅτι τῶν κρατούντων ἐστί. τοῦτο δὴ δεῖ λέγειν, πῶς ἂν πορευοίμεθά τε ὡς ἀσφαλέστατα καὶ, εἰ μάχεσθαι δέοι, ὡς κράτιστα μαχοίμεθα. πρῶτον μὲν τοίνυν, ἔφη, δοκεῖ μοι κατακαῦσαι τὰς ἁμάξας, ἃς ἔχομεν, ἵνα μὴ τὰ ζεύγη ἡμῶν στρατηγῇ, ἀλλὰ πορευώμεθα ὅπῃ ἂν τῇ στρατιᾷ συμφέρῃ· ἔπειτα καὶ τὰς σκηνὰς συγκατακαῦσαι. αὗται γὰρ αὖ ὄχλον μὲν παρέχουσιν ἄγειν, συνωφελοῦσι δ' οὐδὲν οὔτε εἰς τὸ μάχεσθαι οὔτ' εἰς τὸ τὰ ἐπιτήδεια ἔχειν.
28 ἔτι δὲ καὶ τῶν ἄλλων σκευῶν τὰ περιττὰ ἀπαλλάξωμεν πλὴν ὅσα πολέμου ἕνεκεν ἢ σίτων ἢ ποτῶν ἔχομεν, ἵνα ὡς πλεῖστοι μὲν ἡμῶν ἐν τοῖς ὅπλοις ὦσιν, ὡς ἐλάχιστοι δὲ σκευοφορῶσι. κρατουμένων μὲν γὰρ ἐπίστασθε, ὅτι πάντα ἀλλότρια· ἢν δὲ κρατῶμεν, καὶ τοὺς πολεμίους δεῖ σκευοφόρους ἡμετέρους νο-
29 μίζειν. λοιπόν μοι εἰπεῖν ὅπερ καὶ μέγιστον νομίζω εἶναι. ὁρᾶτε γὰρ καὶ τοὺς πολεμίους, ὅτι οὐ πρόσθεν ἐξενεγκεῖν ἐτόλμησαν πρὸς ἡμᾶς πόλεμον πρὶν τοὺς στρατηγοὺς ἡμῶν συνέλαβον, νομίζοντες ὄντων μὲν τῶν ἀρχόντων καὶ ἡμῶν πειθομένων ἱκανοὺς εἶναι ἡμᾶς περιγενέσθαι τῷ πολέμῳ, λαβόντες δὲ τοὺς ἄρχοντας ἀναρχίᾳ ἂν καὶ ἀταξίᾳ ἐνόμιζον ἡμᾶς
30 ἀπολέσθαι. δεῖ οὖν πολὺ μὲν τοὺς ἄρχοντας ἐπιμελεστέρους γενέσθαι τοὺς νῦν τῶν πρόσθεν, πολὺ δὲ τοὺς ἀρχομένους εὐτακτοτέρους καὶ πειθομένους μᾶλλον τοῖς ἄρχουσι νῦν ἢ καὶ
31 πρόσθεν. ἢν δέ τις ἀπειθῇ, ἢν ψηφίσησθε τὸν ἀεὶ ὑμῶν ἐντυγχάνοντα σὺν τῷ ἄρχοντι κολάζειν, οὕτως οἱ πολέμιοι πλεῖστον ἐψευσμένοι ἔσονται· τῇδε γὰρ τῇ ἡμέρᾳ μυρίους ὄψονται ἀνθ' ἑνὸς Κλεάρχους τοὺς οὐδενὶ ἐπιτρέψοντας κακῷ
32 εἶναι. ἀλλὰ γὰρ καὶ περαίνειν ἤδη ὥρα· ἴσως γὰρ οἱ πολέμιοι αὐτίκα παρέσονται. ὅτῳ οὖν ταῦτα δοκεῖ καλῶς ἔχειν, ἐπικυρωσάτω ὡς τάχιστα, ἵνα ἔργῳ περαίνηται. εἰ δέ τι ἄλλο

---

was jetzt zu besprechen noth thut: τοῦτο δὴ δεῖ λέγειν.

27. ὄχλον, Beschwerde.

28. σκευοφόρους, denn was sie bei sich haben, haben sie dann für uns mit sich geführt.

29. γὰρ, nämlich. — πρόσθεν — πρὶν wie πρότερον — πρὶν III, 1, 16.

30. τῶν πρόσθεν, d. i. ἢ οἳ πρόσθεν ἦσαν.

31. ἀεὶ beim Artikel: jedesmal. — ἐντυγχάνοντα, näml. αὐτῷ.

32. ὥρα, näml. ἐστίν. — ταύτῃ, auf diese Weise. —

βέλτιον ἢ ταύτῃ, τολμάτω καὶ ὁ ἰδιώτης διδάσκειν· πάντες γὰρ κοινῆς σωτηρίας δεόμεθα.

Μετὰ ταῦτα Χειρίσοφος εἶπεν, Ἀλλ' εἰ μέν τινος ἄλλου 33 δεῖ πρὸς τούτοις οἷς λέγει Ξενοφῶν, καὶ αὐτίκα ἐξέσται ποιεῖν· ἃ δὲ νῦν εἴρηκε δοκεῖ μοι ὡς τάχιστα ψηφίσασθαι ἄριστον εἶναι· καὶ ὅτῳ δοκεῖ ταῦτα, ἀνατεινάτω τὴν χεῖρα. ἀνέτειναν ἅπαντες. ἀναστὰς δὲ πάλιν εἶπε Ξενοφῶν, Ὦ ἄν- 34 δρες, ἀκούσατε ὧν προσδεῖν δοκεῖ μοι. δῆλον ὅτι πορεύεσθαι ἡμᾶς δεῖ ὅπου ἕξομεν τὰ ἐπιτήδεια· ἀκούω δὲ κώμας εἶναι καλὰς οὐ πλέον εἴκοσι σταδίων ἀπεχούσας· οὐκ ἂν οὖν θαυμάζοιμι, 35 εἰ οἱ πολέμιοι, ὥσπερ οἱ δειλοὶ κύνες τοὺς μὲν παριόντας διώκουσί τε καὶ δάκνουσιν, ἢν δύνωνται, τοὺς δὲ διώκοντας φεύγουσιν, εἰ καὶ αὐτοὶ ἡμῖν ἀπιοῦσιν ἐπακολουθοῖεν. ἴσως 36 οὖν ἀσφαλέστερον ἡμῖν πορεύεσθαι πλαίσιον ποιησαμένους τῶν ὅπλων, ἵνα τὰ σκευοφόρα καὶ ὁ πολὺς ὄχλος ἐν ἀσφαλεστέρῳ εἴη. εἰ οὖν νῦν ἀποδειχθείη, τίνα χρὴ ἡγεῖσθαι τοῦ πλαισίου καὶ τὰ πρόσθεν κοσμεῖν καὶ τίνας ἐπὶ τῶν πλευρῶν ἑκατέρων εἶναι, τίνας δ' ὀπισθοφυλακεῖν, οὐκ ἂν ὁπότε οἱ πολέμιοι ἔλθοιεν βουλεύεσθαι ἡμᾶς δέοι, ἀλλὰ χρῴμεθα ἂν εὐθὺς τοῖς τεταγμένοις. εἰ μὲν οὖν ἄλλος τις βέλτιον ὁρᾷ, 37 ἄλλως ἐχέτω· εἰ δὲ μή, Χειρίσοφος μὲν ἡγοῖτο, ἐπειδὴ καὶ Λακεδαιμόνιός ἐστι· τῶν δὲ πλευρῶν ἑκατέρων δύο τὼ πρεσβυτάτω στρατηγὼ ἐπιμελοίσθην· ὀπισθοφυλακῶμεν δ' ἡμεῖς οἱ νεώτεροι ἐγώ τε καὶ Τιμασίων τὸ νῦν εἶναι. τὸ δὲ λοιπὸν 38 πειρώμενοι ταύτης τῆς τάξεως βουλευσόμεθα ὅ τι ἂν ἀεὶ κράτιστον δοκῇ εἶναι. εἰ δέ τις ἄλλο ὁρᾷ βέλτιον, λεξάτω. ἐπεὶ δὲ οὐδεὶς ἀντέλεγεν, εἶπεν, Ὅτῳ δοκεῖ ταῦτα, ἀνατεινάτω τὴν

---

32. ἰδιώτης wie I, 3, 11.
33. καὶ αὐτίκα, (dann) auch sogleich. — ἀνέτειναν ἅπαντες, Asyndeton wie I, 3, 20.
34. ὅπου, dahin, wo.
35. εἰ, wiederaufgenommen, wie μή §. 25. — καὶ αὐτοὶ, auch selbst, d. i. ebenso.
36. πλαίσιον ποιησαμένοις, also nicht mehr in langem Zuge. Dass ein gleichseitiges Viereck gemeint ist, sieht man erst aus III, 4, 19. — τῶν ὅπλων wie II, 2, 4. —, ἵνα —

εἴη, Opt. weil ἴσως ἀσφαλέστερον = ἀσφαλέστερον ἂν εἴη. — οὐκ — ὁπότε, nicht erst jedesmal wann.
37. ἄλλο, proleptisch wie II, 1, 14. — ἄλλως ἐχέτω, dann mag's anders sein. — Dem Cheirisophos (über welchen s. zu I, 4, 3) weist Xen. den Ehrenposten zu, sich selbst behält er die beim Rückzuge schwierigste Aufgabe vor. — τὸ νῦν εἶναι, für jetzt. S. d. Gramm. zu I, 6, 9 und C. 564.

39 χεῖρα. ἔδοξε ταῦτα. Νῦν τοίνυν, ἔφη, ἀπιόντας ποιεῖν δεῖ τὰ δεδογμένα. καὶ ὅστις τε ὑμῶν τοὺς οἰκείους ἐπιθυμεῖ ἰδεῖν, μεμνήσθω ἀνὴρ ἀγαθὸς εἶναι· οὐ γὰρ ἔστιν ἄλλως τούτου τυχεῖν· ὅστις τε ζῆν ἐπιθυμεῖ, πειράσθω νικᾶν· τῶν μὲν γὰρ νικώντων τὸ κατακαίνειν, τῶν δὲ ἡττωμένων τὸ ἀποθνήσκειν ἐστί· καὶ εἴ τις δὲ χρημάτων ἐπιθυμεῖ, κρατεῖν πειράσθω· τῶν γὰρ νικώντων ἐστὶ καὶ τὰ ἑαυτῶν σώζειν καὶ τὰ τῶν ἡττωμένων λαμβάνειν.

III. Τούτων λεχθέντων ἀνέστησαν καὶ ἀπελθόντες κατέκαιον τὰς ἁμάξας καὶ τὰς σκηνάς, τῶν δὲ περιττῶν ὅτου μὲν δέοιτό τις μετεδίδοσαν ἀλλήλοις, τὰ δὲ ἄλλα εἰς τὸ πῦρ ἐρρίπτουν. ταῦτα ποιήσαντες ἠριστοποιοῦντο. ἀριστοποιουμένων δὲ αὐτῶν

---

3. Inhalt: Die im vorigen Kap. von Xenophon gemachten Vorschläge sind ausgeführt und man ist eben beim Mittagsessen: da kommt Mithridates mit einer Reiterabtheilung und forscht, unter dem Vorgeben, er befinde sich als früherer Freund und Anhänger des Kyros in gleicher Gefahr als die Griechen und wolle sich ihnen anschliessen, nach dem, was sie zu thun gedenken. Seine wahre Absicht wird bald erkannt und der Beschluss gefasst fortan sich mit dem Feinde in keinerlei Unterhandlung einzulassen.

Am Nachmittage — in der letzten Woche des Octobers (401) — bricht das Heer auf vom Zapatos. Sie sind in der Assyrischen Ebene nicht weit vorgerückt: da nähert sich wiederum Mithridates mit einer Abtheilung Leichtbewaffneter, zuerst anscheinend in freundlicher Absicht; aber nahe herangekommen, überschütten seine Bogenschützen und Schleuderer die Hellenen mit ihren Geschossen. Die Leichtbewaffneten der Griechischen Nachhut richten dagegen nichts aus und Xenophon, der sich zur Verfolgung des berittenen Feindes, der zwar zurückweicht, aber immer wieder angreift und auch im Fliehen sicher treffende Geschosse zurücksendet, verleiten lässt, erleidet mit seinen Hopliten und Peltasten erheblichen Schaden. Am Abend, nicht viel über eine Stunde weiter gekommen, lagern sie in den erwähnten Dörfern. Neue Muthlosigkeit. Da hilft aus der Noth wiederum Xenophon, der den von ihm selbst begangenen Fehler freimüthig anerkennt und sofort Abhülfe der beiden Mängel veranlasst, die sich bei dem heutigen Scharmützel so entschieden herausgestellt haben. Er formirt aus den im Heere befindlichen 200 Rhodiern eine Abtheilung tüchtiger Schleuderer und aus den vorhandenen Pferden eine kleine Schaar gepanzerter Reiter.

---

38. ἔδοξε ταῦτα, Asyndeton wie I, 3, 20.

39. Nach τε — τε hervorhebend καὶ — δὲ. S. zu I, 1, 2.

1. μετεδίδοσαν ἀλλήλοις. Was sie an Beute und sonst hatten, der Eine mehr, der Andere weniger — bisher war es auf Wagen fortgeschafft worden — das vertheilten sie unter einander, so dass jeder soviel bekam, als er eben tragen konnte. Was sie nicht auf diese Weise fortbringen konnten, das verbrannten sie sammt den Wagen. —

ἔρχεται Μιθριδάτης σὺν ἱππεῦσιν ὡς τριάκοντα, καὶ καλεσάμενος τοὺς στρατηγοὺς εἰς ἐπήκοον λέγει ὧδε. Ἐγώ, ὦ ἄνδρες Ἕλληνες, καὶ Κύρῳ πιστὸς ἦν, ὡς ὑμεῖς ἐπίστασθε, καὶ νῦν ὑμῖν εὔνους· καὶ ἐνθάδε δ᾽ εἰμὶ σὺν πολλῷ φόβῳ διάγων. εἰ οὖν ὁρῴην ὑμᾶς σωτήριόν τι βουλευομένους, ἔλθοιμι ἂν πρὸς ὑμᾶς καὶ τοὺς θεράποντας πάντας ἔχων. λέξατε οὖν πρός με, τί ἐν νῷ ἔχετε, ὡς φίλον τε καὶ εὔνοιν καὶ βουλόμενον κοινῇ σὺν ὑμῖν τὸν στόλον ποιεῖσθαι. βουλευομένοις τοῖς στρατηγοῖς ἔδοξεν ἀποκρίνασθαι τάδε· καὶ ἔλεγε Χειρίσοφος· Ἡμῖν δοκεῖ, εἰ μέν τις ἐᾷ ἡμᾶς ἀπιέναι οἴκαδε, διαπορεύεσθαι τὴν χώραν ὡς ἂν δυνώμεθα ἀσινέστατα· ἢν δέ τις ἡμᾶς τῆς ὁδοῦ ἀποκωλύῃ, διαπολεμεῖν τούτῳ ὡς ἂν δυνώμεθα κράτιστα. ἐκ τούτου ἐπειρᾶτο Μιθριδάτης διδάσκειν, ὡς ἄπορον εἴη βασιλέως ἄκοντος σωθῆναι. ἔνθα δὴ ἐγιγνώσκετο, ὅτι ὑπόπεμπτος εἴη· καὶ γὰρ τῶν Τισσαφέρνους τις οἰκείων παρηκολούθει πίστεως ἕνεκα. καὶ ἐκ τούτου ἐδόκει τοῖς στρατηγοῖς βέλτιον εἶναι δόγμα ποιήσασθαι τὸν πόλεμον ἀκήρυκτον εἶναι ἔστ᾽ ἐν τῇ πολεμίᾳ εἶεν· διέφθειρον γὰρ προσιόντες τοὺς στρατιώτας, καὶ ἕνα γε λοχαγὸν διέφθειραν Νίκαρχον Ἀρκάδα, καὶ ᾤχετο ἀπιὼν νυκτὸς σὺν ἀνθρώποις ὡς εἴκοσι.

Μετὰ ταῦτα ἀριστήσαντες καὶ διαβάντες τὸν Ζαπάταν ποταμὸν ἐπορεύοντο τεταγμένοι τὰ ὑποζύγια καὶ τὸν ὄχλον ἐν μέσῳ ἔχοντες. οὐ πολὺ δὲ προεληλυθότων αὐτῶν ἐπιφαίνεται πάλιν ὁ Μιθριδάτης ἱππέας ἔχων ὡς διακοσίους καὶ τοξότας καὶ σφενδονήτας εἰς τετρακοσίους μάλα ἐλαφροὺς καὶ εὐζώνους. καὶ προσῄει μὲν ὡς φίλος ὢν πρὸς τοὺς Ἕλληνας, ἐπεὶ δ᾽ ἐγγὺς ἐγένοντο, ἐξαπίνης οἱ μὲν αὐτῶν ἐτόξευον καὶ ἱππεῖς καὶ πεζοί, οἱ δ᾽ ἐσφενδόνων, καὶ ἐτίτρωσκον. οἱ δὲ ὀπισθοφύ-

---

Μιθριδάτης, schon erwähnt II, 5, 35. — εἰς ἐπήκοον wie II, 5, 38.

2. εὔνους, näml. εἰμί. — καὶ τοὺς — ἔχων, sammt allen meinen D. — ὡς φίλον gehört zu με.

3. ἔλεγε wie II, 3, 21. — τις, man.

4. ὑπόπεμπτος, wie ὑποπέμψαιεν II, 4, 22. — πίστεως ἕνεκα, um ihm (dem Mith.) trauen zu können. Der mitgeschickte Vertraute des Tiss. sollte ihn beobachten.

5. πολεμίᾳ, Feindesland. — διέφθειρον, Imperf. wie I, 3, 1. — καὶ — γε, und wenigstens. — ᾤχετο ἀπιών. Vergl. zu II, 4, 24.

6. τεταγμένοι nach III, 2, 36.

7. Nach προσῄει den Plur. ἐγένοντο, weil hier bereits an οἱ μὲν — οἱ δὲ gedacht wird. — ἐτίτρωσκον,

λακες τῶν Ἑλλήνων ἔπασχον μὲν κακῶς, ἀντεποίουν δ' οὐδέν· οἵ τε γὰρ Κρῆτες βραχύτερα τῶν Περσῶν ἐτόξευον καὶ ἅμα ψιλοὶ ὄντες εἴσω τῶν ὅπλων κατεκέκλειντο, οἵ τε ἀκοντισταὶ 8 βραχύτερα ἠκόντιζον ἢ ὡς ἐξικνεῖσθαι τῶν σφενδονητῶν. ἐκ τούτου Ξενοφῶντι ἐδόκει διωκτέον εἶναι· καὶ ἐδίωκον τῶν τε ὁπλιτῶν καὶ τῶν πελταστῶν οἳ ἔτυχον σὺν αὐτῷ ὀπισθοφυλακοῦντες· διώκοντες δὲ οὐδένα κατελάμβανον τῶν πολεμίων. 9 οὔτε γὰρ ἱππεῖς ἦσαν τοῖς Ἕλλησιν οὔτε οἱ πεζοὶ τοὺς πεζοὺς ἐκ πολλοῦ φεύγοντας ἐδύναντο καταλαμβάνειν ἐν ὀλίγῳ χωρίῳ· πολὺ γὰρ οὐχ οἷόν τε ἦν ἀπὸ τοῦ ἄλλου στρατεύματος διώκειν. 10 οἱ δὲ βάρβαροι ἱππεῖς καὶ φεύγοντες ἅμα ἐτίτρωσκον εἰς τοὔπισθεν τοξεύοντες ἀπὸ τῶν ἵππων, ὁπόσον δὲ διώξειαν οἱ 11 Ἕλληνες, τοσοῦτον πάλιν ἐπαναχωρεῖν μαχομένους ἔδει. ὥστε τῆς ἡμέρας ὅλης διῆλθον οὐ πλέον πέντε καὶ εἴκοσι σταδίων, ἀλλὰ δείλης ἀφίκοντο εἰς τὰς κώμας. ἔνθα δὴ πάλιν ἀθυμία ἦν. καὶ Χειρίσοφος καὶ οἱ πρεσβύτατοι τῶν στρατηγῶν Ξενοφῶντα ᾐτιῶντο, ὅτι ἐδίωκεν ἀπὸ τῆς φάλαγγος καὶ αὐτός τε ἐκινδύνευε καὶ τοὺς πολεμίους οὐδὲν μᾶλλον ἐδύνατο βλάπτειν. 12 ἀκούσας δὲ Ξενοφῶν ἔλεγεν, ὅτι ὀρθῶς αἰτιῷντο καὶ αὐτὸ τὸ ἔργον αὐτοῖς μαρτυροίη. ἀλλ' ἐγώ, ἔφη, ἠναγκάσθην διώκειν, ἐπειδὴ ἑώρων ἡμᾶς ἐν τῷ μένειν κακῶς μὲν πάσχοντας, ἀντι- 13 ποιεῖν δὲ οὐδὲν δυναμένους. ἐπειδὴ δὲ ἐδιώκομεν, ἀληθῆ, ἔφη, ὑμεῖς λέγετε· κακῶς μὲν γὰρ ποιεῖν οὐδὲν μᾶλλον ἐδυνάμεθα 14 τοὺς πολεμίους, ἀνεχωροῦμεν δὲ πάνυ χαλεπῶς. τοῖς οὖν θεοῖς χάρις, ὅτι οὐ σὺν πολλῇ ῥώμῃ ἀλλὰ σὺν ὀλίγοις ἦλθον,

---

Bogenschützen und Schleuderer. — Κρῆτες, sonst als Bogenschützen berühmt. — τῶν ὅπλων, wie II, 2, 4. — Ueber κατεκέκλειντο s. zu III, 4, 17. — ἢ ὡς ἐξικνεῖσθαι, als dass sie — hätten erreichen (treffen) können.
8. ἔτυχον — ὀπισθοφυλακοῦντες. S. zu I, 1, 2.
9. ἐκ πολλοῦ. S. zu ἐκ πλέονος I, 10, 11. — ἐν ὀλίγῳ χωρίῳ, auf kurzer Strecke, auf welche sich die Nachhut vom (übrigen, τοῦ ἄλλου) Heere, um nicht abgeschnitten zu werden, nur entfernen durfte.
10. διώξειαν, Optativ wie I, 2, 7.
11. ὥστε, wie I, 3, 10. — τῆς — ὅλης, im Verlaufe des —. Vergl zu II, 2, 1. — τὰς κώμας, die III, 2, 34 erwähnten. — ἐδίωκεν ἀπὸ τῆς, durch Verfolgung sich vom geschlossenen Heereszuge trennte. — οὐδὲν μᾶλλον, darum doch um nichts mehr.
12. τὸ ἔργον, der Erfolg.
13. ἀληθῆ — λέγετε, populäre Redeweise: da sagt ihr die Wahrheit statt: da geschah wirklich, was ihr (mir als Vorwurf) sagt, nämlich (γὰρ) u. s. w.
14. χάρις, sci Dank.

ὥστε βλάψαι μὲν μὴ μεγάλα, δηλῶσαι δὲ ὧν δεόμεθα. νῦν 15
γὰρ οἱ μὲν πολέμιοι τοξεύουσι καὶ σφενδονῶσιν ὅσον οὔτε οἱ
Κρῆτες ἀντιτοξεύειν δύνανται οὔτε οἱ ἐκ χειρὸς βάλλοντες ἐξικνεῖσθαι· ὅταν δὲ αὐτοὺς διώκωμεν, πολὺ μὲν οὐχ οἷόν τε
χωρίον ἀπὸ τοῦ στρατεύματος διώκειν, ἐν ὀλίγῳ δὲ οὐδ᾽, εἰ
ταχὺς εἴη, πεζὸς πεζὸν ἂν διώκων καταλάβοι ἐκ τόξου ῥύματος.
ἡμεῖς οὖν εἰ μέλλοιμεν τούτους εἴργειν, ὥστε μὴ δύνασθαι βλά- 16
πτειν ἡμᾶς πορευομένους, σφενδονητῶν τὴν ταχίστην δεῖ καὶ
ἱππέων. ἀκούω δ᾽ εἶναι ἐν τῷ στρατεύματι ἡμῶν Ῥοδίους,
ὧν τοὺς πολλούς φασιν ἐπίστασθαι σφενδονᾶν, καὶ τὸ βέλος
αὐτῶν καὶ διπλάσιον φέρεσθαι τῶν Περσικῶν σφενδονῶν.
ἐκεῖναι γὰρ διὰ τὸ χειροπληθέσι τοῖς λίθοις σφενδονᾶν ἐπὶ 17
βραχὺ ἐξικνοῦνται, οἱ δὲ Ῥόδιοι καὶ ταῖς μολυβδίσιν ἐπίστανται χρῆσθαι. ἢν οὖν αὐτῶν ἐπισκεψώμεθα τίνες πέπανται 18
σφενδόνας, καὶ τούτων τῷ μὲν δῶμεν αὐτῶν ἀργύριον, τῷ δὲ ἄλλας πλέκειν ἐθέλοντι ἄλλο ἀργύριον τελῶμεν, καὶ τῷ σφενδονᾶν
ἐντεταγμένῳ ἐθέλοντι ἄλλην τινὰ ἀτέλειαν εὑρίσκωμεν, ἴσως
τινὲς φανοῦνται ἱκανοὶ ἡμᾶς ὠφελεῖν. ὁρῶ δὲ ἵππους ὄντας 19
ἐν τῷ στρατεύματι, τοὺς μέν τινας παρ᾽ ἐμοί, τοὺς δὲ τῶν
Κλεάρχου καταλελειμμένους, πολλοὺς δὲ καὶ ἄλλους αἰχμαλώτους σκευοφοροῦντας. ἂν οὖν τούτους πάντας ἐκλέξαντες
σκευοφόρα μὲν ἀντιδῶμεν, τοὺς δὲ ἵππους εἰς ἱππέας κατασκευάσωμεν, ἴσως καὶ οὗτοί τι τοὺς φεύγοντας ἀνιάσουσιν.
ἔδοξε ταῦτα. καὶ ταύτης τῆς νυκτὸς σφενδονῆται μὲν εἰς δια- 20

---

15. ὅσον, soweit als. — οἱ ἐκ χειρὸς βάλλοντες, die Schleuderer. — πολὺ gehört zu χωρίον. — διώκων — ἐκ — ῥύματος, wenn er die Verfolgung eine Bogenschussweite vom Feinde entfernt — denn näher heran kommt dieser nicht — beginnt. Dieser Vorsprung des Feindes ist zu gross, als dass man ihn auf der kurzen Strecke, die man sich vom Heere entfernen darf, auch durch den schnellsten Lauf einholen (καταλαμβάνοι) könnte.
16. εἰ μέλλοιμεν, wenn es möglich sein soll, dass wir. — τὴν ταχίστην, auf das Schleunigste. — καὶ διπλάσιον, sogar (vel) doppelt so weit.

18. αὐτῶν hängt ab von τίνες. — αὐτῶν, dafür. — ἐθέλοντι, freiwillig. — ἄλλην τινὰ ἀτέλειαν, sonstige Befreiung von Dienstleistungen. ἄλλην, da doch eine Geldzulage eigentlich keine ἀτέλεια ist, wird man aus dem zu I, 5, 5 Bemerkten verstehen.
19. τῶν Κλεάρχου, aus der Zahl derer, die dem Klearch gehörten, also nicht alle. Einige davon wurden vielleicht zu anderen nöthigen Zwecken (etwa die neu gewählten Strategen beritten zu machen) auch ferner verwendet. — ἔδοξε ταῦτα, wie I, 3, 20.
20. ταύτης — νυκτός, Gen. wie §. 11: noch in dieser N.

κοσίους ἐγένοντο, ἵπποι δὲ καὶ ἱππεῖς ἐδοκιμάσθησαν τῇ ὑστεραίᾳ εἰς πεντήκοντα, καὶ σπολάδες καὶ θώρακες αὐτοῖς ἐπορίσθησαν, καὶ ἵππαρχος ἐπεστάθη Λύκιος ὁ Πολυστράτου Ἀθηναῖος.

IV. Μείναντες δὲ ταύτην τὴν ἡμέραν τῇ ἄλλῃ ἐπορεύοντο πρωιαίτερον ἀναστάντες· χαράδραν γὰρ αὐτοὺς ἔδει διαβῆναι, ἐφ'

---

4. Inhalt: Am anderen Tage brechen sie früher als gewöhnlich auf, um unbelästigt eine Thalschlucht zu passiren. Diese haben sie eben hinter sich, als Mithridates ihnen wiederum, diessmal mit einer stärkeren Zahl von Reitern und Leichtbewaffneten, auf den Fersen sitzt. Doch bewähren sich bereits die Tages vorher erst neu gebildeten Truppentheile, mit deren Hülfe die Angreifer zurückgeworfen und in jener Thalschlucht arg zugerichtet werden. — Der Zug, der sich jetzt wieder mehr dem Tigris nähert, geht in der Ebene weiter an Larissa und Mespila vorüber, zwei grossen, stark befestigten Städten, Ueberresten der uralten, unermesslich grossen, etwa 200 Jahre früher von den vereinigten Babyloniern und Medern zerstörten Assyrischen Hauptstadt Ninive, deren Namen jedoch Xenophon nicht erwähnt. Auf dem nächsten Tagesmarsche erreicht sie jetzt endlich Tissaphernes mit einem mächtigen Heere. Er zieht seine Truppen gegen das Hintertreffen und die Flanken des Griechischen Viereckes heran, wagt aber keinen förmlichen Angriff gegen diesen festgeschlossenen Körper. Seinen Schleuderern und Bogenschützen, die zu schiessen anfangen, zeigt sich die kleine Zahl Rhodier und Skythen mit ihren Waffen so bedeutend überlegen, dass sich die Perser zurückziehen und den weiter marschirenden Hellenen nur langsam folgen. Letztere bringen die Nacht und den folgenden Tag, ohne beunruhigt zu werden, in reichen Dörfern zu, wo sie sich mit Lebensmitteln versehen. Am nächsten Tage aber, beim Weiterziehen, haben sie es wiederum mit ihren Verfolgern zu thun, und hierbei stellt sich heraus, dass das Marschiren im gleichseitigen Vierecke da seine grossen Nachtheile hat, wo das Terrain, das hier bereits anfängt hügelig zu werden, für eine breite Front nicht genug Raum bietet. Das dann unvermeidliche Zusammendrängen und die dadurch entstehende Unordnung, die, wo der Feind in der Nähe war, grosse Gefahr brachte, zu vermeiden, werden 6 Lochen gebildet, die in solchem Falle sich aus dem Vierecke herauszuziehen und hinten anzuschliessen, dann aber, wenn sich jenseits des Durchganges das Viereck wieder ausdehnt, in dasselbe in der jedesmal zweckmässigen Frontbreite wieder einzurücken haben. In dieser Weise marschiren sie 4 Tage, am 5. kommen sie in eine bergige Gegend, wo sie sich den Zugang zu einigen Dörfern über vom Feinde besetzte Anhöhen mühsam erkämpfen müssen. Hier ruhen sie 3 Tage. Am 4., in die Ebene hinabsteigend, abermals vom Feinde belästigt, fassen sie gleich im nächsten Dorfe Posto, wehren da die Scharmützler leicht ab und bleiben hier bis zum Abend, wo sich die Perser, die die Nachtkämpfe vermeiden, zurückziehen. Die Griechen aber ziehen an demselben Abend noch weiter und gewinnen dadurch einen solchen Vorsprung, dass sie in den beiden folgenden Tagen nicht wieder eingeholt werden. Am 4. Tage aber sehen sie vor sich einen

---

20. εἰς διακ. ἐγένοντο, wurden es gegen 200.

ᾗ ἐφοβοῦντο μὴ ἐπιθοῖντο αὐτοῖς διαβαίνουσιν οἱ πολέμιοι. διαβεβηκόσι δὲ αὐτοῖς πάλιν φαίνεται ὁ Μιθριδάτης ἔχων 2 ἱππεῖς χιλίους, τοξότας δὲ καὶ σφενδονήτας εἰς τετρακισχιλίους· τοσούτους γὰρ ᾔτησε Τισσαφέρνην καὶ ἔλαβεν ὑποσχόμενος, ἂν τούτους λάβῃ, παραδώσειν αὐτῷ τοὺς Ἕλληνας, καταφρονήσας, ὅτι ἐν τῇ πρόσθεν προσβολῇ ὀλίγους ἔχων ἔπαθε μὲν οὐδέν, πολλὰ δὲ κακὰ ἐνόμιζε ποιῆσαι. ἐπεὶ δὲ οἱ Ἕλ- 3 ληνες διαβεβηκότες ἀπεῖχον τῆς χαράδρας ὅσον ὀκτὼ σταδίους, διέβαινε καὶ ὁ Μιθριδάτης ἔχων τὴν δύναμιν. παρήγγελτο δὲ τῶν τε πελταστῶν οὓς ἔδει διώκειν καὶ τῶν ὁπλιτῶν, καὶ τοῖς ἱππεῦσιν εἴρητο θαρροῦσι διώκειν ὡς ἐφεψομένης ἱκανῆς δυνάμεως. ἐπεὶ δὲ ὁ Μιθριδάτης κατειλήφει, καὶ ἤδη σφεν- 4 δόναι καὶ τοξεύματα ἐξικνοῦντο, ἐσήμηνε τοῖς Ἕλλησι τῇ σάλπιγγι, καὶ εὐθὺς ἔθεον ὁμόσε οἷς εἴρητο καὶ οἱ ἱππεῖς ἤλαυνον· οἱ δὲ οὐκ ἐδέξαντο, ἀλλ' ἔφευγον ἐπὶ τὴν χαράδραν. ἐν 5 ταύτῃ τῇ διώξει τοῖς βαρβάροις τῶν τε πεζῶν ἀπέθανον πολλοὶ καὶ τῶν ἱππέων ἐν τῇ χαράδρᾳ ζωοὶ ἐλήφθησαν εἰς ὀκτωκαίδεκα. τοὺς δὲ ἀποθανόντας αὐτοκέλευστοι οἱ Ἕλληνες ᾐκίσαντο, ὡς ὅ τι φοβερώτατον τοῖς πολεμίοις εἴη ὁρᾶν. καὶ οἱ 6 μὲν πολέμιοι οὕτω πράξαντες ἀπῆλθον, οἱ δὲ Ἕλληνες ἀσφαλῶς πορευόμενοι τὸ λοιπὸν τῆς ἡμέρας ἀφίκοντο ἐπὶ τὸν Τί-

Bergvorsprung besetzt, unter welchem sie vorüber müssen. Xenophon, von Cheirisophos aufgefordert, mit seinen Peltasten die Höhe zu nehmen, lehnt diess ab, weil gleichzeitig Tissaphernes ihr Hintertreffen bedroht; sie verständigen sich aber dahin, dass Xenophon, der jetzt wahrnimmt, man könne nach jenem Vorsprunge von einer denselben noch überragenden Berghöhe aus gelangen, letztere mit Peltasten und drei Elite-Lochen des Vordertreffens gewinnen und von da aus den Feind von dem Vorsprunge verjagen soll. Diese Absicht bemerken bald die Perser auf dem Vorsprunge und setzen sich nun sofort ebenfalls in Bewegung nach jener Höhe. Da entsteht ein gewaltiger Wettlauf nach dem gleichen Ziele. Xenophon feuert durch energisch belebende Worte wie durch sein Beispiel seine Leute zu äusserster Anstrengung an und so gelingt es, dem Gegner glücklich zuvor zu kommen.

* 2. ἐν τῇ πρόσθεν προσβολῇ III, 3, 7 — 10.
3. ὅσον, ungefähr. — εἴρητο mit folg. Infin. wie I, 3, 14. — ὡς ἐφεψομένης, indem ihnen — auf dem Fusse folgen würde. S. zu I, 1, 3.

4. κατειλήφει, näml. τοὺς Ἕλληνας. — ἐσήμηνε. S. zu I, 2, 17. — οἷς, d. i. οὗτοι, οἷς,
5. ὅ τι φοβερώτατον, möglichst furchtbar.
6. πράξαντες. S. zu III, 1, 6.

7 γρητα ποταμόν. ἐνταῦθα πόλις ἦν ἐρήμη μεγάλη, ὄνομα δ' αὐτῇ ἦν Λάρισσα· ᾤκουν δ' αὐτὴν τὸ παλαιὸν Μῆδοι. τοῦ δὲ τείχους αὐτῆς ἦν τὸ εὖρος πέντε καὶ εἴκοσι πόδες, ὕψος δ' ἑκατόν· τοῦ δὲ κύκλου ἡ περίοδος δύο παρασάγγαι· ᾠκοδόμητο δὲ πλίνθοις κεραμεαῖς· κρηπὶς δ' ὑπῆν λιθίνη τὸ ὕψος εἴκοσι
8 ποδῶν. ταύτην βασιλεὺς ὁ Περσῶν, ὅτε παρὰ Μήδων τὴν ἀρχὴν ἐλάμβανον Πέρσαι, πολιορκῶν οὐδενὶ τρόπῳ ἐδύνατο ἑλεῖν· ἥλιον δὲ νεφέλη προκαλύψασα ἠφάνισε μέχρι ἐξέλιπον οἱ
9 ἄνθρωποι, καὶ οὕτως ἑάλω. παρὰ ταύτην τὴν πόλιν ἦν πυραμὶς λιθίνη, τὸ μὲν εὖρος ἑνὸς πλέθρου, τὸ δὲ ὕψος δύο πλέθρων. ἐπὶ ταύτης πολλοὶ τῶν βαρβάρων ἦσαν ἐκ τῶν
10 πλησίον κωμῶν ἀποπεφευγότες. ἐντεῦθεν ἐπορεύθησαν σταθμὸν ἕνα παρασάγγας ἓξ πρὸς τεῖχος ἐρῆμον μέγα κείμενον· ὄνομα δὲ ἦν τῇ πόλει Μέσπιλα· Μῆδοι δ' αὐτήν ποτε ᾤκουν. ἦν δὲ ἡ μὲν κρηπὶς λίθου ξεστοῦ κογχυλιάτου, τὸ εὖρος πεν-
11 τήκοντα ποδῶν καὶ τὸ ὕψος πεντήκοντα. ἐπὶ δὲ ταύτῃ ἐπῳκοδόμητο πλίνθινον τεῖχος, τὸ μὲν εὖρος πεντήκοντα ποδῶν, τὸ δὲ ὕψος ἑκατόν· τοῦ δὲ κύκλου ἡ περίοδος ἓξ παρασάγγαι. ἐνταῦθα ἐλέγετο Μήδεια γυνὴ βασιλέως καταφυγεῖν ὅτε ἀπώ-
12 λυσαν τὴν ἀρχὴν ὑπὸ Περσῶν Μῆδοι. ταύτην δὲ τὴν πόλιν πολιορκῶν ὁ Περσῶν βασιλεὺς οὐκ ἐδύνατο οὔτε χρόνῳ ἑλεῖν οὔτε βίᾳ· Ζεὺς δ' ἐμβροντήτους ποιεῖ τοὺς ἐνοικοῦντας, καὶ οὕτως ἑάλω.
13 Ἐντεῦθεν δ' ἐπορεύθησαν σταθμὸν ἕνα παρασάγγας τέτταρας. εἰς τοῦτον δὲ τὸν σταθμὸν Τισσαφέρνης ἐπεφάνη, οὕς τε αὐτὸς ἱππέας ἦλθεν ἔχων καὶ τὴν Ὀρόντα δύναμιν τοῦ τὴν βασιλέως θυγατέρα ἔχοντος καὶ οὓς Κῦρος ἔχων ἀνέβη βαρβάρους καὶ οὓς ὁ βασιλέως ἀδελφὸς ἔχων βασιλεῖ ἐβοήθει,

---

7. τὸ παλαιὸν, vor Alters. — τὸ ὕψος — ποδῶν. S. zu I, 2, 23.
8. ἐξέλιπον (näml. αὐτήν), aus Furcht vor nahem Untergange, als dessen Vorzeichen die Verfinsterung der Sonne aus den Propheten des A. T. bekannt ist.
9. εὖρος — πλέθρου, wie §. 7.
10. τῇ πόλει, zu welcher die Befestigung (τὸ τεῖχος) gehörte. Das liegt im Artikel. — Μῆδοι, als Besieger der Assyrier. — κρηπὶς, näml. τοῦ τείχους.
11. κύκλου, Umfassungsmauer. — ἐλέγετο, vom Wegweiser. — ὑπὸ, wie I, 3, 4.
12. ποιεῖ, lebhafter Bericht des Wegweisers.
13. Construire ἔχων οὕς τε αὐτὸς (näml. ἔχων) ἱππέας ἦλθε καὶ τὴν. Diese Reiter sind I, 2, 4 erwähnt. — Ὀρόντα. S. II, 4, 8. — ὁ βασ. ἀδελ-

καὶ πρὸς τούτοις ὅσους βασιλεὺς ἔδωκεν αὐτῷ, ὥστε τὸ στράτευμα πάμπολυ ἐφάνη. ἐπεὶ δ' ἐγγὺς ἐγένετο, τὰς μὲν τῶν 14 τάξεων ὄπισθεν καταστήσας, τὰς δὲ εἰς τὰ πλάγια παραγαγὼν ἐμβαλεῖν μὲν οὐκ ἐτόλμησεν οὐδ' ἐβούλετο διακινδυνεύειν, σφενδονᾶν δὲ παρήγγειλε καὶ τοξεύειν. ἐπεὶ δὲ δια- 15 ταχθέντες οἱ Ῥόδιοι ἐσφενδόνησαν καὶ οἱ τοξόται ἐτόξευσαν καὶ οὐδεὶς ἡμάρτανεν ἀνδρός, οὐδὲ γὰρ εἰ πάνυ προυθυμεῖτο ῥᾴδιον ἦν, καὶ ὁ Τισσαφέρνης μάλα ταχέως ἔξω βελῶν ἀπεχώρει καὶ αἱ ἄλλαι τάξεις ἀπεχώρησαν. καὶ τὸ 16 λοιπὸν τῆς ἡμέρας οἱ μὲν ἐπορεύοντο, οἱ δ' εἵποντο· καὶ οὐκέτι ἐσίνοντο οἱ βάρβαροι τῇ τότε ἀκροβολίσει· μακρότερον γὰρ οἵ γε Ῥόδιοι τῶν Περσῶν ἐσφενδόνων καὶ τῶν πλείστων τοξοτῶν. μεγάλα δὲ καὶ τὰ τόξα τὰ Περσικά ἐστιν· ὥστε 17 χρήσιμα ἦν ὁπόσα ἁλίσκοιτο τῶν τοξευμάτων τοῖς Κρησί, καὶ διετέλουν χρώμενοι τοῖς τῶν πολεμίων τοξεύμασι καὶ ἐμελέτων τοξεύειν ἄνω ἱέντες μακράν. εὑρίσκετο δὲ καὶ νεῦρα πολλὰ ἐν ταῖς κώμαις καὶ μόλυβδος, ὥστε χρῆσθαι εἰς τὰς σφενδόνας. καὶ ταύτῃ μὲν τῇ ἡμέρᾳ, ἐπεὶ κατεστρατοπεδεύ- 18 οντο οἱ Ἕλληνες κώμαις ἐπιτυχόντες, ἀπῆλθον οἱ βάρβαροι μεῖον ἔχοντες ἐν τῇ τότε ἀκροβολίσει· τὴν δ' ἐπιοῦσαν ἡμέραν ἔμειναν οἱ Ἕλληνες καὶ ἐπεσιτίσαντο· ἦν γὰρ πολὺς σῖτος ἐν ταῖς κώμαις. τῇ δ' ὑστεραίᾳ ἐπορεύοντο διὰ τοῦ πεδίου, καὶ Τισσαφέρνης εἵπετο ἀκροβολιζόμενος. ἔνθα δὴ οἱ Ἕλληνες 19 ἔγνωσαν, ὅτι πλαίσιον ἰσόπλευρον πονηρὰ τάξις εἴη πολεμίων ἑπομένων. ἀνάγκη γάρ ἐστιν, ἢν μὲν συγκύπτῃ τὰ κέρατα τοῦ

ᾠός. S. II, 4, 25. — ἔδωκεν αὐτῷ, in Babylon, gleich nach der Schlacht bei Kunaxa, wo der König dem Tissaphernes gestattete, aus der gesammten dort versammelten Heeresmacht die besten Truppen auszuwählen, um mit diesen das Häuflein Griechen einzufangen.
14. ὄπισθεν, d. h. hinter der Griechischen Nachhut, welche Xenophon befehligte. — οὐκ ἐτόλμησεν, mit seinem ungeheuern Heere und mit der Elite aller Persischen Truppen!
15. οὐδὲ — ῥᾴδιον ἦν, wegen der Dichtheit des feindlichen Heeres.

17. ἁλίσκοιτο, Opt. wie I, 2, 7. — διετέλουν χρώμενοι. S. zu I, 1, 2. — ἄνω — μακράν, wohl nur zur Uebung (ἐμελέτων); denn dass die Gymneten nicht von der Mitte des Viereckes aus über die Hopliten (die die Flanken bildeten) hinweg (ἄνω) nach dem Feinde schiessen, sondern zu diesem Zwecke aus dem Vierecke heraustreten, sieht man aus §. 26 und aus III, 3, 7, wo sie genöthigt werden, sich hinter die Hopliten d. h. in das Viereck zurück zuziehen.
18. μεῖον ἔχοντες, wie I, 10, 8.

πλαισίου ἢ ὁδοῦ στενωτέρας οὔσης ἢ ὀρέων ἀναγκαζόντων ἢ γεφύρας, ἐκθλίβεσθαι τοὺς ὁπλίτας καὶ πορεύεσθαι πονήρως ἅμα μὲν πιεζομένους, ἅμα δὲ καὶ ταραττομένους· ὥστε δυσ-
20 χρήστους εἶναι ἀνάγκη ἀτάκτους ὄντας. ὅταν δ' αὖ διάσχῃ τὰ κέρατα, ἀνάγκη διασπᾶσθαι τοὺς τότε ἐκθλιβομένους καὶ κενὸν γίγνεσθαι τὸ μέσον τῶν κεράτων καὶ ἀθυμεῖν τοὺς ταῦτα πάσχοντας πολεμίων ἑπομένων. καὶ ὁπότε δέοι γέφυραν διαβαίνειν ἢ ἄλλην τινὰ διάβασιν, ἔσπευδεν ἕκαστος βουλόμενος φθάσαι πρῶτος· καὶ εὐεπίθετον ἦν ἐνταῦθα τοῖς πο-
21 λεμίοις. ἐπεὶ δὲ ταῦτ' ἔγνωσαν οἱ στρατηγοί, ἐποίησαν ἓξ λόχους ἀνὰ ἑκατὸν ἄνδρας, καὶ λοχαγοὺς ἐπέστησαν καὶ ἄλλους πεντηκοντῆρας καὶ ἄλλους ἐνωμοτάρχους. οὗτοι δὲ πορευόμενοι, ὁπότε μὲν συγκύπτοι τὰ κέρατα, ὑπέμενον ὕστεροι, ὥστε μὴ ἐνοχλεῖν τοῖς κέρασι, τότε δὲ παρῆγον ἔξωθεν τῶν κερά-
22 των. ὁπότε δὲ διάσχοιεν αἱ πλευραὶ τοῦ πλαισίου, τὸ μέσον ἀνεξεπίμπλασαν, εἰ μὲν στενώτερον εἴη τὸ διέχον, κατὰ λόχους, εἰ δὲ πλατύτερον, κατὰ πεντηκοστῦς, εἰ δὲ πάνυ πλατύ,
23 κατ' ἐνωμοτίας· ὥστε ἀεὶ ἔκπλεων εἶναι τὸ μέσον. εἰ δὲ καὶ

---

19. ἐκθλίβεσθαι, aus Reih' und Glied.
20. αὖ διάσχῃ, die vorher zusammengerückten Flanken wieder auseinander rücken. — φθάσαι, näml. διαβαίνων. — τοῖς πολεμίοις, Subject der Handlung.
21. ἐποίησαν ἓξ λόχους. Man nahm also nicht 6 Lochen, wie sie eben da waren, sondern für den wichtigen und schwierigen Dienst bildete man 6 neue, wie es scheint, aus den tüchtigsten Hopliten des ganzen Heeres. Denn die §. 43 vorkommenden 300 ἐπίλεκτοι ἐπὶ τῷ στόματι waren doch wohl nichts anderes als 3 dieser 6 Lochen, die im Vordertreffen standen. Die anderen 3 standen im Hintertreffen. Alle 6 standen hinter einander und zogen sich, wenn ein engerer Raum zu passiren war, indem sie stehen blieben (ὑπέμενον), rückwärts aus dem Vierecke heraus; dann aber marschirten sie auf (παρῆγον), so dass sie nun, in einer Breite, wie sie gerade der Raum gestattete, neben einander zu stehen kamen. So bildeten sie, abgesondert von der Phalanx, einen festen Körper, der zugleich, wo es eben noth that, als Unterstützung verwendet werden konnte (ἐπιπαρήεσαν §. 23). — τότε, dann, d. i. in solchem Falle. — ἔξωθεν, nicht ἔξω, weil das Aufmarschiren der hintersten Lochen schon beginnt, während sich die vorderen aus den κέρατα, d. h. aus den Kolonnen, die sie rechts und links nach den Flanken zu neben sich haben, noch heraus ziehen.
22. κατὰ λόχους, lochenweise, d. h. mit schmaler Front, welche noch einmal so breit wird, wenn die beide Pentekostyen neben einander gestellt sind (κατὰ πεντηκοστῦς) u. s. f.
23. εἰ δὲ καὶ bis οὗτοι, nachträgliche Angabe, wie sich die 6 Lochen bei engen Durchgängen zu verhalten hatten. Sie schliesst sich eigentlich an §. 21 an, findet aber erst hier

διαβαίνειν τινὰ δέοι διάβασιν ἢ γέφυραν, οὐκ ἐταράττοντο, ἀλλ' ἐν τῷ μέρει οἱ λοχαγοὶ διέβαινον· καὶ εἴ που δέοι τι τῆς φάλαγγος, ἐπιπαρῇεσαν οὗτοι. τούτῳ τῷ τρόπῳ ἐπορεύθησαν σταθμοὺς τέτταρας. ἡνίκα δὲ τὸν πέμπτον ἐπορεύοντο, 24 εἶδον βασίλειόν τι καὶ περὶ αὐτὸ κώμας πολλάς, τὴν δὲ ὁδὸν πρὸς τὸ χωρίον τοῦτο διὰ γηλόφων ὑψηλῶν γιγνομένην, οἳ καθῆκον ἀπὸ τοῦ ὄρους, ὑφ' ᾧ ἦν ἡ κώμη. καὶ εἶδον μὲν τοὺς λόφους ἄσμενοι οἱ Ἕλληνες, ὡς εἰκὸς, τῶν πολεμίων ὄντων ἱππέων· ἐπεὶ δὲ πορευόμενοι ἐκ τοῦ πεδίου ἀνέβησαν ἐπὶ τὸν 25 πρῶτον γήλοφον καὶ κατέβαινον, ὡς ἐπὶ τὸν ἕτερον ἀναβαίνειν, ἐνταῦθα ἐπιγίγνονται οἱ βάρβαροι καὶ ἀπὸ τοῦ ὑψηλοῦ εἰς τὸ πρανὲς ἔβαλλον, ἐσφενδόνων, ἐτόξευον ὑπὸ μαστίγων, καὶ πολλοὺς ἐτίτρωσκον καὶ ἐκράτησαν τῶν Ἑλλήνων γυμνή- 26 των καὶ κατέκλεισαν αὐτοὺς εἴσω τῶν ὅπλων· ὥστε παντάπασι ταύτην τὴν ἡμέραν ἄχρηστοι ἦσαν ἐν τῷ ὄχλῳ ὄντες καὶ οἱ σφενδονῆται καὶ οἱ τοξόται. ἐπεὶ δὲ πιεζόμενοι οἱ Ἕλλη- 27 νες ἐπεχείρησαν διώκειν, σχολῇ μὲν ἐπὶ τὸ ἄκρον ἀφικνοῦνται ὁπλῖται ὄντες, οἱ δὲ πολέμιοι ταχὺ ἀπεπήδων. πάλιν δὲ 28 ὁπότε ἀπίοιεν πρὸς τὸ ἄλλο στράτευμα, ταὐτὰ ἔπασχον, καὶ ἐπὶ τοῦ δευτέρου γηλόφου ταὐτὰ ἐγίγνετο, ὥστε ἀπὸ τοῦ τρίτου γηλόφου ἔδοξεν αὐτοῖς μὴ κινεῖν τοὺς στρατιώτας πρὶν ἀπὸ τῆς δεξιᾶς πλευρᾶς τοῦ πλαισίου ἀνήγαγον πελταστὰς πρὸς τὸ ὄρος. ἐπεὶ δ' οὗτοι ἐγένοντο ὑπὲρ τῶν ἑπομένων 29

---

ihren Platz, weil dort dem ὁπότε μὲν συγκύπτοι gleich ὁπότε δὲ διάσχοιεν gegenüber stehen sollte. — οἱ λοχαγοί, die 6 Lochagen einzeln (mit ihren Leuten hinter sich) in einer bestimmten Ordnung, jeder wenn die Reihe an ihn kam (ἐν τῷ μέρει). — τῆς φάλαγγος hängt von που ab: an irgend einer Stelle der Ph. — τι, Acc. der Beziehung: etwa.

24. καθῆκον, sich herabzogen. — ἡ κώμη, zu dem das Schloss gehörte, wie §. 10. — ὄντων ἱππέων, die ihnen bis jetzt in der Ebene so viel Noth gemacht hatten. Die Berge, die sie jetzt vor sich haben, sind bereits Ausläufer der Karduchischen Gebirge, die allmählich dem Tigris immer näher treten und die Assyrische Ebene mehr und mehr einengen. Als Gegenstück zur Freude beim Anblicke der Berge vergl. IV, 3, 1 die Freude beim Anblicke der Armenischen Ebene.

25. γήλοφον, Hügelkette, deren drei hinter einander die Griechen übersteigen müssen, um zu den Dörfern zu gelangen. — ὡς, um zu. ὑπὸ. Vergl. zu I, 5, 5.

26. κατέκλεισαν — εἴσω τῶν ὅπλων, wie III, 3, 7. S. oben zu §. 17. — τῷ ὄχλῳ, der im Vierecke geschützt stand.

28. τοὺς στρατιώτας, die den Hügel genommen hatten — τῆς δεξιᾶς, die also wohl dem Berge näher war als die linke.

πολεμίων, οὐκέτι ἐπετίθεντο οἱ πολέμιοι τοῖς καταβαίνουσι, δεδοικότες, μὴ ἀποτμηθείησαν καὶ ἀμφοτέρωθεν αὐτῶν γέ-
30 νοιντο οἱ πολέμιοι. οὕτω τὸ λοιπὸν τῆς ἡμέρας πορευόμενοι, οἱ μὲν τῇ ὁδῷ κατὰ τοὺς γηλόφους, οἱ δὲ κατὰ τὸ ὄρος ἐπιπαριόντες, ἀφίκοντο εἰς τὰς κώμας καὶ ἰατροὺς κατέστησαν
31 ὀκτώ· πολλοὶ γὰρ ἦσαν οἱ τετρωμένοι. ἐνταῦθα ἔμειναν ἡμέρας τρεῖς καὶ τῶν τετρωμένων ἕνεκα καὶ ἅμα ἐπιτήδεια πολλὰ εἶχον, ἄλευρα, οἶνον, κριθὰς ἵπποις συμβεβλημένας πολλάς. ταῦτα δὲ σινενηνεγμένα ἦν τῷ σατραπεύοντι τῆς χώρας. τε-
32 τάρτῃ δ' ἡμέρᾳ καταβαίνουσιν εἰς τὸ πεδίον. ἐπεὶ δὲ κατέλαβεν αὐτοὺς Τισσαφέρνης σὺν τῇ δυνάμει, ἐδίδαξεν αὐτοὺς ἡ ἀνάγκη κατασκηνῆσαι οὗ πρῶτον εἶδον κώμην καὶ μὴ πορεύεσθαι ἔτι μαχομένοις· πολλοὶ γὰρ ἦσαν ἀπόμαχοι οἱ τετρωμένοι καὶ οἱ ἐκείνους φέροντες καὶ οἱ τῶν φερόντων τὰ
33 ὅπλα δεξάμενοι. ἐπεὶ δὲ κατεσκήνησαν, καὶ ἐπεχείρησαν αὐτοῖς ἀκροβολίζεσθαι οἱ βάρβαροι πρὸς τὴν κώμην προσιόντες, πολὺ περιῆσαν οἱ Ἕλληνες· πολὺ γὰρ διέφερεν ἐκ χώρας ὁρμῶντας ἀλέξασθαι ἢ πορευομένους ἐπιοῦσι τοῖς πολεμίοις
34 μάχεσθαι. ἡνίκα δ' ἦν ἤδη δείλη, ὥρα ἦν ἀπιέναι τοῖς πολεμίοις· οὔποτε γὰρ μεῖον ἀπεστρατοπεδεύοντο οἱ βάρβαροι τοῦ Ἑλληνικοῦ ἑξήκοντα σταδίων, φοβούμενοι, μὴ τῆς νυκτὸς ἐπι-
35 θῶνται αὐτοῖς. πονηρὸν γὰρ νυκτός ἐστι στράτευμα Περσικόν. οἵ τε γὰρ ἵπποι αὐτοῖς δέδενται καὶ ὡς ἐπὶ τὸ πολὺ πεποδισμένοι εἰσὶ τοῦ μὴ φεύγειν ἕνεκα, εἰ λυθείησαν, ἐάν τέ τις θόρυβος γίγνηται, δεῖ ἐπισάξαι τὸν ἵππον Πέρσῃ ἀνδρὶ, καὶ χαλινῶσαι δεῖ καὶ θωρακισθέντα ἀναβῆναι ἐπὶ τὸν

---

30. κατὰ, über — hin. — τῇ ὁδῷ, dat. loci. K. 48, 1, A. 1. C. 442. — οἱ δὲ, die Peltasten aus §. 28.

31. τῷ στρατεύοντι, vom Satr. und zugleich für ihn. B. 134, 4. K. 48, 15, A. 3.

33. Subject von κατεσκήνησαν sind natürlich die Griechen. — πολὺ — διέφερεν, es war etwas bei weitem Anderes, Leichteres. — ἐκ χώρας, von der Stelle aus: Gegensatz πορευομένους.

34. μὴ — ἐπιθῶνται, näml. οἱ Ἕλληνες. Wegen des Conj. s. I, 4, 18 zu ἵνα — διαβῇ.

35. ὡς ἐπὶ τὸ πολὺ, wie III, 1, 42. — εἰ λυθείησαν wird hinzugefügt, weil in τοῦ μὴ φεύγειν ἕνεκα der Sinn liegt: weil sie fortlaufen würden. — ἐάν τε, und daher wenn. S. zu II, 3, 8. — δεῖ mit dem Dat. statt Acc. c. Infin. ist selten, hier wohl absichtlich: ist es eine nothwendige Mühe für den Persischen Mann (dat. incommodi), dann aber καὶ — δεῖ — θωρακισθέντα, und er muss.

ἵππον. ταῦτα δὲ πάντα χαλεπὰ νύκτωρ καὶ θορύβου ὄντος. τούτου ἕνεκα πόρρω ἀπεσκήνουν τῶν Ἑλλήνων. ἐπεὶ δὲ ἐγί- 36 γνωσκον αὐτοῖς οἱ Ἕλληνες βουλομένους ἀπιέναι καὶ διαγγελλομένους, ἐκήρυξε τοῖς Ἕλλησι συσκευάζεσθαι ἀκουόντων τῶν πολεμίων. καὶ χρόνον μέν τινα ἐπέσχον τῆς πορείας οἱ βάρβαροι, ἐπειδὴ δὲ ὀψὲ ἐγίγνετο, ἀπῄεσαν· οὐ γὰρ ἐδόκει λυσιτελεῖν αὐτοῖς νυκτὸς πορεύεσθαι καὶ κατάγεσθαι ἐπὶ τὸ στρατόπεδον. ἐπειδὴ δὲ σαφῶς ἀπιόντας ἤδη ἑώρων οἱ Ἕλληνες, ἐπο- 37 ρεύοντο καὶ αὐτοὶ ἀναζεύξαντες καὶ διῆλθον ὅσον ἑξήκοντα σταδίους. καὶ γίγνεται τοσοῦτον μεταξὺ τῶν στρατευμάτων, ὥστε τῇ ὑστεραίᾳ οὐκ ἐφάνησαν οἱ πολέμιοι οὐδὲ τῇ τρίτῃ, τῇ δὲ τετάρτῃ νυκτὸς προελθόντες καταλαμβάνουσι χωρίον ὑπερδέξιον οἱ βάρβαροι, ᾗ ἔμελλον οἱ Ἕλληνες παριέναι, ἀκρωνυχίαν ὄρους, ὑφ' ἣν ἡ κατάβασις ἦν εἰς τὸ πεδίον. ἐπειδὴ 38 δὲ ἑώρα Χειρίσοφος προκατειλημμένην τὴν ἀκρωνυχίαν, καλεῖ Ξενοφῶντα ἀπὸ τῆς οὐρᾶς καὶ κελεύει λαβόντα τοὺς πελταστὰς παραγενέσθαι εἰς τὸ πρόσθεν. ὁ δὲ Ξενοφῶν τοὺς μὲν 39 πελταστὰς οὐκ ἦγεν· ἐπιφαινόμενον γὰρ ἑώρα Τισσαφέρνην καὶ τὸ στράτευμα πᾶν· αὐτὸς δὲ προσελάσας ἠρώτα, Τί καλεῖς; ὁ δὲ λέγει αὐτῷ, Ἔξεστιν ὁρᾶν· προκατείληπται γὰρ ἡμῖν ὁ ὑπὲρ τῆς καταβάσεως λόφος, καὶ οὐκ ἔστι παρελθεῖν, εἰ μὴ τούτους ἀποκόψομεν. ἀλλὰ τί οὐκ ἦγες τοὺς πελτα- 40 στάς; ὁ δὲ λέγει, ὅτι οὐκ ἐδόκει αὐτῷ ἔρημα καταλιπεῖν τὰ ὄπισθεν πολεμίων ἐπιφαινομένων. Ἀλλὰ μὴν ὥρα γ', ἔφη, βουλεύεσθαι, πῶς τις τοὺς ἄνδρας ἀπελᾷ ἀπὸ τοῦ λόφου. ἐνταῦθα Ξενοφῶν ὁρᾷ τοῦ ὄρους τὴν κορυφὴν ὑπὲρ αὐτοῦ τοῦ 41 ἑαυτῶν στρατεύματος οὖσαν καὶ ἀπὸ ταύτης ἔφοδον ἐπὶ τὸν λόφον, ἔνθα ἦσαν οἱ πολέμιοι, καὶ λέγει, Κράτιστον, ὦ Χει-

---

36. διαγγελλομένους, näml. ἀπιέναι. — ἐκήρυξε, wie ἐσήμηνε §. 4. — ἀκουόντων τ. πολεμίων. So sicher waren die Hellenen, dass die Perser wegen ihrer Furcht vor Nachtkämpfen ihnen jetzt nicht mehr folgen würden. Doch warteten sie aus Vorsicht ihren Abmarsch noch ab.

37. ὅσον, wie §. 3. — τοσοῦτον, Strecke Wegs. S. zu II, 4, 11. — ὑφ' ἣν, unter welchem hin.

38. λαβόντα τοὺς π., mit seinen P., denn auch Cheirosophos hatte Peltasten im Vordertreffen. S. §. 43.

39. τούτους, diese da oben, hinzeigend.

40. ὥρα, näml. ἐστί.

41. ὑπὲρ αὐτοῦ τοῦ ἑαυτῶν, gerade über ihrem.

ρίσοφε, ἡμῖν ἴεσθαι ὡς τάχιστα ἐπὶ τὸ ἄκρον· ἢν γὰρ τοῦτο λάβωμεν, οὐ δυνήσονται μένειν οἱ ὑπὲρ τῆς ὁδοῦ. ἀλλὰ, εἰ βούλει, μένε ἐπὶ τῷ στρατεύματι, ἐγὼ δ' ἐθέλω πορεύεσθαι· εἰ δὲ χρῄζεις, πορεύου ἐπὶ τὸ ὄρος, ἐγὼ δὲ μενῶ αὐτοῦ.
42 Ἀλλὰ δίδωμί σοι, ἔφη ὁ Χειρίσοφος, ὁπότερον βούλει ἑλέσθαι. εἰπὼν ὁ Ξενοφῶν, ὅτι νεώτερός ἐστιν, αἱρεῖται πορεύεσθαι, κελεύει δέ οἱ συμπέμψαι ἀπὸ τοῦ στόματος ἄνδρας·
43 μακρὸν γὰρ ἦν ἀπὸ τῆς οὐρᾶς λαβεῖν. καὶ ὁ Χειρίσοφος συμπέμπει τοὺς ἀπὸ τοῦ στόματος πελταστάς· ἔλαβε δὲ τοὺς κατὰ μέσον τοῦ πλαισίου. συνέπεσθαι δ' ἐκέλευσεν αὐτῷ καὶ τοὺς τριακοσίους, οὓς αὐτὸς εἶχε τῶν ἐπιλέκτων ἐπὶ τῷ στό-
44 ματι τοῦ πλαισίου. ἐντεῦθεν ἐπορεύοντο ὡς ἐδύναντο τάχιστα. οἱ δ' ἐπὶ τοῦ λόφου πολέμιοι ὡς ἐνόησαν αὐτῶν τὴν πορείαν ἐπὶ τὸ ἄκρον, εὐθὺς καὶ αὐτοὶ ὥρμησαν ἁμιλλᾶσθαι
45 ἐπὶ τὸ ἄκρον. καὶ ἐνταῦθα πολλὴ μὲν κραυγὴ ἦν τοῦ Ἑλληνικοῦ στρατεύματος διακελευομένων τοῖς ἑαυτῶν, πολλὴ δὲ κραυγὴ τῶν ἀμφὶ Τισσαφέρνην τοῖς ἑαυτῶν διακελευομένων.
46 Ξενοφῶν δὲ παρελαύνων ἐπὶ τοῦ ἵππου παρεκελεύετο, Ἄνδρες, νῦν ἐπὶ τὴν Ἑλλάδα νομίζετε ἁμιλλᾶσθαι, νῦν πρὸς τοὺς παῖδας καὶ τὰς γυναῖκας, νῦν ὀλίγον πονήσαντες ἀμαχεὶ τὴν
47 λοιπὴν πορευσόμεθα. Σωτηρίδας δὲ ὁ Σικυώνιος εἶπεν, Οὐκ ἐξ ἴσου, ὦ Ξενοφῶν, ἐσμέν. σὺ μὲν γὰρ ἐφ' ἵππου ὀχῇ, ἐγὼ
48 δὲ χαλεπῶς κάμνω τὴν ἀσπίδα φέρων. καὶ ὃς ἀκούσας ταῦτα καταπηδήσας ἀπὸ τοῦ ἵππου ὠθεῖται αὐτὸν ἐκ τῆς τάξεως καὶ τὴν ἀσπίδα ἀφελόμενος ὡς ἐδύνατο τάχιστα ἔχων ἐπορεύετο· ἐτύγχανε δὲ καὶ θώρακα ἔχων τὸν ἱππικόν· ὥστε ἐπιέζετο. καὶ τοῖς μὲν ἔμπροσθεν ὑπάγειν παρεκελεύετο, τοῖς δὲ
49 ὄπισθεν παριέναι μόλις ἑπομένοις. οἱ δ' ἄλλοι στρατιῶται παίουσι καὶ βάλλουσι καὶ λοιδοροῦσι τὸν Σωτηρίδαν, ἔστε

---

42. *εἰπὼν*, Asyndeton mit vorstehendem Verbum. — *μακρὸν — ἦν*, longum erat, es wäre — gewesen.
43. *τοὺς ἀπὸ*, Attraction wie I, 1, 5. — *ἔλαβε δὲ*, nähere Bestimmung des Vorhergehenden: die Pelt. aus der Mitte der Vorhut des Viereckes. — *τῶν ἐπιλέκτων*, von denen zu §. 21 die Rede war.

45. *διακελευομένων τοῖς ἑαυτῶν*, indem sie ihre Kameraden (durch laute Zurufe) ermunterten, also gegenseitig. — *τῶν ἀμφὶ Τισσ.* S. zu II, 4, 2.
47. *ἐξ ἴσου*. Vergl. zu *ἐκ τοῦ ἀδίκου* I, 9, 16.
48. *καὶ ὅς*, und er, Xenophon. — *ἔχων*, mit ihm, dem Schilde.

ἠνάγκασαν λαβόντα τὴν ἀσπίδα πορεύεσθαι. ὁ δὲ ἀναβάς, ἕως μὲν βάσιμα ἦν, ἐπὶ τοῦ ἵππου ἦγεν, ἐπεὶ δὲ ἄβατα ἦν, καταλιπὼν τὸν ἵππον ἔσπευδε πεζῇ. καὶ φθάνουσιν ἐπὶ τῷ ἄκρῳ γενόμενοι τοὺς πολεμίους.

Ἔνθα δὴ οἱ μὲν· βάρβαροι στραφέντες ἔφευγον ᾗ ἕκαστος V. ἐδύνατο, οἱ δ' Ἕλληνες εἶχον τὸ ἄκρον. οἱ δὲ ἀμφὶ Τισσα-

---

5. Inhalt: Sobald Xenophon mit seiner tapferen Schaar die Berghöhe erklommen hat, giebt der Feind sein Ziel auf und wendet sich östlich in das Gebirge. Cheirisophos rückt nun ungehindert in das nächste mit Vorräthen reich versehene Dorf ein, und seine Leute zerstreuen sich unten in der Ebene am Tigris, wo sie sich hier weidender Heerden bemächtigen. Plötzlich erscheinen Feinde, die sich durch die Berge links herum nach der Ebene gezogen haben und überfallen die Beute machenden Hellenen, während gleichzeitig von Tissaphernes die nahen Dörfer in Brand gesteckt werden. Cheirisophos leistet schnelle Hülfe und weiss in den Trost, den Xenophon — der erst jetzt von jenem Berge, auf dem er, wie es scheint, den entweichenden Feind noch eine Zeit lang beobachtet hat, herabsteigt und den eben von der Hülfeleistung zurückkehrenden Leuten des Cheirisophos begegnet — den über die durch die Verbrennung der Dörfer verlorene Aussicht auf weiteren Proviant muthlos gewordenen Soldaten zuruft, mit gleichem Humor einzustimmen.

Doch den Feldherrn machte wieder einmal die Lage der Dinge schwere Sorge. Sie wird in einer Versammlung der Officiere berathen: zur Rechten und vor sich haben sie hohe, zum Theil schroffe Berge, die sich bis dicht an den Tigris heranziehen und an diesem Strome hin keinen Durchgang lassen, links den mächtigen, tiefen Strom, hinter sich den Feind, der die Dörfer mit ihren Vorräthen verbrennt. Die Situation war eine verzweifelte, wie es schien vernichtende. Deshalb also hatte sie Tissaphernes über den Tigris geführt: in diesem Winkel zwischen Strom und Gebirge, nach Verbrennung der Dörfer ohne Lebensmittel, hoffte er, müsste die verhasste Schaar zu Grunde gehen. Doch sollte es anders kommen. — Der sinnreiche Einfall eines Rhodiers, mittelst einer auf schwimmenden Schläuchen schwebenden Brücke über den Tigris zu setzen, erscheint unausführbar, da man am jenseitigen Ufer zahlreiche Persische Reiterei erblickt, die den künstlichen Bau nicht würden zu Stande kommen lassen. Da macht man zunächst eine etwas rückgängige Bewegung, nämlich nach den nächsten noch nicht abgebrannten Dörfern, um sich für's Erste wenigstens die nöthigen Lebensmittel zu sichern. Hier halten die Strategen und Lochagen abermals Rath unter Hinzuziehung ihrer mit der Lokalität und den nach den verschiedenen Richtungen hinführenden Strassenzügen vertrauten Gefangenen. Als einziger Weg zur Rettung ergiebt sich der Zug durch das Gebirgsland der kriegerischen, vom Perserkönige unabhängigen Karduchen, um von da aus Armenien zu erreichen, wo dann alle Schwierigkeiten überwunden sein würden. Das Heer soll sich jeden Augenblick zum Aufbruche bereit halten.

---

49. ὁ δ', Xenophon. — καὶ, und so. — φθάνουσι γενόμενοι. S. zu I, 1, 2.
1. ᾗ, qua via. — οἱ — ἀμφί. Τισσ. S. zu II, 4, 2.

φέρνην καὶ Ἀριαῖον ἀποτραπόμενοι ἄλλην ὁδὸν ᾤχοντο. οἱ δὲ ἀμφὶ Χειρίσοφον καταβάντες εἰς τὸ πεδίον ἐστρατοπεδεύοντο ἐν κώμῃ μεστῇ πολλῶν ἀγαθῶν. ἦσαν δὲ καὶ ἄλλαι κῶμαι πολλαὶ πλήρεις πολλῶν ἀγαθῶν ἐν τούτῳ τῷ πεδίῳ 2 παρὰ τὸν Τίγρητα ποταμόν. ἡνίκα δ' ἦν δείλη ἐξαπίνης οἱ πολέμιοι ἐπιφαίνονται ἐν τῷ πεδίῳ καὶ τῶν Ἑλλήνων κατέκοψάν τινας τῶν ἐσκεδασμένων ἐν τῷ πεδίῳ καθ' ἁρπαγήν· καὶ γὰρ νομαὶ πολλαὶ βοσκημάτων διαβιβαζόμεναι εἰς τὸ πέραν τοῦ 3 ποταμοῦ κατελήφθησαν. ἐνταῦθα Τισσαφέρνης καὶ οἱ σὺν αὐτῷ καίειν ἐπεχείρησαν τὰς κώμας. καὶ τῶν Ἑλλήνων μάλα ἠθύμησάν τινες, ἐννοούμενοι, μὴ τὰ ἐπιτήδεια, εἰ καίοιεν, 4 οὐκ ἔχοιεν ὁπόθεν λαμβάνοιεν. καὶ οἱ μὲν ἀμφὶ Χειρίσοφον ἀπῄεσαν ἐκ τῆς βοηθείας· ὁ δὲ Ξενοφῶν ἐπεὶ κατέβη, παρελαύνων τὰς τάξεις, ἡνίκα ἀπὸ τῆς βοηθείας ἀπήντησαν οἱ 5 Ἕλληνες, ἔλεγεν, Ὁρᾶτε, ὦ ἄνδρες Ἕλληνες, ὑφιέντας τὴν χώραν ἤδη ἡμετέραν εἶναί; ἃ γὰρ ὅτε ἐσπένδοντο διεπράττοντο, μὴ καίειν τὴν βασιλέως χώραν, νῦν αὐτοὶ καίουσιν ὡς 6 ἀλλοτρίαν. ἀλλ' ἐάν που καταλείπωσί γε αὐτοῖς τὰ ἐπιτήδεια, ὄψονται καὶ ἡμᾶς ἐνταῦθα πορευομένοις. ἀλλ', ὦ Χειρίσοφε, ἔφη, δοκεῖ μοι βοηθεῖν ἐπὶ τοὺς καίοντας ὡς ὑπὲρ τῆς ἡμετέρας. ὁ δὲ Χειρίσοφος εἶπεν, Οὔκουν ἔμοιγε δοκεῖ· ἀλλὰ καὶ ἡμεῖς, ἔφη, καίωμεν, καὶ οὕτω θᾶττον παύσονται.

7 Ἐπεὶ δὲ ἐπὶ τὰς σκηνὰς ἦλθον, οἱ μὲν ἄλλοι περὶ τὰ ἐπιτήδεια ἦσαν, στρατηγοὶ δὲ καὶ λοχαγοὶ συνῄεσαν. καὶ

---

2. νομαί, Heerden.
3. ἐννοούμενοι, mit dem Nebenbegriffe der Besorgniss, daher μή — οὐκ wie III, 1, 12. — καίοιεν mit leicht zu erkennendem Subject. S. zu I, 2, 17.
4. ἀπῄεσαν, redibant. Dass Cheir. zu Hülfe eilte, ist §. 2 nicht ausdrücklich erwähnt worden. — κατέβη von dem ἄκρον III, 4, 49. S. die Inhaltsanzeige.
5. ὑφιέντας, concedentes. — διεπράττοντο, als Bedingung des Vertrages II, 3, 27. — καίουσι, statt ποιοῦσι, die Handlung von der die Rede ist, selbst. Aehnlich war καὶ αὐτὸς ἐπειρᾶτο I, 9, 21.

6. δοκεῖ (wie I, 3, 18) μοι βοηθεῖν ist ebensowenig ernstlich gemeint als die Antwort des Cheirisophos. Die so zuversichtlich klingenden Reden der beiden Feldherren, denen es in der That, wie das Folgende zeigt, ganz anders zu Muthe war, sollen nur den Soldaten die entmuthigende Besorgniss nehmen.

7. τὰς σκηνάς. Die Zelte sind III, 3, 1 verbrannt; also: das Lager, hier in den Dörfern (vergl. ἐσκήνησαν IV, 2, 22), anderswo auch Bivouak. — περὶ τά, beschäftigt mit den. —

ἐνταῦθα πολλὴ ἀπορία ἦν. ἔνθεν μὲν γὰρ ὄρη ἦν ὑπερύψηλα, ἔνθεν δὲ ὁ ποταμὸς τοσοῦτος τὸ βάθος, ὡς μηδὲ τὰ δόρατα ὑπερέχειν πειρωμένοις τοῦ βάθους. ἀπορουμένοις δ' αὐτοῖς 8 προσελθών τις ἀνὴρ Ῥόδιος εἶπεν, Ἐγὼ θέλω, ὦ ἄνδρες, διαβιβάσαι ὑμᾶς κατὰ τετρακισχιλίοις ὁπλίτας, ἂν ἐμοὶ ὧν δέομαι ὑπηρετήσητε καὶ τάλαντον μισθὸν πορίσητε. ἐρωτώμενος 9 δέ, ὅτου δέοιτο, Ἀσκῶν, ἔφη, δισχιλίων δεήσομαι· πολλὰ δ' ὁρῶ πρόβατα καὶ αἶγας καὶ βοῦς καὶ ὄνους, ἃ ἀποδαρέντα καὶ φυσηθέντα ῥᾳδίως ἂν παρέχοι τὴν διάβασιν. δεήσομαι δὲ 10 καὶ τῶν δεσμῶν, οἷς χρῆσθε περὶ τὰ ὑποζύγια· τούτοις ζεύξας τοὺς ἀσκοὺς πρὸς ἀλλήλους, ὁρμίσας ἕκαστον ἀσκὸν λίθους ἀρτήσας καὶ ἀφεὶς ὥσπερ ἀγκύρας εἰς τὸ ὕδωρ, διαγαγὼν καὶ ἀμφοτέρωθεν δήσας ἐπιβαλῶ ὕλην καὶ γῆν ἐπιφορήσω· ὅτι 11 μὲν οὖν οὐ καταδύσεσθε αὐτίκα μάλα εἴσεσθε· πᾶς γὰρ ἀσκὸς δύο ἄνδρας ἕξει τοῦ μὴ καταδῦναι· ὥστε δὲ μὴ ὀλισθάνειν ἡ ὕλη καὶ ἡ γῆ σχήσει. ἀκούσασι ταῦτα τοῖς στρατηγοῖς τὸ μὲν 12 ἐνθύμημα χαρίεν ἐδόκει εἶναι, τὸ δ' ἔργον ἀδύνατον· ἦσαν γὰρ οἱ κωλύσοντες πέραν πολλοὶ ἱππεῖς, οἳ εὐθὺς τοῖς πρώτοις οὐδὲν ἂν ἐπέτρεπον τούτων ποιεῖν. ἐνταῦθα τὴν μὲν 13 ὑστεραίαν ἐπανεχώρουν εἰς τοὔμπαλιν εἰς τὰς ἀκαύστοις κώμας, κατακαύσαντες ἔνθεν ἐξῄεσαν· ὥστε οἱ πολέμιοι οὐ προσήλαυνον, ἀλλὰ ἐθεῶντο καὶ ὅμοιοι ἦσαν θαυμάζειν, ὅποι ποτὲ τρέψονται οἱ Ἕλληνες καὶ τί ἐν νῷ ἔχοιεν.

ὑπερέχειν, über den Wasserspiegel hervorragten.
8. κατὰ τετρ. je 4000, d. i. immer 4000 auf einmal.
10. ὁρμίσας, gebe einen festen Halt, ἀρτήσας, dadurch dass ich (an den Schlauch) Steine (mittelst der δεσμοί) anhänge und sie — hinabsenke (ἀφεὶς) —, ziehe (die ganze Kette von Schläuchen) nach beiden Seiten hin straff an (διαγαγὼν), binde die beiden Enden an den Ufern (ἀμφοτέρωθεν) fest und werfe dann — darauf u. s. w.
11. ἕξει, hemmen, davor schüzzen wird, in derselben Bedeutung dann σχήσει mit ὥστε μή. Ueber das erste μή s. zu I, 3, 2.
12. οἱ κωλύσοντες. Vergl. II, 3, 5 zu ὁ τολμήσων. — τούτων, was §. 10 auseinander gesetzt ist.
13. εἰς τοὔμπαλιν. S. die Inhaltsanzeige. — ἔνθεν, d. i. τὰς κώμας, ἐξ ὧν. — ὅμοιοι ἦσαν θαυμάζειν, videbantur mirari, wie der Infinitiv bei dem persönlich gebrauchten ἔοικα vorkommt. B. 144, 6, A. 9. K. 56, 4, A. 9. C. 571. — ὅποι ποτέ, quo tandem. — τρέψονται, was erst noch geschehen wird (der Indic. des Futurs bleibt gewöhnlich auch in indirecter Frage), ἔχοιεν, was bereits geschicht.

14 ἐνταῦθα οἱ μὲν ἄλλοι στρατιῶται ἐπὶ τὰ ἐπιτήδεια ᾖεσαν· οἱ δὲ στρατηγοὶ καὶ οἱ λοχαγοὶ πάλιν συνῆλθον καὶ συναγαγόντες τοὺς ἑαλωκότας ἤλεγχον τὴν κύκλῳ πᾶσαν χώραν τίς ἑκάστη
15 εἴη. οἱ δ' ἔλεγον, ὅτι τὰ μὲν πρὸς μεσημβρίαν τῆς ἐπὶ Βαβυλῶνα εἴη καὶ Μηδίαν, δι' ἧσπερ ἥκοιεν, ἡ δὲ πρὸς ἕω ἐπὶ Σοῦσά τε καὶ Ἐκβάτανα φέροι, ἔνθα θερίζειν καὶ ἐαρίζειν λέγεται βασιλεύς, ἡ δὲ διαβάντι τὸν ποταμὸν πρὸς ἑσπέραν ἐπὶ Λυδίαν καὶ Ἰωνίαν φέροι, ἡ δὲ διὰ τῶν ὀρέων καὶ πρὸς
16 ἄρκτον τετραμμένη ὅτι εἰς Καρδούχους ἄγοι. τούτοις δὲ ἔφασαν οἰκεῖν ἀνὰ τὰ ὄρη καὶ πολεμικοὺς εἶναι καὶ βασιλέως οὐκ ἀκούειν, ἀλλὰ καὶ ἐμβαλεῖν ποτε εἰς αὐτοὺς βασιλικὴν στρατιὰν δώδεκα μυριάδας· τούτων δ' οὐδένα ἀπονοστῆσαι διὰ τὴν δυσχωρίαν. ὁπότε μέντοι πρὸς τὸν σατράπην τὸν ἐν τῷ πεδίῳ σπείσαιντο, καὶ ἐπιμιγνύναι σφῶν τε πρὸς ἐκείνους καὶ
17 ἐκείνων πρὸς ἑαυτοῖς. ἀκούσαντες ταῦτα οἱ στρατηγοὶ ἐκάθισαν χωρὶς τοὺς ἑκασταχόσε φάσκοντας εἰδέναι, οὐδὲν δῆλον ποιήσαντες, ὅποι πορεύεσθαι ἔμελλον. ἐδόκει δὲ τοῖς στρατηγοῖς ἀναγκαῖον εἶναι διὰ τῶν ὀρέων εἰς Καρδούχους ἐμβάλλειν· τούτους γὰρ διελθόντας ἔφασαν εἰς Ἀρμενίαν ἥξειν, ἧς Ὀρόντας ἦρχε πολλῆς καὶ εὐδαίμονος. ἐντεῦθεν δ' εὔπορον
18 ἔφασαν εἶναι ὅποι τις ἐθέλοι πορεύεσθαι. ἐπὶ τούτοις ἐθύσαντο, ὅπως ἡνίκα καὶ δοκοίη τῆς ὥρας τὴν πορείαν ποιοῖντο· τὴν γὰρ ὑπερβολὴν τῶν ὀρέων ἐδεδοίκεσαν μὴ προκα-

---

14. ἐπὶ, um zu beschaffen.

15. τῆς — εἴη, gehöre zu dem Wege oder zu dem Landstriche, der nach Bab. führe. — θερίζειν, in Ekbatana 2 Monate, ἐαρίζειν, in Susa 3 Monate. Die übrige Zeit des Jahres residirte er in Babylon. — ἡ δὲ — πρὸς ἑσπέραν, der aber, welcher (für einen, der, d. i.) wenn man den Fluss überschreite, gegen Abend hin liege. — εἰς Καρδούχους, wofür man sich entscheidet, wird durch das wiederholte ὅτι hervorgehoben. εἰς wie I, 1, 11.

16. ἐν τῷ πεδίῳ, der Assyrischen, an deren nördlichen Grenze sich jetzt die Hellenen befinden. — καὶ, dann käme es auch vor, dass. — ἐπιμιγνύναι, verkehrten, gewöhnlicher ἐπιμίγνυσθαι. — σφῶν — ἐκείνων, welche von ihnen — welche von jenen, gen. part. wie I, 5, 7.

17. ἑκασταχόσε, näml. τὴν ὁδόν. — ἔφασαν, die eben befragten Gefangenen. — Ἀρμενίαν, Ost-Armenien, dessen Satrap Orontas war.

18. ἐπὶ τούτοις, indem man dieses im Sinne hatte, zu diesem Zwecke. — ἡνίκα τῆς ὥρας, quo momento horae oder temporis. Das

ταληφθείη· καὶ παρήγγειλαν, ἐπειδὴ δειπνήσειαν, συσκευασαμένους πάντας ἀναπαύεσθαι, καὶ ἕπεσθαι ἡνίκ' ἄν τις παραγγέλλῃ.

Opfern, das doch vor dem Abmarsche geschehen sein muss, soll denselben, wenn er plötzlich angetreten werden soll, nicht verzögern. Ueber καὶ, das nicht übersetzt wird, s. zu I, 3, 16. Wir können auch zu τὴν πορείαν ποιοῖντο setzen. — τὴν — ὑπερβολὴν, Prolepsis wie I, 8, 21.

Δ.

1. Ὅσα μὲν δὴ ἐν τῇ ἀναβάσει ἐγένετο μέχρι τῆς μάχης, καὶ ὅσα μετὰ τὴν μάχην ἐν ταῖς σπονδαῖς, ἃς βασιλεὺς καὶ οἱ σὺν Κύρῳ ἀναβάντες Ἕλληνες ἐποιήσαντο, καὶ ὅσα παραβάντος τὰς σπονδὰς βασιλέως καὶ Τισσαφέρνοις ἐπολεμήθη πρὸς τοὺς Ἕλληνας ἐπακολουθοῦντος τοῦ Περσικοῦ στρατεύ-
2 ματος, ἐν τῷ πρόσθεν λόγῳ δεδήλωται. ἐπεὶ δὲ ἀφίκοντο

---

1. **Inhalt:** Etwa am 12. November (401), früh gegen 4 Uhr treten die Hellenen den Marsch durch den westlichen Theil des Landes der Karduchen an. Noch im Dunkel kommen sie durch die kurze Ebene und erreichen mit Tagesanbruch bereits den ersten Höhenzug des terrassenförmig aufsteigenden Gebirges. Sie marschiren nicht mehr im Viereck, wie es in der Ebene zweckmässig war — es verfolgt sie jetzt nicht mehr das Persische Heer mit seiner zahlreichen Reiterei —, sondern in langem Zuge, Lochos hinter Lochos. Cheirisophos führt wieder die Vorhut, Xenophon die Nachhut, der Tross befindet sich in der Mitte. Die überraschten Karduchen fliehen zunächst mit Weib und Kind aus ihren Dörfern in ihre Berge und zeigen keine Lust den schonend vorwärts ziehenden Hellenen freien Durchzug zu bewilligen. Mit einem geringen Verlust, den die Nachhut erleidet, erreicht das Heer in der ersten Thalebene Dörfer mit reichen Vorräthen von Lebensmitteln. In der Nacht rufen Signalfeuer das Bergvolk zusammen. Am anderen Tage vermindern die Feldherren abermals den Tross um ein Bedeutendes und man zieht unter Kämpfen und bei starkem Schneefall weiter. Heftiger werden die Angriffe des Feindes am dritten Tage. Ein Pass auf der Höhe wird sichtbar. Während Cheirisophos alle Anstrengung macht ihn vor dem Feinde zu erreichen, kommt die Nachhut, die so schnell nicht folgen kann, hart in's Gedränge, der Uebergang aber, der einzige, der über den Gebirgskamm führt, wird von den Karduchen besetzt. Da erfahren sie durch einen Gefangenen, dass man zu jenem Passe nicht bloss auf dem von unten aus sichtbaren, steilen, sondern auch auf einem weiteren, bequemeren Wege gelangen kann. Eine Bergkuppe, die diesen Weg auf der Höhe beherrscht, beschliesst man während der Nacht in Besitz zu nehmen, zu welchem Unternehmen sich eine grosse Anzahl Hopliten und Gymneten freiwillig meldet.

---

1. ἐν ταῖς σπονδαῖς, wie III, 1, 1. — παραβάντος, der Singular bei zwei Personen, von denen die eine nur den Willen der anderen ausführt. — τοῦ Περσικοῦ στρατεύματος. Dieses, wohl in dem Glauben, die Hellenen müssten im Karduchenlande zu Grunde gehen, löst sich hier in seine ursprünglichen Bestandtheile auf: Tissaphernes, dem sich Ariäos anschliesst, zieht nach Sardes, Orontas in seine Sa-

ἔνθα ὁ μὲν Τίγρης ποταμὸς παντάπασιν ἄπορος ἦν διὰ τὸ βάθος καὶ μέγεθος, πάροδος δὲ οὐκ ἦν, ἀλλὰ τὰ Καρδούχια ὄρη ἀπότομα ὑπὲρ αὐτοῦ τοῦ ποταμοῦ ἐκρέματο, ἐδόκει δὴ τοῖς στρατηγοῖς διὰ τῶν ὀρέων πορευτέον εἶναι. ἤκουον γὰρ 3 τῶν ἁλισκομένων, ὅτι εἰ διέλθοιεν τὰ Καρδούχια ὄρη, ἐν τῇ Ἀρμενίᾳ τὰς πηγὰς τοῦ Τίγρητος ποταμοῦ, ἢν μὲν βούλωνται, διαβήσονται, ἢν δὲ μὴ βούλωνται, περιίασι. καὶ τοῦ Εὐφράτου δὲ τὰς πηγὰς ἐλέγετο οὐ πρόσω τοῦ Τίγρητος εἶναι, καὶ ἔστιν οὕτως ἔχον. τὴν δ' εἰς τοὺς Καρδούχους ἐμβολὴν 4 ὧδε ποιοῦνται, ἅμα μὲν λαθεῖν πειρώμενοι, ἅμα δὲ φθάσαι πρὶν τοὺς πολεμίους καταλαβεῖν τὰ ἄκρα. ἡνίκα δ' ἦν ἀμφὶ 5 τὴν τελευταίαν φυλακὴν καὶ ἐλείπετο τῆς νυκτὸς ὅσον σκοταίους διελθεῖν τὸ πεδίον, τηνικαῦτα ἀναστάντες ἀπὸ παραγγέλσεως πορευόμενοι ἀφικνοῦνται ἅμα τῇ ἡμέρᾳ πρὸς τὸ ὄρος. ἔνθα δὴ Χειρίσοφος μὲν ἡγεῖτο τοῦ στρατεύματος λαβὼν τὸ 6 ἀμφ' αὑτὸν καὶ τοὺς γυμνῆτας πάντας, Ξενοφῶν δὲ σὺν τοῖς ὀπισθοφύλαξιν ὁπλίταις εἵπετο οὐδένα ἔχων γυμνήτην· οὐδεὶς γὰρ κίνδυνος ἐδόκει εἶναι, μή τις ἄνω πορευομένων ἐκ τοῦ ὄπισθεν ἐπίσποιτο. καὶ ἐπὶ μὲν τὸ ἄκρον ἀναβαίνει Χειρί- 7 σοφος πρίν τινα αἰσθέσθαι τῶν πολεμίων· ἔπειτα δ' ὑφηγεῖτο· ἐφείπετο δὲ ἀεὶ τὸ ὑπερβάλλον τοῦ στρατεύματος εἰς τὰς κώμας τὰς ἐν τοῖς ἄγκεσί τε καὶ μυχοῖς τῶν ὀρέων. ἔνθα 8 δὴ οἱ μὲν Καρδοῦχοι ἐκλιπόντες τὰς οἰκίας ἔχοντες καὶ γυναῖκας καὶ παῖδας ἔφευγον ἐπὶ τὰ ὄρη. τὰ δὲ ἐπιτήδεια πολλὰ ἦν λαμβάνειν, ἦσαν δὲ καὶ χαλκώμασι παμπόλλοις κατεσκευασμέναι αἱ οἰκίαι, ὧν οὐδὲν ἔφερον οἱ Ἕλληνες, οὐδὲ τοὺς ἀνθρώπους ἐδίωκον, ὑποφειδόμενοι, εἴ πως ἐθελήσειαν οἱ

---

trapie Ost-Armenien, der Zuzug aus dem eigentlichen Persien wahrscheinlich dorthin zurück.

2. ὑπὲρ αὐτοῦ τοῦ wie III, 4, 41.

3. πρόσω τοῦ kurz für πρόσω τῶν τοῦ. — ἔστιν — ἔχον, es verhält sich.

5. τὴν τελευταίαν, um das letzte Drittel — denn die Griechen zählten nur 3 Nachtwachen — der Nacht. — τῆς νυκτὸς ὅσον, d. i. τοσοῦτον τῆς νυκτός, ὥστε. — σκοταίους, im Dunkel. S. zu II, 2, 17. — ἀπὸ wie II, 5, 32.

6. πορευομένων, wie διαβαινόντων II, 4, 24.

7. ἀεὶ τό. S. zu III, 2, 31.

8. ἔχοντες, mit. — In ὑποφειδόμενοι bezeichnet die Präposition, dass sie bei der Schonung einen gegen die Karduchen nicht ausgesprochenen Zweck hatten, den das Folgende angiebt.

Καρδοῦχοι διιέναι αὐτοὺς ὡς διὰ φιλίας τῆς χώρας, ἐπείπερ 9 βασιλεῖ πολέμιοι ἦσαν· τὰ μέντοι ἐπιτήδεια, ὅτῳ τις ἐπιτυγχάνοι, ἐλάμβανον· ἀνάγκη γὰρ ἦν. οἱ δὲ Καρδοῦχοι οὔτε κα- 10 λούντων ὑπήκουον οὔτε ἄλλο φιλικὸν οὐδὲν ἐποίουν. ἐπεὶ δὲ οἱ τελευταῖοι τῶν Ἑλλήνων κατέβαινον εἰς τὰς κώμας ἀπὸ τοῦ ἄκρου ἤδη σκοταῖοι, διὰ γὰρ τὸ στενὴν εἶναι τὴν ὁδὸν ὅλην τὴν ἡμέραν ἡ ἀνάβασις αὐτοῖς ἐγένετο καὶ κατάβασις τότε δὴ συλλεγέντες τινὲς τῶν Καρδούχων τοῖς τελευταίοις ἐπέθεντο καὶ ἀπέκτεινάν τινας καὶ λίθοις καὶ τοξεύμασι κατέτρωσαν, ὀλίγοι ὄντες· ἐξ ἀπροσδοκήτου γὰρ αὐτοῖς 11 ἐπέπεσε τὸ Ἑλληνικόν. εἰ μέντοι τότε πλείους συνελέγησαν, ἐκινδύνευσεν ἂν διαφθαρῆναι πολὺ τοῦ στρατεύματος. καὶ ταύτην μὲν τὴν νύκτα οὕτως ἐν ταῖς κώμαις ηὐλίσθησαν· οἱ δὲ Καρδοῦχοι πυρὰ πολλὰ ἔκαιον κύκλῳ ἐπὶ τῶν ὀρέων καὶ 12 συνεώρων ἀλλήλους. ἅμα δὲ τῇ ἡμέρᾳ συνελθοῦσι τοῖς στρατηγοῖς καὶ λοχαγοῖς τῶν Ἑλλήνων ἔδοξε τῶν τε ὑποζυγίων τὰ ἀναγκαῖα καὶ δυνατώτατα ἔχοντας πορεύεσθαι, καταλιπόντας τἆλλα, καὶ ὅσα ἦν νεωστὶ αἰχμάλωτα ἀνδράποδα ἐν τῇ στρα- 13 τιᾷ πάντα ἀφεῖναι. σχολαίαν γὰρ ἐποίουν τὴν πορείαν πολλὰ ὄντα τὰ ὑποζύγια καὶ τὰ αἰχμάλωτα, πολλοὶ δὲ οἱ ἐπὶ τούτοις ὄντες ἀπόμαχοι ἦσαν, διπλάσιά τε ἐπιτήδεια ἔδει πορίζεσθαι καὶ φέρεσθαι πολλῶν τῶν ἀνθρώπων ὄντων. δόξαν δὲ ταῦτα ἐκήρυξαν οὕτω ποιεῖν.

14 Ἐπεὶ δὲ ἀριστήσαντες ἐπορεύοντο, ὑποστήσαντες ἐν στενῷ οἱ στρατηγοί, εἴ τι εὑρίσκοιεν τῶν εἰρημένων μὴ ἀφειμένον, ἀφῃροῦντο, οἱ δ' ἐπείθοντο, πλὴν εἴ τίς τι ἔκλεψεν, οἷον ἢ παιδὸς ἐπιθυμήσας ἢ γυναικὸς τῶν εὐπρεπῶν. καὶ ταύτην μὲν

---

9. ἐπιτυγχάνοι, Optativ wie I, 2,7.
10. ἡ ἀνάβασις — κατάβασις, den ersten Höhenzug hinauf und hinab — darüber verging der ganze Tag. — ὄντες, obwohl es nur — waren.
11. οὕτως, wie man sich's nach den Erlebnissen des Tages leicht vorstellen kann.
12. τὰ — δυνατώτατα ἔχοντας, nur mit den — stärksten.
13. ἐποίουν. Ueber d. Plural. s. zu I, 2, 23. — δόξαν — ταῦτα, als diess beschlossen war, absoluter Accus., als Phrase, in der der Singular des Particips sich erklärt aus ἔδοξε ταῦτα. B. 145, A. 10, 2. K. 56, 9, A. 5 u. 6.
14. ὑποστήσαντες, nämlich τινάς, gleichsam auf die Lauer. — τῶν εἰρημένων, näml. ἀφεῖναι: von dem, was im Stiche zu lassen anbefohlen war. — ἔκλεψε, heimlich durchbrachte. — παιδὸς ἐπιθυμήσας kurz für παῖδα, οὗ ἐπεθύμει. — τῶν εὐπρεπῶν, näm-

τὴν ἡμέραν οὕτως ἐπορεύθησαν, τὰ μέν τι μαχόμενοι, τὰ δὲ καὶ ἀναπαυόμενοι. εἰς δὲ τὴν ὑστεραίαν γίγνεται χειμὼν πολύς, ἀναγκαῖον δ' ἦν πορεύεσθαι· οὐ γὰρ ἦν ἱκανὰ τἀπιτήδεια. καὶ ἡγεῖτο μὲν Χειρίσοφος, ὠπισθοφυλάκει δὲ Ξενοφῶν. καὶ οἱ πολέμιοι ἰσχυρῶς ἐπετίθεντο, καὶ στενῶν ὄντων τῶν χωρίων ἐγγὺς προσιόντες ἐτόξευον καὶ ἐσφενδόνων· ὥστε ἠναγκάζοντο οἱ Ἕλληνες ἐπιδιώκοντες καὶ πάλιν ἀναχάζοντες σχολῇ πορεύεσθαι· καὶ θαμινὰ παρήγγελλεν ὁ Ξενοφῶν ὑπομένειν, ὅτε οἱ πολέμιοι ἰσχυρῶς ἐπικέοιντο. ἐνταῦθα ὁ Χειρίσοφος ἄλλοτε μὲν, ὅτε παρεγγυῷτο, ὑπέμενε, τότε δὲ οὐχ ὑπέμενεν, ἀλλ' ἦγε ταχέως καὶ παρηγγύα ἕπεσθαι, ὥστε δῆλον ἦν, ὅτι πρᾶγμά τι εἴη· σχολὴ δ' οὐκ ἦν ἰδεῖν παρελθόντι τὸ αἴτιον τῆς σπουδῆς· ὥστε ἡ πορεία ὁμοία φυγῇ ἐγίγνετο τοῖς ὀπισθοφύλαξι. καὶ ἐνταῦθα ἀποθνήσκει ἀνὴρ ἀγαθὸς Λακωνικὸς Κλεώνυμος τοξευθεὶς διὰ τῆς ἀσπίδος καὶ τῆς σπολάδος εἰς τὰς πλευράς καὶ Βασίας Ἀρκὰς διαμπερὲς τὴν κεφαλήν. ἐπεὶ δὲ ἀφίκοντο ἐπὶ σταθμόν, εὐθὺς ὥσπερ εἶχεν ὁ Ξενοφῶν ἐλθὼν πρὸς τὸν Χειρίσοφον ᾐτιᾶτο αὐτὸν, ὅτι οὐχ ὑπέμεινεν, ἀλλ' ἠναγκάζοντο φεύγοντες ἅμα μάχεσθαι. καὶ νῦν δύο καλώ τε κἀγαθὼ ἄνδρε τέθνατον καὶ οὔτε ἀνελέσθαι οὔτε θάψαι ἐδυνάμεθα. ἀποκρίνεται ὁ Χειρίσοφος, Βλέψον, ἔφη, πρὸς τὰ ὄρη καὶ ἰδὲ, ὡς ἄβατα πάντα ἐστί· μία δ' αὕτη ὁδός, ἣν ὁρᾷς, ὀρθία, καὶ ἐπὶ ταύτῃ ἀνθρώπων ὁρᾶν ἔξεστί σοι ὄχλον τοσοῦτον, οἳ κατειληφότες φυλάττουσι τὴν ἔκβασιν. ταῦτ' ἐγὼ ἔσπευδον καὶ διὰ τοῦτό σε οὐχ ὑπέμενον, εἴ πως δυναίμην φθάσαι πρὶν κατειλῆφθαι τὴν ὑπερβολήν·

---

lich παίδων καὶ γυναικῶν, die zu den schönen gehörten. Dass die Zahl der letzteren nicht klein war, lesen wir IV, 3, 19. — τὰ μὲν — τὰ δὲ, theils — theils —
16. ἐπικέοιντο, nachdrängten.
17. πρᾶγμά τι εἴη, etwas vorgehe, das zu schaffen mache. — παρελθόντι, für Xenophon selbst oder einen, den er zur Vorhut hätte schicken können.
18. τὴν κεφαλήν, nämlich τοξευθείς.
19. ὥσπερ εἶχεν, wie er eben war. — ἠναγκάζοντο, Xen. mit der Nachhut. — καὶ νῦν — ἐδυνάμεθα, Uebergang in die or. recta wie I, 3, 14.
20. ἀποκρίνεται, Asyndeton mit vorn stehendem Verbum wie in den zu I, 3, 20 bemerkten Fällen. — ὁδός, nämlich ἐστίν, und αὕτη ist Subject.
21. ταῦτ' ἐγὼ ἔσπευδον, das war meine Eile. Der Accus. ist zu nehmen wie bei χρῆσθαί τινί τι, wozu gebrauchen, ἀναγκάζειν τι, wozu zwingen u. ä. —

22 οἱ δ' ἡγεμόνες, οὓς ἔχομεν, οὔ φασιν εἶναι ἄλλην ὁδόν. ὁ δὲ Ξενοφῶν λέγει, Ἀλλ' ἐγὼ ἔχω δύο ἄνδρας. ἐπεὶ γὰρ ἡμῖν πράγματα παρεῖχον, ἐνηδρεύσαμεν, ὅπερ ἡμᾶς καὶ ἀναπνεῦσαι ἐποίησε, καὶ ἀπεκτείναμέν τινας αὐτῶν. καὶ ζῶντας προυθυμήθημεν λαβεῖν αὐτοῦ τούτου ἕνεκα, ὅπως ἡγεμόσιν εἰδόσι τὴν χώραν χρησαίμεθα.

23 Καὶ εὐθὺς ἀγαγόντες τοὺς ἀνθρώπους ἤλεγχον διαλαβόντες, εἴ τινα εἰδεῖεν ἄλλην ὁδὸν ἢ τὴν φανεράν. ὁ μὲν οὖν ἕτερος οὐκ ἔφη μάλα πολλῶν φόβων προσαγομένων· ἐπεὶ δὲ 24 οὐδὲν ὠφέλιμον ἔλεγεν, ὁρῶντος τοῦ ἑτέρου κατεσφάγη. ὁ δὲ λοιπὸς ἔλεξεν, ὅτι οὗτος μὲν οὐ φαίη διὰ ταῦτα εἰδέναι, ὅτι αὐτῷ τυγχάνει θυγάτηρ ἐκεῖ παρ' ἀνδρὶ ἐκδεδομένη· αὐτὸς δ' 25 ἔφη ἡγήσεσθαι δυνατὴν καὶ ὑποζυγίοις πορεύεσθαι ὁδόν. ἐρωτώμενος δ', εἰ εἴη τι ἐν αὐτῇ δυσπάριτον χωρίον, ἔφη εἶναι ἄκρον, ὃ εἰ μή τις προκαταλήψοιτο, ἀδύνατον ἔσεσθαι παρελ- 26 θεῖν. ἐνταῦθα ἐδόκει συγκαλέσαντας λοχαγοὺς καὶ πελταστὰς καὶ τῶν ὁπλιτῶν λέγειν τε τὰ παρόντα καὶ ἐρωτᾶν, εἴ τις αὐτῶν ἔστιν, ὅστις ἀνὴρ ἀγαθὸς ἐθέλοι ἂν γενέσθαι καὶ ὑπο- 27 στὰς ἐθελοντὴς πορεύεσθαι. ὑφίσταται τῶν μὲν ὁπλιτῶν Ἀριστώνυμος Μεθυδριεὺς Ἀρκὰς καὶ Ἀγασίας Στυμφάλιος Ἀρκάς, ἀντιστασιάζων δὲ αὐτοῖς Καλλίμαχος Παρράσιος Ἀρκὰς καὶ οὗτος ἔφη ἐθέλειν πορεύεσθαι προσλαβὼν ἐθελοντὰς ἐκ παντὸς τοῦ στρατεύματος· ἐγὼ γάρ, ἔφη, οἶδα, ὅτι ἕψονται 28 πολλοὶ τῶν νέων ἐμοῦ ἡγουμένου. ἐκ τούτου ἐρωτῶσιν, εἴ τις καὶ τῶν γυμνήτων ταξιάρχων ἐθέλοι συμπορεύεσθαι. ὑφίσταται Ἀριστέας Χῖος, ὃς πολλαχοῦ πολλοῦ ἄξιος τῇ στρατιᾷ εἰς τὰ τοιαῦτα ἐγένετο.

οὔ φασιν εἶναι, erklären, es gebe keinen.
22. πράγματα παρεῖχον. Vergl. §. 17.
23. διαλαβόντες, nahmen jeden besonders vor. — φόβων, Schreckmittel. Ueber das Abstractum im Plur. s. zu II, 5, 1.
24. τυγχάνει — ἐκδεδομένη. S. zu I, 1, 2.

25. δυσπάριτον, schwer zu passiren.
26. λοχαγοὺς — ὁπλιτῶν, Lochagen, welche Peltasten waren, und auch welche (Lochagen), die zu den Hopliten gehörten. — γενέσθαι, sich zeigen. — ὑποστὰς ἐθελοντής, sich der Sache als Freiwilliger unterziehend.

Καὶ ἦν μὲν δείλη ἤδη, οἱ δ' ἐκέλευον αὐτοὺς ἐμφαγόντας II. πορεύεσθαι. καὶ τὸν ἡγεμόνα δήσαντες παραδιδόασιν αὐτοῖς καὶ σιντίθενται τὴν μὲν νύκτα, ἢν λάβωσι τὸ ἄκρον, τὸ χωρίον φυλάττειν, ἅμα δὲ τῇ ἡμέρᾳ τῇ σάλπιγγι σημαίνειν· καὶ τοὺς μὲν ἄνω ὄντας ἰέναι ἐπὶ τοὺς κατέχοντας τὴν φανερὰν ἔκβασιν, αὐτοὶ δὲ συμβοηθήσειν ἐκβαίνοντες ὡς ἂν δύνωνται

2. **Inhalt**: Die 2000 Freiwilligen steigen gegen Abend unter starkem Regen auf dem bequemeren aber weiteren Wege empor, und während es Xenophon mit der Nachhut gelingt, die Aufmerksamkeit des den Pass besetzthaltenden Feindes durch einen Scheinangriff, den er von dem steilen Wege aus unternimmt, von ihrem Zuge abzulenken, gelangen sie auf die Höhe, wo sie einen auf einer Bergspitze lagernden feindlichen Posten überrumpeln. Dort bleiben sie die Nacht und überfallen von da aus beim anbrechenden Morgen das unter jener Bergkuppe, welche von ihnen eigentlich besetzt werden sollte, vom Feinde aber glücklicherweise unbesetzt geblieben war, dicht neben dem Passe befindliche Lager der Karduchen. Diese entfliehen und alsbald eilt auch Cheirisophos, durch das verabredete Signal avertirt, mit seinen Leuten den Pass hinauf. Diese, da sie keinen Feind mehr erblicken, ziehen nun mit den 2000 vereint, unbesorgt un Xenophon, den Gebirgskamm hinab. Letzterer mit der Nachhut, welche den Tross in die Mitte genommen, hat ebenfalls auf das gehörte Signal denselben weiteren Weg, auf dem die 2000 ungehindert vorausgezogen waren, betreten. Der flüchtige Feind hat sich unterdess wieder gesammelt und drei diese Wege beherrschende, hinter einander liegende Anhöhen besetzt. Von den beiden ersten wird er vertrieben, die dritte verlässt er von selbst und eilt nach der ersten, wo er drei dort zur Sicherheit zurückgelassene Lochen vernichtet. Die dritte Anhöhe — es ist eben jene den weiteren Weg und den Pass beherrschende Bergkuppe — hat unterdess Xenophon mit der jüngsten Mannschaft bestiegen und verhandelt von hier aus mit den Karduchen, die jetzt ihm gegenüber auf einer anderen von dem Passe entfernter liegenden Höhe sich aufgestellt haben, durch Dolmetscher über die Auslieferung der Todten. Während dessen zieht das übrige Heer durch den Pass, den Berg auf der anderen Seite hinunter. Als nun auch Xenophon mit seiner Umgebung hinabsteigt, stürmen die Karduchen nach der von ihm verlassenen Bergkuppe und rollen ihnen von da aus Steine nach. Unter Lebensgefahr kommen sie unten an, wo das ganze Heer nun wieder vereinigt ist, in einem schönen, wohlhabenden Dorfe sich mit Speise und Trank stärkt und seine Todten begräbt. — Noch drei Tage lang, noch dazu ohne Führer — denn den sie hatten, haben sie gegen Auslieferung der Todten frei lassen müssen — ziehen sie unter fortwährenden Kämpfen, bald vorn, bald hinten von dem raschen und mit furchtbaren Schiesswaffen ausgerüsteten Feinde angegriffen, durch das Karduchische Gebirgsland.

---

1. οἱ δ', Xenophon und Cheirisophos. — αὐτούς, die Freiwilligen. — τὸ ἄκρον IV, 1, 25. — καὶ τοὺς μὲν ἄνω ὄντας, und diese nun,

wenn sie oben wären. — συμβοηθήσειν im eigentlichen Sinne passt nur auf Cheirisophos, da Xenophon (§. 9) mit dem Trosse auf dem

2 τάχιστα. ταῦτα συνθέμενοι οἱ μὲν ἐπορεύοντο πλῆθος ὡς δισχίλιοι· καὶ ὕδωρ πολὺ ἦν ἐξ οὐρανοῦ· Ξενοφῶν δὲ ἔχων τοὺς ὀπισθοφύλακας ἡγεῖτο πρὸς τὴν φανερὰν ἔκβασιν, ὅπως ταύτῃ τῇ ὁδῷ οἱ πολέμιοι προσέχοιεν τὸν νοῦν καὶ ὡς μά-
3 λιστα λάθοιεν οἱ περιιόντες. ἐπεὶ δὲ ἦσαν ἐπὶ χαράδρᾳ οἱ ὀπισθοφύλακες, ἣν ἔδει διαβάντας πρὸς τὸ ὄρθιον ἐκβαίνειν, τηνικαῦτα ἐκυλίνδουν οἱ βάρβαροι ὁλοιτρόχους ἁμαξιαίους καὶ μείζους καὶ ἐλάττους, οἳ φερόμενοι πρὸς τὰς πέτρας πταίοντες διεσφενδονῶντο· καὶ παντάπασιν οὐδὲ πελάσαι οἷόν τ' ἦν
4 τῇ εἰσόδῳ. ἔνιοι δὲ τῶν λοχαγῶν, εἰ μὴ ταύτῃ δύναιντο, ἄλλῃ ἐπειρῶντο· καὶ ταῦτα ἐποίουν μέχρι σκότος ἐγένετο· ἐπεὶ δὲ ᾤοντο ἀφανεῖς εἶναι ἀπιόντες, τότε ἀπῆλθον ἐπὶ τὸ δεῖπνον· ἐτύγχανον δὲ καὶ ἀνάριστοι ὄντες αὐτῶν οἱ ὀπισθοφυλακήσαντες. οἱ μέντοι πολέμιοι οὐδὲν ἐπαύσαντο δι' ὅλης τῆς νυκτὸς
5 κυλινδοῦντες τοὺς λίθους· τεκμαίρεσθαι δ' ἦν τῷ ψόφῳ. οἱ δ' ἔχοντες τὸν ἡγεμόνα κύκλῳ περιιόντες καταλαμβάνουσι τοὺς φύλακας ἀμφὶ πῦρ καθημένους· καὶ τοὺς μὲν κατακανόντες, τοὺς δὲ καταδιώξαντες αὐτοὶ ἐνταῦθ' ἔμενον ὡς τὸ ἄκρον κατ-
6 έχοντες. οἱ δ' οὐ κατεῖχον, ἀλλὰ μαστὸς ἦν ὑπὲρ αὐτῶν, παρ' ὃν ἦν ἡ στενὴ αὕτη ὁδός, ἐφ' ᾗ ἐκάθηντο οἱ φύλακες.

---

weiteren Wege unmöglich mit Cheirisophos, der auf geradem Wege dem Passe zu eilen soll (§. 8), gleichzeitig den 2000 beim Angriffe auf die neben dem Passe lagernden Karduchen zu Hülfe eilen kann. Für ihn kann also nur ein gleichzeitiges Aufbrechen gemeint sein.

2. οἱ περιιόντες, die auf dem Umwege hinaufzogen, in einem Bogen nach §. 5 (κύκλῳ περιιόντες).

3. ἣν ἔδει — ἐκβαίνειν, durch welche sie hindurch mussten, um dann — empor zu steigen. — ἁμαξιαίους. Auch solche kann man sich grösser und kleiner denken. — φερόμενοι, im Sturze.

4. δύναιντο, Optativ wie I, 2, 7. — οἱ ὀπισθοφυλακήσαντες. Da Xenophon nach §. 2 nur die ὀπισθοφύλακας hier bei sich hat, so scheint bei αὐτῶν auch mit an Cheirisophos und die Vorhut gedacht zu sein. — οὐδὲν, keinen Augenblick.

5. τοὺς vor φύλακας, weil man auf solche zu stossen erwarten musste. — αὐτοὶ, ipsi, bleibt unübersetzt. — ὡς, in der Meinung, dass sie. S. zu I, 1, 3.

6. Statt οἱ δ' οὐ κατεῖχον erwartet man, da das Subject dasselbe bleibt, eigentlich οὐ μέντοι κατεῖχον. — Der μαστός (Bergkuppe) ist die vom Führer IV, 1, 25 als ἄκρον bezeichnete Höhe. Die Freiwilligen, die, als sie den Posten beim Feuer erblickten, vorausgeeilt waren, klärte vermuthlich der gefesselte und darum später anlangende, hier heimische, Führer über das Missverständniss auf. Doch zogen sie es jetzt vor die Nacht auf dem ἄκρον zu bleiben, weil sie merkten, der μαστός sei unbesetzt und hoffen

ἔφοδος μέντοι αὐτόθεν ἐπὶ τοὺς πολεμίους ἦν. καὶ τὴν μὲν 7
νύκτα ἐνταῦθα διήγαγον· ἐπεὶ δ' ἡμέρα ὑπέφαινεν, ἐπορεύοντο
σιγῇ συντεταγμένοι ἐπὶ τοὺς πολεμίους· καὶ γὰρ ὁμίχλη ἐγένε-
το, ὥστ' ἔλαθον ἐγγὺς προσελθόντες. ἐπεὶ δὲ εἶδον ἀλλή-
λους, ἥ τε σάλπιγξ ἐφθέγξατο καὶ ἀλαλάξαντες ἵεντο ἐπὶ
τοὺς ἀνθρώπους· οἱ δὲ οὐκ ἐδέξαντο, ἀλλὰ λιπόντες τὴν ὁδὸν
φεύγοντες ὀλίγοι ἀπέθνησκον· εὔζωνοι γὰρ ἦσαν. οἱ δὲ ἀμφὶ 8
Χειρίσοφον ἀκούσαντες τῆς σάλπιγγος εὐθὺς ἵεντο ἄνω κατὰ
τὴν φανερὰν ὁδόν· ἄλλοι δὲ τῶν στρατηγῶν κατὰ ἀτριβεῖς
ὁδοὺς ἐπορεύοντο ᾗ ἔτυχον ἕκαστοι ὄντες, καὶ ἀναβάντες ὡς
ἠδύναντο ἀνίμων ἀλλήλους τοῖς δόρασι. καὶ οὗτοι πρῶτοι 9
συνέμιξαν τοῖς προκαταλαβοῦσι τὸ χωρίον. Ξενοφῶν δὲ ἔχων
τῶν ὀπισθοφυλάκων τοὺς ἡμίσεις ἐπορεύετο ᾗπερ οἱ τὸν ἡγε-
μόνα ἔχοντες· εὐοδωτάτη γὰρ ἦν τοῖς ὑποζυγίοις· τοὺς δὲ ἡμί-
σεις ὄπισθεν τῶν ὑποζυγίων ἔταξε. πορευόμενοι δ' ἐντυγχά- 10
νουσι λόφῳ ὑπὲρ τῆς ὁδοῦ κατειλημμένῳ ὑπὸ τῶν πολεμίων,
οὓς ἢ ἀποκόψαι ἀνάγκη ἦν ἢ διεζεῦχθαι ἀπὸ τῶν ἄλλων Ἑλλή-
νων. καὶ αὐτοὶ μὲν ἂν ἐπορεύθησαν ᾗπερ οἱ ἄλλοι, τὰ δὲ
ὑποζύγια οὐκ ἦν ἄλλῃ ἢ ταύτῃ ἐκβῆναι. ἔνθα δὴ παρακελευ- 11
σάμενοι ἀλλήλοις προσβάλλουσι πρὸς τὸν λόφον ὀρθίοις τοῖς
λόχοις, οὐ κύκλῳ, ἀλλὰ καταλιπόντες ἄφοδον τοῖς πολεμίοις,
εἰ βούλοιντο φεύγειν. καὶ τέως μὲν αὐτοὺς ἀναβαίνοντας ὅπῃ 12
ἐδύναντο ἕκαστος οἱ βάρβαροι ἐτόξευον καὶ ἔβαλλον, ἐγγὺς δ'
οὐ προσίεντο, ἀλλὰ φυγῇ λείπουσι τὸ χωρίον. καὶ τοῦτόν τε

---

durften, wenn sie sich ruhig ver-
hielten, werde er auch bis zum
Morgen unbesetzt bleiben, und weil
sie gleich von dem ἄκρον aus (αὐ-
τόθεν) dem Feinde am Passe gut
beikommen konnten. — τοὺς πολε-
μίους, die eben φύλακες genannt
wurden.

7. ὀλίγοι, partitive Apposition. S.
zu III, 1, 3.

8. οἱ — ἀμφὶ Χειρ. S. zu II, 4, 2.
— ἀνίμων, zogen hinauf über
Abhänge, Felsstücke u. dergl.

9. τοὺς ἡμίσεις, die Hälfte.
B. 132, 5, A. 3. K. 47, 28, A. 9. C.
412. A.

10. τῶν ἄλλων, den 2000 und
Cheirisophos mit der Vorhut. Das
folgende οἱ ἄλλοι geht aber nur auf
die letzteren; denn die Freiwilligen
sind ja auf eben diesem weiteren
Wege vorausgegangen. — Nach ἂν
ἐπορεύθησαν (sie würden mar-
schirt sein) folgt δὲ statt εἰ
μή wie III, 2, 24 ἀλλά nach ἂν
ἔφην. — οὐκ ἦν, es war nicht
möglich.

11. ὀρθίοις τοῖς λόχοις, in Kom-
pagnie-Kolonnen, in denen die Eno-
motien hintereinander stehen, zwi-
schen den Lochen aber Zwischen-
räume gelassen werden.

12. ἕκαστος wie ἑκάστη I, 7, 15.

παρεληλύθεσαν οἱ Ἕλληνες καὶ ἕτερον ὁρῶσιν ἔμπροσθεν λόφον
13 κατεχόμενον, ἐπὶ τοῦτον αὖθις ἐδόκει πορεύεσθαι. ἐννοήσας
δ' ὁ Ξενοφῶν, μὴ, εἰ ἔρημον καταλίποι τὸν ἡλωκότα λόφον,
καὶ πάλιν λαβόντες οἱ πολέμιοι ἐπιθοῖντο τοῖς ὑποζυγίοις
παριοῦσιν, ἐπὶ πολὺ δ' ἦν τὰ ὑποζύγια ἅτε διὰ στενῆς τῆς
ὁδοῦ πορευόμενα, καταλείπει ἐπὶ τοῦ λόφου λοχαγοὺς Κηφι-
σόδωρον Κηφισοφῶντος Ἀθηναῖον καὶ Ἀμφικράτην Ἀμφιδή-
μου Ἀθηναῖον καὶ Ἀρχαγόραν Ἀργεῖον φυγάδα, αὐτὸς δὲ σὺν
τοῖς λοιποῖς ἐπορεύετο ἐπὶ τὸν δεύτερον λόφον, καὶ τῷ αὐτῷ
14 τρόπῳ καὶ τοῦτον αἱροῦσιν. ἔτι δ' αὐτοῖς τρίτος μαστὸς λοι-
πὸς ἦν πολὺ ὀρθιώτατος, ὁ ὑπὲρ τῆς ἐπὶ τῷ πυρὶ καταλη-
15 φθείσης φυλακῆς τῆς νυκτὸς ὑπὸ τῶν ἐθελοντῶν. ἐπεὶ δ' ἐγ-
γὺς ἐγένοντο οἱ Ἕλληνες, λείπουσιν οἱ βάρβαροι ἀμαχητὶ τὸν
μαστόν, ὥστε θαυμαστὸν πᾶσι γενέσθαι καὶ ὑπώπτευον δεί-
σαντας αὐτούς, μὴ κυκλωθέντες πολιορκοῖντο, ἀπολιπεῖν. οἱ
δ' ἄρα ἀπὸ τοῦ ἄκρου καθορῶντες τὰ ὄπισθεν πάντες ἐπὶ
16 τοὺς ὀπισθοφύλακας ἐχώρουν. καὶ Ξενοφῶν μὲν σὺν τοῖς
νεωτάτοις ἀνέβαινεν ἐπὶ τὸ ἄκρον, τοὺς δὲ ἄλλους ἐκέλευ-
σεν ὑπάγειν, ὅπως οἱ τελευταῖοι λόχοι προσμίξειαν, καὶ
προελθόντας κατὰ τὴν ὁδὸν ἐν τῷ ὁμαλῷ θέσθαι τὰ ὅπλα
17 εἶπε. καὶ ἐν τούτῳ τῷ χρόνῳ ἦλθεν Ἀρχαγόρας ὁ Ἀργεῖος
πεφευγὼς καὶ λέγει, ὡς ἀπεκόπησαν οἱ ἀπὸ τοῦ λόφου καὶ
ὅτι τεθνᾶσι Κηφισόδωρος καὶ Ἀμφικράτης καὶ ἄλλοι ὅσοι μὴ
ἁλόμενοι κατὰ τῆς πέτρας πρὸς τοὺς ὀπισθοφύλακας ἀφί-
18 κοντο. ταῦτα δὲ διαπραξάμενοι οἱ βάρβαροι ἧκον ἐπ' ἀντίπο-
ρον λόφον τῷ μαστῷ· καὶ Ξενοφῶν διελέγετο αὐτοῖς δι' ἑρμη-

---

13. ἐννοήσας wie III, 5, 3. — καὶ πάλιν, noch einmal, wobei noch zu betonen. — ἦν, erstreckten sich, dehnten sich aus. — ἅτε, quippe quae —.

14. τρίτος μαστὸς kurz für τρίτος (λόφος), ὁ μαστός, der §. 6 erwähnte. Von diesem μαστός wird §. 15 u. 16 die Spitze durch ἄκρον bezeichnet.

15. ἄρα. Vergl. II, 2, 3. Die Aufklärung giebt §. 17. — τὰ ὄπισθεν, den langen sich mühsam den Weg aufwärts windenden Zug mit dem Trosse.

16. ἀνέβαινε, machte Anstalt (s. zu ἐπορευόμεθα II, 3, 21) hinauf zu steigen, ἐκέλευσε δὲ, gab aber vorher den Befehl. — θέσθαι τὰ ὅπλα, wie I, 5, 14. Den Infin. bei εἶπε wie I, 3, 14.

17. ἀπεκόπησαν. Der Feind hatte es nach §. 15 auf den hintersten Zug abgesehen. Am untersten (ersten) λόφος angekommen, verlockt ihn der Anblick der schwachen hier zurückgelassenen Besatzung zum Angriffe auf dieselbe. — οἱ ἀπὸ, Attraction. S. zu I, 1, 5.

νέως περὶ σπονδῶν καὶ τοὺς νεκροὺς ἀπῄτει. οἱ δὲ ἔφασαν 19 ἀποδώσειν ἐφ' ᾧ μὴ καίειν τὰς οἰκίας. συνωμολόγει ταῦτα ὁ Ξενοφῶν. ἐν ᾧ δὲ τὸ μὲν ἄλλο στράτευμα παρῄει, οἱ δὲ ταῦτα διελέγοντο, πάντες ἐκ τούτου τοῦ τόπου συνερρύησαν. ἐνταῦθα ἵσταντο οἱ πολέμιοι καὶ, ἐπεὶ ἤρξαντο καταβαίνειν 20 ἀπὸ τοῦ μαστοῦ πρὸς τοὺς ἄλλους ἔνθα τὰ ὅπλα ἔκειτο, ἵεντο δὴ πολλῷ πλήθει καὶ θορύβῳ· καὶ ἐπεὶ ἐγένοντο ἐπὶ τῆς κορυφῆς τοῦ μαστοῦ, ἀφ' οὗ Ξενοφῶν κατέβαινεν, ἐκυλίνδουν πέτρας· καὶ ἑνὸς μὲν κατέαξαν τὸ σκέλος, Ξενοφῶντα δὲ ὁ ὑπασπιστὴς ἔχων τὴν ἀσπίδα ἀπέλιπεν· Εὐρύ- 21 λοχος δὲ Λουσιεὺς Ἀρκὰς προσέδραμεν αὐτῷ ὁπλίτης καὶ πρὸ ἀμφοῖν προβεβλημένος ἀπεχώρει, καὶ οἱ ἄλλοι πρὸς τοὺς συντεταγμένους ἀπῆλθον. ἐκ δὲ τούτου πᾶν ὁμοῦ ἐγένετο τὸ 22 Ἑλληνικόν, καὶ ἐσκήνησαν αὐτοῦ ἐν πολλαῖς καὶ καλαῖς οἰκίαις καὶ ἐπιτηδείοις δαψιλέσι· καὶ γὰρ οἶνος πολὺς ἦν, ὥστε ἐν λάκκοις κονιατοῖς εἶχον. Ξενοφῶν δὲ καὶ Χειρίσοφος διε- 23 πράξαντο, ὥστε λαβόντες τοὺς νεκροὺς ἀπέδοσαν τὸν ἡγεμόνα· καὶ πάντα ἐποίησαν τοῖς ἀποθανοῦσιν ἐκ τῶν δυνατῶν ὥσπερ νομίζεται ἀνδράσιν ἀγαθοῖς. τῇ δὲ ὑστεραίᾳ ἄνευ ἡγεμόνος 24

---

19. ἐφ' ᾧ, d. i. ἐπὶ τούτῳ, ὥστε, unter der Bedingung, dass. — συνωμολόγει, Ansyndeton wie IV, 1, 20. — ἐκ τούτου, am Fusse des μαστός, wo der weitere Weg in die ἔκβασις einmündet. Von da ab vereinigten sich alle wieder im Wege. Selbstverständlich waren nämlich bis hierher, wo die Gefahr aufhörte, zur Deckung des Zuges einzelne Abtheilungen neben und über dem Wege, den man sich wenigstens theilweise als Hohlweg (στενῆς §. 13) zu denken hat, gegangen.

20. ἐνταῦθα, da, während des συρρυῆναι. — ἵσταντο, standen ruhig, abwartend, womit ἵεντο durch καὶ und nicht etwa durch δὲ verbunden wird, insofern das lauernde Dastehen gleichsam eine Vorbereitung zu dem Losstürmen war. — ἤρξαντο, Xenophon mit der jüngsten Mannschaft. — τὰ ὅπλα ἔκειτο, passiv was §. 16 θέσθαι τὰ ὅπλα activ war. Ueber den Plural des Verbums s. zu I, 2, 23. — ὑπασπιστής, der Xenophon und sich selbst mit dem Schilde deckte: diess übernimmt jetzt Eurylochos aus Lusoi.

21. προβεβλημένος, nämlich τὴν ἀσπίδα. — καὶ οἱ ἄλλοι, so wie auch die anderen. — τοὺς συντεταγμένους, alle Anderen ausser Xenophon mit den jüngsten Leuten, nämlich die 2000 Freiwilligen und Cheirisophos mit der Vorhut, die sofort nach dem §. 8 Erzählten durch die ἔκβασις den Berg hinunter gestiegen sein müssen, da sie anderes Falles den Xenophon in seiner Noth an den 3 λόφοι nicht ohne Unterstützung gelassen haben würden, und die §. 16 erwähnte übrige Mannschaft des Xenophon mit dem Trosse.

22. ἐν λάκκοις, statt in Fässern oder Schläuchen.

24. τῇ δὲ ὑστεραίᾳ, am 5. von den

ἐπορεύοντο· μαχόμενοι δ' οἱ πολέμιοι καὶ ὅπη εἴη στενὸν
25 χωρίον προκαταλαμβάνοντες ἐκώλυον τὰς παρόδους. ὁπότε
μὲν οὖν τοὺς πρώτους κωλύοιεν, Ξενοφῶν ὄπισθεν ἐκβαίνων
πρὸς τὰ ὄρη ἔλυε τὴν ἀπόφραξιν τῆς ὁδοῦ τοῖς πρώτοις,
26 ἀνωτέρω πειρώμενος γίγνεσθαι τῶν κωλυόντων, ὁπότε δὲ τοῖς
ὄπισθεν ἐπιθοῖντο, Χειρίσοφος ἐκβαίνων καὶ πειρώμενος
ἀνωτέρω γίγνεσθαι τῶν κωλυόντων ἔλυε τὴν ἀπόφραξιν τῆς
παρόδου τοῖς ὄπισθεν· καὶ ἀεὶ οὕτως ἐβοήθουν ἀλλήλοις καὶ
27 ἰσχυρῶς ἀλλήλων ἐπεμέλοντο. ἦν δὲ καὶ ὁπότε αὐτοῖς τοῖς
ἀναβᾶσι πολλὰ πράγματα παρεῖχον οἱ βάρβαροι πάλιν καταβαί-
νουσιν· ἐλαφροὶ γὰρ ἦσαν ὥστε καὶ ἐγγύθεν φεύγοντες ἀπο-
28 φεύγειν· οὐδὲν γὰρ εἶχον ἄλλο ἢ τόξα καὶ σφενδόνας. ἄριστοι
δὲ τοξόται ἦσαν· εἶχον δὲ τόξα ἐγγὺς τριπήχη, τὰ δὲ τοξεύ-
ματα πλέον ἢ διπήχη· εἷλκον δὲ τὰς νευρὰς, ὁπότε τοξεύοιεν,
πρὸς τὸ κάτω τοῦ τόξου τῷ ἀριστερῷ ποδὶ προσβαίνοντες.
τὰ δὲ τοξεύματα ἐχώρει διὰ τῶν ἀσπίδων καὶ διὰ τῶν θωρά-
κων. ἐχρῶντο δὲ αὐτοῖς οἱ Ἕλληνες, ἐπεὶ λάβοιεν, ἀκοντίοις,
ἐναγκυλῶντες. ἐν τούτοις τοῖς χωρίοις οἱ Κρῆτες χρησιμώτα-
τοι ἐγένοντο. ἦρχε δὲ αὐτῶν Στρατοκλῆς Κρής.

III. Ταύτην δ' αὖ τὴν ἡμέραν ηὐλίσθησαν ἐν ταῖς κώμαις ταῖς
ὑπὲρ τοῦ πεδίου τοῦ παρὰ τὸν Κεντρίτην ποταμόν, εὖρος ὡς

---

3. Inhalt: Die Hellenen sind an der Grenze Armeniens ange-
kommen und lagern auf den nordwestlichen Abhängen der Karduchischen
Berge über der Ebene, welche der Kentrites kurz vor seiner Mündung
in den Tigris durchfliesst und Karduchien von Armenien scheidet. —
Auch in dieses Land muss der Eintritt unter grossen Schwierigkeiten er-
kämpft werden. Armenische Truppen stehen am jenseitigen Ufer des
Kentrites, bereit den Uebergang zu wehren. Letzterer misslingt über-

---

7 Tagen, die sie nach IV, 3, 2 durch das Karduchenland zogen. Folglich muss, was von μαχόμενοι an bis §. 27 erzählt wird, auch die Erlebnisse des 6. und 7. Tages mit umfassen.

25. ἀνωτέρω — τῶν κωλυόντων, indem er einen Standpunkt zu gewinnen suchte, der höher gelegen war, als der der Feinde.

26. ἦν — ὁπότε, manchmal. — αὐτοῖς τοῖς ἀναβᾶσι, ihnen selbst dann noch, wenn sie eine Höhe bereits erstiegen hatten, womit doch in den meisten Fällen die Schwierigkeit für überwunden galt, beim Hinabsteigen.

28. ἐγγύς, beinahe. — εἷλκον, zogen an. — πρὸς τὸ κάτω, gegen den beim Spannen unten befindlichen, d. h. der Erde zugekehrten Theil des armbrustartigen Bogens stemmten sie sich mit dem linken Fusse. — ἀκοντίοις, als Wurfspeere. — ἐναγκυλῶντες, nämlich αὐτά.

δίπλεθρον, ὃς ὁρίζει τὴν Ἀρμενίαν καὶ τὴν τῶν Καρδούχων χώραν. καὶ οἱ Ἕλληνες ἐνταῦθα ἀνεπαύσαντο ἄσμενοι ἰδόντες πεδίον· ἀπεῖχε δὲ τῶν ὀρέων ὁ ποταμὸς ἓξ ἢ ἑπτὰ στάδια τῶν Καρδούχων. τότε μὲν οὖν ηὐλίσθησαν μάλα ἡδέως καὶ 2 τἀπιτήδεια ἔχοντες καὶ πολλὰ τῶν παρεληλυθότων πόνων μνημονεύοντες. ἑπτὰ γὰρ ἡμέρας ὅσασπερ ἐπορεύθησαν διὰ τῶν Καρδούχων πάσας μαχόμενοι διετέλεσαν καὶ ἔπαθον κακὰ ὅσα οὐδὲ τὰ σύμπαντα ὑπὸ βασιλέως καὶ Τισσαφέρνους. ὡς οὖν ἀπηλλαγμένοι τούτων ἡδέως ἐκοιμήθησαν.

Ἅμα δὲ τῇ ἡμέρᾳ ὁρῶσιν ἱππεῖς που πέραν τοῦ ποτα- 3 μοῦ ἐξωπλισμένους ὡς κωλύσοντας διαβαίνειν, πεζοὺς δ' ἐπὶ ταῖς ὄχθαις παρατεταγμένους ἄνω τῶν ἱππέων ὡς κωλύσον-

diess zunächst wegen der Tiefe und starken Strömung des Flusses. Dazu kommt, dass auf den Höhen, die die Griechen am Morgen verlassen haben, in geringer Entfernung sich zahlreiche Karduchen sehen lassen. In dieser neuen, entmuthigenden Noth bringen sie den Tag und die Nacht zu. Da kommt dem Xenophon wiederum aus einem Traumbilde Trost, der durch ein günstiges Opfer noch verstärkt wird. Und wirklich melden ihm bald darauf zwei junge Krieger, dass sie eine leicht zu passirende Furth durch den Kentrites entdeckt haben. Die Stelle ist bald erreicht. Cheirisophos schreitet mit der Hälfte des Heeres in den Fluss hinein, während Xenophon die andere Hälfte am Eingange der Furth zurücklässt und nur mit den raschesten seiner Leute an die Stelle zurückeilt, wo sie vorher den Uebergang versucht hatten, als sei es die Absicht, diesen jetzt hier ernstlich zu erzwingen, um so den feindlichen Reitern, die Cheirisophos sich gegenüber hat, in den Rücken zu fallen und sie abzuschneiden. Das Manöver wirkt: die Reiter verlassen das jenseitige Ufer und eilen den Bergen zu, wohin sie ein Stück die kleine griechische Reiterschaar und eine Abtheilung der Peltasten des Cheirisophos, der jetzt am andern Ufer angelangt ist, mit Glück verfolgen. Das feindliche Fussvolk, das die Höhen über dem Flusse inne hat, wie es Cheirisophos heran kommen sieht, macht sich ebenfalls davon. Jetzt kehrt Xenophon schnell zur Furth zurück und lässt hier das Heer Front machen gegen die näher kommenden Karduchen. Diese halten den Anlauf der Hellenen nicht aus, die nun sofort Kehrt machen und, während die Leichtbewaffneten des Cheirisophos von jenseits ihnen, wie zur Unterstützung, durch den Fluss ein Stück entgegenkommen, schnell den Fluss durchschreiten. Von den Karduchen kehrt zwar ein Theil noch einmal nach dem Flusse um, sie thun aber den Durchschreitenden bei dem Vorsprunge, den diese haben, nur geringen Schaden.

---

1. ὡς wie I, 2, 3. — ἄσμενοι ἰδόντες πεδίον, wie sie sich III, 4, 24 nach den Mühsalen in der Assyrischen Ebene endlich Berge zu sehen gefreut hatten. — τῶν Καρδούχων abhängig von τῶν ὀρέων.

2. πολλὰ, viele Einzelheiten. — μαχόμενοι διετέλεσαν. S. zu I, 1, 2. — τὰ σύμπαντα, Alles zusammengenommen.

3. ὡς wie I, 1, 3.

4 τὰς εἰς τὴν Ἀρμενίαν ἐκβαίνειν. ἦσαν δ' οὗτοι Ὀρόντα καὶ Ἀρτοίχα Ἀρμένιοι καὶ Μαρδόνιοι καὶ Χαλδαῖοι μισθοφόροι. ἐλέγοντο δὲ οἱ Χαλδαῖοι ἐλεύθεροί τε καὶ ἄλκιμοι εἶναι· ὅπλα
5 δ' εἶχον γέρρα μακρὰ καὶ λόγχας. αἱ δὲ ὄχθαι αὗται, ἐφ' ὧν παρατεταγμένοι οὗτοι ἦσαν, τρία ἢ τέτταρα πλέθρα ἀπὸ τοῦ ποταμοῦ ἀπεῖχον· ὁδὸς δὲ μία ἡ ὁρωμένη ἦν ἄγουσα ἄνω ὥσπερ χειροποίητος· ταύτῃ ἐπειρῶντο διαβαίνειν οἱ Ἕλληνες.
6 ἐπεὶ δὲ πειρωμένοις τό τε ὕδωρ ὑπὲρ τῶν μαστῶν ἐφαίνετο, καὶ τραχὺς ἦν ὁ ποταμὸς μεγάλοις λίθοις καὶ ὀλισθηροῖς, καὶ οὔτ' ἐν τῷ ὕδατι τὰ ὅπλα ἦν ἔχειν· εἰ δὲ μή, ἥρπαζεν ὁ ποταμός· ἐπί τε τῆς κεφαλῆς τὰ ὅπλα εἴ τις φέροι, γυμνοὶ ἐγίγνοντο πρὸς τὰ τοξεύματα καὶ τἆλλα βέλη· ἀνεχώρησαν καὶ
7 αὐτοῦ ἐστρατοπεδεύσαντο παρὰ τὸν ποταμόν. ἔνθα δὲ αὐτοὶ τὴν πρόσθεν νύκτα ἦσαν ἐπὶ τοῦ ὄρους, ἑώρων τοὺς Καρδούχους πολλοὺς συνειλεγμένους ἐν τοῖς ὅπλοις. ἐνταῦθα δὴ πολλὴ ἀθυμία ἦν τοῖς Ἕλλησιν, ὁρῶσι μὲν τοῦ ποταμοῦ τὴν δυσπορίαν, ὁρῶσι δὲ τοὺς διαβαίνειν κωλύσοντας, ὁρῶσι δὲ τοῖς διαβαίνουσιν ἐπικεισομένοις τοὺς Καρδούχους ὄπισθεν. ταύτην μὲν
8 οὖν τὴν ἡμέραν καὶ τὴν νύκτα ἔμειναν ἐν πολλῇ ἀπορίᾳ ὄντες. Ξενοφῶν δὲ ὄναρ εἶδεν· ἔδοξεν ἐν πέδαις δεδέσθαι, αὗται δὲ αὐτῷ αὐτόμαται περιρρυῆναι, ὥστε λυθῆναι καὶ διαβαίνειν ὁπόσον ἐβούλετο. ἐπεὶ δὲ ὄρθρος ἦν, ἔρχεται πρὸς τὸν Χειρίσοφον καὶ λέγει, ὅτι ἐλπίδας ἔχει καλῶς ἔσεσθαι, καὶ διηγεῖται αὐτῷ τὸ ὄναρ. ὁ δὲ ἥδετό τε καὶ ὡς τάχιστα ἕως
9 ὑπέφαινεν, ἐθύοντο πάντες παρόντες οἱ στρατηγοί· καὶ τὰ ἱερὰ καλὰ ἦν εὐθὺς ἐπὶ τοῦ πρώτου. καὶ ἀπιόντες ἀπὸ τῶν

---

4. Ὀρόντα, des Satrapen von Ost-Armenien, über welchen s. zu IV. 1, 1. — Μαρδόνιοι, oder Μάρδοι, räuberisches Gebirgsvolk in Medien. — Χαλδαῖοι, im nordwestlichen Armenien.

5. ταύτῃ, an dieser Stelle des Flusses, welche mit dem jenseits sichtbaren Wege in einer Linie lag.

6. εἰ δὲ μή, für εἰ δέ, nach einem negativen Satze: widrigenfalls, sonst. B. 151, IV, 7. K. 65, 5, A. 12. — τε nach ἐπὶ entspricht dem vorhergehenden οὔτ', neque — et.

7. ἔνθα, wo. — τοὺς διαβαίνειν κωλύσοντας, die §. 3 und 4 genannten.

8. ἔδοξεν, Asyndeton wie III, 1, 11. — διαβαίνειν, ausschreiten, Schritte machen.

9. ἐπὶ τοῦ πρώτου, näml. ἱερείου, das VI, 5, 2 dabei steht.

ἱερῶν οἱ στρατηγοὶ καὶ λοχαγοὶ παρήγγελλον τῇ στρατιᾷ ἀριστοποιεῖσθαι. καὶ ἀριστῶντι τῷ Ξενοφῶντι προσέτρεχον δύο 10 νεανίσκω· ᾔδεσαν γὰρ πάντες, ὅτι ἐξείη αὐτῷ καὶ ἀριστῶντι καὶ δειπνοῦντι προσελθεῖν καὶ εἰ καθεύδοι ἐπεγείραντα εἰπεῖν, εἴ τίς τι ἔχοι τῶν πρὸς τὸν πόλεμον. καὶ τότε ἔλεγον, ὅτι 11 τυγχάνοιεν φρύγανα συλλέγοντες ὡς ἐπὶ πῦρ κἄπειτα κατίδοιεν ἐν τῷ πέραν ἐν πέτραις καθηκούσαις ἐπ᾽ αὐτὸν τὸν ποταμὸν γέροντά τε καὶ γυναῖκας καὶ παιδίσκας ὥσπερ μαρσίπους ἱματίων κατατιθεμένους ἐν πέτρᾳ ἀντρώδει. ἰδοῦσι δὲ 12 σφίσι δόξαι ἀσφαλὲς εἶναι διαβῆναι· οὐδὲ γὰρ τοῖς πολεμίοις ἱππεῦσι προσβατὸν εἶναι κατὰ τοῦτο. ἐκδύντες δ᾽ ἔφασαν ἔχοντες τὰ ἐγχειρίδια γυμνοὶ ὡς νευσόμενοι διαβαίνειν· πορευόμενοι δὲ πρόσθεν διαβῆναι πρὶν βρέξαι τὰ αἰδοῖα· καὶ διαβάντες καὶ λαβόντες τὰ ἱμάτια πάλιν ἥκειν. εὐθὺς οὖν ὁ 13 Ξενοφῶν αὐτός τε ἔσπενδε καὶ τοῖς νεανίσκοις ἐγχεῖν ἐκέλευε καὶ εὔχεσθαι τοῖς φήνασι θεοῖς τά τε ὀνείρατα καὶ τὸν πόρον καὶ τὰ λοιπὰ ἀγαθὰ ἐπιτελέσαι. σπείσας δ᾽ εὐθὺς ἦγε τοὺς νεανίσκους παρὰ τὸν Χειρίσοφον, καὶ διηγοῦνται ταῦτα. ἀκούσας δὲ καὶ ὁ Χειρίσοφος σπονδὰς ἐποίει. σπείσαντες δὲ 14 τοῖς μὲν ἄλλοις παρήγγελλον συσκευάζεσθαι, αὐτοὶ δὲ συγκαλέσαντες τοὺς στρατηγοὺς ἐβουλεύοντο, ὅπως ἂν κάλλιστα διαβαῖεν καὶ τούς τε ἔμπροσθεν νικῷεν καὶ ὑπὸ τῶν ὄπισθεν μηδὲν πάσχοιεν κακόν. καὶ ἔδοξεν αὐτοῖς Χειρίσοφον μὲν ἡγεῖ- 15 σθαι καὶ διαβαίνειν ἔχοντα τὸ ἥμισυ τοῦ στρατεύματος, τὸ δ᾽ ἥμισυ ἔτι ὑπομένειν σὺν Ξενοφῶντι, τὰ δὲ ὑποζύγια καὶ τὸν ὄχλον ἐν μέσῳ τούτων διαβαίνειν. ἐπεὶ δὲ καλῶς ταῦτα εἶχεν, 16 ἐπορεύοντο· ἡγοῦντο δ᾽ οἱ νεανίσκοι ἐν ἀριστερᾷ ἔχοντες τὸν

---

11. ὡς vor ἐπί wie vor πρός mit dem Accus. und εἰς bezeichnet die Richtung, das Ziel als ein beabsichtigtes. — ἱματίων, Inhalt der μάρσιποι.

12. ἀσφαλὲς εἶναι διαβῆναι, weil so wenig kräftige Menschen von diesseits hinüber gekommen waren, und ἀσφαλές auch darum, weil ihnen die feindliche Reiterei hier nichts anhaben konnte. — ὡς νευσόμενοι, nämlich für den Fall, dass diess nöthig sein sollte; es zeigte sich aber bald, dass ihnen das Wasser nicht einmal bis an den Leib reichte. — λαβόντες τὰ ἱμάτια, zum Beweis, dass ihr Bericht wahr sei.

13. ἐγχεῖν, Wein, zur Libation. — τά — πόρον, abh. von φήνασι. — καὶ τὰ λοιπὰ — ἐπιτελέσαι, dass sie auch das Uebrige glücklich zu Ende führen möchten.

16. καλῶς — εἶχε, in gehöriber Ordnung war. — ἐπορεύ-

ποταμόν· ὁδὸς δὲ ἦν ἐπὶ τὴν διάβασιν ὡς τέτταρες στάδιοι. 17 πορευομένων δ' αὐτῶν ἀντιπαρῄεσαν αἱ τάξεις τῶν ἱππέων. ἐπειδὴ δὲ ἦσαν κατὰ τὴν διάβασιν καὶ τὰς ὄχθας τοῦ ποταμοῦ, ἔθεντο τὰ ὅπλα, καὶ αὐτὸς πρῶτος Χειρίσοφος στεφανωσάμενος καὶ ἀποδὺς ἐλάμβανε τὰ ὅπλα καὶ τοῖς ἄλλοις πᾶσι παρήγγελλε, καὶ τοὺς λοχαγοὺς ἐκέλευεν ἄγειν τοὺς λόχους ὀρ- 18 θίους, τοὺς μὲν ἐν ἀριστερᾷ τοὺς δ' ἐν δεξιᾷ ἑαυτοῦ. καὶ οἱ μὲν μάντεις ἐσφαγιάζοντο εἰς τὸν ποταμόν· οἱ δὲ πολέμιοι 19 ἐτόξευόν τε καὶ ἐσφενδόνων· ἀλλ' οὔπω ἐξικνοῦντο· ἐπεὶ δὲ καλὰ ἦν τὰ σφάγια, ἐπαιάνιζον πάντες οἱ στρατιῶται καὶ ἀνηλάλαζον, συνωλόλυζον δὲ καὶ αἱ γυναῖκες ἅπασαι. πολλαὶ 20 γὰρ ἦσαν ἑταῖραι ἐν τῷ στρατεύματι. καὶ Χειρίσοφος μὲν ἐνέβαινε καὶ οἱ σὺν ἐκείνῳ· ὁ δὲ Ξενοφῶν τῶν ὀπισθοφυλάκων λαβὼν τοὺς εὐζωνοτάτους ἔθει ἀνὰ κράτος πάλιν ἐπὶ τὸν πόρον τὸν κατὰ τὴν ἔκβασιν τὴν εἰς τὰ τῶν Ἀρμενίων ὄρη, προσποιούμενος ταύτῃ διαβὰς ἀποκλείσειν τοὺς παρὰ τὸν πο- 21 ταμὸν ἱππεῖς. οἱ δὲ πολέμιοι ὁρῶντες μὲν τοὺς ἀμφὶ Χειρίσοφον εὐπετῶς τὸ ὕδωρ περῶντας, ὁρῶντες δὲ τοὺς ἀμφὶ Ξενοφῶντα θέοντας εἰς τοὔμπαλιν, δείσαντες, μὴ ἀποκλεισθείησαν, φεύγουσιν ἀνὰ κράτος ὡς πρὸς τὴν τοῦ ποταμοῦ ἄνω ἔκβασιν. ἐπεὶ δὲ κατὰ τὴν ὁδὸν ἐγένοντο, ἔτεινον ἄνω πρὸς 22 τὸ ὄρος. Λύκιος δ' ὁ τὴν τάξιν ἔχων τῶν ἱππέων καὶ Αἰσχίνης ὁ τὴν τάξιν τῶν πελταστῶν τῶν ἀμφὶ Χειρίσοφον ἐπεὶ ἑώρων ἀνὰ κράτος φεύγοντας, εἵποντο· οἱ δὲ στρατιῶται

οντο, von der Stelle aus, wo sie den vergeblichen Versuch gemacht (§. 6) und dann sich gelagert hatten. — τὴν διάβασιν, die Furth.

17. τῶν ἱππέων, der §. 3 erwähnten. — ἦσαν, die Hellenen. — κατά, gegenüber; denn die ὄχθαι sind jenseits des Flusses; es passt aber auch zu διάβασιν, insofern die Furth als Linie gedacht wird, die bis hinüber reicht. — ἔθεντο, τὰ ὅπλα, wie I, 5, 14. — στεφανωσάμενος, nach Spartanischer Sitte, zum Kampfe. — παρήγγελλε, näml. στεφανωσαμένους καὶ ἀποδύντας λαμβάνειν τὰ ὅπλα. — λόχους ὀρθίους. S. zu IV, 2, 11.

18. εἰς τὸν ποταμόν wie εἰς ἀσπίδα II, 2, 9. — ἐξικνοῦντο, über den Fluss hinweg.

20. ἀνὰ κράτος wie I, 8, 1. — τὸν πόρον, der zu §. 16 bezeichneten Stelle. — κατά, wie §. 17.

21. μή mit dem Opt. weil φεύγουσι histor. Präsens. — ὡς πρός. S. zu §. 11. — τὴν — ἄνω ἔκβασιν, dem Passe, der oberhalb des Flusses (in die Berge) führte. — ἔτεινον, contendebant.

22. οἱ δὲ στρατιῶται, d. h. alle anderen, die jetzt mit Cheirisophos

ἐβόων μὴ ἀπολείπεσθαι, ἀλλὰ συνεκβαίνειν ἐπὶ τὸ ὄρος. Χει- 23
ρίσοφος δ' αὖ ἐπεὶ διέβη, τοὺς μὲν ἱππέας οὐκ ἐδίωκεν, εὐ-
θὺς δὲ κατὰ 'τὰς προσηκούσας ὄχθας ἐπὶ τὸν ποταμὸν ἐξέ-
βαινεν ἐπὶ τοὺς ἄνω πολεμίους. οἱ δὲ ἄνω, ὁρῶντες μὲν τοὺς
ἑαυτῶν ἱππέας φεύγοντας, ὁρῶντες δ' ὁπλίτας σφίσιν ἐπιόν-
τας, ἐκλείπουσι τὰ ὑπὲρ τοῦ ποταμοῦ ἄκρα. Ξενοφῶν δ' ἐπεὶ 24
τὰ πέραν ἑώρα καλῶς γιγνόμενα, ἀπεχώρει τὴν ταχίστην πρὸς
τὸ διαβαῖνον στράτευμα· καὶ γὰρ οἱ Καρδοῦχοι φανεροὶ ἤδη
ἦσαν εἰς τὸ πεδίον καταβαίνοντες ὡς ἐπιθησόμενοι τοῖς τελευ-
ταίοις. καὶ Χειρίσοφος μὲν τὰ ἄνω κατεῖχε, Λύκιος δὲ σὺν 25
ὀλίγοις ἐπιχειρήσας ἐπιδιῶξαι ἔλαβε τῶν σκευοφόρων τὰ ὑπο-
λειπόμενα καὶ μετὰ τούτων ἐσθῆτά τε καλὴν καὶ ἐκπώματα. καὶ 26
τὰ μὲν σκευοφόρα τῶν Ἑλλήνων καὶ ὁ ὄχλος ἀκμὴν διέβαινε,
Ξενοφῶν δὲ στρέψας πρὸς τοὺς Καρδούχους ἀντία τὰ ὅπλα
ἔθετο καὶ παρήγγειλε τοῖς λοχαγοῖς κατ' ἐνωμοτίας ποιήσα-
σθαι ἕκαστον τὸν ἑαυτοῦ λόχον, παρ' ἀσπίδα παραγαγόντας
τὴν ἐνωμοτίαν ἐπὶ φάλαγγος· καὶ τοὺς μὲν λοχαγοὺς καὶ τοὺς
ἐνωμοτάρχους πρὸς τῶν Καρδούχων ἰέναι, οὐραγοὺς δὲ κατα-
στήσασθαι πρὸς τοῦ ποταμοῦ. οἱ δὲ Καρδοῦχοι ὡς ἑώρων 27
τοὺς ὀπισθοφύλακας τοῦ ὄχλου ψιλουμένους καὶ ὀλίγους ἤδη
φαινομένους, θᾶττον δὴ ἐπῄεσαν ᾠδάς τινας ᾄδοντες. ὁ δὲ
Χειρίσοφος, ἐπεὶ τὰ παρ' αὑτῷ ἀσφαλῶς εἶχε, πέμπει παρὰ
Ξενοφῶντα τοὺς πελταστὰς καὶ σφενδονήτας καὶ τοξότας καὶ
κελεύει ποιεῖν ὅ τι ἂν παραγγέλλῃ. ἰδὼν δὲ αὐτοὺς διαβαί- 28

---

das Ufer erreichen. — μὴ ἀπολεί-
πεσθαι, sie wollten nicht zu-
rückbleiben, d. h. Aeschines und
seine Peltasten sollten nicht voraus
eilen. Der Inf. nach βοᾶν wie I, 8, 12.
23. ἐπὶ τὸν ποταμὸν gehört zu
προσηκούσας. — οἱ δὲ ἄνω. S. §. 3.
24. καλῶς γιγνόμενα. Der §. 20
beabsichtigte Zweck war erreicht.
— τὸ διαβαῖνον, welches hier mit
dem Uebergange beschäftigt war,
aber noch am Ufer stand. — ὡς,
wie I, 1, 3.
26. ἀκμὴν, jetzt eben. — ἀν-
τία τὰ ὅπλα ἔθετο, machte Halt
und Front gegen —. — κατ' ἐνω-
μοτίας ποιήσασθαι, nach oder in
Enomotien abzutheilen. Die
Enomotien, die während des Mar-
sches hinter einander standen, sol-
len links (παρ' ἀσπίδα) aufmar-
schiren, d. h. sich neben einander
stellen, so dass nun jeder Lochos
4 Mann Front, 25 Mann Tiefe be-
kommt. Diese Stellung heisst ἐπὶ
φάλαγγος. — πρὸς τῶν Καρδ. auf
der Seite, die den Karduchen zuge-
kehrt war.
27. τοὺς ὀπισθοφύλακας τοῦ ὄχ-
λου, diejenigen von der Nachhut,
die die einzelnen Abtheilungen des
Trosses zu begleiten hatten. —
ψιλουμένους, immer weniger
wurden. — πέμπει, durch den
Fluss wieder zurück.— παραγγέλλῃ,
nämlich Xenophon.

νοντας ὁ Ξενοφῶν πέμψας ἄγγελον κελεύει αὐτοῦ μεῖναι ἐπὶ τοῦ ποταμοῦ, μὴ διαβάντας· ὅταν δ᾽ ἄρξωνται αὐτοὶ διαβαίνειν, ἐναντίους ἔνθεν καὶ ἔνθεν σφῶν ἐμβαίνειν ὡς διαβησομένους, διηγκυλωμένους τοὺς ἀκοντιστὰς καὶ ἐπιβεβλημένους 29 τοὺς τοξότας· μὴ πρόσω δὲ τοῦ ποταμοῦ προβαίνειν. τοῖς δὲ παρ᾽ ἑαυτῷ παρήγγειλεν, ἐπειδὰν σφενδόνη ἐξικνῆται καὶ ἀσπὶς ψοφῇ, παιανίσαντας θεῖν εἰς τοὺς πολεμίους· ἐπειδὰν δὲ ἀναστρέψωσιν οἱ πολέμιοι καὶ ἐκ τοῦ ποταμοῦ ὁ σαλπικτὴς σημήνῃ τὸ πολεμικόν, ἀναστρέψαντας ἐπὶ δόρυ ἡγεῖσθαι μὲν τοὺς οὐραγούς, θεῖν δὲ πάντας καὶ διαβαίνειν ὅ τι τάχιστα ᾗ ἕκαστος τὴν τάξιν εἶχεν, ὡς μὴ ἐμποδίζειν ἀλλήλους· ὅτι οὗ-
30 τος ἄριστος ἔσοιτο, ὃς ἂν πρῶτος ἐν τῷ πέραν γένηται. οἱ δὲ Καρδοῦχοι ὁρῶντες ὀλίγους ἤδη τοὺς λοιπούς, πολλοὶ γὰρ καὶ τῶν μένειν τεταγμένων ᾤχοντο ἐπιμελησόμενοι οἱ μὲν ὑποζυγίων, οἱ δὲ σκευῶν, οἱ δ᾽ ἑταιρῶν, ἐνταῦθα δὴ ἐπέκειντο 31 θρασέως καὶ ἤρχοντο σφενδονᾶν καὶ τοξεύειν. οἱ δὲ Ἕλληνες παιανίσαντες ὥρμησαν δρόμῳ ἐπ᾽ αὐτούς· οἱ δὲ οὐκ ἐδέξαντο· καὶ γὰρ ἦσαν ὡπλισμένοι ὡς μὲν ἐν τοῖς ὄρεσιν ἱκανῶς πρὸς τὸ ἐπιδραμεῖν καὶ φεύγειν, πρὸς δὲ τὸ εἰς χεῖρας δέχεσθαι 32 οὐχ ἱκανῶς. ἐν τούτῳ σημαίνει ὁ σαλπικτής· καὶ οἱ μὲν πολέμιοι ἔφευγον πολὺ ἔτι θᾶττον, οἱ δ᾽ Ἕλληνες τἀναντία στρέ-
33 ψαντες ἔφευγον διὰ τοῦ ποταμοῦ ὅ τι τάχιστα. τῶν δὲ πολεμίων οἱ μέν τινες αἰσθόμενοι πάλιν ἔδραμον ἐπὶ τὸν ποταμὸν καὶ τοξεύοντες ὀλίγους ἔτρωσαν, οἱ δὲ πολλοὶ καὶ πέραν
34 ὄντων τῶν Ἑλλήνων ἔτι φανεροὶ ἦσαν φεύγοντες. οἱ δὲ ὑπαντήσαντες ἀνδριζόμενοι καὶ προσωτέρω τοῦ καιροῦ προϊόντες

---

28. αὐτοῦ, an ihrer Stelle, wo sie eben sind; denn διαβαίνοντας ist zu verstehen wie διαβαῖνον §. 24. — αὐτοὶ, die Abtheilung des Xenophon. — ὡς, als ob. — ἔνθεν καὶ ἔνθεν σφῶν, ihnen zu beiden Seiten. — Bei διηγκυλωμένους und ἐπιβεβλημένους sind als Objecte Wurfspeere und Pfeile zu denken. — πρόσω — τοῦ ποταμοῦ, weiter im Flusse.
29. σφενδόνη, der Karduchen, ἀσπὶς, der Hellenen. — ἀναστρέψαντας ἐπὶ δόρυ ἡγεῖσθαι — τοὺς οὐραγούς. Sie sollten rechtsum Kehrt machen, so dass nun nach der §. 26 angegebenen Aufstellung die Uragen vorn zu stehen kommen. — ὅ τι τάχιστα, quam celerrime.
31. πρὸς τὸ — δέχεσθαι, ad manus conserendas.
32. τἀναντία στρέψαντες, §. 29 ἀναστρέψαντας.
33. αἰσθόμενοι, näml. τἀναντία στρέψαντας καὶ φεύγοντας αὐτούς.
34. οἱ δὲ ὑπαντήσαντες, denen §. 28 befohlen war ἐναντίους — ἐμβαίνειν. — προσωτέρω τοῦ καιροῦ,

ὕστερον τῶν μετὰ Ξενοφῶντος διέβησαν πάλιν· καὶ ἐτρώθησάν τινες καὶ τούτων.

Ἐπεὶ δὲ διέβησαν, συνταξάμενοι ἀμφὶ μέσον ἡμέρας ἐπο- IV ρεύθησαν διὰ τῆς Ἀρμενίας πεδίον ἅπαν καὶ λείους γηλόφοις οὐ μεῖον ἢ πέντε παρασάγγας· οὐ γὰρ ἦσαν ἐγγὺς τοῦ ποταμοῦ κῶμαι διὰ τοὺς πολέμους τοὺς πρὸς τοὺς Καρδούχους. εἰς δὲ ἣν ἀφίκοντο κώμην μεγάλη τε ἦν καὶ βασίλειον εἶχε 2 τῷ σατράπῃ καὶ ἐπὶ ταῖς πλείσταις οἰκίαις τύρσεις ἐπῆσαν· ἐπιτήδεια δ' ἦν δαψιλῆ. ἐντεῦθεν δ' ἐπορεύθησαν σταθμοὺς 3 δύο παρασάγγας δέκα μέχρι ὑπερῆλθον τὰς πηγὰς τοῦ Τίγρητος ποταμοῦ. ἐντεῦθεν δ' ἐπορεύθησαν σταθμοὺς τρεῖς παρασάγγας πεντεκαίδεκα ἐπὶ τὸν Τηλεβόαν ποταμόν. οὗτος δ' ἦν καλὸς μέν, μέγας δ' οὔ· κῶμαι δὲ πολλαὶ περὶ τὸν ποταμὸν ἦσαν. ὁ δὲ τόπος οὗτος Ἀρμενία ἐκαλεῖτο ἡ πρὸς ἑσπέ- 4

4. **Inhalt**: Nach Durchschreitung des Kentrites ziehen die Hellenen rasch durch die nördlich von diesem Flusse sich hinstreckende unbewohnte Hügellandschaft, dann über den nördlichsten Quellfluss des Tigris, von wo sie die bis zu 10000 Fuss aufsteigende Wasserscheide überschreiten und zum Teleboas, einem Nebenflusse des Euphrat, gelangen. Hier betreten sie West-Armenien, die Satrapie des Tiribazos, der mit ihnen einen Vertrag wegen friedlichen Durchzuges schliesst. Dem nördlichen Ufer des Teleboas entlang kommen sie auf eine Hochebene. Hier macht ihnen wiederholter starker Schneefall — gegen 4000 F. über dem Meeresspiegel, gegen Ende November — und zugleich der Umstand, dass sie dem Tiribazos, der ihnen bis dahin immer im Abstand von nicht mehr als einer halben Stunde mit seinem Heere gefolgt und auch jetzt in ihrer Nähe war, nicht trauten — was Persische Treue zu bedeuten, hatten sie ja hinlänglich erfahren — viel Noth und grosse Unruhe, indem sich die Feldherren wiederholt veranlasst sehen, das Heer bald zusammenzuziehen und im Freien lagern zu lassen, bald es in die nahen Dörfer zu vertheilen. Diesem Zustande giebt erst die Gefangennehmung eines von den Leuten des Tiribazos eine Wendung. Dieser war auf Furagirung ausgegangen: von griechischen Kundschaftern aufgegriffen, sagt er aus, Tiribazos beabsichtige einen Engpass zu besetzen, den sie zu passiren hätten, um sie da zu überfallen. Die Griechen ziehen, unter Zurücklassung einer starken Wache im Lager, von dem Gefangenen geführt, nach der Stelle hin, wo der Feind lagert, verjagen ihn bloss durch ihre Peltasten, denen das Zelt des Tiribazos mit guter Beute in die Hände fällt, und kehren schnell in ihr Lager zurück.

---

also wider die Warnung μὴ πρόσω — προβαίνειν.

1. συνταξάμενοι, in Schlachtordnung, natürlich nur so lange sie durch ebenes oder wenig hügeliges Land zogen. — πεδίον ἅπαν,

Accus. wie ὁδὸν. σταθμοὺς πορεύεσθαι: über lauter ebenes Land.

2. κώμην von ἣν attrahirt, für ἡ δὲ κώμη, εἰς ἣν. — τῷ σατράπῃ, für den S.

ραν. ὕπαρχος δ' ἦν αὐτῆς Τιρίβαζος, ὁ καὶ βασιλεῖ φίλος γενόμενος, καὶ, ὁπότε παρείη, οὐδεὶς ἄλλος βασιλέα ἐπὶ τὸν 5 ἵππον ἀνέβαλλεν. οὗτος προσήλασεν ἱππέας ἔχων καὶ προπέμψας ἑρμηνέα εἶπεν, ὅτι βούλοιτο διαλεχθῆναι τοῖς ἄρχουσι. τοῖς δὲ στρατηγοῖς ἔδοξεν ἀκοῦσαι· καὶ προσελθόντες εἰς ἐπή- 6 κοον ἠρώτων, τί θέλει. ὁ δὲ εἶπεν, ὅτι σπείσασθαι βούλοιτο ἐφ' ᾧ μήτε αὐτὸς τοὺς Ἕλληνας ἀδικεῖν μήτε ἐκείνους καίειν τὰς οἰκίας λαμβάνειν τε τἀπιτήδεια ὅσων δέοιντο. ἔδοξε ταῦτα τοῖς στρατηγοῖς καὶ ἐσπείσαντο ἐπὶ τούτοις.

7 Ἐντεῦθεν δ' ἐπορεύθησαν σταθμοὺς τρεῖς διὰ πεδίου παρασάγγας πεντεκαίδεκα· καὶ Τιρίβαζος παρηκολούθει ἔχων τὴν ἑαυτοῦ δύναμιν, ἀπέχων ὡς δέκα σταδίους· καὶ ἀφίκοντο εἰς βασίλεια καὶ κώμας πέριξ πολλὰς πολλῶν τῶν ἐπιτηδείων 8 μεστάς. στρατοπεδευομένων δ' αὐτῶν γίγνεται τῆς νυκτὸς χιὼν πολλή· καὶ ἕωθεν ἔδοξε διασκηνῆσαι τὰς τάξεις καὶ τοὺς στρατηγοὺς κατὰ τὰς κώμας· οὐ γὰρ ἑώρων πολέμιον οὐδένα 9 καὶ ἀσφαλὲς ἐδόκει εἶναι διὰ τὸ πλῆθος τῆς χιόνος. ἐνταῦθα εἶχον πάντα τὰ ἐπιτήδεια ὅσα ἐστὶν ἀγαθά, ἱερεῖα, σῖτον, οἴνους παλαιοὺς εὐώδεις, ἀσταφίδας, ὄσπρια παντοδαπά. τῶν δὲ ἀποσκεδαννυμένων τινὲς ἀπὸ τοῦ στρατοπέδου ἔλεγον, ὅτι 10 κατίδοιεν στράτευμα καὶ νύκτωρ πολλὰ πυρὰ φαίνοιτο. ἐδόκει δὴ τοῖς στρατηγοῖς οὐκ ἀσφαλὲς εἶναι διασκηνοῦν, ἀλλὰ συναγαγεῖν τὸ στράτευμα πάλιν. ἐντεῦθεν συνῆλθον· καὶ γὰρ 11 ἐδόκει διαιθριάζειν. νυκτερευόντων δ' αὐτῶν ἐνταῦθ' ἐπιπίπτει χιὼν ἄπλετος, ὥστε ἀπέκρυψε καὶ τὰ ὅπλα καὶ τοὺς ἀνθρώπους κατακειμένοις· καὶ τὰ ὑποζύγια συνεπόδισεν ἡ χιών· καὶ πολὺς ὄκνος ἦν ἀνίστασθαι· κατακειμένων γὰρ ἀλε- 12 εινὸν ἦν ἡ χιὼν ἐπιπεπτωκυῖα ὅτῳ μὴ παραρρυείη. ἐπεὶ δὲ Ξενοφῶν ἐτόλμησε γυμνὸς ἀναστὰς σχίζειν ξύλα, τάχ' ἀναστάς

---

4. παρείη, Opt. wie I, 2, 7. — οὐδεὶς ἄλλος, als Tiribazos. — ἀνέβαλλε, hob hinauf.
5. εἶπεν, liess sagen. — εἰς ἐπήκοον, wie II, 5, 38.
6. ἐφ' ᾧ, wie IV, 2, 19.
8. τάξεις, Heerestheile. — τῆς χιόνος, von dem man hoffen konnte, er werde den Heranmarsch des Feindes hemmen.

10. διαιθριάζειν, also ein Bivouak weniger beschwerlich zu werden.
11. ἄπλετος, poetisches Wort. — ἀλεεινὸν, etwas Wärmendes, wie III, 2, 22 ἄπορον bei ποταμούς. — παραρρυείη, herabgeglitten, abgefallen war, Opt. wie §. 4.

τις καὶ ἄλλος ἐκείνου ἀφελόμενος ἔσχιζεν. ἐκ δὲ τούτου καὶ οἱ ἄλλοι ἀναστάντες πῦρ ἔκαιον καὶ ἐχρίοντο· πολὺ γὰρ ἐν- 13 ταῦθα ηὑρίσκετο χρῖσμα, ᾧ ἐχρῶντο ἀντ' ἐλαίου, σύειον καὶ σησάμινον καὶ ἀμυγδάλινον ἐκ τῶν πικρῶν καὶ τερμίνθινον. ἐκ δὲ τῶν αὐτῶν τούτων καὶ μύρον ηὑρίσκετο.

Μετὰ ταῦτα ἐδόκει πάλιν διασκηνητέον εἶναι εἰς τὰς κώ- 14 μας εἰς στέγας. ἔνθα δὴ οἱ στρατιῶται σὺν πολλῇ κραυγῇ καὶ ἡδονῇ ᾖσαν ἐπὶ τὰς στέγας καὶ τὰ ἐπιτήδεια· ὅσοι δὲ, ὅτε τὸ πρότερον ἀπῄεσαν, τὰς οἰκίας ἐνέπρησαν ὑπὸ ἀτασθαλίας δίκην ἐδίδοσαν κακῶς σκηνοῦντες. ἐντεῦθεν ἔπεμψαν τῆς 15 νυκτὸς Δημοκράτην Τημενίτην ἄνδρας δόντες ἐπὶ τὰ ὄρη, ἔνθα ἔφασαν οἱ ἀποσκεδαννύμενοι καθορᾶν τὰ πυρά· οὗτος γὰρ ἐδόκει καὶ πρότερον πολλὰ ἤδη ἀληθεῦσαι τοιαῦτα, τὰ ὄντα τε ὡς ὄντα καὶ τὰ μὴ ὄντα ὡς οὐκ ὄντα. πορευθεὶς δὲ τὰ 16 μὲν πυρὰ οὐκ ἔφη ἰδεῖν, ἄνδρα δὲ συλλαβὼν ἧκεν ἄγων ἔχοντα τόξον Περσικὸν καὶ φαρέτραν καὶ σάγαριν οἷάνπερ καὶ Ἀμαζόνες ἔχουσιν. ἐρωτώμενος δὲ, ποδαπὸς εἴη, Πέρσης μὲν ἔφη 17 εἶναι, πορεύεσθαι δ' ἀπὸ τοῦ Τιριβάζου στρατεύματος, ὅπως ἐπιτήδεια λάβοι. οἱ δ' ἠρώτων αὐτὸν τὸ στράτευμα ὁπόσον τε εἴη καὶ ἐπὶ τίνι συνειλεγμένον. ὁ δὲ εἶπεν, ὅτι Τιρίβαζος 18 εἴη ἔχων τήν τε ἑαυτοῦ δύναμιν καὶ μισθοφόρους Χάλυβας καὶ Ταόχους· παρεσκευάσθαι δὲ αὐτὸν ἔφη ὡς ἐπὶ τῇ ὑπερβολῇ τοῦ ὄρους ἐν τοῖς στενοῖς ᾗπερ μοναχῇ εἴη πορεία, ἐνταῦθα ἐπιθησόμενον τοῖς Ἕλλησιν. ἀκούσασι τοῖς στρατηγοῖς ταῦτα 19 ἔδοξε τὸ στράτευμα συναγαγεῖν· καὶ εὐθὺς φύλακας καταλιπόν-

12. γυμνός, wie I, 10, 3. — ἐχρίοντο, um die erstarrten Glieder geschmeidig zu machen.
13. τῶν πικρῶν, näml. ἀμυγδάλων. So geht auch τῶν αὐτῶν τούτων auf die den vier Adjectiven entsprechenden Stoffe.
14. τὸ πρότερον, §. 10. — ὑπὸ wie I, 3, 4, denn δίκην ἐδίδοσαν ist poenam dabant, puniebantur.
15. τῆς νυκτὸς, in der (folgenden) Nacht. — Τημενίτην, aus Temenion in Argolis. — δόντες, mitgeben. — οἱ ἀποσκεδαννύμενοι, §. 9. — καθορᾶν, Infin. des Imperfects.

16. πορευθεὶς, zu verbinden mit ἰδεῖν. — Ueber καὶ nach οἷάνπερ s. zu I, 3, 16.
17. ἐπὶ τίνι, wozu, wie ἐπὶ τούτῳ I, 3, 1.
18. Χάλυβας — Ταόχους, unabhängige Bergvölker im Westen und Norden von Armenien. — ὡς gehört zu ἐπιθησόμενον, wie I, 1, 3. — τοῦ ὄρους. Diesen hat man sich gegen Norden vom Lager der Griechen zu denken, die Stelle aber, wo sie den Feind überfallen (§. 20), seitwärts oder südlich.
19. καταλιπόντες, im Lager.

τες καὶ στρατηγὸν ἐπὶ τοῖς μένουσι Σοφαίνετον Στυμφάλιον
20 ἐπορεύοντο ἔχοντες ἡγεμόνα τὸν ἁλόντα ἄνθρωπον. ἐπειδὴ δὲ
ὑπερέβαλλον τὰ ὄρη, οἱ πελτασταὶ προϊόντες καὶ κατιδόντες
τὸ στρατόπεδον οὐκ ἔμειναν τοὺς ὁπλίτας, ἀλλ' ἀνακραγόντες
21 ἔθεον ἐπὶ τὸ στρατόπεδον. οἱ δὲ βάρβαροι ἀκούσαντες τὸν
θόρυβον οὐχ ὑπέμειναν, ἀλλ' ἔφευγον· ὅμως δὲ καὶ ἀπέθανόν
τινες τῶν βαρβάρων καὶ ἵπποι ἥλωσαν εἰς εἴκοσι καὶ ἡ σκηνὴ
ἡ Τιριβάζου ἑάλω καὶ ἐν αὐτῇ κλῖναι ἀργυρόποδες καὶ ἐκπώ-
ματα καὶ οἱ ἀρτοκόποι καὶ οἱ οἰνοχόοι φάσκοντες εἶναι.
22 ἐπειδὴ δὲ ἐπύθοντο ταῦτα οἱ τῶν ὁπλιτῶν στρατηγοί, ἐδόκει
αὐτοῖς ἀπιέναι τὴν ταχίστην ἐπὶ τὸ στρατόπεδον, μή τις ἐπί-
θεσις γένοιτο τοῖς καταλελειμμένοις. καὶ εὐθὺς ἀνακαλεσά-
μενοι τῇ σάλπιγγι ἀπῄεσαν καὶ ἀφίκοντο αὐθημερὸν ἐπὶ τὸ
στρατόπεδον.

V. Τῇ δ' ὑστεραίᾳ ἐδόκει πορευτέον εἶναι ὅπῃ δύναιντο τά-
χιστα πρὶν ἢ συλλεγῆναι τὸ στράτευμα πάλιν καὶ καταλαβεῖν τὰ
στενά. συσκευασάμενοι δ' εὐθὺς ἐπορεύοντο διὰ χιόνος πολ-
λῆς ἡγεμόνας ἔχοντες πολλούς· καὶ αὐθημερὸν ὑπερβαλόντες

5. **Inhalt**: Am anderen Tage gehen sie bei tiefem Schnee durch den Pass, von wo sie gestern den Tiribazos verjagt haben. Drei Tage später wird der östliche Quellfluss des Euphrat durchschritten. Aber noch vier Tage — die schrecklichsten des ganzen Zuges — brauchen sie, ehe sie auf dem Armenischen Hochlande zu einer menschlichen Stätte kommen. Einem eisigen Nordwinde entgegen — in der ersten Woche des December — arbeiten sie sich durch klaftertiefen Schnee und bringen bei äusserstem Mangel an Lebensmitteln unter kaltem Himmel die Nächte zu. Nach grossem Verluste an Menschen und Thieren erreicht am Abende des vierten Tages Cheirisophos mit denen, deren Kräfte soweit vorgehalten, endlich wieder ein Armenisches Dorf. Aber das übrige Heer war noch über eine Stunde Weges zurück, erschöpft, theilweise mit vom Schneeglanze kranken Augen, mit erfrorenen Füssen. Ein Theil wirft sich an einer warmen Quelle, die man abseits entdeckt, nieder und, bis zum Tode matt und leidend, erklären sie hier sterben zu wollen. Xenophon bietet das Aeusserste auf, sie zum Weitergehen zu bewegen: vergeblich. Dazu kommen gleich-

20. τὸ στρατόπεδον, der Feinde.
21. καὶ οἱ — οἰνοχόοι φάσκοντες εἶναι, und die, welche Weinschenken zu sein aussagten.
22. ἐπύθοντο, von den Peltasten, die jetzt mit ihrer Beute zurückkommen.
1. τὸ στράτευμα, der Feinde. — τὰ στενά, IV, 4, 18. — ἡγεμόνας, wahrscheinlich Gefangene, die man IV, 4, 21 gemacht hatte.

τὸ ἄκρον, ἐφ' ᾧ ἔμελλεν ἐπιτίθεσθαι Τιρίβαζος, κατεστρατοπεδεύσαντο. ἐντεῦθεν δ' ἐπορεύθησαν σταθμοὺς ἐρήμους 2
τρεῖς παρασάγγας πεντεκαίδεκα ἐπὶ τὸν Εὐφράτην ποταμὸν
καὶ διέβαινον αὐτὸν βρεχόμενοι πρὸς τὸν ὀμφαλόν. ἐλέγοντο δὲ αὐτοῦ αἱ πηγαὶ οὐ πρόσω εἶναι. ἐντεῦθεν ἐπο- 3
ρεύοντο διὰ χιόνος πολλῆς καὶ πεδίου σταθμοὺς τρεῖς παρασάγγας πέντε. ὁ δὲ τρίτος ἐγένετο χαλεπὸς καὶ ἄνεμος βορρᾶς ἐναντίος ἔπνει παντάπασιν ἀποκαίων πάντα καὶ πηγνὺς

---

zeitig Angriffe streifender Banden, gegen die man sich zu wehren und die Hinfälligen zu schützen hat. Jene werden verjagt, aber diese muss man vorläufig liegen lassen. Zuletzt kommt der ganze Heereszug in's Stocken und verlebt diese vierte Nacht, verhungert, ja ohne Feuer, im tiefen Schnee. Aber mit dem Frühesten ist Xenophon wieder auf den Füssen um die zurückgebliebenen Maladen nachbringen zu lassen. Da kommen glücklicherweise Leute, die vom Cheirisophos aus dem Dorfe zurückgeschickt waren, um nach dem Verbleiben der Nachhut zu sehen: diesen überträgt man die Sorge für die Weiterschaffung der Erschöpften. Nun kommen auch Xenophon und die Uebrigen in den Dörfern an, in die man, unbesorgt um Tiribazos, von dessen Heere man längst nichts mehr gesehen, das Heer vertheilt. Der Sicherheit wegen werden sämmtliche Bewohner nebst dem Ortsvorsteher, wenigstens eines der Dörfer, festgenommen. Während nun in den eigenthümlich unter der Erde angelegten Wohnungen die Soldaten sich von den erlittenen Strapazen wieder erholen und nach langer Entbehrung Speise und Trank, die in Fülle vorhanden, mit Behagen geniessen, macht Xenophon mit seinem Dorfschulzen, den er sich bereits zum Freunde gemacht, die Runde durch die Dörfer, wo er Alles in heiterem Wohlleben findet, und sucht den Cheirisophos auf. Mit diesem, den er ebenfalls bei einem fröhlichen Gastmahl antrifft, zusammen befragt er nun den Schulzen über den weiteren Weg, der ihnen auch noch andere für den Marsch zweckmässige Rathschläge ertheilt. Durch letztere mag den Griechen der weitere Marsch durch Armenien wesentlich erleichtert worden sein. An Beschwerden aber, die der Armenische Winter auch ferner brachte, kann es wohl nicht gefehlt haben. Wenn solche im Folgenden nicht weiter erwähnt werden, so glaubte wohl der Schriftsteller — und mit Recht — von den Strapazen, die ihnen in diesem Gebirgslande Natur und Jahreszeit bereiteten, ein vollkommen anschauliches Bild geliefert zu haben, welches noch weiter ausgeführt, den Leser leicht ermüden könnte.

---

3. παρασάγγας πέντε, 7½ Wegstunden in 3 Tagen, bei 4 bis 6 Fuss tiefem Schnee, der keinen Weg erkennen lässt, mit erstarrten Gliedern, erfrorenen Füssen, ohne zureichende Lebensmittel — das ist gerade genug. Von 15 Parasangen, nach den Handschriften bis auf eine, kann gar keine Rede sein, aber auch 10 Parasangen — täglich 5 Stunden — wie Andere wollen, sind viel zu viel. — τρίτος, nämlich σταθμός. — ἀποκαίων, von scharfer Kälte ebenso wie von der Hitze, wie urere.

4 τοὺς ἀνθρώπους. ἔνθα δὴ τῶν μάντεών τις εἶπε σφαγιάσασθαι τῷ ἀνέμῳ, καὶ σφαγιάζεται· καὶ πᾶσι δὴ περιφανῶς ἔδοξε λῆξαι τὸ χαλεπὸν τοῦ πνεύματος. ἦν δὲ τῆς χιόνος τὸ βάθος ὀργυιά· ὥστε καὶ τῶν ὑποζυγίων καὶ τῶν ἀνδραπόδων 5 πολλὰ ἀπώλετο καὶ τῶν στρατιωτῶν ὡς τριάκοντα. διεγένοντο δὲ τὴν νύκτα πῦρ καίοντες· ξύλα δ' ἦν ἐν τῷ σταθμῷ πολλά· οἱ δὲ ὀψὲ προσιόντες ξύλα οὐκ εἶχον. οἱ οὖν πάλαι ἥκοντες καὶ πῦρ καίοντες οὐ προσίεσαν πρὸς τὸ πῦρ τοὺς ὀψίζοντας, εἰ μὴ μεταδοῖεν αὐτοῖς πυροὺς ἢ ἄλλο εἴ τι ἔχοιεν βρωτόν. ἔνθα δὴ μετεδίδοσαν ἀλλήλοις ὧν εἶχον ἕκαστοι. 6 ἔνθα δὲ τὸ πῦρ ἐκαίετο, διατηκομένης τῆς χιόνος βόθροι ἐγίγνοντο μεγάλοι ἔστε ἐπὶ τὸ δάπεδον· οὗ δὴ παρῆν μετρεῖν 7 τὸ βάθος τῆς χιόνος. ἐντεῦθεν δὲ τὴν ἐπιοῦσαν ἡμέραν ὅλην ἐπορεύοντο διὰ χιόνος, καὶ πολλοὶ τῶν ἀνθρώπων ἐβουλιμίασαν. Ξενοφῶν δ' ὀπισθοφυλακῶν καὶ καταλαμβάνων τοὺς 8 πίπτοντας τῶν ἀνθρώπων ἠγνόει, ὅ τι τὸ πάθος εἴη. ἐπειδὴ δὲ εἶπέ τις αὐτῷ τῶν ἐμπείρων, ὅτι σαφῶς βουλιμιῶσι κἄν τι φάγωσιν, ἀναστήσονται, περιιὼν περὶ τὰ ὑποζύγια, εἴ πού τι ὁρῴη βρωτόν, διεδίδου καὶ διέπεμπε διδόντας τοὺς δυναμένους παρατρέχειν τοῖς βουλιμιῶσιν. ἐπειδὴ δέ τι ἐμφάγοιεν, 9 ἀνίσταντο καὶ ἐπορεύοντο. πορευομένων δὲ Χειρίσοφος μὲν ἀμφὶ κνέφας πρὸς κώμην ἀφικνεῖται καὶ ὑδροφορούσας ἐκ τῆς κώμης πρὸς τῇ κρήνῃ γυναῖκας καὶ κόρας καταλαμβάνει ἔμ-10 προσθεν τοῦ ἐρύματος. αὗται ἠρώτων αὐτούς, τίνες εἶεν. ὁ δ' ἑρμηνεὺς εἶπε περσιστί, ὅτι παρὰ βασιλέως πορεύονται πρὸς τὸν σατράπην. οἱ δὲ ἀπεκρίναντο, ὅτι οὐκ ἐνταῦθα εἴη,

---

4. εἶπε, mit folg. Infin. wie I, 3, 14. — τῷ ἀνέμῳ, als einer Gottheit.
5. εἴ τι, wie I, 6, 1. — ὧν, d. i. τούτων, ἅ. Wer also nichts zu gehen hatte, wurde nicht an's Feuer gelassen; gefühlloser Egoismus, der sich in ähnlichen Lagen, wo die Disciplin aufhört und Jeder nur sein eigenes Leben durchzubringen Noth hat, oft wiederholt hat.
6. ἔνθα δὲ, wo aber. — ἔστε ἐπί, bis auf. — τὸ βάθος, bereits §. 4 angegeben.
8. τῶν ἐμπείρων, von denen, die die Sache aus Erfahrung kannten. — τοὺς δυναμένους, die noch im Stande waren. — ὁρῴη und ἐμφάγοιεν, Opt. wie I, 2, 7. — διδόντας, Part. Präs. häufig bei πέμπειν, wo wir das Part. Fut. erwarten.

9. πορευομένων, wie προϊόντων I, 2, 17. — Dem Χειρίσοφος μὲν entspricht §. 11 τῶν δ' ἄλλων. — τῇ κρήνῃ, der zum Dorfe gehörigen; das liegt im Artikel. — τοῦ ἐρύματος. Das Dorf war also wohl ummauert oder sonst befestigt.

ἀλλ' ἀπέχοι ὅσον παρασάγγην. οἱ δ', ἐπεὶ ὀψὲ ἦν, πρὸς τὸν κωμάρχην συνεισέρχονται εἰς τὸ ἔρυμα σὺν ταῖς ὑδροφόροις. Χειρίσοφος μὲν οὖν καὶ ὅσοι ἠδυνήθησαν τοῦ στρατεύματος 11 ἐνταῦθα ἐστρατοπεδεύσαντο, τῶν δ' ἄλλων στρατιωτῶν οἱ μὴ δυνάμενοι διατελέσαι τὴν ὁδὸν ἐνυκτέρευσαν ἄσιτοι καὶ ἄνευ πυρός· καὶ ἐνταῦθά τινες ἀπώλοντο τῶν στρατιωτῶν. ἐφεί- 12 ποντο δὲ τῶν πολεμίων συνειλεγμένοι τινὲς καὶ τὰ μὴ δυνάμενα τῶν ὑποζυγίων ἥρπαζον καὶ ἀλλήλοις ἐμάχοντο περὶ αὐτῶν. ἐλείποντο δὲ τῶν στρατιωτῶν οἵ τε διεφθαρμένοι ὑπὸ τῆς χιόνος τοὺς ὀφθαλμοὺς οἵ τε ὑπὸ τοῦ ψύχους τοὺς δακτύλους τῶν ποδῶν ἀποσεσηπότες. ἦν δὲ τοῖς μὲν ὀφθαλμοῖς 13 ἐπικούρημα τῆς χιόνος, εἴ τις μέλαν τι ἔχων πρὸ τῶν ὀφθαλμῶν ἐπορεύετο, τῶν δὲ ποδῶν εἴ τις κινοῖτο καὶ μηδέποτε ἡσυχίαν· ἔχοι καὶ εἰς τὴν νύκτα ὑπολύοιτο· ὅσοι δὲ ὑποδεδε- 14 μένοι ἐκοιμῶντο, εἰσεδύοντο εἰς τοὺς πόδας οἱ ἱμάντες καὶ τὰ ὑποδήματα περιεπήγνυντο· καὶ γὰρ ἦσαν, ἐπειδὴ ἐπέλιπε τὰ ἀρχαῖα ὑποδήματα, καρβάτιναι πεποιημέναι ἐκ τῶν νεοδάρτων βοῶν. διὰ τὰς τοιαύτας οὖν ἀνάγκας ὑπελείποντό τινες τῶν 15 στρατιωτῶν· καὶ ἰδόντες μέλαν τι χωρίον διὰ τὸ ἐκλελοιπέναι αὐτόθι τὴν χιόνα εἴκαζον τετηκέναι· καὶ τετήκει διὰ κρήνην τινά, ἣ πλησίον ἦν ἀτμίζουσα ἐν νάπῃ. ἐνταῦθ' ἐκτραπόμενοι ἐκάθηντο καὶ οὐκ ἔφασαν πορεύσεσθαι. ὁ δὲ Ξενοφῶν ἔχων 16 ὀπισθοφύλακας ὡς ᾔσθετο, ἐδεῖτο αὐτῶν πάσῃ τέχνῃ καὶ μηχανῇ μὴ ἀπολείπεσθαι, λέγων, ὅτι ἕπονται πολλοὶ πολέμιοι συνειλεγμένοι, καὶ τελευτῶν ἐχαλέπαινεν. οἱ δὲ σφάζειν

---

10. ὅσον, ungefähr.
11. ἠδυνήθησαν, hatten mit fortkommen können. So δυνάμενα §. 12.
12. τοὺς ὀφθαλμοὺς, Accus. beim Passiv. wie II, 6, 1. Ebenso τοὺς δακτύλους, denn ἀποσεσηπότες gehört zu ἀποσήπεσθαι.
13. ὑπολύοιτο, näml. τὰ ὑποδήματα.
14. Aus ὅσοι ist das entsprechende Demonstrativ im Genit. oder Dat. zu εἰσεδύοντο zu ergänzen. — Ueber d. Plur. περιεπήγνυντο s. zu I,

2, 23. — ἐπέλιπε, defecerant, hier: verbraucht waren.
15. καὶ vor τετήκει: und wirklich. Das Plusquamperfect. findet sich nicht selten ohne Augment bei Xenophon. — ἐκτραπόμενοι, seitwärts vom Wege war also die warme Quelle. — οὐκ ἔφασαν πορεύεσθαι, erklärten, sie würden nicht —.
16. μὴ ἀπολείπεσθαι, sie möchten nicht zurückbleiben. — τελευτῶν, zuletzt, wie ἀρχόμενος anfangs u. ä.

17 ἐκέλευον· οὐ γὰρ ἂν δύνασθαι πορευθῆναι. ἐνταῦθα ἔδοξε κράτιστον εἶναι τοὺς ἑπομένους πολεμίοις φοβῆσαι, εἴ τις δύναιτο, μὴ ἐπίοιεν τοῖς κάμνουσι. καὶ ἦν μὲν σκότος ἤδη, οἱ δὲ προσῄεσαν πολλῷ θορύβῳ ἀμφὶ ὧν εἶχον διαφερόμε-
18 νοι. ἔνθα δὴ οἱ ὀπισθοφύλακες ἅτε ὑγιαίνοντες ἐξαναστάντες ἔδραμον εἰς τοὺς πολεμίους· οἱ δὲ κάμνοντες ἀνακραγόντες ὅσον ἠδύναντο μέγιστον τὰς ἀσπίδας πρὸς τὰ δόρατα ἔκρουσαν. οἱ δὲ πολέμιοι δείσαντες ἧκαν ἑαυτοὺς κατὰ τῆς χιόνος
19 εἰς τὴν νάπην, καὶ οὐδεὶς ἔτι οὐδαμοῦ ἐφθέγξατο. καὶ Ξενοφῶν μὲν καὶ οἱ σὺν αὐτῷ εἰπόντες τοῖς ἀσθενοῦσιν, ὅτι τῇ ὑστεραίᾳ ἥξουσί τινες ἐπ' αὐτούς, πορευόμενοι πρὶν τέτταρα στάδια διελθεῖν ἐντυγχάνουσιν ἐν τῇ ὁδῷ ἀναπαυομένοις ἐπὶ τῆς χιόνος τοῖς στρατιώταις ἐγκεκαλυμμένοις, καὶ οὐδὲ φυλακὴ οὐδεμία καθειστήκει· καὶ ἀνίστασαν αὐτούς. οἱ δ' ἔλεγον,
20 ὅτι οἱ ἔμπροσθεν οὐχ ὑποχωροῖεν. ὁ δὲ παριὼν καὶ παραπέμπων τῶν πελταστῶν τοὺς ἰσχυροτάτους ἐκέλευε σκέψασθαι, τί εἴη τὸ κωλῦον. οἱ δὲ ἀπήγγελλον, ὅτι ὅλον οὕτως ἀνα-
21 παύοιτο τὸ στράτευμα. ἐνταῦθα καὶ οἱ περὶ Ξενοφῶντα ηὐλίσθησαν αὐτοῦ ἄνευ πυρὸς καὶ ἄδειπνοι, φυλακὰς οἵας ἠδύναντο καταστησάμενοι. ἐπεὶ δὲ πρὸς ἡμέραν ἦν, ὁ μὲν Ξενοφῶν πέμψας πρὸς τοὺς ἀσθενοῦντας τοὺς νεωτάτους
22 ἀναστήσαντας ἐκέλευεν ἀναγκάζειν προϊέναι. ἐν δὲ τούτῳ Χειρίσοφος πέμπει τῶν ἐκ τῆς κώμης σκεψομένους, πῶς ἔχοιεν οἱ τελευταῖοι. οἱ δὲ ἅσμενοι ἰδόντες τοὺς μὲν ἀσθενοῦντας τούτοις παρέδοσαν κομίζειν ἐπὶ τὸ στρατόπεδον, αὐτοὶ δὲ ἐπορεύοντο, καὶ πρὶν εἴκοσι στάδια διεληλυθέναι ἦσαν
23 πρὸς τῇ κώμῃ, ἔνθα Χειρίσοφος ηὐλίζετο. ἐπεὶ δὲ συνεγένοντο ἀλλήλοις, ἔδοξε κατὰ τὰς κώμας ἀσφαλὲς εἶναι τὰς

οὐ — ἂν δύνασθαι, würden nicht können, auch wenn sie wollten oder wenn man sie zwingen wollte.
17. ὦν, wie §. 5. — διαφερόμενοι, sich streitend.
18. ἅτε, quippe. — ὅσον — μέγιστον, weil man sagt μέγα ἀνακράζειν, φθέγγεσθαι u. ä. — οὐδεὶς — οὐδαμοῦ. S. zu I, 3, 5.
20. ὅλον, mit Ausnahme derer, die §. 9 mit Cheirisophos im Dorfe bereits angekommen sind.
21. οἱ περὶ Ξεν. wie II, 4, 2. — πρὸς ἡμέραν, gegen Anbruch des T.
22. τῶν ἐκ, Attraction. S. zu I, 1, 5. — οἱ δὲ, näml. οἱ νεώτατοι. — ἰδόντες, nämlich τοῖς σκεψομένοις, auf welche auch τούτοις geht.
23. ἀσφαλὲς, da man von Tiribazos seit 8 Tagemärschen nichts

τάξεις σκηνοῦν. καὶ Χειρίσοφος μὲν αὐτοῦ ἔμενεν, οἱ δὲ ἄλλοι διαλαχόντες ἃς ἑώρων κώμας ἐπορεύοντο ἕκαστοι τοὺς ἑαυτῶν ἔχοντες. ἔνθα δὴ Πολυκράτης Ἀθηναῖος λοχαγὸς ἐκέ- 24 λευσεν ἀφιέναι ἑαυτόν· καὶ λαβὼν τοὺς εὐζώνους, θέων ἐπὶ τὴν κώμην, ἣν εἰλήχει Ξενοφῶν, καταλαμβάνει πάντας ἔνδον τοὺς κωμήτας καὶ τὸν κωμάρχην καὶ πώλους εἰς δασμὸν βασιλεῖ τρεφομένους ἑπτακαίδεκα καὶ τὴν θυγατέρα τοῦ κωμάρχου ἐνάτην ἡμέραν γεγαμημένην· ὁ δ᾽ ἀνὴρ αὐτῆς λαγὼς ᾤχετο θηράσων καὶ οὐχ ἥλω ἐν ταῖς κώμαις. αἱ δ᾽ οἰκίαι ἦσαν κατά- 25 γειοι, τὸ μὲν στόμα ὥσπερ φρέατος, κάτω δ᾽ εὐρεῖαι· αἱ δὲ εἴσοδοι τοῖς μὲν ὑποζυγίοις ὀρυκταί, οἱ δὲ ἄνθρωποι κατέβαινον ἐπὶ κλίμακος. ἐν δὲ ταῖς οἰκίαις ἦσαν αἶγες, ὄϊες, βόες, ὄρνιθες, καὶ τὰ ἔκγονα τούτων· τὰ δὲ κτήνη πάντα χιλῷ ἔνδον ἐτρέφετο. ἦσαν δὲ καὶ πυροὶ καὶ κριθαὶ καὶ 26 ὄσπρια καὶ οἶνος κρίθινος ἐν κρατῆρσιν. ἐνῆσαν δὲ καὶ αὐταὶ αἱ κριθαὶ ἰσοχειλεῖς, καὶ κάλαμοι ἐνέκειντο, οἱ μὲν μείζους, οἱ δὲ ἐλάττους, γόνατα οὐκ ἔχοντες· τούτους δ᾽ ἔδει, 27 ὁπότε τις διψῴη, λαβόντα εἰς τὸ στόμα μύζειν. καὶ πάνυ ἄκρατος ἦν, εἰ μή τις ὕδωρ ἐπιχέοι· καὶ πάνυ ἡδὺ συμμαθόντι τὸ πῶμα ἦν. ὁ δὲ Ξενοφῶν τὸν ἄρχοντα τῆς κώμης 28 ταύτης σύνδειπνον ἐποιήσατο καὶ θαρρεῖν ἐκέλευε λέγων, ὅτι οὔτε τῶν τέκνων στερήσοιτο, τήν τε οἰκίαν αὐτοῦ ἀντεμπλή-

---

gesehen hatte, zumal bei dem unermesslichen Schnee. — Die §. 16 — 18 erwähnten Feinde waren, wie es scheint, nur streifendes Gesindel aus der Umgegend. — αὐτοῦ, in dem §. 9 erwähnten Dorfe. — ἄλλοι, näml. στρατηγοί.
24. τὸν κωμάρχην, diesen vor Allen zu dem §. 34 beschriebenen Zwecke, die anderen als Geisseln. — ἑπτακαίδεκα. So viel hatte das Dorf dem Könige zu liefern. Wenn §. 35 eine grössere Zahl vorhandener Pferde voraussetzen lässt, so können ja ausser dem δασμός noch andere hier gezogen worden sein.
25. τὸ — στόμα, Accusat. d. Beziehung. — ὥσπερ φρέατος, wie die Wohnung eines (leeren) Brunnens, wie eine Brunnenwohnung, d. h. eng. Denn offenbar entspricht ὥσπερ φρέατος dem εὐρεῖαι: oben eng, unten geräumig. Genauer aber wäre: ἦσαν κατάγειοι, ὥσπερ φρέαρ, τὸ μὲν στόμα στεναί, κάτω δ᾽ εὐρεῖαι. Denn es soll doch wohl die ganze Wohnung, nicht bloss die Oeffnung nach oben, mit einem Brunnenraume verglichen werden.
26. αὐταὶ αἱ κριθαί, die Gerstenkörner selbst. — ἰσοχειλεῖς, oben auf, dem Rande gleich. — γόνατα, Knoten.
27. τούτους — λαβόντα, mit diesen. — ἄκρατος, stark. — συμμαθόντι, für einen der, oder wenn man sich daran gewöhnt hatte.
28. οὔτε — τε, neque — et. — στερήσοιτο, passivisch. Der Opta-

σαντες τῶν ἐπιτηδείων ἀπίασιν, ἢν ἀγαθόν τι τῷ στρατεύματι ἐξηγησάμενος φαίνηται ἔστ' ἂν ἐν ἄλλῳ ἔθνει γένωνται. 29 ὁ δὲ ταῦτα ὑπισχνεῖτο καὶ φιλοφρονούμενος οἶνον ἔφρασεν ἔνθα ἦν κατορωρυγμένος. ταύτην μὲν οὖν τὴν νύκτα διασκηνήσαντες οὕτως ἐκοιμήθησαν ἐν πᾶσιν ἀφθόνοις πάντες οἱ στρατιῶται, ἐν φυλακῇ ἔχοντες τὸν κωμάρχην καὶ τὰ τέκνα 30 αὐτοῦ ὁμοῦ ἐν ὀφθαλμοῖς. τῇ δ' ἐπιούσῃ ἡμέρᾳ Ξενοφῶν λαβὼν τὸν κωμάρχην πρὸς Χειρίσοφον ἐπορεύετο· ὅπου δὲ παρίοι κώμην, ἐτρέπετο πρὸς τοὺς ἐν ταῖς κώμαις καὶ κατελάμβανε πανταχοῦ εὐωχουμένους καὶ εὐθυμουμένους, καὶ οὐδαμό31 θεν ἀφίεσαν πρὶν παραθεῖναι αὐτοῖς ἄριστον· οὐκ ἦν δ' ὅπου οὐ παρετίθεσαν ἐπὶ τὴν αὐτὴν τράπεζαν κρέα ἄρνεια, ἐρίφεια, χοίρεια, μόσχεια, ὀρνίθεια, σὺν πολλοῖς ἄρτοις τοῖς μὲν πυ32 ρίνοις, τοῖς δὲ κριθίνοις. ὁπότε δέ τις φιλοφρονούμενός τῳ βούλοιτο προπιεῖν, εἷλκεν ἐπὶ τὸν κρατῆρα, ἔνθεν ὑποκύψαντα ἔδει ῥοφοῦντα πίνειν ὥσπερ βοῦν. καὶ τῷ κωμάρχῃ ἐδίδοσαν λαμβάνειν ὅ τι βούλοιτο. ὁ δὲ ἄλλο μὲν οὐδὲν ἐδέχετο, ὅπου δέ τινα τῶν συγγενῶν ἴδοι, πρὸς ἑαυτὸν ἀεὶ ἐλάμ33 βανεν. ἐπεὶ δ' ἦλθον πρὸς Χειρίσοφον, κατελάμβανον κἀκείνους σκηνοῦντας ἐστεφανωμένους τοῦ ξηροῦ χιλοῦ στεφάνοις καὶ διακονοῦντας Ἀρμενίους παῖδας σὺν ταῖς βαρβαρικαῖς στολαῖς· τοῖς δὲ παισὶν ἐδείκνυσαν ὥσπερ ἐνεοῖς ὅ τι δέοι

---

tiv ist gesetzt und nicht wie im Folgenden der Indicativ (ἀπίασιν); denn das οὐ στερεῖσθαι τῶν τέκνων soll nicht etwa wie das Folgende als von der Bedingung ἦν — φαίνηται abhängig bezeichnet werden. Denn das wäre eine grausame und ihren Zweck leicht verfehlende Drohung gegen einen Mann, dessen aufrichtige Geneigtheit zu gewinnen von der grössten Wichtigkeit war. Durch Zwang, das sah Xenophon wohl, liess sich das, was der Komarch (§. 34 u. 36) leisten soll, nicht erzielen. Er will ihn also über das Schicksal seiner Kinder beruhigen, und wenn er sich dem Heere nützlich erweise, versichert er ihn noch obendrein im Voraus seiner Dankbarkeit. — In ἀντεμπλήσαντες bedeutet ἀντί als Gegengeschenk. Das Particip enthält den Haupt-, das verb. finit. den Nebengedanken wie I, 1, 2.

29. οἶνον, Prolepsis, wie I, 8, 21.

30. παρίοι, Opt. wie I, 2, 7. — αὐτοῖς, ihm und dem Komarchen.

31. οὐκ ἦν — ὅπου οὐ, überall.

32. εἷλκεν, näml. αὐτόν. — τῶν συγγενῶν, die festgenommen waren.

33. κἀκείνους, d. i. καὶ τοὺς ἐκεῖ, den Cheirisophos und seine Gesellschaft. — τοῦ ξηροῦ χιλοῦ, in Ermangelung des Laubes und der Blumen, mit denen man sich bei Symposien bekränzte. — ὥσπερ ἐνεοῖς, weil sie die griech. Sprache nicht verstanden.

ποιεῖν. ἐπεὶ δ' ἀλλήλους ἐφιλοφρονήσαντο Χειρίσοφος καὶ 34
Ξενοφῶν, κοινῇ δὴ ἀνηρώτων τὸν κωμάρχην διὰ τοῦ περσίζοντος ἑρμηνέως, τίς εἴη ἡ χώρα. ὁ δ' ἔλεγεν, ὅτι Ἀρμενία.
καὶ πάλιν ἠρώτων, τίνι οἱ ἵπποι τρέφοιντο. ὁ δ' ἔλεγεν,
ὅτι βασιλεῖ δασμός· τὴν δὲ πλησίον χώραν ἔφη εἶναι Χάλυβας καὶ τὴν ὁδὸν ἔφραζεν ᾗ εἴη. καὶ αὐτὸν τότε μὲν ᾤχετο 35
ἄγων Ξενοφῶν πρὸς τοὺς ἑαυτοῦ οἰκέτας. καὶ ἵππον, ὃν
εἰλήφει, παλαίτερον δίδωσι τῷ κωμάρχῃ ἀναθρέψαντι καταθῦσαι, ὅτι ἤκουσεν αὐτὸν ἱερὸν εἶναι τοῦ Ἡλίου, δεδιὼς, μὴ
ἀποθάνῃ· ἐκεκάκωτο γὰρ ὑπὸ τῆς πορείας· αὐτὸς δὲ τῶν πώλων λαμβάνει καὶ τῶν ἄλλων στρατηγῶν καὶ λοχαγῶν ἔδωκεν 36
ἑκάστῳ πῶλον. ἦσαν δ' οἱ ταύτῃ ἵπποι μείονες μὲν τῶν
Περσικῶν, θυμοειδέστεροι δὲ πολύ. ἐνταῦθα δὴ καὶ διδάσκει
ὁ κωμάρχης περὶ τοὺς πόδας τῶν ἵππων καὶ τῶν ὑποζυγίων
σακία περιειλεῖν, ὅταν διὰ τῆς χιόνος ἄγωσιν· ἄνευ γὰρ τῶν
σακίων κατεδύοντο μέχρι τῆς γαστρός.

Ἐπεὶ δ' ἡμέρα ἦν ὀγδόη, τὸν μὲν ἡγεμόνα παραδίδωσι VI.
Χειρισόφῳ, τοὺς δ' οἰκέτας καταλείπει τῷ κωμάρχῃ, πλὴν

---

6. **Inhalt**: Nach siebentägigem Aufenthalte verlassen die Hellenen die west-armenischen Dörfer und ziehen weiter durch den Schnee, von dem mitgenommenen Komarchen geführt, 3 Tage lang zunächst in nordöstlicher Richtung über hohe Bergterrassen. Da entweicht der Führer. Jetzt gehen sie nach Uebersteigung der Wasserscheide des Euphrat-Quellflusses einer- und des östlichen sowie des Araxes andererseits, welchen letzteren Xenophon Phasis nennt, des Landes und Weges unkundig, anstatt nordwestlich den nächsten Weg nach dem schwarzen Meere einzuschlagen, 7 Tage dem rechten Ufer des Araxes entlang durch das Land der Phasianen. Sie durchschreiten den Araxes und befinden sich zwei Tagemärsche später in mehr nördlicher Richtung einer Höhenkette in der Entfernung von 1½ Stunden gegenüber, deren Hauptpass sie vom Feinde besetzt sehen. Cheirisophos und Kleanor schlagen vor, diesen Pass zu stürmen. Doch siegt die Ansicht

---

34. ὅτι, wie I, 6, 7. — τὴν ὁδόν. Nach III, 5, 17 war es von Armenien aus leicht überall hin zu gelangen. Vielleicht wurde erst hier der Plan, zunächst das schwarze Meer zu erreichen, festgestellt.

35. τότε μὲν, wobei als Gegensatz vorschwebt: bei der Abreise aber (IV, 6, 1) nahm er ihn mit. — ᾤχετο ἄγων, führte zurück. — εἰλήφει, III, 3, 19, als über die vorhandenen Pferde verfügt wurde. — ἀναθρέψαντι καταθῦσαι, zum Auffüttern und Opfern. — αὐτὸν, es, das Pferd überhaupt. Bei den Persern wurden der als Gott verehrten Sonne Pferde geopfert. — τῶν πώλων, gen. part. wie I, 5, 7.

1. ἡμέρα — ὀγδόη des Aufenthaltes in den Dörfern. — τὸν — ἡγεμόνα, den Komarchen selbst. — παραδίδωσι, Xenophon. — τῷ κωμ-

ΞΕΝΟΦΩΝΤΟΣ

υἱοῦ τοῦ ἄρτι ἡβάσκοντος· τοῦτον δ' Ἐπισθένει Ἀμφιπολίτῃ δίδωσι φυλάττειν, ὅπως, εἰ καλῶς ἡγήσοιτο, ἔχων καὶ τοῦτον ἀπίοι. καὶ εἰς τὴν οἰκίαν αὐτοῦ εἰσεφόρησαν ὡς 2 ἐδύναντο πλεῖστα καὶ ἀναζεύξαντες ἐπορεύοντο. ἡγεῖτο δ' αὐτοῖς ὁ κωμάρχης λελυμένος διὰ χιόνος· καὶ ἤδη τε ἦν ἐν τῷ τρίτῳ σταθμῷ, καὶ Χειρίσοφος αὐτῷ ἐχαλεπάνθη, ὅτι οὐκ εἰς κώμας ἤγαγεν. ὁ δ' ἔλεγεν, ὅτι οὐκ εἶεν ἐν τῷ τόπῳ 3 τούτῳ. ὁ δὲ Χειρίσοφος αὐτὸν ἔπαισε μέν, ἔδησε δ' οὔ. ἐκ δὲ τούτου ἐκεῖνος τῆς νυκτὸς ἀποδρὰς ᾤχετο, καταλιπὼν τὸν υἱόν. τοῦτό γε δὴ Χειρισόφῳ καὶ Ξενοφῶντι μόνον διάφορον ἐν τῇ πορείᾳ ἐγένετο, ἡ τοῦ ἡγεμόνος κάκωσις καὶ ἀμέλεια. Ἐπισθένης δὲ ἠράσθη τοῦ παιδὸς καὶ οἴκαδε κομίσας πιστο- 4 τάτῳ ἐχρῆτο. μετὰ τοῦτο ἐπορεύθησαν ἑπτὰ σταθμοὺς ἀνὰ πέντε παρασάγγας τῆς ἡμέρας παρὰ τὸν Φᾶσιν ποταμόν, 5 εὖρος πλεθριαῖον. ἐντεῦθεν ἐπορεύθησαν σταθμοὺς δύο παρασάγγας δέκα· ἐπὶ δὲ τῇ εἰς τὸ πεδίον ὑπερβολῇ ἀπήντησαν 6 αὐτοῖς Χάλυβες καὶ Τάοχοι καὶ Φασιανοί. Χειρίσοφος δ' ἐπεὶ

Xenophon's, wie sie es schon früher, namentlich im Lande der Karduchen mit Erfolg gethan hatten, sich unbemerkt eines anderen, höher gelegenen Punktes durch eine Abtheilung ihres Heeres zu bemächtigen und dann durch gleichzeitige Angriffe von oben und von unten den Feind aus dem Passe herauszuwerfen. Der Plan wird glücklich ausgeführt und sie erreichen auf der anderen Seite des Höhenzuges wohlhabende Dörfer. — In diesen Tagen ereignete es sich zum ersten und zum letzten Male, dass das gute Einvernehmen zwischen den beiden Leitern des merkwürdigen Rückzuges gestört ward. Die durch Cheirisophos verschuldete Entweichung des Führers gab dazu die Veranlassung. Xenophon's geistige Ueberlegenheit, die er, wie überall, so auch hier bei Berathung, wie der Pass zu nehmen sei, so glänzend zeigt, scheint der etwas derbe, aber biedere und verständige Spartaner willig anzuerkennen. Die Wechselreden, in welchen die beiden Feldherren gewisse Schattenseiten in dem öffentlichen Leben ihrer beiderseitigen Staaten verspotten, sind nur als humoristisches Geplänkel zu verstehen, in welchem sich der letzte Unmuth erschöpft. Im nächsten Kapitel sehen wir sie bereits wieder im besten Einverständnisse handeln.

ἀρχῇ. dat. commodi. — ἀπίοι, Opt. wie IV, 3, 21. — εἰς τὴν οἰκίαν, wie IV, 5, 28 versprochen.

2. ἤδη τε — καὶ, wie I, 8, 8. — ἦν, es war.

3. τῆς νυκτός, in der (folgenden) Nacht. — ἀποδρὰς ᾤχετο, lief fort. — ἀμέλεια, dass er ihn nicht gefesselt hatte. — ἠράσθη, hatte lieb gewonnen.

4. ἀνὰ, je. — πλεθριαῖον gehört zu ποταμόν.

5. ἐντεῦθεν, vom Phasis aus, wo sie ihn durchschreiten. — Χάλυβες — Τάοχοι. S. zu IV, 4, 18.

κατεῖδε τοὺς πολεμίους ἐπὶ τῇ ὑπερβολῇ, ἐπαύσατο πορευόμενος, ἀπέχων εἰς τριάκοντα σταδίους, ἵνα μὴ κατὰ κέρας ἄγων πλησιάσῃ τοῖς πολεμίοις· παρήγγειλε δὲ καὶ τοῖς ἄλλοις παράγειν τοὺς λόχους, ὅπως ἐπὶ φάλαγγος γένοιτο τὸ στράτευμα. ἐπεὶ δὲ ἦλθον οἱ ὀπισθοφύλακες, συνεκάλεσε στρατη- 7 γοὺς καὶ λοχαγούς, καὶ ἔλεξεν ὧδε. οἱ μὲν πολέμιοι, ὡς ὁρᾶτε, κατέχουσι τὰς ὑπερβολὰς τοῦ ὄρους· ὥρα δὲ βουλεύεσθαι, ὅπως ὡς κάλλιστα ἀγωνιούμεθα. ἐμοὶ μὲν οὖν δοκεῖ παραγ- 8 γεῖλαι μὲν ἀριστοποιεῖσθαι τοῖς στρατιώταις, ἡμᾶς δὲ βουλεύεσθαι, εἴτε τήμερον, εἴτε αὔριον δοκεῖ ὑπερβάλλειν τὸ ὄρος. Ἐμοὶ δέ γε, ἔφη ὁ Κλεάνωρ, δοκεῖ, ἐπὰν τάχιστα ἀριστήσω- 9 μεν, ἐξοπλισαμένους ὡς τάχιστα ἰέναι ἐπὶ τοὺς ἄνδρας. εἰ γὰρ διατρίψομεν τὴν τήμερον ἡμέραν, οἵ τε νῦν ἡμᾶς ὁρῶντες πολέμιοι θαρραλεώτεροι ἔσονται καὶ ἄλλοις εἰκὸς τούτων θαρρούντων πλείους προσγενέσθαι. μετὰ τοῦτον Ξενοφῶν εἶπεν, 10 Ἐγὼ δ' οὕτω γιγνώσκω. εἰ μὲν ἀνάγκη ἐστὶ μάχεσθαι, τοῦτο δεῖ παρασκευάσασθαι, ὅπως ὡς κράτιστα μαχούμεθα· εἰ δὲ βουλόμεθα ὡς ῥᾷστα ὑπερβάλλειν, τοῦτό μοι δοκεῖ σκεπτέον εἶναι, ὅπως ὡς ἐλάχιστα μὲν τραύματα λάβωμεν, ὡς ἐλάχιστα δὲ σώματα ἀνδρῶν ἀποβάλωμεν. τὸ μὲν οὖν ὄρος ἐστὶ τὸ ὁρώ- 11 μενον πλέον ἢ ἐφ' ἑξήκοντα στάδια, ἄνδρες δ' οὐδαμοῦ φυλάττοντες ἡμᾶς φανεροί εἰσιν ἀλλ' ἢ κατ' αὐτὴν τὴν ὁδόν· πολὺ οὖν κρεῖττον τοῦ ἐρήμου ὄρους καὶ κλέψαι τι πειρᾶσθαι λαθόντας καὶ ἁρπάσαι φθάσαντας, εἰ δυναίμεθα, μᾶλλον ἢ

---

6. κατὰ κέρας, im langen Zuge, mit schmaler Front. — πλησιάσῃ, Conjunctiv wie I, 4, 18. — παράγειν, wie III, 4, 21. — ἐπὶ φάλαγγος, wie IV, 3, 26.

7. ὥρα, näml. ἐστίν. — ὅπως, wie.

8. εἴτε — εἴτε, ob — oder.

9. εἰκὸς, näml. ἐστίν. — τούτων θαρρούντων, wenn diese. — προσγενέσθαι, der Aorist, wo die Zeit der zu erwartenden Sache unbestimmt gedacht werden soll.

10. ὅπως — ὡς ἐλάχιστα — ἀποβάλωμεν, wie wir — möglichst geringen Verlust an Menschen erleiden mögen, dubitativ.

11. ἐστὶ — πλέον ἢ ἐφ' ἑξήκοντα, d. i. ἐστὶν ἐπὶ πλέον ἢ ἑξήκ. Vergl. zu IV, 2, 13: ἐπὶ πολὺ δ' ἦν τὰ ὑποζύγια. Wegen πλέον s. zu 1, 2, 11. — ἀλλ' ἢ, nach vorausgegangener Negation, nisi. — ἐρήμου, vom Feinde leer. — κλέψαι — λαθόντας, heimlich und unbemerkt zu betreten. — ἁρπάσαι φθάσαντας, rasch und früher als der Feind zu besetzen. — μᾶλλον, potius, erneuert das πολὺ κρεῖττον.

πρὸς ἰσχυρὰ χωρία καὶ ἄνδρας παρεσκευασμένους μάχεσθαι.
12 πολὺ γὰρ ῥᾷον ὄρθιον ἀμαχεὶ ἰέναι ἢ ὁμαλὲς ἔνθεν καὶ ἔνθεν πολεμίων ὄντων, καὶ νύκτωρ ἀμαχεὶ μᾶλλον ἂν τὰ πρὸ ποδῶν ὁρῴη τις ἢ μεθ' ἡμέραν μαχόμενος, καὶ ἡ τραχεῖα τοῖς ποσὶν ἀμαχεὶ ἰοῦσιν εὐμενεστέρα ἢ ὁμαλὴ τὰς κεφαλὰς βαλλομένοις.
13 καὶ κλέψαι δ' οὐκ ἀδύνατόν μοι δοκεῖ εἶναι, ἐξὸν μὲν νυκτὸς ἰέναι, ὡς μὴ ὁρᾶσθαι, ἐξὸν δὲ ἀπελθεῖν τοσοῦτον, ὡς μὴ αἴσθησιν παρέχειν. δοκοῦμεν δ' ἄν μοι ταύτῃ προσποιούμενοι προσβαλεῖν ἐρημοτέρῳ ἂν τῷ ὄρει χρῆσθαι· μένοιεν γὰρ
14 ἂν αὐτοῦ μᾶλλον ἀθρόοι οἱ πολέμιοι. ἀτὰρ τι ἐγὼ περὶ κλοπῆς συμβάλλομαι; ὑμᾶς γὰρ ἔγωγε, ὦ Χειρίσοφε, ἀκούω τοὺς Λακεδαιμονίους, ὅσοι ἐστὲ τῶν ὁμοίων, εὐθὺς ἐκ παίδων κλέπτειν μελετᾶν, καὶ οὐκ αἰσχρὸν εἶναι, ἀλλὰ καλὸν
15 κλέπτειν ὅσα μὴ κωλύει νόμος. ὅπως δὲ ὡς κράτιστα κλέπτητε καὶ πειρᾶσθε λανθάνειν, νόμιμον ἄρα ὑμῖν ἐστιν, ἐὰν ληφθῆτε κλέπτοντες, μαστιγοῦσθαι. νῦν οὖν μάλα σοι καιρός ἐστιν ἐπιδείξασθαι τὴν παιδείαν καὶ φυλάξασθαι μέντοι, μὴ
16 ληφθῶμεν κλέπτοντες τοῦ ὄρους, ὡς μὴ πληγὰς λάβωμεν. Ἀλλὰ μέντοι, ἔφη ὁ Χειρίσοφος, κἀγὼ ὑμᾶς τοὺς Ἀθηναίους ἀκούω δεινοὺς εἶναι κλέπτειν τὰ δημόσια, καὶ μάλα ὄντος δεινοῦ τοῦ κινδύνου τῷ κλέπτοντι, καὶ τοὺς κρατίστους μέντοι μάλιστα, εἴπερ ὑμῖν οἱ κράτιστοι ἄρχειν ἀξιοῦνται· ὥστε ὥρα

---

12. ὄρθιον — ἰέναι ἢ ὁμαλές. S. IV, 4, 1 zu ἐπορεύθησαν — πεδίον. — μεθ' ἡμέραν, bei Tage. — ἡ τραχεῖα, näml. ὁδός oder χώρα. — τὰς κεφαλάς, Accus. wie II, 6, 1.
13. ἐξόν, da wir können. S. zu II, 5, 22. — ὡς, so dass. — ἀπελθεῖν, näml. von der Stelle, wo der Feind den Uebergang verhindern will. — ταύτῃ, in der Richtung, die sie jetzt gegen das Gebirge haben. — προσποιούμενοι, dasselbe Manöver wie IV, 2, 2. — προσβαλεῖν, angreifen zu wollen. — ἐρημοτέρῳ, wie ἐρήμου §. 11. — Ueber das zu χρῆσθαι gehörige wiederholte ἄν s. zu II, 5, 20.
14. συμβάλλομαι, näml. λόγοις, das anderswo auch hinzugefügt wird.

— τῶν ὁμοίων, in der Kyropädie ὁμότιμοι genannt, Vollbürger mit gleicher Berechtigung zu den Ehrenstellen, im Gegensatze zu den Periöken, deren bürgerliche Rechte beschränkt waren.

15. ἄρα, darum also; es ist Xenophon's augenblicklicher Einfall, ein Scherz, den Cheirisophos in seiner Weise, etwas derb erwidert. Wegen ἄρα vergl. zu II, 2, 3. — καί — μέντοι, wie I, 9, 6. — τοῦ ὄρους, gen. part. wie I, 5, 7. Vorher (§. 11) hiess es τοῦ ὄρους κλέψαι τι.

16. δεινούς, stark. — κλέπτειν, d. h. zu unterschlagen. — εἴπερ, wenn anders. — ὑμῖν, Dat. wie III, 4, 31. — οἱ κράτιστοι, im eigentlichen

καὶ σοὶ ἐπιδείκνυσθαι τὴν παιδείαν. Ἐγὼ μὲν τοίνυν, ἔφη ὁ 17
Ξενοφῶν, ἕτοιμός εἰμι τοὺς ὀπισθοφύλακας ἔχων, ἐπειδὰν δει-
πνήσωμεν, ἰέναι καταληψόμενος τὸ ὄρος. ἔχω δὲ καὶ ἡγεμό-
νας· οἱ γὰρ γυμνῆτες τῶν ἐφεπομένων ἡμῖν κλωπῶν ἔλαβόν
τινας ἐνεδρεύσαντες· τούτων καὶ πυνθάνομαι, ὅτι οὐκ ἄβατόν
ἐστι τὸ ὄρος, ἀλλὰ νέμεται αἰξὶ καὶ βουσίν· ὥστε ἐάνπερ
ἅπαξ λάβωμέν τι τοῦ ὄρους, βατὰ καὶ τοῖς ὑποζυγίοις ἔσται.
ἐλπίζω δὲ οὐδὲ τοὺς πολεμίους μενεῖν ἔτι, ἐπειδὰν ἴδωσιν 18
ἡμᾶς ἐν τῷ ὁμοίῳ ἐπὶ τῶν ἄκρων· οὐδὲ γὰρ νῦν ἐθέλουσι
καταβαίνειν ἡμῖν εἰς τὸ ἴσον. ὁ δὲ Χειρίσοφος εἶπε, Καὶ τί 19
δεῖ σὲ ἰέναι καὶ λιπεῖν τὴν ὀπισθοφυλακίαν; ἀλλὰ ἄλλους
πέμψον, ἂν μή τινες ἐθελούσιοι φαίνωνται. ἐκ τούτου Ἀρι- 20
στώνυμος Μεθυδριεὺς ἔρχεται ὁπλίτας ἔχων καὶ Ἀριστέας
Χῖος γυμνῆτας καὶ Νικόμαχος Οἰταῖος γυμνῆτας· καὶ σύν-
θημα ἐποιήσαντο, ὁπότε ἔχοιεν τὰ ἄκρα, πυρὰ καίειν πολλά.
ταῦτα συνθέμενοι ἠρίστων· ἐκ δὲ τοῦ ἀρίστου προήγαγεν ὁ 21
Χειρίσοφος τὸ στράτευμα πᾶν ὡς δέκα σταδίους πρὸς τοὺς
πολεμίους, ὅπως ὡς μάλιστα δοκοίη ταύτῃ προσάξειν.

Ἐπειδὴ δὲ ἐδείπνησαν καὶ νὺξ ἐγένετο, οἱ μὲν ταχθέντες 22
ᾤχοντο καὶ καταλαμβάνουσι τὸ ὄρος, οἱ δὲ ἄλλοι αὐτοῦ ἀνε-
παύοντο. οἱ δὲ πολέμιοι ἐπεὶ ᾔσθοντο ἐχόμενον τὸ ὄρος,
ἐγρηγόρεσαν καὶ ἔκαιον πυρὰ πολλὰ διὰ νυκτός. ἐπειδὴ δὲ 23
ἡμέρα ἐγένετο, Χειρίσοφος μὲν θυσάμενος ἦγε κατὰ τὴν ὁδόν,
οἱ δὲ τὸ ὄρος καταλαβόντες κατὰ τὰ ἄκρα ἐπῄεσαν. τῶν δ' 24
αὖ πολεμίων τὸ μὲν πολὺ ἔμενεν ἐπὶ τῇ ὑπερβολῇ τοῦ ὄρους,
μέρος δ' αὐτῶν ὑπήντα τοῖς κατὰ τὰ ἄκρα. πρὶν δὲ
ὁμοῦ εἶναι τοὺς πολλούς, συμμιγνύασαν οἱ κατὰ τὰ ἄκρα,
καὶ νικῶσιν οἱ Ἕλληνες καὶ διώκουσιν. ἐν τούτῳ δὲ καὶ οἱ 25

Sinne: die Edelsten; vorher τοὺς κρατίστους im politischen Sinne: die Ersten im Staate. Zu letzteren konnte sich im demokratischen Athen jeder Bürger emporschwingen, im aristokratischen Sparta waren es nur die §. 14 erwähnten ὅμοιοι.

17. τούτων, von diesen.
20. Μεθυδριεὺς. S. IV, 1, 27.

22. οἱ — ταχθέντες, die §. 20 Genannten.
23. κατὰ τὴν ὁδόν, §. 21 durch ταύτῃ bezeichnet. — οἱ δὲ, die ταχθέντες.
24. τὸ — πολύ, wie I, 4, 13. Nachher τοὺς πολλοὺς die beiden Hauptheere, οἱ κατὰ τὰ ἄκρα, die beiden detachirten Korps der Griechen und der Feinde.

ἐκ τοῦ πεδίου οἱ μὲν πελτασταὶ τῶν Ἑλλήνων δρόμῳ ἔθεον πρὸς τοὺς παρατεταγμένους, Χειρίσοφος δὲ βάδην ταχὺ ἐφείπετο σὺν τοῖς ὁπλίταις. οἱ δὲ πολέμιοι οἱ ἐπὶ τῇ ὁδῷ ἐπειδὴ τὸ ἄνω ἑώρων ἡττώμενον, φεύγουσι· καὶ ἀπέθανον μὲν οὐ πολλοὶ αὐτῶν, γέρρα δὲ πάμπολλα ἐλήφθη· ἃ οἱ Ἕλληνες ταῖς μαχαίραις κόπτοντες ἀχρεῖα ἐποίουν. ὡς δ' ἀνέβησαν, θύσαντες καὶ τρόπαιον στησάμενοι κατέβησαν εἰς τὸ πεδίον καὶ εἰς κώμας πολλῶν καὶ ἀγαθῶν γεμούσας ἦλθον.

VII. Ἐκ δὲ τούτων ἐπορεύθησαν εἰς Ταόχους σταθμοὺς πέντε παρασάγγας τριάκοντα· καὶ τὰ ἐπιτήδεια ἐπέλιπε· χωρία γὰρ

7. Inhalt: In den ersten Tagen des Jahres 400 dringen die Hellenen in das Land der Taocher ein, eines unabhängigen, tapferen Bergvolkes. Diese bewohnten feste Plätze, in welche sie alle ihre Habe gebracht hatten. Da den Hellenen der Proviant ausgegangen war, so musste einer dieser Plätze genommen werden. Ihr Weg führt sie an einen Ort, der auf einer felsigen Höhe von etwa 150 Fuss liegt und von einem Flusse umzogen ist, der nur auf einer Seite einen nicht eben breiten Zugang übrig lässt. Diesen Zugang vertheidigen die Taocher durch Herabwälzen mächtiger Steine. Nachdem Cheirisophos, zuerst hier angekommen, vergebliche Versuche gemacht hat, die Höhe zu gewinnen, ist es wiederum Xenophon, der Rath schafft. Zwei Drittheile der Anhöhe sind nämlich in gewissen Zwischenräumen mit starken Fichten bestanden. Die beiden Feldherren und ein Lochag mit etwa 70 Mann nähern sich rasch den Bäumen und stellen sich einzeln hinter sie. Unterdess rollen die Steine herab ohne Schaden anzurichten, und indem der Lochag durch gewandtes Vor- und Zurückspringen den Feind eine Zeitlang zu rascherem Herabrollen der Steine reizt, wird der Vorrath an letzteren bald erschöpft. Der Platz wird nun erstürmt, und die Taocher, von denen nur wenige bewaffnet waren, stürzen sich mit Weibern und Kindern über die Felsen hinab. Nur wenige von ihnen werden gefangen, an Schlachtvieh aber wird reiche Beute gemacht. — Von hier aus, vielleicht von gefangenen Taochern über die Richtung des Weges belehrt, wenden sie sich jetzt südwestlich, wie es scheint, um die Karawanenstrasse zu gewinnen, die schon damals von dem Plateau von Erzerum nach Trapezunt führte. So gelangen sie in das Land der Chalyben, eines kriegerischen Alpenvolkes, durch das sie sich 7 Tage lang hindurchschlagen müssen. Von da aus geht der Zug in nördlicher Richtung über den Fluss Harpasos, d. i. den westlichen Quellfluss des Euphrat, in das Land der Skythinen, wo sie endlich wieder einige Tage ausruhen und sich mit neuem Proviant versehen. In 4 Tagen erreichen sie dann Gymnias, die erste

25. οἱ μὲν πελτασταὶ —, Χειρίσοφος δὲ, distributive Apposition zu οἱ ἐκ τοῦ πεδίου, wie III, 1, 3. Ueber die Attraction bei οἱ ἐκ τοῦ s. zu I, 1, 5.
26. τὸ ἄνω, ihre oben (κατὰ τὰ ἄκρα) befindliche Abtheilung (μέρος §. 24).
1. ἐκ — τούτων, d. i. aus dem Lande der Phasianen, wie εἰς Ταόχους, in das Land der T. — ἐπέλιπε, waren ausgegangen.

ᾤκουν ἰσχυρὰ οἱ Τάοχοι, ἐν οἷς καὶ τὰ ἐπιτήδεια πάντα εἶχον ἀνακεκομισμένοι. ἐπεὶ δ' ἀφίκοντο πρὸς χωρίον, ὃ πόλιν μὲν 2 οὐκ εἶχεν οὐδ' οἰκίας, συνεληλυθότες δ' ἦσαν αὐτόσε καὶ ἄνδρες καὶ γυναῖκες καὶ κτήνη πολλά, Χειρίσοφος μὲν πρὸς τοῦτο προσέβαλλεν εὐθὺς ἥκων· ἐπειδὴ δὲ ἡ πρώτη τάξις ἀπέκαμνεν, ἄλλη προσῄει καὶ αὖθις ἄλλη· οὐ γὰρ ἦν ἀθρόοις περιστῆναι, ἀλλὰ ποταμὸς ἦν κύκλῳ. ἐπειδὴ δὲ Ξενοφῶν ἦλθε σὺν τοῖς 3 ὀπισθοφύλαξι καὶ πελτασταῖς καὶ ὁπλίταις, ἐνταῦθα δὴ λέγει Χειρίσοφος, Εἰς καλὸν ἥκετε· τὸ γὰρ χωρίον αἱρετέον· τῇ γὰρ στρατιᾷ οὐκ ἔστι τὰ ἐπιτήδεια, εἰ μὴ ληψόμεθα τὸ χωρίον. ἐνταῦθα δὴ κοινῇ ἐβουλεύοντο· καὶ τοῦ Ξενοφῶντος ἐρωτῶν- 4 τος, τί τὸ κωλῦον εἴη εἰσελθεῖν, εἶπεν ὁ Χειρίσοφος, Ἀλλὰ μία αὕτη πάροδός ἐστιν, ἣν ὁρᾷς· ὅταν δέ τις ταύτῃ πειρᾶται παριέναι, κυλινδοῦσι λίθους ὑπὲρ ταύτης τῆς ὑπερεχούσης πέτρας· ὃς δ' ἂν καταληφθῇ, οὕτω διατίθεται. ἅμα δ' ἔδειξε συντετριμμένους ἀνθρώπους καὶ σκέλη καὶ πλευράς. Ἢν δὲ 5 τοὺς λίθους ἀναλώσωσιν, ἔφη ὁ Ξενοφῶν, ἄλλο τι ἢ οὐδὲν κωλύει παριέναι; οὐ γὰρ δὴ ἐκ τοῦ ἐναντίου ὁρῶμεν εἰ μὴ ὀλίγους τούτους ἀνθρώπους, καὶ τούτων δύο ἢ τρεῖς ὡπλισμένους. τὸ δὲ χωρίον, ὡς καὶ σὺ ὁρᾷς, σχεδὸν τρία ἡμίπλεθρά 6 ἐστιν, ὃ δεῖ βαλλομένους διελθεῖν. τούτου δὲ ὅσον πλέθρον δασὺ πίτυσι διαλειπούσαις μεγάλαις, ἀνθ' ὧν ἑστηκότες ἄν-

grössere Stadt, die sie seit Opis am Tigris, d. h. seit mehr als drei Monaten zu sehen bekommen. Ein Marsch von 5 Tagen führt sie von da auf einen Berg — man vermuthet einen 8000 F. hohen Gebirgssattel auf der grossen Handelsstrasse nach Trapezunt — wo sie endlich wieder das geliebte Meer erblicken, das sie mit nicht endenwollendem Freudengeschrei begrüssen. Auf diesem Berge wird zur Erinnerung an diesen Tag — es war nach der gewöhnlichen Berechnung der 27. Januar 400 v. Ch. — aus Steinen, Holz u. a. ein Hügel errichtet.

2. δ' — αὐτόσε, lose Verbindung, statt εἰς ὃ δέ. — εὐθὺς ἥκων, wie I, 9, 4. — οὐ — ἦν, es war nicht möglich. — κύκλῳ, in einer Kreislinie, die aber nicht geschlossen ist, wie aus §. 4 zu ersehen.

3. καὶ — καὶ. Die Nachhut bestand sowohl aus P. als aus Hopl. — εἰς καλόν, opportune.

4. εἰσελθεῖν, näml. εἰς τὸ χωρίον.

— μία πάροδος, Prädicat, αὕτη, Subject.

5. ἄλλο τι ἤ, wie II, 5, 10. — οὐ — εἰ μή, non nisi. — τούτοις, hinzeigend, wie eine Apposition zu ὀλίγους ἀνθρώπους, daher ohne Artikel. — δύο, nur zwei.

6. βαλλομένους, dem Werfen und Rollen der Steine ausgesetzt. — ὅσον, ungefähr. —

δρες τί ἂν πάσχοιεν ἢ ὑπὸ τῶν φερομένων λίθων ἢ ὑπὸ τῶν κυλινδομένων; τὸ λοιπὸν οὖν ἤδη γίγνεται ὡς ἡμίπλεθρον, ὃ 7 δεῖ, ὅταν λωφήσωσιν οἱ λίθοι, παραδραμεῖν. Ἀλλὰ εὐθύς, ἔφη ὁ Χειρίσοφος, ἐπειδὰν ἀρξώμεθα εἰς τὸ δασὺ προσιέναι, φέρονται οἱ λίθοι πολλοί. Αὐτὸ ἄν, ἔφη, τὸ δέον εἴη· θᾶττον γὰρ ἀναλώσουσι τοὺς λίθους. ἀλλὰ πορευώμεθα ἔνθεν ἡμῖν μικρόν τι παραδραμεῖν ἔσται, ἢν δυνώμεθα, καὶ ἀπελθεῖν ῥάδιον, ἢν βουλώμεθα.

8 Ἐντεῦθεν ἐπορεύοντο Χειρίσοφος καὶ Ξενοφῶν καὶ Καλλίμαχος Παρράσιος λοχαγός· τούτου γὰρ ἡγεμονία ἦν τῶν ὀπισθοφυλάκων λοχαγῶν ἐκείνῃ τῇ ἡμέρᾳ· οἱ δὲ ἄλλοι λοχαγοὶ ἔμενον ἐν τῷ ἀσφαλεῖ. μετὰ τοῦτο οὖν ἀπῆλθον ὑπὸ τὰ δένδρα ἄνθρωποι ὡς ἑβδομήκοντα, οὐκ ἀθρόοι, ἀλλὰ καθ' ἕνα, 9 ἕκαστος φυλαττόμενος ὡς ἐδύνατο. Ἀγασίας δὲ ὁ Στυμφάλιος καὶ Ἀριστώνυμος Μεθυδριεὺς καὶ οὗτοι τῶν ὀπισθοφυλάκων λοχαγοὶ ὄντες, καὶ ἄλλοι δέ, ἐφέστασαν ἔξω τῶν δένδρων· οὐ γὰρ ἦν ἀσφαλὲς ἐν τοῖς δένδροις ἑστάναι πλεῖον ἢ τὸν ἕνα 10 λόχον. ἔνθα δὴ Καλλίμαχος μηχανᾶταί τι· προέτρεχεν ἀπὸ τοῦ δένδρου, ὑφ' ᾧ ἦν αὐτός, δύο ἢ τρία βήματα· ἐπεὶ δὲ οἱ λίθοι φέροιντο, ἀνεχάζετο εὐπετῶς· ἐφ' ἑκάστης δὲ προδρομῆς 11 πλέον ἢ δέκα ἅμαξαι πετρῶν ἀνηλίσκοντο. ὁ δὲ Ἀγασίας ὡς ὁρᾷ τὸν Καλλίμαχον ἃ ἐποίει καὶ τὸ στράτευμα πᾶν θεώμενον, δείσας, μὴ οὐ πρῶτος παραδράμῃ εἰς τὸ χωρίον, οὔτε τὸν Ἀριστώνυμον πλησίον ὄντα παρακαλέσας οὔτε Εὐρύλοχον τὸν Λουσιέα ἑταίρους ὄντας οὐδὲ ἄλλον οὐδένα χωρεῖ αὐτός 12 καὶ παρέρχεται πάντας. ὁ δὲ Καλλίμαχος ὡς ὁρᾷ αὐτὸν παριόντα, ἐπιλαμβάνεται αὐτοῦ τῆς ἴτυος· ἐν δὲ τούτῳ παραθεῖ

δασύ, nämlich ἐστί. — ὡς, wie I, 2, 3.

7. αὐτὸ ἂν — εἴη, eben das möchte wohl (nach meiner Meinung) das sein, was geschehen muss, Behauptung in bescheidener Form. — ἔνθεν, dahin, von wo. — μικρόν τι, nur eine kleine Strecke.

8. ἐπορεύοντο, aus dem vorhergehenden πορευώμεθα ἔνθεν — ἔσται zu verstehen.

9. ἔξω τῶν δένδρων, aber doch in der Nähe und näher als das übrige Heer.

10. φέροιντο, Opt. wie I, 2, 7. — πλέον — ἀνηλίσκοντο, was Kallimachos eben bewirken wollte. Vergl. Xenophon's Worte §. 5 u. 7. Ueber πλέον s. zu I, 2, 11.

11. τὸν Καλλίμαχον, Prolepsis wie I, 8, 21. — οὔτε — παρακαλέσας, ohne — zu zurufen. — αὐτός, allein.

αὐτοὺς Ἀριστώνυμος Μεθυδριεύς καὶ μετὰ τοῦτον Εὐρύλοχος Λουσιεύς· πάντες γὰρ οὗτοι ἀντεποιοῦντο ἀρετῆς καὶ διηγωνίζοντο πρὸς ἀλλήλους· καὶ οὕτως ἐρίζοντες αἱροῦσι τὸ χωρίον. ὡς γὰρ ἅπαξ εἰσέδραμον, οὐδεὶς πέτρος ἄνωθεν ἠνέχθη. ἐν- 13 ταῦθα δὴ δεινὸν ἦν θέαμα. αἱ γὰρ γυναῖκες ῥίπτουσαί τὰ παιδία εἶτα καὶ ἑαυτὰς ἐπικατερρίπτουν καὶ οἱ ἄνδρες ὡσαύτως. ἔνθα δὴ καὶ Αἰνείας Στυμφάλιος λοχαγὸς ἰδών τινα θέοντα ὡς ῥίψοντα ἑαυτὸν στολὴν ἔχοντα καλὴν ἐπιλαμβάνεται ὡς κωλύσων· ὁ δὲ αὐτὸν ἐπισπᾶται, καὶ ἀμφότεροι ᾤχοντο 14 κατὰ τῶν πετρῶν φερόμενοι καὶ ἀπέθανον. ἐντεῦθεν ἄνθρωποι μὲν ὀλίγοι πάνυ ἐλήφθησαν, βόες δὲ καὶ ὄνοι πολλοὶ καὶ πρόβατα.

Ἐντεῦθεν ἐπορεύθησαν διὰ Χαλύβων σταθμοὺς ἑπτὰ πα- 15 ρασάγγας πεντήκοντα. οὗτοι ἦσαν ὧν διῆλθον ἀλκιμώτατοι καὶ εἰς χεῖρας ᾖεσαν. εἶχον δὲ θώρακας λινοῦς μέχρι τοῦ ἤτρου, ἀντὶ δὲ τῶν πτερύγων σπάρτα πυκνὰ ἐστραμμένα. εἶχον δὲ καὶ κνημίδας καὶ κράνη καὶ παρὰ τὴν ζώνην μαχαί- 16 ριον ὅσον ξυήλην Λακωνικήν, ᾧ ἔσφαττον ὧν κρατεῖν δύναιντο, καὶ ἀποτέμνοντες ἂν τὰς κεφαλὰς ἔχοντες ἐπορεύοντο, καὶ ᾖδον καὶ ἐχόρευον ὁπότε οἱ πολέμιοι αὐτοὺς ὄψεσθαι ἔμελλον. εἶχον δὲ καὶ δόρυ ὡς πεντεκαίδεκα πήχεων μίαν λόγχην ἔχον. οὗτοι ἐνέμενον ἐν τοῖς πολίσμασιν· ἐπεὶ δὲ παρέλθοιεν οἱ 17 Ἕλληνες, εἵποντο ἀεὶ μαχόμενοι. ᾤκουν δὲ ἐν τοῖς ὀχυροῖς καὶ τὰ ἐπιτήδεια ἐν τούτοις ἀνακεκομισμένοι ἦσαν· ὥστε μηδὲν λαμβάνειν αὐτόθεν τοὺς Ἕλληνας, ἀλλὰ διετράφησαν τοῖς κτήνεσιν, ἃ ἐκ τῶν Τάοχων ἔλαβον. ἐκ τούτου οἱ Ἕλληνες ἀφί- 18 κοντο ἐπὶ Ἅρπασον ποταμόν, εὖρος τεττάρων πλέθρων. ἐν-

---

13. ῥίπτουσαι, Particip. des Imperf. — ὡς, wie I, 1, 3.

14. ἐπισπᾶται, zieht mit sich, nach dem Abgrunde hin. — ὀλίγοι πάνυ, πάνυ ὀλ., nur sehr w.

15. ὧν, d. i. τούτων, οὕς. — εἰς χεῖρας ᾖεσαν, was die Karduchen, Taocher u. a. nicht thaten. — τῶν πτερύγων, die den Unterleib deckten.

16. ὅσον, so gross als. — Ueber das zunächst zu ἀποτέμνοντες — ἐπορεύοντο gehörende, aber auch zu ᾖδον und ἐχόρευον zu wiederholende ἄν s. zu I, 9, 19. — μίαν, nur eine näml. ἔμπροσθεν, wie V, 4, 12, da es bei den Griechen auch Lanzen gab, die auch hinten (unten) eine Spitze hätten, um sie in den Boden stecken zu können.

17. ᾤκουν δὲ, sie wohnten nämlich. — τοῖς ὀχυροῖς, den eben genannten πολίσμασι.

τευθεν επορεύθησαν διὰ Σκυθινῶν σταθμοὺς τέτταρας παρασάγγας είκοσι διὰ πεδίου εἰς κώμας· ἐν αἷς ἔμειναν ἡμέρας 19 τρεῖς καὶ ἐπεσιτίσαντο. ἐντεῦθεν διῆλθον σταθμοὺς τέτταρας παρασάγγας εἴκοσι πρὸς πόλιν μεγάλην καὶ εὐδαίμονα καὶ οἰκουμένην, ἣ ἐκαλεῖτο Γυμνιάς. ἐκ ταύτης ὁ τῆς χώρας ἄρχων τοῖς Ἕλλησιν ἡγεμόνα πέμπει, ὅπως διὰ τῆς ἑαυτῶν 20 πολεμίας χώρας ἄγοι αὐτούς. ἐλθὼν δ᾽ ἐκεῖνος λέγει, ὅτι ἄξει αὐτοὺς εἰς χωρίον ὅθεν πέντε ἡμερῶν ὄψονται θάλατταν· εἰ δὲ μή, τεθνάναι ἐπηγγείλατο. καὶ ἡγούμενος ἐπειδὴ ἐνέβαλεν εἰς τὴν ἑαυτοῖς πολεμίαν, παρεκελεύετο αἴθειν καὶ φθείρειν τὴν χώραν· ᾧ καὶ δῆλον ἐγένετο, ὅτι τούτου ἕνεκα ἔλθοι, οὐ 21 τῆς τῶν Ἑλλήνων εὐνοίας. καὶ ἀφικνοῦνται ἐπὶ τὸ ὄρος τῇ πέμπτῃ ἡμέρᾳ· ὄνομα δὲ τῷ ὄρει ἦν Θήχης. ἐπεὶ δὲ οἱ πρῶτοι ἐγένοντο ἐπὶ τοῦ ὄρους καὶ κατεῖδον τὴν θάλατταν, κραυγὴ 22 πολλὴ ἐγένετο. ἀκούσας δὲ ὁ Ξενοφῶν καὶ οἱ ὀπισθοφύλακες ᾠήθησαν ἔμπροσθεν ἄλλοις ἐπιτίθεσθαι πολεμίους· εἵποντο γὰρ καὶ ὄπισθεν οἱ ἐκ τῆς καιομένης χώρας, καὶ αὐτῶν οἱ ὀπισθοφύλακες ἀπέκτεινάν τέ τινας καὶ ἐζώγρησαν ἐνέδραν ποιησάμενοι καὶ γέρρα ἔλαβον δασειῶν βοῶν ὠμοβόεια ἀμφὶ 23 τὰ εἴκοσιν. ἐπειδὴ δὲ βοὴ πλείων τε ἐγίγνετο καὶ ἐγγύτερον καὶ οἱ ἀεὶ ἐπιόντες ἔθεον δρόμῳ ἐπὶ τοὺς ἀεὶ βοῶντας καὶ πολλῷ μείζων ἐγίγνετο ἡ βοὴ ὅσῳ δὴ πλείοις ἐγίγνοντο, ἐδό- 24 κει δὴ μεῖζόν τι εἶναι τῷ Ξενοφῶντι, καὶ ἀναβὰς ἐφ᾽ ἵππον καὶ Λύκιον καὶ τοὺς ἱππέας ἀναλαβὼν παρεβοήθει· καὶ τάχα δὴ ἀκούουσι βοώντων τῶν στρατιωτῶν Θάλαττα Θάλαττα καὶ παρεγγυώντων. ἔνθα δὴ ἔθεον πάντες καὶ οἱ ὀπισθοφύλακες, 25 καὶ τὰ ὑποζύγια ἠλαίνετο καὶ οἱ ἵπποι. ἐπεὶ δὲ ἀφίκοντο πάντες ἐπὶ τὸ ἄκρον, ἐνταῦθα δὴ περιέβαλλον ἀλλήλους καὶ στρατηγοὺς καὶ λοχαγοὺς δακρύοντες. καὶ ἐξαπίνης ὅτου δὴ

---

19. ἑαυτῶν, ihm und seinen Unterthanen. Bei πολέμιος, ἐχθρός und φίλος findet sich der Genitiv gewöhnlich nur, wenn sie substantivisch stehen. — ἄγοι, Opt. wie IV, 3, 21.

20. πέντε ἡμερῶν, binnen 5 T. Die Stellung dieser Worte ist hier eben so gut als hinter ἄξει αὐτούς.

22. αὐτῶν von τινας abhängig. — δασειῶν βοῶν, nähere Bestimmung von ὠμοβόεια.

23. οἱ ἀεί, wie III, 2, 31.

24. Λύκιον, den Anführer der Reiterei. S. III, 3, 20.

25. ὅτου δή, einer, ich weiss nicht wer —.

παρεγγυήσαντος οἱ στρατιῶται φέρουσι λίθους καὶ ποιοῦσι κολωνὸν μέγαν. ἐνταῦθα ἀνετίθεσαν δερμάτων πλῆθος ὠμο- 26 βοΐων καὶ βακτηρίας καὶ τὰ αἰχμάλωτα γέρρα, καὶ ὁ ἡγεμὼν αὐτός τε κατέτεμνε τὰ γέρρα καὶ τοῖς ἄλλοις διεκελεύετο. μετὰ 27 ταῦτα τὸν ἡγεμόνα οἱ Ἕλληνες ἀποπέμπουσι δῶρα δόντες ἀπὸ κοινοῦ ἵππον καὶ φιάλην ἀργυρᾶν καὶ σκευὴν Περσικὴν καὶ δαρεικοὺς δέκα· ᾔτει δὲ μάλιστα τοὺς δακτυλίους καὶ ἔλαβε πολλοὺς παρὰ τῶν στρατιωτῶν. κώμην δὲ δείξας αὐτοῖς, οὗ σκηνήσουσι, καὶ τὴν ὁδόν, ἣν πορεύσονται εἰς Μάκρωνας, ἐπεὶ ἑσπέρα ἐγένετο, ᾤχετο τῆς νυκτὸς ἀπιών.

Ἐντεῦθεν δ᾽ ἐπορεύθησαν οἱ Ἕλληνες διὰ Μακρώνων VIII. σταθμοῖς τρεῖς παρασάγγας δέκα. τῇ πρώτῃ δὲ ἡμέρᾳ ἀφί-

8. Inhalt: Der Eintritt in die Landschaft der Makronen hätte ihnen, da hier wieder ein Fluss in einem dichtbewaldeten Thale neben einer steilen Höhe zu durchschreiten war, recht schwer gemacht werden können. Allein einer der Peltasten, der in Athen als Sklave gelebt, erkennt hier sein Vaterland wieder und vermittelt nun als Dolmetscher freien Durchzug. Den letzten Kampf, ehe sie das Meer erreichen, haben sie im Lande der Kolcher zu bestehen. Diese hatten einen hohen Berg inne und waren so zahlreich beisammen, dass die Hellenen, wenn sie in gewöhnlicher Schlachtordnung, die schon wegen des ungleichen Terrains hier unzweckmässig schien, dem Feinde entgegen gehen wollten, entweder bei tiefer Aufstellung überflügelt, oder bei einiger Ausdehnung der Front durchbrochen zu werden fürchten mussten. Deshalb wendet Xenophon hier wieder einmal die tiefen Compagnie-Colonnen mit schmaler Front an, deren 80 zu hundert Mann in Zwischenräumen nebeneinander gestellt, ausserdem die Peltasten in 3 Abtheilungen zu je 600 Mann, je eine auf den beiden Flügeln, die dritte in der Mitte, dem Feinde den Berg hinauf entgegenrücken. Die Breite, die sie so einnehmen, war so bedeutend, dass die Feinde, die ihnen entgegenliefen, sich nach rechts und links theilen mussten und dadurch in der Mitte eine grosse Lücke entstehen liessen. Dieser Umstand, sowie das kühne Vordringen des Arkadischen Korps, das zuerst oben ankommt, benahm den Kolchern den Muth und sie zerstreuen sich schnell in regelloser Flucht. — Noch zwei Tagemärsche und die Heldenschaar erreicht endlich das so lange und so schmerzlich ersehnte Ziel, das Meer und eine von Hellenen bewohnte Stadt. Von den Trapezuntiern gastfreundlich aufgenommen, bleiben sie hier 30 Tage, verrichten zunächst die Opfer, die sie in der Schreckensnacht am Zapatos den rettenden Göttern, sobald sie wieder in Freundesland gekommen sein würden, zu bringen gelobt hatten, und verbinden damit festliche Kampfspiele, in denen sie der überschwänglichen Freude über die glückliche Rettung aus tausend Gefahren vaterländischen Ausdruck geben.

26. διεκελεύετο, nämlich κατατέμνειν.

27. σκηνήσουσι, Indic. wie I, 3, 14: ἀπάξει.

κοντο ἐπὶ τὸν ποταμόν, ὃς ὥριζε τήν τε τῶν Μακρώνων καὶ τὴν
2 τῶν Σκυθινῶν. εἶχον δ' ὑπὲρ δεξιῶν χωρίον οἷον χαλεπώτατον
καὶ ἐξ ἀριστερᾶς ἄλλον ποταμόν, εἰς ὃν ἐνέβαλλεν ὁ ὁρίζων,
δι' οὗ ἔδει διαβῆναι. ἦν δὲ οὗτος δασὺς δένδρεσι παχέσι μὲν
οὔ, πυκνοῖς δέ. ταῦτα, ἐπεὶ προσῆλθον οἱ Ἕλληνες, ἔκοπτον,
3 σπεύδοντες ἐκ τοῦ χωρίου ὡς τάχιστα ἐξελθεῖν. οἱ δὲ Μά-
κρωνες ἔχοντες γέρρα καὶ λόγχας καὶ τριχίνους χιτῶνας κατ'
ἀντιπέρας τῆς διαβάσεως παρατεταγμένοι ἦσαν καὶ ἀλλήλοις
διεκελεύοντο καὶ λίθους εἰς τὸν ποταμὸν ἔρριπτον· ἐξικοῦντο
δὲ οὒ οὐδ' ἔβλαπτον οὐδέν.
4   Ἔνθα δὴ προσέρχεται Ξενοφῶντι τῶν πελταστῶν ἀνὴρ
Ἀθήνησι φάσκων δεδουλευκέναι, λέγων, ὅτι γιγνώσκοι τὴν
φωνὴν τῶν ἀνθρώπων. καὶ οἶμαι, ἔφη, ἐμὴν ταύτην πατρίδα
5 εἶναι· καὶ εἰ μή τι κωλύει, ἐθέλω αὐτοῖς διαλεχθῆναι. Ἀλλ'
οὐδὲν κωλύει, ἔφη, ἀλλὰ διαλέγου καὶ μάθε πρῶτον, τίνες
εἰσίν. οἱ δ' εἶπον ἐρωτήσαντος, ὅτι Μάκρωνες. Ἐρώτα τοί-
νυν, ἔφη, αὐτούς, τί ἀντιτετάχαται καὶ χρῄζουσιν ἡμῖν πολέ-
6 μιοι εἶναι. οἱ δ' ἀπεκρίναντο Ὅτι καὶ ὑμεῖς ἐπὶ τὴν ἡμετέ-
ραν χώραν ἔρχεσθε. λέγειν ἐκέλευον οἱ στρατηγοί, ὅτι οὐ
κακῶς γε ποιήσοντες, ἀλλὰ βασιλεῖ πολεμήσαντες ἀπερχόμεθα
εἰς τὴν Ἑλλάδα καὶ ἐπὶ θάλατταν βουλόμεθα ἀφικέσθαι.
7 ἠρώτων ἐκεῖνοι, εἰ δοῖεν ἂν τούτων τὰ πιστά. οἱ δ' ἔφασαν
καὶ δοῦναι καὶ λαβεῖν ἐθέλειν. ἐντεῦθεν διδόασιν οἱ Μάκρω-
νες βαρβαρικὴν λόγχην τοῖς Ἕλλησιν, οἱ δὲ Ἕλληνες ἐκείνοις
Ἑλληνικήν· ταῦτα γὰρ ἔφασαν πιστὰ εἶναι· θεοὺς δὲ ἐπεμαρ-
τύραντο ἀμφότεροι.

---

1. τήν, näml. χώραν.

2. οἷον verstärkt den Superlativ wie ὅ τι und ὡς.

3. εἰς τὸν ποταμόν, den die Griechen eben mit Hülfe der gefällten Baumstämme zu überschreiten im Begriffe sind.

5. ἐρωτήσαντος, nämlich τοῦ ἀνδρός. S. 1, 2, 17 zu προϊόντων. — ὅτι, wie I, 6, 7. — ἀντιτετάχαται, bei Attikern selten vorkommende jonische Form für ἀντιτεταγμένοι εἰσίν.

6. Ὅτι, weil. — ἐπί, in feindlicher Absicht, d. i. ὡς πολέμιοι. So wird καὶ vor ὑμεῖς verständlich. — λέγειν, Asyndeton wie III, 4, 42. Ebenso §. 7 ἠρώτων. — ὅτι, wie §. 5.

7. εἰ δοῖεν ἄν, ob sie — würden, näml. wenn die M. sich auf Bewilligung des Durchzuges einlassen wollten. — Ueber πιστά s. zu I, 2, 26.

Μετὰ δὲ τὰ πιστὰ εὐθὺς οἱ Μάκρωνες τὰ δένδρα σιν- 8
εξέκοπτον τήν τε ὁδὸν ὡδοποίουν, ὡς διαβιβάσοντες, ἐν μέσοις
ἀναμεμιγμένοι τοῖς Ἕλλησι καὶ ἀγορὰν οἵαν ἠδύναντο παρεῖχον
καὶ παρήγαγον ἐν τρισὶν ἡμέραις, ἕως ἐπὶ τὰ Κόλχων ὅρια
κατέστησαν τοὺς Ἕλληνας. ἐνταῦθα ἦν ὄρος μέγα, προσβατὸν 9
δέ· καὶ ἐπὶ τούτου οἱ Κόλχοι παρατεταγμένοι ἦσαν. καὶ τὸ
μὲν πρῶτον οἱ Ἕλληνες ἀντιπαρετάξαντο φάλαγγα, ὡς οὕτως
ἄξοντες πρὸς τὸ ὄρος· ἔπειτα δὲ ἔδοξε τοῖς στρατηγοῖς βου-
λεύσασθαι συλλεγεῖσιν, ὅπως ὡς κάλλιστα ἀγωνιοῦνται. ἔλεξεν 10
οὖν Ξενοφῶν, ὅτι δοκοίη παύσαντας τὴν φάλαγγα λόχους ὀρ-
θίους ποιῆσαι· ἡ μὲν γὰρ φάλαγξ διασπασθήσεται εὐθύς· τῇ
μὲν γὰρ ἄνοδον τῇ δὲ εὔοδον εὐρήσομεν τὸ ὄρος· καὶ εὐθὺς
τοῦτο ἀθυμίαν ποιήσει, ὅταν τεταγμένοι εἰς φάλαγγα ταύτην
διεσπασμένην ὁρῶσιν. ἔπειτα ἢν μὲν ἐπὶ πολλοὺς τεταγμένοι 11
προσάγωμεν, περιττεύσουσιν ἡμῶν οἱ πολέμιοι καὶ τοῖς περιτ-
τοῖς χρήσονται ὅ τι ἂν βούλωνται· ἐὰν δὲ ἐπ' ὀλίγων τεταγμέ-
νοι ὦμεν, οὐδὲν ἂν εἴη θαυμαστὸν, εἰ διακοπείη ἡμῶν ἡ
φάλαγξ ὑπὸ ἀθρόων πη καὶ βελῶν καὶ ἀνθρώπων πολλῶν ἐμπε-
σόντων· εἰ δέ πῃ τοῦτο ἔσται, τῇ ὅλῃ φάλαγγι κακὸν ἔσται.
ἀλλά μοι δοκεῖ ὀρθίους τοὺς λόχους ποιησαμένοις τοσοῦτον 12
χωρίον κατασχεῖν διαλιπόντας τοῖς λόχοις ὅσον ἔξω τοὺς ἐσχά-
τους λόχους γενέσθαι τῶν πολεμίων κεράτων· καὶ οὕτως ἐσό-
μεθα τῆς τε τῶν πολεμίων φάλαγγος ἔξω οἱ ἔσχατοι λόχοι,
καὶ ὀρθίοις ἄγοντες οἱ κράτιστοι ἡμῶν πρῶτοι προσίασιν, ᾗ
τε ἂν εὔοδον ᾖ, ταύτῃ ἕκαστος ἄξει ὁ λόχος. καὶ εἴς τε τὸ 13
διαλεῖπον οὐ ῥᾴδιον ἔσται τοῖς πολεμίοις εἰσελθεῖν ἔνθεν καὶ

---

9. ἄξοντες, ziehen, marschi-
ren. — ὅπως, wie.
10. λόχους ὀρθίους. S. zu IV, 2,
11. — τῇ μὲν — τῇ δὲ, hier —
dort, oder theils—theils. — ἡ
μὲν—διασπ. Ueberg. in die or. recta.
11. ἐπὶ πολλοὺς τεταγμένοι, in
tiefer Stellung, mit weniger
breiter Front. — περιττεύσουσιν
ἡμῶν, werden uns (an den Flü-
geln) überragen. Der Genitiv
wegen des im Verbum liegenden
comparativen Begriffes. — ὅ τι,
wozu nur immer, nämlich χρή-
σθαι. — ἐπ' ὀλίγων, wenige
Mann tief.
12. ποιησαμένους, näml. ἡμᾶς. —
κατασχεῖν und τοῖς λόχοις gehören
zusammen. — διαλιπόντας, dadurch
dass wir Zwischenräume
lassen. — ὅσον (als dazu erfor-
derlich ist) dass, mit dem Infin.
wie ὥστε. — τῶν κεράτων, abhän-
gig von ἔξω. — οἱ ἔσχατοι λόχοι,
wir, die Lochen auf beiden Flü-
geln, die des Xenoph. und die des
Cheiris. — προσίασιν mit Futur-
bedeutung. — ἄξει wie ἄξοντες

ἔνθεν λόχων ὄντων, διακόψαι τε οὐ ῥᾴδιον ἔσται λόχον ὄρθιον προσιόντα. ἐάν τέ τις πιέζηται τῶν λόχων, ὁ πλησίον βοηθήσει. ἤν τε εἰς πῃ δυνηθῇ τῶν λόχων ἐπὶ τὸ ἄκρον ἀναβῆ-
14 ναι, οὐδεὶς μηκέτι μείνῃ τῶν πολεμίων. ταῦτα ἔδοξε, καὶ ἐποίουν ὀρθίους τοὺς λόχους. Ξενοφῶν δὲ ἀπιὼν ἐπὶ τὸ εὐώνυμον ἀπὸ τοῦ δεξιοῦ ἔλεγε τοῖς στρατιώταις, Ἄνδρες, οὗτοί εἰσιν, οὓς ὁρᾶτε, μόνοι ἔτι ἡμῖν ἐμποδὼν τὸ μὴ ἤδη εἶναι ἔνθα πάλαι σπεύδομεν· τούτους, ἤν πως δυνώμεθα, καὶ ὠμοὺς δεῖ καταφαγεῖν.

15 Ἐπεὶ δ' ἐν ταῖς χώραις ἕκαστοι ἐγένοντο καὶ τοὺς λόχους ὀρθίους ἐποιήσαντο, ἐγένοντο μὲν λόχοι τῶν ὁπλιτῶν ἀμφὶ τοὺς ὀγδοήκοντα, ὁ δὲ λόχος ἕκαστος σχεδὸν εἰς τοὺς ἑκατόν· τοὺς δὲ πελταστὰς καὶ τοὺς τοξότας τριχῇ ἐποιήσαντο, τοὺς μὲν τοῦ εὐωνύμου ἔξω, τοὺς δὲ τοῦ δεξιοῦ, τοὺς δὲ κατὰ μέ-
16 σον, σχεδὸν ἑξακοσίους ἑκάστους. ἐκ τούτου παρηγγύησαν οἱ στρατηγοὶ εὔχεσθαι· εὐξάμενοι δὲ καὶ παιανίσαντες ἐπορεύοντο. καὶ Χειρίσοφος μὲν καὶ Ξενοφῶν καὶ οἱ σὺν αὐτοῖς πελτασταὶ τῆς τῶν πολεμίων φάλαγγος ἔξω γενόμενοι ἐπορεύοντο·
17 οἱ δὲ πολέμιοι ὡς εἶδον αὐτούς, ἀντιπαραθέοντες, οἱ μὲν ἐπὶ τὸ δεξιὸν, οἱ δὲ ἐπὶ τὸ εὐώνυμον, διεσπάσθησαν, καὶ πολὺ
18 τῆς αὑτῶν φάλαγγος ἐν τῷ μέσῳ κενὸν ἐποίησαν. ἰδόντες δὲ αὐτοὺς διαχάζοντας οἱ κατὰ τὸ Ἀρκαδικὸν πελτασταί, ὧν ἦρχεν Αἰσχίνης ὁ Ἀκαρνάν, νομίσαντες φεύγειν ἀνακραγόντες ἔθεον· καὶ οὗτοι πρῶτοι ἐπὶ τὸ ὄρος ἀναβαίνουσι· συνεφείπετο δὲ αὐτοῖς καὶ τὸ Ἀρκαδικὸν ὁπλιτικόν, ὧν ἦρχε Κλεάνωρ ὁ Ὀρ-

---

13. οὐδεὶς μηκέτι μείνῃ, wie II, 2, 12: οὐκέτι μὴ δύνηται.
14. ἀπὸ τοῦ δεξιοῦ, wo er mit den Strategen (§. 9) die Berathung gehalten und den Cheirisophos als Führer des äussersten Lochos rechts jetzt zurücklässt. — τὸ — εἶναι ἔνθα, da bereits zu sein, wo. B. 140, 5, A. 9. Wegen μὴ s. zu I, 3, 2. — καὶ ὠμοὺς δεῖ καταφαγεῖν, wie Hellen. III, 3, 6: καὶ ὠμῶν ἐσθίειν αὐτῶν und schon Hom. Il. IV, 35: ὠμὸν βεβρώθοις Πριάμοιό τε παῖδας, Aeusserung des grimmigsten Hasses.
15. ἐν ταῖς χώραις ἕκαστοι, jeder (Lochag) an seiner Stelle. — τοὺς vor ἑκατὸν wie I, 2, 9. — τοῦ εὐωνύμου und τοῦ δεξιοῦ hängen von ἔξω ab. — τοὺς μὲν — τοὺς δὲ — τοὺς δὲ hängen noch ab von τριχῇ ἐποιήσαντο, insofern darin zugleich das Aufstellen liegt.
17. οἱ μὲν — οἱ δὲ, distributive Apposition wie III, 1, 3. — ἐπὶ τὸ zu verbinden mit ἀντιπαραθέοντες.
18. οἱ κατὰ τὸ Ἀρκ., die κατὰ μέσον, also dem κέντρῳ der Feinde zunächst stehen. — φεύγειν, näml. αὐτούς. — ὧν, nach dem Sinne construirt wie II, 1, 6 κόπτοντες nach στράτευμα. — Κλεάνωρ, der natür-

χομένιος. οἱ δὲ πολέμιοι, ὡς ἤρξαντο θεῖν, οὐκέτι ἔστησαν, 19 ἀλλὰ φυγῇ ἄλλος ἄλλῃ ἐτράπετο. οἱ δὲ Ἕλληνες ἀναβάντες ἐστρατοπεδεύοντο ἐν πολλαῖς κώμαις καὶ τἀπιτήδεια πολλὰ ἐχούσαις. καὶ τὰ μὲν ἄλλα οὐδὲν ὅ τι καὶ ἐθαύμασαν· τὰ δὲ 20 σμήνη πολλὰ ἦν αὐτόθι, καὶ τῶν κηρίων ὅσοι ἔφαγον τῶν στρατιωτῶν πάντες ἄφρονές τε ἐγίγνοντο καὶ ἤμουν καὶ κάτω διεχώρει αὐτοῖς καὶ ὀρθὸς οὐδεὶς ἠδύνατο ἵστασθαι, ἀλλ' οἱ μὲν ὀλίγον ἐδηδοκότες σφόδρα μεθύουσιν ἐῴκεσαν, οἱ δὲ πολὺ μαινομένοις, οἱ δὲ καὶ ἀποθνήσκουσιν. ἔκειντο 21 δὲ οὕτω πολλοί, ὥσπερ τροπῆς γεγενημένης, καὶ πολλὴ ἦν ἀθυμία. τῇ δ' ὑστεραίᾳ ἀπέθανε μὲν οὐδείς, ἀμφὶ δὲ τὴν αὐτήν πως ὥραν ἀνεφρόνουν· τρίτῃ δὲ καὶ τετάρτῃ ἀνίσταντο ὥσπερ ἐκ φαρμακοποσίας.

Ἐντεῦθεν δ' ἐπορεύθησαν δύο σταθμοὺς παρασάγγας ἑπτά 22 καὶ ἦλθον ἐπὶ θάλατταν εἰς Τραπεζοῦντα πόλιν Ἑλληνίδα οἰκουμένην ἐν τῷ Εὐξείνῳ Πόντῳ Σινωπέων ἀποικίαν ἐν τῇ Κόλχων χώρᾳ. ἐνταῦθα ἔμειναν ἡμέρας ἀμφὶ τὰς τριάκοντα ἐν ταῖς τῶν Κόλχων κώμαις· κἀντεῦθεν ὁρμώμενοι ἐληΐζοντο 23 τὴν Κολχίδα. ἀγορὰν δὲ παρεῖχον τῷ στρατοπέδῳ Τραπεζούντιοι καὶ ἐδέξαντό τε τοὺς Ἕλληνας καὶ ξένια ἔδοσαν βοῦς καὶ ἄλφιτα καὶ οἶνον. συνδιεπράττοντο δὲ καὶ ὑπὲρ τῶν πλη- 24 σίον Κόλχων τῶν ἐν τῷ πεδίῳ μάλιστα οἰκούντων, καὶ ξένια καὶ παρ' ἐκείνων ἦλθον βόες. μετὰ δὲ τοῦτο τὴν θυσίαν, ἣν 25 ηὔξαντο, παρεσκευάζοντο· ἦλθον δ' αὐτοῖς ἱκανοὶ βόες ἀποθῦσαι τῷ Διὶ τῷ σωτῆρι καὶ τῷ Ἡρακλεῖ ἡγεμόσυνα καὶ τοῖς

---

lich hier ebenso wie Xenoph., Cheirosoph. und die anderen Strategen einen einzelnen Lochos führt, aber zugleich Führer des ganzen Arkadischen Hopliten-Corps bleibt.
20. τὰ — ἄλλα, Accus. der Bez., sonst. — οὐδὲν ὅ τι. d. i. οὐδὲν ἦν ὅ τι, aber wie ein Begriff: gar nichts. — καὶ, das unübersetzt bleibt, eigentl. auch, wie die Bienenstöcke. S. zu I, 3, 16. — κάτω διεχώρει, es, das Genossene (vom Durchfall). — ἀποθνήσκουσι, dat. part.
21. πως, etwa.
22. ἐν τῷ, am. — ἐν ταῖς τῶν

K. κώμαις. Trapezunt mit seinen umliegenden Dörfern lag im Gebiete der Kolcher, von denen die zunächst wohnenden mit den Trapezuntiern in friedlichem Verkehre standen, andere in ihren Bergen ein kulturloses, der Stadt feindseliges Wesen trieben. An letztere ist zu denken bei τὴν Κολχίδα §. 23.
24. συνδιεπράττοντο, machten die Vermittler, ὑπὲρ, für die oder im Interesse derer, welche. — μάλιστα, besonders.
25. ἣν ηὔξαντο, III, 2, 9. — ἀποθῦσαι. S. zu I, 2, 11. — ἡγεμόσυνα, Dankopfer für die Füh-

ἄλλοις θεοῖς ἃ ηὔξαντο. ἐποίησαν δὲ καὶ ἀγῶνα γυμνικὸν ἐν τῷ ὄρει, ἔνθαπερ ἐσκήνουν. εἵλοντο δὲ Δρακόντιον Σπαρτιάτην, ὃς ἔφυγε παῖς ὢν οἴκοθεν, παῖδα ἄκων κατακανὼν ξυήλῃ πατάξας, δρόμου τ' ἐπιμεληθῆναι καὶ τοῦ ἀγῶνος προστατῆ-
26 σαι. ἐπειδὴ δὲ ἡ θυσία ἐγένετο, τὰ δέρματα παρέδοσαν τῷ Δρακοντίῳ, καὶ ἡγεῖσθαι ἐκέλευον ὅπου τὸν δρόμον πεποιηκὼς εἴη. ὁ δὲ δείξας οὗπερ ἑστηκότες ἐτύγχανον, Οὗτος ὁ λόφος, ἔφη, κάλλιστος τρέχειν ὅπου ἄν τις βούληται. Πῶς οὖν, ἔφασαν, δυνήσονται παλαίειν ἐν σκληρῷ καὶ δασεῖ οὕτως;
27 ὁ δ' εἶπε, Μᾶλλόν τι ἀνιάσεται ὁ καταπεσών. ἠγωνίζοντο δὲ παῖδες μὲν στάδιον τῶν αἰχμαλώτων οἱ πλεῖστοι, δόλιχον δὲ Κρῆτες πλείους ἢ ἑξήκοντα ἔθεον, πάλην δὲ καὶ πυγμὴν καὶ παγκράτιον ἕτεροι. καὶ καλὴ θέα ἐγένετο· πολλοὶ γὰρ κατέβησαν, καὶ ἅτε θεωμένων τῶν ἑταίρων πολλὴ φιλονικία ἐγί-
28 γνετο. ἔθεον δὲ καὶ ἵπποι καὶ ἔδει αὐτοὺς κατὰ τοῦ πρανοῦς ἐλάσαντας ἐν τῇ θαλάττῃ ἀναστρέψαντας πάλιν πρὸς τὸν βωμὸν ἄγειν. καὶ κάτω μὲν οἱ πολλοὶ ἐκυλινδοῦντο· ἄνω δὲ πρὸς τὸ ἰσχυρῶς ὄρθιον μόλις βάδην ἐπορεύοντο οἱ ἵπποι· ἔνθα πολλὴ κραυγὴ καὶ γέλως καὶ παρακέλευσις ἐγίγνετο.

---

rung. — δρόμου, Rennbahn. — Die Infinitive ἐπιμεληθῆναι und προστατῆσαι hängen ab von εἵλοντο.
26. τὰ δέρματα, der geopferten Thiere, zu Kampfpreisen. — ὅπου, dahin, wo, sowie οὗπερ, auf den Ort, wo — eben. — δυνήσονται, auf das collective τις, man, bezogen. — οὕτως hinter die Adjectiva gestellt wie ἰσχυρῶς. I, 2, 21.

27. στάδιον, Accus. wie I, 3, 15. Die im Stadion den Wettkampf versuchten, waren meistens —. κατέβησαν, descendebant in arenam, traten in die Schranken zum Wettkampf. — ἅτε, quippe.
28. ἔδει — ἄγειν, näml. der Reiter. — τὸν βωμόν, an dem man geopfert hatte; er war die eine Schranke, das Meer die andere.

XENOPHONS ANABASIS.

FÜR DEN SCHULGEBRAUCH

ERKLÄRT

VON

LUDWIG BREITENBACH.

ZWEITE HÄLFTE.

BUCH V—VII.

NEBST EINEM KRITISCHEN ANHANG.

HALLE,
VERLAG DER BUCHHANDLUNG DES WAISENHAUSES.
1865.—

E.

Ὅσα μὲν δὴ ἐν τῇ ἀναβάσει τῇ μετὰ Κύρου ἔπραξαν 1
οἱ Ἕλληνες καὶ ἐν τῇ πορείᾳ τῇ μέχρι ἐπὶ θάλατταν τὴν
ἐν τῷ Εὐξείνῳ Πόντῳ, καὶ ὡς εἰς Τραπεζοῦντα πόλιν Ἑλλη-
νίδα ἀφίκοντο, καὶ ὡς ἀπέθυσαν ἃ εὔξαντο σωτήρια θύσειν
ἔνθα πρῶτον εἰς φιλίαν γῆν ἀφίκοιντο, ἐν τῷ πρόσθεν λόγῳ
δεδήλωται. ἐκ δὲ τούτου συνελθόντες ἐβουλεύοντο περὶ τῆς 2
λοιπῆς πορείας· ἀνέστη δὲ πρῶτος Ἀντιλέων Θούριος καὶ ἔλε-
ξεν ὧδε. Ἐγὼ μὲν τοίνυν, ἔφη, ὦ ἄνδρες, ἀπείρηκα ἤδη
συσκευαζόμενος καὶ βαδίζων καὶ τρέχων καὶ τὰ ὅπλα φέρων
καὶ ἐν τάξει ἰὼν καὶ φυλακὰς φυλάττων καὶ μαχόμενος, ἐπι-
θυμῶ δὲ ἤδη παυσάμενος τούτων τῶν πόνων, ἐπεὶ θάλατταν
ἔχομεν, πλεῖν τὸ λοιπὸν καὶ ἐκταθεὶς ὥσπερ Ὀδυσσεὺς ἀφι-
κέσθαι εἰς τὴν Ἑλλάδα. ταῦτα ἀκούσαντες οἱ στρατιῶται 3

---

1. **Inhalt**: In einer Versammlung des Heeres wird beschlossen, von Trapezunt aus nach Griechenland zu Schiffe zurück zu kehren. Die nöthigen Fahrzeuge will sich Cheirisophos von Anaxibios erbitten, dem Admirale der damals bei Byzanz stehenden Lakedämonischen Flotte. Für die Zeit bis zur Ankunft der Schiffe empfiehlt Xenophon einige Massregeln, die das Herbeischaffen des Proviants aus der feindlichen Umgegend und die Sicherheit der Furagirenden und auf Beute Ausgehenden ebenso wie des Lagers selbst betreffen. Zweitens schlägt er vor, dass man auch in und bei Trapezunt Transport-Fahrzeuge zu gewinnen suche. Drittens soll dafür gesorgt werden, dass für alle Fälle auch die Landwege für das Heer praktikabel gemacht werden. Von weiterem Marschiren will aber die Masse nichts wissen: da befiehlt Xenophon auf eigene Hand durch Sendboten den Städten, an denen sie vorbei kommen müssen, die Wege in Stand zu setzen. — An Trapezunt vorbeifahrende Schiffe werden aufgebracht; beim Beutemachen erleidet man Verluste.

---

1. ἀπέθυσαν, wie IV, 8, 25.

2. Θούριος, aus Thurioi in Grossgriechenland. — τοίνυν, wahrlich. — ἀπείρηκα — μαχόμενος, ich bin — des Kämpfens müde, habe es abgesagt. — ὥσπερ Ὀδυσσεὺς, der Hom. Od. XIII, 119 in Ithaka schlafend an das Land gesetzt wird.

ἀνεθορύβησαν, ὡς εὖ λέγοι· καὶ ἄλλος ταὐτὰ ἔλεγε, καὶ πάντες οἱ παρόντες. ἔπειτα Χειρίσοφος ἀνέστη καὶ εἶπεν ὧδε. Φίλος μοί ἐστιν, ὦ ἄνδρες, Ἀναξίβιος, ναυαρχῶν δὲ τυγχάνει. ἢν οὖν πέμψητέ με, οἶμαι ἂν ἐλθεῖν καὶ τριήρεις ἔχων καὶ πλοῖα τὰ ἡμᾶς ἄξοντα· ὑμεῖς δὲ εἴπερ πλεῖν βούλεσθε, περιμένετε ἔστ᾽ ἂν ἐγὼ ἔλθω· ἥξω δὲ ταχέως. ἀκούσαντες ταῦτα οἱ στρατιῶται ἥσθησάν τε καὶ ἐψηφίσαντο πλεῖν αὐτὸν ὡς τάχιστα.

Μετὰ τοῦτον Ξενοφῶν ἀνέστη καὶ ἔλεξεν ὧδε. Χειρίσοφος μὲν δὴ ἐπὶ πλοῖα στέλλεται, ἡμεῖς δὲ ἀναμενοῦμεν. ὅσα μοι οὖν δοκεῖ καιρὸς εἶναι ποιεῖν ἐν τῇ μονῇ, ταῦτα ἐρῶ. πρῶτον μὲν τὰ ἐπιτήδεια δεῖ πορίζεσθαι ἐκ τῆς πολεμίας· οὔτε γὰρ ἀγορὰ ἔστιν ἱκανὴ οὔτε ὅτου ὠνησόμεθα εὐπορία εἰ μὴ ὀλίγοις τισίν· ἡ δὲ χώρα πολεμία· κίνδυνος οὖν πολλοὺς ἀπόλλυσθαι, ἢν ἀμελῶς τε καὶ ἀφυλάκτως πορεύησθε ἐπὶ τὰ ἐπιτήδεια. ἀλλά μοι δοκεῖ σὺν προνομαῖς λαμβάνειν τὰ ἐπιτήδεια, ἄλλως δὲ μὴ πλανᾶσθαι, ὡς σώζησθε, ἡμᾶς δὲ τούτων ἐπιμελεῖσθαι. ἔδοξε ταῦτα. Ἔτι τοίνυν ἀκούσατε καὶ τάδε. ἐπὶ λείαν γὰρ ὑμῶν ἐκπορεύσονταί τινες. οἶμαι οὖν βέλτιον εἶναι ἡμῖν εἰπεῖν τὸν μέλλοντα ἐξιέναι, φράζειν δὲ καί, ὅποι, ἵνα καὶ τὸ πλῆθος εἰδῶμεν τῶν ἐξιόντων καὶ τῶν μενόντων καὶ συμπαρασκευάζωμεν, ἐάν τι δέῃ, κἂν βοηθῆσαί τισι καιρὸς ᾖ, εἰδῶμεν, ὅποι δεήσει βοηθεῖν, καὶ ἐάν τις τῶν ἀπειροτέρων ἐγχειρῇ ποι, συμβουλεύωμεν πειρώμενοι εἰδέναι τὴν δύναμιν ἐφ᾽ οὓς ἂν ἴωσιν. ἔδοξε καὶ ταῦτα. Ἐννοεῖτε δὲ καὶ τόδε, ἔφη. σχολὴ τοῖς πολεμίοις λῄζεσθαι, καὶ δικαίως ἡμῖν ἐπιβουλεύουσιν· ἔχομεν γὰρ τὰ ἐκείνων· ὑπερκάθηνται δ᾽ ἡμῶν. φυλακὰς δή μοι δοκεῖ δεῖν περὶ τὸ στρατόπεδον εἶναι· ἐὰν οὖν κατὰ μέρος φυλάττωμεν καὶ σκοπῶμεν, ἧττον ἂν δύναιντο ἡμᾶς θηρᾶν οἱ πολέμιοι. ἔτι τοίνυν τάδε

---

4. ναυαρχῶν. S. die Inhaltsanz. — ἥξω, ich werde — wieder da sein.
5. ἐπί, nach, d. i. um zu holen.
6. ἐκ τῆς πολεμίας. S. zu IV, 8, 22. Der Proviant aus der nächsten friedlichen Umgebung war natürlich bald erschöpft.
7. σὺν προνομαῖς, mit geordneten Zügen. — ἡμᾶς, wir Strategen. — ἔδοξε, Asyndeton wie I, 3, 20.
8. γάρ, nämlich. — ἐάν τι, nämlich συμπαρασκευάζειν. — ἐγχειρῇ ποι, eine Unternehmung wohin vorhat. — ἐφ᾽ οὕς, d. i. τούτων, ἐφ᾽ οὕς.
9. κατὰ μέρος, theilweise, abwechselnd.

ὁρᾶτε. εἰ μὲν ἠπιστάμεθα σαφῶς, ὅτι ἥξει πλοῖα Χειρίσο- 10
φος ἄγων ἱκανά, οὐδὲν ἂν ἔδει ὧν μέλλω λέγειν· νῦν δ' ἐπεὶ
τοῦτο ἄδηλον, δοκεῖ μοι πειρᾶσθαι πλοῖα συμπαρασκευάζειν
καὶ αὐτόθεν. ἢν μὲν γὰρ ἔλθῃ, ὑπαρχόντων ἐνθάδε ἐν ἀφθο-
νωτέροις πλευσόμεθα· ἢν δὲ μὴ ἄγῃ, τοῖς ἐνθάδε χρησόμεθα.
ὁρῶ δὲ ἐγὼ πλοῖα πολλάκις παραπλέοντα· εἰ οὖν αἰτησάμενοι 11
παρὰ Τραπεζουντίων μακρὰ πλοῖα κατάγοιμεν καὶ φυλάττοι-
μεν αὐτὰ τὰ πηδάλια παραλυόμενοι, ἕως ἂν ἱκανὰ τὰ ἄξοντα
γένηται, ἴσως ἂν οὐκ ἀπορήσαιμεν κομιδῆς οἵας δεόμεθα.
ἔδοξε καὶ ταῦτα. Ἐννοήσατε δ', ἔφη, εἰ εἰκὸς καὶ τρέφειν 12
ἀπὸ κοινοῦ οὓς ἂν κατάγωμεν ὅσον ἂν χρόνον ἡμῶν ἕνεκεν
μένωσι, καὶ ναῦλον συνθέσθαι, ὅπως ὠφελοῦντες καὶ ὠφελῶν-
ται. ἔδοξε καὶ ταῦτα. Δοκεῖ τοίνυν μοι, ἔφη, ἢν ἄρα καὶ 13
ταῦτα ἡμῖν μὴ ἐκπεραίνηται ὥστε ἀρκεῖν πλοῖα, τὰς ὁδούς,
ἃς δυσπόροις ἀκούομεν εἶναι, ταῖς παρὰ θάλατταν οἰκούσαις
πόλεσιν ἐντείλασθαι ὁδοποιεῖν· πείσονται γὰρ καὶ διὰ τὸ
φοβεῖσθαι καὶ διὰ τὸ βούλεσθαι ἡμῶν ἀπαλλαγῆναι.
Ἐνταῦθα δὲ ἀνέκραγον, ὡς οὐ δέοι ὁδοιπορεῖν. ὁ δὲ ὡς 14
ἔγνω τὴν ἀφροσύνην αὐτῶν, ἐπεψήφισε μὲν οὐδέν, τὰς δὲ
πόλεις ἑκούσας ἔπεισεν ὁδοποιεῖν, λέγων, ὅτι θᾶττον ἀπαλ-
λάξονται, ἢν εὔποροι γένωνται αἱ ὁδοί. ἔλαβον δὲ καὶ πεν- 15
τηκόντορον παρὰ τῶν Τραπεζουντίων, ᾗ ἐπέστησαν Δέξιππον
Λάκωνα περίοικον. οὗτος ἀμελήσας τοῦ συλλέγειν πλοῖα ἀπο-
δρὰς ᾤχετο ἔξω τοῦ Πόντου ἔχων τὴν ναῦν. οὗτος μὲν οὖν
δίκαια ἔπαθεν ὕστερον· ἐν Θρᾴκῃ γὰρ παρὰ Σεύθῃ πολυ-
πραγμονῶν τι ἀπέθανεν ὑπὸ Νικάνδρου τοῦ Λάκωνος. ἔλαβον 16
δὲ καὶ τριακόντορον, ᾗ ἐπεστάθη Πολυκράτης Ἀθηναῖος, ὃς
ὁπόσα λαμβάνοι πλοῖα κατῆγεν ἐπὶ τὸ στρατόπεδον. καὶ τὰ
μὲν ἀγώγιμα, εἴ τι ἦγον, ἐξαιρούμενοι φύλακας καθίστασαν,
ὅπως σῶα εἴη, τοῖς δὲ πλοίοις χρήσαιντο εἰς παραγωγήν. ἐν 17

---

10. ἔλθῃ, näml. ἄγων. — ὑπαρχόντων ἐνθάδε, wenn hier schon welche vorhanden sind. S. I, 2, 17 zu προϊόντων.
11. κατάγοιμεν, aufbringen. — αὐτὰ von φυλάττοιμεν abhängig. — κομιδῆς, Transportmittel.
12. εἰ, wir sagen in solchem Falle: ob nicht.

13. ἄρα, etwa.
14. ἑκούσας mit ὁδοποιεῖν zu verbinden. — ἀπαλλάξονται, abziehen.
15. ἀποδρὰς ᾤχετο, wie IV, 6, 3. — ὑπὸ wie I, 3, 4.
16. λαμβάνοι, Opt. wie I, 2, 7. — ἦγον, vehebant. — παραγωγήν, Fahrt an der Küste hin.

ᾧ δὲ ταῦτα ἦν, ἐπὶ λείαν ἐξήεσαν οἱ Ἕλληνες, καὶ οἱ μὲν ἐλάμβανον οἱ δὲ καὶ οὔ. Κλεαίνετος δ' ἐξαγαγὼν καὶ τὸν ἑαυτοῦ καὶ ἄλλον λόχον πρὸς χωρίον χαλεπὸν αὐτός τε ἀπέθανε καὶ ἄλλοι πολλοὶ τῶν σὺν αὐτῷ.

II. Ἐπεὶ δὲ τὰ ἐπιτήδεια οὐκέτι ἦν λαμβάνειν ὥστε ἀπαυθημερίζειν ἐπὶ τὸ στρατόπεδον, ἐκ τούτου λαβὼν Ξενοφῶν

2. **Inhalt**: Da die Verpflegung aus der nächsten Umgegend nicht mehr zu beschaffen ist, wird von der einen Hälfte des Heeres eine Expedition gegen die Driler im nahen Gebirge unternommen, bei welcher Xenophon's strategisches Talent wieder einmal zu voller Anwendung kommen sollte. Dieser kriegerische Volksstamm hatte nämlich bei Annäherung der Griechen seine offenen Orte angezündet und sich mit seiner ganzen Habe in einen festen Platz zurückgezogen. Dieser Platz war rings von einer tiefen Schlucht umgeben, welche schon den Zugang schwierig machte. Hatte man die Schlucht durchschritten, so kam man erst zu den eigentlichen Festungsgraben, hinter welchem sich eine Schanze mit Pallisaden und in kurzen Zwischenräumen hölzerne Thürme erhoben. Innerhalb dieser starken Verschanzung befand sich eine Stadt und in deren Innerem eine Burg (ἄκρα), nach welcher von der Seite, auf welcher die Griechen eindringen, eine Strasse mit hölzernen Häusern führte. Jene Schlucht nun durchschreiten zunächst nur die Peltasten. Beim Pfahlwerke angelangt finden sie heftigen Widerstand und gerathen in grosse Noth, da auch der Rückzug Verderben droht. Sie rufen Xenophon herbei, der mit den Hopliten ausserhalb der Schlucht stehen geblieben war. Dieser geht nun mit den Lochagen ebenfalls durch die Schlucht und sie betrachten da und erwägen die Lage der Dinge. Da die Stadt einnehmbar erscheint, so werden die Hopliten nun auch durch die Schlucht geführt. Mit grosser Anstrengung wird Graben und Wall erstürmt, der Feind von hier und von den Thürmen verjagt. Die Leichtbewaffneten dringen nun hinein und raffen zusammen was sie können. Unterdess bleibt Xenophon mit den Hopliten, um den Rückzug zu sichern, am Eingange der erstürmten Verschanzung stehen. Bald aber sieht er sich genöthigt auch Hopliten hineinzuschicken, weil die Peltasten, mit Plündern beschäftigt, von dem Feinde, der sich in der Burg befand, plötzlich überfallen werden und nach jenem Eingange zurückfliehen. Es gelingt den Feind wieder in die Burg zurück zu treiben. Letztere wird für uneinnehmbar befunden, die Stadt aber vollständig ausgeplündert, während die Hopliten am Eingange und in der von da nach der Burg führenden Strasse aufgestellt sind. Nun hat aber der Rückzug seine grossen Schwierigkeiten. Denn der Feind drängt aus der Burg durch die Strasse nach, die Häuser sind auf beiden Seiten mit Feinden besetzt, die grosse Balken herabwerfen, und schon rückt die Nacht heran. Da bringt ihnen ein hülfreicher Gott Rettung: ein Haus geräth in Brand, die anderen befiehlt Xenophon an zu zünden und auf der Strasse lässt er Holz aufhäufen zwischen sich und dem Feinde, welches in Brand gesteckt letzteren hindert, ihnen zu folgen. So entkommen sie glücklich mit reicher Beute aus der in vollen Flammen stehenden Stadt. — Auch

---

1. ὥστε, das λαμβάνειν beschränkend: in der Weise, dass man.

Die Expedition gegen die Driler nahm 2 Tage in Anspruch.

ἡγεμόνας τῶν Τραπεζουντίων ἐξάγει εἰς Δρίλας τὸ ἥμισυ τοῦ στρατεύματος, τὸ δὲ ἥμισυ φυλάττειν κατέλιπε τὸ στρατόπεδον· οἱ γὰρ Κόλχοι, ἅτε ἐκπεπτωκότες τῶν οἰκιῶν, πολλοὶ ἦσαν ἀθρόοι καὶ ὑπερεκάθηντο ἐπὶ τῶν ἄκρων. οἱ δὲ Τραπεζούντιοι ὁπόθεν μὲν τὰ ἐπιτήδεια ῥᾴδιον ἦν λαβεῖν οὐκ ἦγον· φίλοι γὰρ αὐτοῖς ἦσαν· εἰς δὲ τοὺς Δρίλας προθύμως ἦγον, ὑφ' ὧν κακῶς ἔπασχον, εἰς χωρία τε ὀρεινὰ καὶ δύσβατα καὶ ἀνθρώποις πολεμικωτάτους τῶν ἐν τῷ Πόντῳ.

Ἐπεὶ δὲ ἦσαν ἐν τῇ ἄνω χώρᾳ οἱ Ἕλληνες, ὁποῖα τῶν χωρίων τοῖς Δρίλαις ἁλώσιμα εἶναι ἐδόκει ἐμπιμπράντες ἀπῄεσαν· καὶ οὐδὲν ἦν λαμβάνειν εἰ μὴ ὗς ἢ βοῦς ἢ ἄλλο τι κτῆνος τὸ πῦρ διαπεφευγός. ἓν δὲ ἦν χωρίον μητρόπολις αὐτῶν· εἰς τοῦτο πάντες συνερρυήκεσαν. περὶ δὲ τοῦτο ἦν χαράδρα ἰσχυρῶς βαθεῖα, καὶ πρόσοδοι χαλεπαὶ πρὸς τὸ χωρίον. οἱ δὲ πελτασταὶ προδραμόντες στάδια πέντε ἢ ἓξ τῶν ὁπλιτῶν, διαβάντες τὴν χαράδραν, ὁρῶντες πρόβατα πολλὰ καὶ ἄλλα χρήματα προσέβαλλον πρὸς τὸ χωρίον· συνείποντο δὲ καὶ δορυφόροι πολλοὶ οἱ ἐπὶ τὰ ἐπιτήδεια ἐξωρμημένοι· ὥστε ἐγένοντο οἱ διαβάντες πλείους ἢ δισχίλιοι ἄνθρωποι. ἐπεὶ δὲ μαχόμενοι οὐκ ἐδύναντο λαβεῖν τὸ χωρίον, καὶ γὰρ τάφρος ἦν περὶ αὐτὸ εὐρεῖα ἀναβεβλημένη καὶ σκόλοπες ἐπὶ τῆς ἀναβολῆς καὶ τύρσεις πυκναὶ ξύλιναι πεποιημέναι, ἀπιέναι δὴ ἐπεχείρουν· οἱ δὲ ἐπέκειντο αὐτοῖς. ὡς δὲ οὐκ ἐδύναντο ἀποτρέχειν, ἦν γὰρ ἐφ' ἑνὸς ἡ κατάβασις ἐκ τοῦ χωρίου εἰς τὴν χαράδραν, πέμπουσι πρὸς Ξενοφῶντα· ὁ δὲ ἡγεῖτο τοῖς ὁπλίταις. ὁ δ' ἐλθὼν λέγει, ὅτι ἔστι χωρίον χρημάτων πολλῶν

---

der Rückzug von da durch's Gebirge nach Trapezunt wird mit Hülfe eines Scheinhinterhaltes ohne Verlust bewerkstelligt.

ἅτε, quippe. — ὑπερεκάθηντο, gewissermassen über den Häuptern der Griechen, d. h. sie bedrohend. Deshalb wurde die Hälfte des Heeres zurückgelassen.
2. ὁπόθεν, d. i. εἰς τούτους, ἀφ' ὧν, daher nachher αὐτοῖς. — ἐν τῷ Π., am P.
3. τοῖς Δρίλαις hängt von ἐδόκει ab. — ἀπῄεσαν, die Driler.
4. δορυφόροι, Leute mit Stangen, zur Fortschaffung der Beute. — ἐπί, wie V, 1, 5.
5. ἐπέκειντο, drängten nach.
6. ἦν — κατάβασις, es konnte nämlich nur immer Einer hinter dem Anderen hinabsteigen.
7. ὁ δ' ἐλθών, der an Xenophon abgeschickte Peltast. — ὅτι führt die directe Rede ein. S. zu I, 6, 7.

μεστόν· τοῦτο οὔτε λαβεῖν δυνάμεθα· ἰσχυρὸν γάρ ἐστιν· οὔτε ἀπελθεῖν ῥᾴδιον· μάχονται γὰρ ἐπεξεληλυθότες καὶ ἡ ἄφοδος 8 χαλεπή. ἀκούσας ταῦτα ὁ Ξενοφῶν προσαγαγὼν πρὸς τὴν χαράδραν τοὺς μὲν ὁπλίτας θέσθαι ἐκέλευσε τὰ ὅπλα, αὐτὸς δὲ διαβὰς σὺν τοῖς λοχαγοῖς ἐσκοπεῖτο, πότερον εἴη κρεῖττον ἀναγαγεῖν καὶ τοὺς διαβεβηκότας ἢ καὶ τοὺς ὁπλίτας διαβι-9 βάζειν, ὡς ἁλόντος ἂν τοῦ χωρίου. ἐδόκει γὰρ τὸ μὲν ἀπαγαγεῖν οὐκ εἶναι ἄνευ πολλῶν νεκρῶν, ἑλεῖν δ' ἂν ᾤοντο καὶ οἱ λοχαγοὶ τὸ χωρίον. καὶ ὁ Ξενοφῶν συνεχώρησε τοῖς ἱεροῖς πιστεύσας· οἱ γὰρ μάντεις ἀποδεδειγμένοι ἦσαν, ὅτι μάχη μὲν 10 ἔσται, τὸ δὲ τέλος καλὸν τῆς ἐξόδου. καὶ τοὺς μὲν λοχαγοὺς ἔπεμπε διαβιβάσοντας τοὺς ὁπλίτας, αὐτὸς δ' ἔμενεν ἀναχωρίσας ἅπαντας τοὺς πελταστὰς καὶ οὐδένα εἴα ἀκροβολίζεσθαι. 11 ἐπεὶ δ' ἧκον οἱ ὁπλῖται, ἐκέλευσε τὸν λόχον ἕκαστον ποιῆσαι τῶν λοχαγῶν ὡς ἂν κράτιστα οἴηται ἀγωνιεῖσθαι· ἦσαν γὰρ οἱ λοχαγοὶ πλησίον ἀλλήλων, οἳ πάντα τὸν χρόνον ἀλλήλοις περὶ 12 ἀνδραγαθίας ἀντεποιοῦντο. καὶ οἱ μὲν ταῦτ' ἐποίουν· ὁ δὲ τοῖς πελτασταῖς πᾶσι παρήγγειλε διηγκυλωμένους ἰέναι, ὡς ὁπόταν σημήνῃ ἀκοντίζειν, καὶ τοὺς τοξότας ἐπιβεβλῆσθαι ἐπὶ ταῖς νευραῖς, ὡς ὁπόταν σημήνῃ τοξεύειν δέησον, καὶ τοὺς γυμνῆτας λίθων ἔχειν μεστὰς τὰς διφθέρας· καὶ τοὺς ἐπιτη-

---

8. θέσθαι — τὰ ὅπλα, stehen zu bleiben. — καὶ vor τοὺς διαβεβηκότας: auch, weil ἀναγαγεῖν heisst: auf die andere Seite der Schlucht zurück zu bringen, wo die Hopliten noch standen. — ὡς ἁλόντος ἄν, in der Meinung, dass genommen werden könnte (s. zu I, 1, 10). Diese Worte deuten den nicht förmlich ausgesprochenen Gedanken, der durch ἐδόκει γὰρ u. s. w. begründet werden soll, dass nämlich Xenophon mehr für den zweiten Theil der Alternative war, wenigstens an. Die letzte Entscheidung gab erst das günstige Opfer.
9. εἶναι, möglich zu sein. — ἑλεῖν — ἄν, einnehmen zu können. — τῆς ἐξόδου, expeditionis.
11. ποιῆσαι, aufstellen. — ὡς ἄν — οἴηται, denn bei der so eigenthümlich beschränkten Lokalität (s. §. 13) musste Xen. bei Aufstellung der etwa 40 Lochen der Einsicht der Lochagen das Beste überlassen. — ἦσαν γὰρ. Zusammenhang: und Xen. durfte ihnen auch vertrauen: denn man sah hier nahe bei einander eine ganze Reihe tüchtiger Lochagen, als welche sie sich während des ganzen Zuges (πάντα τὸν χρόνον) zeigten. Unter den §. 15 erwähnten Braven haben wir in's Besondere den Agasias bereits IV, 2, 27. 7, 11 kennen gelernt.
12. διηγκυλωμένους (über den Accus. s. zu λαβόντα I, 2, 1) und ἐπιβεβλῆσθαι wie IV, 3, 28. — Ueber σημήνῃ s. zu I, 2, 17. — ὡς δεήσον, weil es nöthig sein werde. Ueber den absol. Accus. s. zu II, 5, 22. Von δεήσον hängt auch ἀκοντίζειν ab.

δείους ἔπεμψε τούτων ἐπιμεληθῆναι. ἐπεὶ δὲ πάντα παρ- 13
εσκεύαστο καὶ οἱ λοχαγοὶ καὶ οἱ ὑπολόχαγοι καὶ οἱ ἀξιοῦντες
τούτων μὴ χείρους εἶναι πάντες παρατεταγμένοι ἦσαν καὶ ἀλλή-
λους μὲν δὴ συνεώρων· μηνοειδὴς γὰρ διὰ τὸ χωρίον ἡ παρά-
ταξις ἦν· ἐπεὶ δ' ἐπαιάνισαν καὶ ἡ σάλπιγξ ἐφθέγξατο, ἅμα 14
τε τῷ Ἐνυαλίῳ ἠλέλιξαν καὶ ἔθεον δρόμῳ οἱ ὁπλῖται, καὶ τὰ
βέλη ὁμοῦ ἐφέρετο, λόγχαι, τοξεύματα, σφενδόναι, πλεῖστοι
δ' ἐκ τῶν χειρῶν λίθοι, ἦσαν δὲ οἳ καὶ πῦρ προσέφερον.
ὑπὸ δὲ τοῦ πλήθους τῶν βελῶν ἔλιπον οἱ πολέμιοι τά τε 15
σταυρώματα καὶ τὰς τύρσεις· ὥστε Ἀγασίας Στυμφάλιος καὶ
Φιλόξενος Πελληνεὺς καταθέμενοι τὰ ὅπλα ἐν χιτῶνι μόνον
ἀνέβησαν, καὶ ἄλλος ἄλλον εἷλκε, καὶ ἄλλος ἀναβεβήκει, καὶ
ἡλώκει τὸ χωρίον, ὡς ἐδόκει. καὶ οἱ μὲν πελτασταὶ καὶ οἱ 16
ψιλοὶ εἰσδραμόντες ἥρπαζον ὅ τι ἕκαστος ἐδύνατο· ὁ δὲ Ξε-
νοφῶν στὰς κατὰ τὰς πύλας ὁπόσους ἐδύνατο κατεκώλυε τῶν
ὁπλιτῶν ἔξω· πολέμιοι γὰρ ἄλλοι ἐφαίνοντο ἐπ' ἄκροις τισὶν
ἰσχυροῖς. οὐ πολλοῦ δὲ χρόνου μεταξὺ γενομένου κραυγή τε 17
ἐγένετο ἔνδον καὶ ἔφευγον οἱ μὲν καὶ ἔχοντες ἃ ἔλαβον, τάχα
δέ τις καὶ τετρωμένος· καὶ πολὺς ἦν ὠθισμὸς ἀμφὶ τὰ θύρε-
τρα. καὶ ἐρωτώμενοι οἱ ἐκπίπτοντες ἔλεγον, ὅτι ἄκρα τέ
ἐστιν ἔνδον καὶ οἱ πολέμιοι πολλοί, οἳ παίουσιν ἐκδεδραμη-
κότες τοὺς ἔνδον ἀνθρώπους. ἐνταῦθα ἀνειπεῖν ἐκέλευσε Τολ- 19
μίδην τὸν κήρυκα ἰέναι εἴσω τὸν βουλόμενόν τι λαμβάνειν.
καὶ ἵεντο πολλοὶ εἴσω καὶ νικῶσι τοὺς ἐκπίπτοντας οἱ εἰσω-

---

13. οἱ ἀξιοῦντες, (alle) die da wollten.·
14. μηνοειδὴς, denn sie standen vor dem die Stadt im Kreise umziehenden Wall und Graben. — Mit ἐπεὶ δ' wird der Vordersatz nach der Parenthese wieder aufgenommen, mit ἅμα τε beginnt der Nachsatz. — τῷ Ἐνυαλίῳ wie I, 8, 18.
15. ὑπὸ, wie I, 5, 5. — καὶ ἄλλος ἀναβεβήκει, und wieder ein Anderer war bereits oben. Das Plusquamp. ohne Augment wie IV, 5, 15. — καὶ ἡλώκει, und so war —.
16. κατὰ τὰς πύλας, an dem Eingange, den sie eben erzwungen hatten. Dasselbe §. 17 τὰ θύρετρα.
17. καὶ ἔχοντες, ausserdem dass sie selbst unversehrt waren. — τάχα δέ τις καὶ, mancher aber wohl auch. — ἐκδεδραμηκότες, die (aus der ἄκρα) einen Ausfall gemacht haben. — ἔνδον, in der Stadt.
18. τὸν βουλόμενον, jeder, der da wollte, näml. von den Peltasten, die Xen. §. 16 zurückgehalten hatte. — νικῶσι — οἱ εἰσωθούμενοι, sie dringen ein und drängen mit Gewalt und mit Erfolg (d. i. νικῶσι) die Peltasten (ἐκπίπτοντας),

θοίμενοι καὶ κατακλείουσι τοὺς πολεμίους πάλιν εἰς τὴν
19 ἄκραν. καὶ τὰ μὲν ἔξω τῆς ἄκρας πάντα διηρπάσθη καὶ ἐξε-
κομίσαντο οἱ Ἕλληνες· οἱ δὲ ὁπλῖται ἔθεντο τὰ ὅπλα, οἱ μὲν
περὶ τὰ σταυρώματα, οἱ δὲ κατὰ τὴν ὁδὸν τὴν ἐπὶ τὴν ἄκραν
20 φέρουσαν. ὁ δὲ Ξενοφῶν καὶ οἱ λοχαγοὶ ἐσκόπουν, εἰ οἷόν τε
εἴη τὴν ἄκραν λαβεῖν· ἦν γὰρ οὕτω σωτηρία ἀσφαλής, ἄλλως
δὲ πάνυ χαλεπὸν ἐδόκει εἶναι ἀπελθεῖν· σκοπουμένοις δὲ
21 αὐτοῖς ἔδοξε παντάπασιν ἀνάλωτον εἶναι τὸ χωρίον. ἐνταῦθα
παρεσκευάζοντο τὴν ἄφοδον, καὶ τοὺς μὲν σταυροὺς ἕκαστοι
τοὺς καθ᾽ αὑτοὺς διῄρουν, καὶ τοὺς ἀχρείους καὶ φορτία ἔχον-
τας ἐξεπέμποντο καὶ τῶν ὁπλιτῶν τὸ πλῆθος καταλιπόντες
22 οἱ λοχαγοὶ οἷς ἕκαστος ἐπίστευεν. ἐπεὶ δὲ ἤρξαντο ἀποχω-
ρεῖν, ἐπεξέθεον ἔνδοθεν πολλοὶ γέρρα καὶ λόγχας ἔχοντες καὶ
κνημῖδας καὶ κράνη Παφλαγονικά, καὶ ἄλλοι ἐπὶ τὰς οἰκίας
ἀνέβαινον τὰς ἔνθεν καὶ ἔνθεν τῆς εἰς τὴν ἄκραν φερούσης
23 ὁδοῦ· ὥστε οὐδὲ διώκειν ἀσφαλὲς ἦν κατὰ τὰς πύλας τὰς εἰς
τὴν ἄκραν φερούσας. καὶ γὰρ ξύλα μεγάλα ἐπερρίπτουν ἄνω-
θεν, ὥστε χαλεπὸν ἦν καὶ μένειν καὶ ἀπιέναι· καὶ ἡ νὺξ φο-
24 βερὰ ἦν ἐπιοῦσα. μαχομένων δὲ αὐτῶν καὶ ἀπορουμένων θεῶν
τις αὐτοῖς μηχανὴν σωτηρίας δίδωσιν. ἐξαπίνης γὰρ ἀνέ-
λαμψεν οἰκία τῶν ἐν δεξιᾷ ὅτου δὴ ἐνάψαντος. ὡς δ᾽ αὕτη
25 συνέπιπτεν, ἔφευγον οἱ ἀπὸ τῶν ἐν δεξιᾷ οἰκιῶν. ὡς δὲ ἔμα-
θεν ὁ Ξενοφῶν τοῦτο παρὰ τῆς τύχης, ἐνάπτειν ἐκέλευε καὶ
τὰς ἐν ἀριστερᾷ οἰκίας, αἳ ξύλιναι ἦσαν, ὥστε καὶ ταχὺ
26 ἐκαίοντο. ἔφευγον οὖν καὶ οἱ ἀπὸ τούτων τῶν οἰκιῶν. οἱ δὲ

---

welche vom Feinde nach dem Eingange, wo Xenophon stand, hin getrieben werden, wieder zurück in die Stadt. Nur so konnten die Hopliten helfen, da sie bei der Enge des Einganges nicht anders an den die Peltasten vor sich her treibenden Feind herankommen konnten, den sie dann nach dem Zurückdrängen der Peltasten wieder in die Burg zurückwerfen.

20. χαλεπὸν ἐδόκει, weil sich erwarten liess, wie es §. 22 u. 26 auch geschieht, dass der Feind, wenn sie abziehen wollten, von der ἄκρα aus ihnen nachstürzen werde. — τὸ χωρίον, die Burg.
21. τοὺς καθ᾽ αὑτοὺς, die ein Jeder sich gegenüber, vor sich hatte. — καταλιπόντες — οἷς, d. i. τούτοις, οἷς, zur Sicherheit der Abziehenden. οἱ λοχαγοὶ ist so weit hintergestellt, um es neben οἷς ἕκαστος zu bringen.
22. τῆς εἰς τὴν ἄκραν konnte auch heissen τῆς ἐκ τῆς ἄκρας.
23. κατὰ τὰς πύλας — φερούσας, in der Richtung nach dem Eingange in die Burg zu.
24. ὅτου δὴ, wie IV, 7, 25. — οἱ ἀπὸ τῶν. S. zu I, 1, 5.

κατὰ τὸ στόμα δὴ ἔτι μόνοι ἐλύπουν καὶ δῆλοι, ὅτι ἐπικείσονται ἐν τῇ ἐξόδῳ τε καὶ καταβάσει. ἐνταῦθα παραγγέλλει φορεῖν ξύλα ὅσοι ἐτύγχανον ἔξω ὄντες τῶν βελῶν εἰς τὸ μέσον ἑαυτῶν καὶ τῶν πολεμίων. ἐπεὶ δὲ ἱκανὰ ἤδη ἦν, ἐνῆψαν· ἐνῆπτον δὲ καὶ τὰς παρ' αὐτὸ τὸ χαράκωμα οἰκίας, ὅπως οἱ πολέμιοι ἀμφὶ ταῦτα ἔχοιεν. οὕτω μόλις ἀπῆλθον 27 ἀπὸ τοῦ χωρίου, πῦρ ἐν μέσῳ ἑαυτῶν καὶ τῶν πολεμίων ποιησάμενοι. καὶ κατεκαύθη πᾶσα ἡ πόλις καὶ αἱ οἰκίαι καὶ αἱ τύρσεις καὶ τὰ σταυρώματα καὶ τἆλλα πάντα πλὴν τῆς ἄκρας.

Τῇ δὲ ὑστεραίᾳ ἀπῄεσαν οἱ Ἕλληνες ἔχοντες τὰ ἐπιτή- 28 δεια. ἐπεὶ δὲ τὴν κατάβασιν ἐφοβοῦντο τὴν εἰς Τραπεζοῦντα, πρανὴς γὰρ ἦν καὶ στενή, ψευδενέδραν ἐποιήσαντο· καὶ ἀνὴρ 29 Μυσὸς καὶ τοὔνομα τοῦτο ἔχων τῶν Κρητῶν λαβὼν δέκα ἔμενεν ἐν λασίῳ χωρίῳ καὶ προσεποιεῖτο τοὺς πολεμίους πειρᾶσθαι λανθάνειν· αἱ δὲ πέλται αὐτῶν ἄλλοτε καὶ ἄλλοτε διεφαίνοντο χαλκαῖ οὖσαι. οἱ μὲν οὖν πολέμιοι ταῦτα διορῶντες 30 ἐφοβοῦντο ὡς ἐνέδραν οὖσαν· ἡ δὲ στρατιὰ ἐν τούτῳ κατέβαινεν. ἐπεὶ δὲ ἐδόκει ἤδη ἱκανὸν ὑπεληλυθέναι, τῷ Μυσῷ ἐσήμηνε φεύγειν ἀνὰ κράτος· καὶ ὃς ἐξαναστὰς φεύγει καὶ οἱ σὺν αὐτῷ. καὶ οἱ μὲν ἄλλοι Κρῆτες, ἁλίσκεσθαι γὰρ ἔφασαν 31 τῷ δρόμῳ, ἐκπεσόντες ἐκ τῆς ὁδοῦ εἰς ὕλην κατὰ τὰς νάπας καλινδούμενοι ἐσώθησαν, ὁ Μυσὸς δὲ κατὰ τὴν ὁδὸν φεύγων 32

---

26. κατὰ τὸ στόμα, am Eingange zur Burg. — καταβάσει, nach der χαράδρα. — ὅσοι, d. i. πάντας, ὅσοι. — παρ' αὐτὸ τὸ, dicht neben dem. — ἀμφὶ — ἔχοιεν, beschäftigt wären mit.

29. προσεποιεῖτο mit infin. praes. Anders IV, 6, 13.

30. ὡς — οὖσαν, weil sie es für einen wirklichen Hinterhalt hielten, d. h. meinten, die versteckten Leute beabsichtigten wirklich einen Ueberfall und glaubten wirklich ihren Blicken entzogen zu sein. Dass es nicht mehr als 10 waren, konnten sie natürlich nicht sehen. — ἱκανὸν ὑπεληλυθέναι, das Heer sei (nicht etwa unbemerkt, denn das war wohl unmöglich, sondern) in Folge der gelungenen Täuschung (d. i. ὑπὸ) weit genug gekommen. — ἐσήμηνε, wie §. 12, natürlich auf Xenophon's Befehl. Andere setzen das Komma nach Μυσῷ und nehmen diesen als Subject zu ἐσήμηνε, unpassend. Denn bei 10 Mann bedurfte es für Mysos keines besonderen Zeichens; auch liegt in καὶ ὃς ἐξαναστὰς, und er, ein Gegensatz zum vorhergehenden Subjecte.

31. ἄλλοι bleibt unübersetzt. S. zu I, 5, 5. — ἔφασαν, Einer zum Anderen. — τῷ δρόμῳ, durch den (schon begonnenen) Lauf, oder wenn sie so (d. h. auf dem Wege) weiter liefen. Gegensatz εἰς ὕλην — καλινδούμενοι.

ἐβόα βοηθεῖν· καὶ ἐβοήθησαν αὐτῷ, καὶ ἀνέλαβον τετρωμένον. καὶ αὐτοὶ ἐπὶ πόδα ἀνεχώρουν βαλλόμενοι οἱ βοηθήσαντες καὶ ἀντιτοξεύοντές τινες τῶν Κρητῶν. οὕτως ἀφίκοντο ἐπὶ τὸ στρατόπεδον πάντες σῶοι ὄντες.

III. Ἐπεὶ δὲ οὔτε Χειρίσοφος ἧκεν οὔτε πλοῖα ἱκανὰ ἦν οὔτε τὰ ἐπιτήδεια ἦν λαμβάνειν ἔτι, ἐδόκει ἀπιτέον εἶναι. καὶ εἰς μὲν τὰ πλοῖα τούς τε ἀσθενοῦντας ἐνεβίβασαν καὶ τοὺς ὑπὲρ τετταράκοντα ἔτη καὶ παῖδας καὶ γυναῖκας καὶ τῶν σκευῶν ὅσα μὴ ἀνάγκη ἦν ἔχειν. καὶ Φιλήσιον καὶ Σοφαίνετον τοὺς πρεσβυτάτους τῶν στρατηγῶν εἰσβιβάσαντες τούτων ἐκέλευον ἐπιμελεῖσθαι· οἱ δὲ ἄλλοι ἐπορεύοντο· ἡ δὲ ὁδὸς ὡδοπεποιη-
2 μένη ἦν. καὶ ἀφικνοῦνται πορευόμενοι εἰς Κερασοῦντα τριταῖοι πόλιν Ἑλληνίδα ἐπὶ θαλάττῃ Σινωπέων ἄποικον ἐν τῇ
3 Κολχίδι χώρᾳ. ἐνταῦθα ἔμειναν ἡμέρας δέκα· καὶ ἐξέτασις ἐν τοῖς ὅπλοις ἐγίγνετο καὶ ἀριθμός, καὶ ἐγένοντο ὀκτακισχίλιοι καὶ ἑξακόσιοι. οὗτοι ἐσώθησαν. οἱ δὲ ἄλλοι ἀπώλοντο ὑπό τε τῶν πολεμίων καὶ χιόνος καὶ εἴ τις νόσῳ.

4 Ἐνταῦθα καὶ διαλαμβάνουσι τὸ ἀπὸ τῶν αἰχμαλώτων ἀργύριον γενόμενον. καὶ τὴν δεκάτην, ἣν τῷ Ἀπόλλωνι ἐξεῖλον καὶ τῇ Ἐφεσίᾳ Ἀρτέμιδι, ἔλαβον οἱ στρατηγοὶ τὸ μέρος ἕκαστος φυλάττειν τοῖς θεοῖς· ἀντὶ δὲ Χειρισόφου Νέων ὁ Ἀσιν-
5 αῖος ἔλαβε. Ξενοφῶν οὖν τὸ μὲν τοῦ Ἀπόλλωνος ἀνάθημα ποιησάμενος ἀνατίθησιν εἰς τὸν ἐν Δελφοῖς τῶν Ἀθηναίων θησαυρὸν καὶ ἐπέγραψε τό τε αὑτοῦ ὄνομα καὶ τὸ Προξένου,

---

3. Inhalt: Da Cheirisophos (s. V, 1, 4) und die erwarteten Schiffe ausbleiben, so verlässt das Heer nach 30tägigem Aufenthalte, etwa am 10. März 400, Trapezunt, und nur die Leute über 40 Jahre, und was nicht marsch- und kampffähig ist, werden auf den wenigen vorhandenen Fahrzeugen weiter befördert. Der Zug zu Lande kommt nach 3 Tagen in Kerasunt an, wo eine Zählung des Heeres — IV, 8, 15 waren es noch 9800 — nur 8600 Mann ergiebt. Hier wird auch vertheilt was an Beute vorhanden ist. Den Zehnten für Apollo und die

---

32. ἐβόα mit folg. Infin. wie I, 8, 12. — αὐτοὶ, im Gegensatze zu Μυσός. — ἐπὶ πόδα, dem Feinde zugekehrt, rückwärts.
1. ἔχειν, bei sich, beim Zuge, zu haben. — ἡ δὲ ὁδὸς ὡδοπεποιημένη ἦν, durch Xenophon's Fürsorge V, 1, 14.

2. τριταῖοι, am dritten Tage. S. zu Π, 2, 17.
3. καὶ εἴ τις, und Mancher wohl auch.
4. γενόμενον, eingekommen. — ἐξεῖλον, vorweg.
5. ἀνατίθησιν, nach seiner Rückkehr nach Hellas. — εἰς τὸν —

ὃς σὺν Κλεάρχῳ ἀπέθανε· ξένος γὰρ ἦν αὐτοῦ. τὸ δὲ τῆς 6
Ἀρτέμιδος τῆς Ἐφεσίας, ὅτ᾽ ἀπῄει σὺν Ἀγησιλάῳ ἐκ τῆς Ἀσίας
τὴν εἰς Βοιωτοὺς ὁδόν, καταλείπει παρὰ Μεγαβύζῳ τῷ τῆς
Ἀρτέμιδος νεωκόρῳ, ὅτι αὐτὸς κινδυνεύσων ἐδόκει ἰέναι, καὶ
ἐπέστειλεν, ἢν μὲν αὐτὸς σωθῇ, αὑτῷ ἀποδοῦναι· ἢν δέ τι
πάθῃ, ἀναθεῖναι ποιησάμενον τῇ Ἀρτέμιδι ὅ τι οἴοιτο χαρι-
εῖσθαι τῇ θεῷ. ἐπεὶ δ᾽ ἔφευγεν ὁ Ξενοφῶν, κατοικοῦντος ἤδη 7
αὐτοῦ ἐν Σκιλλοῦντι ὑπὸ τῶν Λακεδαιμονίων οἰκισθέντι παρὰ
τὴν Ὀλυμπίαν ἀφικνεῖται Μεγάβυζος εἰς Ὀλυμπίαν θεωρήσων
καὶ ἀποδίδωσι τὴν παρακαταθήκην αὐτῷ. Ξενοφῶν δὲ λαβὼν
χωρίον ὠνεῖται τῇ θεῷ ὅπου ἀνεῖλεν ὁ θεός. ἔτυχε δὲ διαρ- 8
ρέων διὰ τοῦ χωρίου ποταμὸς Σελινοῦς. καὶ ἐν Ἐφέσῳ δὲ
παρὰ τὸν τῆς Ἀρτέμιδος νεὼν Σελινοῦς ποταμὸς παραρρεῖ,
καὶ ἰχθύες τε ἐν ἀμφοτέροις ἔνεισι καὶ κόγχαι· ἐν δὲ τῷ ἐν
Σκιλλοῦντι χωρίῳ καὶ θῆραι πάντων ὁπόσα ἐστὶν ἀγρευόμενα

Ephesische Artemis nehmen die Strategen, jeder seinen Theil, in Verwahrung. Wie Xenophon seinen Antheil späterhin verwendet hat, das wird hier gelegentlich erzählt.

θησαυρόν. Verschiedene Griechische Staaten hatten in Delphoi ihre besondere Schatzkammer, in welche sie ihre Weihgeschenke niederlegten.
6. ὅτ᾽ ἀπῄει, erst im J. 394. — καταλείπει, in Ephesos. — αὐτὸς κινδυνεύσων, persönlich gefährdet. Der blutigen Schlacht bei Koroneia in Böotien (394), gegen die verbündeten Thebaner und Athener wohnte er selbst bei. — ἤν — τι πάθῃ, euphemistisch für: wenn er umkommen sollte. — ὅ τι οἴοιτο χαριεῖσθαι, was er als etwas, d. i. womit er etwas der Göttin Wohlgefälliges zu widmen glaube.
7. ἔφευγεν, ein Verbannter war. Es traf ein, was Sokrates (III, 1, 5) befürchtet hatte. Doch steht nicht fest, ob Xenophon's Verbannung erst erfolgte, weil er seit 398 als Heerführer des Restes der 10000 im Dienste Sparta's stand, mit welchem sich die Athener 395 — 87 wieder im Kriege befanden.

Seine Sparta geleisteten Dienste wurden ihm, dem Freunde des Königs Agesilaos, durch Schenkung des im Folgenden beschriebenen Landgutes zu Skillus in der den Eleern entrissenen südlichen Landschaft von Elis, Triphylia, gelohnt. Dieses Gut, auf dem er die Anabasis, die Kyropädie und Anderes geschrieben, besass er aber nur bis 371, in welchem Jahre die Eleer Triphylien wieder eroberten. Danach siedelte er nach Korinth über, wo er auch, obwohl mit seiner Vaterstadt Athen wieder ausgesöhnt, nicht weniger als 90 Jahre alt gestorben ist. — θεωρήσων, um die (Olympischen) Spiele mit an zu sehen. — ὅπου, nämlich χωρίον ὠνεῖσθαι.
8. ἔτυχε δέ διαρρέων, es traf sich aber, dass — hindurchfliesst, Umstände, die Xenophon beim Ankaufe mit in Betracht zog, daher ἔτυχε, nicht τυγχάνει. — ἀγρευόμενα, welche man zu jagen pflegt.

9 θηρία. ἐποίησε δὲ καὶ βωμὸν καὶ ναὸν ἀπὸ τοῦ ἱεροῦ ἀργυρίου, καὶ τὸ λοιπὸν δὲ ἀεὶ δεκατεύων τὰ ἐκ τοῦ ἀγροῦ ὡραῖα θυσίαν ἐποίει τῇ θεῷ, καὶ πάντες οἱ πολῖται καὶ οἱ πρόσχωροι ἄνδρες καὶ γυναῖκες μετεῖχον τῆς ἑορτῆς. παρεῖχε δὲ ἡ θεὸς τοῖς σκηνοῦσιν ἄλφιτα, ἄρτους, οἶνον, τραγήματα, καὶ τῶν θυομένων ἀπὸ τῆς ἱερᾶς νομῆς λάχος, καὶ τῶν θηρευο-
10 μένων δέ. καὶ γὰρ θήραν ἐποιοῦντο εἰς τὴν ἑορτὴν οἵ τε Ξενοφῶντος παῖδες καὶ οἱ τῶν ἄλλων πολιτῶν, οἱ δὲ βουλόμενοι καὶ ἄνδρες συνεθήρων· καὶ ἡλίσκετο τὰ μὲν ἐξ αὐτοῦ τοῦ ἱεροῦ χώρου, τὰ δὲ καὶ ἐκ τῆς Φολόης, σύες καὶ δορκάδες καὶ
11 ἔλαφοι. ἔστι δὲ ἡ χώρα ᾗ ἐκ Λακεδαίμονος εἰς Ὀλυμπίαν πορεύονται, ὡς εἴκοσι στάδιοι ἀπὸ τοῦ ἐν Ὀλυμπίᾳ Διὸς ἱεροῦ. ἔνι δ᾽ ἐν τῷ ἱερῷ χώρῳ καὶ λειμὼν καὶ ὄρη δένδρων μεστά, ἱκανὰ σῦς καὶ αἶγας καὶ βοῦς τρέφειν καὶ ἵππους, ὥστε καὶ τὰ τῶν εἰς τὴν ἑορτὴν ἰόντων ὑποζύγια εὐωχεῖσθαι.
12 περὶ δὲ αὐτὸν τὸν ναὸν ἄλσος ἡμέρων δένδρων ἐφυτεύθη ὅσα ἐστὶ τρωκτὰ ὡραῖα. ὁ δὲ ναὸς ὡς μικρὸς μεγάλῳ τῷ ἐν Ἐφέσῳ εἴκασται, καὶ τὸ ξόανον ἔοικεν ὡς κυπαρίττινον χρυσῷ
13 ὄντι τῷ ἐν Ἐφέσῳ. καὶ στήλη ἔστηκε παρὰ τὸν ναὸν γράμματα ἔχουσα· ΙΕΡΟΣ Ο ΧΩΡΟΣ ΤΗΣ ΑΡΤΕΜΙΔΟΣ. ΤΟΝ ΕΧΟΝΤΑ ΚΑΙ ΚΑΡΠΟΥΜΕΝΟΝ ΤΗΝ ΜΕΝ ΔΕΚΑΤΗΝ ΚΑΤΑΘΥΕΙΝ ΕΚΑΣΤΟΥ ΕΤΟΥΣ. ΕΚ ΔΕ ΤΟΥ ΠΕΡΙΤΤΟΥ ΤΟΝ ΝΑΟΝ ΕΠΙΣΚΕΥΑΖΕΙΝ. ΑΝ ΔΕ ΤΙΣ ΜΗ ΠΟΙΗΙ ΤΑΥΤΑ ΤΗΙ ΘΕΩΙ ΜΕΛΗΣΕΙ.

---

9. τὸ λοιπὸν, ferner. — παρεῖχε — ἡ θεὸς, insofern was Xenophon gewährte, die Göttin, der das Land zum Eigenthume geweiht war, gleichsam selbst gewährte. — τοῖς σκηνοῦσι, den Gästen.
10. Φολόης, zwischen Elis und Arkadien.
11. ᾗ, da, wo. — ὡς εἴκοσι στάδιοι, auffallend, da man σταδίους erwartet, aber zu erklären, indem man εἰς ταύτην τὴν χώραν ergänzt. Vergl. Herodot. VII, 34: ἔστι δὲ ἑπτὰ στάδιοι ἐξ Ἀβύδου ἐς τὴν ἀπαντίον. Vor ὡς setze: nämlich. — ἔνι, d. i. ἔνεστι.
12. δένδρων — ὅσα, von Bäumen so vieler Art, als es — giebt. — τρωκτὰ ὡραῖα, Früchte für den Nachtisch.
13. τῆς Ἀρτ., gehört, ist geweiht der Art. — καταθύειν, man soll opfern, absoluter Infinitiv. — μελήσει, d. h. sie wird es strafen.

Ἐκ Κερασοῦντος δὲ κατὰ θάλατταν μὲν ἐκομίζοντο οἵπερ IV. καὶ πρόσθεν, οἱ δὲ ἄλλοι κατὰ γῆν ἐπορεύοντο. ἐπεὶ δὲ 2 ἦσαν ἐπὶ τοῖς Μοσσυνοίκων ὁρίοις, πέμπουσιν εἰς αὐτοὺς Τιμησίθεον τὸν Τραπεζούντιον πρόξενον ὄντα τῶν Μοσσυνοίκων, ἐρωτῶντες, πότερον ὡς διὰ φιλίας ἢ διὰ πολεμίας πορεύσονται τῆς χώρας. οἱ δὲ εἶπον, ὅτι οὐ διήσοιεν· ἐπίστευον γὰρ τοῖς χωρίοις. ἐντεῦθεν λέγει ὁ Τιμησίθεος, ὅτι πολέμιοι 3 τούτοις εἰσὶν οἱ ἐκ τοῦ ἐπέκεινα. καὶ ἐδόκει καλέσαι ἐκείνους, εἰ βούλοιντο συμμαχίαν ποιήσασθαι· καὶ πεμφθεὶς ὁ Τιμησίθεος ἧκεν ἄγων τοὺς ἄρχοντας. ἐπεὶ δὲ ἀφίκοντο, συνῆλ- 4 θον οἵ τε τῶν Μοσσυνοίκων ἄρχοντες καὶ οἱ στρατηγοὶ τῶν Ἑλλήνων· καὶ ἔλεξε Ξενοφῶν, ἡρμήνευε δὲ Τιμησίθεος· Ὦ 5 ἄνδρες Μοσσύνοικοι, ἡμεῖς βουλόμεθα διασωθῆναι πρὸς τὴν

4. **Inhalt**: Von Kerasunt geht es in das Land der Mossynoiken. Es hat hohe Berge, tiefe Schluchten und feste Plätze. Darauf vertrauend verweigern die Einwohner an der Grenze den Durchzug. Durch Vermittlung eines Kerasuntiers gelingt es aber den Hellenen, mit einem Theile der Mossynoiken, welche die Westseite des Landes bewohnen und mit ihren östlichen Landesgenossen in Fehde liegen, einen Vertrag zu schliessen, der ihnen die Bundesgenossenschaft derselben verschafft. Sie wollen erstens von ihrer Seite aus dem Feinde in's Land fallen — wie weit sie diess ausgeführt, erfahren wir nicht —, zweitens den Hellenen Mannschaft schicken, die sie auf der Ostseite beim Eindringen unterstützen soll. Letzteres geschieht; doch werden die Mossynoiken und eine Anzahl Griechen, die sich ihnen freiwillig angeschlossen haben, gleich beim ersten Angriffe auf einen vor der Hauptstadt liegenden Platz von den ausfallenden Gegnern mit Verlust zurückgeschlagen. Das Griechische Heer eilt zwar herbei und treibt den Feind wieder zurück; aber Xenophon hat Noth die durch das verfehlte Unternehmen und durch die auf dem ganzen Zuge hier zum ersten Male vorgekommenen Flucht Hellenischer Männer vor Barbaren entstandene Muthlosigkeit zu beseitigen. Am anderen Morgen gelingt es dem in Kompagnie-Kolonnen anrückenden Heere gemeinsam mit den verbündeten Mossynoiken zuerst jenen Vorplatz, dann auch die Stadt zu nehmen, wobei der König des Landes selbst im Feuer umkommt. Lebensmittel werden in Menge gefunden. Das übrige Land wird nun leicht unterworfen und man findet hier eine Bevölkerung mit den rohesten Sitten und ganz seltsamen Gewohnheiten.

1. Ueber καὶ s. zu I, 3, 16.

2. *Μοσσυνοίκων*, Bewohner von hölzernen Thürmen (μόσσυνοι §. 26). — *πορεύσονται*. S. zu ἔσονται II, 3, 4.

3. *οἱ ἐκ τοῦ ἐπέκεινα*, die Bewohner auf der entgegengesetzten Seite des Landes. — *ἐδόκει*, man beschloss. — *εἰ*, ob.

4. *τῶν Μοσσυνοίκων*, der westlichen.

Ἑλλάδα πεζῇ· πλοῖα γὰρ οὐκ ἔχομεν· κωλύουσι δὲ οὗτοι ἡμᾶς, οὓς ἀκούομεν ἡμῖν πολεμίους εἶναι. εἰ οὖν βούλεσθε, ἔξεστιν ὑμῖν ἡμᾶς λαβεῖν συμμάχους καὶ τιμωρήσασθαι, εἴ τί ποτε ὑμᾶς οὗτοι ἠδίκησαν, καὶ τὸ λοιπὸν ὑμῶν ὑπηκόους εἶναι τούτους. εἰ δὲ ἡμᾶς ἀφήσετε, σκέψασθε, πόθεν αὖ ἂν τοσαύτην δύναμιν λάβοιτε σύμμαχον. πρὸς ταῦτα ἀπεκρίνατο ὁ ἄρχων τῶν Μοσσυνοίκων, ὅτι καὶ βούλοιντο ταῦτα καὶ δέχοιντο τὴν συμμαχίαν. Ἄγετε δή, ἔφη ὁ Ξενοφῶν, τί ἡμῶν δεήσεσθε χρήσασθαι, ἂν σύμμαχοι ὑμῶν γενώμεθα, καὶ ὑμεῖς τί οἷοί τε ἔσεσθε ἡμῖν συμπρᾶξαι περὶ τῆς διόδου; οἱ δὲ εἶπον, ὅτι ἱκανοί ἐσμεν εἰς τὴν χώραν εἰσβάλλειν ἐκ τοῦ ἐπὶ θάτερα τὴν τῶν ὑμῖν τε καὶ ἡμῖν πολεμίων, καὶ δεῦρο ὑμῖν πέμψαι ναῦς τε καὶ ἄνδρας, οἵτινες ὑμῖν συμμαχοῦνταί τε καὶ τὴν ὁδὸν ἡγήσονται.

Ἐπὶ τούτοις πιστὰ δόντες καὶ λαβόντες ᾤχοντο. καὶ ἧκον τῇ ὑστεραίᾳ ἄγοντες τριακόσια πλοῖα μονόξυλα καὶ ἐν ἑκάστῳ τρεῖς ἄνδρας, ὧν οἱ μὲν δύο ἐκβάντες εἰς τάξιν ἔθεντο τὰ ὅπλα, ὁ δὲ εἷς ἔμενε· καὶ λαβόντες τὰ πλοῖα ἀπέπλευσαν, οἱ δὲ μένοντες ἐξετάξαντο ὧδε. ἔστησαν ἀνὰ ἑκατὸν μάλιστα, οἷον χοροὶ ἀντιστοιχοῦντες ἀλλήλοις, ἔχοντες γέρρα πάντες λευκῶν βοῶν δασέα, εἰκασμένα κιττοῦ πετάλῳ, ἐν δὲ τῇ δεξιᾷ παλτὸν ὡς ἐξάπηχυ, ἔμπροσθεν μὲν λόγχην ἔχον, ὄπισθεν δὲ σφαιροειδές. χιτωνίσκους δὲ ἐνδεδύκεσαν ὑπὲρ γονάτων, πάχος ὡς λινοῦ στρωματοδέσμου, ἐπὶ

---

6. ἔξεστιν ὑμῖν, so liegt es in eurer Hand, wovon nachher auch ὑπηκόους εἶναι abhängen kann. — τὸ λοιπὸν, ferner.

8. ὁ ἄρχων, der das Wort führende Häuptling.

9. τί — χρήσασθαι, zu was werdet ihr unser bedürfen, uns zu gebrauchen, d. i. welcher Dienste werdet ihr von uns bedürfen?

10. ὅτι. S. zu I, 6, 7. — εἰς τὴν χώραν — τὴν τῶν gehören zusammen. — ἐκ τοῦ ἐπὶ θάτερα, dasselbe was §.3 ἐκ τοῦ ἐπέκεινα. — οἵτινες wie II, 3, 4.

11. ἐπὶ τούτοις, wie III, 2, 4. — πιστὰ. S. zu 1, 2, 26. — εἰς τάξιν ἔθειτο τὰ ὅπλα, stellten sich in Reih' und Glied. — ἔμενε, in den Kähnen, vielleicht besser ἐνέμενε, zum Unterschiede von dem folg. οἱ δὲ μένοντες, d. i. οἱ ἐκβάντες.

12. λαβόντες, mit. — ἀνὰ ἑκατὸν, zu je 100. — μάλιστα, ungefähr. — ὡς, etwa. — ἔμπροσθεν — λόγχην ἔχον. S. zu IV, 7, 16.

13. ἐνδεδ. ohne Augm. wie IV, 5, 15. — ὑπὲρ γονάτων, bis oberhalb der Kniee. — πάχος, Accus. d. Beziehung. — λινοῦ στρω-

τῇ κεφαλῇ δὲ κράνη σκύτινα οἷάπερ τὰ Παφλαγονικά, κρωβύλον ἔχοντα κατὰ μέσον, ἐγγύτατα τιαροειδῆ· εἶχον δὲ καὶ σαγάρεις σιδηρᾶς. ἐντεῦθεν ἐξῆρχε μὲν αὐτῶν εἷς, οἱ δὲ ἄλλοι 14 ἅπαντες ἐπορεύοντο ᾄδοντες ἐν ῥυθμῷ, καὶ διελθόντες διὰ τῶν τάξεων καὶ διὰ τῶν ὅπλων τῶν Ἑλλήνων ἐπορεύοντο εὐθὺς πρὸς τοὺς πολεμίους ἐπὶ χωρίον, ὃ ἐδόκει ἐπιμαχώτατον εἶναι. ᾤκεῖτο δὲ τοῦτο πρὸ τῆς πόλεως τῆς μητροπόλεως καλουμένης 15 αὐτοῖς καὶ ἐχούσης τὸ ἀκρότατον τῶν Μοσσυνοίκων. καὶ περὶ τούτου ὁ πόλεμος ἦν· οἱ γὰρ ἀεὶ τοῦτ᾽ ἔχοντες ἐδόκουν ἐγκρατεῖς εἶναι καὶ πάντων Μοσσυνοίκων, καὶ ἔφασαν τούτους οὐ δικαίως ἔχειν τοῦτο, ἀλλὰ κοινὸν ὂν καταλαβόντας πλεονεκτεῖν. εἵποντο δ᾽ αὐτοῖς καὶ τῶν Ἑλλήνων τινές, οὐ ταχθέντες ὑπὸ 16 τῶν στρατηγῶν, ἀλλὰ ἁρπαγῆς ἕνεκεν. οἱ δὲ πολέμιοι προσιόντων τέως μὲν ἡσύχαζον· ἐπεὶ δ᾽ ἐγγὺς ἐγένοντο τοῦ χωρίου, ἐκδραμόντες τρέπονται αὐτούς καὶ ἀπέκτειναν συχνοὺς τῶν βαρβάρων καὶ τῶν συναναβάντων Ἑλλήνων τινάς καὶ ἐδίωκον μέχρι οὗ εἶδον τοὺς Ἕλληνας βοηθοῦντας· εἶτα δὲ ἀποτραπό- 17 μενοι ᾤχοντο καὶ ἀποτεμόντες τὰς κεφαλὰς τῶν νεκρῶν ἐπεδείκνυσαν τοῖς Ἕλλησι καὶ τοῖς ἑαυτῶν πολεμίοις καὶ ἅμα ἐχόρευον νόμῳ τινὶ ᾄδοντες. οἱ δὲ Ἕλληνες μάλα ἤχθοντο, ὅτι 18 τούς τε πολεμίους ἐπεποιήκεσαν θρασυτέρους καὶ ὅτι οἱ ἐξελθόντες Ἕλληνες σὺν αὐτοῖς ἐπεφεύγεσαν μάλα ὄντες συχνοί· ὃ οὔπω πρόσθεν ἐπεποιήκεσαν ἐν τῇ στρατείᾳ. Ξενοφῶν δὲ 19 συγκαλέσας τοὺς Ἕλληνας εἶπεν, Ἄνδρες στρατιῶται, μηδὲν ἀθυμήσητε ἕνεκα τῶν γεγενημένων· ἴστε γάρ, ὅτι καὶ ἀγαθὸν οὐ μεῖον τοῦ κακοῦ γεγένηται. πρῶτον μὲν γὰρ ἐπίστασθε, 20 ὅτι οἱ μέλλοντες ἡμῖν ἡγεῖσθαι τῷ ὄντι πολέμιοί εἰσιν οἷσπερ καὶ ἡμᾶς ἀνάγκη· ἔπειτα δὲ καὶ τῶν Ἑλλήνων οἱ ἀμελήσαντες τῆς σὺν ἡμῖν τάξεως καὶ ἱκανοὶ ἡγησάμενοι εἶναι σὺν τοῖς βαρ-

---

τωματοδεσμοῦ, abhängig von χιτωνίσκους, von grober Leinwand. — ἐγγύτατα, beinahe.
14. ὅπλων, wie II, 2, 4.
15. αὐτοῖς, vor ihnen, bei ihnen. S. zu III, 4, 31. — οἱ — ἀεὶ, wie III, 2, 31. — ἔφασαν, die mit den Griechen verbündeten Mossynoiken; deren Gegner τούτους.

16. προσιόντων, wie προϊόντων 1, 2, 17. Dasselbe Subject dann in ἐγένοντο.
18. ἐπεποιήκεσαν. Das Subject ergiebt sich aus dem folg. αὐτοῖς.
20. οἷσπερ καὶ, wie §. 1. — ἡμᾶς ἀνάγκη, d. i. ἡμᾶς εἶναι πολεμίους ἀνάγκη ἐστίν. — τῆς σὺν ἡμῖν,

βάροις ταυτὰ πράττειν, ἅπερ σὺν ἡμῖν, δίκην δεδώκασιν· ὥστε αὖθις ἧττον τῆς ἡμετέρας τάξεως ἀπολείψονται. ἀλλ' ὑμᾶς δεῖ παρασκευάζεσθαι, ὅπως καὶ τοῖς φίλοις οὖσι τῶν βαρβάρων δόξητε κρείττους αὐτῶν εἶναι καὶ τοῖς πολεμίοις δηλώσητε, ὅτι οὐχ ὁμοίοις ἀνδράσι μαχοῦνται νῦν τε καὶ ὅτε τοῖς ἀτάκτοις ἐμάχοντο.

Ταύτην μὲν οὖν τὴν ἡμέραν οὕτως ἔμειναν· τῇ δ' ὑστεραίᾳ θύσαντες ἐπεὶ ἐκαλλιερήσαντο, ἀριστήσαντες, ὀρθίους τοὺς λόχους ποιησάμενοι καὶ τοὺς βαρβάρους ἐπὶ τὸ εὐώνυμον κατὰ ταὐτὰ ταξάμενοι ἐπορεύοντο τοὺς τοξότας μεταξὺ τῶν λόχων ἔχοντες, ὑπολειπομένους δὲ μικρὸν τοῦ στόματος τῶν ὁπλιτῶν. ἦσαν γὰρ τῶν πολεμίων οἱ εὔζωνοι καταρέχοντες τοῖς λίθοις ἔβαλλον. τούτους ἀνέστελλον οἱ τοξόται καὶ πελτασταί. οἱ δ' ἄλλοι βάδην ἐπορεύοντο πρῶτον μὲν ἐπὶ τὸ χωρίον, ἀφ' οὗ τῇ προτεραίᾳ οἱ βάρβαροι ἐτρέφθησαν καὶ οἱ σὺν αὐτοῖς· ἐνταῦθα γὰρ οἱ πολέμιοι ἦσαν ἀντιτεταγμένοι. τοὺς μὲν οὖν πελταστὰς ἐδέξαντο οἱ βάρβαροι καὶ ἐμάχοντο, ἐπειδὴ δὲ ἐγγὺς ἦσαν οἱ ὁπλῖται, ἐτρέποντο. καὶ οἱ μὲν πελτασταὶ εὐθὺς εἵποντο διώκοντες ἄνω πρὸς τὴν πόλιν, οἱ δὲ ὁπλῖται ἐν τάξει εἵποντο. ἐπεὶ δὲ ἄνω ἦσαν πρὸς ταῖς τῆς μητροπόλεως οἰκίαις, ἐνταῦθα οἱ πολέμιοι ὁμοῦ δὴ πάντες γενόμενοι ἐμάχοντο καὶ ἐξηκόντιζον τοῖς παλτοῖς, καὶ ἄλλα δόρατα ἔχοντες παχέα μακρά, ὅσα ἀνὴρ ἂν φέροι μόλις, τούτοις ἐπειρῶντο ἀμύνασθαι ἐκ χειρός. ἐπεὶ δὲ οὐχ ὑφίεντο οἱ Ἕλληνες, ἀλλ' ὁμόσε ἐχώρουν, ἔφευγον οἱ βάρβαροι καὶ ἐντεῦθεν ἅπαντες λιπόντες τὸ χωρίον. ὁ δὲ βασιλεὺς αὐτῶν ὁ ἐν τῷ μόσσυνι τῷ ἐπ' ἄκρου ᾠκοδομημένῳ, ὃν τρέφουσι πάντες κοινῇ αὐτοῦ μένοντα καὶ φυλάττουσιν, οὐκ ἤθελεν ἐξελθεῖν, οὐδὲ οἱ ἐν τῷ πρότερον αἱρεθέντι χωρίῳ, ἀλλ' αὐτοῦ σὺν τοῖς

---

der uns eigenthümlichen. — αὖθις, ein ander Mal.

21. ὅπως, wie.

22. ὀρθίους τοὺς λόχους. S. zu IV, 2, 11. — κατὰ ταὐτὰ, ebenfalls in Kompagnie-Kolonnen. — ὑπολειπομένους — μικρὸν, zwischen den Kolonnen der Hopliten, aber hinter der Front derselben etwas zurück.

24. ἄνω. Das χωρίον (§. 23) lag vor der Stadt und tiefer als diese.

25. ὁμοῦ — γενόμενοι, wieder vereinigt nach der vorhergehenden Flucht und in dichter Stellung. — ἐκ χειρός, im Nahkampfe.

26. καὶ ἐντεῦθεν, auch von hier, wie aus dem ersten χωρίον §. 24.

μοσσύνοις κατεκαύθησαν. οἱ δὲ Ἕλληνες διαρπάζοντες τὰ 27 χωρία εὕρισκον θησαυροὺς ἐν ταῖς οἰκίαις ἄρτων νενημένων πατρίοις, ὡς ἔφασαν οἱ Μοσσύνοικοι, νέον δ' ἔτι σῖτον σὺν τῇ καλάμῃ ἀποκείμενον· ἦσαν δὲ ζειαὶ αἱ πλεῖσται. καὶ δελ- 28 φίνων τεμάχη ἐν ἀμφορεῦσιν εὑρίσκετο τεταριχευμένα καὶ στέαρ ἐν τεύχεσι τῶν δελφίνων, ᾧ ἐχρῶντο οἱ Μοσσύνοικοι καθάπερ οἱ Ἕλληνες τῷ ἐλαίῳ· κάρυα δὲ ἐπὶ τῶν ἀνωγαίων 29 ἦν πολλὰ τὰ πλατέα οὐκ ἔχοντα διαφυὴν οὐδεμίαν. τούτῳ καὶ πλείστῳ σίτῳ ἐχρῶντο ἕψοντες καὶ ἄρτους ὀπτῶντες. οἶνος δὲ ηὑρίσκετο, ὃς ἄκρατος μὲν ὀξὺς ἐφαίνετο εἶναι ὑπὸ τῆς αὐστηρότητος, κερασθεὶς δὲ εὐώδης τε καὶ ἡδύς.

Οἱ μὲν δὴ Ἕλληνες ἀριστήσαντες ἐνταῦθα ἐπορεύοντο εἰς 30 τὸ πρόσω, παραδόντες τὸ χωρίον τοῖς συμμαχήσασι τῶν Μοσσυνοίκων. ὁπόσα δὲ καὶ ἄλλα παρῇεσαν χωρία τῶν σὺν τοῖς πολεμίοις ὄντων, τὰ εὐπροσοδώτατα οἱ μὲν ἔλειπον, οἱ δὲ ἑκόντες προσεχώροιν. τὰ δὲ πλεῖστα τοιάδε ἦν τῶν χωρίων. ἀπεῖχον αἱ πόλεις ἀπ' ἀλλήλων στάδια ὀγδοήκοντα, αἱ δὲ 31 πλεῖον, αἱ δὲ μεῖον· ἀναβοώντων δὲ ἀλλήλων συνήκουον εἰς τὴν ἑτέραν ἐκ τῆς ἑτέρας πόλεως· οὕτως ὑψηλή τε καὶ κοίλη ἡ χώρα ἦν. ἐπεὶ δὲ πορευόμενοι ἐν τοῖς φίλοις ἦσαν, ἐπε- 32 δείκνυσαν αὐτοῖς παῖδας τῶν εὐδαιμόνων σιτευτούς, τεθραμμένους καρύοις ἑφθοῖς, ἁπαλοὺς καὶ λευκοὺς σφόδρα καὶ οὐ πολλοῦ δέοντας ἴσους τὸ μῆκος καὶ τὸ πλάτος εἶναι, ποικίλοις δὲ τὰ νῶτα καὶ τὰ ἔμπροσθεν πάντα ἐστιγμένους ἀνθέμια. ἐζήτουν δὲ καὶ ταῖς ἑταίραις, ἃς ἦγον οἱ Ἕλληνες, ἐμφα- 33 νῶς συγγίγνεσθαι· νόμος γὰρ ἦν οὗτος σφίσι. λευκοὶ δὲ πάν-

---

μοσσύνοις, metaplastischer Plural zu μόσσυν.

27. ὡς ἔφασαν geht nur auf πατρίοις. — Das Subject αἱ πλεῖσται, statt ὁ πλεῖστος (σῖτος) auf das Prädicat ζειαὶ bezogen, wie I, 4, 4.

29. τὰ πλατέα, die breite, grosse Art Kastanien. — τούτῳ — σίτῳ, dieser — als Speise. τούτῳ statt τούτοις wie I, 4, 4 ταῦτα statt αὗται. — ὑπό. S. zu I, 5, 5.

30. τὸ χωρίον, die Stadt mit der Burg.

31. αἱ δὲ — αἱ δὲ, andere — wieder andere. — εἰς τὴν mit ἀναβοώντων zu verbinden.

32. πορευόμενοι — ἦσαν. Das Subject wieder wie §. 18 aus dem folg. αὐτοῖς zu erkennen. — ἐν τοῖς φίλοις, im Gebiete der ihnen befreundeten Moss. — Ueber die Stellung von σφόδρα s. zu ἰσχυρῶς I, 2, 21. — οὐ πολλοῦ δέοντας ἴσους — εἶναι, es fehlte nicht viel daran, dass sie — waren. Vergl. I, 5, 14. — ἐστιγμένους — ἀνθέμια, blumenartig tättowirt.

34 τες οἱ ἄνδρες καὶ αἱ γυναῖκες. τούτοις ἔλεγον οἱ στρατευσάμενοι βαρβαρωτάτους διελθεῖν καὶ πλεῖστον τῶν Ἑλληνικῶν νόμων κεχωρισμένους. ἔν τε γὰρ ὄχλῳ ὄντες ἐποίουν ἅπερ ἂν ἄνθρωποι ἐν ἐρημίᾳ ποιήσειαν, μόνοι τε ὄντες ὅμοια ἔπραττον ἅπερ ἂν μετ' ἄλλων ὄντες· διελέγοντό τε αὑτοῖς καὶ ἐγέλων ἐφ' ἑαυτοῖς καὶ ὠρχοῦντο ἐφιστάμενοι ὅπου τύχοιεν ὥσπερ ἄλλοις ἐπιδεικνύμενοι.

V. Διὰ ταύτης τῆς χώρας οἱ Ἕλληνες, διά τε τῆς πολεμίας καὶ τῆς φιλίας, ἐπορεύθησαν ὀκτὼ σταθμούς, καὶ ἀφικνοῦνται εἰς Χάλυβας. οὗτοι ὀλίγοι τε ἦσαν καὶ ὑπήκοοι τῶν Μοσσυνοίκων, καὶ ὁ βίος ἦν τοῖς πλείστοις αὐτῶν ἀπὸ σιδηρείας.
2 ἐντεῦθεν ἀφικνοῦνται εἰς Τιβαρηνούς. ἡ δὲ τῶν Τιβαρηνῶν χώρα πολὺ ἦν πεδινωτέρα καὶ χωρία εἶχεν ἐπὶ θαλάττῃ ἧττον ἐρυμνά. καὶ οἱ στρατηγοὶ ἔχρῃζον πρὸς τὰ χωρία προσβάλλειν καὶ τὴν στρατιὰν ὀνηθῆναί τι καὶ τὰ ξένια, ἃ ἧκε παρὰ Τιβαρηνῶν, οὐκ ἐδέχοντο, ἀλλ' ἐπιμεῖναι κελεύσαντες
3 ἔστε βουλεύσαιντο ἐθύοντο. καὶ πολλὰ καταθυσάντων τέλος

---

5. Inhalt: Nach 8tägigem Marsche durch das Land der Mossynoiken ziehen sie durch das Gebiet eines Chalyberstammes und dringen in das Land der Tibarener ein (Anfangs April 400), wo sie in Kotyora 45 Tage verweilen und den Proviant sowie die Aufnahme ihrer Kranken, weil man sie ihnen nicht freiwillig gewährt, erzwingen. Dieser Umstand führt eine Gesandtschaft von Sinope, der Mutterstadt von Kotyora, herbei, welche dagegen ernstliche Vorstellungen macht und drohend an eine mit Korylas, dem Beherrscher von Paphlagonien, leicht zu schliessende Bundesgenossenschaft erinnert. Xenophon widerlegt aber die gemachten Vorwürfe als unbegründet, da sie hier wie anderswo nur insoweit Gewalt angewendet hätten, als man ihnen das durch die Nothwendigkeit Gebotene friedlich zu geben sich geweigert hätte, und erwidert die ausgesprochene Drohung so energisch und zugleich so taktvoll, dass der Redner von seinen Begleitern selbst getadelt und das beste Einvernehmen mit den Kotyoriten und Sinopeern hergestellt wird.

---

34. τούτους — διελθεῖν, diese wären unter allen (Völkerschaften), durch deren Länder sie gekommen, die rohesten, u. s. w. — ἅπερ ἂν — ὄντες, näml. ποιήσειαν. — διελέγοντό τε αὑτοῖς, sie sprachen nämlich mit sich selbst, nähere Ausführung des Vorhergehenden, daher das Asyndeton; denn τε entspricht dem folgenden καί. Dass bei dieser Ausführung ἅπερ — ἐν ἐρημίᾳ ποιήσειαν unerörtert bleibt, kann nicht auffallen. — ἐφ' ἑαυτοῖς, über sich selbst.
1. Χάλυβας, ein anderer Stamm desselben Volkes, das IV, 7, 15 erwähnt wurde.
2. πεδινωτέρα — ἧττον ἐρυμνά, als in den vorher durchzogenen Gegenden.
3. καταθυσάντων. S. zu προϊόντων I. 2, 17. — τέλος, zuletzt. —

ἀπεδείξαντο οἱ μάντεις πάντες γνώμην, ὅτι οὐδαμῇ προσίοιντο οἱ θεοὶ τὸν πόλεμον. ἐντεῦθεν δὴ τὰ ξένια ἐδέξαντο καὶ ὡς διὰ φιλίας πορευόμενοι δύο ἡμέρας ἀφίκοντο εἰς Κοτίωρα πόλιν Ἑλληνίδα, Σινωπέων ἀποίκους, οἰκοῦντας ἐν τῇ Τιβαρηνῶν χώρᾳ.

Μέχρις ἐνταῦθα ἐπέζευσεν ἡ στρατιά. πλῆθος τῆς κατα- 4 βάσεως τῆς ὁδοῦ ἀπὸ τῆς ἐν Βαβυλῶνι μάχης ἄχρι εἰς Κοτίωρα σταθμοὶ ἑκατὸν εἴκοσι δύο, παρασάγγαι ἑξακόσιοι καὶ εἴκοσι, στάδιοι μύριοι καὶ ὀκτακισχίλιοι καὶ ἑξακόσιοι, χρόνου πλῆθος ὀκτὼ μῆνες. ἐνταῦθα ἔμειναν ἡμέρας τετταράκοντα 5 πέντε. ἐν δὲ ταύταις πρῶτον μὲν τοῖς θεοῖς ἔθυσαν καὶ πομπὰς ἐποίησαν κατὰ ἔθνος ἕκαστοι τῶν Ἑλλήνων καὶ ἀγῶνας γυμνικούς. τὰ δ᾽ ἐπιτήδεια ἐλάμβανον τὰ μὲν ἐκ τῆς Πα- 6 φλαγονίας, τὰ δ᾽ ἐκ τῶν χωρίων τῶν Κοτυωριτῶν· οὐ γὰρ παρεῖχον ἀγορὰν οὐδ᾽ εἰς τὸ τεῖχος τοὺς ἀσθενοῦντας ἐδέχοντο.

Ἐν τούτῳ ἔρχονται ἐκ Σινώπης πρέσβεις, φοβούμενοι 7 περὶ τῶν Κοτυωριτῶν τῆς τε πόλεως, ἦν γὰρ ἐκείνων καὶ φόρον ἐκείνοις ἔφερον, καὶ περὶ τῆς χώρας, ὅτι ἤκουον δῃουμένην. καὶ ἐλθόντες εἰς τὸ στρατόπεδον ἔλεγον· προηγόρει δὲ Ἑκατώνυμος δεινὸς νομιζόμενος εἶναι λέγειν· Ἔπεμψεν ἡμᾶς, 8 ὦ ἄνδρες στρατιῶται, ἡ τῶν Σινωπέων πόλις ἐπαινέσοντάς τε ὑμᾶς, ὅτι νικᾶτε Ἕλληνες ὄντες βαρβάρους, ἔπειτα δὲ καὶ συνησθησομένους, ὅτι διὰ πολλῶν τε καὶ δεινῶν, ὡς ἡμεῖς ἠκούσαμεν, πραγμάτων σεσωσμένοι πάρεστε. ἀξιοῦμεν δὲ Ἕλλη- 9 νες ὄντες αὐτοὶ ὑφ᾽ ὑμῶν ὄντων Ἑλλήνων ἀγαθὸν μέν τι πάσχειν, κακὸν δὲ μηδέν· οὐδὲ γὰρ ἡμεῖς ὑμᾶς οὐδὲν πώποτε ὑπήρξαμεν κακῶς ποιοῦντες. Κοτυωρῖται δὲ οὗτοί εἰσι μὲν ἡμέτεροι 10 ἄποικοι, καὶ τὴν χώραν ἡμεῖς αὐτοῖς ταύτην παραδεδώκαμεν βαρβάρους ἀφελόμενοι· διὸ καὶ δασμὸν ἡμῖν φέρουσιν οὗτοι τεταγμένον καὶ Κερασούντιοι καὶ Τραπεζούντιοι· ὥστε ὅ τι ἂν τούτους κακὸν ποιήσητε, ἡ Σινωπέων πόλις νομίζει πά-

---

τὸν πόλεμον, den beabsichtigten. — πόλιν — ἀποίκους. S. zu χώραν I, 2, 27.

4. πλῆθος, indem bei τῆς ὁδοῦ gleich an die folgenden σταθμοί u. s. w. gedacht wird.

7. δεινὸς — λέγειν, wie II, 5, 15.

8. ἔπεμψε, wie I, 9, 25. — ἐπαινέσοντας, laudaturos, ut laudarent. — Dem τε entspricht ἔπειτα δὲ καὶ, um dieses Glied kräftiger hervor zu heben.

10. δὲ, zugleich explicativ: nämlich.

11 σχεῖν. νῦν δὲ ἀκούομεν ὑμᾶς εἴς τε τὴν πόλιν βίᾳ παρεληλυθότας ἐνίοις σκηνοῦν ἐν ταῖς οἰκίαις καὶ ἐκ τῶν χωρίων βίᾳ
12 λαμβάνειν ὧν ἂν δέησθε οὐ πείθοντας. ταῦτ' οὖν οὐκ ἀξιοῦμεν· εἰ δὲ ταῦτα ποιήσετε, ἀνάγκη ἡμῖν καὶ Κορύλαν καὶ Παφλαγόνας καὶ ἄλλον ὅντινα ἂν δυνώμεθα φίλον ποιεῖσθαι.
13 Πρὸς ταῦτα ἀναστὰς Ξενοφῶν ὑπὲρ τῶν στρατιωτῶν εἶπεν, Ἡμεῖς δέ, ὦ ἄνδρες Σινωπεῖς, ἥκομεν ἀγαπῶντες, ὅτι τὰ σώματα διεσωσάμεθα καὶ τὰ ὅπλα· οὐ γὰρ ἦν δυνατὸν ἅμα τε χρήματα ἄγειν καὶ φέρειν καὶ τοῖς πολεμίοις μάχεσθαι.
14 καὶ νῦν ἐπεὶ εἰς τὰς Ἑλληνίδας πόλεις ἤλθομεν, ἐν Τραπεζοῦντι μέν, παρεῖχον γὰρ ἡμῖν ἀγοράν, ὠνούμενοι εἴχομεν τὰ ἐπιτήδεια, καὶ ἀνθ' ὧν ἐτίμησαν ἡμᾶς καὶ ξένια ἔδωκαν τῇ στρατιᾷ, ἀντετιμῶμεν αὐτούς, καὶ εἴ τις αὐτοῖς φίλος ἦν τῶν βαρβάρων, τούτων ἀπειχόμεθα· τοὺς δὲ πολεμίους αὐτῶν, ἐφ'
15 οὓς αὐτοὶ ἡγοῖντο, κακῶς ἐποιοῦμεν ὅσον ἐδυνάμεθα. ἐρωτᾶτε δὲ αὐτούς, ὁποίων τινῶν ἡμῶν ἔτυχον· πάρεισι γὰρ ἐνθάδε
16 οὓς ἡμῖν ἡγεμόνας διὰ φιλίαν ἡ πόλις συνέπεμψεν. ὅποι δ' ἂν ἐλθόντες ἀγορὰν μὴ ἔχωμεν, ἄν τε εἰς βάρβαρον γῆν ἄν τε εἰς Ἑλληνίδα, οὐχ ὕβρει, ἀλλὰ ἀνάγκῃ λαμβάνομεν τὰ ἐπιτή-
17 δεια. καὶ Καρδούχους καὶ Τάοχους καὶ Χαλδαίους καίπερ βασιλέως οὐχ ὑπηκόους ὄντας ὅμως καὶ μάλα φοβεροὺς ὄντας πολεμίους ἐκτησάμεθα διὰ τὸ ἀνάγκην εἶναι λαμβάνειν τὰ
18 ἐπιτήδεια, ἐπεὶ ἀγορὰν οὐ παρεῖχον. Μάκρωνας δὲ καίπερ βαρβάροις ὄντας, ἐπεὶ ἀγορὰν οἵαν ἐδύναντο παρεῖχον, φίλους τε ἐνομίζομεν εἶναι καὶ βίᾳ οὐδὲν ἐλαμβάνομεν τῶν ἐκείνων.
19 Κοτυωρίτας δέ, οὓς ὑμετέρους φατὲ εἶναι, εἴ τι αὐτῶν εἰλή-

---

11. ἐνίοις, partitive Apposition zu ὑμᾶς. S. zu III, 1, 3. — οὐ πείθοντας erklärender Gegensatz zu βίᾳ.
12. οὐκ ἀξιοῦμεν, indignum putamus.
14. Dem μέν entspricht erst §. 19 δέ. — παρεῖχον, näml. οἱ Τραπεζούντιοι. S. zu §. 3. — ὧν, d. i. τούτων, ἅ. — ἐφ' οὕς — ἡγοῖντο, V, 2, 2.
15. ὁποίων — ἔτυχον, „quales fere nos experti sint." — ἄν τε — ἄν τε, sive — sive.
17. καίπερ βασιλέως οὐχ — ὄντας, die wir also zu bekämpfen von Hause aus keine Veranlassung hatten, καὶ μάλα — ὄντας, die also nicht zu reizen wir alle Ursache hatten. — ὅμως — ἐκτησάμεθα, haben wir uns dennoch zu Feinden gemacht. Sinn: Jedes andere Motiv musste weichen vor der Nothwendigkeit.
18. τῶν ἐκείνων, genit. von τά ἐκείνων.
19. Zu dem anakoluthischen Accus. Κοτυωρίτας (statt Κοτυωρῖται), wobei εἴ τι ἀφῃρήμεθα vorgeschwebt haben mag, hat wohl auch eine At-

φαμεν, αυτοί αίτιοί εισιν· ου γαρ ως φίλοι προσεφέροντο ημιν, αλλά κλείσαντες τας πύλας ούτε είσω εδέχοντο ούτε έξω αγοράν έπεμπον· ητιώντο δε τον παρ' υμών αρμοστήν τούτων αίτιον είναι. ὅ δε λέγεις βία παρελθόντας σκηνοῦν, ημείς 20 ηξιούμεν τους κάμνοντας εις τας στέγας δέξασθαι· επεί δε ουκ ανέωγον τας πύλας, ᾗ ημας εδέχετο αυτό το χωρίον, ταύτῃ εισελθόντες άλλο μεν ουδέν βίαιον εποιήσαμεν, σκηνοῦσι δ' εν ταις στέγαις οι κάμνοντες τα αυτών δαπανώντες, και τας πύλας φρουροῦμεν, όπως μη επί τῷ υμετέρῳ αρμοστῇ ώσιν οι κάμνοντες ημών, αλλ' εφ' ημίν ᾖ κομίσασθαι όταν βουλώμεθα. οι δε άλλοι, ως οράτε, σκηνοῦμεν υπαίθριοι εν 21 τῇ τάξει, παρεσκευασμένοι, αν μεν τις ευ ποιῇ, αντ' ευ ποιείν, αν δε κακώς, αλέξασθαι. ἃ δε ηπείλησας, ως ην υμίν δοκῇ, 22 Κορύλαν και Παφλαγόνας συμμάχους ποιήσεσθε εφ' ημάς, ημείς δε, ην μεν ανάγκη ᾖ, πολεμήσομεν και αμφοτέροις· ήδη γαρ και άλλοις πολλαπλασίοις υμών επολεμήσαμεν· αν δε 23 δοκῇ ημίν και φίλον ποιείσθαι τον Παφλαγόνα· ακούομεν δε αυτόν και επιθυμείν της υμετέρας πόλεως και χωρίων των επιθαλαττίων· πειρασόμεθα συμπράττοντες αυτῷ ων επιθυμεί φίλοι γίγνεσθαι.

Εκ τούτου μάλα μεν δήλοι ήσαν οι συμπρέσβεις τῷ Ἑκα- 24
τωνύμῳ χαλεπαίνοντες τοις ειρημένοις, παρελθών δ' αυτών άλλος είπεν, ότι ου πόλεμον ποιησόμενοι ήκοιεν αλλά επιδείξοντες, ότι φίλοι εισί. και ξενίοις, ην μεν έλθητε προς την Σινωπέων πόλιν, εκεί δεξόμεθα, νυν δε τους ενθάδε κελεύσομεν διδόναι ἃ δύνανται· ορώμεν γαρ πάντα αληθή όντα ἃ λέγετε. εκ τούτου ξένιά τε έπεμπον οι Κοτυωρίται και οι 25

---

traction des nahen οἷς mitgewirkt. — ἐδέχοντο, näml. ἡμᾶς.

20. ὅ wie II, 3, 1. — ἐδέχετο αὐτὸ τὸ χωρίον, der Ort selbst einen Eingang bot. — ἐπὶ, wie I, 1, 4.

22. ἃ, wie ὅ §. 20: Wenn du aber drohtest —, ἡμεῖς δὲ, wir werden aber, oder nun wir werden —; die Anakoluthie macht also die Erwiderung auf die Drohung energischer.

23. ἀκούομεν δὲ — ἐπιθαλαττίων, Parenthese, worauf dann mit πειρασόμεθα der Nachsatz zu ἂν δὲ Παφλαγόνα beginnt.

24. τοῖς εἰρημένοις, dat. causae. — παρελθὼν, trat auf. — Mit καὶ ξενίοις geht die oratio obliqua in die recta über. S. zu I, 3, 14. — δεξόμεθα, nämlich ὑμᾶς. — τοὺς ἐνθάδε, die Kotyoriten.

25. ξένιά τε ἔπεμπον und καὶ —

στρατηγοὶ τῶν Ἑλλήνων ἐξένιζον τοὺς τῶν Σινωπέων πρέσβεις, καὶ πρὸς ἀλλήλους πολλά τε καὶ ἐπιτήδεια διελέγοντο τά τε ἄλλα καὶ περὶ τῆς λοιπῆς πορείας ἀνεπυνθάνοντο ὧν ἑκάτεροι ἐδέοντο.

VI. Ταύτῃ μὲν τῇ ἡμέρᾳ τοῦτο τὸ τέλος ἐγένετο. τῇ δὲ ὑστεραίᾳ συνέλεξαν οἱ στρατηγοὶ τοὺς στρατιώτας, καὶ ἐδόκει αὐ-

6. **Inhalt**: Am folgenden Tage wird in einer Heeresversammlung mit den Gesandten von Sinope Berathung gehalten über die Fortsetzung des Zuges. Der Sprecher der Sinopeer sucht den üblen Eindruck, den seine Rede vom vorigen Tage gemacht hatte, zu verwischen, versichert, dass er es redlich mit den Hellenen meine, und rathet, da der Zug durch Paphlagonien unbesiegbare Schwierigkeiten darbiete, zur See weiter zu reisen. Das Heer ist damit einverstanden, nur macht Xenophon zur Bedingung, dass alle entweder alle zu Schiffe gehen oder alle den Landweg wählen. Drei Hellenen gehen nun mit der Gesandtschaft nach Sinope ab um das zur Fahrt Nöthige zu überwachen.
Unterdess fasst Xenophon die Idee, mit einer solchen Anzahl Hellenischer Männer liesse sich im gesegneten Pontus eine Kolonie gründen. Er befragt darüber durch Opfer die Götter. Der Opferpriester Silanos aber, der seine Schätze gern möglichst schnell nach Griechenland retten möchte, bringt die Sache unter das Heer. Von den Strategen Timasion und Thorax erfahren es dann Kaufleute von Herakleia und Sinope und durch diese deren Mitbürger, die nun in grosser Besorgniss, dass sich in ihrer Nähe eine neue mächtige Griechische Stadt erheben möchte, durch Vermittelung des Timasion Geld anbieten zum Behufe der Weiterfahrt. Timasion und Thorax stellen dem versammelten Heere ausser dem versprochenen Gelde zur Fahrt, auch eine Ansiedelung, der eine im vorderen Kleinasien, der andere im Thrakischen Chersones in Aussicht. Xenophon schweigt dazu, bis zwei Andere in der Versammlung ihn beschuldigen, dass er sich anmasse über Bleiben oder Gehen des gesammten Heeres allein bestimmen zu wollen. Da erhebt er sich und bezeichnet erstens die Mittheilung des Silanos als eine vorzeitige und hinterlistige, zweitens habe er nur im Sinne gehabt, dem Heere zu Geldmitteln zu verhelfen, ohne Jemand in der Wahl zu bleiben oder zu gehen beschränken zu wollen, drittens stehe er jetzt, nach den Anerbietungen von Seiten der Herakleioten und Sinopeer, von seiner Idee selbst ab; nur dürfe sich keiner von der Seefahrt ausschliessen und Niemand sich entfernen, bis das ganze Heer in Sicherheit sei. Damit sind Alle einverstanden bis auf Silanos, der für jeden, der da wolle, die Freiheit das Heer zu verlassen, aber vergeblich, in Anspruch nimmt. — Die versprochenen Fahrzeuge treffen nun zwar ein, aber das Geld bleibt aus. Dadurch gerathen die beiden Strategen, die die Gewährung des letzteren versprochen hatten, in grosse Verlegenheit. Sie ziehen die übrigen Strategen mit in's Vertrauen und wenden sich an Xenophon mit dem Vorschlage, auf den gewährten Schiffen eine Expedition nach dem Lande

διελέγοντο entsprechen sich. — τὰ —ἄλλα, sonst. — ἀνεπυνθάνοντο, Griechen einerseits, Kotyoriten und Sinopeer andererseits; denn auch die beiden letzteren konnten zu fragen haben, wie und auf welchem Wege die Griechen den Marsch fortzusetzen wünschten.

τοῖς περὶ τῆς λοιπῆς πορείας παρακαλέσαντας τοὺς Σινωπέας βουλεύεσθαι. εἴτε γὰρ πεζῇ δέοι πορεύεσθαι, χρήσιμοι ἂν ἐδόκουν εἶναι οἱ Σινωπεῖς· ἔμπειροι γὰρ ἦσαν τῆς Παφλαγονίας· εἴτε κατὰ θάλατταν, προσδεῖν ἐδόκει Σινωπέων· μόνοι γὰρ ἂν ἐδόκουν ἱκανοὶ εἶναι πλοῖα παρασχεῖν ἀρκοῦντα τῇ στρατιᾷ. καλέσαντες οὖν τοὺς πρέσβεις συνεβουλεύοντο καὶ 2 ἠξίουν Ἕλληνας ὄντας Ἕλλησι τούτῳ πρῶτον καλῶς δέχεσθαι τῷ εὔνους τε εἶναι καὶ τὰ βέλτιστα συμβουλεύειν.

Ἀναστὰς δὲ Ἑκατώνυμος πρῶτον μὲν ἀπελογήσατο περὶ 3 οὗ εἶπεν, ὡς τὸν Παφλαγόνα φίλον ποιήσοιντο, ὅτι οὐχ ὡς τοῖς Ἕλλησι πολεμησόντων σφῶν εἴποι, ἀλλ' ὅτι ἐξὸν τοῖς βαρβάροις φίλους εἶναι τοὺς Ἕλληνας αἱρήσονται. ἐπεὶ δὲ συμβουλεύειν ἐκέλευον, ἐπευξάμενος εἶπεν ὧδε. Εἰ μὲν συμ- 4 βουλεύοιμι ἃ βέλτιστά μοι δοκεῖ εἶναι, πολλά μοι καὶ ἀγαθὰ γένοιτο· εἰ δὲ μή, τἀναντία. αὕτη γὰρ ἡ ἱερὰ συμβουλὴ λεγομένη εἶναι δοκεῖ μοι παρεῖναι· νῦν γὰρ δή, ἂν μὲν εὖ συμβουλεύσας φανῶ, πολλοὶ ἔσονται οἱ ἐπαινοῦντές με, ἂν δὲ κακῶς, πολλοὶ ἔσεσθε οἱ καταρώμενοι. πράγματα μὲν οὖν 5 οἶδ' ὅτι πολὺ πλείω ἕξομεν, ἐὰν κατὰ θάλατταν κομίζησθε· ἡμᾶς γὰρ δεήσει τὰ πλοῖα πορίζειν· ἢν δὲ κατὰ γῆν στέλλησθε, ὑμᾶς δεήσει τοὺς μαχομένους εἶναι. ὅμως δὲ λεκτέα ἃ 6 γιγνώσκω· ἔμπειρος γάρ εἰμι καὶ τῆς χώρας τῶν Παφλαγόνων

der Phasianen, d. i. nach Kolchis, zu machen zur Gewinnung der nöthigen Geldmittel. Xenophon lehnt aber, nach der eben gemachten Erfahrung, die Befürwortung der Sache beim Heere ab und auf seinen Rath besprechen sich nun die Strategen darüber zunächst nur mit ihren Lochagen.

1. παρακαλέσαντας, unter Zuziehung. Hier handelt sich's um eine officielle Berathung dessen, was man Tages zuvor nur freundschaftlich besprochen hatte. — ἂν—εἶναι wäre ohne ἐδόκουν in directer Rede ἂν—εἶεν.
2. Ἕλλησι, ethischer Dativ: Hellenen gegenüber, für Hellenen. S. zu I, 7, 4. — τούτῳ weist auf τῷ — συμβουλεύειν hin. — δέχεσθαι näml. αὐτούς.
3. περὶ οὗ, d. i. περὶ τούτου, ὅτι, in Betreff dessen, dass er. —

εἶπεν, V, 5, 12. — ὅτι οὐχ — εἴποι, von ἀπελογήσατο abhängig: er habe nicht — gesagt. — ὡς — πολεμησόντων. S. zu I, 3, 6. — ἐξὸν, wie II, 5, 22. — αἱρήσονται, sich für die H. entscheiden wollten.
4. γένοιτο, möge geschehen. — λεγομένη, mit Beziehung auf das Sprichwort: ἱερὸν ἡ συμβουλή: denn hier (αὕτη) scheint mir ein Fall der sprichwörtlichen Heiligkeit des Rathes ein zu treten.

καὶ τῆς δυνάμεως. ἔχει γὰρ ἀμφότερα, καὶ πεδία κάλλιστα
7 καὶ ὄρη ὑψηλότατα. καὶ πρῶτον μὲν οἶδα εὐθύς, ᾗ τὴν εἰσ-
βολὴν ἀνάγκη ποιεῖσθαι· οὐ γὰρ ἔστιν ἄλλη ἢ ᾗ τὰ κέρατα
τοῦ ὄρους τῆς ὁδοῦ καθ᾽ ἑκάτερά ἐστιν ὑψηλά, ἃ κρατεῖν κατ-
έχοντες καὶ πάνυ ὀλίγοι δύναιντ᾽ ἄν· τούτων δὲ κατεχομένων
οὐδ᾽ ἂν οἱ πάντες ἄνθρωποι δύναιντ᾽ ἂν διελθεῖν. ταῦτα δὲ
8 καὶ δείξαιμι ἄν, εἴ μοί τινα βούλεσθε συμπέμψαι. ἔπειτα
δὲ οἶδα καὶ πεδία ὄντα καὶ ἱππείαν, ἣν αὐτοὶ οἱ βάρβαροι
νομίζουσι κρείττω εἶναι ἁπάσης τῆς βασιλέως ἱππείας. καὶ
νῦν οὗτοι οὐ παρεγένοντο βασιλεῖ καλοῦντι, ἀλλὰ μεῖζον φρονεῖ
9 ὁ ἄρχων αὐτῶν. ἢν δὲ καὶ δυνηθῆτε τά τε ὄρη κλέψαι ἢ
φθάσαι λαβόντες καὶ ἐν τῷ πεδίῳ κρατῆσαι μαχόμενοι τούς
τε ἱππεῖς τούτων καὶ πεζῶν μυριάδας πλέον ἢ δώδεκα, ἥξετε
ἐπὶ τοὺς ποταμούς, πρῶτον μὲν τὸν Θερμώδοντα, εὖρος τριῶν
πλέθρων, ὃν χαλεπὸν οἶμαι διαβαίνειν ἄλλως τε καὶ πολεμίων
πολλῶν ἔμπροσθεν ὄντων, πολλῶν δὲ ὄπισθεν ἑπομένων· δεύ-
τερον δ᾽ Ἶριν, τρίπλεθρον ὡσαύτως· τρίτον δ᾽ Ἅλιν, οὐ μεῖον
δυοῖν σταδίοιν, ὃν οὐκ ἂν δύναισθε ἄνευ πλοίων διαβῆναι·
πλοῖα δὲ τίς ἔσται ὁ παρέχων; ὡς δ᾽ αὔτως καὶ ὁ Παρθέ-
10 νιος ἄβατος· ἐφ᾽ ὃν ἔλθοιτε ἄν, εἰ τὸν Ἅλιν διαβαίητε. ἐγὼ
μὲν οὖν οὐ χαλεπὴν ὑμῖν εἶναι νομίζω τὴν πορείαν, ἀλλὰ παν-
τάπασιν ἀδύνατον. ἂν δὲ πλέητε, ἔστιν ἐνθένδε μὲν εἰς Σι-
νώπην παραπλεῦσαι, ἐκ Σινώπης δὲ εἰς Ἡράκλειαν· ἐξ Ἡρα-
κλείας δὲ οὔτε πεζῇ οὔτε κατὰ θάλατταν ἀπορία· πολλὰ γὰρ
καὶ πλοῖα ἐστιν ἐν Ἡρακλείᾳ.

11 Ἐπεὶ δὲ ταῦτ᾽ ἔλεξεν, οἱ μὲν ὑπώπτευον φιλίας ἕνεκα
τῆς Κορύλα λέγειν· καὶ γὰρ ἦν πρόξενος αὐτῷ· οἱ δὲ καὶ ὡς
δῶρα ληψόμενον διὰ τὴν συμβουλὴν ταύτην· οἱ δὲ ὑπώπτευον
καὶ τούτου ἕνεκα λέγειν, ὡς μὴ πεζῇ ἰόντες τὴν Σινωπέων τι

---

7. εὐθύς, gleich. — τῆς ὁδοῦ, abhängig von καθ᾽ ἑκάτερα, auf beiden Seiten. — ἃ von κατέχοντες abhängig. — οὐδ᾽ — ἄν — ἄν. S. zu II, 5, 20.

8. νῦν, als Artaxerxes aus den Provinzen seines Reiches die Contingente gegen Kyros aufbot. —

μεῖζον φρονεῖ, ist zu stolz dazu.

9. κλέψαι, wie IV, 6, 11. — ἄλλως τε καί, zumal. — μεῖον. S. zu I, 2, 11.

11. Κορύλα, gen. obiect., für K. — οἱ δὲ καί, näml. ὑπώπτευον. — ληψόμενον, näml. λέγειν αὐτόν. — δ᾽ οὖν. Vergl. zu I, 2, 12.

χώραν κακὸν ἐργάζοιντο. οἱ δ' οὖν Ἕλληνες ἐψηφίσαντο κατὰ θάλατταν τὴν πορείαν ποιεῖσθαι. μετὰ ταῦτα Ξενοφῶν εἶπεν, Ὦ Σινωπεῖς, οἱ μὲν ἄνδρες ᾕρηνται πορείαν, ἣν ὑμεῖς συμβου- 12 λεύετε· οὕτω δὲ ἔχει· εἰ μὲν πλοῖα ἔσεσθαι μέλλει ἱκανὰ ὡς ἕνα μὴ καταλείπεσθαι ἐνθάδε, ἡμεῖς ἂν πλέοιμεν· εἰ δὲ μέλλοιμεν οἱ μὲν καταλείψεσθαι, οἱ δὲ πλεύσεσθαι, οὐκ ἂν ἐμβαίημεν εἰς τὰ πλοῖα. γιγνώσκομεν γὰρ, ὅτι ὅπου μὲν ἂν 13 κρατῶμεν, δυναίμεθ' ἂν καὶ σώζεσθαι καὶ τὰ ἐπιτήδεια ἔχειν· εἰ δέ που ἥττοις τῶν πολεμίων ληφθησόμεθα, εὔδηλον δὴ, ὅτι ἐν ἀνδραπόδων χώρᾳ ἐσόμεθα. ἀκούσαντες ταῦτα οἱ πρέσβεις ἐκέλευον πέμπειν πρέσβεις. καὶ πέμπουσι Καλλίμαχον 14 Ἀρκάδα καὶ Ἀρίστωνα Ἀθηναῖον καὶ Σαμόλαν Ἀχαιόν. καὶ οἱ μὲν ᾤχοντο.

Ἐν δὲ τούτῳ τῷ χρόνῳ Ξενοφῶντι, ὁρῶντι μὲν ὁπλίτας 15 πολλοὺς τῶν Ἑλλήνων, ὁρῶντι δὲ καὶ πελταστὰς πολλοὺς καὶ τοξότας καὶ σφενδονήτας καὶ ἱππεῖς δὲ καὶ μάλα ἤδη διὰ τὴν τριβὴν ἱκανούς, ὄντας δ' ἐν τῷ Πόντῳ, ἔνθα οὐκ ἂν ἀπ' ὀλίγων χρημάτων τοσαύτη δύναμις παρεσκευάσθη, καλὸν αὐτῷ ἐδόκει εἶναι καὶ χώραν καὶ δύναμιν τῇ Ἑλλάδι προσκτήσασθαι πόλιν κατοικίσαντας. καὶ γενέσθαι ἂν αὐτῷ ἐδόκει μεγάλη, 16 καταλογιζομένῳ τό τε αὐτῶν πλῆθος καὶ τοὺς περιοικοῦντας τὸν Πόντον. καὶ ἐπὶ τούτοις ἐθύετο πρίν τινι εἰπεῖν τῶν στρατιωτῶν Σιλανὸν παρακαλέσας τὸν Κύρου μάντιν γενόμενον τὸν Ἀμβρακιώτην. ὁ δὲ Σιλανὸς δεδιώς, μὴ γένηται ταῦτα 17 καὶ καταμείνῃ που ἡ στρατιά, ἐκφέρει εἰς τὸ στράτευμα λόγον, ὅτι Ξενοφῶν βούλεται καταμεῖναι τὴν στρατιὰν καὶ πόλιν οἰκίσαι καὶ ἑαυτῷ ὄνομα καὶ δύναμιν περιποιήσασθαι. αὐτὸς 18 δ' ὁ Σιλανὸς ἐβούλετο ὅ τι τάχιστα εἰς τὴν Ἑλλάδα ἀφικέσθαι· οὓς γὰρ παρὰ Κύρου ἔλαβε τρισχιλίους δαρεικοὺς ὅτε τὰς δέκα ἡμέρας ἠλήθευσε θυόμενος Κύρῳ, καὶ διέσωσεν ἐκεῖ. τῶν δὲ 19 στρατιωτῶν, ἐπεὶ ἤκουσαν, τοῖς μὲν ἐδόκει βέλτιστον εἶναι

---

12. ὡς ἕνα μή, so dass nicht ein Einziger.
13. ἥττους — ληφθησόμεθα, in Folge einer etwaigen Theilung. — χώρᾳ, loco, conditione.
15. Πόντῳ, dem Lande am schw. Meere. — ἂν—παρεσκευάσθη, wenn nämlich ein Anderer auf diesen Gedanken gekommen wäre. — γενέσθαι ἂν, werden zu können.
16. ἐπὶ τούτοις, wie III, 5, 18.
18. ὅ τι τάχιστα, quam celerrime. — οὓς - ἔλαβε, I, 7, 18. — ἐκεῖ, illuc.

καταμεῖναι, τοῖς δὲ πολλοῖς οὔ. Τιμασίων δὲ ὁ Δαρδανεὺς καὶ Θώραξ ὁ Βοιώτιος πρὸς ἐμπόρους τινὰς παρόντας τῶν Ἡρακλεωτῶν καὶ Σινωπέων λέγουσιν, ὅτι εἰ μὴ ἐκποριοῦσι τῇ στρατιᾷ μισθὸν ὥστε ἔχειν τὰ ἐπιτήδεια ἐκπλέοντας, ὅτι κινδυνεύσει μεῖναι τοσαύτη δύναμις ἐν τῷ Πόντῳ· βούλεται γὰρ Ξενοφῶν καὶ ἡμᾶς παρακαλεῖ, ἐπειδὰν ἔλθῃ τὰ πλοῖα, τότε
20 εἰπεῖν ἐξαίφνης τῇ στρατιᾷ, Ἄνδρες, νῦν μὲν ὁρῶμεν ἡμᾶς ἀπόροις ὄντας καὶ ἐν τῷ ἀπόπλῳ ἔχειν τὰ ἐπιτήδεια καὶ οἴκαδε ἀπελθόντας ὀνῆσαί τι τοὺς οἴκοι· εἰ δὲ βούλεσθε τῆς κύκλῳ χώρας περὶ τὸν Πόντον οἰκουμένης ἐκλεξάμενοι ὁποίαν ἂν βούλησθε κατασχεῖν, καὶ τὸν μὲν ἐθέλοντα ἀπιέναι οἴκαδε, τὸν δ᾽ ἐθέλοντα μένειν αὐτοῦ, πλοῖα δ᾽ ὑμῖν πάρεστιν, ὥστε
21 ὅπῃ ἂν βούλησθε ἐξαίφνης ἂν ἐπιπέσοιτε. ἀκούσαντες ταῦτα οἱ ἔμποροι ἀπήγγελλον ταῖς πόλεσι· συνέπεμψε δ᾽ αὐτοῖς Τιμασίων Δαρδανεὺς Εὐρύμαχόν τε τὸν Δαρδανέα καὶ Θώρακα τὸν Βοιώτιον τὰ αὐτὰ ταῦτα ἐροῦντας. Σινωπεῖς δὲ καὶ Ἡρακλεῶται ταῦτα ἀκούσαντες πέμπουσι πρὸς τὸν Τιμασίωνα καὶ κελεύουσι προστατεῦσαι λαβόντα χρήματα, ὅπως ἐκπλεύσῃ ἡ
22 στρατιά. ὁ δὲ ἅσμενος ἀκούσας ἐν συλλόγῳ τῶν στρατιωτῶν ὄντων λέγει τάδε. Οὐ δεῖ προσέχειν μονῇ, ὦ ἄνδρες, οὐδὲ τῆς Ἑλλάδος οὐδὲν περὶ πλείονος ποιεῖσθαι. ἀκούω δέ τινας
23 θύεσθαι ἐπὶ τούτῳ οὐδ᾽ ὑμῖν λέγοντας. ὑπισχνοῦμαι δὲ ὑμῖν, ἂν ἐκπλέητε, ἀπὸ νουμηνίας μισθοφορὰν παρέξειν κυζικηνὸν ἑκάστῳ τοῦ μηνός· καὶ ἄξω ὑμᾶς εἰς τὴν Τρῳάδα, ἔνθεν καὶ εἰμι φυγάς, καὶ ὑπάρξει ὑμῖν ἡ ἐμὴ πόλις· ἑκόντες γάρ με
24 δέξονται. ἡγήσομαι δὲ αὐτὸς ἐγὼ ἔνθεν πολλὰ χρήματα λή-

---

19. Τιμασίων, an Klearch's Stelle gewählt III, 1, 47. — Δαρδανεὺς, aus Dardanos in Troas. — ὅτι wegen des Zwischensatzes wiederholt.— βούλεται γὰρ, Uebergang in die or. recta. — εἰπεῖν gehört zu βούλεται und zu παρακαλεῖ. — ἐξαίφνης, plötzlich, um durch Ueberraschung eine schnelle Entschliessung herbeizuführen.
20. ἔχειν — ὀνῆσαι, abhängig von ἀπόροις.— ὁποίαν, welchen Theil, wie man sagt πολλὴ τῆς χώρας u. dergl. S. zu IV, 2, 9. — δ᾽ nach πλοῖα, womit der Nachsatz beginnt, anakoluthisch, ähnlich wie V, 5, 22.
21. ἐροῦντας, qui dicerent. — προστατεῦσαι, dafür Sorge zu tragen.
22. περὶ πλείονος. S. zu I, 9, 7. — τινας, gewisse Leute, Xenophon. — ἐπὶ, wie §. 16. — οὐδ᾽— λέγοντας, ne dicentes quidem vobis.
23. τοῦ μηνὸς, wie I, 3, 21. — ὑπάρξει, wird zu Diensten sein.
24. ἔνθεν, dahin, von wo. —

ψεσθε. ἔμπειρος δέ εἰμι τῆς Αἰολίδος καὶ τῆς Φρυγίας καὶ τῆς Τρῳάδος καὶ τῆς Φαρναβάζου, ἀρχῆς πάσης, τὰ μὲν διὰ τὸ ἐκεῖθεν εἶναι, τὰ δὲ διὰ τὸ συνεστρατεῦσθαι ἐν αὐτῇ σὺν Κλεάρχῳ τε καὶ Δερκυλίδᾳ. ἀναστὰς αὖθις Θώραξ ὁ Βοιώ- 25 τιος, ὃς ἀεὶ περὶ στρατηγίας Ξενοφῶντι ἐμάχετο, ἔφη, εἰ ἐξέλθοιεν ἐκ τοῦ Πόντου, ἔσεσθαι αὐτοῖς Χερρόνησον χώραν καλὴν καὶ εὐδαίμονα ὥστε τῷ βουλομένῳ ἐνοικεῖν, τῷ δὲ βουλομένῳ ἀπιέναι οἴκαδε. γελοῖον δὲ εἶναι ἐν τῇ Ἑλλάδι οὔσης χώρας πολλῆς καὶ ἀφθόνου ἐν τῇ βαρβάρων μαστεύειν. ἔστε δ' ἄν, ἔφη, ἐκεῖ γένησθε, κἀγὼ καθάπερ Τιμασίων ὑπι- 26 σχνοῦμαι ὑμῖν τὴν μισθοφοράν. ταῦτα δὲ ἔλεγεν εἰδὼς ἃ Τιμασίωνι οἱ Ἡρακλεῶται καὶ οἱ Σινωπεῖς ὑπισχνοῦντο ὥστε ἐκπλεῖν. ὁ δὲ Ξενοφῶν ἐν τούτῳ ἐσίγα. ἀναστὰς δὲ Φιλή- 27 σιος καὶ Λύκων οἱ Ἀχαιοὶ ἔλεγον, ὡς δεινὸν εἴη ἰδίᾳ μὲν Ξενοφῶντα πείθειν τε καταμένειν καὶ θύεσθαι ὑπὲρ τῆς μονῆς μὴ κοινούμενον τῇ στρατιᾷ, εἰς δὲ τὸ κοινὸν μηδὲν ἀγορεύειν περὶ τούτων· ὥστε ἠναγκάσθη ὁ Ξενοφῶν ἀναστῆναι καὶ εἰπεῖν τάδε. Ἐγώ, ὦ ἄνδρες, θύομαι μέν, ὡς ὁρᾶτε, ὁπόσα 28 δύναμαι καὶ ὑπὲρ ὑμῶν καὶ ὑπὲρ ἐμαυτοῦ, ὅπως ταῦτα τυγχάνω καὶ λέγων καὶ νοῶν καὶ πράττων, ὁποῖα μέλλει ὑμῖν τε κάλλιστα καὶ ἄριστα ἔσεσθαι καὶ ἐμοί. καὶ νῦν ἐθυόμην περὶ αὐτοῦ τούτου, εἰ ἄμεινον εἴη ἄρχεσθαι λέγειν εἰς ὑμᾶς καὶ πράττειν περὶ τούτων ἢ παντάπασι μηδὲ ἅπτεσθαι τοῦ πράγματος. Σιλανὸς δέ μοι ὁ μάντις ἀπεκρίνατο τὸ μὲν μέγι- 29 στον, τὰ ἱερὰ καλὰ εἶναι· ᾔδει γὰρ καὶ ἐμὲ οὐκ ἄπειρον ὄντα διὰ τὸ ἀεὶ παρεῖναι τοῖς ἱεροῖς· ἔλεξε δέ, ὅτι ἐν τοῖς ἱεροῖς

ἀρχῆς πάσης, zu der ausser den genannten Provinzen noch Bithynien gehörte. — τὰ μὲν — τὰ δέ, theils — theils.

25. ὥστε, beschränkend wie II, 6, 6, wobei ἔσεσθαι (zu τῷ βουλομένῳ) noch einmal zu denken.

26. ὥστε ἐκπλεῖν, so dass sie — könnten.

27. πείθειν τε und καὶ θύεσθαι entsprechen sich. — κοινόν, hier Heeresversammlung.

28. ταῦτα τυγχάνω, gerade das.

S. zu I, 1, 3. — εἰ — ἄρχεσθαι λέγειν. Der Ausfall des Opfers sollte darüber erst entscheiden. Das Opfer war nun zwar günstig, aber es war kein Grund mehr vorhanden, darüber weiter zu reden, da sich unterdess die Lage der Dinge (§. 31) geändert hat.

29. τὸ — μέγιστον, wie I, 3, 10. — ᾔδει γάρ, sonst nämlich würde er das Opfer für ungünstig erklärt haben, um aber doch seinen Zweck zu erreichen, erklärte er, ὅτι ἐν τοῖς ἱεροῖς u. s. w.

φαίνοιτό τις δόλος καὶ ἐπιβουλὴ ἐμοί, ὡς ἄρα γιγνώσκων, ὅτι αὐτὸς ἐπεβούλευε διαβάλλειν με πρὸς ὑμᾶς. ἐξήνεγκε γὰρ τὸν λόγον, ὡς ἐγὼ πράττειν ταῦτα διανοοίμην ἤδη οὐ πείσας ὑμᾶς. ἐγὼ δὲ εἰ μὲν ἑώρων ἀποροῦντας ὑμᾶς, τοῦτ' ἂν ἐσκόπουν, ἀφ' οὗ ἂν γένοιτο, ὥστε λαβόντας ὑμᾶς πόλιν τὸν μὲν βουλόμενον ἀποπλεῖν ἤδη, τὸν δὲ μὴ βουλόμενον, ἐπεὶ κτήσαιτο ἱκανὰ ὥστε καὶ τοὺς ἑαυτοῦ οἰκείους ὠφελῆσαί τι. ἐπεὶ δὲ ὁρῶ ὑμῖν καὶ τὰ πλοῖα πέμποντας Ἡρακλεώτας καὶ Σινωπεῖς ὥστε ἐκπλεῖν, καὶ μισθὸν ὑπισχνουμένους ὑμῖν ἄνδρας ἀπὸ νουμηνίας, καλόν μοι δοκεῖ εἶναι σωζομένους ἔνθα βουλόμεθα μισθὸν τῆς σωτηρίας λαμβάνειν, καὶ αὐτός τε παύομαι ἐκείνης τῆς διανοίας, καὶ ὁπόσοι πρὸς ἐμὲ προσῄεσαν λέγοντες, ὡς χρὴ ταῦτα πράττειν, παύεσθαί φημι χρῆναι. οὕτω γὰρ γιγνώσκω· ὁμοῦ μὲν ὄντες πολλοὶ ὥσπερ νυνὶ δοκεῖτε ἄν μοι καὶ ἔντιμοι εἶναι καὶ ἔχειν τὰ ἐπιτήδεια· ἐν γὰρ τῷ κρατεῖν ἐστι καὶ τὸ λαμβάνειν τὰ τῶν ἡττόνων· διασπασθέντες δ' ἂν καὶ κατὰ μικρὰ γενομένης τῆς δυνάμεως οὔτ' ἂν τροφὴν δύναισθε λαμβάνειν οὔτε χαίροντες ἂν ἀπαλλάξαιτε. δοκεῖ οὖν μοι ἅπερ ὑμῖν, ἐκπορεύεσθαι εἰς τὴν Ἑλλάδα, καὶ ἐάν τις μέντοι ἀπολιπὼν ληφθῇ πρὶν ἐν ἀσφαλεῖ εἶναι πᾶν τὸ στράτευμα, κρίνεσθαι αὐτὸν ὡς ἀδικοῦντα. καὶ ὅτῳ δοκεῖ, ἔφη, ταῦτα, ἀράτω τὴν χεῖρα. ἀνέτειναν ἅπαντες. ὁ δὲ Σιλανὸς ἐβόα καὶ ἐπεχείρει λέγειν, ὡς δίκαιον εἴη ἀπιέναι τὸν βουλόμενον. οἱ δὲ στρατιῶται οὐκ ἠνείχοντο, ἀλλ' ἠπείλουν αὐτῷ, ὅτι εἰ λήψονται ἀποδιδράσκοντα, τὴν δίκην ἐπιθήσοιεν. ἐντεῦθεν ἐπεὶ ἔγνωσαν οἱ Ἡρακλεῶται, ὅτι ἐκπλεῖν δεδογμέ-

---

ἐπιβουλή mit dem Dativ als subst. verbale. — ὡς ἄρα, natürlich weil er (wie sich mir jetzt ergiebt, s. zu II, 2, 3).

30. εἰ — ἑώρων, wenn ich (jetzt noch) sähe, wie ich es vorher sah, näml. vor dem Anerbieten der Herakleoten und Sinopeer. — ἀφ' οὗ, wodurch. S. zu II, 5, 7. — τὸν μὲν — τὸν δὲ, distributive Apposition zu ὑμᾶς. S. zu III, 1, 3. — ἐπεί, dann (erst) wenn, dem ἤδη entgegen gesetzt.

31. ὥστε ἐκπλεῖν, wie §. 26. — ἄνδρας, Leute oder man, lässt es unentschieden, ob er den Timasion meint oder die, in deren Auftrage dieser die Versprechungen machte. — σωζομένους ἔνθα, glücklich dahin gelangt, wohin. — μισθὸν τῆς σωτηρίας, dafür, dass wir uns retten lassen, (auch noch) Lohn.

32. ἂν — εἶναι, sein zu können. — διασπασθέντες δ' ἂν — ἂν. S. zu §. 7. — ἀπαλλάξαιτε, davon kommen.

νον εἴη καὶ Ξενοφῶν αὐτὸς ἐπεψηφικὼς εἴη, τὰ μὲν πλοῖα πέμπουσι, τὰ δὲ χρήματα, ἃ ὑπέσχοντο Τιμασίωνι καὶ Θώρακι, ἐψευσμένοι ἦσαν. ἐνταῦθα δὲ ἐκπεπληγμένοι ἦσαν καὶ 36 ἐδεδοίκεσαν τὴν στρατιὰν οἱ τὴν μισθοφορὰν ὑπεσχημένοι. παραλαβόντες οὖν οὗτοι καὶ τοὺς ἄλλους στρατηγοὺς, οἷς ἀνεκεκοίνωντο ἃ πρόσθεν ἔπραττον· πάντες δ᾽ ἦσαν πλὴν Νέωνος τοῦ Ἀσιναίου, ὃς Χειρισόφῳ ὑπεστρατήγει, Χειρίσοφος δὲ οὔπω παρῆν· ἔρχονται πρὸς Ξενοφῶντα καὶ λέγουσιν, ὅτι μεταμέλοι αὐτοῖς καὶ δοκοίη κράτιστον εἶναι πλεῖν εἰς Φᾶσιν, ἐπεὶ πλοῖα ἔστι, καὶ κατασχεῖν τὴν Φασιανῶν χώραν. Αἰή- 37 του δὲ ὑϊδοῦς ἐτύγχανε βασιλεύων αὐτῶν. Ξενοφῶν δὲ ἀπεκρίνατο, ὅτι οὐδὲν ἂν τούτων εἴποι εἰς τὴν στρατιάν· ὑμεῖς δὲ συλλέξαντες, ἔφη, εἰ βούλεσθε, λέγετε. ἐνταῦθα ἀποδείκνυται Τιμασίων ὁ Δαρδανεὺς γνώμην μὴ ἐκκλησιάζειν, ἀλλὰ τοὺς αὑτοῦ ἕκαστον λοχαγοὺς πρῶτον πειρᾶσθαι πείθειν. καὶ ἀπελθόντες ταῦτ᾽ ἐποίουν.

Ταῦτα οὖν οἱ στρατιῶται ἀνεπύθοντο ταραττόμενοι. καὶ VII. ὁ Νέων λέγει, ὡς Ξενοφῶν ἀναπεπεικὼς τοὺς ἄλλους στρατηγοὺς διανοεῖται ἄγειν τοὺς στρατιώτας ἐξαπατήσας πάλιν εἰς

---

7. Inhalt: Der Vorschlag des Timasion und Thorax ruft im Heere eine gewaltige Aufregung hervor, die sich in's Besondere gegen Xenophon richtet, den man für den geheimen Urheber dieses Vorschlages hält. Xenophon versammelt deshalb das Heer und zeigt zunächst, dass die Angabe, er wolle das Heer durch eine Täuschung, statt nach Griechenland, rückwärts zum Kolchischen Phasis führen, eine Verleumdung ist und zwar eine in jeder Beziehung widersinnige. Dann aber giebt ihm diese Angelegenheit, die er als kaum so vieler Worte werth bezeichnet, Veranlassung, ein bedenkliches Uebel zu besprechen, dass sich, seitdem die grössten Gefahren überstanden sind, in das Heer eingeschlichen hat und mehr und mehr überhand zu nehmen droht: Zuchtlosigkeit bis zum brutalsten Egoismus. Einen solchen Fall 'stärkster Art', der sich seit dem Abmarsche von Kerasunt ereignete, bringt er hier zur allgemeinen Kenntniss: einen heimlich vom Lochagen Klearetos nebst Genossen gegen eine den Kerasuntiern befreundete und mit den Hellenen in friedlichem Verkehre stehende Ortschaft ausgeführten Raubzug, um sich mit dem Raube dann vom Heere

---

35. ἐψευσμένοι ἦσαν, hatten sie erlogen.
36. παραλαβόντες. Dazu ist, nach der Parenthese, ἔρχονται das verb. finitum. — μεταμέλοι-δοκοίη, Opt., denn λέγουσι ist praes. hist.

37. συλλέξαντες, näml. τὴν στρατιάν.
1. ἀνεπύθοντο, von den Lochagen. S. V, 6, 37. — πάλιν, rückwärts, statt nach Hellas.

2 Φᾶσιν. ἀκούσαντες δ' οἱ στρατιῶται χαλεπῶς ἔφερον, καὶ σύλλογοι ἐγίγνοντο καὶ κύκλοι συνίσταντο, καὶ μάλα φοβεροὶ ἦσαν, μὴ ποιήσειαν οἷα καὶ τοὺς τῶν Κόλχων κήρυκας ἐποίησαν καὶ τοὺς ἀγορανόμους· ὅσοι γὰρ μὴ εἰς τὴν θάλατταν
3 κατέφυγον κατελεύσθησαν. ἐπεὶ δὲ ᾐσθάνετο Ξενοφῶν, ἔδοξεν αὐτῷ ὡς τάχιστα συναγαγεῖν αὐτῶν ἀγορὰν καὶ μὴ ἐᾶσαι συλλεγῆναι αὐτομάτους· καὶ ἐκέλευσε τὸν κήρυκα συλλέγειν ἀγο-
4 ράν. οἱ δ' ἐπεὶ τοῦ κήρυκος ἤκουσαν, συνέδραμον καὶ μάλα ἑτοίμως. ἐνταῦθα Ξενοφῶν τῶν μὲν στρατηγῶν οὐ κατηγόρει, ὅτι ἦλθον πρὸς αὐτόν, λέγει δὲ ὧδε.
5 Ἀκούω τινὰ διαβάλλειν, ὦ ἄνδρες, ἐμέ, ὡς ἐγὼ ἄρα ἐξαπατήσας ὑμᾶς μέλλω ἄγειν εἰς Φᾶσιν. ἀκούσατε οὖν μου πρὸς θεῶν, καὶ ἐὰν μὲν ἐγὼ φαίνωμαι ἀδικεῖν, οὐ χρή με ἐνθένδε ἀπελθεῖν πρὶν ἂν δῶ δίκην· ἂν δ' ὑμῖν φαίνωνται ἀδικεῖν οἱ ἐμὲ διαβάλλοντες, οὕτως αὐτοῖς χρῆσθε ὥσπερ
6 ἄξιον. ὑμεῖς δ', ἔφη, ἴστε δήπου, ὅθεν ἥλιος ἀνίσχει καὶ ὅπου δύεται, καὶ ὅτι ἐὰν μέν τις εἰς τὴν Ἑλλάδα μέλλῃ ἰέναι, πρὸς ἑσπέραν δεῖ πορεύεσθαι· ἢν δέ τις βούληται εἰς τοὺς βαρβάρους, τοὔμπαλιν πρὸς ἕω. ἔστιν οὖν ὅστις τοῦτο ἂν

zu entfernen; in weiterer Folge dessen die Tödtung dreier Abgesandten jenes Ortes, die nach Kerasunt und, da die Hellenen diese Stadt bereits verlassen hatten, von da nach Kotyora kamen, um sich bei den Strategen über das Geschehene zu beschweren und zugleich die Auslieferung der bei dem Zuge umgekommenen Griechen anzubieten; rohe Gewaltthätigkeit gegen einen Heeresbeamten, wobei mehrere Menschen um's Leben gekommen. Durch solche Handlungen, setzt Xenophon auseinander, mache sich das Heer selbst unfähig zum Kriege wie zum Frieden. Seine energische Forderung, diesem Zustande ein Ende zu machen, findet allgemeine Zustimmung, und man beschliesst, die Urheber der Greuelscenen zur Strafe zu ziehen, auf ähnliche Excesse für die Zukunft die Todesstrafe zu setzen und alle seit der Schlacht von Kunaxa verübten Frevel nachträglich durch ein gerichtliches Verfahren zu ahnden, endlich auch das ganze Heer feierlich zu entsühnen.

2. φοβεροὶ ἦσαν μὴ, flössten die Besorgniss ein, sie möchten —. — οἷα — κατελεύσθησαν, wovon wir erst §. 19. 23. 24 unterrichtet werden.

4. καὶ μάλα, gar sehr. — οὐ κατηγόρει, damit sie in der gegenwärtigen Lage, durch die ihnen ersparte Verlegenheit gewonnen, um so fester zu ihm ständen. — ἦλθον πρὸς αὐτόν, V, 6, 36.

5. ὡς ἐγὼ ἄρα, dass ich also, d. i. nach dem, was ich jetzt hörte. S. zu II, 2, 3. — ἀδικεῖν, im Unrecht sein. — αὐτοῖς χρῆσθε, thut mit ihnen.

δύναιτο ὑμᾶς ἐξαπατῆσαι, ὡς ἥλιος ἔνθεν μὲν ἀνίσχει, δύεται δὲ ἐνταῦθα, ἔνθα δὲ δύεται, ἀνίσχει δ᾽ ἐντεῦθεν; ἀλλὰ μὴν 7 καὶ τοῦτό γε ἐπίστασθε, ὅτι βορέας μὲν ἔξω τοῦ Πόντου εἰς τὴν Ἑλλάδα φέρει, νότος δὲ εἴσω εἰς Φᾶσιν, καὶ λέγεται, ὅταν βορρᾶς πνέῃ, ὡς καλοὶ πλοῖ εἰσιν εἰς τὴν Ἑλλάδα. τοῦτ᾽ οὖν ἔστιν ὅπως τις ἂν ὑμᾶς ἐξαπατήσαι ὥστε ἐμβαίνειν ὁπόταν νότος πνέῃ; ἀλλὰ γὰρ ὁπόταν γαλήνη ᾖ ἐμβιβῶ. οὐκοῦν 8 ἐγὼ μὲν ἐν ἑνὶ πλοίῳ πλεύσομαι, ὑμεῖς δὲ τοὐλάχιστον ἐν ἑκατόν. πῶς ἂν οὖν ἐγὼ ἢ βιασαίμην ὑμᾶς σὺν ἐμοὶ πλεῖν μὴ βουλομένους ἢ ἐξαπατήσας ἄγοιμι; ποιῶ δ᾽ ὑμᾶς ἐξαπα- 9 τηθέντας καὶ γοητευθέντας ὑπ᾽ ἐμοῦ ἥκειν εἰς Φᾶσιν· καὶ δὴ ἀποβαίνομεν εἰς τὴν χώραν· γνώσεσθε δήπου, ὅτι οὐκ ἐν τῇ Ἑλλάδι ἐστέ· καὶ ἐγὼ μὲν ἔσομαι ὁ ἐξηπατηκὼς εἷς, ὑμεῖς δὲ οἱ ἐξηπατημένοι ἐγγὺς μυρίων ἔχοντες ὅπλα. πῶς ἂν οὖν ἀνὴρ μᾶλλον δοίη δίκην ἢ οὕτω περὶ αὑτοῦ τε καὶ ὑμῶν βουλευόμενος; ἀλλ᾽ οὗτοί εἰσιν οἱ λόγοι ἀνδρῶν καὶ ἠλιθίων 10 κἀμοὶ φθονούντων, ὅτι ἐγὼ ὑφ᾽ ὑμῶν τιμῶμαι. καίτοι οὐ δικαίως γ᾽ ἄν μοι φθονοῖεν· τίνα γὰρ αὐτῶν ἐγὼ κωλύω ἢ λέγειν, εἴ τίς τι ἀγαθὸν δύναται ἐν ὑμῖν, ἢ μάχεσθαι, εἴ τις ἐθέλει, ὑπὲρ ὑμῶν τε καὶ ἑαυτοῦ, ἢ ἐγρηγορέναι περὶ τῆς ὑμετέρας ἀσφαλείας ἐπιμελούμενον; τί γάρ, ἄρχοντας αἱρουμένων ὑμῶν ἐγώ τινι ἐμποδών εἰμι; παρίημι, ἀρχέτω· μόνον ἀγαθόν τι ποιῶν ὑμᾶς φαινέσθω. ἀλλὰ γὰρ ἐμοὶ μὲν ἀρκεῖ 11 περὶ τούτων τὰ εἰρημένα· εἰ δέ τις ὑμῶν ἢ αὐτὸς ἐξαπατηθῆναι ἂν οἴεται ταῦτα ἢ ἄλλον ἐξαπατῆσαι ταῦτα, λέγων διδασκέτω. ὅταν δὲ τούτων ἅλις ἔχητε, μὴ ἀπέλθητε πρὶν ἂν 12 ἀκούσητε, οἷον ὁρῶ ἐν τῇ στρατιᾷ ἀρχόμενον πρᾶγμα· ὃ εἰ ἔπεισι καὶ ἔσται οἷον ὑποδείκνυσιν, ὥρα ἡμῖν βουλεύεσθαι

---

6. ἔνθεν — ἐνταῦθα — ἐντεῦθεν, mit der Hand hinzeigend.

7. εἴσω, näml. τοῦ Πόντου.

8. ἀλλὰ γάρ. S. III, 2, 24, ein Einwurf, den er sich gemacht denkt. — οὐκοῦν, atqui, nun, ich werde.

9. ποιῶ δ᾽, ich setze aber den Fall. — ἐγγύς, nahe an.

10. ὅτι, weil. — δύναται, näml. λέγειν.

11. ἢ ἄλλον ἐξαπατῆσαι ταῦτα, oder dass er einem Anderen eine solche Täuschung vormachen könne; denn ἄν ist hier zu wiederholen. S. zu I, 6, 2.

12. ἔσται οἷον, näml. ἔσεσθαι. — ὑποδείκνυσιν, ahnen oder errathen lässt.

ὑπὲρ ἡμῶν αὐτῶν, μὴ κάκιστοί τε καὶ αἴσχιστοι ἄνδρες ἀποφαινώμεθα καὶ πρὸς θεῶν καὶ πρὸς ἀνθρώπων καὶ φίλων
13 καὶ πολεμίων καὶ καταφρονηθῶμεν. ἀκούσαντες δὲ ταῦτα οἱ στρατιῶται ἐθαύμασάν τε, ὅ τι εἴη, καὶ λέγειν ἐκέλευον. ἐκ τούτου ἄρχεται πάλιν, Ἐπίστασθέ που, ὅτι χωρία ἦν ἐν τοῖς ὄρεσι βαρβαρικά, φίλια τοῖς Κερασουντίοις, ὅθεν κατιόντες τινὲς καὶ ἱερεῖα ἐπώλουν ἡμῖν καὶ ἄλλα ὧν εἶχον, δοκοῦσι δέ μοι καὶ ὑμῶν τινες εἰς τὸ ἐγγυτάτω χωρίον τούτων ἐλθόντες
14 ἀγοράσαντές τι πάλιν ἀπελθεῖν. τοῦτο καταμαθὼν Κλεάρετος ὁ λοχαγὸς ὅτι καὶ μικρὸν εἴη καὶ ἀφύλακτον διὰ τὸ φίλιον νομίζειν εἶναι, ἔρχεται ἐπ' αὐτοὺς τῆς νυκτὸς ὡς πορθήσων,
15 οὐδενὶ ἡμῶν εἰπών. διενενόητο δέ, εἰ λάβοι τόδε τὸ χωρίον, εἰς μὲν τὸ στράτευμα μηκέτι ἐλθεῖν, εἰσβὰς δὲ εἰς πλοῖον, ἐν ᾧ ἐτύγχανον οἱ σύσκηνοι αὐτοῦ παραπλέοντες, καὶ ἐνθέμενος εἴ τι λάβοι, ἀποπλέων οἴχεσθαι ἔξω τοῦ Πόντου. καὶ ταῦτα συνωμολόγησαν αὐτῷ οἱ ἐκ τοῦ πλοίου σύσκηνοι, ὡς ἐγὼ νῦν
16 αἰσθάνομαι. παρακαλέσας οὖν ὁπόσους ἔπειθεν ἦγεν ἐπὶ τὸ χωρίον. πορευόμενον δ' αὐτὸν φθάνει ἡμέρα γενομένη, καὶ συστάντες οἱ ἄνθρωποι ἀπὸ ἰσχυρῶν τόπων βάλλοντες καὶ παίοντες τόν τε Κλεάρετον ἀποκτείνουσι καὶ τῶν ἄλλων συχνούς, οἱ δέ τινες καὶ εἰς Κερασοῦντα αὐτῶν ἀποχωροῦσι.
17 ταῦτα δ' ἦν ἐν τῇ ἡμέρᾳ, ᾗ ἡμεῖς δεῦρ' ἐξωρμῶμεν πεζῇ· τῶν δὲ πλεόντων ἔτι τινὲς ἦσαν ἐν Κερασοῦντι, οὔπω ἀνηγμένοι. μετὰ τοῦτο, ὡς οἱ Κερασούντιοι λέγουσιν, ἀφικοῦνται τῶν ἐκ τοῦ χωρίου τρεῖς ἄνδρες τῶν γεραιτέρων πρὸς τὸ κοινὸν τὸ
18 ἡμέτερον χρῄζοντες ἐλθεῖν. ἐπεὶ δ' ἡμᾶς οὐ κατέλαβον, πρὸς τοὺς Κερασουντίους ἔλεγον, ὅτι θαυμάζοιεν, τί ἡμῖν δόξειεν ἐλθεῖν ἐπ' αὐτούς. ἐπεὶ μέντοι σφεῖς λέγειν, ἔφασαν, ὅτι

---

12. πρὸς, bei.
14. τοῦτο — ὅτι — εἴη. Prolepsis wie I, 8, 21. — ὡς, wie I, 1, 3.
15. οἱ ἐκ τοῦ, Attraction. S. zu I, 1, 5. Die in den Fahrzeugen standen von da aus im Einverständnisse mit Kl.
16. φθάνει — γενομένη. S. zu I, 1, 2.
17. δεῦρο, nach Kotyora, von Kerasunt aus, V, 4, 1. — ἀνηγμένοι, in See gegangen.
18. τί ἡμῖν δόξειεν, weshalb wir für gut befunden hätten. — ἐπεὶ mit folg. Infinitiv in der or. obliqua, in welcher auch Nebensätze diesen Modus zulassen. B. 141, 3, A. 5., K. 56, 4, A. 9: als sie jedoch, äusserten sie, gesagt hätten, näml. die Kerasuntier, σφεῖς, zur Unterscheidung von

οὐκ ἀπὸ κοινοῦ γένοιτο τὸ πρᾶγμα, ἥδεσθαί τε αὐτοὺς καὶ μέλλειν ἐνθάδε πλεῖν, ὡς ἡμῖν λέξαι τὰ γενόμενα καὶ τοὺς νεκροὺς κελεύειν αὐτοὺς θάπτειν λαβόντας τοὺς τούτου δεομένους. τῶν δ' ἀποφυγόντων τινὰς Ἑλλήνων τυχεῖν ἔτι ὄντας ἐν 19 Κερασοῦντι· αἰσθόμενοι δὲ τοὺς βαρβάρους ὅποι ἴοιεν, αὐτοί τε ἐτόλμησαν βάλλειν τοῖς λίθοις καὶ τοῖς ἄλλοις παρεκελεύοντο. καὶ οἱ ἄνδρες ἀποθνήσκουσι τρεῖς ὄντες οἱ πρέσβεις 20 καταλευσθέντες. ἐπεὶ δὲ τοῦτο ἐγένετο, ἔρχονται πρὸς ἡμᾶς οἱ Κερασούντιοι καὶ λέγουσι τὸ πρᾶγμα· καὶ ἡμεῖς οἱ στρατηγοὶ ἀκούσαντες ἠχθόμεθά τε τοῖς γεγενημένοις καὶ ἐβουλευόμεθα σὺν τοῖς Κερασουντίοις, ὅπως ἂν ταφείησαν οἱ τῶν Ἑλλήνων νεκροί. συγκαθήμενοι δ' ἔξωθεν τῶν ὅπλων ἐξαί- 21 φνης ἀκούομεν θορύβου πολλοῦ Παῖε παῖε, βάλλε βάλλε, καὶ τάχα δὴ ὁρῶμεν πολλοὺς προσθέοντας λίθους ἔχοντας ἐν ταῖς χερσί, τοὺς δὲ καὶ ἀναιρουμένους. καὶ οἱ μὲν Κερασούντιοι, 22 ὡς ἂν καὶ ἑωρακότες τὸ παρ' ἑαυτοῖς πρᾶγμα, δείσαντες ἀποχωροῦσι πρὸς τὰ πλοῖα. ἦσαν δὲ νὴ Δία καὶ ἡμῶν οἳ ἔδεισαν. ἐγώ γε μὴν ἦλθον πρὸς αὐτοὺς καὶ ἠρώτων, ὅ τι ἐστὶ 23 τὸ πρᾶγμα. τῶν δὲ ἦσαν μὲν οἳ οὐδὲν ᾔδεσαν, ὅμως δὲ λίθους εἶχον ἐν ταῖς χερσίν. ἐπεὶ δὲ εἰδότι τινὶ ἐπέτυχον, λέγει μοι, ὅτι οἱ ἀγορανόμοι δεινότατα ποιοῦσι τὸ στράτευμα. ἐν 24 τούτῳ τις ὁρᾷ τὸν ἀγορανόμον Ζήλαρχον πρὸς τὴν θάλατταν ἀποχωροῦντα καὶ ἀνέκραγεν· οἱ δὲ ὡς ἤκουσαν, ὥσπερ ἢ συὸς ἀγρίου ἢ ἐλάφου φανέντος ἵενται ἐπ' αὐτόν. οἱ δ' αὖ Κερα- 25 σούντιοι ὡς εἶδον ὁρμῶντας καθ' αὑτούς, σαφῶς νομίζοντες ἐπὶ σφᾶς ἵεσθαι, φεύγουσι δρόμῳ καὶ ἐμπίπτουσιν εἰς τὴν

αὐτοὺς in ἥδεσθαι — αὐτοὺς, hätten jene (die drei Abgesandten aus der Ortschaft) sich gefreut, ἥδεσθαι u. μέλλειν, Inf. d. Imperf. — ὡς — λέξαι, eigentl. so dass sie uns sagen könnten, d. i. um zum z. s. — κελεύειν αὐτοὺς wird deutlich durch §. 30: αὐτοὶ οἱ κατακανόντες ἐκέλευον θάπτειν, trotz der erlittenen Feindseligkeit, da es doch sonst Sache der Besiegten war, um Auslieferung der Todten zu bitten. — τούτου, näml. τοῦ θάπτειν.

19. ἔτι ὄντας ἐν Κερασοῦντι. S. §. 16. — τοὺς βαρβ. Prolepsis wie I, 8, 21.

20. πρὸς ἡμᾶς, nach Kotyora.

21. ὅπλων, wie II, 2, 20. — τοὺς δὲ, Andere. — ἀναιρουμένους, die eben welche (Steine) aufnahmen.

22. ὡς ἂν, eigentl. zu ergänzen durch ἀποχωροῖεν: wiewohl Leute thun möchten, die mit angesehen hatten.

23. γε μὴν, aber, dem μὲν in οἱ μὲν Κερ. entsprechend.

25. καθ' αὑτούς, die Richtung, ἐπὶ σφᾶς, die Absicht. — ἐμπίπτουσιν, stürzen sich.

θάλατταν. συνεισέπεσον δὲ καὶ ἡμῶν αὐτῶν τινες, καὶ ἐπνί-
γετο ὅστις νεῖν μὴ ἐτύγχανεν ἐπιστάμενος. καὶ τούτοις τί
δοκεῖτε; ἠδίκουν μὲν οὐδέν, ἔδεισαν δέ, μὴ λύττα τις ὥσπερ
κυσὶν ἡμῖν ἐμπεπτώκοι. εἰ οὖν ταῦτα τοιαῦτα ἔσται, θεά-
σασθε, οἵα ἡ κατάστασις ἡμῖν ἔσται τῆς στρατιᾶς. ὑμεῖς μὲν
οἱ πάντες οὐκ ἔσεσθε κύριοι οὔτε ἀνελέσθαι πόλεμον ᾧ ἂν
βούλησθε οὔτε καταλῦσαι, ἰδίᾳ δὲ ὁ βουλόμενος ἄξει στρά-
τευμα ἐφ' ὅ τι ἂν θέλῃ. κἂν τινες πρὸς ὑμᾶς ἴωσι πρέσβεις
ἢ εἰρήνης δεόμενοι ἢ ἄλλου τινός, κατακανόντες τούτους οἱ
βουλόμενοι ποιήσουσιν ὑμᾶς τῶν λόγων μὴ ἀκοῦσαι τῶν πρὸς
ὑμᾶς ἰόντων. ἔπειτα δὲ οὓς μὲν ἂν ὑμεῖς ἅπαντες ἕλησθε
ἄρχοντας, ἐν οὐδεμιᾷ χώρᾳ ἔσονται, ὅστις δ' ἂν ἑαυτὸν ἕληται
στρατηγὸν καὶ ἐθέλῃ λέγειν Βάλλε βάλλε, οὗτος ἔσται ἱκανὸς
καὶ ἄρχοντα κατακανεῖν καὶ ἰδιώτην ὃν ἂν ὑμῶν ἐθέλῃ ἄκρι-
τον, ἢν ὦσιν οἱ πεισόμενοι αὐτῷ, ὥσπερ καὶ νῦν ἐγένετο.
οἷα δὲ ὑμῖν καὶ διαπεπράχασιν οἱ αὐθαίρετοι οὗτοι στρατη-
γοὶ σκέψασθε. Ζήλαρχος μὲν ὁ ἀγορανόμος εἰ μὲν ἀδικεῖ
ὑμᾶς, οἴχεται ἀποπλέων οὐ δοὺς ὑμῖν δίκην· εἰ δὲ μὴ ἀδικεῖ,
φεύγει ἐκ τοῦ στρατεύματος δείσας, μὴ ἀδίκως ἄκριτος ἀπο-
θάνῃ. οἱ δὲ καταλεύσαντες τοὺς πρέσβεις διεπράξαντο ἡμῖν
μόνοις μὲν τῶν Ἑλλήνων εἰς Κερασοῦντα μὴ ἀσφαλὲς εἶναι, ἂν
μὴ σὺν ἰσχύι ἀφικνῆσθε· τοὺς δὲ νεκρούς, οὓς πρόσθεν αὐτοὶ
οἱ κατακανόντες ἐκέλευον θάπτειν, τούτους διεπράξαντο μηδὲ
σὺν κηρυκείῳ ἔτι ἀσφαλὲς εἶναι ἀνελέσθαι. τίς γὰρ ἐθελήσει
κῆρυξ ἰέναι κήρυκας ἀπεκτονώς; ἀλλ' ἡμεῖς Κερασουντίων
θάψαι αὐτοὺς ἐδεήθημεν. εἰ μὲν οὖν ταῦτα καλῶς ἔχει, δο-
ξάτω ὑμῖν, ἵνα ὡς τοιούτων ἐσομένων καὶ φυλακὴν ἰδίᾳ ποι-
ήσῃ τις καὶ τὰ ἐρυμνὰ ὑπερδέξια πειρᾶται ἔχων σκηνοῦν. εἰ

---

26. τί δοκεῖτε, näml. ποιῆσαι.

27. πόλεμον ᾧ, wie V, 6, 29 ἐπιβουλὴ ἐμοί. — ποιήσουσιν ὑμᾶς, werden es dahin bringen, dass ihr —.

28. ἐν οὐδεμιᾷ χώρᾳ ἔσονται, werden gar nichts gelten. Vergl. V, 6, 13. — οἱ πεισόμενοι αὐτῷ, Leute, die ihm folgen wollen. Vergl. II, 3, 5.

29. ἀδικεῖ. Vergl. §. 5.

30. διεπράξαντο, ironisch: haben es zu Wege gebracht. — ἂν d. i. ἐάν. — αὐτοὶ — ἐκέλευον. S. zu §. 18.

31. δοξάτω ὑμῖν, so möge von euch ein Beschluss gefasst werden. — ὡς — ἐσομένων, in der Aussicht, dass — vorkommen werden. Vergl. zu I, 3, 6. — ἰδίᾳ — τις, jeder für sich.

μέντοι ὑμῖν δοκεῖ θηρίων, ἀλλὰ μὴ ἀνθρώπων εἶναι τὰ τοιαῦτα ἔργα, σκοπεῖτε παῦλάν τινα αὐτῶν· εἰ δὲ μή, πρὸς Διὸς πῶς ἢ θεοῖς θύσομεν ἡδέως ποιοῦντες ἔργα ἀσεβῆ, ἢ πολεμίοις πῶς μαχούμεθα, ἢν ἀλλήλους κατακαίνωμεν; πόλις δὲ 33 φιλία τίς ἡμᾶς δέξεται, ἥτις ἂν ὁρᾷ τοσαύτην ἀνομίαν ἐν ἡμῖν; ἀγορὰν δὲ τίς ἄξει θαρρῶν, ἢν περὶ τὰ μέγιστα τοιαῦτα ἐξαμαρτάνοντες φαινώμεθα; οὗ δὲ δὴ πάντων οἰόμεθα τεύξεσθαι ἐπαίνου, τίς ἂν ἡμᾶς τοιούτους ὄντας ἐπαινέσειεν; ἡμεῖς μὲν γὰρ οἶδ' ὅτι πονηροὺς ἂν φαίημεν εἶναι τοὺς τὰ τοιαῦτα ποιοῦντας.

Ἐκ τούτου ἀνιστάμενοι πάντες ἔλεγον τοὺς μὲν τούτων 34 ἄρξαντας δοῦναι δίκην, τοῦ δὲ λοιποῦ μηκέτι ἐξεῖναι ἀνομίας ἄρξαι· ἐὰν δέ τις ἄρξῃ, ἄγεσθαι αὐτοὺς ἐπὶ θανάτῳ· τοὺς δὲ στρατηγοὺς εἰς δίκας πάντας καταστῆσαι· εἶναι δὲ δίκας καὶ εἴ τι ἄλλο τις ἠδίκητο ἐξ οὗ Κῦρος ἀπέθανε· δικαστὰς δὲ τοὺς λοχαγοὺς ἐποιήσαντο. παραινοῦντος δὲ Ξενοφῶντος καὶ τῶν 35 μάντεων συμβουλευόντων ἔδοξε καὶ καθῆραι τὸ στράτευμα. καὶ ἐγένετο καθαρμός.

Ἔδοξε δὲ καὶ τοὺς στρατηγοὺς δίκην ὑποσχεῖν τοῦ παρε- VIII ληλυθότος χρόνου. καὶ διδόντων Φιλήσιος μὲν ὦφλε καὶ Ξανθικλῆς τῆς φυλακῆς τῶν γαυλιτικῶν χρημάτων τὸ μείωμα

---

8. Inhalt: Auch von den Strategen, die ebenfalls über ihre Amtsführung Rechenschaft ablegen mussten, wurden einige bestraft. Xenophon selbst wird von Einigen angeklagt, er habe sie geschlagen oder ungebührlich behandelt. Er verantwortet sich in einer ausführlichen Rede, erörtert besonders einen Fall, wo er einen Menschen gezüchtigt, der bei der schreckenvollen Wanderung durch den klaftertiefen Armenischen Schnee einen ihm zum Transport anvertrauten Kranken lebendig begraben wollte, und zeigt, dass er überall, wo er Strenge und Strafe angewendet, nur die Rettung Einzelner und die

---

33. ἥτις. S. zu II, 3, 4. — τὰ μέγιστα, wie die Pflichten gegen Gesandte. — τοιαῦτα hängt von ἐξαμαρτ. ab. — οὗ δὲ δή, steigernd: da aber (vollends), wo, in Griechenland —. Denn wir (als Griechen) u. s. w. Ueber ἡμεῖς μὲν s. zu ἐγὼ μὲν I, 9, 28.

34. ἔλεγον mit folg. Infin. wie I, 3, 14. — τοὺς — ἄρξαντας, die Anstifter. — τοὺς — στρατηγοὺς, als Ankläger. — πάντας, Object, näml. τοὺς ἄρξαντας. — εἰς δίκας καταστῆσαι, in ius vocare. — ἄλλο, als die letzten Frevel. — καθῆραι τὸ στράτευμα, denn am ganzen Heere haftete die Blutschuld.

1. διδόντων, näml. δίκην. S. I, 2, 17 zu προϊόντων. — ὦφλε — τὸ μείωμα, wurde wegen der Bewachung (die nachlässig gewesen

εἴκοσι μνᾶς, Σοφαίνετος δέ, ὅτι αἱρεθεὶς κατημέλει, δέκα μνᾶς. Ξενοφῶντος δὲ κατηγόρησάν τινες φάσκοντες παίεσθαι ὑπ' αὐτοῦ καὶ ὡς ὑβρίζοντος τὴν κατηγορίαν ἐποιοῦντο. 2 καὶ ὁ Ξενοφῶν ἐκέλευσεν εἰπεῖν τὸν πρῶτον λέξαντα, ποῦ καὶ ἐπλήγη. ὁ δὲ ἀποκρίνεται, Ὅπου καὶ ῥίγει ἀπωλ- 3 λύμεθα καὶ χιὼν πλείστη ἦν. ὁ δὲ εἶπεν, Ἀλλὰ μὴν χειμῶνός γε ὄντος οἵου λέγεις, σίτου δὲ ἐπιλελοιπότος, οἴνου δὲ μηδ' ὀσφραίνεσθαι παρόν, ὑπὸ δὲ πόνων πολλῶν ἀπαγορευόντων, πολεμίων δὲ ἑπομένων, εἰ ἐν τοιούτῳ καιρῷ ὕβριζον, ὁμολογῶ καὶ τῶν ὄνων ὑβριστότερος εἶναι, οἷς φασιν ὑπὸ τῆς 4 ὕβρεως κόπον οὐκ ἐγγίγνεσθαι. ὅμως δὲ καὶ λέξον, ἔφη, ἐκ τίνος ἐπλήγης. πότερον ᾔτουν σέ τι καὶ ἐπεὶ οὐκ ἐδίδους ἔπαιον; ἀλλ' ἀπῄτουν, ἀλλὰ περὶ παιδικῶν μαχόμενος, ἀλλὰ 5 μεθύων ἐπαρῴνησα; ἐπεὶ δὲ τούτων οὐδὲν ἔφησεν, ἐπήρετο αὐτόν, εἰ ὁπλιτεύοι. οὐκ ἔφη. πάλιν, εἰ πελτάζοι. οὐδὲ τοῦτ' ἔφη, ἀλλ' ἡμίονον ἐλαύνειν ταχθεὶς ὑπὸ τῶν συσκήνων ἐλεύ- 6 θερος ὤν. ἐνταῦθα δὴ ἀναγιγνώσκει αὐτὸν καὶ ἤρετο, Ἦ σὺ εἶ ὁ τὸν κάμνοντα ἀγαγών; Ναὶ μὰ Δί', ἔφη· σὺ γὰρ ἠνάγ- 7 καζες· τὰ δὲ τῶν ἐμῶν συσκήνων σκεύη διέρριψας. Ἀλλ' ἡ μὲν διάρριψις, ἔφη ὁ Ξενοφῶν, τοιαύτη τις ἐγένετο. διέδωκα ἄλλα ἄλλοις ἄγειν καὶ ἐκέλευσα πρὸς ἐμὲ ἀπαγαγεῖν καὶ ἀπο-

Erhaltung der Zucht zum Heile des Ganzen im Auge gehabt habe. Er fordert die Versammelten auf, auch das Wohlwollen und die freundlichen Dienste, die er ihnen in der Zeit höchster Noth erwiesen, anzuerkennen. Diess geschieht und die Verhandlung endigt zu allseitiger Befriedigung.

---

war) verurtheilt zur Zahlung des Ausfalls. — αἱρεθείς, wozu? S. V, 3, 1. — κατημέλει, näml. das, wozu er gewählt war.

2. καὶ nach ποῦ bleibt unübersetzt, eigentlich auch, näml. wie er es behaupte. S. zu I, 3, 16. — ὅπου — ἦν, IV, 5, 12 ff.

3. οἵου, d. i. τοιούτου, οἷον. — παρόν, s. zu ἐξόν II, 5, 22. — τῶν ὄνων. Sinn: Wenn ich auf dem ermüdendsten, grauenvollsten Marsche noch Sinn und Stimmung zur ὕβρις gehabt habe, dann übertreffe ich noch die Esel, denen man ihre Ausdauer (bei schwerer Last) als ὕβρις auslegt.

4. ἐκ τίνος, aus welcher Veranlassung. — ἀλλά erklärt sich aus der Verneinung des Gefragten, die in seinem Schweigen liegt. — μαχόμενος, im Streite, nämlich ἔπαιόν σε.

5. ἔφησε, wie ἔφη I, 6, 7. — οὐκ ἔφη, er verneinte es. — πάλιν, näml. ἐπήρετο.

6. ὁ — ἀγαγών, der damals —.

7. τις, wie II, 4, 21. — διέδωκα

λαβὼν ἅπαντα σῶα ἀπέδωκά σοι, ἐπεὶ καὶ σὺ ἐμοὶ ἀπέδειξας τὸν ἄνδρα. οἷον δὲ τὸ πρᾶγμα ἐγένετο, ἀκούσατε, ἔφη· καὶ γὰρ ἄξιον. ἀνὴρ κατελείπετο διὰ τὸ μηκέτι δίνασθαι πορεύεσθαι. καὶ ἐγὼ τὸν μὲν ἄνδρα τοσοῦτον ἐγίγνωσκον ὅτι εἷς ἡμῶν εἴη· ἠνάγκασα δὲ σὲ τοῦτον ἄγειν, ὡς μὴ ἀπόλοιτο· καὶ γὰρ, ὡς ἐγὼ οἶμαι, πολέμιοι ἡμῖν ἐφείποντο. συνέφη τοῦτο ὁ ἄνθρωπος. Οὐκοῦν, ἔφη ὁ Ξενοφῶν, ἐπεὶ προύπεμψά σε, καταλαμβάνω αὖθις σὺν τοῖς ὀπισθοφύλαξι προσιὼν βόθρον ὀρύττοντα ὡς κατορύξοντα τὸν ἄνθρωπον καὶ ἐπιστὰς ἐπῄνουν σε. ἐπεὶ δὲ παρεστηκότων ἡμῶν συνέκαμψε τὸ σκέλος ἀνήρ, ἀνέκραγον οἱ παρόντες, ὅτι ζῇ ἀνήρ, σὺ δ' εἶπας ‛Οπόσα γε βούλεται· ὡς ἔγωγε αὐτὸν οὐκ ἄξω. ἐνταῦθα ἔπαισά σε· ἀληθῆ λέγεις· ἔδοξας γάρ μοι εἰδότι ἐοικέναι, ὅτι ἔζη. Τί οὖν, ἔφη, ἧττόν τι ἀπέθανεν, ἐπεὶ ἐγώ σοι ἀπέδειξα αὐτόν; Καὶ γὰρ ἡμεῖς, ἔφη ὁ Ξενοφῶν, πάντες ἀποθανούμεθα· τούτου οὖν ἕνεκα ζῶντας ἡμᾶς δεῖ κατορυχθῆναι; τοῦτον μὲν ἀνέκραγον ὡς ὀλίγας παίσειεν· ἄλλους δ' ἐκέλευε λέγειν, διὰ τί ἕκαστος ἐπλήγη. ἐπεὶ δὲ οὐκ ἀνίσταντο, αὐτὸς ἔλεγεν, Ἐγώ, ὦ ἄνδρες, ὁμολογῶ παῖσαι δὴ ἄνδρας ἕνεκεν ἀταξίας ὅσοις σώζεσθαι μὲν ἤρκει δι' ὑμᾶς, ἐν τάξει τε ἰόντων καὶ μαχομένων ὅπου δέοι, αὐτοὶ δὲ λιπόντες τὰς τάξεις

---

corrigirt das διέρριψας. — ἀπέδειξας, wieder zurückgabst. — τὸν ἄνδρα, näml. τὸν κάμνοντα.

8. τὸν ἄνδρα — ὅτι — εἴη, Prolepsis wie I, 8, 21. — τοσοῦτον, wenigstens (soweit).

9. ὡς, wie I, 1, 3. — τὸν ἄνθρωπον, den Kranken, den Xenophon aber für todt hielt, weshalb er jenen, der ihn begraben will, belobt, da unter solchen Umständen die Erfüllung der Pflicht, Todte nicht unbegraben liegen zu lassen, besondere Anerkennung zu verdienen schien.

10. Ὁπόσα γε βούλεται, d. i. soviel als meinetwegen. — ὡς, denn. — ἔδοξας — εἰδότι ἐοικέναι, denn du sahst mir ganz so aus, als wüsstest du. Durch γάρ wird ἔπαισά σε motivirt.

11. ἔφη, der Andere. — καὶ γάρ, freilich starb er, denn auch wir alle —.

12. τοῦτον abhängig von παίσειεν, constr. wie ποιεῖν τινά τι. — ὀλίγας, näml. πληγάς.

13. ὅσοις — ἤρκει. so viele sich's gefallen liessen, ironisch. — δι' ὑμᾶς, wegen euch, d. i. durch euch, die ihr dazu die mittelbare Veranlassung waret (δι' ὑμῶν wäre: unmittelbar durch euch, durch eure Hände), indem ihr in Reih' und Glied u. s. w. während sie selbst die Reihen verliessen und u. s. w. Durch ἰόντων — μαχομένων wird die Handlung deutlicher als Grund dargestellt als wenn ἰόντας — μαχομένοις gesagt wäre. Ueber den durch δὲ coordinirten Satz (αὐτοὶ δὲ

προθέοντες ἁρπάζειν ἤθελον καὶ ὑμῶν πλεονεκτεῖν. εἰ δὲ
14 τοῦτο πάντες ἐποιοῦμεν, ἅπαντες ἂν ἀπωλόμεθα. ἤδη δὲ καὶ
μαλακιζόμενόν τινα καὶ οὐκ ἐθέλοντα ἀνίστασθαι, ἀλλὰ προϊέ-
μενον αὑτὸν τοῖς πολεμίοις καὶ ἔπαισα καὶ ἐβιασάμην πορεύε-
σθαι. ἐν γὰρ τῷ ἰσχυρῷ χειμῶνι καὶ αὐτός ποτε ἀναμένων
τινὰς συσκευαζομένοις καθεζόμενος συχνὸν χρόνον κατέμαθον
15 ἀναστὰς μόλις καὶ τὰ σκέλη μόλις ἐκτείνας. ἐν ἐμαυτῷ οὖν
πεῖραν λαβὼν ἐκ τούτου καὶ ἄλλον, ὁπότε ἴδοιμι καθήμενον καὶ
βλακεύοντα, ἤλαυνον· τὸ γὰρ κινεῖσθαι καὶ ἀνδρίζεσθαι παρεῖχε
θερμασίαν τινὰ καὶ ὑγρότητα, τὸ δὲ καθῆσθαι καὶ ἡσυχίαν
ἔχειν ἑώρων ὑπουργὸν ὂν τῷ τε ἀποπήγνυσθαι τὸ αἷμα καὶ
τῷ ἀποσήπεσθαι τοὺς τῶν ποδῶν δακτύλους, ἅπερ πολλοὺς
16 καὶ ὑμεῖς ἴστε παθόντας. ἄλλον δέ γε ἴσως ἀπολειπόμενόν
που διὰ ῥᾳστώνην καὶ κωλύοντα καὶ ὑμᾶς τοὺς πρόσθεν καὶ
ἡμᾶς τοὺς ὄπισθεν πορεύεσθαι ἔπαισα πύξ, ὅπως μὴ λόγχῃ
17 ὑπὸ τῶν πολεμίων παίοιντο. καὶ γὰρ οὖν νῦν ἔξεστιν αὐτοῖς
σωθεῖσιν, εἴ τι ὑπ' ἐμοῦ ἔπαθον παρὰ τὸ δίκαιον, δίκην λα-
βεῖν. εἰ δ' ἐπὶ τοῖς πολεμίοις ἐγένοντο, τί μέγα ἂν οὕτως
18 ἔπαθον, ὅτου δίκην ἂν ἠξίουν λαμβάνειν; ἁπλοῦς μοι, ἔφη,
ὁ λόγος· εἰ μὲν ἐπ' ἀγαθῷ ἐκόλασά τινα, ἀξιῶ ὑπέχειν δίκην
οἵαν καὶ γονεῖς υἱοῖς καὶ διδάσκαλοι παισί· καὶ γὰρ οἱ ἰατροὶ
19 καίουσι καὶ τέμνουσιν ἐπ' ἀγαθῷ· εἰ δὲ ὕβρει νομίζετέ με
ταῦτα πράττειν, ἐνθυμήθητε, ὅτι νῦν ἐγὼ θαρρῶ σὺν τοῖς
θεοῖς μᾶλλον ἢ τότε καὶ θρασύτερός εἰμι νῦν ἢ τότε καὶ οἶνον
πλείω πίνω, ἀλλ' ὅμως οὐδένα παίω· ἐν εὐδίᾳ γὰρ ὁρῶ ὑμᾶς.
20 ὅταν δὲ χειμὼν ᾖ καὶ θάλαττα μεγάλη ἐπιφέρηται, οὐχ ὁρᾶτε,

---

πλεονεκτεῖν), den wir subordini-
ren, vergl. II, 5, 17.
14. κατέμαθον — μόλις, merkte
ich, dass ich nur mit Mühe
mich erhob. B. 144, 6, a. K. 56,
7, A. 5. C. 591.
15. ἴδοιμι, Opt. wie I, 2, 7. —
ὑγρότητα, Gelenkigkeit.
16. παίοιντο, der Plural. nach
ἄλλος, wie nach τὶς I, 4, 8.
17. ἔξεστιν. Sinn: Nur dadurch,
dass ich sie durch Schläge gerettet
habe, sind sie jetzt im Stande u. s.
w., d. h. haben sie noch Leben und
Freiheit. Wären sie in die Gewalt
(ἐπὶ) der Feinde gekommen, dann
hätten sie das Aeusserste (in Form
der Frage: τί μέγα — οὕτως) erlit-
ten, ohne dafür Genugthuung for-
dern zu können.
18. ἐπ' ἀγαθῷ. S. zu II, 4, 5. —
υἱοῖς, ihren Kindern gegen-
über.
19. πράττειν, Infin. des Imperf. —
εὐδίᾳ, gefahrlosem Zustande;
der Ausdruck giebt zum folgenden
Bilde die Veranlassung.

ὅτι καὶ νεύματος μόνου ἕνεκα χαλεπαίνει μὲν πρῳρεὺς τοῖς ἐν πρῴρᾳ, χαλεπαίνει δὲ κυβερνήτης τοῖς ἐν πρύμνῃ; ἱκανὰ γὰρ ἐν τῷ τοιούτῳ καὶ μικρὰ ἁμαρτηθέντα πάντα συνεπιτρῖψαι. ὅτι δὲ δικαίως ἔπαιον αὐτοὺς καὶ ὑμεῖς κατεδικάσατε· 21 ἔχοντες ξίφη, οὐ ψήφους, παρέστητε, καὶ ἐξῆν ὑμῖν ἐπικουρεῖν αὐτοῖς, εἰ ἐβούλεσθε· ἀλλὰ μὰ Δία οὔτε τούτοις ἐπεκουρεῖτε οὔτε σὺν ἐμοὶ τὸν ἀτακτοῦντα ἐπαίετε. τοιγαροῦν ἐξου- 22 σίαν ἐποιήσατε τοῖς κακοῖς αὐτῶν ὑβρίζειν ἐῶντες αὐτούς. οἶμαι γάρ, εἰ ἐθέλετε σκοπεῖν, τοὺς αὐτοὺς εὑρήσετε καὶ τότε κακίστους καὶ νῦν ὑβριστοτάτους. Βοΐσκος γοῦν ὁ πύκτης ὁ 23 Θετταλὸς τότε μὲν διεμάχετο ὡς κάμνων ἀσπίδα μὴ φέρειν, νῦν δ', ὡς ἀκούω, Κοτυωριτῶν πολλοὺς ἤδη ἀποδέδυκεν. ἢν 24 οὖν σωφρονῆτε, τοῦτον τἀναντία ποιήσετε ἢ τοὺς κύνας ποιοῦσι· τοὺς μὲν γὰρ κύνας τοὺς χαλεποὺς τὰς μὲν ἡμέρας διδέασι, τὰς δὲ νύκτας ἀφιᾶσι, τοῦτον δέ, ἢν σωφρονῆτε, τὴν νύκτα μὲν δήσετε, τὴν δὲ ἡμέραν ἀφήσετε. ἀλλὰ γάρ, ἔφη, 25 θαυμάζω, ὅτι εἰ μέν τινι ὑμῶν ἀπηχθόμην, μέμνησθε καὶ οὐ σιωπᾶτε, εἰ δέ τῳ ἢ χειμῶνα ἐπεκούρησα ἢ πολέμιον ἀπήρυξα ἢ ἀσθενοῦντι ἢ ἀποροῦντι συνεξεπόρισά τι, τούτων δὲ οὐδεὶς μέμνηται, οὐδ' εἴ τινα καλῶς τι ποιοῦντα ἐπήνεσα οὐδ' εἴ τιν' ἄνδρα ὄντα ἀγαθὸν ἐτίμησα ὡς ἐδυνάμην, οὐδὲ τούτων μέμνησθε. ἀλλὰ μὴν καλόν γε καὶ δίκαιον καὶ ὅσιον καὶ ἥδιον τῶν 26 ἀγαθῶν μᾶλλον ἢ τῶν κακῶν μεμνῆσθαι.

Ἐκ τούτου μὲν δὴ ἀνίσταντο καὶ ἀνεμίμνησκον. καὶ περιεγένετο ὥστε καλῶς ἔχειν.

---

21. κατεδικάσατε, nicht durch Worte, durch euer Verhalten dabei. — οὔτε—ἐπαίετε, wodurch ihr kund gabt, dass ihr mir die Züchtigung überlassen wolltet. Vergl. aber über die Sache das III, 2, 31. 33 Festgestellte.

22. τοιγαροῦν, d. i. dadurch, dass ihr mir bei der Zuchthaltung nicht beistandet. — αὐτῶν, näml. τῶν ἀτακτούντων. Weil aber Xen. durch τοῖς κακοῖς αὐτῶν unter den ἀτακτοῦντες einen Unterschied gemacht hat, fährt er erklärend fort: οἶμαι γάρ u. s. w.

23. ὡς, unter dem Vorwande. — μὴ, wie I, 3, 2. — ἀποδέδυκεν, spoliavit.

24. διδέασι, fesseln.

25. ἀλλὰ γάρ. S. zu III, 2, 24. u. 26. — δὲ nach τούτων anakoluthisch wie V, 5, 22.

26. περιεγένετο, das Ergebniss war.

5.

1. Ἐκ τούτου δὲ ἐν τῇ διατριβῇ οἱ μὲν ἀπὸ τῆς ἀγορᾶς ἔζων, οἱ δὲ καὶ λῃζόμενοι ἐκ τῆς Παφλαγονίας. ἐκλώπευον δὲ καὶ οἱ Παφλαγόνες εὖ μάλα τοὺς ἀποσκεδαννυμένους καὶ τῆς νυκτὸς τοὺς πρόσω σκηνοῦντας ἐπειρῶντο κακουργεῖν· καὶ 2 πολεμικώτατα πρὸς ἀλλήλους εἶχον ἐκ τούτων. ὁ δὲ Κορύλας, ὃς ἐτύγχανε τότε Παφλαγονίας ἄρχων, πέμπει παρὰ τοὺς Ἕλληνας πρέσβεις ἔχοντας ἵππους καὶ στολὰς καλάς, λέγοντας, ὅτι Κορύλας ἕτοιμος εἴη τοὺς Ἕλληνας μήτε ἀδικεῖν μήτε ἀδι- 3 κεῖσθαι. οἱ δὲ στρατηγοὶ ἀπεκρίναντο, ὅτι περὶ μὲν τούτων

---

1. **Inhalt**: Während des weiteren Aufenthaltes in Kotyora macht den Streif- und Raubzügen, die Hellenen und Paphlagonier gegen einander ausführen, eine Gesandtschaft des Korylas ein Ende. Sie kommt mit dem Anerbieten gegenseitiger Schonung, wird gastfreundlich aufgenommen und beim Gastmahle durch eine Reihe nationaler mimischer Waffentänze unterhalten, die hier ausführlich und anschaulich beschrieben werden. — Die Ueberfahrt zu Schiffe nach Sinope (d. 19—21. Mai 400) geht schnell und glücklich von Statten. Hier, in Sinope, findet sich endlich auch Cheirisophos wieder ein, bringt aber nur ein einziges Schiff mit und das Versprechen von Seiten des Anaxibios, dass er dem Heere, wenn es in Byzanz anlange, Sold zahlen werde. — Griechenland nun so nahe, kommen die Hellenen auf die Idee, noch ehe sie den Bosporus erreichen, einen grossartigen Beutezug zu unternehmen, um nach so langer, schmerzvoller Abwesenheit doch nicht mit leeren Händen zu den Ihrigen zurück zu kommen. Dazu will man, um des Erfolges sicherer zu sein, einen einzigen Oberbefehlshaber wählen, der das Ganze unbedingt zu leiten hat. Xenophon, auf den die Wahl gerichtet ist, lehnt es, durch ein Opfer gewarnt, ab, weil die Verhältnisse vielmehr einen Lakedämonier als Führer verlangen, und lässt sich auch durch stürmische Aufforderung nicht dazu bewegen. Da wird Cheirisophos gewählt, der die Wahl annimmt und auf Morgen die Fahrt nach Herakleia festsetzt.

---

1. ἐν τῇ διατριβῇ, immer noch in Kotyora. — τῆς ἀγορᾶς, beim Lager. S. zu I, 2, 18. — εὖ μάλα, gar sehr, in starkem Masse.

2. λέγοντας. S. IV, 5, 8 zu διδόντας. — ἕτοιμος εἴη, Willens sei. — Deutlicher wäre μήτε ἀδικεῖσθαι αὐτός.

σὺν τῇ στρατιᾷ βουλεύσοιντο, ἐπὶ ξενίᾳ δὲ ἐδέχοντο αὐτούς· παρεκάλεσαν δὲ καὶ τῶν ἄλλων ἀνδρῶν οὓς ἐδόκουν δικαιοτάτους εἶναι. θύσαντες δὲ βοῦς τῶν αἰχμαλώτων καὶ ἄλλα ἱερεῖα 4 εὐωχίαν μὲν ἀρκοῦσαν παρεῖχον, κατακείμενοι δὲ ἐν σκίμποσιν ἐδείπνουν καὶ ἔπινον ἐκ κερατίνων ποτηρίων, οἷς ἐνετύγχανον ἐν τῇ χώρᾳ. ἐπεὶ δὲ σπονδαί τ' ἐγένοντο καὶ ἐπαιώνισαν, 5 ἀνέστησαν πρῶτον μὲν Θρᾷκες καὶ πρὸς αὐλὸν ὠρχήσαντο σὺν τοῖς ὅπλοις καὶ ἥλλοντο ὑψηλά τε καὶ κούφως καὶ ταῖς μαχαίραις ἐχρῶντο· τέλος δὲ ὁ ἕτερος τὸν ἕτερον παίει, ὡς πᾶσιν 6 ἐδόκει πεπληγέναι τὸν ἄνδρα· ὁ δ' ἔπεσε τεχνικῶς πως. καὶ ἀνέκραγον οἱ Παφλαγόνες. καὶ ὁ μὲν σκυλεύσας τὰ ὅπλα τοῦ ἑτέρου ἐξῄει ᾄδων τὸν Σιτάλκαν· ἄλλοι δὲ τῶν Θρᾳκῶν τὸν ἕτερον ἐξέφερον ὡς τεθνηκότα· ἦν δὲ οὐδὲν πεπονθώς. μετὰ 7 τοῦτο Αἰνιᾶνες καὶ Μάγνητες ἀνέστησαν, οἳ ὠρχοῦντο τὴν καρπαίαν καλουμένην ἐν τοῖς ὅπλοις. ὁ δὲ τρόπος τῆς ὀρχή- 8 σεως ἦν, ὁ μὲν παραθέμενος τὰ ὅπλα σπείρει καὶ ζευγηλατεῖ πυκνὰ μεταστρεφόμενος ὡς φοβούμενος, λῃστὴς δὲ προσέρχεται· ὁ δ' ἐπειδὰν προΐδηται, ἀπαντᾷ ἀρπάσας τὰ ὅπλα καὶ μάχεται πρὸ τοῦ ζεύγους· καὶ οὗτοι ταῦτ' ἐποίουν ἐν ῥυθμῷ πρὸς τὸν αὐλόν· καὶ τέλος ὁ λῃστὴς δήσας τὸν ἄνδρα καὶ τὸ ζεῦγος ἀπάγει· ἐνίοτε δὲ καὶ ὁ ζευγηλάτης τὸν λῃστήν· εἶτα παρὰ τοὺς βοῦς ζεύξας ὀπίσω τὼ χεῖρε δεδεμένον ἐλαύνει. μετὰ τοῦτο Μυσὸς εἰσῆλθεν ἐν ἑκατέρᾳ τῇ χειρὶ ἔχων πέλτην, 9 καὶ τοτὲ μὲν ὡς δύο ἀντιταττομένων μιμούμενος ὠρχεῖτο, τοτὲ δὲ ὡς πρὸς ἕνα ἐχρῆτο ταῖς πέλταις, τοτὲ δ' ἐδινεῖτο καὶ ἐξεκυβίστα ἔχων τὰς πέλτας, ὥστε ὄψιν καλὴν φαίνεσθαι.

---

3. ἐπὶ, wie II, 4, 5.
4. τῶν αἰχμαλώτων, aus der Zahl der erbeuteten. — κερατίνων ποτηρίων, Trinkhörner.
5. σπονδαί, die Trankopfer, die, nachdem die eigentliche Mahlzeit beendigt war, den Göttern gespendet wurden. — ὑψηλά, adverbial. — τέλος, zuletzt. — ὡς, in einer Weise, dass.
6. τὸν Σιτάλκαν, ein nach einem Thrakischen Fürsten benanntes Siegeslied.

7. Αἰνιᾶνες καὶ Μαγνῆτες, Völkerschaften im südlichen Thessalien.
8. πυκνά, häufig, wie ὑψηλά §. 5. — ὁ δ', jener. — προΐδηται, von weitem sieht. — ἁρπάσας, ergreift rasch. — Mit ἐνίοτε δὲ καὶ kommt Xen. auf die allgemeine Beschreibung, von der er mit καὶ οὗτοι bereits auf den vorliegenden Fall übergegangen war, noch einmal zurück. — τὸν λῃστὴν, näml. δήσας ἀπάγει.
9. δύο, bleibt oft undeklinirt: als ständen ihm zwei gegenüber.

10 τέλος δε το περσικόν ώρχείτο κρούων τας πέλτας και ώκλαζε και εξανίστατο· και ταύτα πάντα εν ρυθμώ εποίει προς τον
11 αυλόν. επί δε τούτω επιόντες οι Μαντινείς και άλλοι τινές των Αρκάδων αναστάντες εξοπλισάμενοι ως εδύναντο κάλλιστα ήεσάν τε εν ρυθμώ προς τον ενόπλιον ρυθμόν αυλούμενοι και επαιώνισαν και ώρχήσαντο ώσπερ εν ταις προς τους θεούς προσόδοις. ορώντες δε οι Παφλαγόνες δεινά εποιούντο πάσας
12 τας ορχήσεις εν όπλοις είναι. επί τούτοις ορών ο Μυσός εκπεπληγμένους αυτούς, πείσας των Αρκάδων τινά πεπαμένον ορχηστρίδα εισάγει σκευάσας ως εδύνατο κάλλιστα και ασπίδα
13 δούς κούφην αυτή. η δε ωρχήσατο πυρρίχην ελαφρώς. ενταύθα κρότος ήν πολύς, και οι Παφλαγόνες ήροντο, ει και γυναίκες συνεμάχοντο αυτοίς. οι δ' έλεγον, ότι αύται και αι τρεψάμεναι είεν βασιλέα εκ του στρατοπέδου. τη μεν ούν νυκτί ταύτη τούτο το τέλος εγένετο.
14 Τη δε υστεραία προσήγον αυτούς εις το στράτευμα· και έδοξε τοις στρατιώταις μήτε αδικείν Παφλαγόνας μήτε αδικείσθαι. μετά τούτο οι μεν πρέσβεις ώχοντο· οι δε Έλληνες, επειδή πλοία ικανά εδόκει παρείναι, αναβάντες έπλεον ημέραν και νύκτα πνεύματι καλώ εν αριστερά έχοντες την Πα-
15 φλαγονίαν. τη δ' άλλη αφικνούνται εις Σινώπην και ωρμίσαντο εις Αρμήνην της Σινώπης. Σινωπείς δε οικούσι μεν εν τη Παφλαγονική, Μιλησίων δε άποικοί εισιν. ούτοι δε ξένια πέμπουσι τοις Έλλησιν αλφίτων μεν μεδίμνους τρισχι-
16 λίους, οίνου δε κεράμια χίλια και πεντακόσια. και Χειρίσοφος ενταύθα ήλθε τριήρη έχων. και οι μεν στρατιώται προσεδόκων άγοντά τι σφίσιν ήκειν· ο δ' ήγε μεν ουδέν, απήγγελλε

---

11. ἐπὶ — τούτῳ, wie III, 2, 4. — ἀναστάντες gehört nur zu ἄλλοι τινές, wie ἐπιόντες zu οἱ Μαντινείς. — πρὸς τὸν ἐνόπλιον ῥυθμὸν dient nur zur näheren Erklärung von ἐν ῥυθμῷ. — αὐλούμενοι, von der Flöte begleitet. — προσόδοις, Aufzügen. — δεινὰ ἐποιοῦντο, staunten.

12. ἐπὶ τούτοις, darüber, gehört zu ἐκπεπληγμένους. — ὀρχηστρίδα, Object zu πεπαμένον und auch zu εἰσάγει.

13. αἱ τρεψάμεναι. Mit diesem Scherze vergl. I, 10, 3.

14. αὐτούς, die Paphl. Gesandten. — μήτε ἀδικεῖν — ἀδικεῖσθαι, entsprechend dem Vorschlage des Korylas §. 3.

15. ἄλλη, nämlich ἡμέρα. — τῆς Σινώπης, den Hafen von S.

16. ἄγοντα, näml. αὐτόν. — τί,

δέ, ὅτι ἐπαινοίη αὐτοὺς καὶ Ἀναξίβιος ὁ ναύαρχος καὶ οἱ ἄλλοι, καὶ ὅτι ὑπισχνεῖτο Ἀναξίβιος, εἰ ἀφικνοῖντο ἔξω τοῦ Πόντου, μισθοφορὰν αὐτοῖς ἔσεσθαι καὶ ἐν ταύτῃ τῇ Ἁρμήνῃ 17 ἔμειναν οἱ στρατιῶται ἡμέρας πέντε. ὡς δὲ τῆς Ἑλλάδος ἐδόκουν ἐγγὺς γίγνεσθαι, ἤδη μᾶλλον ἢ πρόσθεν εἰσῄει αὐτοῖς, ὅπως ἂν καὶ ἔχοντές τι οἴκαδε ἀφίκωνται. ἡγήσαντο οὖν, εἰ 18 ἕνα ἕλοιντο ἄρχοντα, μᾶλλον ἂν ἢ πολυαρχίας οὔσης δύνασθαι τὸν ἕνα χρῆσθαι τῷ στρατεύματι καὶ νυκτὸς καὶ ἡμέρας, καὶ εἴ τι δέοι λανθάνειν, μᾶλλον ἂν κρύπτεσθαι, καὶ εἴ τι αὖ δέοι φθάνειν, ἧττον ἂν ὑστερίζειν· οὐ γὰρ ἂν λόγων δεῖν πρὸς ἀλλήλους, ἀλλὰ τὸ δόξαν τῷ ἑνὶ περαίνεσθαι ἄν· τὸν δ' ἔμπροσθεν χρόνον ἐκ τῆς νικώσης ἔπραττον πάντα οἱ στρατηγοί. ὡς δὲ ταῦτα διενοοῦντο, ἐτράποντο ἐπὶ Ξενοφῶντα· καὶ 19 οἱ λοχαγοὶ ἔλεγον προσιόντες αὐτῷ, ὅτι ἡ στρατιὰ οὕτω γιγνώσκει, καὶ εὔνοιαν ἐνδεικνύμενος ἕκαστός τις ἔπειθεν αὐτὸν ὑποστῆναι τὴν ἀρχήν. ὁ δὲ Ξενοφῶν τῇ μὲν ἐβούλετο ταῦτα, 20 νομίζων καὶ τὴν τιμὴν μείζω οὕτως ἑαυτῷ γίγνεσθαι πρὸς τοὺς φίλους καὶ εἰς τὴν πόλιν τοὔνομα μεῖζον ἀφίξεσθαι αὐτοῦ, τυχὸν δὲ καὶ ἀγαθοῦ τινος ἂν αἴτιος τῇ στρατιᾷ γενέσθαι. τὰ μὲν δὴ τοιαῦτα ἐνθυμήματα ἐπῇρεν αὐτὸν ἐπιθυ- 21 μεῖν αὐτοκράτορα γενέσθαι ἄρχοντα. ὁπότε δ' αὖ ἐνθυμοῖτο, ὅτι ἄδηλον μὲν παντὶ ἀνθρώπῳ, ὅπῃ τὸ μέλλον ἕξει, διὰ τοῦτο δὲ καὶ κίνδυνος εἴη καὶ τὴν προειργασμένην δόξαν ἀποβαλεῖν, ἠπορεῖτο. διαπορουμένῳ δὲ αὐτῷ διακρῖναι ἔδοξε κρά- 22 τιστον εἶναι τοῖς θεοῖς ἀνακοινῶσαι· καὶ παραστησάμενος δύο

---

etwas, mit Nachdruck. — Ἀναξίβιος. S. V, 1, 4. — ὅτι ἐπαινοίη, als Gedanke des Cheiris. — ὅτι ὑπισχνεῖτο, als blosse Thatsache.

17. εἰσῄει αὐτοὺς, subibat eorum animos, kam ihnen der Gedanke ein. — ὅπως ἂν, wie sie — könnten. Der Conjunctiv wegen der Neigung zum Uebergang in die or. recta. Vergl. zu I, 4, 18.

18. τὸν δ' ἔμπροσθεν χρόνον, während (s. zu II, 5, 17) früher (d. i. bis jetzt) die Strategen Alles nach Stimmenmehrheit (ἐκ τῆς νικώσης, näml. ψήφους) thaten, wobei es also der λόγων πρὸς ἀλλήλους bedurfte.

19. ἔπειθεν, suchte zu überreden. S. zu I, 3, 1.

20. τῇ μὲν, eines Theils, dem dann, statt τῇ δέ, §. 21 ὁπότε δ' entspricht. — πρὸς, bei. — τυχὸν, absolut (s. zu II, 5, 22): wenn sich's träfe, d. i. vielleicht.

21. ἐνθυμοῖτο, Opt. wie I, 2, 7.

22. διακρῖναι, abhängig von διαπορουμένῳ. — ἀνακοινῶσαι, wie III, 1, 5. — παραστησάμενος, liess

ἱερεῖα ἐθύετο τῷ Διὶ τῷ βασιλεῖ, ὅσπερ αὐτῷ μαντευτὸς ἦν ἐκ Δελφῶν· καὶ τὸ ὄναρ δὴ ἀπὸ τούτου τοῦ θεοῦ ἐνόμιζεν ἑωρακέναι, ὃ εἶδεν ὅτε ἤρχετο ἐπὶ τὸ συνεπιμελεῖσθαι τῆς στρατιᾶς καθίστασθαι. καὶ ὅτε ἐξ Ἐφέσου ὡρμᾶτο Κύρῳ συσταθησόμενος, ἀετὸν ἀνεμιμνήσκετο ἑαυτῷ δεξιὸν φθεγγόμενον, καθήμενον μέντοι, ὥσπερ ὁ μάντις ὁ προπέμπων αὐτὸν ἔλεγεν ὅτι μέγας μὲν οἰωνὸς εἴη καὶ οὐκ ἰδιωτικὸς καὶ ἔνδοξος, ἐπίπονος μέντοι· τὰ γὰρ ὄρνεα μάλιστα ἐπιτίθεσθαι τῷ ἀετῷ καθημένῳ· οὐ μέντοι χρηματιστικὸν εἶναι τὸν οἰωνόν· τὸν γὰρ ἀετὸν πετόμενον μᾶλλον λαμβάνειν τὰ ἐπιτήδεια. οὕτω δὴ θυομένῳ αὐτῷ διαφανῶς ὁ θεὸς σημαίνει μήτε προσδεῖσθαι τῆς ἀρχῆς μήτε, εἰ αἱροῦντο, ἀποδέχεσθαι. τοῦτο μὲν δὴ οὕτως ἐγένετο. ἡ δὲ στρατιὰ συνῆλθε, καὶ πάντες ἔλεγον ἕνα αἱρεῖσθαι· καὶ ἐπεὶ τοῦτο ἔδοξε, προεβάλλοντο αὐτόν. ἐπεὶ δὲ ἐδόκει δῆλον εἶναι, ὅτι αἱρήσονται αὐτόν, εἴ τις ἐπιψηφίζοι, ἀνέστη καὶ ἔλεξε τάδε.

Ἐγώ, ὦ ἄνδρες, ἥδομαι μὲν ὑφ' ὑμῶν τιμώμενος, εἴπερ ἄνθρωπός εἰμι, καὶ χάριν ἔχω καὶ εὔχομαι δοῦναί μοι τοὺς θεοὺς αἴτιόν τινος ὑμῖν ἀγαθοῦ γενέσθαι· τὸ μέντοι ἐμὲ προκριθῆναι ὑφ' ὑμῶν ἄρχοντα Λακεδαιμονίου ἀνδρὸς παρόντος οὔτε ὑμῖν μοι δοκεῖ συμφέρον εἶναι, ἀλλ' ἧττον ἂν διὰ τοῦτο τυγχάνειν, εἴ τι δέοισθε παρ' αὐτῶν· ἐμοί τε αὖ οὐ πάνυ τι νομίζω ἀσφαλὲς εἶναι τοῦτο. ὁρῶ γάρ, ὅτι καὶ τῇ πατρίδι μου

---

herbeischaffen. — ὅσπερ μαντευτὸς ἦν, näml. als der, dem er opfern sollte. — καὶ — ἀπὸ τούτου, lose Verbindung statt καὶ ἀφ' οὗ. Vergl. I, 8, 26. ἀπὸ ist auf Veranlassung. S. zu II, 5, 32. — τὸ ὄναρ, III, 1, 11. — ἤρχετο — καθίστασθαι, seine Stellung antrat zur Mitsorge für das Heer, als Strateg.

23. συσταθησόμενος, wie III, 1, 8. — ὅτι μέγας — εἴη, anakoluthisch, als ob vorausgegangen wäre ὅνπερ ὁ μάντις προπέμπων ἔλεγεν (mit Prolepsis wie I, 8, 21). — οὐκ ἰδιωτικὸς, nicht wie für einen Privatmann. — Der Satz τὰ γὰρ — καθημένῳ giebt die Erklärung zu ἐπίπονος μέντοι. — χρηματιστικόν, Gelderwerb vorbedeutend.

24. οὕτω δὴ, so also, d. i. aus diesen Gründen, zu θυομένῳ gehörig.

25. ἔλεγον, mit folg. Infinitiv, wie I, 3, 8, 14.

26. εἴπερ, siquidem. Sinn: Solcher Ehrgeiz ist ja menschlich. — ἀνδρὸς, abhängig von προκριθῆναι. — οὔτε ὑμῖν — ἐμοί τε, neque vobis — et mihi. — Zu τυγχάνειν ergänze als Subject ὑμᾶς, als Object τούτου oder τούτων aus εἴ τι. — αὐτῶν, den Lakedämoniern, von denen ja Anaxibios §. 16 Sold in Aussicht gestellt hat.

οὐ πρόσθεν ἐπαύσαντο πολεμοῦντες πρὶν ἐποίησαν πᾶσαν τὴν πόλιν ὁμολογεῖν Λακεδαιμονίους καὶ αὐτῶν ἡγεμόνας εἶναι. ἐπεὶ δὲ τοῦτο ὡμολόγησαν, εὐθὺς ἐπαύσαντο πολεμοῦντες καὶ 28 οὐκέτι πέρα ἐπολιόρκησαν τὴν πόλιν. εἰ οὖν ταῦτα ὁρῶν ἐγὼ δοκοίην ὅπου δυναίμην ἐνταῦθ' ἄκυρον ποιεῖν τὸ ἐκείνων ἀξίωμα, ἐκεῖνο ἐννοῶ, μὴ λίαν ἂν ταχὺ σωφρονισθείην. ὃ δὲ 29 ὑμεῖς ἐννοεῖτε, ὅτι ἧττον ἂν στάσις εἴη ἑνὸς ἄρχοντος ἢ πολλῶν, εὖ ἴστε, ὅτι ἄλλον μὲν ἑλόμενοι οὐχ εὑρήσετε ἐμὲ στασιάζοντα· νομίζω γὰρ, ὅστις ἐν πολέμῳ ὢν στασιάζει πρὸς ἄρχοντα, τοῦτον πρὸς τὴν ἑαυτοῦ σωτηρίαν στασιάζειν· ἐὰν δὲ ἐμὲ ἕλησθε, οὐκ ἂν θαυμάσαιμι, εἴ τινα εὕροιτε καὶ ὑμῖν καὶ ἐμοὶ ἀχθόμενον.

Ἐπεὶ δὲ ταῦτα εἶπε, πολὺ μᾶλλον ἐξανίσταντο λέγοντες, 30 ὡς δέοι αὐτὸν ἄρχειν. Ἀγασίας δὲ Στυμφάλιος εἶπεν, ὅτι γελοῖον εἴη, εἰ οὕτως ἔχοι· ὡς ὀργιοῦνται Λακεδαιμόνιοι καὶ ἐὰν σύνδειπνοι συνελθόντες μὴ Λακεδαιμόνιον συμποσίαρχον αἱρῶνται. ἐπεὶ εἰ οὕτω γε τοῦτο ἔχει, ἔφη, οὐδὲ λοχαγεῖν ἡμῖν ἔξεστιν, ὡς ἔοικεν, ὅτι Ἀρκάδες ἐσμέν. ἐνταῦθα δὴ ὡς εὖ εἰπόντος τοῦ Ἀγασίου ἀνεθορύβησαν. καὶ ὁ Ξενοφῶν ἐπεὶ 31 ἑώρα πλείονος ἐνδέον, παρελθὼν εἶπεν, Ἀλλ', ὦ ἄνδρες, ἔφη, ὡς πάνυ εἰδῆτε, ὀμνύω ὑμῖν θεοὺς πάντας καὶ πάσας, ἦ μὴν ἐγὼ, ἐπεὶ τὴν ὑμετέραν γνώμην ᾐσθανόμην, ἐθυόμην, εἰ βέλτιον εἴη ὑμῖν τε ἐμοὶ ἐπιτρέψαι ταύτην τὴν ἀρχὴν καὶ ἐμοὶ ὑποστῆναι· καί μοι οἱ θεοὶ οὕτως ἐν τοῖς ἱεροῖς ἐσήμηναν, ὥστε καὶ ἰδιώτην ἂν γνῶναι, ὅτι τῆς μοναρχίας ἀπέχεσθαί με

---

27. ἐποίησαν, es dahin brachten, dass.
28. ὡμολόγησαν, die Athener aus πᾶσαν τὴν πόλιν verständlich. S. zu I, 2, 27. — ἐπαύσαντο, die Laked. — ὁρῶν, obwohl ich sehe. — ἐκεῖνο weist auf den Satz μὴ — σωφρονισθείην hin. — μὴ, wie III, 5, 3: ich möchte doch gar zu bald zur Vernunft gebracht werden können, d. h. einsehen, dass ich meine Kräfte überschätzt hätte.
29. ὅ, wie II, 3, 1. — τινα vor εὕροιτε geht auf Cheirisophos; doch ist das ἀχθόμενον nicht gar zu ernstlich zu nehmen. S. die Inhaltsang. zu IV, 6 zu Ende.

30. ὡς — καὶ ἐὰν, denn dann werden sich die L. auch erzürnen, wenn. — ἐπεὶ, denn. — ὡς — εἰπόντος. S. zu I, 1, 3.

31. πλείονος ἐνδέον, dass es eines Mehreren bedurfte, d. h. einer weiteren Rede. — ἦ μήν, wie II, 3, 26, aber hier, was selten (z. B. Cyrop. II, 3, 12), mit folg. Indicativ. — ἰδιώτην, ein Laie im Wahrsagen aus Opfern.

32 δεῖ. οὕτω δὴ Χειρίσοφον αἱροῦνται. Χειρίσοφος δ' ἐπεὶ ἡρέθη, παρελθὼν εἶπεν, Ἀλλ', ὦ ἄνδρες, τοῦτο μὲν ἴστε, ὅτι οὐδ' ἂν ἔγωγε ἐστασίαζον, εἰ ἄλλον εἵλεσθε· Ξενοφῶντα μέντοι, ἔφη, ὠνήσατε οὐχ ἑλόμενοι· ὡς καὶ νῦν Δέξιππος ἤδη διέβαλλεν αὐτὸν πρὸς Ἀναξίβιον ὅ τι ἐδύνατο καὶ μάλα ἐμοῦ αὐτὸν σιγάζοντος. ὁ δ' ἔφη νομίζειν αὐτὸν Τιμασίωνι μᾶλλον συνάρχειν ἐθελῆσαι Δαρδανεῖ ὄντι τοῦ Κλεάρχου στρατεύματος
33 ἢ ἑαυτῷ Λάκωνι ὄντι. ἐπεὶ μέντοι ἐμὲ εἵλεσθε, ἔφη, καὶ ἐγὼ πειράσομαι ὅ τι ἂν δύνωμαι ὑμᾶς ἀγαθὸν ποιεῖν. καὶ ὑμεῖς οὕτω παρασκευάζεσθε ὡς αὔριον, ἐὰν πλοῦς ᾖ, ἀναξόμενοι· ὁ δὲ πλοῦς ἔσται εἰς Ἡράκλειαν· ἅπαντας οὖν δεῖ ἐκεῖσε πειρᾶσθαι κατασχεῖν· τὰ δ' ἄλλα, ἐπειδὰν ἐκεῖσε ἔλθωμεν, βουλευσόμεθα.

II. Ἐντεῦθεν τῇ ὑστεραίᾳ ἀναγόμενοι πνεύματι ἔπλεον καλῷ ἡμέρας δύο παρὰ γῆν. καὶ παραπλεύσαντες ἀφίκοντο εἰς Ἡράκλειαν πόλιν Ἑλληνίδα Μεγαρέων ἄποικον, οὖσαν δ' ἐν τῇ
2 Μαριανδυνῶν χώρᾳ. καὶ ὡρμίσαντο παρὰ τῇ Ἀχερουσιάδι Χερρονήσῳ, ἔνθα λέγεται ὁ Ἡρακλῆς ἐπὶ τὸν Κέρβερον κύνα καταβῆναι ᾗ νῦν τὰ σημεῖα δεικνύουσι τῆς καταβάσεως τὸ βάθος πλέον ἢ ἐπὶ δύο στάδια. ἐνταῦθα τοῖς Ἕλλησιν οἱ Ἡρακλεῶ-

2. Inhalt: Das Heer landet etwa am 27. Mai 400 in Herakleia, wo es reiche Gastgeschenke von den Einwohnern erhält. Aber man verlangt noch eine bedeutende Summe Geldes. Da verschliessen ihnen die Herakleoten ihre Thore und setzen die Stadtmauern in Vertheidigungszustand. Darüber erbittert, dass Cheirisophos und Xenophon ihnen in dieser Sache ihren Beistand versagen, wählt die grössere Hälfte des Heeres, aus Arkadern und Achäern bestehend, aus ihrer Mitte andere Feldherren, die, wie früher an Stimmenmehrheit gebunden, sie anderswohin zu Sieg und Beute führen sollen. Sie verschaffen sich Schiffe von den Herakleoten und segeln zunächst nach Kalpe im Thrakischen Bithynien. Cheirisophos aber und sein Unterfeldherr Neon mit ihren Lakedämoniern gehen an der Küste hin und ein dritter Zug unter Xenophon, dessen Anschluss an die Lakedämonier durch Neon verhindert wird, zuerst zu Wasser, dann mitten durch das Land, die beiden letzteren Züge eben-

32. ὡς, wie §. 30. — καὶ νῦν, jetzt schon, ehe ihr an seine Wahl dachtet. — Δέξιππος, V, 1, 15. — ὅ τι, quantum. — ὁ δ', Dexippos. — αὐτὸν, Xenophon. — Τιμασίωνι, III, 1, 47 an Klearchs Stelle zum Strategen gewählt.
33. ὡς — ἀναξόμενοι, um in See zu gehen. — κατασχεῖν, darauf los halten, hinsteuern.

2. ἐπὶ, wie V, 1, 5. — ᾗ, an der Stelle, wo. — δεικνύουσι, man zeigt. — τὸ βάθος, Accus. d. Beziehung. — πλέον ἢ ἐπὶ, wie IV, 6, 11.

ται ξένια πέμπουσιν ἀλφίτων μεδίμνους τρισχιλίους καὶ οἴνου κεράμια δισχίλια καὶ βοῦς εἴκοσι καὶ ὄϊς ἑκατόν. ἐνταῦθα διὰ τοῦ πεδίου ῥεῖ ποταμὸς Λύκος ὄνομα, εὖρος ὡς δύο πλέθρων. Οἱ δὲ στρατιῶται συλλεγέντες ἐβουλεύοντο, τὴν λοιπὴν 4 πορείαν πότερον κατὰ γῆν ἢ κατὰ θάλατταν χρὴ πορευθῆναι ἐκ τοῦ Πόντου. ἀναστὰς δὲ Λύκων Ἀχαιὸς εἶπε, Θαυμάζω μέν, ὦ ἄνδρες, τῶν στρατηγῶν, ὅτι οὐ πειρῶνται ἡμῖν ἐκπορίζειν σιτηρέσιον· τὰ μὲν γὰρ ξένια οὐ μὴ γένηται τῇ στρατιᾷ τριῶν ἡμερῶν σιτία· ὁπόθεν δ' ἐπισιτισάμενοι πορευσόμεθα οὐκ ἔστιν, ἔφη. ἐμοὶ οὖν δοκεῖ αἰτεῖν τοὺς Ἡρακλεώτας μὴ ἔλαττον ἢ τρισχιλίους κυζικηνούς· ἄλλος δ' εἶπε, μὴ ἔλαττον 5 ἢ μυρίους· καὶ ἑλομένους πρέσβεις αὐτίκα μάλα ἡμῶν καθημένων πέμπειν πρὸς τὴν πόλιν καὶ εἰδέναι, ὅ τι ἂν ἀπαγγέλλωσι, καὶ πρὸς ταῦτα βουλεύεσθαι. ἐντεῦθεν προυβάλ- 6 λοντο πρέσβεις πρῶτον μὲν Χειρίσοφον, ὅτι ἄρχων ᾕρητο· ἔστι δ' οἳ καὶ Ξενοφῶντα. οἱ δὲ ἰσχυρῶς ἀπεμάχοντο· ἀμφοῖν γὰρ ταὐτὰ ἐδόκει μὴ ἀναγκάζειν πόλιν Ἑλληνίδα καὶ φιλίαν ὅ τι μὴ αὐτοὶ ἐθέλοντες διδοῖεν. ἐπεὶ δ' οὗτοι ἐδόκουν 7 ἀπρόθυμοι εἶναι, πέμπουσι Λύκωνα Ἀχαιὸν καὶ Καλλίμαχον Παρράσιον καὶ Ἀγασίαν Στυμφάλιον. οὗτοι ἐλθόντες ἔλεγον τὰ δεδογμένα· τὸν δὲ Λύκωνα ἔφασαν καὶ ἐπαπειλεῖν, εἰ μὴ ποιήσοιεν ταῦτα. ἀκούσαντες δ' οἱ Ἡρακλεῶται βουλεύσεσθαι 8 ἔφασαν· καὶ εὐθὺς τά τε χρήματα ἐκ τῶν ἀγρῶν συνῆγον καὶ

---

falls in der Richtung auf Kalpe. — Das ganze Heer — jetzt noch 8640 Mann — ist also jetzt in drei getrennte Theile getheilt, die sich erst wieder vereinigen, nachdem die Meuterer, die die Trennung hervorgerufen, dafür schwer gebüsst haben.

---

4. Θαυμάζω — τῶν στρατηγῶν. Man sagt θαυμάζω τί τινος. Hier wird das Object durch den Satz ὅτι — σιτηρέσιον vertreten. Vergl. zu διαθεώμενος αὐτῶν III, 1, 19. — οὐ μή, wie II, 2, 12.

5. Mit καὶ ἑλομένους geht die Rede Lykons weiter, und πέμπειν — εἰδέναι hängen von δοκεῖ ab. — αὐτίκα μάλα, auf der Stelle.

ἡμῶν καθημένων, während wir hier (versammelt) sitzen bleiben. — εἰδέναι, erfahren.

6. πρέσβεις, als Gesandte, wobei auch an die nachher genannten gedacht wird. — ᾕρητο, V, 1, 32. — ἔστι — οἵ. S. zu I, 5, 7. — ἀναγκάζειν, näml. διδόναι.

7. ἔφασαν, sagte man. — ἐπαπειλεῖν, Inf. des Imperfects.

τὴν ἀγορὰν εἴσω ἀνεσκεύασαν, καὶ αἱ πύλαι ἐκέκλειντο καὶ ἐπὶ τῶν τειχῶν ὅπλα ἐφαίνετο.

9 Ἐκ τούτου οἱ ταράξαντες ταῦτα τοὺς στρατηγοὺς ᾐτιῶντο διαφθείρειν τὴν πρᾶξιν· καὶ συνίσταντο οἱ Ἀρκάδες καὶ οἱ Ἀχαιοί· προειστήκει δὲ μάλιστα αὐτῶν Καλλίμαχός τε ὁ Παρ-
10 ράσιος καὶ Λύκων ὁ Ἀχαιός. οἱ δὲ λόγοι ἦσαν αὐτοῖς, ὡς αἰσχρὸν εἴη ἄρχειν ἕνα Ἀθηναῖον Πελοποννησίων καὶ Λακεδαιμονίων, μηδεμίαν δύναμιν παρεχόμενον εἰς τὴν στρατιάν, καὶ τοὺς μὲν πόνους σφᾶς ἔχειν, τὰ δὲ κέρδη ἄλλους, καὶ ταῦτα τὴν σωτηρίαν σφῶν κατειργασμένων· εἶναι γὰρ τοὺς κατειργασμένους Ἀρκάδας καὶ Ἀχαιούς, τὸ δ' ἄλλο στράτευμα οὐδὲν εἶναι. καὶ ἦν δὲ τῇ ἀληθείᾳ ὑπὲρ ἥμισυ τοῦ ὅλου στρατεύματος
11 Ἀρκάδες καὶ Ἀχαιοί. εἰ οὖν σωφρονοῖεν οὗτοι, συστάντες καὶ στρατηγοὺς ἑλόμενοι ἑαυτῶν καθ' ἑαυτοὺς ἂν τὴν πορείαν
12 ποιοῖντο καὶ πειρῷντο ἀγαθόν τι λαμβάνειν. ταῦτ' ἔδοξε· καὶ ἀπολιπόντες Χειρίσοφον εἴ τινες ἦσαν παρ' αὐτῷ Ἀρκάδες ἢ Ἀχαιοὶ καὶ Ξενοφῶντα συνέστησαν καὶ στρατηγοὺς αἱροῦνται ἑαυτῶν δέκα· τούτους δὲ ἐψηφίσαντο ἐκ τῆς νικώσης ὅ τι δοκοίη, τοῦτο ποιεῖν. ἡ μὲν οὖν τοῦ παντὸς ἀρχὴ Χειρισόφῳ ἐνταῦθα κατελύθη ἡμέρᾳ ἕκτῃ ἢ ἑβδόμῃ ἀφ' ἧς ᾑρέθη.
13 Ξενοφῶν μέντοι ἐβούλετο κοινῇ μετ' αὐτῶν τὴν πορείαν ποιεῖσθαι, νομίζων οὕτως ἀσφαλέστερον εἶναι ἢ ἰδίᾳ ἕκαστον στέλλεσθαι· ἀλλὰ Νέων ἔπειθεν αὐτὸν καθ' αὑτὸν πορεύεσθαι, ἀκούσας τοῦ Χειρισόφου, ὅτι Κλέανδρος ὁ ἐν Βυζαντίῳ ἁρμο-
14 στὴς φαίη τριήρεις ἔχων ἥξειν εἰς Κάλπης λιμένα· ὅπως οὖν μηδεὶς μετάσχοι, ἀλλ' αὐτοὶ καὶ οἱ αὐτῶν στρατιῶται ἐκπλεύ-

---

8. ἐκέκλειντο, das Plusquamperfect bezeichnet die Schnelligkeit, mit der es geschah. — ὅπλα, wie II, 2, 4.
9. οἱ ταράξαντες ταῦτα, die diese Wirren veranlasst hatten.
10. ἕνα Ἀθηναῖον, Xenophon, der persönlich die Geltung des gewählten Oberbefehlshabers Cheirisophos bei weitem überragte. — μηδεμίαν — εἰς τὴν στρατιάν. Vergl. III, 1, 4. — καὶ ταῦτα, und zwar, wie I, 4, 12. — ἦν, construirt nach dem Prädicat ὑπὲρ ἥμισυ, das dem Sinne nach gleich πλέον ἢ ἥμισυ. S. zu I, 4, 4.
11. ἑαυτῶν, eigene. — καθ' ἑαυτούς, für sich.
12. εἴ τινες. S. zu I, 6, 1. — Zu Ξενοφῶντα ergänzt sich εἴ τινες — Ἀχαιοὶ von selbst. — ἐκ τῆς νικώσης, wie VI, 1, 18. — ἀφ' ἧς, seitdem.
13. μετ' αὐτῶν, mit Cheirisophos und seinen Lakedämoniern.
14. αὐτοί, sie allein, Cheirisophos, Neon mit ihrem Corps. —

σειαν ἐπὶ τῶν τριήρων, διὰ ταῦτα συνεβούλευε. καὶ Χειρίσοφος, ἅμα μὲν ἀθυμῶν τοῖς γεγενημένοις, ἅμα δὲ μισῶν ἐκ τούτου τὸ στράτευμα, ἐπιτρέπει αὐτῷ ποιεῖν ὅ τι βούλεται. Ξενοφῶν δὲ ἔτι μὲν ἐπεχείρησεν ἀπαλλαγεὶς τῆς στρατιᾶς ἐκ- 15 πλεῦσαι· θυομένῳ δὲ αὐτῷ τῷ ἡγεμόνι Ἡρακλεῖ καὶ κοινουμένῳ, πότερα λῷον καὶ ἄμεινον εἴη στρατεύεσθαι ἔχοντι τοὺς παραμείναντας τῶν στρατιωτῶν ἢ ἀπαλλάττεσθαι, ἐσήμηνεν ὁ θεὸς τοῖς ἱεροῖς συστρατεύεσθαι. οὕτω γίγνεται τὸ στρά- 16 τευμα τρίχα, Ἀρκάδες μὲν καὶ Ἀχαιοὶ πλείους ἢ τετρακισχίλιοι καὶ πεντακόσιοι, ὁπλῖται πάντες, Χειρισόφῳ δ' ὁπλῖται μὲν εἰς τετρακοσίους καὶ χιλίους, πελτασταὶ δὲ εἰς ἑπτακοσίους, οἱ Κλεάρχου Θρᾷκες, Ξενοφῶντι δὲ ὁπλῖται μὲν εἰς ἑπτακοσίους καὶ χιλίους, πελτασταὶ δὲ εἰς τριακοσίους· ἱππικὸν δὲ μόνος οὗτος εἶχεν, ἀμφὶ τετταράκοντα ἱππέας.

Καὶ οἱ μὲν Ἀρκάδες διαπραξάμενοι πλοῖα παρὰ τῶν Ἡρα- 17 κλεωτῶν πρῶτοι πλέουσιν, ὅπως ἐξαίφνης ἐπιπεσόντες τοῖς Βιθυνοῖς λάβοιεν ὅ τι πλεῖστα· καὶ ἀποβαίνουσιν εἰς Κάλπης λιμένα κατὰ μέσον πως τῆς Θρᾴκης. Χειρίσοφος δ' εὐ- 18 θὺς ἀπὸ τῆς πόλεως τῶν Ἡρακλεωτῶν ἀρξάμενος πεζῇ ἐπορεύετο διὰ τῆς χώρας· ἐπεὶ δὲ εἰς τὴν Θρᾴκην ἐνέβαλε, παρὰ τὴν θάλατταν ᾔει· καὶ γὰρ ἤδη ἠσθένει. Ξενοφῶν δὲ πλοῖα 19 λαβὼν ἀποβαίνει ἐπὶ τὰ ὅρια τῆς Θρᾴκης καὶ τῆς Ἡρακλεώτιδος καὶ διὰ μεσογείας ἐπορεύετο.

Ἔπραξαν δ' αὐτῶν ἕκαστοι τάδε. οἱ μὲν Ἀρκάδες ὡς III. ἀπέβησαν νυκτὸς εἰς Κάλπης λιμένα, πορεύονται εἰς τὰς πρώ-

---

4. Inhalt: Das Corps der Arkader und Achäer überfällt von Kalpe aus Thrakische Dörfer, nach deren Plünderung sie von den sich sammelnden Thrakern grosse Verluste erleiden und auf einer Anhöhe eingeschlossen werden. Während nun Cheirisophos am Meere hin nach Kalpe zieht, erfährt Xenophon auf seinem Zuge durch das Binnenland, was den Arkadern und Achäern begegnet ist... „Sie müssen gerettet werden, um ihret- und um unsertwillen, da wir sonst auch verloren sind." Mit solcher Rede feuert Xenophon seine Leute an. Nach einem vorsichtigen Marsche, auf dem sie alles Brennbare in Brand

---

συνεβούλευε, gab er (dem Xen.) den Rath. — αὐτῷ, dem Xenoph.
15. κοινουμένῳ, um Rath fragte durch das Opfer.
18. παρὰ τὴν θάλατταν, wo er

mit den Thrakern nicht zusammenstiess (VI, 3, 10: ἀσφαλῶς πορευόμενος); so wird καὶ γὰρ verständlich. — ἤδη, mit Beziehung auf VI, 4, 11.

τας κώμας, στάδια ἀπὸ θαλάττης ὡς τριάκοντα. ἐπεὶ δὲ φῶς ἐγένετο, ἦγεν ἕκαστος ὁ στρατηγὸς τὸν αὑτοῦ λόχον ἐπὶ κώμην· ὁποία δὲ μείζων ἐδόκει εἶναι, σύνδυο λόχοις ἦγον οἱ στρατηγοί. συνεβάλλοντο δὲ καὶ λόφον εἰς ὃν δέοι πάντας ἁλίζεσθαι· καὶ ἅτε ἐξαίφνης ἐπιπεσόντες ἀνδράποδά τε πολλὰ ἔλαβον καὶ πρόβατα πολλὰ περιεβάλοντο. οἱ δὲ Θρᾷκες ἠθροίζοντο οἱ διαφυγόντες· πολλοὶ δὲ διέφυγον πελτασταὶ ὄντες ὁπλίτας ἐξ αὐτῶν τῶν χειρῶν. ἐπεὶ δὲ συνελέγησαν, πρῶτον μὲν τῷ Σμίκρητος λόχῳ ἑνὸς τῶν Ἀρκάδων στρατηγῶν ἀπιόντι ἤδη εἰς τὸ συγκείμενον καὶ πολλὰ χρήματα ἄγοντι ἐπιτίθενται. καὶ τέως μὲν ἐμάχοντο ἅμα πορευόμενοι οἱ Ἕλληνες, ἐπὶ δὲ διαβάσει χαράδρας τρέπονται αὐτούς καὶ αὐτόν τε τὸν Σμίκρητα ἀποκτιννύασι καὶ τοῖς ἄλλους πάντας· ἄλλου δὲ λόχου τῶν δέκα στρατηγῶν τοῦ Ἡγησάνδρου ὀκτὼ μόνους κατέλιπον· καὶ αὐτὸς Ἡγήσανδρος ἐσώθη. καὶ οἱ ἄλλοι δὲ λοχαγοὶ συνῆλθον οἱ μὲν σὺν πράγμασιν οἱ δὲ ἄνευ πραγμάτων· οἱ δὲ Θρᾷκες ἐπεὶ ηὐτύχησαν τοῦτο τὸ εὐτύχημα, συνεβόων τε ἀλλήλους καὶ συνελέγοντο ἐρρωμένως τῆς νυκτός. καὶ ἅμα ἡμέρᾳ κύκλῳ περὶ τὸν λόφον, ἔνθα οἱ Ἕλληνες ἐστρατοπεδεύοντο, ἐτάττοντο καὶ ἱππεῖς πολλοὶ καὶ πελτασταί, καὶ ἀεὶ πλείονες συνέρρεον· καὶ προσέβαλλον πρὸς τοὺς ὁπλίτας

stecken, schlagen sie auf einem Hügel ihr Nachtlager auf und zünden auch da zahlreiche Feuer an. Der Feind, dadurch geschreckt und, weil die Feuer bald wieder erlöschen, meinend, ein grosses Heer ziehe unter dem Schutze der Nacht gegen ihn heran, giebt schnell, noch am Abende, die Belagerung jener Anhöhe auf und zieht ab. Da nun die Arkader und Achäer bei Tagesanbruch, sich befreit sehend, die Anhöhe verlassen, so trifft sie daselbst Xenophon's Schaar, als sie nach frühem Aufbruche dort anlangt, nicht mehr an, holt sie aber auf dem Wege nach Kalpe ein, und beiderseits ist nun über die Wiedervereinigung die Freude gross.

1. λόχον, Abtheilung, deren es nach VI, 2, 12 zehn gewesen sein müssen, jede (nach VI, 2, 16) zu 450 Mann. — Aus ὁποία ergänze ἐπὶ ταύτην zu ἦγον.

3. συνεβάλλοντο, sie verabredeten. Nachher §. 4 passivisch συγκείμενον. — ἅτε, quippe.

4. οἱ διαφυγόντες, die aus den so plötzlich überfallenen Dörfern geflüchtet waren. — ὁπλίτας, denn die Arkader und Achäer waren alle Hopliten (VI, 2, 16). — τὸ συγκείμενον, jene Anhöhe.

5. τρέπονται, die Thraker sind Subject.

6. καὶ — συνῆλθον, nach der Anhöhe, wohin auch Smikres und Hegesandros gewollt hatten. — πράγμασιν, Schwierigkeiten. — ηὐτύχησαν — εὐτύχημα. S. zu I, 3, 15.

ἀσφαλῶς· οἱ μὲν γὰρ Ἕλληνες οὔτε τοξότην εἶχον οὔτε ἀκοντιστὴν οὔτε ἱππέα· οἱ δὲ προσθέοντες καὶ προσελαύνοντες ἠκόντιζον· ὁπότε δὲ αὐτοῖς ἐπίοιεν, ῥᾳδίως ἀπέφευγον· ἄλλοι δὲ ἄλλῃ ἐπετίθεντο. καὶ τῶν μὲν πολλοὶ ἐτιτρώσκοντο, τῶν δὲ 8 οὐδείς· ὥστε κινηθῆναι οὐκ ἐδύναντο ἐκ τοῦ χωρίου, ἀλλὰ τελευτῶντες καὶ ἀπὸ τοῦ ὕδατος εἶργον αὐτοὺς οἱ Θρᾷκες. ἐπεὶ δὲ ἀπορία πολλὴ ἦν, διελέγοντο περὶ σπονδῶν· καὶ τὰ 9 μὲν ἄλλα ὡμολόγητο αὐτοῖς, ὁμήρους δὲ οὐκ ἐδίδοσαν οἱ Θρᾷκες αἰτούντων τῶν Ἑλλήνων, ἀλλ' ἐν τούτῳ ἴσχετο. τὰ μὲν δὴ τῶν Ἀρκάδων οὕτως εἶχε.

Χειρίσοφος δὲ ἀσφαλῶς πορευόμενος παρὰ θάλατταν 10 ἀφικνεῖται εἰς Κάλπης λιμένα. Ξενοφῶντι δὲ διὰ τῆς μεσογείας πορευομένῳ οἱ ἱππεῖς προκαταθέοντες ἐντυγχάνουσι πρεσβύταις πορευομένοις ποι. καὶ ἐπεὶ ἤχθησαν παρὰ Ξενοφῶντα, ἐρωτᾷ αὐτοὺς, εἴ που ᾔσθηνται ἄλλου στρατεύματος ὄντος Ἑλληνικοῦ. οἱ δὲ ἔλεγον πάντα τὰ γεγενημένα καὶ νῦν 11 ὅτι πολιορκοῦνται ἐπὶ λόφου, οἱ δὲ Θρᾷκες πάντες περικεκυκλωμένοι εἶεν αὐτούς. ἐνταῦθα τοὺς μὲν ἀνθρώπους τούτους ἐφύλαττεν ἰσχυρῶς, ὅπως ἡγεμόνες εἶεν ὅποι δέοι· σκοποὺς δὲ καταστήσας συνέλεξε τοὺς στρατιώτας καὶ ἔλεξεν, Ἄνδρες στρατιῶται, τῶν Ἀρκάδων οἱ μὲν τεθνᾶσιν, οἱ δὲ λοι- 12 ποὶ ἐπὶ λόφου τινὸς πολιορκοῦνται. νομίζω δ' ἔγωγε, εἰ ἐκεῖνοι ἀπολοῦνται, οὐδ' ἡμῖν εἶναι οὐδεμίαν σωτηρίαν, οὕτω μὲν πολλῶν ὄντων πολεμίων, οὕτω δὲ τεθαρρηκότων. κράτιστον 13 οὖν ἡμῖν ὡς τάχιστα βοηθεῖν τοῖς ἀνδράσιν, ὅπως εἰ ἔτι εἰσὶ σῶοι, σὺν ἐκείνοις μαχώμεθα καὶ μὴ μόνοι λειφθέντες μόνοι καὶ κινδυνεύωμεν. νῦν μὲν οὖν στρατοπεδευσώμεθα προελθόν- 14 τες ὅσον ἂν δοκῇ καιρὸς εἶναι εἰς τὸ δειπνοποιεῖσθαι· ἕως δ' ἂν πορευώμεθα, Τιμασίων ἔχων τοὺς ἱππεῖς προελαυνέτω ἐφορῶν ἡμᾶς, καὶ σκοπείτω τὰ ἔμπροσθεν, ὡς μηδὲν ἡμᾶς

---

7. ἐπίοιεν, die Griechen. Der Opt. wie I, 2, 7.
8. τῶν μὲν — τῶν δὲ, Thraker — Griechen. — ὥστε. wie I, 3, 10. — τελευτῶντες, wie IV, 5, 16.
9. ἐν τούτῳ ἴσχετο, in hac conditione res haerebat; der Vertrag kam also nicht zu Stande.

11. νῦν, des Nachdrucks wegen vor ὅτι gestellt. — πολιορκοῦνται — εἶεν, Indic. u. Opt. wie II, 1, 3.

14. ὅσον, so weit als. — εἰς, mit Rücksicht auf, d. h. so weit bis uns die Abendmahlzeit nöthigt Halt zu machen.

15 λάθῃ. παρέπεμψε δὲ καὶ τῶν γυμνήτων ἀνθρώπους εὐζώνοις εἰς τὰ πλάγια καὶ εἰς τὰ ἄκρα, ὅπως, εἴ πού τι ποθεν καθορῷεν, σημαίνοιεν· ἐκέλευε δὲ καίειν ἅπαντα ὅτῳ ἐντυγχά-
16 νοιεν καυσίμῳ· ἡμεῖς γὰρ ἀποδραίημεν ἂν οὐδαμοῖ ἐνθένδε· πολλὴ μὲν γάρ, ἔφη, εἰς Ἡράκλειαν πάλιν ἀπιέναι, πολλὴ δὲ εἰς Χρυσόπολιν διελθεῖν· οἱ δὲ πολέμιοι πλησίον· εἰς Κάλπης δὲ λιμένα, ἔνθα Χειρίσοφον εἰκάζομεν εἶναι, εἰ σέσωσται, ἐλαχίστη ὁδός. ἀλλὰ δὴ ἐκεῖ μὲν οὔτε πλοῖα ἐστὶν, οἷς ἀποπλευσούμεθα, μένουσι δὲ αὐτοῦ οὐδὲ μιᾶς ἡμέρας ἔστι τὰ ἐπι-
17 τήδεια. τῶν δὲ πολιορκουμένων ἀπολομένων σὺν τοῖς Χειρισόφου μόνοις κάκιόν ἐστι διακινδυνεύειν ἢ τῶνδε σωθέντων πάντας εἰς ταὐτὸν ἐλθόντας κοινῇ τῆς σωτηρίας ἔχεσθαι. ἀλλὰ χρὴ παρασκευασαμένους τὴν γνώμην πορεύεσθαι, ὡς νῦν ἢ εὐκλεῶς τελευτῆσαι ἔστιν ἢ κάλλιστον ἔργον ἐργάσασθαι Ἕλ-
18 ληνας τοσούτους σώσαντας. καὶ ὁ θεὸς ἴσως ἄγει οὕτως, ὃς τοὺς μεγαληγορήσαντας ὡς πλέον φρονοῦντας ταπεινῶσαι βούλεται, ἡμᾶς δὲ τοὺς ἀπὸ τῶν θεῶν ἀρχομένους ἐντιμοτέρους ἐκείνων καταστῆσαι. ἀλλ' ἕπεσθαι χρὴ καὶ προσέχειν τὸν νοῦν, ὡς ἂν τὸ παραγγελλόμενον δίνησθε ποιεῖν.
19 Ταῦτ' εἰπὼν ἡγεῖτο. οἱ δ' ἱππεῖς σπειρόμενοι ἐφ' ὅσον καλῶς εἶχεν ἔκαιον ᾖ ἐβάδιζον, καὶ οἱ πελτασταὶ ἐπιπαριόντες κατὰ τὰ ἄκρα ἔκαιον πάντα ὅσα καύσιμα ἑώρων, καὶ ἡ στρατιὰ δέ, εἴ τινι παραλειπομένῳ ἐντυγχάνοιεν· ὥστε πᾶσα ἡ
20 χώρα αἴθεσθαι ἐδόκει καὶ τὸ στράτευμα πολὺ εἶναι. ἐπεὶ δὲ ὥρα ἦν, κατεστρατοπεδεύσαντο ἐπὶ λόφον ἐκβάντες καὶ τά τε τῶν πολεμίων πυρὰ ἑώρων, ἀπεῖχον δὲ ὡς τετταράκοντα στα-

---

15. ἅπαντα ὅτῳ, wie I, 1, 5.
16. Mit ἡμεῖς γὰρ wird die durch παρέπεμψε u. s: w. unterbrochene Rede fortgesetzt. Zusammenhang: Denn, wenn wir nicht durch einen äusserst vorsichtigen Marsch das Ziel erreichen und die in grosser Gefahr schwebenden Arkader und Achäer retten, dann bliebe auch uns kein Rettungsweg übrig. — πολλή, näml. ὁδός ἐστιν. — Χρυσόπολιν, am Bosporus, Byzans gegenüber. — μένουσι, näml. ἡμῖν.

17. ἔχεσθαι, sich an etwas halten, es zu erringen suchen. — τὴν γνώμην — ὡς, die Ueberzeugung, dass. — ἔστιν, der Fall vorliegt.
18. μεγαληγορήσαντας, VI, 2, 10. — ἀπὸ θεῶν ἀρχομένους, VI, 2, 15. — ὡς, wie.
19. ἐφ' ὅσον, näml. σπείρεσθαι. — καὶ ἡ στρατιὰ δέ, näml. ἔκαιε. — εἴ τινι, wie I, 6, 1. — παραλειπομένῳ, was nämlich nicht verbrannt war.

δίους, καὶ αὐτοὶ ὡς ἠδύναντο πλεῖστα πυρὰ ἔκαιον. ἐπεὶ δὲ 21
ἐδείπνησαν τάχιστα, παρηγγέλθη τὰ πυρὰ κατασβεννύναι
πάντα. καὶ τὴν μὲν νύκτα φυλακὰς ποιησάμενοι ἐκάθευδον·
ἅμα δὲ τῇ ἡμέρᾳ προσευξάμενοι τοῖς θεοῖς, συνταξάμενοι ὡς
εἰς μάχην ἐπορεύοντο ᾗ ἐδύναντο τάχιστα. Τιμασίων δὲ καὶ 22
οἱ ἱππεῖς ἔχοντες τοὺς ἡγεμόνας καὶ προελαύνοντες ἐλάνθανον
αὑτοὺς ἐπὶ τῷ λόφῳ γενόμενοι, ἔνθα ἐπολιορκοῦντο οἱ Ἕλληνες. καὶ οὐχ ὁρῶσιν οὔτε τὸ φίλιον στράτευμα οὔτε τὸ πολέμιον,
καὶ ταῦτα ἀπαγγέλλουσι πρὸς τὸν Ξενοφῶντα καὶ τὸ στράτευμα, γρᾴδια δὲ καὶ γερόντια καὶ πρόβατα ὀλίγα καὶ βοῦς
καταλελειμμένους. καὶ τὸ μὲν πρῶτον θαῦμα ἦν, τί εἴη τὸ 23
γεγενημένον, ἔπειτα δὲ καὶ τῶν καταλελειμμένων ἐπυνθάνοντο,
ὅτι οἱ μὲν Θρᾷκες εὐθὺς ἀφ' ἑσπέρας ᾤχοντο ἀπιόντες, ἕωθεν
δὲ καὶ τοὺς Ἕλληνας ἔφασαν οἴχεσθαι· ὅποι δὲ οὐκ εἰδέναι.

Ταῦτα ἀκούσαντες οἱ ἀμφὶ Ξενοφῶντα, ἐπεὶ ἠρίστησαν, 24
συσκευασάμενοι ἐπορεύοντο, βουλόμενοι ὡς τάχιστα συμμῖξαι
τοῖς ἄλλοις εἰς Κάλπης λιμένα. καὶ πορευόμενοι ἑώρων τὸν
στίβον τῶν Ἀρκάδων καὶ Ἀχαιῶν κατὰ τὴν ἐπὶ Κάλπης ὁδόν.
ἐπεὶ δὲ ἀφίκοντο εἰς τὸ αὐτό, ἅσμενοί τε εἶδον ἀλλήλοις καὶ
ἠσπάζοντο ὥσπερ ἀδελφούς. καὶ ἐπυνθάνοντο οἱ Ἀρκάδες 25
τῶν περὶ Ξενοφῶντα, τί τὰ πυρὰ κατασβέσειαν· ἡμεῖς μὲν
γάρ, ἔφασαν, ᾠόμεθα ὑμᾶς τὸ μὲν πρῶτον, ἐπειδὴ τὰ πυρὰ
οὐχ ἑωρῶμεν, τῆς νυκτὸς ἥξειν ἐπὶ τοὺς πολεμίους· καὶ οἱ
πολέμιοι δέ, ὥς γε ἡμῖν ἐδόκουν, τοῦτο δείσαντες ἀπῆλθον·
σχεδὸν γὰρ ἀμφὶ τοῦτον τὸν χρόνον ἀπῄεσαν. ἐπεὶ δὲ οὐκ 26
ἀφίκεσθε, ὁ δὲ χρόνος ἐξῆκεν, ᾠόμεθα ὑμᾶς πυθομένους τὰ
παρ' ἡμῖν φοβηθέντας οἴχεσθαι ἀποδράντας ἐπὶ θάλατταν·

---

21. ἐπεὶ — τάχιστα, simulatque. — ὡς εἰς. S. zu IV, 3, 11.
22. ἐλάνθανον αὑτοὺς — γενόμενοι, befanden sich jetzt —, ohne es zu wissen. S. zu I, 1, 2. — ἐπολιορκοῦντο, wofür wir deutlicher das Plusquamperf. anwenden. — γρᾴδια — καταλελειμμένους, näml. ὁρῶσι.
23. ἀφ' ἑσπέρας, noch am Abende. — ἔφασαν, näml. οἱ καταλελειμμένοι.

24. εἰς τὸ αὐτό, auf dieselbe Stelle, d. i. zusammen. Aus αὐτοί VI, 4, 1 folgt, dass das Zusammentreffen erst am Ufer von Kalpe erfolgt ist.

25. τί, zu welchem Zwecke. — οὐχ, nicht mehr. — ἐδόκουν, wie I, 4, 7.

26. ἐξῆκε, verlaufen war. — τὰ παρ' ἡμῖν, näml. γεγενημένα.

καὶ ἐδόκει ἡμῖν μὴ ἀπολείπεσθαι ὑμῶν. οὕτως οὖν καὶ ἡμεῖς δεῦρο ἐπορεύθημεν.

IV. Ταύτην μὲν οὖν τὴν ἡμέραν αὐτοῦ ηὐλίζοντο ἐπὶ τοῦ αἰγιαλοῦ πρὸς τῷ λιμένι. τὸ δὲ χωρίον τοῦτο, ὃ καλεῖται Κάλπης λιμήν, ἔστι μὲν ἐν τῇ Θρᾴκῃ τῇ ἐν τῇ Ἀσίᾳ· ἀρξαμένη δὲ ἡ Θρᾴκη αὕτη ἐστὶν ἀπὸ τοῦ στόματος τοῦ Πόντου μέχρι Ἡρα-
2 κλείας ἐπὶ δεξιὰ εἰς τὸν Πόντον εἰσπλέοντι. καὶ τριήρει μέν ἐστιν εἰς Ἡράκλειαν ἐκ Βυζαντίου κώπαις ἡμέρας μάλα μακρᾶς πλοῦς· ἐν δὲ τῷ μέσῳ ἄλλη μὲν πόλις οὐδεμία οὔτε φιλία οὔτε Ἑλληνίς, ἀλλὰ Θρᾷκες Βιθυνοί· καὶ οὓς ἂν λάβωσι τῶν Ἑλλήνων ἐκπίπτοντας ἢ ἄλλως πως δεινὰ ὑβρίζειν λέγον-
3 ται τοὺς Ἕλληνας. ὁ δὲ Κάλπης λιμὴν ἐν μέσῳ μὲν κεῖται ἑκατέρωθεν πλεόντων ἐξ Ἡρακλείας καὶ Βυζαντίου, ἔστι δ' ἐν τῇ θαλάττῃ προκείμενον χωρίον, τὸ μὲν εἰς τὴν θάλατταν καθῆκον αὐτοῦ πέτρα ἀπορρώξ, ὕψος ὅπῃ ἐλάχιστον οὐ μεῖον

4. **Inhalt**: Das wieder vereinigte Heer lagert dicht am Hafen von Kalpe, im Thrakischen Bithynien, dessen Einwohner den Hellenen feindselig sind. Von hieraus wird zunächst ein Zug unternommen, um Proviant zu schaffen und zugleich die im Kampfe gegen die Thraker Umgekommenen zu bestatten. Die Grösse des erlittenen Verlustes hat die Wirkung, dass Todesstrafe darauf gesetzt wird, wenn Jemand wieder von einer Theilung und Trennung reden würde, und dass das Heer bei dem Weiterzuge zu Lande, der beschlossen wird, nicht mehr von einem Oberanführer, zumal da Cheirisophos unterdess gestorben ist, sondern von den früheren Strategen befehligt werden soll. Jetzt wollen sie weiter ziehen: allein der Ausfall wiederholter Opfer gestattet es nicht; nicht einmal einem Einfalle in die nächste Umgegend zur Beschaffung von Lebensmitteln sind sie günstig. Als trotzdem Neon, an Cheirisophos Stelle Strateg geworden, in den nahen Dörfern zu furagiren unternimmt, werden ihm 500 Mann von der den Thrakern zu Hülfe geschickten Reiterei des Pharnabazos getödtet; die Uebrigen werden zwar von Xenophon, der von dem Unglücke schnell benachrichtigt wird, nach dem Lager zurückgebracht, aber auch hier werden sie von den Thrakern beunruhigt, so dass sie die ganze Nacht unter den Waffen zubringen müssen.

ἀπολείπεσθαι ὑμῶν, hinter euch zurück zu bleiben.
1. αὐτοῦ. S. zu VI, 3, 24. — ἐστὶν — μέχρι, erstreckt sich bis —. τοῦ στόματος τοῦ Πόντου, dem Bosporos. — εἰσπλέοντι, für den, welcher, d. i. wenn man —.
2. τριήρει, für eine Triere. — ἐκπίπτοντας, die Schiffbruch gelitten. — ἢ ἄλλως πως, näml.

λάβωσι. — τοὺς Ἕλληνας, wiederholt, um die feindselige Gesinnung gerade gegen die Hellenen hervorzuheben.
3. πλεόντων, konnte auch im Dativ stehen: wenn man —. — τὸ μὲν — καθῆκον αὐτοῦ (näml. τοῦ χωρίου) und ὁ δὲ αὐχὴν — ἀνήκων sind Appositionen zu χωρίον. Genauer wäre τὸ δὲ εἰς τὴν γῆν ἀνῆ-

εἴκοσιν ὀργυιῶν, ὁ δὲ αὐχὴν ὁ εἰς τὴν γῆν ἀνήκων τοῦ χωρίου μάλιστα τεττάρων πλέθρων τὸ εὖρος· τὸ δ᾽ ἐντὸς τοῦ αὐχένος χωρίον ἱκανὸν μυρίοις ἀνθρώποις οἰκῆσαι. λιμὴν δ᾽ ὑπ᾽ αὐτῇ 4 τῇ πέτρᾳ τὸ πρὸς ἑσπέραν αἰγιαλὸν ἔχων. κρήνη δὲ ἡδέος ὕδατος καὶ ἄφθονος ῥέουσα ἐπ᾽ αὐτῇ τῇ θαλάττῃ ὑπὸ τῇ ἐπικρατείᾳ τοῦ χωρίου. ξύλα δὲ πολλὰ μὲν καὶ ἄλλα, πάνυ δὲ πολλὰ καὶ καλὰ ναυπηγήσιμα ἐπ᾽ αὐτῇ τῇ θαλάττῃ. τὸ δὲ 5 ὄρος εἰς μεσόγειαν μὲν ἀνήκει ὅσον ἐπὶ εἴκοσι σταδίους, καὶ τοῦτο γεῶδες καὶ ἄλιθον· τὸ δὲ παρὰ θάλατταν πλέον ἢ ἐπὶ εἴκοσι σταδίους δασὺ πολλοῖς καὶ παντοδαποῖς καὶ μεγάλοις ξύλοις. ἡ δὲ ἄλλη χώρα πολλὴ καὶ καλή, καὶ κῶμαι ἐν αὐτῇ 6 εἰσι πολλαὶ καὶ εὖ οἰκούμεναι· φέρει γὰρ ἡ γῆ καὶ κριθὰς καὶ πυροὺς καὶ ὄσπρια πάντα καὶ μελίνας καὶ σήσαμα καὶ σῦκα ἀρκοῦντα καὶ ἀμπέλους πολλὰς καὶ ἡδυοίνους καὶ τἆλλα πάντα πλὴν ἐλαιῶν. ἡ μὲν χώρα ἦν τοιαύτη. ἐσκήνουν δ᾽ ἐν 7 τῷ αἰγιαλῷ πρὸς τῇ θαλάττῃ· εἰς δὲ τὸ πόλισμα ἂν γενόμενον οὐκ ἐβούλοντο στρατοπεδεύεσθαι, ἀλλὰ ἐδόκει καὶ τὸ ἐλθεῖν ἐνταῦθα ἐξ ἐπιβουλῆς εἶναι, βουλομένων τινῶν κατοικίσαι πόλιν. τῶν γὰρ στρατιωτῶν οἱ πλεῖστοι ἦσαν οὐ σπάνει 8 βίου ἐκπεπλευκότες ἐπὶ ταύτην τὴν μισθοφοράν, ἀλλὰ τὴν Κύρου ἀρετὴν ἀκούοντες, οἱ μὲν καὶ ἄνδρας ἄγοντες, οἱ δὲ καὶ προσανηλωκότες χρήματα, καὶ τούτων ἕτεροι ἀποδεδρακότες πατέρας καὶ μητέρας, οἱ δὲ καὶ τέκνα καταλιπόντες ὡς

χον (τοῦ χωρίου) αὐχὴν — τὸ εὖρος, nāml. ἐστίν. — μάλιστα, etwa.
4. τὸ πρὸς — ἔχων, liegt am westlichen Ufer. — ἐπ᾽ αὐτῇ, dicht am. — ὑπὸ — χωρίου, so dass sie von dem Platze beherrscht wird.
5. ὅσον, ungefähr.
7. εἰς — τὸ πόλισμα ἂν γενόμενον, in die Stadt, die hätte entstehen können, wenn man nämlich in dem χωρίον, welches ἐντὸς τοῦ αὐχένος (§. 3) liegt und den südlichen Theil des in's Meer hervorragenden Landstriches bildet, der höher ist als der nördliche und §. 21. VI, 5, 1 ἐρυμνὸν χωρίον genannt wird, sich hätte ansiedeln wollen. — ἐξ ἐπιβουλῆς, aus heimlicher Absicht. — βουλομένων — πόλιν, und weil diess bekannt war.
8. τῶν γὰρ. Zusammenhang: die Masse wollte nichts wissen von einer Ansiedelung; denn man sehnte sich nach der Heimath, die Meisten, weil sie, Mannschaft und Geld noch daransetzend, nur aus Bewunderung für Kyros den Zug mitgemacht hatten, Andere (τούτων ἕτεροι), weil sie, Eltern oder Kinder zurücklassend, sich bei Kyros reiche Schätze zu erwerben und mit nach Hause zu bringen gehofft hatten. Diese wie jene hatten also keinen Grund mehr in der Fremde zu bleiben.

χρήματ' αὐτοῖς κτησάμενοι ἥξοντες πάλιν, ἀκούοντες καὶ τοὺς ἄλλοις τοὺς παρὰ Κύρῳ πολλὰ καὶ ἀγαθὰ πράττειν. τοιοῦτοι οὖν ὄντες ἐπόθουν εἰς τὴν Ἑλλάδα σώζεσθαι.

9 Ἐπειδὴ δὲ ὑστέρα ἡμέρα ἐγένετο τῆς εἰς ταὐτὸν συνόδου, ἐπ' ἐξόδῳ ἐθύετο Ξενοφῶν· ἀνάγκη γὰρ ἦν ἐπὶ τὰ ἐπιτήδεια ἐξάγειν· ἐπενόει δὲ καὶ τοὺς νεκροὺς θάπτειν. ἐπεὶ δὲ τὰ ἱερὰ καλὰ ἐγένετο, εἵποντο καὶ οἱ Ἀρκάδες, καὶ τοὺς μὲν νεκροὺς τοὺς πλείστους ἔνθαπερ ἔπεσον ἑκάστους ἔθαψαν· ἤδη γὰρ ἦσαν πεμπταῖοι καὶ οὐχ οἷόν τε ἀναιρεῖν ἔτι ἦν· ἐνίους δὲ τοὺς ἐκ τῶν ὁδῶν συνενεγκόντες ἔθαψαν ἐκ τῶν ὑπαρχόντων ὡς ἠδύναντο κάλλιστα· οἷς δὲ μὴ εὕρισκον, κενοτάφιον αὐτοῖς
10 ἐποίησαν μέγα καὶ στεφάνους ἐπέθεσαν. ταῦτα δὲ ποιήσαντες ἀνεχώρησαν ἐπὶ τὸ στρατόπεδον. καὶ τότε μὲν δειπνήσαντες ἐκοιμήθησαν. τῇ δὲ ὑστεραίᾳ συνῆλθον οἱ στρατιῶται πάντες· συνῆγε δὲ μάλιστα Ἀγασίας τε Στυμφάλιος λοχαγὸς καὶ Ἱερώνυμος Ἠλεῖος λοχαγὸς καὶ ἄλλοι οἱ πρεσβύτατοι τῶν
11 Ἀρκάδων. καὶ δόγμα ἐποιήσαντο, ἐάν τις τοῦ λοιποῦ μνησθῇ δίχα τὸ στράτευμα ποιεῖν, θανάτῳ αὐτὸν ζημιοῦσθαι, καὶ κατὰ χώραν ἀπιέναι ᾗπερ πρόσθεν εἶχε τὸ στράτευμα καὶ ἄρχειν τοὺς πρόσθεν στρατηγούς. καὶ Χειρίσοφος μὲν ἤδη ἐτετελευτήκει φάρμακον πιὼν πυρέττων· τὰ δ' ἐκείνου Νέων Ἀσιναῖος παρέλαβε.

12 Μετὰ δὲ ταῦτα ἀναστὰς εἶπε Ξενοφῶν, Ὦ ἄνδρες στρατιῶται, τὴν μὲν πορείαν, ὡς ἔοικε, δῆλον ὅτι πεζῇ ποιητέον· οὐ γὰρ ἔστι πλοῖα· ἀνάγκη δὲ πορεύεσθαι ἤδη· οὐ γὰρ ἔστι μένουσι τὰ ἐπιτήδεια. ἡμεῖς οὖν, ἔφη, θυσόμεθα· ὑμᾶς δὲ δεῖ παρασκευάζεσθαι ὡς μαχουμένοις, εἴ ποτε καὶ ἄλλοτε·
13 οἱ γὰρ πολέμιοι ἀνατεθαρρήκασιν. ἐκ τούτου ἐθύοντο οἱ στρα-

---

9. εἰς ταὐτὸν, wie VI, 3, 24. — τῆς, abhängig vom Comparativ ὑστέρα. — ἐπ' ἐξόδῳ, wie III, 5, 18. — ἤδη — πεμπταῖοι, es war bereits der 5te Tag, dass sie lagen. S. II, 2, 17 zu σκοπαῖοι. — τοὺς ἐκ τῶν, Attraction. S. zu I, 1, 5. — ἐκ τῶν ὑπαρχόντων, nach den Umständen.

11. τοῦ λοιποῦ, ferner. — ᾗπερ. gerade in derselben Weise wie. — πρόσθεν, vor VI, 2, 12. — πιών, obwohl er —. — τὰ δ', die Geschäfte aber.

12. εἴποτε καὶ ἄλλοτε, wenn jemals sonst, d. i. jetzt nicht weniger als jemals. Ueber καὶ s. zu I, 3, 16.

τηγοί, μάντις δὲ παρῆν Ἀρηξίων Ἀρκάς· ὁ δὲ Σιλανὸς ὁ Ἀμβρακιώτης ἤδη ἀποδεδράκει πλοῖον μισθωσάμενος ἐξ Ἡρακλείας. θυομένοις δὲ ἐπὶ τῇ ἀφόδῳ οὐκ ἐγίγνετο τὰ ἱερά. ταύτην μὲν οὖν τὴν ἡμέραν ἐπαύσαντο. καί τινες ἐτόλμων 14 λέγειν, ὡς ὁ Ξενοφῶν βουλόμενος τὸ χωρίον οἰκίσαι πέπεικε τὸν μάντιν λέγειν, ὡς τὰ ἱερὰ οὐ γίγνεται ἐπὶ ἀφόδῳ. ἐντεῦ- 15 θεν κηρύξας τῇ αὔριον παρεῖναι ἐπὶ τὴν θυσίαν τὸν βουλόμενον, καὶ μάντις εἴ τις εἴη, παραγγείλας παρεῖναι ὡς συνθεασόμενον τὰ ἱερά, ἔθυε· καὶ ἐνταῦθα παρῆσαν πολλοί. θυο- 16 μένῳ δὲ πάλιν εἰς τρὶς ἐπὶ τῇ ἀφόδῳ οὐκ ἐγίγνετο τὰ ἱερά. ἐκ τούτου χαλεπῶς εἶχον οἱ στρατιῶται· καὶ γὰρ τὰ ἐπιτήδεια ἐπέλιπεν, ἃ ἔχοντες ἦλθον, καὶ ἀγορὰ οὐδεμία παρῆν.

Ἐκ τούτου συνελθόντων εἶπε πάλιν Ξενοφῶν, Ὦ ἄνδρες, 17 ἐπὶ μὲν τῇ πορείᾳ, ὡς ὁρᾶτε, τὰ ἱερὰ οὔπω γίγνεται· τῶν δ' ἐπιτηδείων ὁρῶ ὑμᾶς δεομένους· ἀνάγκη οὖν μοι δοκεῖ εἶναι θύεσθαι περὶ αὐτοῦ τούτου. ἀναστάς τις εἶπε, Καὶ εἰκότως 18 ἄρα ἡμῖν οὐ γίγνεται τὰ ἱερά· ὡς γὰρ ἐγὼ ἀπὸ τοῦ αὐτομάτου χθὲς ἥκοντος πλοίου ἤκουσά τινος, ὅτι Κλέανδρος ὁ ἐκ Βυζαντίου ἁρμοστὴς μέλλει ἥξειν πλοῖα καὶ τριήρεις ἔχων. ἐκ 19 τούτου δὲ ἀναμένειν μὲν πᾶσιν ἐδόκει· ἐπὶ δὲ τὰ ἐπιτήδεια ἀνάγκη ἦν ἐξιέναι. καὶ ἐπὶ τούτῳ πάλιν ἐθύετο εἰς τρίς, καὶ οὐκ ἐγίγνετο τὰ ἱερά. καὶ ἤδη καὶ ἐπὶ σκηνὴν ἰόντες τὴν Ξενοφῶντος ἔλεγον, ὅτι οὐκ ἔχοιεν τὰ ἐπιτήδεια. ὁ δ' οὐκ ἂν ἔφη ἐξαγαγεῖν μὴ γιγνομένων τῶν ἱερῶν.

Καὶ πάλιν τῇ ὑστεραίᾳ ἐθύετο, καὶ σχεδόν τι πᾶσα ἡ 20 στρατιὰ διὰ τὸ μέλειν ἅπασιν ἐκυκλοῦντο περὶ τὰ ἱερά· τὰ δὲ θύματα ἐπιλελοίπει. οἱ δὲ στρατηγοὶ ἐξῆγον μὲν οὔ, συνεκάλεσαν δέ. εἶπεν οὖν Ξενοφῶν, Ἴσως οἱ πολέμιοι συνει- 21

---

13. Σιλανὸς. Vergl. V, 6, 34. — ἀποδεδράκει. S. zu IV, 5, 15. — οὐκ ἐγίγνετο, wie II, 2, 3.
15. τὸν βουλόμενον, jeder, der da wolle. — εἴ τις, wie I, 6, 1. — ὡς, wie I, 1, 3.
16. εἰς τρὶς, bis zu drei Malen. K. 66, 1, A. 3. — ἐπέλιπεν, waren ausgegangen.
17. συνελθόντων, wie I, 2, 17 προϊόντων.

18. ἄρα. S' zu II, 2, 3. Die Folgerung ergiebt sich dem Redenden erst in diesem Augenblicke, obwohl er schon am vorhergehenden Tage erfahren hatte, dass Kleandros mit Schiffen kommen will. — ὅτι, anakoluthisch, als ob kein ὡς vorhergegangen wäre. K. 55, 4, A. 7.
20. ἐκυκλοῦντο, nach dem Sinne construirt wie II, 1, 6.

λεγμένοι εἰσὶ καὶ ἀνάγκη μάχεσθαι· εἰ οὖν καταλιπόντες τὰ σκεύη ἐν τῷ ἐρυμνῷ χωρίῳ ὡς εἰς μάχην παρεσκευασμένοι ἴοιμεν, ἴσως ἂν τὰ ἱερὰ προχωροίη ἡμῖν. ἀκούσαντες δ' οἱ στρατιῶται ἀνέκραγον, ὡς οὐδὲν δέον εἰς τὸ χωρίον ἄγειν, ἀλλὰ θύεσθαι ὡς τάχιστα. καὶ πρόβατα μὲν οὐκέτι ἦν, βοῦς δὲ ὑφ' ἁμάξης πριάμενοι ἐθύοντο· καὶ Ξενοφῶν Κλεάνορος ἐδεήθη τοῦ Ἀρκάδος προθυμεῖσθαι, εἴ τι ἐν τούτῳ εἴη. ἀλλ' οὐδ' ὣς ἐγένετο.

23 Νέων δὲ ἦν μὲν στρατηγὸς κατὰ τὸ Χειρισόφου μέρος, ἐπεὶ δὲ ἑώρα τοὺς ἀνθρώπους ὡς εἶχον δεινῶς τῇ ἐνδείᾳ, βουλόμενος αὐτοῖς χαρίζεσθαι, εὑρών τινα ἄνθρωπον Ἡρακλεώτην, ὃς ἔφη κώμας ἐγγὺς εἰδέναι, ὅθεν εἴη λαβεῖν τὰ ἐπιτήδεια, ἐκήρυξε τὸν βουλόμενον ἰέναι ἐπὶ τὰ ἐπιτήδεια, ὡς ἡγεμόνος ἐσομένου. ἐξέρχονται δὴ σὺν δορατίοις καὶ ἀσκοῖς καὶ 24 θυλάκοις καὶ ἄλλοις ἀγγείοις εἰς δισχιλίους ἀνθρώπους. ἐπειδὴ δὲ ἦσαν ἐν ταῖς κώμαις καὶ διεσπείροντο ὡς ἐπὶ τὸ λαμβάνειν, ἐπιπίπτουσιν αὐτοῖς οἱ Φαρναβάζου ἱππεῖς πρῶτοι· βεβοηθηκότες γὰρ ἦσαν τοῖς Βιθυνοῖς, βουλόμενοι σὺν τοῖς Βιθυνοῖς, εἰ δύναιντο, ἀποκωλῦσαι τοὺς Ἕλληνας μὴ ἐλθεῖν εἰς τὴν Φρυγίαν· οὗτοι οἱ ἱππεῖς ἀποκτείνουσι τῶν ἀνδρῶν οὐ μεῖον πεντακοσίους· οἱ δὲ λοιποὶ ἐπὶ τὸ ὄρος ἀνέφυγον.
25 ἐκ τούτου ἀπαγγέλλει τις ταῦτα τῶν ἀποφευγόντων εἰς τὸ στρατόπεδον. καὶ ὁ Ξενοφῶν, ἐπεὶ οὐκ ἐγεγένητο τὰ ἱερὰ ταύτῃ τῇ ἡμέρᾳ, λαβὼν βοῦν ὑφ' ἁμάξης, οὐ γὰρ ἦν ἄλλα ἱερεῖα, σφαγιασάμενος ἐβοήθει καὶ οἱ ἄλλοι οἱ μέχρι τριά-
26 κοντα ἐτῶν ἅπαντες. καὶ ἀναλαβόντες τοὺς λοιποὺς ἄνδρας

---

21. τῷ ἐρυμνῷ χωρίῳ. S. zu §. 7. — ὡς εἰς. S. zu IV, 3, 11.

22. ὡς — δέον, absolut wie I, 8, 10. Die Soldaten fürchteten, es könne so zu einer bleibenden Ansiedelung kommen. Vergl. §. 7. — προθυμεῖσθαι, ihm bereitwillig beizustehen, d. h. statt seiner zu opfern. — εἴ τι — εἴη, ob es (der Ausfall des Opfers) etwa daran läge. — οὐδ' ὣς, auch so nicht.

23. Νέων — μέρος. Vergl. §. 11. — ἐγγύς, näml. οὔσας. — εἴη. S. zu ἦν I, 4, 4. — ὡς — ἐσομένου, da ein Führer (der eben erwähnte Herakleote) da sein werde. S. zu I, 1, 3.

24. Φαρναβάζου, Satrapen von Bithynien und Phrygien. — ἱππεῖς πρῶτον, mit Beziehung auf τῶν Βιθυνῶν τινες §. 26. — μὴ, wie I, 3, 2. — μεῖον. S. zu I, 2, 11. — ἐπὶ τὸ ὄρος, nördlich von den Dörfern. S. §. 5 u. 6.

εἰς τὸ στρατόπεδον ἀφικνοῦνται. καὶ ἤδη μὲν ἀμφὶ ἡλίου δυσμὰς ἦν καὶ οἱ Ἕλληνες μάλ' ἀθύμως ἔχοντες ἐδειπνοποιοῦντο, καὶ ἐξαπίνης διὰ τῶν λασίων τῶν Βιθυνῶν τινες ἐπιγενόμενοι τοῖς προφύλαξι τοὺς μὲν κατέκανον, τοὺς δὲ ἐδίωξαν μέχρι εἰς τὸ στρατόπεδον. καὶ κραυγῆς γενομένης εἰς τὰ 27 ὅπλα πάντες ἔδραμον οἱ Ἕλληνες· καὶ διώκειν μὲν καὶ κινεῖν τὸ στρατόπεδον νυκτὸς οὐκ ἀσφαλὲς ἐδόκει εἶναι· δασέα γὰρ ἦν τὰ χωρία· ἐν δὲ τοῖς ὅπλοις ἐνυκτέρευον φυλαττόμενοι ἱκανοῖς φύλαξι.

Τὴν μὲν νύκτα οὕτω διήγαγον· ἅμα δὲ τῇ ἡμέρᾳ οἱ στρα- V. τηγοὶ εἰς τὸ ἐρυμνὸν χωρίον ἡγοῦντο· οἱ δὲ εἵποντο ἀναλαβόντες τὰ ὅπλα καὶ τὰ σκεύη. πρὶν δὲ ἀρίστου ὥραν εἶναι ἀπετάφρευσαν ᾗ ἡ εἴσοδος ἦν εἰς τὸ χωρίον καὶ ἀπεσταύρωσαν ἅπαν, καταλιπόντες τρεῖς πύλας. καὶ πλοῖον ἐξ Ἡρακλείας ἧκεν ἄλφιτα ἄγον καὶ ἱερεῖα καὶ οἶνον. πρωὶ δ' ἀνα- 2 στὰς Ξενοφῶν ἐθύετο ἐπεξόδια, καὶ γίγνεται τὰ ἱερὰ ἐπὶ τοῦ πρώτου ἱερείου. καὶ ἤδη τέλος ἐχόντων τῶν ἱερῶν ὁρᾷ ἀετὸν αἴσιον ὁ μάντις Ἀρηξίων Παρράσιος καὶ ἡγεῖσθαι κελεύει τὸν

---

5. Inhalt: Am anderen Morgen sah man sich nun doch genöthigt, wogegen sich VI, 4, 21 die Soldaten aus Furcht vor einer Ansiedelung gesträubt hatten, mit Sack und Pack den festen, weiten Raum auf dem südlichen Theile der Landzunge zu beziehen, ihn zu verpallisadiren und den einzigen Zugang durch einen Graben abzusperren. Proviant für den nächsten Bedarf hatte zwar ein Schiff aus Herakleia gebracht: aber es galt den Feind für den Ueberfall des vorigen Tages zu züchtigen und ihm gegenüber die Stellung hier und den Abzug zu sichern. Sie ziehen also, indem ein Theil unter Neon zur Bewachung des Lagers zurückbleibt, von Xenophon geführt, nach dem Schlachtfelde des vorhergehenden Tages und begraben die Todten. Nachdem sie dann über die Dörfer hinausgekommen, erblicken sie ein zahlreiches Heer, gegen welches nun Xenophon seine Truppen in Schlachtordnung stellt, indem er drei Abtheilungen zu je 200 Mann als Reserve benutzt. Plötzlich aber sehen sie sich vom Feinde durch eine tiefe Thalschlucht getrennt, welche zu durchschreiten sehr bedenklich erscheint. Allein Xenophon's Gründe siegen: die Schlucht wird glücklich durchschritten. Gegen die Bithynier auf dem linken Flügel entscheidet die Phalanx der Hopliten, aber auch der rechte Flügel, auf dem sich die Reiterei des Pharnabazos befindet, weicht vor wiederholten geschlossenen Angriffen. Der Feind rettet sich unter dem Schutze der einbrechenden Nacht durch eine Schlucht, die Hellenen kommen erst gegen Sonnenuntergang in's Lager zurück.

---

26. καὶ ἤδη — καὶ ἐξαπίνης. Vergl. zu I, 8, 8. Durch μὲν wird ἤδη gehoben. ἦν, wie I, 8, 1.

1. τὸ — χωρίον. S. zu VI, 4, 7.
2. ἐπεξόδια, Opfer wegen des Auszuges. — γίγνεται, wie II, 2, 3.

3 Ξενοφῶντα. καὶ διαβάντες τὴν τάφρον τὰ ὅπλα τίθενται, καὶ ἐκήρυξαν ἀριστήσαντας ἐξιέναι τοὺς στρατιώτας σὺν τοῖς ὅπλοις, τὸν δὲ ὄχλον καὶ τὰ ἀνδράποδα αὐτοῦ καταλιπεῖν.
4 οἱ μὲν δὴ ἄλλοι πάντες ἐξῄεσαν, Νέων δὲ οὔ· ἐδόκει γὰρ κάλλιστον εἶναι τοῦτον φύλακα καταλιπεῖν τῶν ἐπὶ στρατοπέδου. ἐπεὶ δ' οἱ λοχαγοὶ καὶ οἱ στρατιῶται ἀπέλιπον αὐτοὺς αἰσχυνόμενοι μὴ ἐφέπεσθαι τῶν ἄλλων ἐξιόντων, κατέλιπον αὐτοῦ τοὺς ὑπὲρ πέντε καὶ τετταράκοντα ἔτη. καὶ οὗτοι μὲν ἔμε-
5 νον, οἱ δ' ἄλλοι ἐπορεύοντο. πρὶν δὲ πεντεκαίδεκα στάδια διεληλυθέναι ἐνέτυχον ἤδη νεκροῖς· καὶ τὴν οὐρὰν τοῦ κέρατος ποιησάμενοι κατὰ τοὺς πρώτους φανέντας νεκροὺς ἔθαπτον
6 πάντας ὁπόσους ἐπελάμβανε τὸ κέρας. ἐπεὶ δὲ τοὺς πρώτους ἔθαψαν, προαγαγόντες καὶ τὴν οὐρὰν αὖθις ποιησάμενοι κατὰ τοὺς πρώτους τῶν ἀτάφων ἔθαπτον τὸν αὐτὸν τρόπον ὁπόσους ἐπελάμβανεν ἡ στρατιά. ἐπεὶ δὲ εἰς τὴν ὁδὸν ἧκον τὴν ἐκ τῶν κωμῶν, ἔνθα ἔκειντο ἀθρόοι, συνενεγκόντες αὐτοὺς ἔθαψαν.
7 Ἤδη δὲ πέρα μεσούσης τῆς ἡμέρας προάγοντες τὸ στράτευμα ἔξω τῶν κωμῶν ἐλάμβανον τὰ ἐπιτήδεια, ὅ τι τις ὁρῴη ἐντὸς τῆς φάλαγγος, καὶ ἐξαίφνης ὁρῶσι τοὺς πολεμίους ὑπερβάλλοντας κατὰ λόφους τινὰς ἐκ τοῦ ἐναντίου, τεταγμένους ἐπὶ φάλαγγος ἱππέας τε πολλοὺς καὶ πεζούς· καὶ γὰρ Σπιθριδάτης καὶ Ῥαθίνης ἧκον παρὰ Φαρναβάζου ἔχοντες τὴν
8 δύναμιν. ἐπεὶ δὲ κατεῖδον τοὺς Ἕλληνας οἱ πολέμιοι, ἔστησαν ἀπέχοντες αὐτῶν ὅσον πεντεκαίδεκα σταδίους. ἐκ τούτου εὐθὺς Ἀρηξίων ὁ μάντις τῶν Ἑλλήνων σφαγιάζεται, καὶ ἐγένετο ἐπὶ
9 τοῦ πρώτου καλὰ τὰ σφάγια. ἔνθα δὴ Ξενοφῶν λέγει, Δοκεῖ

---

3. τὰ ὅπλα τίθενται, um zu frühstücken.

4. τοῦτον, mit seiner Abtheilung. — οἱ λοχαγοὶ καὶ οἱ στρ., des Neon. — αὐτούς, die Abziehenden. — κατέλιπον, liess man zurück.

5. τὴν οὐρὰν — ποιησάμενοι κατὰ τοὺς — νεκρούς, liessen sie die Nachhut des im langen Zuge marschirenden Heeres (τοῦ κέρατος) an die ersten Todten herankommen.

7. ἤδη — καὶ ἐξαίφνης, wie VI, 4, 26. — πέρα μεσούσης, mehr als bis zur Mitte verflossen war. — ἐντὸς τῆς φάλαγγος, d. i. hinter dem jetzt, wo man des Feindes gewärtig sein muss, in Schlachtlinie vorrückenden Heere. — ἐπὶ φάλαγγος, auch von Barbaren, die in Schlachtordnung stehen. Vergl. IV, 3, 26.

8. ὅσον, ungefähr. — ἐπὶ τοῦ πρώτου, wie IV, 3, 9.

μοι, ω ἄνδρες στρατηγοί, ἐπιτάξασθαι τῇ φάλαγγι λόχους φύλακας, ἵν', ἄν που δέῃ, ὦσιν οἱ ἐπιβοηθήσοντες τῇ φάλαγγι καὶ οἱ πολέμιοι τεταραγμένοι ἐμπίπτωσιν εἰς τεταγμένους καὶ ἀκεραίους. συνεδόκει ταῦτα πᾶσιν. Ὑμεῖς μὲν τοίνυν, ἔφη, προηγεῖσθε τὴν πρὸς τοὺς ἐναντίους, ὡς μὴ ἑστήκωμεν, ἐπεὶ ὤφθημεν καὶ εἴδομεν τοὺς πολεμίους· ἐγὼ δὲ ἥξω τοὺς τελευταίους λόχους καταχωρίσας ᾗπερ ὑμῖν δοκεῖ. ἐκ τούτου οἱ μὲν ἥσυχοι προῆγον, ὁ δὲ τρεῖς ἀφελὼν τὰς τελευταίας τάξεις ἀνὰ διακοσίους ἄνδρας τὴν μὲν ἐπὶ τὸ δεξιὸν ἐπέτρεψεν ἐφέπεσθαι ἀπολιπόντας ὡς πλέθρον· Σαμόλας Ἀχαιὸς ταύτης ἦρχε τῆς τάξεως· τὴν δ' ἐπὶ τῷ μέσῳ ἐχώρισεν ἕπεσθαι· Πυρρίας Ἀρκὰς ταύτης ἦρχε· τὴν δὲ μίαν ἐπὶ τῷ εὐωνύμῳ· Φρασίας Ἀθηναῖος ταύτῃ ἐφειστήκει. προϊόντες δέ, ἐπεὶ ἐγένοντο οἱ ἡγούμενοι ἐπὶ νάπει μεγάλῳ καὶ δυσπόρῳ, ἔστησαν ἀγνοοῦντες, εἰ διαβατέον εἴη τὸ νάπος. καὶ παρεγγυῶσι στρατηγοὺς καὶ λοχαγοὺς παριέναι ἐπὶ τὸ ἡγούμενον. καὶ ὁ Ξενοφῶν θαυμάσας, ὅ τι τὸ ἴσχον εἴη τὴν πορείαν, καὶ ταχὺ ἀκούων τὴν παρεγγύην, ἐλαύνει ᾗ τάχιστα. ἐπεὶ δὲ συνῆλθον, λέγει Σοφαίνετος πρεσβύτατος ὢν τῶν στρατηγῶν, ὅτι βουλῆς οὐκ ἄξιον εἴη, εἰ διαβατέον ἐστὶ τοιοῦτον νάπος. καὶ ὁ Ξενοφῶν σπουδῇ ὑπολαβὼν ἔλεξεν, Ἀλλ' ἴστε μέν με, ὦ ἄνδρες, οὐδένα πω κίνδυνον προξενήσαντα ὑμῖν ἐθελούσιον· οὐ γὰρ δόξης ὁρῶ δεομένοις ὑμᾶς εἰς ἀνδρειότητα, ἀλλὰ σωτηρίας. νῦν δὲ οὕτως ἔχει· ἀμαχεὶ μὲν ἐνθένδε οὐκ ἔστιν ἀπελθεῖν· ἢν γὰρ μὴ ἡμεῖς ἴωμεν ἐπὶ τοὺς πολεμίους, οὗτοι ἡμῖν, ὁπόταν ἀπίωμεν, ἕψονται καὶ ἐπιπεσοῦνται. ὁρᾶτε δή, πότερον κρεῖττον ἰέναι ἐπὶ τοὺς ἄνδρας προβαλλομένους τὰ ὅπλα ἢ μεταβαλλομένους ὄπισθεν ἡμῶν ἐπιόντας τοὺς πολεμίους θεᾶσθαι. ἴστε μέντοι, ὅτι τὸ μὲν ἀπιέναι ἀπὸ πολεμίων

---

9. ἐπιτάξασθαι, bei zu ordnen.
— φύλακας, als beobachtende Reserve. — οἱ ἐπιβοηθήσοντες. S. zu II, 3, 5.
10. τὴν, nāml. ὁδόν. — ὑμῖν δοκεῖ, ihr beschlossen habt.
11. ἀνὰ, zu je. — ἐπέτρεψεν, liess zu, d. i. ordnete an, dass.
— ἀπολιπόντας, nach dem Sinne auf τὴν bezogen. S. zu II, 1, 6.

12. τὸ ἡγούμενον, wie II, 2, 4.
13. ᾗ τάχιστα, nāml. ἐδύνατο. — τοιοῦτον, eine so tiefe, schwierige. Daraus erhellt der Sinn von βουλῆς οὐκ ἄξιον.
14. εἰς, in Betreff.
15. οὕτως ἔχει. Im Folgenden werden 4 Motive erörtert, weshalb die Schlucht durchschritten werden

οὐδενὶ καλῷ ἔοικε, τὸ δὲ ἐφέπεσθαι καὶ τοῖς κακίοσι θάρρος ἐμποιεῖ. ἐγὼ γοῦν ἥδιον ἂν σὺν ἡμίσεσιν ἐπιοίην ἢ σὺν διπλασίοις ἀποχωροίην. καὶ τούτους οἶδ' ὅτι ἐπιόντων μὲν ἡμῶν οὐδ' ὑμεῖς ἐλπίζετε αὐτοὺς δέξασθαι ἡμᾶς, ἀπιόντων δὲ πάντες ἐπιστάμεθα ὅτι τολμήσουσιν ἐφέπεσθαι. τὸ δὲ διαβάντας ὄπισθεν νάπος χαλεπὸν ποιήσασθαι μέλλοντας μάχεσθαι ἆρ' οὐχὶ καὶ ἁρπάσαι ἄξιον; τοῖς μὲν γὰρ πολεμίοις ἐγὼ βουλοίμην ἂν εὔπορα πάντα φαίνεσθαι ὥστε ἀποχωρεῖν· ἡμᾶς δὲ καὶ ἀπὸ τοῦ χωρίου δεῖ διδάσκεσθαι, ὅτι οὐκ ἔστι μὴ νικῶσι σωτηρία. θαυμάζω δ' ἔγωγε καὶ, τὸ νάπος τοῦτο εἴ τις μᾶλλον φοβερὸν νομίζει εἶναι τῶν ἄλλων ὧν διαπεπορεύμεθα χωρίων. πῶς γὰρ διαβατὸν τὸ πεδίον, εἰ μὴ νικήσομεν τοὺς ἱππέας; πῶς δὲ ἃ διεληλύθαμεν ὄρη, ἢν πελτασταὶ τοσοίδε ἐφέπωνται; ἢν δὲ δὴ καὶ σωθῶμεν ἐπὶ θάλατταν, πόσον τι νάπος ὁ Πόντος; ἔνθα οὔτε πλοῖα ἔστι τὰ ἀπάξοντα οὔτε σῖτος, ᾧ θρεψόμεθα μένοντες, δεήσει δέ, ἢν θᾶττον ἐκεῖ γενώμεθα, θᾶττον πάλιν ἐξιέναι ἐπὶ τὰ ἐπιτήδεια. οὐκοῦν νῦν κρεῖττον ἠριστηκότας μάχεσθαι ἢ αὔριον ἀναρίστους. ἄνδρες, τά τε ἱερὰ ἡμῖν καλὰ οἵ τε οἰωνοὶ αἴσιοι τά τε σφάγια κάλλιστα· ἴωμεν ἐπὶ τοὺς ἄνδρας. οὐ δεῖ ἔτι τούτους, ἐπεὶ ἡμᾶς πάντως εἶδον, ἡδέως δειπνῆσαι οὐδ' ὅπου ἂν ἐθέλωσι σκηνῆσαι.

Ἐντεῦθεν οἱ λοχαγοὶ ἡγεῖσθαι ἐκέλευον, καὶ οὐδεὶς ἀντέλεγε. καὶ ὃς ἡγεῖτο, παραγγείλας διαβαίνειν ᾗ ἕκαστος ἐτύγχανε τοῦ νάπους ὤν· θᾶττον γὰρ ἀθρόον ἐδόκει ἂν οὕτω πέραν γενέσθαι τὸ στράτευμα ἢ εἰ κατὰ τὴν γέφυραν, ἣ ἐπὶ τῷ νάπει ἦν, ἐξεμηρύοντο. ἐπεὶ δὲ διέβησαν, παριὼν παρὰ

---

muss: 1) §. 15 — 17; 2) §. 18; 3) §. 19 — 20; 4) §. 21.

17. καλῷ, das Neutrum: rei honestae. — ἡμίσεσιν, wie IV, 2, 9. — τούτους — αὐτοὺς, wie II, 4, 7: βασιλέα — αὐτόν. — ἐλπίζετε, glaubt. — δέξασθαι, inf. aor. wie IV, 6, 9.

18. ὄπισθεν — ποιήσασθαι, im Rücken zu haben. — ἁρπάσαι, rasch, eifrig zu ergreifen, zu benutzen. — ἀπὸ, von Seiten. — διδάσκεσθαι, uns belehren lassen.

19. διαβατὸν, nämlich ἔσται. — ἱππέας — πελτασταὶ. In Reiterei und Leichtbewaffneten besteht die Stärke des Feindes.

20. ἢν θᾶττον — θᾶττον, sobald — alsbald.

21. ἡδέως, d. h. ohne unsere Macht gefühlt zu haben; denn dann würde ihr Muth wachsen u. s. w.

22. ἡγεῖσθαι, nämlich τὸν Ξενοφῶντα — τοῦ νάπους, von ᾗ, ubi, abhängig.

τὴν φάλαγγα ἔλεγεν, Ἄνδρες, ἀναμιμνήσκεσθε, ὅσας δὴ μάχας σὺν τοῖς θεοῖς ὁμόσε ἰόντες νενικήκατε καὶ οἷα πάσχουσιν οἱ πολεμίους φεύγοντες, καὶ τοῦτο ἐννοήσατε, ὅτι ἐπὶ ταῖς θύραις τῆς Ἑλλάδος ἐσμέν. ἀλλ' ἔπεσθε ἡγεμόνι τῷ Ἡρακλεῖ 24 καὶ ἀλλήλους παρακαλεῖτε ὀνομαστί. ἡδύ τοι ἀνδρεῖόν τι καὶ καλὸν νῦν εἰπόντα καὶ ποιήσαντα μνήμην ἐν οἷς ἐθέλει παρέχειν ἑαυτοῦ. ταῦτα παρελαύνων ἔλεγε καὶ ἅμα ὑφηγεῖτο ἐπὶ 25 φάλαγγος, καὶ τοὺς πελταστὰς ἑκατέρωθεν ποιησάμενοι ἐπορεύοντο ἐπὶ τοὺς πολεμίους. παρήγγελτο δὲ τὰ μὲν δόρατα ἐπὶ τὸν δεξιὸν ὦμον ἔχειν, ἕως σημαίνοι τῇ σάλπιγγι· ἔπειτα δὲ εἰς προβολὴν καθέντας ἕπεσθαι βάδην καὶ μηδένα δρόμῳ διώκειν. ἐκ τούτου σύνθημα παρῄει Ζεὺς σωτήρ, Ἡρακλῆς ἡγεμών. οἱ δὲ πολέμιοι ὑπέμενον, νομίζοντες καλὸν ἔχειν τὸ χωρίον. ἐπεὶ δ' ἐπλησίαζον, ἀλαλάξαντες οἱ Ἕλληνες πελτα- 26 σταὶ ἔθεον ἐπὶ τοὺς πολεμίους πρίν τινα κελεύειν· οἱ δὲ πολέμιοι ἀντίοι ὥρμησαν, οἵ θ' ἱππεῖς καὶ τὸ στῖφος τῶν Βιθυνῶν· καὶ τρέπονται τοὺς πελταστάς. ἀλλ' ἐπεὶ ὑπηντίαζεν ἡ 27 φάλαγξ τῶν ὁπλιτῶν ταχὺ πορευομένη καὶ ἅμα ἡ σάλπιγξ ἐφθέγξατο καὶ ἐπαιώνιζον καὶ μετὰ ταῦτα ἠλάλαζον καὶ ἅμα τὰ δόρατα καθίεσαν, ἐνταῦθα οὐκέτι ἐδέξαντο οἱ πολέμιοι, ἀλλὰ ἔφευγον. καὶ Τιμασίων μὲν ἔχων τοὺς ἱππεῖς ἐφείπετο, 28 καὶ ἀπεκτίννυσαν ὅσουσπερ ἠδύναντο ὡς ὀλίγοι ὄντες. τῶν δὲ πολεμίων τὸ μὲν εὐώνυμον εὐθὺς διεσπάρη, καθ' ὃ οἱ Ἕλληνες ἱππεῖς ἦσαν, τὸ δὲ δεξιὸν ἅτε οὐ σφόδρα διωκόμενον ἐπὶ λόφου συνέστη. ἐπεὶ δὲ εἶδον οἱ Ἕλληνες ὑπομένοντας 29 αὐτούς, ἐδόκει ῥᾷστόν τε ταὶ ἀκινδυνότατον εἶναι ἰέναι ἤδη ἐπ' αὐτούς. παιανίσαντες οὖν εὐθὺς ἐπέκειντο· οἱ δ' οὐχ ὑπέμειναν. καὶ ἐνταῦθα οἱ πελτασταὶ ἐδίωκον μέχρι τὸ δεξιὸν αὖ διεσπάρη· ἀπέθανον δὲ ὀλίγοι· τὸ γὰρ ἱππικὸν φόβον παρεῖχε τὸ τῶν πολεμίων πολὺ ὄν. ἐπεὶ δὲ εἶδον οἱ Ἕλληνες 30 τό τε Φαρναβάζου ἱππικὸν ἔτι συνεστηκὸς καὶ τοὺς Βιθυνοὺς

---

24. ἡδύ τοι, näml. ἐστίν. — ἀνδρεῖόν τι καὶ καλόν, Objecte zu εἰπόντα καὶ ποιήσαντα. — ἐν οἷς ἐθέλει, bei welchem man will.
25. σημαίνοι. S. zu I, 2, 17. — καθέντας, zu fällen, τὰ δόρατα.

26. ἐπλησίαζον, das ganze griechische Heer.

28. ὀλίγοι, nach VI, 2, 16 nur 40 Mann. — καθ' ὅ, dem gegenüber.

ἱππέας πρὸς τοῦτο συναθροιζομένους καὶ ἀπὸ λόφου τινὸς
καταθεωμένους τὰ γιγνόμενα, ἀπειρήκεσαν μέν, ὅμως δὲ ἐδό-
κει καὶ ἐπὶ τούτους ἰτέον εἶναι οὕτως, ὅπως δύναιντο, ὡς
μὴ τεθαρρηκότες ἀναπαύσαιντο. συνταξάμενοι δὴ πορεύονται.
31 ἐντεῦθεν οἱ πολέμιοι ἱππεῖς φεύγουσι κατὰ τοῦ πρανοῦς
ὁμοίως ὥσπερ ὑπὸ ἱππέων διωκόμενοι· νάπος γὰρ αὐτοὺς
ὑπεδέχετο, ὃ οὐκ ᾔδεσαν οἱ Ἕλληνες, ἀλλὰ προαπετρά-
32 ποντο διώκοντες· ὀψὲ γὰρ ἦν. ἐπανελθόντες δὲ ἔνθα ἡ
πρώτη συμβολὴ ἐγένετο, στησάμενοι τρόπαιον ἀπῄεσαν ἐπὶ
θάλατταν περὶ ἡλίου δυσμάς· στάδιοι δ' ἦσαν ὡς ἑξήκοντα
ἐπὶ τὸ στρατόπεδον.

VI. Ἐντεῦθεν οἱ μὲν πολέμιοι εἶχον ἀμφὶ τὰ ἑαυτῶν καὶ ἀπή-
γοντο καὶ τοὺς οἰκέτας καὶ τὰ χρήματα ὅποι ἐδύναντο προσω-
τάτω· οἱ δὲ Ἕλληνες προσέμενον μὲν Κλέανδρον καὶ τὰς τριή-
ρεις καὶ τὰ πλοῖα ὡς ἥξοντα, ἐξιόντες δ' ἑκάστης ἡμέρας σὺν

---

6. Inhalt: Während die Griechen in Folge ihres Sieges über das
Thrakisch-Bithynische Heer vor Feinden sicher, in der Umgegend von
Kalpe Beutezüge machen, kommt hier Kleandros an, der Harmost von
Byzanz, wie es scheint, in Folge der VI, 1, 16 erwähnten Verabredun-
gen zwischen Cheirisophos und dem Spartanischen Admiral Anaxibios.
Er tritt, der mächtigen Stellung, die damals die Spartaner in der Grie-
chischen Welt einnahmen, entsprechend, als Gebieter auf, legt einen
durch den ränkevollen Dexippos (s. V, 1, 15. VI, 1, 32). der in seiner
Begleitung gekommen, zwischen ihm und dem Griechischen Heere ver-
anlassten Conflict, den er zuerst streng nimmt, nachdem Xenophon die
Betheiligten aus Klugheit nachzugeben bestimmt hat, gütlich bei und
erklärt sich bereit, den Wunsch des Heeres, von ihm nach Hellas zurück-
geführt zu werden, zu erfüllen. So sehr diess auch unter den obwal-
tenden Verhältnissen im Interesse der Griechen gewesen wäre und so
sehr es auch von Xenophon selbst gewünscht und betrieben wird: die
Opfer, die man deshalb wiederholt befragt, gestatten es nicht. Klean-
dros segelt ab, den Griechen bleibt nichts übrig als unter Xenophon's
Führung zu Lande weiter zu ziehen. Gegen Ende des Sommers — die
Länge des Aufenthaltes in Kalpe wird nicht angegeben — zieht das
Heer durch Bithynien und gelangt nach sechstägigem Marsche, auf dem
ihnen ein Streifzug besonders reiche Beute verschafft, in Chrysopolis am
Bosporos an.

---

30. ἀπειρήκεσαν μέν, obgleich
sie ermattet waren.
31. ὥσπερ — διωκόμενοι. So rasch
flohen sie, um nämlich einen Vor-
sprung und Zeit zu gewinnen, die
für Reiterei so schwierige Schlucht
unverfolgt passiren zu können. —

οὐκ ᾔδεσαν, sonst hätten sie wohl
die Reiter bis in die Schlucht ver-
folgt und sie hier aufgerieben.

1. εἶχον ἀμφὶ τὰ ἑαυτῶν. S. zu
V, 2, 26. — προσέμενον — Κλέαν-
δρον, nach VI, 4, 18.

τοῖς ὑποζυγίοις καὶ τοῖς ἀνδραπόδοις ἐφέροντο ἀδεῶς πυροὺς καὶ κριθάς, οἶνον, ὄσπρια, μελίνας, σῦκα· ἅπαντα γὰρ ἀγαθὰ εἶχεν ἡ χώρα πλὴν ἐλαίου. καὶ ὁπότε μὲν καταμένοι τὸ στράτευμα ἀναπαυόμενον, ἐξῆν ἐπὶ λείαν ἰέναι, καὶ ἐλάμβανον οἱ ἐξιόντες· ὁπότε δὲ ἐξίοι πᾶν τὸ στράτευμα, εἴ τις χωρὶς ἀπελθὼν λάβοι τι, δημόσιον ἔδοξεν εἶναι. ἤδη δὲ ἦν πάντων ἀφθονία· καὶ γὰρ ἀγοραὶ πάντοθεν ἀφικνοῦντο ἐκ τῶν Ἑλληνίδων πόλεων καὶ οἱ παραπλέοντες ἅσμενοι κατεῖχον, ἀκούοντες, ὡς οἰκίζοιτο πόλις καὶ λιμὴν εἴη. ἔπεμπον δὲ καὶ οἱ πολέμιοι ἤδη, οἳ πλησίον ᾤκουν, πρὸς Ξενοφῶντα, ἀκούοντες, ὅτι οὗτος πολίζει τὸ χωρίον, ἐρωτῶντες, ὅ τι δέοι ποιοῦντας φίλους εἶναι. ὁ δ' ἐπεδείκνυεν αὐτοὺς τοῖς στρατιώταις. καὶ ἐν τούτῳ Κλέανδρος ἀφικνεῖται δύο τριήρεις ἔχων, πλοῖον δ' οὐδέν. ἐτύγχανε δὲ τὸ στράτευμα ἔξω ὂν, ὅτε ἀφίκετο, καὶ ἐπὶ λείαν τινὲς οἰχόμενοι ἄλλοι εἰς τὸ ὄρος εἰλήφεσαν πρόβατα πολλά· ὀκνοῦντες δὲ, μὴ ἀφαιρεθεῖεν, τῷ Δεξίππῳ λέγουσιν, ὃς ἀπέδρα τὴν πεντηκόντορον ἔχων ἐκ Τραπεζοῦντος, καὶ κελεύουσι διασώσαντα αὐτοῖς τὰ πρόβατα τὰ μὲν αὐτὸν λαβεῖν, τὰ δὲ σφίσιν ἀποδοῦναι. εὐθὺς δ' ἐκεῖνος ἀπελαύνει τοὺς περιεστῶτας τῶν στρατιωτῶν καὶ λέγοντας, ὅτι δημόσια εἴη, καὶ τῷ Κλεάνδρῳ λέγει ἐλθὼν, ὅτι ἁρπάζειν ἐπιχειροῦσιν. ὁ δὲ κελεύει τὸν ἁρπάζοντα ἄγειν πρὸς αὐτόν. καὶ ὁ μὲν λαβὼν ἦγέ τινα· περιτυχὼν δ' Ἀγασίας ἀφαιρεῖται· καὶ γὰρ ἦν αὐτῷ ὁ ἀγόμενος λοχίτης. οἱ δ' ἄλλοι οἱ παρόντες τῶν στρατιωτῶν ἐπιχειροῦσι βάλλειν τὸν Δέξιππον, ἀνακαλοῦντες τὸν προδότην. ἔδεισαν δὲ καὶ τῶν τριηριτῶν πολλοὶ καὶ ἔφευγον εἰς τὴν θάλατταν, καὶ Κλέανδρος δ' ἔφευγε. Ξενοφῶν δὲ καὶ οἱ ἄλλοι στρατηγοὶ κατεκώλυόν τε καὶ τῷ

---

2. ἐλάμβανον, Gegensatz: δημόσιον ἔδοξεν εἶναι.
3. κατεῖχον, wie ἐκεῖσε — κατασχεῖν VI, 1, 33. Ergänze ἐνθάδε.
4. ὅ τι δέοι — εἶναι, was sie thun müssten, um — zu sein. — ἐπεδείκνυεν — στρατιώταις, um diesen zu beweisen, dass seine Ansiedelungs-Idee wohl ausführbar gewesen wäre.

6. τὸν ἁρπάζοντα, d. i. den Dexippos als solchen bezeichnen würde.
7. ἀφαιρεῖται, nimmt den Mann dem Dexippos weg. — αὐτῷ – λοχίτης, aus dessen Lochos. — τὸν προδότην, den als solchen seit V, 1, 15 Allen bekannten. — τῶν τριηριτῶν, die mit Kleandros gekommen waren.
8. κατεκώλυον, die Soldaten am

Κλεάνδρῳ ἔλεγον, ὅτι οὐδὲν εἴη πρᾶγμα, ἀλλὰ τὸ δόγμα αἴτιον εἴη τὸ τοῦ στρατεύματος ταῦτα γενέσθαι. ὁ δὲ Κλέανδρος ὑπὸ τοῦ Δεξίππου τε ἀνερεθιζόμενος καὶ αὐτὸς ἀχθεσθεὶς, ὅτι ἐφοβήθη, ἀποπλευσεῖσθαι ἔφη καὶ κηρύξειν μηδεμίαν πόλιν δέχεσθαι αὐτούς, ὡς πολεμίους. ἦρχον δὲ τότε πάντων τῶν Ἑλλήνων οἱ Λακεδαιμόνιοι. ἐνταῦθα πονηρὸν τὸ πρᾶγμα ἐδόκει εἶναι τοῖς Ἕλλησι, καὶ ἐδέοντο μὴ ποιεῖν ταῦτα. ὁ δ᾽ οὐκ ἂν ἄλλως ἔφη γενέσθαι, εἰ μή τις ἐκδώσει τὸν ἄρξαντα βάλλειν καὶ τὸν ἀφελόμενον. ἦν δὲ, ὃν ἐξῄτει, Ἀγασίας διὰ τέλους φίλος τῷ Ξενοφῶντι· ἐξ οὗ καὶ διέβαλλεν αὐτὸν ὁ Δέξιππος. καὶ ἐντεῦθεν ἐπειδὴ ἀπορία ἦν, συνήγαγον τὸ στράτευμα οἱ ἄρχοντες· καὶ ἔνιοι μὲν αὐτῶν παρ᾽ ὀλίγον ἐποιοῦντο τὸν Κλέανδρον, τῷ δὲ Ξενοφῶντι οὐκ ἐδόκει φαῦλον εἶναι τὸ πρᾶγμα, ἀλλ᾽ ἀναστὰς ἔλεξεν, Ὦ ἄνδρες στρατιῶται, ἐμοὶ δὲ οὐδὲν φαῦλον δοκεῖ εἶναι τὸ πρᾶγμα, εἰ ἡμῖν οὕτως ἔχων τὴν γνώμην Κλέανδρος ἄπεισιν ὥσπερ λέγει. εἰσὶ μὲν γὰρ ἐγγὺς αἱ Ἑλληνίδες πόλεις· τῆς δὲ Ἑλλάδος Λακεδαιμόνιοι προεστήκασιν· ἱκανοὶ δέ εἰσι καὶ εἷς ἕκαστος Λακεδαιμονίων ἐν ταῖς πόλεσιν ὅ τι βούλονται διαπράττεσθαι. εἰ οὖν οὗτος πρῶτον μὲν ἡμᾶς Βυζαντίου ἀποκλείσει, ἔπειτα δὲ τοῖς ἄλλοις ἁρμοσταῖς παραγγελεῖ εἰς τὰς πόλεις μὴ δέχεσθαι ὡς ἀπιστοῦντας Λακεδαιμονίοις καὶ ἀνόμους ὄντας, ἔτι δὲ πρὸς Ἀναξίβιον τὸν ναύαρχον οὗτος ὁ λόγος περὶ ἡμῶν ἥξει, χαλεπὸν ἔσται καὶ μένειν καὶ ἀποπλεῖν· καὶ γὰρ ἐν τῇ γῇ ἄρχουσι Λακεδαιμόνιοι καὶ ἐν τῇ θαλάττῃ τὸν νῦν χρόνον. οὔκουν δεῖ οὔτε ἑνὸς ἀνδρὸς ἕνεκα οὔτε δυοῖν ἡμᾶς τοὺς ἄλλους τῆς Ἑλλάδος ἀπέχεσθαι, ἀλλὰ πειστέον ὅ τι ἂν κελεύωσι· καὶ γὰρ αἱ πόλεις ἡμῶν, ὅθεν ἐσμὲν, πείθονται αὐτοῖς. ἐγὼ μὲν οὖν, καὶ γὰρ ἀκούω Δέξιππον λέγειν πρὸς Κλέανδρον, ὡς οὐκ ἂν ἐποίησεν Ἀγασίας ταῦτα, εἰ μὴ ἐγὼ αὐτὸν ἐκέ-

---

Werfen. — οὐδὲν—πρᾶγμα, nichts von Bedeutung. — ταῦτα γενέσθαι, abhängig von αἴτιον.

10. τις, man.

11. διὰ τέλους, fortwährend. — παρ᾽ ὀλίγον ἐποιοῦντο, schätzten gering. — φαῦλον, unbedeutendes.

12. εἰς — Λακεδαιμονίων, Apposition zum Subject. Vergl. I, 7, 15.

13. ἀπιστοῦντα, ungehorsam.

14. ἀπέχεσθαι, wofür §. 16 wenig anders εἰρξόμεθα.

λευσα, ἐγὼ μὲν οὖν ἀπολύω καὶ ὑμᾶς τῆς αἰτίας καὶ Ἀγασίαν, ἂν αὐτὸς Ἀγασίας φήσῃ ἐμέ τι τούτων αἴτιον εἶναι, καὶ καταδικάζω ἐμαυτοῦ, εἰ ἐγὼ πετροβολίας ἢ ἄλλου τινὸς βιαίου ἐξάρχω, τῆς ἐσχάτης δίκης ἄξιος εἶναι, καὶ ὑφέξω τὴν δίκην. φημὶ δὲ καὶ εἴ τινα ἄλλον αἰτιᾶται, χρῆναι ἑαυτὸν 16 παρασχεῖν Κλεάνδρῳ κρῖναι· οὕτω γὰρ ἂν ὑμεῖς ἀπολελυμένοι τῆς αἰτίας εἴητε. ὡς δὲ νῦν ἔχει, χαλεπόν, εἰ οἰόμενοι ἐν τῇ Ἑλλάδι καὶ ἐπαίνου καὶ τιμῆς τεύξεσθαι, ἀντὶ δὲ τούτων οὐδ᾽ ὅμοιοι τοῖς ἄλλοις ἐσόμεθα, ἀλλ᾽ εἰρξόμεθα ἐκ τῶν Ἑλληνίδων πόλεων.

Μετὰ ταῦτα ἀναστὰς εἶπεν Ἀγασίας, Ἐγώ, ὦ ἄνδρες, 17 ὄμνυμι θεοὺς καὶ θεὰς ἦ μὴν μήτε με Ξενοφῶντα κελεῦσαι ἀφελέσθαι τὸν ἄνδρα μήτε ἄλλον ὑμῶν μηδένα· ἰδόντι δέ μοι ἄνδρα ἀγαθὸν ἀγόμενον τῶν ἐμῶν λοχιτῶν ὑπὸ Δεξίππου, ὃν ὑμεῖς ἐπίστασθε ὑμᾶς προδόντα, δεινὸν ἔδοξεν εἶναι· καὶ ἀφειλόμην, ὁμολογῶ. καὶ ὑμεῖς μὲν μὴ ἐκδῶτέ με· ἐγὼ δὲ 18 ἐμαυτόν, ὥσπερ Ξενοφῶν λέγει, παρασχήσω κρίναντι Κλεάνδρῳ ὅ τι ἂν βούληται ποιῆσαι· τούτου ἕνεκα μήτε πολεμεῖτε Λακεδαιμονίοις σώζοισθέ τε ἀσφαλῶς ὅποι θέλει ἕκαστος. συμπέμψατε μέντοι μοι ὑμῶν αὐτῶν ἑλόμενοι πρὸς Κλέανδρον οἵτινες, ἄν τι ἐγὼ παραλείπω, καὶ λέξουσιν ὑπὲρ ἐμοῦ καὶ πράξουσιν. ἐκ τούτου ἔδωκεν ἡ στρατιὰ οὕστινας βούλοιτο 19 προελόμενον ἰέναι. ὁ δὲ προείλετο τοὺς στρατηγούς. μετὰ ταῦτα ἐπορεύετο πρὸς Κλέανδρον Ἀγασίας καὶ οἱ στρατηγοὶ καὶ ὁ ἀφαιρεθεὶς ἀνὴρ ὑπὸ Ἀγασίου. καὶ ἔλεγον οἱ στρατηγοί, 20 Ἔπεμψεν ἡμᾶς ἡ στρατιὰ πρὸς σέ, ὦ Κλέανδρε, καὶ ἐκέλευσέ σε, εἴτε πάντας αἰτιᾷ, κρίναντα σὲ αὐτὸν χρῆσθαι ὅ τι ἂν βούλῃ, εἴτε ἕνα τινὰ ἢ δύο ἢ καὶ πλείους αἰτιᾷ, τούτους

---

15. ἐγὼ μὲν οὖν, wegen der Parenthese wiederholt. — τι, in irgend einer Beziehung, irgend wie.
16. εἴ τινα, jeder, den. — αἰτιᾶται, Agasias. — κρῖναι, dass er (Kleandros) über ihn richte. — δὲ nach ἀντὶ anakoluthisch wie V, 5, 22.
17. ἦ μήν, wie II, 3, 26. — τῶν ἐμῶν, aus der Zahl meiner.
18. ποιῆσαι, abhängig von ἐμαυτὸν — παρασχήσω: dass er mit mir mache. — μὴ ἐκδῶτέ με, dem Sinne nach: ihr habt nicht nöthig mich auszuliefern. — οἵ τινες, wie II, 3, 4.
19. ἔδωκε, gestattete, dass.
20. ἔπεμψε, wie I, 9, 25. — σε — σε αὐτόν, nachdrücklich. — χρῆσθαι, nämlich αὐτοῖς, mit ihnen zu verfahren. Wegen ὅ τι s. I, 3, 18 zu τί. — τούτους

ἀξιοῦσι παρασχεῖν σοι ἑαυτοὺς εἰς κρίσιν. εἴ τι οὖν ἡμῶν τινα αἰτιᾷ, πάρεσμέν σοι ἡμεῖς· εἴτε καὶ ἄλλον τινά, φράσον· 21 οὐδεὶς γὰρ ἀπέσται, ὅστις ἂν ἡμῖν ἐθέλῃ πείθεσθαι. μετὰ ταῦτα παρελθὼν ὁ Ἀγασίας εἶπεν, Ἐγώ εἰμι, ὦ Κλέανδρε, ὁ ἀφελόμενος Δεξίππου ἄγοντος τοῦτον τὸν ἄνδρα καὶ παίειν 22 κελεύσας Δέξιππον. τοῦτον μὲν γὰρ οἶδα ἄνδρα ἀγαθὸν ὄντα, Δέξιππον δὲ οἶδα αἱρεθέντα ὑπὸ τῆς στρατιᾶς ἄρχειν τῆς πεντηκοντόρου ἧς ᾐτησάμεθα παρὰ Τραπεζουντίων ἐφ᾿ ᾧτε πλοῖα συλλέγειν, ὡς σωζοίμεθα, καὶ ἀποδράντα Δέξιππον 23 καὶ προδόντα τοὺς στρατιώτας, μεθ᾿ ὧν ἐσώθη. καὶ τούς τε Τραπεζουντίους ἀπεστερήκαμεν τὴν πεντηκόντορον καὶ κακοὶ δοκοῦμεν εἶναι διὰ τοῦτον, αὐτοί τε τὸ ἐπὶ τούτῳ ἀπολώλαμεν. ἤκουε γάρ, ὥσπερ ἡμεῖς, ὡς ἄπορον εἴη πεζῇ ἀπιόντας τοὺς ποταμούς τε διαβῆναι καὶ σωθῆναι εἰς τὴν Ἑλλάδα. 24 τοῦτον οὖν τοιοῦτον ὄντα ἀφειλόμην. εἰ δὲ σὺ ἦγες ἢ ἄλλος τις τῶν παρὰ σοῦ, καὶ μὴ τῶν παρ᾿ ἡμῶν ἀποδράντων, εὖ ἴσθι, ὅτι οὐδὲν ἂν τούτων ἐποίησα. νόμιζε δ᾿, ἐὰν ἐμὲ νῦν ἀποκτείνῃς, δι᾿ ἄνδρα δειλόν τε καὶ πονηρὸν ἄνδρα ἀγαθὸν ἀποκτείνων.

25 Ἀκούσας ταῦτα ὁ Κλέανδρος εἶπεν, ὅτι Δέξιππον μὲν οὐκ ἐπαινοίη, εἰ ταῦτα πεποιηκὼς εἴη· οὐ μέντοι ἔφη νομίζειν οὐδ᾿, εἰ παμπόνηρος ἦν Δέξιππος, βίαν χρῆναι πάσχειν αὐτόν, ἀλλὰ κριθέντα, ὥσπερ καὶ ὑμεῖς νῦν ἀξιοῦτε, τῆς 26 δίκης τυχεῖν. νῦν οὖν ἄπιτε καταλιπόντες τόνδε τὸν ἄνδρα· ὅταν δ᾿ ἐγὼ κελεύσω, πάρεστε πρὸς τὴν κρίσιν. αἰτιῶμαι δὲ οὔτε τὴν στρατιὰν οὔτε ἄλλον οὐδένα ἔτι, ἐπεὶ οὗτος αὐτὸς 27 ὁμολογεῖ ἀφελέσθαι τὸν ἄνδρα. ὁ δὲ ἀφαιρεθεὶς εἶπεν, Ἐγώ, ὦ Κλέανδρε, εἰ καὶ οἴει με ἀδικοῦντά τι ἄγεσθαι, οὔτε ἔπαιον

ἀξιοῦσι, von diesen verlangen sie, (wegen d. Plur. s. zu II, 1, 6) dass sie. — ἡμῖν, den Strategen. Niemand, der unter unserem Befehle steht — soweit es an uns liegt — wird sich deinem Richterspruche entziehen.
22. ἐφ᾿ ᾧτε, d. i. ἐπὶ τούτῳ, ὥστε. — Δέξιππον, an der zweiten Stelle, soviel als der nämliche Dexipp.
23. τὸ ἐπὶ τούτῳ, so viel an ihm lag. K. 68, 41, A. 9. — ἤκουε, V, 6, 9.
24. τοῦτον ist nachher auch zu ἦγες zu denken. — τῶν παρὰ σοῦ, Attraction wie I, 1, 5. — καὶ μὴ τῶν, und nicht einer von denen, die. — νόμιζε — ἀποκτείνων. wie ἴσθι ὢν II, 1, 13.
25. ὥσπερ — ἀξιοῦτε. Uebergang in die or. recta. S. zu I, 3, 14.

οὐδένα οὔτε ἔβαλλον, ἀλλ' εἶπον, ὅτι δημόσια εἴη τὰ πρόβατα· ἦν γὰρ τῶν στρατιωτῶν δόγμα, εἴ τις, ὁπότε ἡ στρατιὰ ἐξίοι, ἰδίᾳ ληίζοιτο, δημόσια εἶναι τὰ ληφθέντα. ταῦτα 28 εἶπον· ἐκ τούτου με λαβὼν οὗτος ἦγεν, ἵνα μὴ φθέγγοιτο μηδείς, ἀλλ' αὐτὸς λαβὼν τὸ μέρος διασώσειε τοῖς λῃσταῖς παρὰ τὴν ῥήτραν τὰ χρήματα. πρὸς ταῦτα ὁ Κλέανδρος εἶπεν, Ἐπεὶ τοίνυν τοιοῦτος εἶ, κατάμενε, ἵνα καὶ περὶ σοῦ βουλευσώμεθα.

Ἐκ τούτου οἱ μὲν ἀμφὶ Κλέανδρον ἠρίστων· τὴν δὲ στρα- 29 τιὰν συνήγαγε Ξενοφῶν καὶ συνεβούλευε πέμψαι ἄνδρας πρὸς Κλέανδρον παραιτησομένοις περὶ τῶν ἀνδρῶν. ἐκ τούτου 30 ἔδοξεν αὐτοῖς πέμψαντας στρατηγοὺς καὶ λοχαγοὺς καὶ Δρακόντιον τὸν Σπαρτιάτην καὶ τῶν ἄλλων οἳ ἐδόκουν ἐπιτήδειοι εἶναι δεῖσθαι Κλεάνδρου κατὰ πάντα τρόπον ἀφεῖναι τὼ ἄνδρε. ἐλθὼν οὖν ὁ Ξενοφῶν λέγει, Ἔχεις μὲν, ὦ Κλέανδρε, 31 τοὺς ἄνδρας, καὶ ἡ στρατιά σοι ὑφεῖτο ὅ τι ἐβούλου ποιῆσαι καὶ περὶ τούτων καὶ περὶ αὑτῶν ἁπάντων· νῦν δέ σε αἰτοῦνταί καὶ δέονται δοῦναι σφίσι τὼ ἄνδρε καὶ μὴ κατακαίνειν· πολλὰ γὰρ ἐν τῷ ἔμπροσθεν χρόνῳ περὶ τὴν στρατιὰν ἐμοχθησάτην. ταῦτα δέ σου τυχόντες ὑπισχνοῦνταί σοι ἀντὶ τού- 32 των, ἢν βούλῃ ἡγεῖσθαι αὐτῶν καὶ ἢν οἱ θεοὶ ἵλεῳ ὦσιν, ἐπιδείξειν σοι, καὶ ὡς κόσμιοί εἰσι καὶ ὡς ἱκανοὶ τῷ ἄρχοντι πειθόμενοι τοὺς πολεμίους σὺν τοῖς θεοῖς μὴ φοβεῖσθαι. δέονται δέ σου καὶ τοῦτο παραγενόμενον καὶ ἄρξαντα ἑαυτῶν 33 πεῖραν λαβεῖν καὶ Δεξίππου καὶ σφῶν τῶν ἄλλων, οἷος ἕκαστός ἐστι, καὶ τὴν ἀξίαν ἑκάστοις νεῖμαι. ἀκούσας ταῦτα ὁ 34 Κλέανδρος, Ἀλλὰ ναὶ τὼ σιώ, ἔφη, ταχύ τοι ὑμῖν ἀποκρινοῦμαι. καὶ τώ τε ἄνδρε ὑμῖν δίδωμι καὶ αὐτὸς παρέσομαι·

---

27. δόγμα, §. 2.

28. τὸ μέρος, nach §. 5: τὰ μὲν αὐτὸν λαβεῖν. — τοιοῦτος. Der Harmost, an strengen Gehorsam seiner Lakedämonier gewöhnt, ist wohl erstaunt über die freie Rede des Mannes.

30. Δρακόντιον. S. IV, 8, 25. — τῶν ἄλλων οἵ, d. i. τῶν ἄλλων τούτους, οἵ.

31. αὐτῶν ἁπάντων, näml. στρατιωτῶν aus στρατιά verständlich.

32. τυχόντες mit ἐπιδείξειν zu verbinden: sie versprechen nach Erlangung dieser Bitte dir zeigen zu wollen.

33. τοῦτο führt das Folgende ein.

34. σιώ, lakonisch für θεώ, Kastor und Pollux. — αὐτὸς παρέσομαι, d. i. an mir selbst soll's nicht

καὶ ἦν οἱ θεοὶ παραδιδῶσί τι, ἐξηγήσομαι εἰς τὴν Ἑλλάδα. καὶ πολὺ οἱ λόγοι οὗτοι ἀντίοι εἰσὶν ἢ οὓς ἐγὼ περὶ ὑμῶν ἐνίων ἤκουον, ὡς τὸ στράτευμα ἀφίστατε ἀπὸ Λακεδαιμονίων.

35 Ἐκ τούτου οἱ μὲν ἐπαινοῦντες ἀπῆλθον, ἔχοντες τὼ ἄνδρε· Κλέανδρος δὲ ἐθύετο ἐπὶ τῇ πορείᾳ καὶ συνῆν Ξενοφῶντι φιλικῶς καὶ ξενίαν συνεβάλλοντο. ἐπεὶ δὲ καὶ ἑώρα αὐτοὺς τὸ παραγγελλόμενον εὐτάκτως ποιοῦντας, καὶ μᾶλλον ἔτι ἐπεθύ-
36 μει ἡγεμὼν γενέσθαι αὐτῶν. ἐπεὶ μέντοι θυομένῳ αὐτῷ ἐπὶ τρεῖς ἡμέρας οὐκ ἐγίγνετο τὰ ἱερά, συγκαλέσας τοὺς στρατηγοὺς εἶπεν, Ἐμοὶ μὲν οὐκ ἐθέλει γενέσθαι τὰ ἱερὰ ἐξάγειν· ὑμεῖς μέντοι μὴ ἀθυμεῖτε τούτου ἕνεκα· ὑμῖν μὲν γάρ, ὡς ἔοικε, δέδοται ἐκκομίσαι τοὺς ἄνδρας· ἀλλὰ πορεύεσθε. ἡμεῖς δὲ ὑμᾶς, ἐπειδὰν ἐκεῖσε ἥκητε, δεξόμεθα ὡς ἂν δυνώμεθα κάλλιστα.

37 Ἐκ τούτου ἔδοξε τοῖς στρατιώταις δοῦναι αὐτῷ τὰ δημόσια πρόβατα· ὁ δὲ δεξάμενος πάλιν αὐτοῖς ἀπέδωκε. καὶ οὗτος μὲν ἀπέπλει. οἱ δὲ στρατιῶται διαθέμενοι τὸν σῖτον, ὃν ἦσαν συγκεκομισμένοι, καὶ τἆλλα, ἃ εἰλήφεσαν, ἐξεπο-
38 ρεύοντο διὰ τῶν Βιθυνῶν. ἐπεὶ δὲ οὐδενὶ ἐνέτυχον πορευόμενοι τὴν ὀρθὴν ὁδόν, ὥστε ἔχοντές τι εἰς τὴν φιλίαν ἐλθεῖν, ἔδοξεν αὐτοῖς τοὔμπαλιν ὑποστρέψαντας ἐλθεῖν μίαν ἡμέραν καὶ νύκτα. τοῦτο δὲ ποιήσαντες ἔλαβον πολλὰ καὶ ἀνδράποδα καὶ πρόβατα· καὶ ἀφίκοντο ἑκταῖοι εἰς Χρυσόπολιν τῆς Καλχηδονίας, καὶ ἐκεῖ ἔμειναν ἡμέρας ἑπτὰ λαφυροπωλοῦντες.

---

fehlen. — ἦν — τι, si quid dii concesserint. — οὓς geht auf die Verläumdungen des Dexippos und seiner etwaigen Genossen.
35. καὶ μᾶλλον, noch mehr.
36. ἐπὶ τρεῖς ἡμέρας, drei Tage hinter einander. — ἐξάγειν, euch von hier wegzuführen, wie ἰέναι nach θυομένῳ II, 2, 3. — ὑμῖν, den Strategen, die ihm beim Opfern zur Seite stehen. — ἐκεῖσε, nach Byzanz.

37. ἀπέδωκε, Gegengeschenke.

38. οὐδενὶ, Neutrum: auf keine Beute. — ὥστε — ἐλθεῖν, so dass sie etwas — hätten mitbringen können. — ἑκταῖοι. S. zu τριταῖοι V, 3, 2. — τῆς Καλχ., Gen. des Theils: in Kalch.

Z.

Ὅσα μὲν δὴ ἐν τῇ ἀναβάσει τῇ μετὰ Κύρου ἔπραξαν οἱ 1. Ἕλληνες μέχρι τῆς μάχης, καὶ ὅσα ἐπεὶ Κῦρος ἐτελεύτησεν ἐν τῇ πορείᾳ μέχρι εἰς τὸν Πόντον ἀφίκοντο, καὶ ὅσα ἐκ τοῦ Πόντου πεζῇ ἐξιόντες καὶ ἐκπλέοντες ἐποίουν μέχρι ἔξω τοῦ στόματος ἐγένοντο ἐν Χρυσοπόλει τῆς Ἀσίας, ἐν τῷ πρόσθεν λόγῳ δεδήλωται. ἐκ τούτου δὲ Φαρνάβαζος φοβούμενος τὸ 2 στράτευμα μὴ ἐπὶ τὴν αὑτοῦ ἀρχὴν στρατεύηται, πέμψας πρὸς Ἀναξίβιον τὸν ναύαρχον, ὁ δ' ἔτυχεν ἐν Βυζαντίῳ ὤν, ἐδεῖτο διαβιβάσαι τὸ στράτευμα ἐκ τῆς Ἀσίας καὶ ὑπισχνεῖτο πάντα ποιήσειν αὐτῷ ὅσα δέοι. καὶ ὁ Ἀναξίβιος μετεπέμψατο τοὺς 3 στρατηγοὺς καὶ λοχαγοὺς τῶν στρατιωτῶν εἰς Βυζάντιον καὶ ὑπισχνεῖτο, εἰ διαβαῖεν, μισθοφορὰν ἔσεσθαι τοῖς στρατιώ-

---

1. **Inhalt**: Auf Anstiften des Pharnabazos lässt Anaxibios das Griechische Heer von Chrysopolis nach Byzanz übersetzen unter Versprechung von Sold. Als er aber diesen nicht gewährt, die Truppen aus der Stadt hinaus schafft und sie nach dem Chersones schicken will, wo sie der Spartanische Harmost Kyniskos gegen die Thraker in Sold nehmen werde, da dringen die Soldaten mit Gewalt in die Stadt zurück und fordern Xenophon auf, an ihrer Spitze sich zum Herrn derselben zu machen und sie zu plündern. Xenophon beruhigt sie und stellt ihnen vor, dass sie damit nicht bloss gegen die Spartaner, sondern, da diese in ganz Griechenland unbedingt herrschen, auch gegen deren Bundesgenossen, während ihnen zugleich die Persische Macht feindlich gegenüber stände, den Kampf aufnehmen würden. Darauf senden sie eine versöhnliche Botschaft an den Anaxibios, der ihnen aber nur unbestimmte Versprechungen macht. Da gehen sie auf das Anerbieten eines Thebanischen Abenteurers ein, der sie nach dem Thrakischen Delta auf Beute führen will. Sie verlassen die Stadt und Xenophon verabschiedet sich von ihnen, um, was er schon in Herakleia thun wollte, nach der Heimath zurückzukehren. Das Unternehmen des Thebanischen Führers aber scheitert schon in den nächsten Tagen wegen Mangels an Mitteln zur Ausführung.

---

1. τοῦ στόματος. S. VI, 4, 1. — 3. Ἀναξίβιος. S. VI, 1, 16.
τῆς Ἀσίας, wie τῆς Καλχ. VI, 6, 38.

4 ταις. οἱ μὲν δὴ ἄλλοι ἔφασαν βουλευσάμενοι ἀπαγγελεῖν, Ξενοφῶν δὲ εἶπεν αὐτῷ, ὅτι ἀπαλλάξοιτο ἤδη ἀπὸ τῆς στρατιᾶς καὶ βούλοιτο ἀποπλεῖν. ὁ δὲ Ἀναξίβιος ἐκέλευσεν αὐτὸν συνδιαβάντα ἔπειτα οὕτως ἀπαλλάττεσθαι. ἔφη οὖν ταῦτα ποιήσειν.

5 Σεύθης δὲ ὁ Θρᾷξ πέμπει Μηδοσάδην καὶ κελεύει Ξενοφῶντα συμπροθυμεῖσθαι, ὅπως διαβῇ τὸ στράτευμα, καὶ ἔφη,
6 αὐτῷ ταῦτα συμπροθυμηθέντι ὅτι οὐ μεταμελήσει. ὁ δ᾽ εἶπεν, Ἀλλὰ τὸ μὲν στράτευμα διαβήσεται· τούτου ἕνεκα μηδὲν τελείτω μήτε ἐμοὶ μήτε ἄλλῳ μηδενί· ἐπειδὰν δὲ διαβῇ, ἐγὼ μὲν ἀπαλλάξομαι, πρὸς δὲ τοὺς διαμένοντας καὶ ἐπικαιρίους ὄντας προσφερέσθω ὡς ἂν αὐτῷ δοκῇ ἀσφαλές.

7 Ἐκ τούτου διαβαίνουσι πάντες εἰς τὸ Βυζάντιον οἱ στρατιῶται. καὶ μισθὸν μὲν οὐκ ἐδίδου ὁ Ἀναξίβιος, ἐκήρυξε δὲ λαβόντας τὰ ὅπλα καὶ τὰ σκεύη τοὺς στρατιώτας ἐξιέναι, ὡς ἀποπέμψων τε ἅμα καὶ ἀριθμὸν ποιήσων. ἐνταῦθα οἱ στρατιῶται ἤχθοντο, ὅτι οὐκ εἶχον ἀργύριον ἐπισιτίζεσθαι εἰς τὴν
8 πορείαν καὶ ὀκνηρῶς συνεσκευάζοντο. καὶ ὁ Ξενοφῶν Κλεάνδρῳ τῷ ἁρμοστῇ ξένος γεγενημένος προσελθὼν ἠσπάζετο αὐτὸν ὡς ἀποπλευσούμενος ἤδη. ὁ δὲ αὐτῷ λέγει, Μὴ ποιήσῃς ταῦτα· εἰ δὲ μή, ἔφη, αἰτίαν ἕξεις, ἐπεὶ καὶ νῦν τινες ἤδη
9 σέ αἰτιῶνται, ὅτι οὐ ταχὺ ἐξέρπει τὸ στράτευμα. ὁ δ᾽ εἶπεν, Ἀλλ᾽ αἴτιος μὲν ἔγωγε οὐκ εἰμὶ τούτου, οἱ δὲ στρατιῶται αὐτοὶ ἐπισιτισμοῦ δεόμενοι διὰ τοῦτο ἀθυμοῦσι πρὸς τὴν ἔξο-
10 δον. Ἀλλ᾽ ὅμως, ἔφη, ἐγώ σοι συμβουλεύω ἐξελθεῖν μὲν ὡς πορευσόμενον, ἐπειδὰν δ᾽ ἔξω γένηται τὸ στράτευμα, τότε ἀπαλλάττεσθαι. Ταῦτα τοίνυν, ἔφη ὁ Ξενοφῶν, ἐλθόντες πρὸς Ἀναξίβιον διαπραξόμεθα. οὕτως ἐλθόντες ἔλεγον ταῦτα.

---

4. ἔπειτα. Vergl. zu II, 5, 20. — οὕτως, so erst, d. h. nachdem er das Uebersetzen des Heeres durch sein Ansehn bei demselben mit bewirkt habe.

5. πέμπει, nach Kalchedon nach VII, 2, 26. — ὅτι hängt von ἔφη ab.

6. τελείτω, näml. Σεύθης. — ἐπι-καιρίους, die darüber zu entscheiden haben.

7. ὡς, wie I, 1, 3.

8. εἰ δὲ μή, wie IV, 3, 6.

9. διὰ τοῦτο geht auf ἐπισιτισμοῦ δεόμενοι.

10. ἐξελθεῖν μὲν, zwar aus der Stadt zu gehen. — τότε, dann erst.

ὁ δὲ ἐκέλευεν οὕτω ποιεῖν καὶ ἐξιέναι τὴν ταχίστην συσκευα- 11
σαμένους καὶ προσανεῖπεν, ὃς ἂν μὴ παρῇ εἰς τὴν ἐξέτασιν
καὶ εἰς τὸν ἀριθμόν, ὅτι αὐτὸς αὐτὸν αἰτιάσεται. ἐντεῦθεν 12
ἐξῄεσαν οἵ τε στρατηγοὶ πρῶτοι καὶ οἱ ἄλλοι. καὶ ἄρδην
πάντες πλὴν ὀλίγων ἔξω ἦσαν, καὶ Ἐτεόνικος εἱστήκει παρὰ
τὰς πύλας ὡς, ὁπότε ἔξω γένοιντο πάντες, συγκλείσων τὰς
πύλας καὶ τὸν μοχλὸν ἐμβαλῶν. ὁ δὲ Ἀναξίβιος συγκαλέσας τοὺς 13
στρατηγοὺς καὶ τοὺς λοχαγοὺς ἔλεγε, Τὰ μὲν ἐπιτήδεια, ἔφη,
λαμβάνετε ἐκ τῶν Θρακίων κωμῶν· εἰσὶ δὲ αὐτόθι πολλαὶ
κριθαὶ καὶ πυροὶ καὶ τἆλλα ἐπιτήδεια· λαβόντες δὲ πορεύε-
σθε εἰς Χερρόνησον, ἐκεῖ δὲ Κινίσκος ὑμῖν μισθοδοτήσει.
ἐπακούσαντες δέ τινες τῶν στρατιωτῶν ταῦτα ἢ καὶ τῶν λο- 14
χαγῶν τις διαγγέλλει εἰς τὸ στράτευμα. καὶ οἱ μὲν στρατηγοὶ
ἐπυνθάνοντο περὶ τοῦ Σεύθου, πότερα πολέμιος εἴη ἢ φίλος
καὶ πότερα διὰ τοῦ ἱεροῦ ὄρους δέοι πορεύεσθαι ἢ κύκλῳ διὰ
μέσης τῆς Θρᾴκης. ἐν ᾧ δὲ ταῦτα διελέγοντο, οἱ στρατιῶται 15
ἀναρπάσαντες τὰ ὅπλα θέουσι δρόμῳ πρὸς τὰς πύλας, ὡς
πάλιν εἰς τὸ τεῖχος εἰσιόντες. ὁ δὲ Ἐτεόνικος καὶ οἱ σὺν
αὐτῷ ὡς εἶδον προσθέοντας τοὺς ὁπλίτας, συγκλείουσι τὰς
πύλας καὶ τὸν μοχλὸν ἐμβάλλουσιν. οἱ δὲ στρατιῶται ἔκοπτον 16
τὰς πύλας καὶ ἔλεγον, ὅτι ἀδικώτατα πάσχοιεν ἐκβαλλόμενοι
εἰς τοὺς πολεμίους· κατασχίσειν τε τὰς πύλας ἔφασαν, εἰ μὴ
ἑκόντες ἀνοίξουσιν. ἄλλοι δὲ ἔθεον ἐπὶ θάλατταν καὶ παρὰ 17
τὴν χηλὴν τὸ τεῖχος ὑπερβαίνουσιν εἰς τὴν πόλιν, ἄλλοι δὲ
οἳ ἐτύγχανον ἔνδον ὄντες τῶν στρατιωτῶν, ὡς ὁρῶσι τὰ ἐπὶ
ταῖς πύλαις πράγματα, διακόπτοντες ταῖς ἀξίναις τὰ κλεῖθρα
ἀναπεταννύασι τὰς πύλας, οἱ δ' εἰσπίπτουσιν.

Ὁ δὲ Ξενοφῶν ὡς εἶδε τὰ γιγνόμενα, δείσας, μὴ ἐφ' 18
ἁρπαγὴν τράποιτο τὸ στράτευμα καὶ ἀνήκεστα κακὰ γένοιτο

---

10. ὁ δέ, Anaxibios. — ὅτι hängt ab von προσανεῖπεν.

12. καὶ οἱ ἄλλοι, und dann auch die Anderen. — καὶ Ἐτ., während Et.

14. διαγγέλλει, nach dem letzten Subject construirt. — ἐπυνθάνοντο. Sie schwankten, ob sie dem Rufe des Seuthes (§. 5) oder der Aufforderung des Anaxibios nach dem Chersones zu gehen folgen sollten. — τοῦ ἱεροῦ ὄρους, zwischen Perinthos und dem Chersones.

16. εἰς τοὺς πολεμίους, in feindliches Land (s. zu I, 1, 11), Thrakien.

17. τὴν χηλήν, Vorsprung der Stadtmauer zum Schutze gegen die Meereswogen.

τῇ πόλει καὶ ἑαυτῷ καὶ τοῖς στρατιώταις, ἔθει καὶ συνεισ-
19 πίπτει εἴσω τῶν πυλῶν σὺν τῷ ὄχλῳ. οἱ δὲ Βυζάντιοι ὡς
εἶδον τὸ στράτευμα βίᾳ εἰσπῖπτον, φεύγουσιν ἐκ τῆς ἀγορᾶς,
οἱ μὲν εἰς τὰ πλοῖα, οἱ δὲ οἴκαδε, ὅσοι δὲ ἔνδον ἐτύγχανον
ὄντες, ἔξω, οἱ δὲ καθεῖλκον τὰς τριήρεις, ὡς ἐν ταῖς τριήρεσι
σώζοιντο, πάντες δὲ ᾤοντο ἀπολωλέναι ὡς ἑαλωκυίας τῆς
20 πόλεως. ὁ δὲ Ἐτεόνικος εἰς τὴν ἄκραν ἀποφεύγει. ὁ δὲ
Ἀναξίβιος καταδραμὼν ἐπὶ θάλατταν ἐν ἁλιευτικῷ πλοίῳ
περιέπλει εἰς τὴν ἀκρόπολιν καὶ εὐθὺς μεταπέμπεται ἐκ Καλ-
χηδόνος φρουρούς· οὐ γὰρ ἱκανοὶ ἐδόκουν εἶναι οἱ ἐν τῇ ἀκρο-
21 πόλει σχεῖν τοὺς ἄνδρας. οἱ δὲ στρατιῶται ὡς εἶδον Ξενο-
φῶντα, προσπίπτουσιν πολλοὶ αὐτῷ καὶ λέγουσι, Νῦν σοι
ἔξεστιν, ὦ Ξενοφῶν, ἀνδρὶ γενέσθαι. ἔχεις πόλιν, ἔχεις τριή-
ρεις, ἔχεις χρήματα, ἔχεις ἄνδρας τοσούτους. νῦν ἂν, εἰ βού-
22 λοιο, σύ τε ἡμᾶς ὀνήσαις καὶ ἡμεῖς σέ μέγαν ποιήσαιμεν. ὁ
δ' ἀπεκρίνατο, Ἀλλ' εὖ γε λέγετε καὶ ποιήσω ταῦτα· εἰ δὲ
τούτων ἐπιθυμεῖτε, θέσθε τὰ ὅπλα ἐν τάξει ὡς τάχιστα·
βουλόμενος αὐτοὺς κατηρεμίσαι· καὶ αὐτός τε παρηγγύα ταῦτα
23 καὶ τοὺς ἄλλους ἐκέλευε παρεγγυᾶν τίθεσθαι τὰ ὅπλα. οἱ δὲ
αὐτοὶ ὑφ' ἑαυτῶν ταττόμενοι οἵ τε ὁπλῖται ἐν ὀλίγῳ χρόνῳ
εἰς ὀκτὼ ἐγένοντο καὶ οἱ πελτασταὶ ἐπὶ τὸ κέρας ἑκάτερον
24 παραδεδραμήκεσαν. τὸ δὲ χωρίον οἷον κάλλιστον ἐκτάξασθαί
ἐστι τὸ Θράκιον καλούμενον, ἔρημον οἰκιῶν καὶ πεδινόν. ἐπεὶ
δὲ ἔκειτο τὰ ὅπλα καὶ κατηρεμίσθησαν, συγκαλεῖ ὁ Ξενοφῶν
25 τὴν στρατιὰν καὶ λέγει τάδε. Ὅτι μὲν ὀργίζεσθε, ὦ ἄνδρες
στρατιῶται, καὶ νομίζετε δεινὰ πάσχειν ἐξαπατώμενοι, οὐ
θαυμάζω. ἢν δὲ τῷ θυμῷ χαριζώμεθα καὶ Λακεδαιμονίους
τε τοὺς παρόντας τῆς ἐξαπάτης τιμωρησώμεθα καὶ τὴν πόλιν
τὴν οὐδὲν αἰτίαν διαρπάσωμεν, ἐνθυμεῖσθε, ἃ ἔσται ἐντεῦ-
26 θεν. πολέμιοι μὲν ἐσόμεθα ἀποδεδειγμένοι Λακεδαιμονίοις

---

19. ἔνδον, in den Häusern. — ἔξω, näml. φεύγουσιν.

20. ἀκρόπολιν, dasselbe, was vorher ἄκραν. — σχεῖν, im Zaume zu halten.

21. ἡμᾶς ὀνήσαις, durch Gestattung des Plünderns.

22. θέσθε — ἐν τάξει, stellt euch in Reih' und Glied.

23. εἰς ὀκτώ, 8 Mann tief. — παραδεδραμήκεσαν Plusquamp. wie VI, 2, 8.

24. οἷον, wie ὡς beim Superlativ. — ἔκειτο, Passiv. zu τίθεσθαι. — κατηρεμίσθησαν, die Soldaten. — συγκαλεῖ, einen Kreis um ihn zu bilden.

καὶ τοῖς συμμάχοις. οἷος δὲ πόλεμος ἂν γένοιτο, εἰκάζειν δὴ πάρεστιν, ἑωρακότας καὶ ἀναμνησθέντας τὰ νῦν δὴ γεγενημένα. ἡμεῖς γὰρ οἱ Ἀθηναῖοι ἤλθομεν εἰς τὸν πόλεμον τὸν 27 πρὸς Λακεδαιμονίους καὶ τοὺς συμμάχους ἔχοντες τριήρεις τὰς μὲν ἐν θαλάττῃ τὰς δ' ἐν τοῖς νεωρίοις οὐκ ἐλάττους τριακοσίων, ὑπαρχόντων δὲ πολλῶν χρημάτων ἐν τῇ πόλει καὶ προσόδου οὔσης κατ' ἐνιαυτὸν ἀπό τε τῶν ἐνδήμων καὶ ἐκ τῆς ὑπερορίας οὐ μεῖον χιλίων ταλάντων· ἄρχοντες δὲ τῶν νήσων ἁπασῶν καὶ ἔν τε τῇ Ἀσίᾳ πολλὰς ἔχοντες πόλεις καὶ ἐν τῇ Εὐρώπῃ ἄλλας τε πολλὰς καὶ αὐτὸ τοῦτο τὸ Βυζάντιον, ὅπου νῦν ἐσμεν, ἔχοντες, κατεπολεμήθημεν οὕτως, ὡς πάντες ὑμεῖς ἐπίστασθε. νῦν δὲ δὴ τί ἂν οἰόμεθα παθεῖν, Λακεδαιμονίοις 28 μὲν καὶ τῶν ἀρχαίων συμμάχων ὑπαρχόντων, Ἀθηναίων δὲ καὶ οἳ ἐκείνοις τότε ἦσαν σύμμαχοι πάντων προσγεγενημένων, Τισσαφέρνους δὲ καὶ τῶν ἐπὶ θαλάττῃ ἄλλων βαρβάρων πάντων πολεμίων ἡμῖν ὄντων, πολεμιωτάτου δὲ αὐτοῦ τοῦ ἄνω βασιλέως, ὃν ἤλθομεν ἀφαιρησόμενοι τὴν ἀρχὴν καὶ ἀποκτενοῦντες, εἰ δυναίμεθα; τούτων δὴ πάντων ὁμοῦ ὄντων ἔστι τις οὕτως ἄφρων, ὅστις οἴεται ἂν ἡμᾶς περιγενέσθαι; μὴ πρὸς θεῶν 29 μαινώμεθα μηδ' αἰσχρῶς ἀπολώμεθα πολέμιοι ὄντες καὶ ταῖς πατρίσι καὶ τοῖς ἡμετέροις αὐτῶν φίλοις τε καὶ οἰκείοις. ἐν γὰρ ταῖς πόλεσίν εἰσι πάντες ταῖς ἐφ' ἡμᾶς στρατευσομέναις, καὶ δικαίως, εἰ βάρβαρον μὲν πόλιν οὐδεμίαν ἠθελήσαμεν κατασχεῖν, καὶ ταῦτα κρατοῦντες, Ἑλληνίδα δὲ εἰς ἣν πρώτην πόλιν ἤλθομεν, ταύτην ἐξαλαπάξομεν. ἐγὼ μὲν τοίνυν εὔχο- 30 μαι πρὶν ταῦτα ἐπιδεῖν ὑφ' ὑμῶν γενόμενα μυρίας ἔμεγε κατὰ γῆς ὀργυιὰς γενέσθαι. καὶ ὑμῖν δὲ συμβουλεύω Ἕλληνας ὄντας

---

26. ἑωρακότας καὶ ἀναμνησθέντας, die Accus. schliessen sich dem zu denkenden Subject von εἰκάζειν an. S. zu λαβόντα I, 2, 1. — τὰ νῦν δὴ γεγενημένα, den Ausgang des Peloponnes. Krieges.
27. ἐκ τῆς ὑπερορίας, die Tribute der Bundesgenossen.
28. ἄνω. S. zu I, 2, 1. — οὕτως — ὥστις, wie II, 5, 12.
29. τοῖς ἡμετέροις αὐτῶν, unseren eigenen. — πάντες. Denn eben diese Freunde und Angehörigen leben in Staaten, die gegen uns ziehen werden, weil ja ganz Griechenland den jetzt so mächtigen Spartanern Heeresfolge leisten muss. — καὶ δικαίως, die auch mit Recht gegen uns ziehen werden. — καὶ ταῦτα, wie I, 4, 12. — Ἑλληνίδα δὲ εἰς ἣν — πόλιν, die erste Hell. Stadt aber, in welche.
30. ἐπιδεῖν, erleben, wie III, 1, 13. —

τοῖς τῶν Ἑλλήνων προεστηκόσι πειθομένους πειρᾶσθαι τῶν δικαίων τυγχάνειν. ἐὰν δὲ μὴ δύνησθε ταῦτα, ἡμᾶς δεῖ ἀδι-
31 κουμένους τῆς γοῦν Ἑλλάδος μὴ στέρεσθαι. καὶ νῦν μοι δοκεῖ πέμψαντας Ἀναξιβίῳ εἰπεῖν, ὅτι ἡμεῖς οὐδὲν βίαιον ποιήσοντες παρεληλύθαμεν εἰς τὴν πόλιν, ἀλλ' ἢν μὲν δυνώμεθα παρ' ὑμῶν ἀγαθόν τι εὑρίσκεσθαι, εἰ δὲ μή, ἀλλὰ δηλώσοντες, ὅτι οὐκ ἐξαπατώμενοι ἀλλὰ πειθόμενοι ἐξερχόμεθα.
32 Ταῦτα ἔδοξε, καὶ πέμπουσιν Ἱερώνυμόν τε Ἠλεῖον ἐροῦντα ταῦτα καὶ Εὐρύλοχον Ἀρκάδα καὶ Φιλήσιον Ἀχαιόν. οἱ μὲν ταῦτα ᾤχοντο ἐροῦντες.
33 Ἔτι δὲ καθημένων τῶν στρατιωτῶν προσέρχεται Κοιρατάδης Θηβαῖος, ὃς οὐ φεύγων τὴν Ἑλλάδα περιῄει, ἀλλὰ στρατηγιῶν καὶ ἐπαγγελλόμενος, εἴ τις ἢ πόλις ἢ ἔθνος στρατηγοῦ δέοιτο· καὶ τότε προσελθὼν ἔλεγεν, ὅτι ἕτοιμος εἴη ἡγεῖσθαι αὐτοῖς εἰς τὸ Δέλτα καλούμενον τῆς Θρᾴκης, ἔνθα πολλὰ καὶ ἀγαθὰ λήψοιντο· ἔστε δ' ἂν μόλωσιν, εἰς ἀφθονίαν παρέξειν
34 ἔφη καὶ σιτία καὶ ποτά. ἀκούουσι ταῦτα τοῖς στρατιώταις καὶ τὰ παρὰ Ἀναξιβίου ἅμα ἀπαγγελλόμενα· ἀπεκρίνατο γάρ, ὅτι πειθομένοις αὐτοῖς οὐ μεταμελήσει, ἀλλὰ τοῖς τε οἴκοι τέλεσι ταῦτα ἀπαγγελεῖ καὶ αὐτὸς βουλεύσοιτο περὶ αὐτῶν ὅ
35 τι δύναιτο ἀγαθόν· ἐκ τούτου οἱ στρατιῶται τόν τε Κοιρατάδην δέχονται στρατηγὸν καὶ ἔξω τοῦ τείχους ἀπῆλθον. ὁ δὲ Κοιρατάδης συντίθεται αὐτοῖς εἰς τὴν ὑστεραίαν παρέσεσθαι ἐπὶ τὸ στράτευμα ἔχων καὶ ἱερεῖα καὶ μάντιν καὶ σιτία καὶ ποτὰ τῇ
36 στρατιᾷ. ἐπεὶ δὲ ἐξῆλθον, ὁ Ἀναξίβιος ἔκλεισε τὰς πύλας καὶ ἐκήρυξεν, ὃς ἂν ἁλῷ ἔνδον ὢν τῶν στρατιωτῶν, ὅτι πεπράσεται.

τοῖς — προεστηκόσι, den Spartanern. — ἀδικουμένους, nach solcher Kränkung.
31. ὅτι führt die or. recta ein. S. zu I, 6, 7. — ἀλλ' ἤν, sondern (um zu versuchen) ob wir. — ἀλλά, (dann) doch (wenigstens). — πειθόμενοι, auf gütlichem Wege. — ἐξερχόμεθα, das Präsens, statt des Futurs, lässt den Gedanken wie einen allgemeinen Grundsatz erscheinen.
33. καθημένων, wie VI, 2, 5. — καὶ τότε προσελθὼν ἔλεγε. Ohne die vorhergehenden Zwischensätze würde es einfach heissen καὶ ἔλεγεν. — Δέλτα, zwischen Byzanz und Salmydessos.
34. Bei ἀκούουσι — τοῖς στρατιώταις scheint ἔδοξε δέχεσθαι στρατηγὸν τὸν Κ. vorgeschwebt zu haben. Nach der längeren Parenthese aber nimmt die Construction eine andere Wendung, als ob ἅμα ἀπαγγέλλεται vorher gegangen wäre. — βουλεύσοιτο, vorher Indicative. Vergl. zu II, 1, 3.
36. ὅτι, gestellt wie §. 11.

τῇ δ' ὑστεραίᾳ Κοιρατάδης μὲν ἔχων τὰ ἱερεῖα καὶ τὸν μάντιν ἧκε, 37
καὶ ἄλφιτα φέροντες εἵποντο αὐτῷ εἴκοσιν ἄνδρες καὶ οἶνον ἄλλοι
εἴκοσι καὶ ἐλαιῶν τρεῖς καὶ σκορόδων ἀνὴρ ὅσον ἐδύνατο μέ-
γιστον φορτίον καὶ ἄλλος κρομμύων. ταῦτα δὲ καταθέμενος
ὡς ἐπὶ δάσμευσιν ἐθύετο. Ξενοφῶν δὲ μεταπεμψάμενος Κλέ- 38
ανδρον ἐκέλευε διαπρᾶξαι, ὅπως εἰς τὸ τεῖχος εἰσέλθοι καὶ
ἀποπλεῦσαι ἐκ Βυζαντίου. ἐλθὼν δ' ὁ Κλέανδρος, Μάλα μό- 39
λις, ἔφη, διαπραξάμενος ἥκω· λέγειν γὰρ Ἀναξίβιον, ὅτι οὐκ
ἐπιτήδειον εἴη τοὺς μὲν στρατιώτας πλησίον εἶναι τοῦ τείχοις,
Ξενοφῶντα δὲ ἔνδον· τοὺς Βυζαντίους δὲ στασιάζειν καὶ πο-
νηροὺς εἶναι πρὸς ἀλλήλους· ὅμως δὲ εἰσιέναι, ἔφη, ἐκέλευεν,
εἰ μέλλοις σὺν αὐτῷ ἐκπλεῖν. ὁ μὲν δὴ Ξενοφῶν ἀσπασάμε- 40
νος τοὺς στρατιώτας εἴσω τοῦ τείχους ἀπῄει σὺν Κλεάνδρῳ.
ὁ δὲ Κοιρατάδης τῇ μὲν πρώτῃ ἡμέρᾳ οὐκ ἐκαλλιέρει οὐδὲ
διεμέτρησεν οὐδὲν τοῖς στρατιώταις· τῇ δ' ὑστεραίᾳ τὰ μὲν
ἱερεῖα εἰστήκει παρὰ τὸν βωμὸν καὶ Κοιρατάδης ἐστεφανωμέ-
νος ὡς θύσων· προσελθὼν δὲ Τιμασίων ὁ Δαρδανεὺς καὶ
Νέων ὁ Ἀσιναῖος καὶ Κλεάνωρ ὁ Ὀρχομένιος ἔλεγον Κοιρα-
τάδῃ μὴ θύειν, ὡς οὐχ ἡγησόμενον τῇ στρατιᾷ, εἰ μὴ δώσει
τὰ ἐπιτήδεια. ὁ δὲ κελεύει διαμετρεῖσθαι. ἐπεὶ δὲ πολλῶν 41
ἐνέδει αὐτῷ ὥστε ἡμέρας σῖτον ἑκάστῳ γενέσθαι τῶν στρα-
τιωτῶν, ἀναλαβὼν τὰ ἱερεῖα ἀπῄει καὶ τὴν στρατηγίαν ἀπει-
πών.

Νέων δὲ ὁ Ἀσιναῖος καὶ Φρυνίσκος ὁ Ἀχαιὸς καὶ Φιλή- II.
σιος ὁ Ἀχαιὸς καὶ Ξανθικλῆς ὁ Ἀχαιὸς καὶ Τιμασίων ὁ Δαρ-

2. **Inhalt**: Während das Heer unthätig in den Dörfern bei By-
zanz lagert, die Feldherren uneinig sind, ob sie dem Rufe des Seuthes
folgen oder nach dem Chersones gehen sollen, von den Soldaten bei
der Ungewissheit über ihre Zukunft auch ein grosser Theil sich vom
Heere entfernt, reist Anaxibios, dessen Amtsjahr abgelaufen ist, von
Byzanz ab, zunächst über Kyzikos nach Parion. Da Pharnabazos, statt
dem Anaxibios sein Versprechen (VII, 1, 2) zu halten, jetzt mit Ari-
starch, der an Kleander's Stelle Harmost von Byzanz geworden ist, hin-
sichtlich des Griechischen Heeres dasselbe Abkommen trifft, so lässt

37. ἐλαιῶν τρεῖς, d. i. φορτίον τρεῖς ἄνδρες φέροντες. — ὡς ἐπί. S. zu IV, 3, 11.
39. λέγειν γὰρ, Uebergang in die or. obliqua.

40. ἔλεγον, mit folg. Infin. wie I,3,8.— ὡς οὐχ ἡγησόμενον, da das Heer sich nicht von ihm füh-
ren lassen werde. S. zu I, 1, 3.
41. ὥστε, dazu, d. i. daran, dass.

δανεὺς ἐπέμενον ἐπὶ τῇ στρατιᾷ, καὶ εἰς κώμας τῶν Θρᾳκῶν 2 προελθόντες τὰς κατὰ Βυζάντιον ἐστρατοπεδεύοντο. καὶ οἱ στρατηγοὶ ἐστασίαζον, Κλεάνωρ μὲν καὶ Φρυνίσκος πρὸς Σεύθην βουλόμενοι ἄγειν· ἔπειθε γὰρ αὐτοὺς καὶ ἔδωκε τῷ μὲν ἵππον, τῷ δὲ γυναῖκα· Νέων δὲ εἰς Χερρόνησον, οἰόμενος, εἰ ὑπὸ Λακεδαιμονίοις γένοιντο, παντὸς ἂν προεστάναι τοῦ στρατεύματος· Τιμασίων δὲ προυθυμεῖτο πέραν εἰς τὴν Ἀσίαν 3 πάλιν διαβῆναι, οἰόμενος ἂν οἴκαδε κατελθεῖν. καὶ οἱ στρατιῶται ταὐτὰ ἐβούλοντο. διατριβομένου δὲ τοῦ χρόνου πολλοὶ τῶν στρατιωτῶν, οἱ μὲν τὰ ὅπλα ἀποδιδόμενοι κατὰ τοὺς χώρους ἀπέπλεον ὡς ἐδύναντο, οἱ δὲ καὶ εἰς τὰς πόλεις κατε- 4 μιγνύοντο. Ἀναξίβιος δ' ἔχαιρε ταῦτα ἀκούων, διαφθειρόμενον τὸ στράτευμα· τούτων γὰρ γιγνομένων ᾤετο μάλιστα χαρίζεσθαι Φαρναβάζῳ.

5 Ἀποπλέοντι δὲ Ἀναξιβίῳ ἐκ Βυζαντίου συναντᾷ Ἀρίσταρχος ἐν Κυζίκῳ διάδοχος Κλεάνδρῳ Βυζαντίου ἁρμοστής· ἐλέγετο δέ, ὅτι καὶ ναύαρχος διάδοχος Πῶλος ὅσον οὐ παρείη 6 ἤδη εἰς Ἑλλήσποντον. καὶ Ἀναξίβιος τῷ μὲν Ἀριστάρχῳ ἐπιστέλλει ὁπόσους ἂν εὕρῃ ἐν Βυζαντίῳ τῶν Κύρου στρατιωτῶν ὑπολελειμμένους ἀποδόσθαι· ὁ δὲ Κλέανδρος οὐδένα ἐπεπράκει, ἀλλὰ καὶ τοὺς κάμνοντας ἐθεράπευεν οἰκτείρων καὶ ἀναγκάζων οἰκίᾳ δέχεσθαι· Ἀρίσταρχος δ', ἐπεὶ ἦλθε τάχιστα, οὐκ

Anaxibios, um sich an dem wortbrüchigen Satrapen zu rächen, Xenophon zu sich nach Parion kommen und fordert ihn auf, das Heer wieder zu sammeln und wieder nach Asien hinüber zu führen. Xenophon kommt auch zum Heere, das ihn freudig empfängt und mit Ausnahme von 800 Mann, die sich unter Neon absondern und nach dem Chersones ziehen, bei Perinth lagert. Allein die Ueberfahrt nach Asien wird durch Aristarch gehindert. Da geht Xenophon auf den ihm zum zweiten Male gemachten Vorschlag ein, die Truppen dem Seuthes zu Hülfe zu führen. Er begiebt sich mit einigen Officieren des Nachts zu dem drei Stunden entfernten Lager des Thrakischen Fürsten, wo man sich über den Sold verständigt und von Seuthes versprochen wird, dass selbst Einzelne, wenn der Zug des ganzen Heeres hierher von den Spartanern verhindert werden sollte, in seinem Gebiete Zuflucht und Heimath finden sollen.

---

2. *Κλεάνωρ*. Sein Name muss auch §. 1 im Texte gestanden haben.
3. *ἀποδιδόμενον*, verkaufend. — *κατὰ τοὺς χώρους*, in den Ortschaften, durch die sie kamen. — *ὡς ἐδύναντο*, nach Gelegenheit.

4. *διαφθειρόμενον τὸ στράτευμα*, nachträgliche Erklärung zu *ταῦτα*.
5. *Κλεάνδρῳ*, Dat. wie V, 6, 29, Denn man sagt auch *διαδέχεσθαί τινι*. — *ὅσον οὐ*, tantum non.
6. *ἀναγκάζων*, näml. die Einwohner.

ἐλάττους τετρακοσίων ἀπέδοτο. Ἀναξίβιος δὲ παραπλεύσας 7
εἰς Πάριον πέμπει παρὰ Φαρνάβαζον κατὰ τὰ συγκείμενα. ὁ
δ' ἐπεὶ ἤσθετο Ἀρίσταρχόν τε ἥκοντα εἰς Βυζάντιον ἁρμοστὴν
καὶ Ἀναξίβιον οὐκέτι ναυαρχοῦντα, Ἀναξιβίου μὲν ἠμέλησε,
πρὸς Ἀρίσταρχον δὲ διεπράττετο τὰ αὐτὰ περὶ τοῦ Κυρείου
στρατεύματος, ἅπερ πρὸς Ἀναξίβιον.

Ἐκ τούτου ὁ Ἀναξίβιος καλέσας Ξενοφῶντα κελεύει πάσῃ 8
τέχνῃ καὶ μηχανῇ πλεῦσαι ἐπὶ τὸ στράτευμα ὡς τάχιστα καὶ
συνέχειν τε αὐτὸ καὶ συναθροίζειν τῶν διεσπαρμένων ὡς ἂν
πλείστους δύνηται, καὶ παραγαγόντα εἰς τὴν Πέρινθον διαβιβάζειν εἰς τὴν Ἀσίαν ὅ τι τάχιστα· καὶ δίδωσιν αὐτῷ τριακόντορον καὶ ἐπιστολὴν καὶ ἄνδρα συμπέμπει κελεύσοντα τοὺς
Περινθίους ὡς τάχιστα Ξενοφῶντα προπέμψαι τοῖς ἵπποις
ἐπὶ τὸ στράτευμα. καὶ ὁ μὲν Ξενοφῶν διαπλεύσας ἀφικνεῖ- 9
ται ἐπὶ τὸ στράτευμα· οἱ δὲ στρατιῶται ἐδέξαντο ἡδέως καὶ
εὐθὺς εἵποντο ἄσμενοι ὡς διαβησόμενοι ἐκ τῆς Θρᾴκης εἰς
τὴν Ἀσίαν.

Ὁ δὲ Σεύθης ἀκούσας ἥκοντα πάλιν πέμψας πρὸς αὐτὸν 10
κατὰ θάλατταν Μηδοσάδην ἐδεῖτο τὴν στρατιὰν ἄγειν πρὸς
ἑαυτόν, ὑπισχνούμενος αὐτῷ ὅ τι ᾤετο λέγων πείσειν. ὁ δ'
ἀπεκρίνατο, ὅτι οὐδὲν οἷόν τε εἴη τούτων γενέσθαι. καὶ ὁ 11
μὲν ταῦτα ἀκούσας ᾤχετο. οἱ δὲ Ἕλληνες ἐπεὶ ἀφίκοντο εἰς
Πέρινθον, Νέων μὲν ἀποσπάσας ἐστρατοπεδεύσατο χωρὶς
ἔχων ὡς ὀκτακοσίους ἀνθρώπους· τὸ δ' ἄλλο στράτευμα πᾶν
ἐν τῷ αὐτῷ παρὰ τὸ τεῖχος τὸ Περινθίων ἦν.

Μετὰ ταῦτα Ξενοφῶν μὲν ἔπραττε περὶ πλοίων, ὅπως 12
ὅ τι τάχιστα διαβαῖεν. ἐν δὲ τούτῳ ἀφικόμενος Ἀρίσταρχος
ὁ ἐκ Βυζαντίου ἁρμοστής, ἔχων δύο τριήρεις, πεπεισμένος
ὑπὸ Φαρναβάζου τοῖς τε ναυκλήροις ἀπεῖπε μὴ διάγειν ἐλθών
τε ἐπὶ τὸ στράτευμα τοῖς στρατιώταις εἶπε μὴ περαιοῦσθαι

---

7. Πάριον, an der Propontis, nahe am Hellespont. — πέμπει, ohne Object, das auch im Deutschen fehlen kann. — κατὰ τὰ συγκείμενα, um an Erfüllung des VII, 1, 2 Versprochenen zu mahnen.
8. τοῖς ἵπποις, mit den für Xen. und seine Begleitung erforderlichen.

9. εἵποντο, von den Dörfern bei Byzanz weg.
10. πέμψας, nach Selybria nach §. 28. — ὅ τι hängt von λέγων ab.
11. ἀποσπάσας und ἔχων haben dasselbe Object.
12. ἔπραττε, verhandelte. — ὁ ἐκ Βυζ., Attraction. S. zu I, 1, 5.

13 εἰς τὴν Ἀσίαν. ὁ δὲ Ξενοφῶν ἔλεγεν, ὅτι Ἀναξίβιος ἐκέλευσε καὶ ἐμὲ πρὸς τοῦτο ἔπεμψεν ἐνθάδε. πάλιν δ' Ἀρίσταρχος ἔλεξεν, Ἀναξίβιος μὲν τοίνυν οὐκέτι ναύαρχος, ἐγὼ δὲ τῇδε ἁρμοστής· εἰ δέ τινα ὑμῶν λήψομαι ἐν τῇ θαλάττῃ, καταδύσω.
14 ταῦτ' εἰπὼν ᾤχετο εἰς τὸ τεῖχος. τῇ δ' ὑστεραίᾳ μεταπέμπεται τοὺς στρατηγοὺς καὶ λοχαγοὺς τοῦ στρατεύματος. ἤδη δὲ ὄντων πρὸς τῷ τείχει ἐξαγγέλλει τις τῷ Ξενοφῶντι, ὅτι, εἰ εἴσεισι, συλληφθήσεται καὶ ἢ αὐτοῦ τι πείσεται ἢ καὶ Φαρναβάζῳ παραδοθήσεται. ὁ δὲ ἀκούσας ταῦτα τοὺς μὲν προπέμ-
15 πεται, αὐτὸς δὲ εἶπεν, ὅτι θῦσαί τι βούλοιτο. καὶ ἀπελθὼν ἐθύετο, εἰ παρεῖεν αὐτῷ οἱ θεοὶ πειρᾶσθαι πρὸς Σεύθην ἄγειν τὸ στράτευμα. ἑώρα γὰρ οὔτε διαβαίνειν ἀσφαλὲς ὂν τριήρεις ἔχοντος τοῦ κωλύσοντος, οὔτ' ἐπὶ Χερρόνησον ἐλθὼν κατακλεισθῆναι ἐβούλετο καὶ τὸ στράτευμα ἐν πολλῇ σπάνει πάντων γενέσθαι ἔνθα πείθεσθαι μὲν ἀνάγκη τῷ ἐκεῖ ἁρμοστῇ, τῶν δὲ ἐπιτηδείων οὐδὲν ἔμελλεν ἕξειν τὸ στράτευμα.
16 Καὶ ὁ μὲν ἀμφὶ ταῦτ' εἶχεν· οἱ δὲ στρατηγοὶ καὶ λοχαγοὶ ἥκοντες παρὰ τοῦ Ἀριστάρχου ἀπήγγελλον, ὅτι νῦν μὲν ἀπιέναι σφᾶς κελεύει, τῆς δείλης δὲ ἥκειν· ἔνθα καὶ δήλη μᾶλλον
17 ἐδόκει ἡ ἐπιβουλή. ὁ οὖν Ξενοφῶν, ἐπεὶ ἐδόκει τὰ ἱερὰ καλὰ εἶναι αὐτῷ καὶ τῷ στρατεύματι ἀσφαλῶς πρὸς Σεύθην ἰέναι, παραλαβὼν Πολυκράτην τὸν Ἀθηναῖον λοχαγὸν καὶ παρὰ τῶν στρατηγῶν ἑκάστου ἄνδρα πλὴν παρὰ Νέωνος, ᾧ ἕκαστος ἐπίστευεν, ᾤχετο τῆς νυκτὸς ἐπὶ τὸ Σεύθου στράτευμα ἑξήκοντα
18 στάδια. ἐπεὶ δ' ἐγγὺς ἦσαν αὐτοῦ, ἐπιτυγχάνει πυροῖς ἐρήμοις. καὶ τὸ μὲν πρῶτον ᾤετο μετακεχωρηκέναι ποι τὸν Σεύθην· ἐπεὶ δὲ θορύβου τε ᾔσθετο καὶ σημαινόντων ἀλλήλοις τῶν περὶ Σεύθην, κατέμαθεν, ὅτι τούτου ἕνεκα τὰ πυρὰ κεκαυμένα εἴη τῷ Σεύθῃ πρὸ τῶν νυκτοφυλάκων, ὅπως οἱ μὲν

---

13. ὅτι führt die or. recta ein. S. zu I, 6, 7. — τῇδε, in Perinth wie in Byzanz.
14. ὄντων, näml. αὐτῶν. S. zu I, 2, 17.
15. εἰ παρεῖεν, ob gestatteten. — τοῦ κωλύσοντος, Aristarch. S. zu II, 3, 5. — ἔνθα, im Chersones. — ἀνάγκη, näml. ἦν. — τῷ ἁρμοστῇ, Kyniskos nach VII, 1, 13.

16. ἀμφὶ — εἶχε, wie V, 2, 26. — ἥκειν, wieder da zu sein. — ἡ ἐπιβουλή, §. 14. Nur weil Xenophon, auf den es abgesehen war, nicht mitkam, wurden die Officiere wieder fortgeschickt und wieder bestellt.
17. ᾧ geht auf ἄνδρα. — ἕκαστος, näml. στρατηγός.
18. τῷ Σεύθῃ, Dativ wie III, 4, 31.

φύλακες μὴ ὁρῷντο ἐν τῷ σκότει ὄντες μήτε ὁπόσοι μήτε ὅπου εἶεν, οἱ δὲ προσιόντες μὴ λανθάνοιεν, ἀλλὰ διὰ τὸ φῶς καταφανεῖς εἶεν· ἐπεὶ δὲ ᾔσθετο, προπέμπει τὸν ἑρμηνέα, ὃν 19 ἐτύγχανεν ἔχων, καὶ εἰπεῖν κελεύει Σεύθῃ, ὅτι Ξενοφῶν πάρεστι βουλόμενος συγγενέσθαι αὐτῷ. οἱ δὲ ἤροντο, εἰ Ἀθηναῖος ὁ ἀπὸ τοῦ στρατεύματος. ἐπειδὴ δὲ ἔφη οὗτος εἶναι, 20 ἀναπηδήσαντες ἐδίωκον· καὶ ὀλίγον ὕστερον παρῆσαν πελτασταὶ ὅσον διακόσιοι καὶ παραλαβόντες Ξενοφῶντα καὶ τοὺς σὺν αὐτῷ ἦγον πρὸς Σεύθην. ὁ δ᾽ ἦν ἐν τύρσει μάλα φυλαττόμενος, καὶ ἵπποι περὶ αὐτὴν κύκλῳ ἐγκεχαλινωμένοι· διὰ 21 γὰρ τὸν φόβον τὰς μὲν ἡμέρας ἐχίλου τοὺς ἵππους, τὰς δὲ νύκτας ἐγκεχαλινωμένοις ἐφυλάττετο. ἐλέγετο γὰρ καὶ πρόσθεν 22 Τήρης ὁ τούτου πρόγονος ἐν ταύτῃ τῇ χώρᾳ πολὺ ἔχων στράτευμα ὑπὸ τούτων τῶν ἀνδρῶν πολλοὺς ἀπολέσαι καὶ τὰ σκευοφόρα ἀφαιρεθῆναι· ἦσαν δ᾽ οὗτοι Θυνοί, πάντων λεγόμενοι εἶναι μάλιστα νυκτὸς πολεμικώτατοι.

Ἐπεὶ δ᾽ ἐγγὺς ἦσαν, ἐκέλευσεν εἰσελθεῖν Ξενοφῶντα ἔχοντα 23 δύο οὓς βούλοιτο. ἐπειδὴ δ᾽ ἔνδον ἦσαν, ἠσπάζοντο μὲν πρῶτον ἀλλήλους καὶ κατὰ τὸν Θρᾴκιον νόμον κέρατα οἴνου προύπινον· παρῆν δὲ καὶ Μηδοσάδης τῷ Σεύθῃ, ὅσπερ ἐπρέσβευεν αὐτῷ πάντοσε. ἔπειτα δὲ Ξενοφῶν ἤρχετο λέγειν, Ἔπεμψας 24 πρὸς ἐμέ, ὦ Σεύθη, εἰς Καλχηδόνα πρῶτον Μηδοσάδην τουτονί, δεόμενός μου συμπροθυμηθῆναι διαβῆναι τὸ στράτευμα ἐκ τῆς Ἀσίας, καὶ ὑπισχνούμενός μοι, εἰ ταῦτα πράξαιμι, εὖ ποιήσειν, ὡς ἔφη Μηδοσάδης οὗτος. ταῦτα εἰπὼν ἐπήρετο 25 τὸν Μηδοσάδην, εἰ ἀληθῆ ταῦτα εἶπεν. ὁ δ᾽ ἔφη. Αὖθις ἦλθε Μηδοσάδης οὗτος ἐπεὶ ἐγὼ διέβην πάλιν ἐπὶ τὸ στράτευμα ἐκ Παρίου, ὑπισχνούμενος, εἰ ἄγοιμι τὸ στράτευμα πρὸς σέ, τἆλλα τέ σε φίλῳ μοι χρήσασθαι καὶ ἀδελφῷ καὶ τὰ παρὰ θαλάττῃ μοι χωρία, ὧν σὺ κρατεῖς, ἔσεσθαι παρὰ σοῦ. ἐπὶ 26

---

19. ᾔσθετο, wozu das Object aus §. 18 zu ergänzen.

20. ἔφη, durch den Dolmetscher. — ἀναπηδήσαντες. Sie waren also vorher von ihren Pferden abgestiegen. — ἐδίωκον, jagten davon.

21. τὰς μὲν ἡμέρας, nur am Tage. — ἐγκεχαλινωμένοις. Vergl. VII, 7, 6.

22. τούτων τῶν ἀνδρῶν, den Einwohnern.

23. ἐκέλευσεν, Seuthes. — εἰσελθεῖν, in den Thurm.

25. ἔφη, bejahte es.

26. ἐπὶ τούτοις, wie II, 5, 41.

τούτοις πάλιν ἤρετο τὸν Μηδοσάδην, εἰ ἔλεγε ταῦτα. ὁ δὲ συνέφη καὶ ταῦτα. Ἴθι νυν, ἔφη, ἀφήγησαι τούτῳ, τί σοι 27 ἀπεκρινάμην ἐν Καλχηδόνι πρῶτον. Ἀπεκρίνω, ὅτι τὸ στράτευμα διαβήσοιτο εἰς Βυζάντιον καὶ οὐδὲν τούτου ἕνεκα δέοι τελεῖν οὔτε σοὶ οὔτε ἄλλῳ· αὐτὸς δὲ ἐπεὶ διαβαίης, ἀπιέναι 28 ἔφησθα· καὶ ἐγένετο οὕτως, ὥσπερ σὺ ἔλεγες. Τί γὰρ ἔλεγον, ἔφη, ὅτε κατὰ Σηλυβρίαν ἀφίκου; Οὐκ ἔφησθα οἷόν τε εἶναι, 29 ἀλλ᾽ εἰς Πέρινθον ἐλθόντας διαβαίνειν εἰς τὴν Ἀσίαν. Νῦν τοίνυν, ἔφη ὁ Ξενοφῶν, πάρειμι καὶ ἐγὼ καὶ οὗτος Φρυνίσκος εἷς τῶν στρατηγῶν καὶ Πολυκράτης οὗτος εἷς τῶν λοχαγῶν, καὶ ἔξω εἰσὶν ἀπὸ τῶν στρατηγῶν ὁ πιστότατος ἑκάστῳ 30 πλὴν Νέωνος τοῦ Λακωνικοῦ. εἰ οὖν βούλει πιστοτέραν εἶναι τὴν πρᾶξιν, καὶ ἐκείνους κάλεσαι. τὰ δὲ ὅπλα σὺ ἐλθὼν εἰπέ, ὦ Πολύκρατες, ὅτι ἐγὼ κελεύω καταλιπεῖν, καὶ αὐτὸς ἐκεῖ καταλιπὼν τὴν μάχαιραν εἴσιθι.

31 Ἀκούσας ταῦτα ὁ Σεύθης εἶπεν, ὅτι οὐδενὶ ἂν ἀπιστήσειεν Ἀθηναίων· καὶ γὰρ ὅτι συγγενεῖς εἶεν εἰδέναι καὶ φίλους εὔνους ἔφη νομίζειν. μετὰ ταῦτα δ᾽ ἐπεὶ εἰσῆλθον οὓς ἔδει, πρῶτον Ξενοφῶν ἐπήρετο Σεύθην, ὅ τι δέοιτο χρῆσθαι 32 τῇ στρατιᾷ. ὁ δὲ εἶπεν ὧδε. Μαισάδης ἦν πατήρ μοι, ἐκείνου δὲ ἦν ἀρχὴ Μελανδῖται καὶ Θυνοὶ καὶ Τρανίψαι. ἐκ ταύτης οὖν τῆς χώρας, ἐπεὶ τὰ Ὀδρυσῶν πράγματα ἐνόσησεν, ἐκπεσὼν ὁ πατὴρ αὐτὸς μὲν ἀποθνήσκει νόσῳ, ἐγὼ δ᾽ ἐξετρά33φην ὀρφανὸς παρὰ Μηδόκῳ τῷ νῦν βασιλεῖ. ἐπεὶ δὲ νεανίσκος ἐγενόμην, οὐκ ἐδυνάμην ζῆν εἰς ἀλλοτρίαν τράπεζαν ἀποβλέπων· καὶ ἐκαθεζόμην ἐνδίφριος αὐτῷ ἱκέτης δοῦναί μοι ὁπόσους δυνατὸν εἴη ἄνδρας, ὅπως καὶ τοὺς ἐκβαλόντας ἡμᾶς

---

28. ἀλλ᾽ — διαβαίνειν, näml. χρῆναι, aus οἷόν τε zu ergänzen.
29. ἔξω, ausserhalb des Thurmes. — πλήν, näml. ἀπό.
30. πιστοτέραν εἶναι, mehr Vertrauen einflösse. — κάλεσαι, lass rufen. — εἴσιθι, komm wieder herein.
31. συγγενεῖς. Nach der Sage war Tereus, ein Thrakischer König, Gatte der Prokne, der Tochter des Atheners Pandion. Die Namensähnlichkeit von Tereus und Teres (§. 22) benutzt Seuthes zu seinem Zwecke. — ὅ τι, wozu.
32. Μελανδῖται, Name des Volkes für das Land. — ἐνόσησε, zerrüttet waren. — ἐκπεσών, vertrieben. — τῷ νῦν βασ., dem jetzt noch alleinigen Könige in Thrakien.
33. ἐνδίφριος, auf dem Sessel am Speisetisch, d. i. als Tischgenosse.

εἴ τι δυναίμην κακὸν ποιοίην καὶ ζῴην μὴ εἰς τὴν ἐκείνου τράπεζαν ἀποβλέπων. ἐκ τούτου μοι δίδωσι τοὺς ἄνδρας καὶ τοὺς ἵππους, οὓς ὑμεῖς ὄψεσθε ἐπειδὰν ἡμέρα γένηται. καὶ νῦν ἐγὼ ζῶ τούτους ἔχων, ληϊζόμενος τὴν ἐμαυτοῦ πατρῴαν χώραν. εἰ δέ μοι ὑμεῖς παραγένοισθε, οἶμαι ἂν σὺν τοῖς θεοῖς ῥᾳδίως ἀπολαβεῖν τὴν ἀρχήν. ταῦτ' ἐστὶν ἃ ἐγὼ ὑμῶν δέομαι.

Τί ἂν οὖν, ἔφη ὁ Ξενοφῶν, σὺ δύναιο, εἰ ἔλθοιμεν, τῇ τε στρατιᾷ διδόναι καὶ τοῖς λοχαγοῖς καὶ τοῖς στρατηγοῖς; λέξον, ἵνα οὗτοι ἀπαγγέλλωσιν. ὁ δ' ὑπέσχετο τῷ μὲν στρατιώτῃ κυζικηνόν, τῷ δὲ λοχαγῷ διμοιρίαν, τῷ δὲ στρατηγῷ τετραμοιρίαν, καὶ γῆν ὁπόσην ἂν βούλωνται καὶ ζεύγη καὶ χωρίον ἐπὶ θαλάττῃ τετειχισμένον. Ἐὰν δέ, ἔφη ὁ Ξενοφῶν, ταῦτα πειρώμενοι μὴ διαπράξωμεν, ἀλλά τις φόβος ἀπὸ Λακεδαιμονίων ᾖ, δέξῃ εἰς τὴν σεαυτοῦ, ἐάν τις ἀπιέναι βούληται παρὰ σέ; ὁ δ' εἶπε, Καὶ ἀδελφούς γε ποιήσομαι καὶ ἐνδιφρίους καὶ κοινωνοὺς ἁπάντων ὧν ἂν δυνώμεθα κτᾶσθαι. σοὶ δέ, ὦ Ξενοφῶν, καὶ θυγατέρα δώσω καὶ εἴ τις σοὶ ἔστι θυγάτηρ, ὠνήσομαι Θρακίῳ νόμῳ καὶ Βισάνθην οἴκησιν δώσω, ὅπερ ἐμοὶ κάλλιστον χωρίον ἐστὶ τῶν ἐπὶ θαλάττῃ.

Ἀκούσαντες ταῦτα καὶ δεξιὰς δόντες καὶ λαβόντες ἀπήλαυνον· καὶ πρὸ ἡμέρας ἐγένοντο ἐπὶ στρατοπέδῳ καὶ ἀπήγ-

---

3. Inhalt: Xenophon kehrt mit den Officieren noch vor Tagesanbruch zum Heere zurück und unterrichtet es über die Lage der Dinge. Auf seinen Vorschlag brechen sie auf, um in ihren früheren Quartieren, den Dörfern bei Byzanz, wo sie die hier, vor Perinth, gänzlich fehlenden Nahrungsmittel finden können, zu berathen, ob sie der Aufforderung des Aristarch oder dem Rufe des Seuthes folgen wollen. Sie sind erst anderthalb Stunden marschirt, da begegnet ihnen Seuthes, der, wie er hört, es handle sich zunächst um Lebensmittel für das Heer, sich erbietet sie in Dörfer mit reichen Vorräthen zu führen. Dort angelangt, eröffnet er nun auch dem versammelten Heere die Bedingungen, unter denen er es in seine Dienste nehmen will. Man ist damit einverstanden, und so treten die etwa noch 5 — 6000 Hellenen im December 400 in den Sold des Thrakischen Fürsten. Er zieht die Strategen und Lochagen zu einem Gastmahle hinzu, bei dem es, in Thrakischer Weise, eigenthüm-

---

34. ἀπολαβεῖν, zurückbekommen.
36. διμοιρίαν — τετραμοιρίαν, nach VII, 3, 10 der gewöhnliche Sold (τὰ νομιζόμενα) für Lochagen und Strategen.

37. ταῦτα, den Zug von Perinth hierher.

38. καὶ — γε, sogar. — ὠνήσομαι, durch Mitgift.

2 γειλαν ἕκαστοι τοῖς πέμψασιν. ἐπεὶ δὲ ἡμέρα ἐγένετο, ὁ μὲν Ἀρίσταρχος πάλιν ἐκάλει τοὺς στρατηγοὺς καὶ λοχαγούς· τοῖς δ' ἔδοξε τὴν μὲν πρὸς Ἀρίσταρχον ὁδὸν ἐᾶσαι, τὸ δὲ στράτευμα συγκαλέσαι. καὶ συνῆλθον πάντες πλὴν οἱ Νέωνος· οὗτοι δὲ
3 ἀπεῖχον ὡς δέκα στάδια. ἐπεὶ δὲ συνῆλθον, ἀναστὰς Ξενοφῶν εἶπε τάδε. Ἄνδρες, διαπλεῖν μὲν ἔνθα βουλόμεθα Ἀρίσταρχος τριήρεις ἔχων κωλύει· ὥστε εἰς πλοῖα οὐκ ἀσφαλὲς ἐμβαίνειν· οὗτος δὲ ὁ αὐτὸς κελεύει εἰς Χερρόνησον βίᾳ διὰ τοῦ ἱεροῦ ὄρους πορεύεσθαι· ἢν δὲ κρατήσαντες τούτου ἐκεῖσε ἔλθωμεν, οὔτε πωλήσειν ἔτι ὑμᾶς φησιν ὥσπερ ἐν Βυζαντίῳ,
4 οὔτε ἐξαπατήσεσθαι ἔτι ὑμᾶς, ἀλλὰ λήψεσθαι μισθόν, οὔτε περιόψεσθαι ἔτι ὥσπερ νυνὶ δεομένοις τῶν ἐπιτηδείων. οὗτος μὲν ταῦτα λέγει· Σεύθης δέ φησιν, ἂν πρὸς ἐκεῖνον ἴητε, εὖ ποιήσειν ὑμᾶς. νῦν οὖν σκέψασθε, πότερον ἐνθάδε μένοντες
5 τοῦτο βουλεύσεσθε ἢ εἰς τὰ ἐπιτήδεια ἐπανελθόντες. ἐμοὶ μὲν οὖν δοκεῖ, ἐπεὶ ἐνθάδε οὔτε ἀργύριον ἔχομεν, ὥστε ἀγοράζειν, οὔτε ἄνευ ἀργυρίου ἐῶσι λαμβάνειν, ἐπανελθόντας εἰς τὰς κώμας, ὅθεν οἱ ἥττους ἐῶσι λαμβάνειν, ἐκεῖ ἔχοντας τὰ ἐπιτήδεια ἀκούοντας, ὅ τι τις ὑμῶν δεῖται, αἱρεῖσθαι ὅ τι
6 ἂν ὑμῖν δοκῇ κράτιστον εἶναι. καὶ ὅτῳ, ἔφη, ταῦτα δοκεῖ, ἀράτω τὴν χεῖρα. ἀνέτειναν ἅπαντες. Ἀπιόντες τοίνυν, ἔφη, συσκευάζεσθε, καὶ ἐπειδὰν παραγγέλλῃ τις, ἕπεσθε τῷ ἡγουμένῳ.

7 Μετὰ ταῦτα Ξενοφῶν μὲν ἡγεῖτο, οἱ δ' εἵποντο. Νέων δὲ καὶ παρ' Ἀριστάρχου ἄλλοι ἔπειθον ἀποτρέπεσθαι· οἱ δ'

---

lich hergeht. Gegen Sonnenuntergang bricht man auf, um die Feinde, die von der eben geschlossenen Bundesgenossenschaft noch nichts wissen, durch einen nächtlichen Zug, der nach Xenophon's Vorschlag — die Hopliten vorn, die Reiterei hinten — angeordnet wird, zu überraschen. So dringen sie bei tiefem Schnee durch ein Gebirge, hinter welchem sie feindliche Dörfer überfallen, wo eine grosse Menge an Menschen und Vieh erbeutet wird.

1. ἕκαστοι τοῖς πέμψασι, VII, 2, 17.
3. τοῦ ἱεροῦ ὄρους. S. zu VII, 1, 14. — πωλήσειν — ὥσπερ ἐν Βυζ., VII, 2, 6.
4. τοῦτο, ob sie nach dem Chersones oder zum Seuthes ziehen wollen. — εἰς τὰ ἐπιτήδεια, wofür nachher εἰς τὰς κώμας.
5. ἄνευ ἀργυρίου ἐῶσι, die Lakedämonier. λαμβάνειν, näml. ἀγοράν. — οἱ ἥττους, die Einwohner der Dörfer bei Byzanz.
6. τῷ ἡγουμένῳ, wie II, 2, 4.
7. Νέων, der mit seinen 800 La-

οὐχ ὑπήκοον. ἐπεὶ δ' ὅσον τριάκοντα σταδίοις προεληλύθεσαν, ἀπαντᾷ Σεύθης. καὶ ὁ Ξενοφῶν ἰδὼν αὐτὸν προσελάσαι ἐκέλευσεν, ὅπως ὅ τι πλείστων ἀκουόντων εἴποι αὐτῷ ἃ ἐδόκει συμφέρειν. ἐπεὶ δὲ προσῆλθεν, εἶπε Ξενοφῶν, Ἡμεῖς 8 πορευόμεθα ὅπου μέλλει ἕξειν τὸ στράτευμα τροφήν· ἐκεῖ δ' ἀκούοντες καὶ σοῦ καὶ τῶν τοῦ Λακωνικοῦ αἱρησόμεθα ἃ ἂν κράτιστα δοκῇ εἶναι. ἢν οὖν ἡμῖν ἡγήσῃ ὅπου πλεῖστά ἐστιν ἐπιτήδεια, ὑπὸ σοῦ νομιοῦμεν ξενίζεσθαι. καὶ ὁ Σεύθης ἔφη, 9 Ἀλλὰ οἶδα κώμας πολλὰς ἀθρόας καὶ πάντα ἐχούσας τὰ ἐπιτήδεια ἀπεχούσας ἡμῶν ὅσον διελθόντες ἂν ἡδέως ἀριστῷτε. Ἡγοῦ τοίνυν, ἔφη ὁ Ξενοφῶν. ἐπεὶ δ' ἀφίκοντο εἰς αὐτὰς τῆς 10 δείλης, συνῆλθον οἱ στρατιῶται, καὶ εἶπε Σεύθης τοιάδε. Ἐγώ, ὦ ἄνδρες, δέομαι ὑμῶν στρατεύεσθαι σὺν ἐμοί, καὶ ὑπισχνοῦμαι ὑμῖν δώσειν τοῖς στρατιώταις κυζικηνόν, λοχαγοῖς δὲ καὶ στρατηγοῖς τὰ νομιζόμενα· ἔξω δὲ τούτων τὸν ἄξιον τιμήσω. σῖτα δὲ καὶ ποτὰ ὥσπερ καὶ νῦν ἐκ τῆς χώρας λαμβάνοντες ἕξετε· ὁπόσα δ' ἂν ἁλίσκηται ἀξιώσω αὐτὸς ἔχειν, ἵνα ταῦτα διατιθέμενος ὑμῖν τὸν μισθὸν πορίζω. καὶ τὰ μὲν 11 φεύγοντα καὶ ἀποδιδράσκοντα ἡμεῖς ἱκανοὶ ἐσόμεθα διώκειν καὶ μαστεύειν· ἂν δέ τις ἀνθιστῆται, σὺν ὑμῖν πειρασόμεθα χειροῦσθαι. ἐπήρετο ὁ Ξενοφῶν, Πόσον δὲ ἀπὸ θαλάττης 12 ἀξιώσεις συνέπεσθαί σοι τὸ στράτευμα; ὁ δ' ἀπεκρίνατο, Οὐδαμῇ πλεῖον ἑπτὰ ἡμερῶν, μεῖον δὲ πολλαχῇ.

Μετὰ ταῦτα ἐδίδοτο λέγειν τῷ βουλομένῳ· καὶ ἔλεγον 13 πολλοὶ κατὰ ταὐτά, ὅτι παντὸς ἄξια λέγοι Σεύθης· χειμὼν γὰρ εἴη καὶ οὔτε οἴκαδε ἀποπλεῖν τῷ τοῦτο βουλομένῳ δυ-

---

kedämoniern nur eine halbe Stunde (§. 2) entfernt den Abzug des Heeres beobachtete. — ἐπειθον, suchten zu überreden. — ὅσον, ungefähr. — ὅ τι πλείστων, so viele als möglich.

8. τῶν τοῦ Λακ., das, was der Lak. (Aristarch) vorzubringen hat.

9. ὅσον — ἀριστῷτε, soweit, dass, wenn ihr hinkommt, euch gerade das Frühstück schmecken mag. Es war aber weiter, wie gleich folgt.

10. τὰ νομιζόμενα. S. zu VII, 2, 36. — καὶ nach ὥσπερ wie I, 3, 16. — διατιθέμενος, durch den Verkauf.

11. τὰ — ἀποδιδράσκοντα, was davon laufen will, soviel als: Alles, was von Menschen.

13. τῷ βουλομένῳ, jedem, der da w. — εἴη, ein Optativ statt Infinitivs, wie er nicht selten mit γὰρ in der or. obliqua steht, wo ein Satz mit ὅτι oder ὡς oder ein Infinitiv vorausgegangen ist. B. 139. H. 70. K. 54, 5, Λ. 4. C. 529. —

νατὸν εἴη, διαγενέσθαι τε ἐν φιλίᾳ οὐχ οἷόν τ' εἴη, εἰ δέοι ὠνουμένους ζῆν, ἐν δὲ τῇ πολεμίᾳ διατρίβειν καὶ τρέφεσθαι ἀσφαλέστερον μετὰ Σεύθου ἢ μόνοις ὄντων ἀγαθῶν τοσούτων·
14 εἰ δὲ μισθὸν προσλήψοιντο, εὕρημα ἐδόκει εἶναι. ἐπὶ τούτοις εἶπεν ὁ Ξενοφῶν, Εἴ τις ἀντιλέγει, λεγέτω· εἰ δὲ μή, ἐπιψηφιζέτω ταῦτα. ἐπεὶ δὲ οὐδεὶς ἀντέλεγεν, ἐπεψήφισε, καὶ ἔδοξε ταῦτα. εὐθὺς δὲ Σεύθη εἶπε ταῦτα, ὅτι συστρατεύσοιντο αὐτῷ.

15 Μετὰ τοῦτο οἱ μὲν ἄλλοι κατὰ τάξεις ἐσκήνησαν, στρατηγοὺς δὲ καὶ λοχαγοὺς ἐπὶ δεῖπνον Σεύθης ἐκάλεσε, πλησίον
16 κώμην ἔχων. ἐπεὶ δ' ἐπὶ θύραις ἦσαν ὡς ἐπὶ δεῖπνον παριόντες, ἦν τις Ἡρακλείδης Μαρωνείτης· οὗτος προσιὼν ἑνὶ ἑκάστῳ, οὕστινας ᾤετο ἔχειν τι δοῦναι Σεύθῃ, πρῶτον μὲν πρὸς Παριανούς τινας, οἳ παρῆσαν φιλίαν διαπραξόμενοι πρὸς Μήδοκον τὸν Ὀδρυσῶν βασιλέα καὶ δῶρα ἄγοντες αὐτῷ τε καὶ τῇ γυναικί, ἔλεγεν, ὅτι Μήδοκος μὲν ἄνω εἴη δώδεκα ἡμερῶν ἀπὸ θαλάττης ὁδόν, Σεύθης δ' ἐπεὶ τὸ στράτευμα τοῦτο
17 εἴληφεν, ἄρχων ἔσοιτο ἐπὶ θαλάττῃ. γείτων οὖν ὢν ἱκανώτατος ἔσται ὑμᾶς καὶ εὖ καὶ κακῶς ποιεῖν. ἢν οὖν σωφρονῆτε, τούτῳ δώσετε ὅ τι ἂν ἔχητε· καὶ ἄμεινον ὑμῖν διακείσε-
18 ται ἢ ἐὰν Μηδόκῳ τῷ πρόσω οἰκοῦντι δῶτε. τούτους μὲν οὖν οὕτως ἔπειθεν. αὖθις δὲ Τιμασίωνι τῷ Δαρδανεῖ προσελθών, ἐπεὶ ἤκουσεν αὐτῷ εἶναι καὶ ἐκπώματα καὶ τάπιδας βαρβαρικάς, ἔλεγεν, ὅτι νομίζοιτο, ὁπότε ἐπὶ δεῖπνον καλέσαι Σεύθης, δωρεῖσθαι αὐτῷ τοὺς κληθέντας. οὗτος δ' ἢν μέγας ἐνθάδε γένηται, ἱκανὸς ἔσται σε καὶ οἴκαδε καταγαγεῖν καὶ ἐνθάδε πλούσιον ποιῆσαι. τοιαῦτα προυμνᾶτο ἑκάστῳ προσ-
19 ιών. προσελθὼν δὲ καὶ Ξενοφῶντι ἔλεγε, Σὺ καὶ πόλεως μεγίστης εἶ καὶ παρὰ Σεύθῃ τὸ σὸν ὄνομα μέγιστόν ἐστι, καὶ

ὠνουμένους, für Geld. — ὄντων ἀγαθῶν τοσούτων, da so viele Lebensmittel vorhanden wären, näml. so viele, dass neben den Kriegern des Seuthes auch das Griechische Heer davon leben könnte.
14. ἐπιψηφιζέτω, näml. τις.
15. ἐσκήνησαν, schmausten.
16. ὡς ἐπί. S. zu IV, 3, 11. — Μαρωνείτης, aus Maroneia, Stadt an der Thrakischen Küste. — Παριανούς, aus Parion. S. zu VII, 2, 7. — Μήδοκον, VII, 2, 32.

17. γείτων, nur durch die Propontis von Parion getrennt. — ἔσται ὑμᾶς, Uebergang in die or. recta. — διακείσεται, die Sache, es.
18. νομίζοιτο, es herkömmlich sei.

ἐν τῇδε τῇ χώρᾳ ἴσως ἀξιώσεις καὶ τείχη λαμβάνειν, ὥσπερ καὶ ἄλλοι τῶν ἡμετέρων ἔλαβον, καὶ χώραν· ἄξιον οὖν σοι καὶ μεγαλοπρεπέστατα τιμῆσαι Σεύθην. εὔνους δέ σοι ὢν παρ- 20 αινῶ· εὖ οἶδα γὰρ, ὅτι ὅσῳ ἂν μείζω τούτῳ δωρήσῃ, τοσούτῳ μείζω ὑπὸ τούτου ἀγαθὰ πείσῃ. ἀκούων ταῦτα Ξενοφῶν ἠπόρει· οὐ γὰρ διεβεβήκει ἔχων ἐκ Παρίου εἰ μὴ παῖδα καὶ ὅσον ἐφόδιον.

Ἐπεὶ δὲ εἰσῆλθον ἐπὶ τὸ δεῖπνον τῶν τε Θρᾳκῶν οἱ 21 κράτιστοι τῶν παρόντων καὶ οἱ στρατηγοὶ καὶ οἱ λοχαγοὶ τῶν Ἑλλήνων καὶ εἴ τις πρεσβεία παρῆν ἀπὸ πόλεως, τὸ δεῖπνον μὲν ἦν καθημένοις κύκλῳ· ἔπειτα δὲ τρίποδες εἰσηνέχθησαν πᾶσιν, οὗτοι δ᾽ ὅσον εἴκοσι, κρεῶν μεστοὶ νενεμημένων, καὶ ἄρτοι ζυμῖται μεγάλοι προσπεπερονημένοι ἦσαν πρὸς τοῖς κρέασι. μάλιστα δ᾽ αἱ τράπεζαι κατὰ τοὺς ξένους ἀεὶ ἐτίθεντο· νόμος 22 γὰρ ἦν. καὶ πρῶτος τοῦτο ἐποίει Σεύθης· ἀνελόμενος τοὺς ἑαυτῷ παρακειμένους ἄρτους διέκλα κατὰ μικρὸν καὶ ἐρρίπτει οἷς αὐτῷ ἐδόκει καὶ τὰ κρέα ὡσαύτως, ὅσον μόνον γεύσασθαι ἑαυτῷ καταλιπών. καὶ οἱ ἄλλοι δὲ κατὰ ταὐτὰ ἐποίουν καθ᾽ 23 οὓς αἱ τράπεζαι ἔκειντο. Ἀρκὰς δέ τις Ἀρύστας ὄνομα, φαγεῖν δεινός, τὸ μὲν διαρρίπτειν εἴα χαίρειν, λαβὼν δὲ εἰς τὴν χεῖρα ὅσον τριχοίνικον ἄρτον καὶ κρέα θέμενος ἐπὶ τὰ γόνατα ἐδείπνει. κέρατα δὲ οἴνου περιέφερον, καὶ πάντες ἐδέχοντο· 24 ὁ δ᾽ Ἀρύστας, ἐπεὶ παρ᾽ αὐτὸν φέρων τὸ κέρας ὁ οἰνοχόος ἧκεν, εἶπεν ἰδὼν τὸν Ξενοφῶντα οὐκέτι δειπνοῦντα, Ἐκείνῳ, ἔφη, δός· σχολάζει γὰρ ἤδη, ἐγὼ δὲ οὐδέπω. ἀκούσας Σεύ- 25 θης τὴν φωνὴν ἠρώτα τὸν οἰνοχόον, τί λέγοι. ὁ δὲ οἰνοχόος εἶπεν· ἑλληνίζειν γὰρ ἠπίστατο. ἐνταῦθα μὲν δὴ γέλως ἐγένετο.

---

19. ἄλλοι, z. B. Alkibiades nach Nepos, Alc. VII, 4. Xen. Hell. II, 1, 25.
20. ὅσον ἐφόδιον, soviel als das Reisegeld war.
21. εἴ τις. S. zu I, 6, 1. — τρίποδες, nämlich Tische, von denen aus die Speisen vertheilt wurden. Aus §. 23 scheint zu folgern, dass man von der Hand ass. Denn κατὰ §. 22 u. 23 heisst nur: gegenüber, in der Richtung auf.

22. τοῦτο geht auf das folgende ἀνελόμενος u. s. w.
23. ἐποίουν καθ᾽ οὕς, d. i. ἐποίουν τούτοις, καθ᾽ οὕς. Die Diener oder Freunde des Seuthes, die an den anderen Tischen standen, machten es ebenso wie Seuthes. — φαγεῖν δεινός. Vergl. δεινὸς — λέγειν II, 5, 15. — εἴα χαίρειν, kümmerte sich nicht um.
25. γέλως ἐγένετο. Denn Arystas sah vor Essbegierde nicht, dass jetzt

26 Ἐπειδὴ δὲ προυχώρει ὁ πότος, εἰσῆλθεν ἀνὴρ Θρᾷξ ἵππον ἔχων λευκόν, καὶ λαβὼν κέρας μεστὸν εἶπε, Προπίνω σοι, ὦ Σεύθη, καὶ τὸν ἵππον τοῦτον δωροῦμαι, ἐφ' οὗ καὶ διώκων ὃν ἂν θέλῃς αἱρήσεις καὶ ἀποχωρῶν οὐ μὴ δείσῃς τὸν πολέ-
27 μιον. ἄλλος παῖδα εἰσαγαγὼν οὕτως ἐδωρήσατο, προπίνων, καὶ ἄλλος ἱμάτια τῇ γυναικί. καὶ Τιμασίων προπίνων ἐδωρή-
28 σατο φιάλην τε ἀργυρᾶν καὶ τάπιδα ἀξίαν δέκα μνῶν. Γνήσιππος δέ τις Ἀθηναῖος ἀναστὰς εἶπεν, ὅτι ἀρχαῖος εἴη νόμος κάλλιστος τοὺς μὲν ἔχοντας διδόναι τῷ βασιλεῖ τιμῆς ἕνεκα, τοῖς δὲ μὴ ἔχουσι διδόναι τὸν βασιλέα, ἵνα κἀγώ, ἔφη, ἔχω
29 σοι δωρεῖσθαι καὶ τιμᾶν. ὁ δὲ Ξενοφῶν ἠπορεῖτο, τί ποιήσει· καὶ γὰρ ἐτύγχανεν ὡς τιμώμενος ἐν τῷ πλησιαιτάτῳ δίφρῳ Σεύθῃ καθήμενος. ὁ δὲ Ἡρακλείδης ἐκέλευεν αὐτῷ τὸ κέρας ὀρέξαι τὸν οἰνοχόον. ὁ δὲ Ξενοφῶν, ἤδη γὰρ ὑποπεπωκὼς ἐτύγχανεν, ἀνέστη θαρραλέως δεξάμενος τὸ κέρας καὶ
30 εἶπεν, Ἐγὼ δέ σοι, ὦ Σεύθη, δίδωμι ἐμαυτὸν καὶ τοὺς ἐμοὺς τούτους ἑταίρους φίλους εἶναι πιστούς, καὶ οὐδένα ἄκοντα, ἀλλὰ πάντας μᾶλλον ἔτι ἐμοῦ σοι βουλομένους φίλους εἶναι.
31 καὶ νῦν πάρεισιν οὐδέν σε προσαιτοῦντες, ἀλλὰ καὶ προϊέμενοι καὶ πονεῖν ὑπὲρ σοῦ καὶ προκινδυνεύειν ἐθέλοντες· μεθ' ὧν, ἂν οἱ θεοὶ θέλωσι, πολλὴν χώραν τὴν μὲν ἀπολήψῃ πατρῴαν οὖσαν, τὴν δὲ κτήσῃ, πολλοὺς δὲ ἵππους, πολλοὺς δὲ ἄνδρας καὶ γυναῖκας κατακτήσῃ, οὓς οὐ λῄζεσθαι δεήσει, ἀλλ'
32 αὐτοὶ φέροντες παρέσονται πρὸς σὲ δῶρα. ἀναστὰς ὁ Σεύθης συνεξέπιε καὶ κατεσκεδάσατο τῶν μετ' αὐτοῦ τὸ κέρας. μετὰ ταῦτα εἰσῆλθον κέρασί τε οἵοις σημαίνουσιν αὐλοῦντες καὶ σάλπιγξιν ὠμοβοείαις ῥυθμούς τε καὶ οἷον μαγάδι σαλπίζον-
33 τες. καὶ αὐτὸς Σεύθης ἀναστὰς ἀνέκραγέ τε πολεμικὸν καὶ

---

nicht Speise, sondern Wein gebracht wurde.
26. οὐ μή. S. zu οὐκέτι μή II, 2, 12.
27. οὕτως wird durch προπίνων nachträglich erklärt.
28. ἵνα κἀγώ. Die Sitte existirt, damit auch ich wie Andere u. s. w. — τιμᾶν, nämlich σε.
29. δίφρῳ, zwischengestellt wie IV, 2, 18: ἀντίπορον λόφον τῷ μαστῷ.

31. πολλοὺς — ἄνδρας, als Unterthanen.
32. κατεσκεδάσατο — τὸ κέρας, goss über seine Genossen den Rest aus dem Trinkhorn aus, nach Thrakischer Sitte. — εἰσῆλθον, es traten welche herein, die. — οἵοις σημαίνουσι, von der Art wie die, mit denen man Signale giebt. — ῥυθμούς τε καὶ οἷον μαγάδι σαλπίζοντες, den Takt

ἐξήλατο ὥσπερ βέλος φυλαττόμενος μάλα ἐλαφρῶς. εἰσῄεσαν δὲ καὶ γελωτοποιοί.

Ὡς δ' ἦν ἥλιος ἐπὶ δυσμαῖς, ἀνέστησαν οἱ Ἕλληνες καὶ 34 εἶπον, ὅτι ὥρα νυκτοφύλακας καθιστάναι καὶ σύνθημα παραδιδόναι. καὶ Σεύθην ἐκέλευον παραγγεῖλαι, ὅπως εἰς τὰ Ἑλληνικὰ στρατόπεδα μηδεὶς τῶν Θρακῶν εἴσεισι νυκτός· οἵ τε γὰρ πολέμιοι Θρᾷκες ὑμῖν καὶ ἡμῖν οἱ φίλοι. ὡς δ' ἐξῄεσαν, 35 συνανέστη ὁ Σεύθης οὐδέν τι μεθύοντι ἐοικώς. ἐξελθὼν δ' εἶπεν αὐτοὺς τοὺς στρατηγοὺς ἀποκαλέσας, Ὦ ἄνδρες, οἱ πολέμιοι ἡμῶν οὐκ ἴσασί πω τὴν ἡμετέραν συμμαχίαν· ἢν οὖν ἔλθωμεν ἐπ' αὐτοὺς πρὶν φυλάξασθαι ὥστε μὴ ληφθῆναι ἢ παρασκευάσασθαι ὥστε ἀμύνασθαι, μάλιστ' ἂν λάβοιμεν καὶ ἀνθρώπους καὶ χρήματα. συνεπῄνουν ταῦτα οἱ στρατηγοὶ καὶ 36 ἡγεῖσθαι ἐκέλευον. ὁ δ' εἶπε, Παρασκευασάμενοι ἀναμένετε· ἐγὼ δέ, ὁπόταν καιρὸς ᾖ, ἥξω πρὸς ὑμᾶς καὶ τοὺς πελταστὰς καὶ ὑμᾶς ἀναλαβὼν ἡγήσομαι σὺν τοῖς θεοῖς. καὶ ὁ Ξε- 37 νοφῶν εἶπε, Σκέψαι τοίνυν, εἴπερ νυκτὸς πορευσόμεθα, εἰ ὁ Ἑλληνικὸς νόμος κάλλιον ἔχει· μεθ' ἡμέραν μὲν γὰρ ἐν ταῖς πορείαις ἡγεῖται τοῦ στρατεύματος ὁποῖον ἂν ἀεὶ πρὸς τὴν χώραν συμφέρῃ, ἐάν τε ὁπλιτικὸν ἐάν τε πελταστικὸν ἐάν τε ἱππικόν· νύκτωρ δὲ νόμος τοῖς Ἕλλησιν ἡγεῖσθαί ἐστι τὸ βραδύτατον· οὕτω γὰρ ἥκιστα διασπᾶται τὰ στρατεύματα καὶ 38 ἥκιστα λανθάνουσιν ἀποδιδράσκοντες ἀλλήλους· οἱ δὲ διασπασθέντες πολλάκις καὶ περιπίπτουσιν ἀλλήλοις καὶ ἀγνοοῦντες κακῶς ποιοῦσι καὶ πάσχουσιν. εἶπεν οὖν Σεύθης, Ὀρθῶς λέ- 39 γετε, καὶ ἐγὼ τῷ νόμῳ τῷ ὑμετέρῳ πείσομαι. καὶ ὑμῖν μὲν

---

und (zwar) wie mit der Magadis (d. i. in Intervallen, um eine Oktave tiefer als die Hörner, einfallend) angeben. Dass diese Töne wie ein Angriffssignal klangen, sieht man aus der Pantomime des Seuthes, die im Folgenden beschrieben wird.

34. ὅπως. eigentl. wie, dass. — Θρᾷκες, Prädicat zu οἱ πολέμιοι und zu οἱ φίλοι. Die Krieger des Seuthes waren Thraker wie ihre Feinde, in gleicher Weise gekleidet und bewaffnet; Freund und Feind hätte also bei Nacht von den Griechen schwer unterschieden werden können. — οὐδέν τι, in keiner Weise. Die Thraker waren als Trinker bekannt und verrufen.

36. τοὺς πελταστάς, seine eigenen Leute.

37. εἴπερ — εἰ, wenn (wie ich deine Rede verstehe) —, ob dann nicht.

38. ἀγνοοῦντες, näml. ἀλλήλους.

ἡγεμόνας δώσω τῶν πρεσβυτάτων τοὺς ἐμπειροτάτους τῆς χώρας, αὐτὸς δ' ἐφέψομαι τελευταῖος τοὺς ἵππους ἔχων· ταχὺ γὰρ πρῶτος, ἂν δέῃ, παρέσομαι. σύνθημα δ' εἶπον Ἀθηναίαν κατὰ τὴν συγγένειαν. ταῦτ' εἰπόντες ἀνεπαύοντο.

40 Ἡνίκα δ' ἦν ἀμφὶ μέσας νύκτας, παρῆν Σεύθης ἔχων τοὺς ἱππέας τεθωρακισμένους καὶ τοὺς πελταστὰς σὺν τοῖς ὅπλοις. καὶ ἐπεὶ παρέδωκε τοὺς ἡγεμόνας, οἱ μὲν ὁπλῖται ἡγοῦντο,
41 οἱ δὲ πελτασταὶ εἵποντο, οἱ δ' ἱππεῖς ὠπισθοφυλάκουν· ἐπεὶ δ' ἡμέρα ἦν, ὁ Σεύθης παρήλαυνεν εἰς τὸ πρόσθεν καὶ ἐπήνεσε τὸν Ἑλληνικὸν νόμον. πολλάκις γὰρ ἔφη νύκτωρ αὐτὸς καὶ σὺν ὀλίγοις πορευόμενος ἀποσπασθῆναι σὺν τοῖς ἵπποις ἀπὸ τῶν πεζῶν· νῦν δ' ὥσπερ δεῖ ἀθρόοι πάντες ἅμα τῇ ἡμέρᾳ φαινόμεθα. ἀλλὰ ὑμεῖς μὲν περιμένετε αὐτοῦ καὶ ἀνα-
42 παύεσθε, ἐγὼ δὲ σκεψάμενός τι ἥξω. ταῦτ' εἰπὼν ἤλαυνε δι' ὄρους ὁδόν τινα λαβών. ἐπεὶ δ' ἀφίκετο εἰς χιόνα πολλήν, ἐσκέψατο, εἰ εἴη ἴχνη ἀνθρώπων ἢ πρόσω ἡγούμενα ἢ ἐναντία. ἐπεὶ δὲ ἀτριβῆ ἑώρα τὴν ὁδόν, ἧκε ταχὺ πάλιν καὶ ἔλεγεν,
43 Ἄνδρες, καλῶς ἔσται, ἢν θεὸς θέλῃ· τοὺς γὰρ ἀνθρώπους λήσομεν ἐπιπεσόντες. ἀλλ' ἐγὼ μὲν ἡγήσομαι τοῖς ἵπποις, ὅπως, ἄν τινα ἴδωμεν, μὴ διαφυγὼν σημήνῃ τοῖς πολεμίοις· ὑμεῖς δ' ἕπεσθε· κἂν λειφθῆτε, τῷ στίβῳ τῶν ἵππων ἕπεσθε. ὑπερβάντες δὲ τὰ ὄρη ἥξομεν εἰς κώμας πολλάς τε καὶ εὐδαίμονας.

44 Ἡνίκα δ' ἦν μέσον ἡμέρας, ἤδη τε ἦν ἐπὶ τοῖς ἄκροις καὶ κατιδὼν τὰς κώμας ἧκεν ἐλαύνων πρὸς τοὺς ὁπλίτας καὶ ἔλεγεν, Ἀφήσω ἤδη καταθεῖν τοὺς μὲν ἱππέας εἰς τὸ πεδίον, τοὺς δὲ πελταστὰς ἐπὶ τὰς κώμας. ἀλλ' ἕπεσθε ὡς ἂν δύνη-
45 σθε τάχιστα, ὅπως, ἐάν τις ὑφιστῆται, ἀλέξησθε. ἀκούσας ταῦτα ὁ Ξενοφῶν κατέβη ἀπὸ τοῦ ἵππου. καὶ ὃς ἤρετο, Τί καταβαίνεις ἐπεὶ σπεύδειν δεῖ; Οἶδα, ἔφη, ὅτι οὐκ ἐμοῦ μόνον δέῃ· οἱ δ' ὁπλῖται θᾶττον δραμοῦνται καὶ ἥδιον, ἐὰν
46 καὶ ἐγὼ πεζὸς ἡγῶμαι. μετὰ ταῦτα ᾤχετο, καὶ Τιμασίων

---

39. εἶπον, die Strategen und Seuthes. — Ἀθηναίαν, ursprüngliche, in Prosa seltene Form für Ἀθηνᾶν. — τὴν συγγένειαν, zwischen Athenern und Thrakern. S. VII, 2, 31.

41. καὶ σὺν, auch nur mit.

43. τοῖς ἵπποις, mit den —. s. zu I, 7, 14.

45. καὶ ὅς, und er, Seuthes.

μετ' αὐτοῦ ἔχων ἱππεῖς ὡς τετταράκοντα τῶν Ἑλλήνων. Ξενοφῶν δὲ παρηγγύησε τοὺς εἰς τριάκοντα ἔτη παριέναι ἀπὸ τῶν λόχων εὐζώνους. καὶ αὐτὸς μὲν ἐτρόχαζε τούτοις ἔχων, Κλεάνωρ δ' ἡγεῖτο τῶν ἄλλων Ἑλλήνων. ἐπεὶ δ' ἐν ταῖς κώ- 47 μαις ἦσαν, Σεύθης ἔχων ὅσον τριάκοντα ἱππέας προσελάσας εἶπε, Τάδε δή, ὦ Ξενοφῶν, ἃ σὺ ἔλεγες· ἔχονται οἱ ἄνθρωποι· ἀλλὰ γὰρ ἔρημοι οἱ ἱππεῖς οἴχονταί μοι ἄλλος ἄλλῃ διώκων, καὶ δέδοικα, μὴ συστάντες ἀθρόοι που κακόν τι ἐργάσωνται οἱ πολέμιοι. δεῖ δὲ καὶ ἐν ταῖς κώμαις καταμένειν τινὰς ἡμῶν· μεσταὶ γάρ εἰσιν ἀνθρώπων. Ἀλλ' ἐγὼ μέν, ἔφη 48 ὁ Ξενοφῶν, σὺν οἷς ἔχω τὰ ἄκρα καταλήψομαι· σὺ δὲ Κλεάνορα κέλευε διὰ τοῦ πεδίου παρατεῖναι τὴν φάλαγγα παρὰ τὰς κώμας. ἐπεὶ δὲ ταῦτα ἐποίησαν, συνηλίσθησαν ἀνδράποδα μὲν ὡς χίλια, βόες δὲ δισχίλιοι, πρόβατα ἄλλα μύρια. τότε μὲν δὴ αὐτοῦ ηὐλίσθησαν.

Τῇ δ' ὑστεραίᾳ κατακαύσας ὁ Σεύθης τὰς κώμας παντε- IV. λῶς καὶ οἰκίαν οὐδεμίαν λιπών, ὅπως φόβον ἐνθείη καὶ τοῖς ἄλλοις, οἷα πείσονται, ἂν μὴ πείθωνται, ἀπῄει πάλιν. καὶ 2 τὴν μὲν λείαν ἀπέπεμψε διατίθεσθαι Ἡρακλείδην εἰς Πέρινθον, ὅπως ἂν μισθὸς γένοιτο τοῖς στρατιώταις· αὐτὸς δὲ καὶ οἱ Ἕλληνες ἐστρατοπεδεύοντο ἀνὰ τὸ Θυνῶν πεδίον. οἱ δ'

4. **Inhalt**: Weiterer Kampf bei strengem Winter gegen die Thynen, westlich von Salmydessos. Der Aufforderung des Seuthes, das Gebirge zu verlassen, in die Ebene herabzukommen und sich zu unterwerfen, folgen nur Weiber, Kinder und Greise. Die streitbare Mannschaft, die in den Bergen bleibt, wird überfallen und soweit man ihrer habhaft werden kann, niedergemetzelt. Darauf folgende Unterhandlungen werden vom Feinde nur zum Scheine gepflogen: sie überraschen Xenophon, der mit einer Abtheilung ausgewählter Leute dem Gebirge zunächst in einem Dorfe lagert, das sie anzünden. Mit Hülfe des Seuthes, der aus weiter unten in der Ebene liegenden Dörfern herbeieilt, werden sie zurück geschlagen und dann durch einen energisch ausgeführten Zug gegen die Höhe des Gebirges zur Unterwerfung gebracht.

47. τάδε δή, nämlich ἔστι. Aus ἔχονται οἱ ἄνθρωποι, da haben wir die Menschen, ist nur zu ersehen, dass von Xenophon ein nicht erwähnter guter Rath ertheilt worden ist, der diesen günstigen Erfolg herbeigeführt hat. — ἀλλὰ γάρ, aber — ja, eine Beobachtung, die Seuthes plötzlich macht. — ἔρημοι, ohne Bedeckung von Seiten des Fussvolkes.

1. οἷα πείσονται, nachträgliche Ergänzung zu φόβον.

2. Constr. ἀπέπεμψεν Ἡρακλείδην διατίθεσθαι τὴν λείαν.

ἐκλιπόντες ἔφευγον εἰς τὰ ὄρη. ἦν δὲ χιὼν πολλὴ καὶ ψῖχος
οὕτως, ὥστε τὸ ὕδωρ, ὃ ἐφέροντο ἐπὶ δεῖπνον, ἐπήγνυτο καὶ
ὁ οἶνος ὁ ἐν τοῖς ἀγγείοις, καὶ τῶν Ἑλλήνων πολλῶν καὶ
4 ῥῖνες ἀπεκαίοντο καὶ ὦτα. καὶ τότε δῆλον ἐγένετο, οὗ ἕνεκα
οἱ Θρᾷκες τὰς ἀλωπεκᾶς ἐπὶ ταῖς κεφαλαῖς φοροῦσι καὶ τοῖς
ὠσί, καὶ χιτῶνας οὐ μόνον περὶ τοῖς στέρνοις ἀλλὰ καὶ περὶ
τοῖς μηροῖς καὶ ζειρὰς μέχρι τῶν ποδῶν ἐπὶ τῶν ἵππων ἔχου-
5 σιν ἀλλ' οὐ χλαμύδας. ἀφιεὶς δὲ τῶν αἰχμαλώτων ὁ Σεύθης
εἰς τὰ ὄρη ἔλεγεν, ὅτι εἰ μὴ καταβήσονται οἰκήσοντες καὶ
πείσονται, ὅτι κατακαύσει καὶ τούτων τὰς κώμας καὶ τὸν
σῖτον, καὶ ἀπολοῦνται τῷ λιμῷ. ἐκ τούτου κατέβαινον καὶ
γυναῖκες καὶ παῖδες καὶ οἱ πρεσβύτεροι· οἱ δὲ νεώτεροι ἐν
6 ταῖς ὑπὸ τὸ ὄρος κώμαις ηὐλίζοντο. καὶ ὁ Σεύθης καταμα-
θὼν ἐκέλευσε τὸν Ξενοφῶντα τῶν ὁπλιτῶν τοὺς νεωτάτους
λαβόντα συνεπισπέσθαι. καὶ ἀναστάντες τῆς νυκτὸς ἅμα τῇ
ἡμέρᾳ παρῆσαν εἰς τὰς κώμας. καὶ οἱ μὲν πλεῖστοι ἐξέφυ-
γον· πλησίον γὰρ ἦν τὸ ὄρος· ὅσοις δὲ ἔλαβε κατηκόντισεν
ἀφειδῶς Σεύθης.

7 Ἐπισθένης δ' ἦν τις Ὀλύνθιος παιδεραστής, ὃς ἰδὼν
παῖδα καλὸν ἡβάσκοντα ἄρτι, πέλτην ἔχοντα, μέλλοντα ἀπο-
θνήσκειν, προσδραμὼν Ξενοφῶντι ἱκέτευε βοηθῆσαι παιδὶ
8 καλῷ. καὶ ὃς προσελθὼν τῷ Σεύθῃ δεῖται μὴ ἀποκτεῖναι τὸν
παῖδα καὶ τοῦ Ἐπισθένους διηγεῖται τὸν τρόπον καὶ ὅτι λόχον
ποτὲ συνελέξατο σκοπῶν οὐδὲν ἄλλο ἢ εἴ τινες εἶεν καλοί,
9 καὶ μετὰ τούτων ἦν ἀνὴρ ἀγαθός. ὁ δὲ Σεύθης ἤρετο, Ἦ καὶ
ἐθέλοις ἄν, ὦ Ἐπίσθενες, ὑπὲρ τούτου ἀποθανεῖν; ὁ δ'
ὑπερανατείνας τὸν τράχηλον, Παῖε, ἔφη, εἰ κελεύει ὁ παῖς
10 καὶ μέλλει χάριν εἰδέναι. ἐπήρετο ὁ Σεύθης τὸν παῖδα εἰ
παίσειεν αὐτὸν ἀντ' ἐκείνου. οὐκ εἴα ὁ παῖς, ἀλλ' ἱκέτευε
μηδέτερον κατακαίνειν. ἐνταῦθα ὁ Ἐπισθένης περιλαβὼν τὸν
παῖδα εἶπεν, Ὥρα σοι, ὦ Σεύθη, περὶ τοῦδέ μοι διαμάχε-

---

3. ἀπεκαίοντο, wie IV, 5, 3.
4. χλαμύδας, kurze Reitermäntel.
5. τῶν αἰχμαλώτων, gen. part. wie I, 5, 7. — οἰκήσοντες, kurz: um unten in ihren Dörfern, die sie verlassen haben, zu wohnen. Vergl. οἰκήσουν VII, 7, 55. — ὅτι wiederholt wie V, 6, 19. — καὶ τούτων, wie die §. 1 mehr südöstlich wohnenden. — ὑπὸ τὸ ὄρος, unter dem B. hin.
7. πέλτην ἔχοντα, der — noch hatte, also sich brav gehalten hatte.
8. τὸν τρόπον, den Charakter.
10. ἐκείνου des Jünglings.

σθαι· οὐ γὰρ μεθήσω τὸν παῖδα. ὁ δὲ Σεύθης γελῶν ταῦτα 11
μὲν εἶα· ἔδοξε δὲ αὐτῷ αὐτοῦ αὐλισθῆναι, ἵνα μηδ' ἐκ τούτων
τῶν κωμῶν οἱ ἐπὶ τοῦ ὄρους τρέφοιντο· καὶ αὐτὸς μὲν ἐν τῷ
πεδίῳ ὑποκαταβὰς ἐσκήνου, ὁ δὲ Ξενοφῶν ἔχων τοὺς ἐπιλέ-
κτους ἐν τῇ ὑπὸ τὸ ὄρος ἀνωτάτω κώμῃ, καὶ οἱ ἄλλοι Ἕλληνες
ἐν τοῖς ὀρείοις καλουμένοις Θρᾳξὶ πλησίον κατεσκήνησαν.

Ἐκ τούτου ἡμέραι τ' οὐ πολλαὶ διετρίβοντο, καὶ οἱ ἐκ τοῦ 12
ὄρους Θρᾷκες καταβαίνοντες πρὸς τὸν Σεύθην περὶ σπονδῶν
καὶ ὁμήρων διεπράττοντο. καὶ ὁ Ξενοφῶν ἐλθὼν ἔλεγε τῷ
Σεύθῃ, ὅτι ἐν πονηροῖς τόποις σκηνοῖεν καὶ πλησίον εἶεν οἱ
πολέμιοι· ἥδιόν τ' ἂν ἔξω αὐλίζεσθαι ἔφη ἐν ἐχυροῖς χωρίοις
μᾶλλον ἢ ἐν τοῖς στεγνοῖς, ὥστε ἀπολέσθαι. ὁ δὲ θαρρεῖν 13
ἐκέλευε καὶ ἔδειξεν ὁμήρους παρόντας αὐτῶν. ἐδέοντο δὲ καὶ
αὐτοῦ Ξενοφῶντος καταβαίνοντές τινες τῶν ἐκ τοῦ ὄρους συμ-
πρᾶξαι σφίσι τὰς σπονδάς. ὁ δ' ὡμολόγει καὶ θαρρεῖν ἐκέ-
λευε καὶ ἠγγυᾶτο μηδὲν αὐτοὺς κακὸν πείσεσθαι πειθομένους
Σεύθῃ. οἱ δ' ἄρα ταῦτ' ἔλεγον κατασκοπῆς ἕνεκα.

Ταῦτα μὲν τῆς ἡμέρας ἐγένετο· εἰς δὲ τὴν ἐπιοῦσαν νύκτα 14
ἐπιτίθενται ἐλθόντες ἐκ τοῦ ὄρους οἱ Θυνοί. καὶ ἡγεμὼν μὲν
ἦν ὁ δεσπότης ἑκάστης τῆς οἰκίας· χαλεπὸν γὰρ ἦν ἄλλως τὰς
οἰκίας σκότους ὄντος ἀνευρίσκειν ἐν ταῖς κώμαις· καὶ γὰρ αἱ
οἰκίαι κύκλῳ περιεσταύρωντο μεγάλοις σταυροῖς τῶν προβάτων
ἕνεκα. ἐπεὶ δ' ἐγένοντο κατὰ τὰς θύρας ἑκάστου τοῦ οἰκή- 15
ματος, οἱ μὲν εἰσηκόντιζον, οἱ δὲ τοῖς σκυτάλοις ἔβαλλον, ἃ
ἔχειν ἔφασαν ὡς ἀποκόψοντες τῶν δοράτων τὰς λόγχας, οἱ δ'
ἐνεπίμπρασαν, καὶ Ξενοφῶντα ὀνομαστὶ καλοῦντες ἐξιόντα
ἐκέλευον ἀποθνῄσκειν, ἢ αὐτοῦ ἔφασαν κατακαυθήσεσθαι αὐτόν.
καὶ ἤδη τε διὰ τοῦ ὀρόφου ἐφαίνετο πῦρ, καὶ ἐντεθωρακισμέ- 16
νοι οἱ περὶ τὸν Ξενοφῶντα ἔνδον ἦσαν ἀσπίδας καὶ μαχαίρας

---

11. τούτων τῶν κωμῶν, dicht unter dem Gebirge. — ἐν τοῖς, im Gebiete der. — πλησίον, näml. dem Xenophon.

12. τ'—καί. Vergl. I, 8, 8 u. unten §. 16, wo aber τε mit ἤδη verbunden ist. — ἔξω, unter freiem Himmel.

13. ὁμήρους, die §. 5 erwähnten γυναῖκες u. s. w. — ἄρα, wie sich's bald zeigen sollte. S. zu II, 2, 3. IV, 2, 15.

14. ὁ δεσπότης. Die Thynen überfallen ihre eigenen Dörfer, die jetzt Xen. besetzt hielt. Jeder Hausbesitzer leitet den Angriff auf sein Haus.

15. ἔφασαν, vermuthlich nachher gefangene Thynen. — τῶν δοράτων, der Hellenen, im Kampfe.

16. ἔνδον ἦσαν, waren noch

καὶ κράνη ἔχοντες, καὶ Σιλανὸς Μακίστιος ἐτῶν ὡς ὀκτωκαίδεκα σημαίνει τῇ σάλπιγγι· καὶ εὐθὺς ἐκπηδῶσιν ἐσπασμένοι τὰ ξίφη καὶ οἱ ἐκ τῶν ἄλλων σκηνωμάτων. οἱ δὲ Θρᾷκες φεύγουσιν, ὥσπερ δὴ τρόπος ἦν αὐτοῖς, ὄπισθεν περιβαλλόμενοι τὰς πέλτας· καὶ αὐτῶν ὑπεραλλομένων τοὺς σταυροὺς ἐλήφθησάν τινες κρεμασθέντες ἐνεχομένων τῶν πελτῶν τοῖς σταυροῖς· οἱ δὲ καὶ ἀπέθανον ἁμαρτόντες τῶν ἐξόδων· οἱ δὲ Ἕλληνες ἐδίωκον ἔξω τῆς κώμης. τῶν δὲ Θινῶν ὑποστραφέντες τινὲς ἐν τῷ σκότει τοὺς παρατρέχοντας παρ' οἰκίαν καιομένην ἠκόντιζον εἰς τὸ φῶς ἐκ σκότους· καὶ ἔτρωσαν Ἱερώνυμόν τε Εὐοδέα λοχαγὸν καὶ Θεογένην Λοκρὸν λοχαγόν· ἀπέθανε δὲ οὐδείς· κατεκαύθη μέντοι καὶ ἐσθής τινων καὶ σκεύη. Σεύθης δὲ ἧκε βοηθῶν σὺν ἑπτὰ ἱππεῦσι τοῖς πρώτοις καὶ τὸν σαλπιγκτὴν ἔχων τὸν Θρᾴκιον. καὶ ἐπείπερ ᾔσθετο, ὅσονπερ χρόνον ἐβοήθει, τοσοῦτον καὶ τὸ κέρας ἐφθέγγετο αὐτῷ· ὥστε καὶ τοῦτο φόβον συμπαρέσχε τοῖς πολεμίοις. ἐπεὶ δ' ἦλθεν, ἐδεξιοῦτό τε καὶ ἔλεγεν, ὅτι οἴοιτο τεθνεῶτας πολλοὺς εὑρήσειν.

Ἐκ τούτου ὁ Ξενοφῶν δεῖται τοὺς ὁμήρους τε αὐτῷ παραδοῦναι καὶ ἐπὶ τὸ ὄρος, εἰ βούλεται, συστρατεύεσθαι· εἰ δὲ μή, αὐτὸν ἐᾶσαι. τῇ οὖν ὑστεραίᾳ παραδίδωσιν ὁ Σεύθης τοὺς ὁμήρους, πρεσβυτέρους ἄνδρας ἤδη, τοὺς κρατίστους, ὡς ἔφασαν, τῶν ὀρείων, καὶ αὐτὸς ἔρχεται σὺν τῇ δυνάμει. ἤδη δὲ εἶχε καὶ τριπλασίαν δύναμιν ὁ Σεύθης· ἐκ γὰρ τῶν Ὀδρυσῶν ἀκούοντες, ἃ πράττοι ὁ Σεύθης, πολλοὶ κατέβαινον συστρατευσόμενοι. οἱ δὲ Θινοὶ ἐπεὶ εἶδον ἀπὸ τοῦ ὄρους πολλοὺς μὲν ὁπλίτας, πολλοὺς δὲ πελταστάς, πολλοὺς δὲ ἱππεῖς, καταβάντες ἱκέτευον σπείσασθαι, καὶ πάντα ὡμολόγουν ποιή-

---

drin, im Hause. — ἐτῶν ὡς ὀκτωκαίδεκα, etwa 18 Jahre alt, und zeigte schon soviel Klugheit. Er befand sich natürlich ausserhalb des Hauses und sah die Xenophon und seinen Gefährten drohende Gefahr. — ἐκπηδῶσιν, näml. οἱ περὶ τὸν Ξεν.

17. Θρᾷκες für Θυνοί, weil hier von einer nicht bloss den Thynen, sondern allen Thrakern eigenthümlichen Sitte die Rede ist. — ὄπισθεν, auf den Rücken.

19. τοῖς πρώτοις, den ersten besten, die ihm zur Hand waren. — ᾔσθετο, nämlich was vorging. — κέρας. S. VII, 3, 32.

20. ὁμήρους. S. zu §. 13. — ἐᾶσαι, näml. στρατεύεσθαι.

21. τριπλασίαν, als vor der Ankunft der Griechen.

σειν καὶ πιστὰ λαμβάνειν ἐκέλευον. ὁ δὲ Σεύθης καλέσας τὸν 23
Ξενοφῶντα ἐπεδείκνυεν, ἃ λέγοιεν, καὶ οὐκ ἔφη σπείσεσθαι,
εἰ Ξενοφῶν βούλοιτο τιμωρήσασθαι αὐτοὺς τῆς ἐπιθέσεως. ὁ 24
δ' εἶπεν, Ἀλλ' ἔγωγε ἱκανὴν νομίζω καὶ νῦν δίκην ἔχειν, εἰ
οὗτοι δοῦλοι ἔσονται ἀντ' ἐλευθέρων. συμβουλεύειν μέντοι ἔφη
αὐτῷ τὸ λοιπὸν ὁμήρους λαμβάνειν τοὺς δυνατωτάτους κακόν
τι ποιεῖν, τοὺς δὲ γέροντας οἴκοι ἐᾶν. οἱ μὲν οὖν ταύτῃ πάν-
τες δὴ προσωμολόγουν.

Ὑπερβάλλουσι δὲ πρὸς τοὺς ὑπὲρ Βυζαντίου Θρᾷκας εἰς V.
τὸ Δέλτα καλούμενον· αὕτη δ' ἦν οὐκέτι ἀρχὴ Μαισάδου, ἀλλὰ
Τήρους τοῦ Ὀδρύσου. καὶ ὁ Ἡρακλείδης ἐνταῦθα ἔχων τὴν 2
τιμὴν τῆς λείας παρῆν. καὶ Σεύθης ἐξαγαγὼν ζεύγη ἡμιονικὰ
τρία, οὐ γὰρ ἦν πλείω, τὰ δ' ἄλλα βοεικά, καλέσας Ξενο-
φῶντα ἐκέλευε λαβεῖν, τὰ δὲ ἄλλα διανεῖμαι τοῖς στρατηγοῖς
καὶ λοχαγοῖς. Ξενοφῶν δὲ εἶπεν, Ἐμοὶ μὲν τοίνυν ἀρκεῖ καὶ 3
αὖθις λαβεῖν· τούτοις δὲ τοῖς στρατηγοῖς δωροῦ, οἳ σὺν ἐμοὶ
ἠκολούθησαν, καὶ λοχαγοῖς. καὶ τῶν ζευγῶν λαμβάνει ἓν μὲν 4
Τιμασίων ὁ Δαρδανεύς, ἓν δὲ Κλεάνωρ ὁ Ὀρχομένιος, ἓν δὲ
Φρυνίσκος ὁ Ἀχαιός· τὰ δὲ βοεικὰ ζεύγη τοῖς λοχαγοῖς κατε-
μερίσθη. τὸν δὲ μισθὸν ἀποδίδωσιν ἐξεληλυθότος ἤδη τοῦ
μηνὸς εἴκοσι μόνον ἡμερῶν· ὁ γὰρ Ἡρακλείδης ἔλεγεν, ὅτι οὐ
πλεῖον ἐμπολῆσαι. ὁ οὖν Ξενοφῶν ἀχθεσθεὶς εἶπεν ἐπομό- 5
σας, Δοκεῖς μοι, ὦ Ἡρακλείδη, οὐχ ὡς δεῖ κήδεσθαι Σεύθου·
εἰ γὰρ ἐκήδου, ἧκες ἂν φέρων πλήρη τὸν μισθὸν καὶ προσδα-

---

5. Inhalt: Vom Lande der Thynen führt Seuthes das Heer nach
dem Thrakischen Delta, nordwestlich von Byzanz. Da entstehen Zer-
würfnisse wegen des Soldes, den der betrügerische Schatzmeister des
Seuthes nicht vollständig zahlt. Nachdem man sich wieder geeinigt,
ziehen sie vom Delta an der Küste des Pontos hin bis nach Salmy-
dessos. Von da geht es südwärts und bei Selybria wird gelagert. Hier
glaubt Seuthes, dessen eigenes Heer durch ihm zuströmende Odrysen
sehr gewachsen ist, der Griechen nicht mehr zu bedürfen. Sold wird
nicht mehr gezahlt, und der undankbare Fürst ist für Xenophon un-
zugänglich.

---

24. δίκην, Genugthuung. —
ταύτῃ, im Lande der Thynen.
1. Δέλτα, VII, 1, 33. — αὕτη.
S. I, 4, 4 zu ταῦτα. — Μαισάδου,
VII, 2, 32. — Τήρους, VII, 2, 22.

2. τὴν τιμήν, den Erlös.

3. καὶ αὖθις, auch später.

5. καὶ προσδανεισάμενος, und
hättest sogar —.

νεισάμενος, εἰ μὴ ἄλλως ἐδύνω, καὶ ἀποδόμενος τὰ σαυτοῦ ἱμάτια.

6 Ἐντεῦθεν ὁ Ἡρακλείδης ἠχθέσθη τε καὶ ἔδεισε, μὴ ἐκ τῆς Σεύθου φιλίας ἐκβληθείη, καὶ ὅ τι ἐδύνατο ἀπὸ ταύτης 7 τῆς ἡμέρας Ξενοφῶντα διέβαλλε πρὸς Σεύθην. οἱ μὲν δὴ στρατιῶται Ξενοφῶντι ἐνεκάλουν, ὅτι οὐκ εἶχον τὸν μισθόν· Σεύθης δὲ ἤχθετο αὐτῷ, ὅτι ἐντόνως τοῖς στρατιώταις ἀπῄτει 8 τὸν μισθόν. καὶ τέως μὲν ἀεὶ ἐμέμνητο, ὡς ἐπειδὰν ἐπὶ θάλατταν ἀπέλθῃ, παραδώσειν αὐτῷ Βισάνθην καὶ Γάνος καὶ Νέον τεῖχος· ἀπὸ δὲ τούτου τοῦ χρόνου οὐδενὸς ἔτι τούτων ἐμέμνητο. ὁ γὰρ Ἡρακλείδης καὶ τοῦτο διεβεβλήκει, ὡς οὐκ ἀσφαλὲς εἴη τείχη παραδιδόναι ἀνδρὶ δύναμιν ἔχοντι.

9 Ἐκ τούτου ὁ μὲν Ξενοφῶν ἐβουλεύετο, τί χρὴ ποιεῖν περὶ τοῦ ἔτι ἄνω στρατεύεσθαι· ὁ δ᾽ Ἡρακλείδης εἰσαγαγὼν τοὺς ἄλλους στρατηγοὺς πρὸς Σεύθην λέγειν τε ἐκέλευεν αὐτούς, ὅτι οὐδὲν ἂν ἧττον σφεῖς ἀγάγοιεν τὴν στρατιὰν ἢ Ξενοφῶν, τόν τε μισθὸν ὑπισχνεῖται αὐτοῖς ἐντὸς ὀλίγων ἡμερῶν ἔκπλεων 10 παρέσεσθαι δυοῖν μηνοῖν συστρατεύεσθαί τε ἐκέλευε. καὶ ὁ Τιμασίων εἶπεν, Ἐγὼ μὲν τοίνυν οὐδ᾽, ἂν πέντε μηνῶν μισθὸς μέλλῃ εἶναι, στρατευσαίμην ἂν ἄνευ Ξενοφῶντος. καὶ ὁ Φρι-11 νίσκος καὶ ὁ Κλεάνωρ σινωμολόγοιν τῷ Τιμασίωνι. ἐντεῦθεν ὁ Σεύθης ἐλοιδόρει τὸν Ἡρακλείδην, ὅτι οὐ παρεκάλει καὶ Ξενοφῶντα. ἐκ δὲ τούτου παρακαλοῦσιν αὐτὸν μόνον. ὁ δὲ γνοὺς τοῦ Ἡρακλείδου τὴν πανουργίαν, ὅτι βούλοιτο αὐτὸν διαβάλλειν πρὸς τοὺς ἄλλους στρατηγούς, παρέρχεται λαβὼν 12 τούς τε στρατηγοὺς πάντας καὶ τοὺς λοχαγούς. καὶ ἐπεὶ πάντες ἐπείσθησαν, σινεστρατεύοντο καὶ ἀφικνοῦνται ἐν δεξιᾷ ἔχοντες τὸν Πόντον διὰ τῶν Μελινοφάγων καλουμένων Θρακῶν εἰς τὸν Σαλμυδησσόν. ἔνθα τῶν εἰς τὸν Πόντον πλεουσῶν νεῶν πολλαὶ ὀκέλλουσι καὶ ἐκπίπτουσι· τέναγος γάρ ἐστιν

---

6. Βισάνθην, VII, 2, 38. Auch die beiden anderen Orte liegen an der Thrakischen Küste der Propontis. — διεβεβλήκει, in böswilliger Absicht gesagt.
8. ὡς — παραδώσειν, wie III, 1, 9.
9. Ἡρακλείδης, dem das Bedenken des Xenophon nicht unbekannt geblieben.
11. ὅτι βούλοιτο, dass er nämlich —. — διαβάλλειν, in Zerwürfniss bringen. — παρέρχεται, zum Seuthes.
12. ἐπείσθησαν, durch Seuthes. — ἐκπίπτουσι, wie VI, 4, 2.

ἐπὶ πάμπολυ τῆς θαλάττης. καὶ οἱ Θρᾷκες οἱ κατὰ ταῦτα 13
οἰκοῦντες στήλας ὁρισάμενοι τὰ καθ' αὑτοὺς ἐκπίπτοντα ἕκα-
στοι λῄζονται· τέως δὲ ἔλεγον πρὶν ὁρίσασθαι ἁρπάζοντας
πολλοὺς ὑπ' ἀλλήλων ἀποθνήσκειν. ἐνταῦθα εὑρίσκοντο πολ- 14
λαὶ μὲν κλῖναι, πολλὰ δὲ κιβώτια, πολλαὶ δὲ βίβλοι γεγραμ-
μέναι, καὶ τἆλλα πολλὰ ὅσα ἐν ξυλίνοις τείχεσι ναύκληροι
ἄγουσιν. ἐντεῦθεν ταῦτα καταστρεψάμενοι ἀπῇεσαν πάλιν.
ἔνθα δὴ Σεύθης εἶχε στράτευμα ἤδη πλέον τοῦ Ἑλληνικοῦ· ἔκ 15
τε γὰρ Ὀδρυσῶν πολὺ ἔτι πλείοις καταβεβήκεσαν καὶ οἱ ἀεὶ
πειθόμενοι συνεπεστρατεύοντο. κατηυλίσθησαν δ' ἐν τῷ πεδίῳ
τῷ ὑπὲρ Σηλυβρίας ὅσον τριάκοντα σταδίους ἀπέχοντες τῆς
θαλάττης. καὶ μισθὸς μὲν οὐδείς πω ἐφαίνετο· πρὸς δὲ τὸν 16
Ξενοφῶντα οἵ τε στρατιῶται παγχαλέπως εἶχον, ὅ τε Σεύθης
οὐκέτι οἰκείως διέκειτο, ἀλλ' ὁπότε συγγενέσθαι αὐτῷ βουλό-
μενος ἔλθοι, πολλαὶ ἤδη ἀσχολίαι ἐφαίνοντο.

Ἐν τούτῳ τῷ χρόνῳ σχεδὸν ἤδη δύο μηνῶν ὄντων ἀφι- VI.
κνεῖται Χαρμῖνός τε ὁ Λάκων καὶ Πολύνικος παρὰ Θίβρωνος

---

6. **Inhalt**: Zwei Monate, bis gegen Ende März 399, hatten die Griechen dem Seuthes gedient: da änderte sich mit einem Male ihre Beziehung zu den Lakedämoniern. Anaxibios, der vorjährige Admiral der Spartaner, hatte sie unfreundlich und treulos behandelt, auch der gegenwärtige Harmost von Byzanz, Aristarch, hatte sich ihnen im Interesse des Pharnabazos feindselig bewiesen. Jetzt aber war auf den Hülferuf der Griechischen Städte in Kleinasien, die sich (I, 1, 6) zu Kyros geschlagen, nach dessen Tode aber dem Tissaphernes wieder unterworfen werden sollten, der Spartaner Thibron mit einem kleinen Heere in Ephesus gelandet, um der Persischen Macht, mit der die Lakedämonier seit 408 in freundlichem Verhältnisse gestanden, entgegen zu treten. Da sich Thibron mit seinem Heere zu schwach sah, so sendet er Boten in das Lager bei Selybria und lässt den Rest der Zehntausend auffordern, mit ihm vereinigt ihren alten Feind Tissaphernes zu bekriegen. Seuthes und sein Schatzmeister Herakleides ergreifen die Gelegenheit die Griechen, die sie nicht mehr brauchen, los zu werden und versammeln das Heer, vor welchem nun die Gesandten ihre Vorschläge eröffnen. Das Griechische Heer geht mit Freuden darauf ein, ja Einzelne beschuldigen Xenophon, dass sie sich nicht schon früher den Lakedämoniern angeschlossen hätten, habe er allein bewirkt, der sie an den Seuthes verkauft und sich

---

13. στήλας, zur Abgrenzung der Strandgebiete. — πρὶν ὁρίσασθαι, näml. στήλας, erklärend zu τέως. — ἀποθνήσκειν, Infinit. Imperf.
14. ταῦτα, diese Gegenden S. zu II, 4, 11.

15. οἱ ἀεί. S. zu III, 2, 31.
16. ἔλθοι, Opt. wie I, 2, 7.
1. ἤδη — ὄντων, seit Anwerbung der Griechen durch Seuthes. — ἀφικνεῖται, Singular bei zwei Subjecten wie IV, 1, 1.

καὶ λέγουσιν, ὅτι Λακεδαιμονίοις δοκεῖ στρατεύεσθαι ἐπὶ Τισσαφέρνην, καὶ Θίβρων ἐκπέπλευκεν ὡς πολεμήσων καὶ δεῖται ταύτης τῆς στρατιᾶς καὶ λέγει, ὅτι δαρεικὸς ἑκάστῳ ἔσται μισθὸς τοῦ μηνός καὶ τοῖς λοχαγοῖς διμοιρία, τοῖς δὲ στρατηγοῖς τετραμοιρία. ἐπεὶ δ᾽ ἦλθον οἱ Λακεδαιμόνιοι, εὐθὺς ὁ Ἡρακλείδης πυθόμενος, ὅτι ἐπὶ τὸ στράτευμα ἥκουσι, λέγει τῷ Σεύθῃ, ὅτι κάλλιστόν τι γεγένηται· οἱ μὲν γὰρ Λακεδαιμόνιοι δέονται τοῦ στρατεύματος, σὺ δὲ οὐκέτι δέῃ· ἀποδιδοὺς δὲ τὸ στράτευμα χαριῇ αὐτοῖς, σὲ δὲ οὐκέτι ἀπαιτήσουσι τὸν μισθόν, ἀλλ᾽ ἀπαλλάξονται ἐκ τῆς χώρας. ἀκούσας ταῦτα ὁ Σεύθης κελεύει παράγειν· καὶ ἐπεὶ εἶπον, ὅτι ἐπὶ τὸ στράτευμα ἥκουσιν, ἔλεγεν, ὅτι τὸ στράτευμα ἀποδίδωσι φίλος τε καὶ σύμμαχος εἶναι βούλεται καλεῖ τε αὐτοὺς ἐπὶ ξένια· καὶ ἐξένιζε μεγαλοπρεπῶς. Ξενοφῶντα δὲ οὐκ ἐκάλει οὐδὲ τῶν ἄλλων στρατηγῶν οὐδένα. ἐρωτώντων δὲ τῶν Λακεδαιμονίων, τίς ἀνὴρ εἴη Ξενοφῶν, ἀπεκρίνατο, ὅτι τὰ μὲν ἄλλα εἴη οὐ κακός, φιλοστρατιώτης δέ· καὶ διὰ τοῦτο χεῖρόν ἐστιν αὐτῷ. καὶ οἳ εἶπον, Ἀλλ᾽ ἢ δημαγωγεῖ ὁ ἀνὴρ τοὺς ἄνδρας; καὶ ὁ Ἡρακλείδης, Πάνυ μὲν οὖν, ἔφη. Ἆρ᾽ οὖν, ἔφασαν, μὴ καὶ ἡμῖν ἐναντιώσεται τῆς ἀπαγωγῆς; Ἀλλ᾽ ἢν ὑμεῖς, ἔφη ὁ Ἡρακλείδης, συλλέξαντες αὐτοὺς ὑπόσχησθε τὸν μισθόν, ὀλίγον ἐκείνῳ προσχόντες, ἀποδραμοῦνται σὺν ὑμῖν. Πῶς οὖν ἄν, ἔφασαν, ἡμῖν συλλεγεῖεν; Αὔριον ὑμᾶς, ἔφη ὁ Ἡρακλείδης, πρωὶ ἄξομεν πρὸς αὐτούς· καὶ οἶδα, ἔφη, ὅτι ἐπειδὰν ὑμᾶς

---

auf ihre Kosten bereichert habe.. Diese ebenso unsinnige als ungerechte Anschuldigung weist Xenophon in einer ausführlichen Rede durch genaue Anführung der betreffenden Thatsachen zurück. Da sich der eine Gesandte hierauf Xenophon's annimmt und bei diesem zwei aus der Versammlung selbst auftreten, die den Unmuth des Heeres von Xenophon ab und auf die eigentlichen Schuldigen, den Seuthes und Herakleides hinlenken, da halten es diese beiden für Zeit sich eiligst in ihr Lager davon zu machen, von wo Seuthes noch einen vergeblichen Versuch macht Xenophon zu beschwichtigen und mit 1000 Hopliten bei sich zurück zu halten.

---

2. ἐπί, wie V, 1, 5. — Das zweite ὅτι wie I, 6, 7.
3. παράγειν, sie vor ihn zu führen, die Gesandten.
4. χεῖρον — αὐτῷ, steht sich selbst mehr im Lichte, ist weniger zu empfehlen, als wenn er diese Eigenschaft nicht hätte.
5. ἆρ᾽ οὖν — μή, er wird doch also nicht. — προσχόντες, von προσέχειν, sich kehren (an Jemand).

ἴδωσιν, ἄσμενοι συνδραμοῦνται. αὕτη μὲν ἡ ἡμέρα οὕτως ἔληξεν.

Τῇ δ' ὑστεραίᾳ ἄγουσιν ἐπὶ τὸ στράτευμα τοὺς Λάκωνας Σεύθης τε καὶ Ἡρακλείδης, καὶ συλλέγεται ἡ στρατιά. τὼ δὲ Λάκωνε ἐλεγέτην, ὅτι Λακεδαιμονίοις δοκεῖ πολεμεῖν Τισσαφέρνει τῷ ὑμᾶς ἀδικήσαντι· ἢν οὖν ἴητε σὺν ἡμῖν, τόν τε ἐχθρὸν τιμωρήσεσθε καὶ δαρεικὸν ἕκαστος οἴσει τοῦ μηνὸς ὑμῶν, λοχαγὸς δὲ τὸ διπλοῦν, στρατηγὸς δὲ τὸ τετραπλοῦν. καὶ οἱ στρατιῶται ἄσμενοί τε ἤκουσαν καὶ εὐθὺς ἀνίσταταί τις τῶν Ἀρκάδων τοῦ Ξενοφῶντος κατηγορήσων. παρῆν δὲ καὶ Σεύθης βουλόμενος εἰδέναι, τί πραχθήσεται, καὶ ἐν ἐπηκόῳ εἱστήκει ἔχων ἑρμηνέα· συνίει δὲ καὶ αὐτὸς ἑλληνιστὶ τὰ πλεῖστα. ἔνθα δὴ λέγει ὁ Ἀρκάς, Ἀλλ' ἡμεῖς μέν, ὦ Λακεδαιμόνιοι, καὶ πάλαι ἂν ἦμεν παρ' ὑμῖν, εἰ μὴ Ξενοφῶν ἡμᾶς δεῦρο πείσας ἀπήγαγεν, ἔνθα δὴ ἡμεῖς μὲν τὸν δεινὸν χειμῶνα στρατευόμενοι καὶ νύκτα καὶ ἡμέραν οὐδὲν πεπαύμεθα· ὁ δὲ τοὺς ἡμετέρους πόνους ἔχει· καὶ Σεύθης ἐκεῖνον μὲν ἰδίᾳ πεπλούτικεν, ἡμᾶς δὲ ἀποστερεῖ τὸν μισθόν· ὥστε ὅ γε πρῶτος λέγων ἐγὼ μὲν εἰ τοῦτον ἴδοιμι καταλευσθέντα καὶ δόντα δίκην ὧν ἡμᾶς περιεῖλκε, καὶ τὸν μισθὸν ἄν μοι δοκῶ ἔχειν καὶ οὐδὲν ἐπὶ τοῖς πεπονημένοις ἄχθεσθαι. μετὰ τοῦτον ἄλλος ἀνέστη ὁμοίως καὶ ἄλλος. ἐκ δὲ τούτου Ξενοφῶν ἔλεξεν ὧδε.

Ἀλλὰ πάντα μὲν ἄρα ἄνθρωπον ὄντα προσδοκᾶν δεῖ, ὁπότε γε καὶ ἐγὼ νῦν ὑφ' ὑμῶν αἰτίας ἔχω ἐν ᾧ πλείστην προθυμίαν ἐμαυτῷ γε δοκῶ συνειδέναι περὶ ὑμᾶς παρεσχημένος. ἀπετραπόμην μέν γε ἤδη οἴκαδε ὡρμημένος, οὐ μὰ τὸν Δία οὔτοι πυνθανόμενος ὑμᾶς εὖ πράττειν, ἀλλὰ μᾶλλον ἀκούων ἐν ἀπόροις εἶναι, ὡς ὠφελήσων εἴ τι δυναίμην. ἐπεὶ

δὲ ἦλθον, Σεύθου τουτουὶ πολλοὺς ἀγγέλοις πρὸς ἐμὲ πέμποντος καὶ πολλὰ ὑπισχνουμένου μοι, εἰ πείσαιμι ὑμᾶς πρὸς αὐτὸν ἐλθεῖν, τοῦτο μὲν οὐκ ἐπεχείρησα ποιεῖν, ὡς αὐτοὶ ὑμεῖς ἐπίστασθε, ἦγον δὲ ὅθεν ᾤμην τάχιστ᾽ ἂν ὑμᾶς εἰς τὴν Ἀσίαν διαβῆναι. ταῦτα γὰρ καὶ βέλτιστα ἐνόμιζον ὑμῖν
13 εἶναι καὶ ὑμᾶς ᾔδειν βουλομένοις. ἐπεὶ δ᾽ Ἀρίσταρχος ἐλθὼν σὺν τριήρεσιν ἐκώλυε διαπλεῖν ἡμᾶς, ἐκ τούτου, ὅπερ εἰκὸς δήπου ἦν, συνέλεξα ὑμᾶς, ὅπως βουλευσαίμεθα, ὅ τι χρὴ
14 ποιεῖν. οὐκοῦν ὑμεῖς ἀκούοντες μὲν Ἀριστάρχου ἐπιτάττοντος ὑμῖν εἰς Χερρόνησον πορεύεσθαι, ἀκούοντες δὲ Σεύθου πείθοντος ἑαυτῷ συστρατεύεσθαι, πάντες μὲν ἐλέγετε σὺν Σεύθῃ ἰέναι, πάντες δ᾽ ἐψηφίσασθε ταῦτα. τί οὖν ἐγὼ ἐνταῦθα
15 ἠδίκησα ἀγαγὼν ὑμᾶς ἔνθα πᾶσιν ὑμῖν ἐδόκει; ἐπεί γε μὴν ψεύδεσθαι ἤρξατο Σεύθης περὶ τοῦ μισθοῦ, εἰ μὲν ἐπαινῶ αὐτόν, δικαίως ἄν με καὶ αἰτιῷσθε καὶ μισοῖτε· εἰ δὲ πρόσθεν αὐτῷ πάντων μάλιστα φίλος ὢν νῦν πάντων διαφορώτατός εἰμι, πῶς ἂν ἔτι δικαίως ὑμᾶς αἱρούμενος ἀντὶ Σεύθου
16 ὑφ᾽ ὑμῶν αἰτίαν ἔχοιμι περὶ ὧν πρὸς τοῦτον διαφέρομαι; ἀλλ᾽ εἴποιτ᾽ ἄν, ὅτι ἔξεστι καὶ τὰ ὑμέτερα ἔχοντα παρὰ Σεύθου τεχνάζειν. οὐκοῦν δῆλον τοῦτό γέ ἐστιν, εἴπερ ἐμοὶ ἐτέλει τι Σεύθης, οὐχ οὕτως ἐτέλει δήπου, ὡς ἂν τε ἐμοὶ δοίη στέροιτο καὶ ἄλλα ὑμῖν ἀποτίσειεν, ἀλλ᾽ οἶμαι, εἰ ἐδίδου, ἐπὶ τούτῳ ἂν ἐδίδου, ὅπως ἐμοὶ δοὺς μεῖον μὴ ἀποδοίη ὑμῖν τὸ
17 πλεῖον. εἰ τοίνυν οὕτως ἔχειν οἴεσθε, ἔξεστιν ὑμῖν αὐτίκα μάλα ματαίαν ταύτην τὴν πρᾶξιν ἀμφοτέροις ἡμῖν ποιῆσαι, ἐὰν πράττητε αὐτὸν τὰ χρήματα. δῆλον γὰρ, ὅτι Σεύθης, εἰ ἔχω τι παρ᾽ αὐτοῦ, ἀπαιτήσει με, καὶ ἀπαιτήσει μέντοι δικαίως, ἐὰν μὴ βεβαιῶ τὴν πρᾶξιν αὐτῷ, ἐφ᾽ ᾗ ἐδωροδόκουν.

---

12. ἦλθον. VII, 2, 9. — ὅθεν, dahin, von wo, nach Perinth, VII, 2, 11.

15. ὑμᾶς αἱρούμενος, eure Partei nehmend. — περὶ ὧν, d. i. περὶ τούτων, ἅ, da man διαφέρεσθαί τι πρός τινα sagen kann.

16. ἔξεστι, möglich ist, dass ich. — τοῦτο führt das folgende εἴπερ u. s. w. ein. — εἴπερ. Das Factum wird einmal als wirklich gesetzt: gesetzt, S. zahlte mir wirklich etwas; daher im Nachsatze ἐτέλει ohne ἄν: so zahlte er. Anders nachher εἰ ἐδίδου — ἂν ἐδίδου. — οὕτως — ὡς, ita, ut, d. i. so viel als in der Absicht, dass.

17. πράττητε, eintreibt, fordert.

ἀλλὰ πολλοῦ μοι δοκῶ δεῖν τὰ ὑμέτερα ἔχειν· ὀμνύω γὰρ ὑμῖν 18
θεοὺς ἅπαντας καὶ πάσας μηδ' ἃ ἐμοὶ ἰδίᾳ ὑπέσχετο Σεύθης
ἔχειν· πάρεστι δὲ καὶ αὐτὸς καὶ ἀκούων σύνοιδέ μοι, εἰ ἐπι-
ορκῶ· ἵνα δὲ μᾶλλον θαυμάσητε, συνεπόμνυμι μηδὲ ἃ οἱ ἄλλοι 19
στρατηγοὶ ἔλαβον εἰληφέναι, μὴ τοίνυν μηδὲ ὅσα τῶν λοχαγῶν
ἔνιοι. καὶ τί δὴ ταῦτ' ἐποίουν; ᾤμην, ἄνδρες, ὅσῳ μᾶλλον 20
συμφέροιμι τούτῳ τὴν τότε πενίαν, τοσούτῳ μᾶλλον αὐτὸν
φίλον ποιήσεσθαι, ὁπότε δυνασθείη. ἐγὼ δὲ ἅμα τε αὐτὸν
ὁρῶ εὖ πράττοντα καὶ γιγνώσκω δὴ αὐτοῦ τὴν γνώμην. εἴποι 21
δὴ τις ἄν, οὔκουν αἰσχύνῃ οὕτω μώρως ἐξαπατώμενος; καὶ
μὰ Δία ᾐσχυνόμην μέντοι, εἰ ὑπὸ πολεμίου γε ὄντος ἐξηπα-
τήθην· φίλῳ δὲ ὄντι ἐξαπατᾶν αἴσχιόν μοι δοκεῖ εἶναι ἢ ἐξα-
πατᾶσθαι. ἐπεὶ εἴ γε πρὸς φίλους ἐστὶ φυλακή, πᾶσαν οἶδα 22
ἡμᾶς φυλαξαμένοις ὡς μὴ παρασχεῖν τούτῳ πρόφασιν δικαίαν
μὴ ἀποδιδόναι ἡμῖν ἃ ὑπέσχετο· οὔτε γὰρ ἠδικήσαμεν τοῦτον
οὐδὲν οὔτε κατεβλακεύσαμεν τὰ τούτου οὐδὲ μὴν κατεδειλιάσα-
μεν οὐδὲν ἐφ' ὅ τι ἡμᾶς οὗτος παρεκάλεσεν. ἀλλά, φαίητε ἄν, 23
ἔδει τὰ ἐνέχυρα τότε λαβεῖν, ὡς μηδ', εἰ ἐβούλετο, ἐδύνατο
ἐξαπατᾶν. πρὸς ταῦτα δὴ ἀκούσατε ἃ ἐγὼ οὐκ ἄν ποτε εἶπον
τούτου ἐναντίον, εἰ μή μοι παντάπασιν ἀγνώμονες ἐδοκεῖτε
εἶναι ἢ λίαν εἰς ἐμὲ ἀχάριστοι. ἀναμνήσθητε γάρ, ἐν ποίοις 24
τισὶ πράγμασιν ὄντες ἐτυγχάνετε, ἐξ ὧν ὑμᾶς ἐγὼ ἀνήγαγον
πρὸς Σεύθην. οὐκ εἰς μὲν Πέρινθον, ἐπεὶ προσῇτε τῇ πόλει,
Ἀρίσταρχος ὑμᾶς ὁ Λακεδαιμόνιος οὐκ εἴα εἰσιέναι ἀποκλεί-
σας τὰς πύλας, ὑπαίθριοι δ' ἔξω ἐστρατοπεδεύετε, μέσος δὲ
χειμὼν ἦν, ἀγορᾷ δὲ ἐχρῆσθε σπάνια μὲν ὁρῶντες τὰ ὤνια,

---

18. πολλοῦ — δεῖν — ἔχειν. S. zu I, 5, 14.
19. μὴ τοίνυν μηδὲ, ja, wahrlich nicht einmal.
20. συμφέροιμι τούτῳ, mit diesem gemeinsam ertrüge. — ἅμα τε — καὶ — δὴ, sobald ich —, da erkenne ich auch bereits seine wahre Gesinnung.
21. ᾐσχυνόμην. ohne ἄν, kräftiger versichernd. B. 139, 30. K. 53, 2, A. 7. C. 542.
22. εἴ γε. s. d. Krit. Anhang. — πᾶσαν, nämlich φυλακήν, Schutzmittel. Sinn: so haben wir Alles gethan, um uns der Erfüllung dessen, was in diesem Falle der Freund versprochen, sicher halten zu können. — κατεδειλιάσαμεν, aus Feigheit versehen.
23. τὰ ἐνέχυρα, die (dem Zweck entsprechenden) Sicherheitspfänder. — ὡς μηδ' — ἐδύνατο, damit er nicht einmal hätte — können. Ueber den Indicativ s. B. 139, E, 51. K. 54, 8, A. 8. — τούτου ἐναντίον, coram hoc.
24. οὐκ — οὐκ. S. zu I, 3, 5. —

σπάνια δ' ἔχοντες ὅτων ὠνήσεσθε, ἀνάγκη δὲ ἦν μένειν ἐπὶ
25 Θρᾴκης· τριήρεις γὰρ ἐφορμοῦσαι ἐκώλυον διαπλεῖν· εἰ δὲ
μένοι τις, ἐν πολεμίᾳ εἶναι, ἔνθα πολλοὶ μὲν ἱππεῖς ἦσαν
26 ἐναντίοι, πολλοὶ δὲ πελτασταί, ἡμῖν δὲ ὁπλιτικὸν μὲν ἦν, ᾧ
ἀθρόοι μὲν ἰόντες ἐπὶ τὰς κώμας ἴσως ἂν ἐδυνάμεθα σῖτον
λαμβάνειν οὐδέν τι ἄφθονον, ὅτῳ δὲ διώκοντες ἂν ἢ ἀνδρά-
ποδα ἢ πρόβατα κατελαμβάνομεν οὐκ ἦν ἡμῖν· οὔτε γὰρ ἱπ-
πικὸν οὔτε πελταστικὸν ἔτι ἐγὼ συνεστηκὸς κατέλαβον παρ'
27 ὑμῖν. εἰ οὖν ἐν τοιαύτῃ ἀνάγκῃ ὄντων ὑμῶν μηδ' ὁντιναοῦν
μισθὸν προσαιτήσας Σεύθην σύμμαχον ὑμῖν προσέλαβον, ἔχοντα
καὶ ἱππέας καὶ πελταστὰς, ὧν ὑμεῖς προσεδεῖσθε, ἦ κακῶς
28 ἂν ἐδόκουν ὑμῖν βεβουλεῦσθαι πρὸ ὑμῶν; τούτων γὰρ δήπου
κοινωνήσαντες καὶ σῖτον ἀφθονώτερον ἐν ταῖς κώμαις εὑρίσκετε
διὰ τὸ ἀναγκάζεσθαι τοὺς Θρᾷκας κατὰ σπουδὴν μᾶλλον φεύ-
29 γειν καὶ προβάτων καὶ ἀνδραπόδων μᾶλλον μετέσχετε. καὶ
πολέμιον οὐκέτι οὐδένα ἑωρῶμεν, ἐπειδὴ τὸ ἱππικὸν ἡμῖν
προσεγένετο· τέως δὲ θαρραλέως ἡμῖν ἐφείποντο οἱ πολέμιοι
καὶ ἱππικῷ καὶ πελταστικῷ κωλύοντες μηδαμῇ κατ' ὀλίγους
ἀποσκεδαννυμένοις τὰ ἐπιτήδεια ἀφθονώτερα ἡμᾶς πορίζεσθαι.
30 εἰ δὲ δὴ ὁ συμπαρέχων ὑμῖν ταύτην τὴν ἀσφάλειαν μὴ πάνυ
πολὺν μισθὸν προσετέλει τῆς ἀσφαλείας, τοῦτο δὴ τὸ σχέτλιον
πάθημα, καὶ διὰ τοῦτο οὐδαμῇ οἴεσθε χρῆναι ζῶντα ἐμὲ
31 ἀνεῖναι; νῦν δὲ δὴ πῶς ἀπέρχεσθε; οὐ διαχειμάσαντες μὲν
ἐν ἀφθόνοις τοῖς ἐπιτηδείοις, περιττὸν δ' ἔχοντες τοῦτο, εἴ
τι ἐλάβετε παρὰ Σεύθου; τὰ γὰρ τῶν πολεμίων ἐδαπανᾶτε.
καὶ ταῦτα πράττοντες οὔτε ἄνδρας ἐπείδετε ὑμῶν αὐτῶν ἀπο-
32 θανόντας οὔτε ζῶντας ἀπεβάλετε. εἰ δέ τι καλὸν πρὸς τοὺς ἐν

---

24. ὅτων, wofür, S. III, 1, 20.
25. τις, man. — εἶναι, abhängig von ἀνάγκη.
26. ὅτῳ, erklärt sich durch das Folgende. S. VII, 2, 3. — κατέλαβον, bei der Rückkehr zum Heere VII, 2, 9.
27. μηδ' — προσαιτήσας, selbst wenn ich keinen Sold noch hinzu (näml. ausser dem Gewinne, der schon in der blossen Bundesgenossenschaft lag) gefordert hätte.

28. τούτων geht auf ἱππέας καὶ πελταστάς. — δήπου gehört zu εὑρίσκετε.
29. τὸ ἱππικὸν, des Seuthes. — μηδαμῇ. S. zu μή I, 3, 2. Constr. κωλύοντες — ἡμᾶς μηδαμῇ πορίζεσθαι.
30. μισθὸν — τῆς ἀσφαλείας, wie μισθὸν τῆς σωτηρίας V, 6, 31. — τοῦτο δὴ τὸ, ist das nun das — ?
31. εἴ τι, quidquid.

τῇ Ἀσίᾳ βαρβάροις ἐπέπρακτο ὑμῖν, οὐ καὶ ἐκεῖνο σῶν ἔχετε; καὶ πρὸς ἐκείνοις νῦν ἄλλην εὔκλειαν προσειλήφατε καὶ τοὺς ἐν τῇ Εὐρώπῃ Θρᾷκας, ἐφ' οὓς ἐστρατεύσασθε, κρατήσαντες; ἐγὼ μὲν ὑμᾶς φημι δικαίως ἂν ὧν ἐμοὶ χαλεπαίνετε, τούτων τοῖς θεοῖς χάριν εἰδέναι ὡς ἀγαθῶν. καὶ τὰ μὲν δὴ ὑμέτερα 33 τοιαῦτα. ἄγετε δὴ πρὸς θεῶν καὶ τὰ ἐμὰ σκέψασθε ὡς ἔχει. ἐγὼ γὰρ ὅτε μὲν πρότερον ἀπῆα οἴκαδε, ἔχων μὲν ἔπαινον πολὺν πρὸς ὑμῶν ἀπεπορευόμην, ἔχων δὲ δι' ὑμᾶς καὶ ὑπὸ τῶν ἄλλων Ἑλλήνων εὔκλειαν. ἐπιστευόμην δὲ ὑπὸ Λακεδαιμονίων· οὐ γὰρ ἄν με ἔπεμπον πάλιν πρὸς ὑμᾶς. νῦν δὲ 34 ἀπέρχομαι πρὸς μὲν Λακεδαιμονίους ὑφ' ὑμῶν διαβεβλημένος, Σεύθῃ δὲ ἀπηχθημένος ὑπὲρ ὑμῶν, ὃν ἤλπιζον εὖ ποιήσας μεθ' ὑμῶν ἀποστροφὴν καὶ ἐμοὶ καλὴν καὶ παισίν, εἰ γένοιντο, καταθήσεσθαι. ὑμεῖς δ', ὑπὲρ ὧν ἐγὼ ἀπήχθημαί τε πλεῖστα 35 καὶ ταῦτα πολὺ κρείττοσιν ἐμαυτοῦ, πραγματευόμενός τε οὐδὲ νῦν πω πέπαυμαι ὅ τι δύναμαι ἀγαθὸν ὑμῖν, τοιαύτην ἔχετε γνώμην περὶ ἐμοῦ. ἀλλ' ἔχετε μέν με οὔτε φεύγοντα λαβόντες 36 οὔτε ἀποδιδράσκοντα· ἢν δὲ ποιήσητε ἃ λέγετε, ἴστε, ὅτι ἄνδρα κατακεκονότες ἔσεσθε πολλὰ μὲν δὴ πρὸ ὑμῶν ἀγρυπνήσαντα, πολλὰ δὲ σὺν ὑμῖν πονήσαντα καὶ κινδυνεύσαντα καὶ ἐν τῷ μέρει καὶ παρὰ τὸ μέρος, θεῶν δ' ἵλεων ὄντων καὶ τρόπαια βαρβάρων πολλὰ δὴ σὺν ὑμῖν στησάμενον, ὅπως δέ γε μηδενὶ τῶν Ἑλλήνων πολέμιοι γένησθε, πᾶν ὅσον ἐγὼ ἠδυνάμην πρὸς ὑμᾶς διατεινάμενον. καὶ γὰρ 37 οὖν νῦν ὑμῖν ἔξεστιν ἀνεπιλήπτως πορεύεσθαι ὅπῃ ἂν ἕλησθε καὶ κατὰ γῆν καὶ κατὰ θάλατταν. ὑμεῖς δέ, ὅτι πολλὴ ὑμῖν εὐπορία φαίνεται, καὶ πλεῖτε ἔνθα δὴ ἐπιθυμεῖτε πάλαι, δέονταί τε ὑμῶν οἱ μέγιστον δυνάμενοι, μισθὸς δὲ φαίνεται,

---

32. ὑμῖν, Dat. wie III, 4, 31. — Bei ἐκείνοις ist an die res bene gestae gedacht, die durch τι καλόν angedeutet sind. — ὧν, für ἅ, von τούτων attrahirt.
33. ἀπῆα οἴκαδε, VII, 1, 40. — ἔπεμπον (Anaxibios), VII, 2, 8.
34. καταθήσεσθαι, bewahren, sichern werde. Ueber die Sache s. VII, 2, 38.
35. καὶ ταῦτα, und zwar. —

τε ὑμῖν, lose Verbindung, statt οἷς τε. Vergl. zu I, 8, 26.
36. ἐν τῷ μέρει καὶ παρὰ τὸ μέρος, et ex officio et praeter officium. — ἐγὼ ἠδυνάμην, Uebergang in die erste Person, die dem Sinne nach schon bei ἀγρυπνήσαντα vorschwebte. — πρὸς ὑμᾶς, euch entgegentretend, besonders in Byzanz VII, 1, 22 ff.
37. ὅπῃ, näml. πορεύεσθαι.

ἡγεμόνες δὲ ἥκουσι Λακεδαιμόνιοι οἱ κράτιστοι νομιζόμενοι εἶναι, νῦν δὴ καιρὸς ὑμῖν δοκεῖ εἶναι ὡς τάχιστα ἐμὲ κατα-
38 κανεῖν; οὐ μὴν ὅτε γε ἐν τοῖς ἀπόροις ἦμεν, ὦ πάντων μνημονικώτατοι, ἀλλὰ καὶ πατέρα ἐμὲ ἐκαλεῖτε καὶ ἀεὶ ὡς εὐεργέτου μεμνῆσθαι ὑπισχνεῖσθε. οὐ μέντοι ἀγνώμονες οὐδὲ οὗτοί εἰσιν οἱ νῦν ἥκοντες ἐφ' ὑμᾶς· ὥστε, ὡς ἐγὼ οἶμαι, οὐδὲ τούτοις δοκεῖτε βελτίονες εἶναι τοιοῦτοι ὄντες περὶ ἐμέ. ταῦτ' εἰπὼν ἐπαύσατο.

39 Χαρμῖνος δὲ ὁ Λακεδαιμόνιος ἀναστὰς εἶπεν, Οὐ τὼ σιώ, ἀλλ' ἐμοὶ μέντοι οὐ δικαίως γε δοκεῖτε τῷ ἀνδρὶ τούτῳ χαλεπαίνειν· ἔχω γὰρ καὶ αὐτὸς αὐτῷ μαρτυρῆσαι. Σεύθης γὰρ ἐρωτῶντος ἐμοῦ καὶ Πολυνίκου περὶ Ξενοφῶντος, τίς ἀνὴρ εἴη, ἄλλο μὲν οὐδὲν εἶχε μέμψασθαι, ἄγαν δὲ φιλοστρατιώτην ἔφη αὐτὸν εἶναι· διὸ καὶ χεῖρον αὐτῷ εἶναι πρὸς ἡμῶν τε τῶν
40 Λακεδαιμονίων καὶ πρὸς αὐτοῦ. ἀναστὰς ἐπὶ τούτῳ Εὐρύλοχος Λουσιάτης Ἀρκὰς εἶπε, Καὶ δοκεῖ γέ μοι, ἄνδρες Λακεδαιμόνιοι, τοῦτο ὑμᾶς πρῶτον ἡμῶν στρατηγῆσαι, παρὰ Σεύθου ἡμῖν τὸν μισθὸν ἀναπρᾶξαι ἢ ἑκόντος ἢ ἄκοντος καὶ μὴ πρότερον
41 ἡμᾶς ἀπαγαγεῖν. Πολυκράτης δὲ Ἀθηναῖος εἶπεν ἐνετὸς ὑπὸ Ξενοφῶντος, Ὁρῶ γε μήν, ἔφη, ὦ ἄνδρες, καὶ Ἡρακλείδην ἐνταῦθα παρόντα, ὃς παραλαβὼν τὰ χρήματα, ἃ ἡμεῖς ἐπονήσαμεν, ταῦτα ἀποδόμενος οὔτε Σεύθῃ ἀπέδωκεν οὔτε ἡμῖν τὰ γιγνόμενα, ἀλλ' αὐτὸς κλέψας πέπαται. ἢν οὖν σωφρονῶμεν, ἑξόμεθα αὐτοῦ· οὐ γὰρ δὴ οὗτός γε, ἔφη, Θρᾷξ ἐστιν, ἀλλ' Ἕλλην ὢν Ἕλληνας ἀδικεῖ.

42 Ταῦτα ἀκούσας ὁ Ἡρακλείδης μάλα ἐξεπλάγη· καὶ προσελθὼν τῷ Σεύθῃ λέγει, Ἡμεῖς ἢν σωφρονῶμεν, ἄπιμεν ἐντεῦθεν ἐκ τῆς τούτων ἐπικρατείας. καὶ ἀναβάντες ἐπὶ τοὺς
43 ἵππους ᾤχοντο ἀπελαίνοντες εἰς τὸ ἑαυτῶν στρατόπεδον. καὶ

---

38. οὐ μὴν, nämlich καιρὸς ὑμῖν ἐδόκει u. s. w. — μνημονικώτατοι, ironisch. — οὗτοι, die Spartanischen Gesandten.
39. οὐ τὼ σιώ bezieht sich auf das vorhergehende δοκεῖτε βελτίονες εἶναι. Ueber σιώ s. zu VI, 6, 34. — χεῖρον. S. zu §. 4. — πρὸς αὐτοῦ, bei ihm, dem Seuthes.

40. δοκεῖ, wie I, 3, 18. — τοῦτο — στρατηγῆσαι, dass ihr darin zuerst euch als unsere Heerführer zeigt, dass ihr u. s. w. S. I, 3, 15 zu στρατηγήσαντα ταύτην τὴν στρατηγίαν.
41. ἐνετός, veranlasst. — τὰ γιγνόμενα, das was einkam. — ἑξόμεθα αὐτοῦ, uns an ihn halten.

ἐντεῦθεν Σεύθης πέμπει Ἀβροζέλμην τὸν ἑαυτοῦ ἑρμηνέα πρὸς Ξενοφῶντα καὶ κελεύει αὐτὸν καταμεῖναι παρ' ἑαυτῷ ἔχοντα χιλίοις ὁπλίταις καὶ ὑπισχνεῖται αὐτῷ ἀποδώσειν τά τε χωρία τὰ ἐπὶ θαλάττῃ καὶ τἆλλα, ἃ ὑπέσχετο. καὶ ἐν ἀπορρήτῳ ποιησάμενος λέγει, ὅτι ἀκήκοε Πολυνίκου, ὡς εἰ ὑποχείριος ἔσται Λακεδαιμονίοις, σαφῶς ἀποθανοῖτο ὑπὸ Θίβρωνος. ἐπέστελλον δὲ ταῦτα καὶ ἄλλοι πολλοὶ τῷ Ξενοφῶντι, ὡς δια- 44 βεβλημένος εἴη καὶ φυλάττεσθαι δέοι. ὁ δὲ ἀκούων ταῦτα δύο ἱερεῖα λαβὼν ἐθύετο τῷ Διὶ τῷ βασιλεῖ, πότερά οἱ λῷον καὶ ἄμεινον εἴη μένειν παρὰ Σεύθῃ ἐφ' οἷς Σεύθης λέγει, ἢ ἀπιέναι σὺν τῷ στρατεύματι. ἀναιρεῖ αὐτῷ ἀπιέναι.

Ἐντεῦθεν Σεύθης μὲν ἀπεστρατοπεδεύσατο προσωτέρω· VII. οἱ δὲ Ἕλληνες ἐσκήνησαν εἰς κώμας, ὅθεν ἔμελλον πλεῖστα ἐπισιτισάμενοι ἐπὶ θάλατταν ἥξειν. αἱ δὲ κῶμαι αὗται ἦσαν δεδομέναι ὑπὸ Σεύθου Μηδοσάδῃ. ὁρῶν οὖν ὁ Μηδο- 2 σάδης δαπανώμενα τὰ ἐν ταῖς κώμαις ὑπὸ τῶν Ἑλλήνων χαλεπῶς ἔφερε· καὶ λαβὼν ἄνδρα Ὀδρύσην δυνατώτατον

---

7. Inhalt: Das Griechische Heer lagert in Dörfern bei Selybria, die Seuthes seinem Unterhändler Medosades (VII, 1, 5. 2, 10) zum Geschenk gemacht hat. Da sie hier furagiren und die Gegend stark ausbeuten, so verlangt Medosades, dass sie aus seinem Eigenthume weichen. Xenophon, an den sich Letzterer wendet, hält ihm die Unverschämtheit seiner Forderung vor, dass die Griechen, denen man nicht einmal den Sold zahle, ein Land verlassen sollen, in dessen Besitz ohne sie jetzt Seuthes nicht sein würde. Auf des Medosades Vorschlag legen sie die Sache den Spartanischen Gesandten zur Entscheidung vor, die als Bedingung des Abzuges vollständige Zahlung des rückständigen Soldes verlangen. Medosades weist sie deshalb an den Seuthes, welchem nun Xenophon in einer ausführlichen Rede vorstellt, wie es die Ehre seines Namens, die Sicherheit seiner eben erst erworbenen Herrschaft, das Wohl des Landes, das er möglicherweise der Verwüstung aussetze, seine persönliche Verpflichtung gegen ihn durchaus erheische, dass er dem Griechischen Heere seine Obliegenheiten vollständig erfülle. Die nachdrückliche Rede verfehlt nicht ihren Eindruck auf Seuthes. Er verspricht den Sold zu zahlen und bemüht sich nochmals, doch wiederum vergeblich, Xenophon bei sich festzuhalten. Die Spartanischen Gesandten vertheilen unter das Heer, was zu seiner Befriedigung Seuthes gewährt. Xenophon, im Begriff nach der Heimath abzureisen, lässt sich noch ein Mal bestimmen zu bleiben um das Heer dem Thibron selbst zuzuführen.

---

43. τὰ χωρία, die VII, 5, 8 genannten. — ἐν ἀπορρήτῳ ποιησάμενος λέγει, als etwas, das geheim zu halten wäre, lässt er ihm sagen. — ὑπὸ, wie I, 3, 4.

44. Beim zweiten ἀπιέναι ist σὺν στρατεύματι zu wiederholen.

τῶν ἄνωθεν καταβεβηκότων καὶ ἱππέας ὅσον τριάκοντα ἔρχεται καὶ προκαλεῖται Ξενοφῶντα ἐκ τοῦ Ἑλληνικοῦ στρατεύματος. καὶ ὃς λαβών τινας τῶν λοχαγῶν καὶ ἄλλους τῶν ἐπιτηδείων
3 προσέρχεται. ἔνθα δὴ λέγει Μηδοσάδης, Ἀδικεῖτε, ὦ Ξενοφῶν, τὰς ἡμετέρας κώμας πορθοῦντες. προλέγομεν οὖν ὑμῖν, ἐγώ τε ὑπὲρ Σεύθου καὶ ὅδε ἀνὴρ παρὰ Μηδόκου ἥκων τοῦ ἄνω βασιλέως, ἀπιέναι ἐκ τῆς χώρας· εἰ δὲ μή, οὐκ ἐπιτρέψομεν ὑμῖν, ἀλλ᾽ ἐὰν ποιῆτε κακῶς τὴν ἡμετέραν χώραν, ὡς πολεμίοις ἀλεξόμεθα.

4 Ὁ δὲ Ξενοφῶν ἀκούσας ταῦτα εἶπεν, Ἀλλὰ σοὶ μὲν τοιαῦτα λέγοντι καὶ ἀποκρίνασθαι χαλεπόν· τούτου δ᾽ ἕνεκα τοῦ νεανίσκου λέξω, ἵν᾽ εἰδῇ, οἷοί τε ὑμεῖς ἐστε καὶ οἷοι
5 ἡμεῖς. ἡμεῖς μὲν γὰρ, ἔφη, πρὶν ὑμῖν φίλοι γενέσθαι ἐπορευόμεθα διὰ ταύτης τῆς χώρας ὅποι ἐβουλόμεθα, ἣν μὲν
6 ἐθέλοιμεν πορθοῦντες, ἣν δ᾽ ἐθέλοιμεν καίοντες, καὶ σὺ ὁπότε πρὸς ἡμᾶς ἔλθοις πρεσβεύων, ηὐλίζου τότε παρ᾽ ἡμῖν οὐδένα φοβούμενος τῶν πολεμίων· ὑμεῖς δὲ οὐκ ᾖτε εἰς τήνδε τὴν χώραν, ἢ εἴ ποτε ἔλθοιτε, ὡς ἐν κρειττόνων χώρᾳ ηὐλίζεσθε
7 ἐγκεχαλινωμένοις τοῖς ἵπποις. ἐπεὶ δὲ ἡμῖν φίλοι ἐγένεσθε καὶ δι᾽ ἡμᾶς σὺν θεοῖς ἔχετε τήνδε τὴν χώραν, νῦν δὴ ἐξελαύνετε ἡμᾶς ἐκ τῆσδε τῆς χώρας, ἣν παρ᾽ ἡμῶν ἐχόντων κατὰ κράτος παρελάβετε· ὡς γὰρ αὐτὸς οἶσθα, οἱ πολέμιοι οὐχ
8 ἱκανοὶ ἦσαν ἡμᾶς ἐξελαύνειν. καὶ οὐχ ὅπως δῶρα δοὺς καὶ εὖ ποιήσας ἀνθ᾽ ὧν εὖ ἔπαθες ἀξιοῖς ἡμᾶς ἀποπέμψασθαι, ἀλλ᾽ ἀποπορευομένοις ἡμᾶς οὐδ᾽ ἐναυλισθῆναι ὅσον δύνασαι
9 ἐπιτρέπεις. καὶ ταῦτα λέγων οὔτε θεοὺς αἰσχύνῃ οὔτε τόνδε τὸν ἄνδρα, ὃς νῦν μέν σε ὁρᾷ πλουτοῦντα, πρὶν δὲ ἡμῖν φίλον γενέσθαι ἀπὸ λῃστείας τὸν βίον ἔχοντα, ὡς αὐτὸς ἔφησθα.
10 ἀτὰρ τί καὶ πρὸς ἐμὲ λέγεις ταῦτα; ἔφη· οὐ γὰρ ἔγωγ᾽ ἔτι ἄρχω, ἀλλὰ Λακεδαιμόνιοι, οἷς ὑμεῖς παρεδώκατε τὸ στρά-

---

2. τῶν ἄνωθεν καταβεβηκότων, VII, 5, 15.
3. Μηδόκου, VII, 2, 32.
4. καὶ, auch nur. — νεανίσκου, des Odrysen, der den Medosades begleitet.
5. ἐθέλοιμεν, dieser und die folg. Opt. wie I, 2, 7.
6. ἐγκεχαλινωμένοις, VII, 2, 21: mit aufgezäumten Pf.
7. κατὰ κρ. gehört zu ἐχόντων.
8. οὐχ ὅπως, nicht nur nicht. B. 150, 1. K. 67, 14, A. 3. C. 622, 4. — ὅσον δύνασαι, insofern οὐδ᾽ ἐπιτρέπεις soviel ist als καὶ κωλύεις.
9. ἀπὸ λῃστείας mit Beziehung auf die Worte des Seuthes VII, 2, 34.

τευμα ἀπαγαγεῖν οὐδὲν ἐμὲ παρακαλέσαντες, ὦ θαυμαστότατοι, ὅπως ὥσπερ ἀπηχθανόμην αὐτοῖς ὅτε πρὸς ὑμᾶς ἦγον, οὕτω καὶ χαρισαίμην νῦν ἀποδιδοὺς. Ἐπεὶ ταῦτα ἤκουσεν ὁ Ὀδρύσης, εἶπεν, Ἐγὼ μέν, ὦ Μηδόσαδες, κατὰ τῆς γῆς καταδύομαι ὑπὸ τῆς αἰσχύνης ἀκούων ταῦτα. καὶ εἰ μὲν πρόσθεν ἠπιστάμην, οὐδ᾽ ἂν συνηκολούθησά σοι· καὶ νῦν ἄπειμι. οὐδὲ γὰρ ἂν Μήδοκός με ὁ βασιλεὺς ἐπαινοίη, εἰ ἐξελαύνοιμι τοὺς εὐεργέτας. ταῦτ᾽ εἰπὼν 12 ἀναβὰς ἐπὶ τὸν ἵππον ἀπήλαυνε καὶ σὺν αὐτῷ οἱ ἄλλοι ἱππεῖς πλὴν τεττάρων ἢ πέντε. ὁ δὲ Μηδοσάδης, ἐλύπει γὰρ αὐτὸν ἡ χώρα πορθουμένη, ἐκέλευε τὸν Ξενοφῶντα καλέσαι τὼ Λακεδαιμονίω. καὶ ὃς λαβὼν τοὺς ἐπιτηδειοτάτους προσῆλθε 13 τῷ Χαρμίνῳ καὶ Πολυνίκῳ καὶ ἔλεξεν, ὅτι καλεῖ αὐτοὺς Μηδοσάδης προερῶν ἅπερ αὐτῷ, ἀπιέναι ἐκ τῆς χώρας. οἴομαι 14 ἂν οὖν, ἔφη, ὑμᾶς ἀπολαβεῖν τῇ στρατιᾷ τὸν ὀφειλόμενον μισθόν, εἰ εἴποιτε, ὅτι δεδέηται ὑμῶν ἡ στρατιὰ συναναπρᾶξαι τὸν μισθὸν ἢ παρ᾽ ἑκόντος ἢ παρ᾽ ἄκοντος Σεύθου· καὶ ὅτι τούτων τυχόντες προθύμως ἂν συνέπεσθαι ὑμῖν φασι· καὶ ὅτι δίκαια ὑμῖν δοκοῦσι λέγειν· καὶ ὅτι ὑπέσχεσθε αὐτοῖς τότε ἀπιέναι, ὅταν τὰ δίκαια ἔχωσιν οἱ στρατιῶται. ἀκού- 15 σαντες οἱ Λάκωνες ταῦτα ἔφασαν ἐρεῖν καὶ ἄλλα ὁποῖα ἂν δύνωνται κράτιστα· καὶ εὐθὺς ἐπορεύοντο ἔχοντες πάντας τοὺς ἐπικαιρίους. ἐλθὼν δὲ ἔλεξε Χαρμῖνος, Εἰ μὲν σύ τι ἔχεις, ὦ Μηδόσαδες, πρὸς ἡμᾶς λέγειν, εἰ δὲ μή, ἡμεῖς πρὸς σὲ ἔχομεν. ὁ δὲ Μηδοσάδης μάλα δὴ ὑφειμένως, Ἀλλ᾽ ἐγὼ μὲν 16 λέγω, ἔφη, καὶ Σεύθης ταὐτά, ὅτι ἀξιοῦμεν τοὺς φίλους ἡμῖν γεγενημένους μὴ κακῶς πάσχειν ὑφ᾽ ὑμῶν. ὅ τι γὰρ ἂν τούτους κακῶς ποιῆτε ἡμᾶς ἤδη ποιεῖτε· ἡμέτεροι γάρ εἰσιν. Ἡμεῖς τοίνυν, ἔφασαν οἱ Λάκωνες, ἀπίοιμεν ἂν ὁπότε τὸν 17

---

10. οὐδὲν ἐμέ παρακαλέσαντες, VII, 6, 3. — ὅπως — χαρισαίμην, damit ich mir — ihre Gunst erworben hätte. — ἦγον und ἀποδιδοὺς, näml. τὸ στράτευμα.
14. τυχόντες — φασι, die Soldaten, aus ἡ στρατιά zu entnehmen. Vergl. II, 1, 6.
15. ἐλθὼν, in das Lager des Seuthes. — εἰ — ἔχεις — λέγειν, ohne Nachsatz (σὺ λέγε), der, wenn er sich aus dem Zusammenhange ergiebt, oft fehlt wo εἰ δὲ μὴ folgt. B. 151, V, 2. — ἔχομεν, nämlich λέγειν τι.
16. τοὺς φίλους — γεγενημένους, die Bewohner des eben unterworfenen Landes.
17. In ὁπότε liegt zugleich Bedingung, denn es entspricht ihm

μισθὸν ἔχοιεν οἱ ταῦτα ὑμῖν καταπράξαντες· εἰ δὲ μή, ἐρχόμεθα μὲν καὶ νῦν βοηθήσοντες τούτοις καὶ τιμωρησόμενοι ἄνδρας, οἳ τούτοις παρὰ τοὺς ὅρκους ἠδίκησαν. ἢν δὲ δὴ καὶ ὑμεῖς τοιοῦτοι ἦτε, ἐνθένδε ἀρξόμεθα τὰ δίκαια λαμβάνειν.
18 ὁ δὲ Ξενοφῶν εἶπεν, Ἐθέλοιτε δ' ἂν τούτοις, ὦ Μηδόσαδες, ἐπιτρέψαι, ἐπειδὴ φίλοις ἔφατε εἶναι ὑμῖν, ἐν ὧν τῇ χώρᾳ ἐσμέν, ὁπότερ' ἂν ψηφίσωνται, εἴθ' ὑμᾶς προσῆκεν ἐκ τῆς
19 χώρας ἀπιέναι εἴθ' ἡμᾶς; ὁ δὲ ταῦτα μὲν οὐκ ἔφη· ἐκέλευε δὲ μάλιστα μὲν αὐτὼ τὼ Λάκωνε ἐλθεῖν παρὰ Σεύθην περὶ τοῦ μισθοῦ, καὶ οἴεσθαι ἂν Σεύθην πεῖσαι· εἰ δὲ μή, Ξενοφῶντα σὺν αὐτῷ πέμπειν, καὶ συμπράξειν ὑπισχνεῖτο. ἐδεῖτο δὲ τὰς κώμας μὴ καίειν.
20 Ἐντεῦθεν πέμπουσι Ξενοφῶντα καὶ σὺν αὐτῷ οἳ ἐδόκουν ἐπιτηδειότατοι εἶναι: ὁ δὲ ἐλθὼν λέγει πρὸς τὸν Σεύθην, Οὐδὲν ἀπαιτήσων, ὦ Σεύθη, πάρειμι, ἀλλὰ διδάξων, ἢν δύνωμαι,
21 ὡς οὐ δικαίως μοι ἠχθέσθης, ὅτι ὑπὲρ τῶν στρατιωτῶν ἀπῄτουν σε προθύμως ἃ ὑπέσχου αὐτοῖς· σοὶ γὰρ ἔγωγε οὐχ ἧττον ἐνόμιζον σύμφορον εἶναι ἀποδοῦναι ἢ ἐκείνοις ἀπολαβεῖν.
22 πρῶτον μὲν γὰρ οἶδα μετὰ τοὺς θεοὺς εἰς τὸ φανερόν σε τούτους καταστήσαντας, ἐπεί γε βασιλέα σε ἐποίησαν πολλῆς χώρας καὶ πολλῶν ἀνθρώπων· ὥστε οὐχ οἷόν τέ σοι λανθά-
23 νειν οὔτε ἤν τι καλὸν οὔτε ἤν τι αἰσχρὸν ποιήσῃς. τοιούτῳ δὲ ὄντι ἀνδρὶ μέγα μέν μοι ἐδόκει εἶναι μὴ δοκεῖν ἀχαρίστως ἀποπέμψασθαι ἄνδρας εὐεργέτας, μέγα δὲ εὖ ἀκούειν ὑπὸ ἑξακισχιλίων ἀνθρώπων, τὸ δὲ μέγιστον μηδαμῶς ἄπιστον
24 σαυτὸν καταστῆσαι ὅ τι λέγοις. ὁρῶ γὰρ τῶν μὲν ἀπίστων ματαίους καὶ ἀδυνάτους καὶ ἀτίμους τοὺς λόγους πλανωμένους· οἳ δ' ἂν φανεροὶ ὦσιν ἀλήθειαν ἀσκοῦντες, τούτων οἱ λόγοι, ἤν τι δέωνται, οὐδὲν μεῖον δύνανται ἀνύτεσθαι ἢ ἄλλων ἡ βία·

---

nacher εἰ δὲ μή, daher mit dem Optativ. — καὶ νῦν, auch nach deiner Erklärung (§. 16). — καὶ ὑμεῖς, ihr (Medosades und Seuthes) ebenso wie Herakleides.
18. ἐπειδὴ — ἔφατε. Sinn: Ihr nennt sie eure Freunde. Es wäre aber die Frage, was sich in Betreff dieser Freundschaft bei einer etwaigen Abstimmung für ein Resultat ergäbe. — προσῆκεν, Imperf. mit Bezug auf die Zeit in §. 3.

19. οὐκ ἔφη, negavit, lehnte ab. — εἰ δὲ μή, nämlich αὐτὼ ἐλθεῖν παρὰ Σεύθην βούλοιντο.

22. Die mit πρῶτον μὲν eingeführte Gedankenreihe schliesst ab mit τοῦτο μὲν πρῶτον §. 26.

23. μέγα, wichtig.

ἤν τέ τινας σωφρονίζειν βούλωνται, γιγνώσκω τὰς τούτων
ἀπειλὰς οὐχ ἧττον σωφρονιζούσας ἢ ἄλλων τὸ ἤδη κολάζειν·
ἤν τέ τῳ τι ὑπισχνῶνται οἱ τοιοῦτοι ἄνδρες, οὐδὲν μεῖον διαπράττονται ἢ ἄλλοι παραχρῆμα διδόντες. ἀναμνήσθητι δὲ 25
καὶ σύ, τί προτελέσας ἡμῖν συμμάχοις ἡμᾶς ἔλαβες. οἶδ᾽
ὅτι οὐδέν· ἀλλὰ πιστευθεὶς ἀληθεύσειν ἃ ἔλεγες ἐπῆρας τοσούτοις ἀνθρώποις συστρατεύεσθαί τε καὶ κατεργάσασθαί σοι
ἀρχὴν οὐ τριάκοντα μόνον ἀξίαν ταλάντων, ὅσα οἴονται δεῖν
οὗτοι νῦν ἀπολαβεῖν, ἀλλὰ πολλαπλασίων. οὐκοῦν τοῦτο μὲν 26
πρῶτον τὸ πιστεύεσθαι, τὸ καὶ τὴν βασιλείαν σοι κατεργασάμενον, τούτων τῶν χρημάτων πιπράσκεται. ἴθι δὴ ἀναμνή- 27
σθητι, πῶς μέγα ἡγοῦ τότε καταπρᾶξαι ἃ νῦν καταστρεψάμενος ἔχεις. ἐγὼ μὲν εὖ οἶδ᾽, ὅτι ηὔξω ἂν τὰ νῦν πεπραγμένα
μᾶλλόν σοι καταπραχθῆναι ἢ πολλαπλάσια τούτων τῶν χρημάτων γενέσθαι. ἐμοὶ τοίνυν μεῖζον βλάβος καὶ αἴσχιον δοκεῖ 28
εἶναι τὸ ταῦτα νῦν μὴ κατασχεῖν ἢ τότε μὴ λαβεῖν, ὅσῳπερ
χαλεπώτερον ἐκ πλουσίου πένητα γενέσθαι ἢ ἀρχὴν μὴ πλουτῆσαι, καὶ ὅσῳ λυπηρότερον ἐκ βασιλέως ἰδιώτην φανῆναι ἢ
ἀρχὴν μὴ βασιλεῦσαι. οὐκοῦν ἐπίστασαι μέν, ὅτι οἱ νῦν σοι 29
ὑπήκοοι γενόμενοι οὐ φιλίᾳ τῇ σῇ ἐπείσθησαν ὑπὸ σοῦ ἄρχεσθαι ἀλλ᾽ ἀνάγκῃ καὶ ὅτι ἐπιχειροῖεν ἂν πάλιν ἐλεύθεροι
γίγνεσθαι, εἰ μή τις αὐτοὺς φόβος κατέχοι. ποτέρως οὖν οἴει 30
μᾶλλον ἂν φοβεῖσθαί τε αὐτοὺς καὶ σωφρονεῖν τὰ πρὸς σέ,
εἰ ὁρῷέν σοι τοὺς στρατιώτας οὕτω διακειμένους, ὡς νῦν τε
μένοντας ἄν, εἰ σὺ κελεύοις, αὖθίς τ᾽ ἂν ταχὺ ἐλθόντας, εἰ
δέοι, ἄλλους τε τούτων περὶ σοῦ ἀκούοντας πολλὰ ἀγαθὰ ταχὺ

---

25. ἀλλὰ πιστευθείς. Sinn: dass das Vertrauen, das man geniesst, eine Macht ist, das hast du bereits erfahren. Denn nur durch dieses hast du das Griechische Heer gewonnen, dem du deine Herrschaft verdankst.
26. τούτων τῶν χρημάτων, gen. pretii: für diese (die eben genannte) Geldsumme.
27. ἴθι δή, wohlan. — μέγα ἡγοῦ, hoch anschlugst. — ἢ — γενέσθαι, als dass dir zu Theil würde.

28. κατασχεῖν, behaupten, behalten. — ὅσῳπερ schliesst sich an μεῖζον und αἴσχιον an, bei denen ein τοσούτῳ nicht nöthig war. — ἀρχήν, gleich anfangs, von Hause aus.
29. τῇ σῇ, zu dir.
30. φοβεῖσθαι, näml. σε. — σωφρονεῖν τὰ πρὸς σέ, gegen dich die rechte (von dir gewünschte) Gesinnung hegen. — Durch οὕτω wird ὡς νῦν τε μένοντας ἄν und αὖθίς τ᾽ ἂν — ἐλθόντας eingeführt: dass sie nämlich — die bleiben

ἄν σοι ὁπότε βούλοιο παραγενέσθαι, ἢ εἰ καταδοξάσειαν μή
ἂν ἄλλοις σοι ἐλθεῖν δι' ἀπιστίαν ἐκ τῶν νῦν γεγενημένων
31 τούτοις τε αὐτοῖς εὐνουστέροις εἶναι ἢ σοί; ἀλλὰ μὴν οὐδὲ
πλήθει γε ἡμῶν λειφθέντες ὑπεῖξάν σοι, ἀλλὰ προστατῶν
ἀπορίᾳ. οὐκοῦν νῦν καὶ τοῦτο κίνδυνος, μὴ λάβωσι προστάτας αὑτῶν τινας τούτων, οἳ νομίζουσιν ὑπὸ σοῦ ἀδικεῖσθαι,
καὶ τούτων κρείττονας τοὺς Λακεδαιμονίους, ἐὰν οἱ μὲν στρατιῶται ὑπισχνῶνται προθυμότερον αὐτοῖς συστρατεύεσθαι, ἂν
τὰ παρὰ σοῦ νῦν ἀναπράξωσιν, οἱ δὲ Λακεδαιμόνιοι διὰ τὸ
32 δέεσθαι τῆς στρατιᾶς συναινέσωσιν αὐτοῖς ταῦτα. ὅτι γε μὴν
οἱ νῦν ὑπὸ σοὶ Θρᾷκες γενόμενοι πολὺ ἂν προθυμότερον ἴοιεν
ἐπί σε ἢ σὺν σοι οὐκ ἄδηλον· σοῦ μὲν γὰρ κρατοῦντος δουλεία
33 ὑπάρχει αὐτοῖς, κρατουμένου δέ σου ἐλευθερία. εἰ δὲ καὶ τῆς
χώρας προνοεῖσθαι ἤδη τι δεῖ ὡς σῆς οὔσης, ποτέρως ἂν οἴει
ἀπαθῆ κακῶν μᾶλλον αὐτὴν εἶναι, εἰ οὗτοι οἱ στρατιῶται
ἀπολαβόντες ἃ ἐγκαλοῦσιν εἰρήνην καταλιπόντες οἴχοιντο,
εἰ οὗτοί τε μένοιεν ὡς ἐν πολεμίᾳ σύ τε ἄλλους πειρῷο πλέονας τούτων ἔχων ἀντιστρατοπεδεύεσθαι δεομένους τῶν ἐπιτη-
34 δείων; ἀργύριον δὲ ποτέρως ἂν πλέον ἀναλωθείη, εἰ τούτοις
τὸ ὀφειλόμενον ἀποδοθείη, ἢ εἰ ταῦτά τε ὀφείλοιτο ἄλλους
35 τε κρείττονας τούτων δέοι σε μισθοῦσθαι; ἀλλὰ γὰρ Ἡρακλείδῃ, ὡς πρὸς ἐμὲ ἐδήλου, πάμπολυ δοκεῖ τοῦτο τὸ ἀργύριον εἶναι. ἦ μὴν πολύ γέ ἐστιν ἔλαττον νῦν σοι καὶ λαβεῖν
τοῦτο καὶ ἀποδοῦναι ἢ πρὶν ἡμᾶς ἐλθεῖν πρὸς σὲ δέκατον
36 τούτου μέρος. οὐ γὰρ ἀριθμός ἐστιν ὁ ὁρίζων τὸ πολὺ καὶ
τὸ ὀλίγον, ἀλλ' ἡ δύναμις τοῦ τε ἀποδιδόντος καὶ τοῦ λαμβάνοντος. σοὶ δὲ νῦν ἡ κατ' ἐνιαυτὸν πρόσοδος πλείων ἔσται ἢ
37 ἔμπροσθεν τὰ παρόντα πάντα ἃ ἐκέκτησο. ἐγὼ μέν, ὦ Σεύθη,
ταῦτα ὡς φίλου ὄντος σου προενοούμην, ὅπως σύ τε ἄξιος
δοκοίης εἶναι ὧν οἱ θεοί σοι ἔδωκαν ἀγαθῶν, ἐγώ τε μὴ δια-

---

würden, wenn u. s. w. — μήτ'—
ἄλλους — τούτοις τε, neque alios
— et hos. — τούτων, von diesen, abh. von ἀκούοντας. — ἐκ τῶν,
in Folge des. — τούτοις, die Griechen.
32. ὑπό σοι — γενόμενοι, dir unterworfenen.

33. πλέονας τούτων, eine grössere Anzahl als die Griechen, um diese besiegen zu können.
34. τούτοις, den Griechen. — ὀφείλοιτο, und am Ende doch auch noch gezahlt werden muss.
35. ἀλλὰ γάρ, aber freilich. Vergl. zu III, 2, 24. 26.

φθαρείην ἐν τῇ στρατιᾷ. εὖ γὰρ ἴσθι, ὅτι νῦν ἐγὼ οὔτ' ἂν 38 ἐχθρὸν βουλόμενος κακῶς ποιῆσαι δυνηθείην σὺν ταύτῃ τῇ στρατιᾷ οὔτ' ἂν εἴ σοι πάλιν βουλοίμην βοηθῆσαι, ἱκανὸς ἂν γενοίμην. οὕτω γὰρ πρός με ἡ στρατιὰ διάκειται. καίτοι 39 αὐτόν σε μάρτυρα σὺν θεοῖς εἰδόσι ποιοῦμαι, ὅτι οὔτε ἔχω παρὰ σοῦ ἐπὶ τοῖς στρατιώταις οὐδὲν οὔτε ᾔτησα πώποτε εἰς τὸ ἴδιον τὰ ἐκείνων οὔτε ἃ ὑπέσχου μοι ἀπῄτησα· ὄμνυμι δέ 40 σοι μηδὲ ἀποδιδόντος δέξασθαι ἄν, εἰ μὴ καὶ οἱ στρατιῶται ἔμελλον τὰ ἑαυτῶν συναπολαμβάνειν. αἰσχρὸν γὰρ ἦν τὰ μὲν ἐμὰ διαπεπρᾶχθαι, τὰ δ' ἐκείνων περιιδεῖν κακῶς ἔχοντα ἄλλως τε καὶ τιμώμενον ὑπ' ἐκείνων. καίτοι Ἡρακλείδῃ γε 41 λῆρος πάντα δοκεῖ εἶναι πρὸς τὸ ἀργύριον ἔχειν ἐκ παντὸς τρόπου· ἐγὼ δέ, ὦ Σεύθη, οὐδὲν νομίζω ἀνδρὶ ἄλλως τε καὶ ἄρχοντι κάλλιον εἶναι κτῆμα οὐδὲ λαμπρότερον ἀρετῆς καὶ δικαιοσύνης καὶ γενναιότητος. ὁ γὰρ ταῦτα ἔχων πλουτεῖ μὲν 42 ὄντων φίλων πολλῶν, πλουτεῖ δὲ καὶ ἄλλων βουλομένων γενέσθαι, καὶ εὖ μὲν πράττων ἔχει τοὺς συνησθησομένους, ἐὰν δέ τι σφαλῇ, οὐ σπανίζει τῶν βοηθησόντων. ἀλλὰ γὰρ εἰ μήτε 43 ἐκ τῶν ἔργων κατέμαθες, ὅτι σοι ἐκ τῆς ψυχῆς φίλος ἦν, μήτε ἐκ τῶν ἐμῶν λόγων δύνασαι τοῦτο γνῶναι, ἀλλὰ τοὺς τῶν στρατιωτῶν λόγους πάντας κατανόησον· παρῆσθα γὰρ καὶ ἤκουες ἃ ἔλεγον οἱ ψέγειν ἐμὲ βουλόμενοι. κατηγόρουν γάρ 44 μου πρὸς Λακεδαιμονίοις, ὡς σὲ περὶ πλείονος ποιοίμην ἢ Λακεδαιμονίους, αὐτοὶ δ' ἐνεκάλουν ἐμοί, ὡς μᾶλλον μέλοι μοι, ὅπως τὰ σὰ καλῶς ἔχοι ἢ ὅπως τὰ ἑαυτῶν· ἔφασαν δέ με καὶ δῶρα ἔχειν παρὰ σοῦ. καίτοι τὰ δῶρα ταῦτα πότερον 45 οἴει αὐτοὺς κακόνοιάν τινα ἐνιδόντας μοι πρὸς σὲ αἰτιᾶσθαί με

---

39. ἐπὶ τοῖς στρατιώταις, unter der Bedingung, zu dem Zwecke, dass ich dir die Soldaten zuführte. — τὰ ἐκείνων, insofern was Xenophon für sich erhalten hätte, den Soldaten gewissermassen entzogen wäre.
40. ἀποδιδόντος, wenn du erstatten wolltest. S. I, 2, 17 zu προϊόντων. — αἰσχρὸν — ἦν. S. zu μακρὸν ἦν III, 4, 42.
41. πρὸς τὸ ἀργύριον, im Hinblick auf das G., d. i. in Vergleich mit dem G. — ἄλλως τε καὶ, zumal.
42. ὄντων, weil er — hat.
44. κατηγόρουν, VII, 6, 9.
45. πρὸς σὲ gehört zu κακόνοιάν τινα. — δῶρα abh. von ἔχειν. Sinn: Auch die Soldaten kennen meine προθυμία gegen dich. Denn nur darauf kann ihr falscher Glaube beruhen, dass ich Geschenke von dir erhalten habe, da ja alle Welt weiss,

ἔχειν παρὰ σοῦ ἢ προθυμίαν πολλὴν περὶ σὲ κατανοήσαν-
τας; ἐγὼ μὲν οἶμαι πάντας ἀνθρώπους νομίζειν εὔνοιαν δεῖν
ἀποκεῖσθαι τούτῳ, παρ' οὗ ἂν δῶρά τις λαμβάνῃ. σὺ δὲ πρὶν
μὲν ὑπηρετῆσαί τί σοι ἐμὲ ἐδέξω ἡδέως καὶ ὄμμασι καὶ φωνῇ
καὶ ξενίοις καὶ ὅσα ἔσοιτο ὑπισχνούμενος οὐκ ἐνεπίμπλασο·
ἐπεὶ δὲ κατέπραξας ἃ ἐβούλου καὶ γεγένησαι ὅσον ἐγὼ ἐδυνάμην
μέγιστος, νῦν οὕτω με ἄτιμον ὄντα ἐν τοῖς στρατιώταις τολ-
μᾷς περιορᾶν; ἀλλὰ μὴν ὅτι σοι δόξει ἀποδοῦναι πιστεύω
καὶ τὸν χρόνον διδάξειν σε καὶ αὐτόν γέ σε οὐχὶ ἀνέξεσθαι
τοὺς σοὶ προεμένοις εὐεργεσίαν ὁρῶντά σοι ἐγκαλοῦντας. δέομαι
οὖν σου, ὅταν ἀποδιδῷς προθυμεῖσθαι ἐμὲ παρὰ τοῖς στρα-
τιώταις τοιοῦτον ποιῆσαι, οἷόνπερ καὶ παρέλαβες.

Ἀκούσας ταῦτα ὁ Σεύθης κατηράσατο τῷ αἰτίῳ τοῦ μὴ
πάλαι ἀποδεδόσθαι τὸν μισθόν· καὶ πάντες Ἡρακλείδην τοῦ-
τον ὑπώπτευσαν εἶναι· ἐγὼ γάρ, ἔφη, οὔτε διενοήθην πώποτε
ἀποστερῆσαι ἀποδώσω τε. ἐντεῦθεν πάλιν εἶπεν ὁ Ξενο-
φῶν, Ἐπεὶ τοίνυν διανοῇ ἀποδιδόναι, νῦν ἐγώ σου δέομαι δι'
ἐμοῦ ἀποδοῦναι, καὶ μὴ περιιδεῖν με διὰ σὲ ἀνομοίως ἔχοντα
ἐν τῇ στρατιᾷ νῦν τε καὶ ὅτε πρὸς σὲ ἀφικόμεθα. ὁ δ' εἶπεν,
Ἀλλ' οὔτ' ἐν τοῖς στρατιώταις ἔσῃ δι' ἐμὲ ἀτιμότερος, ἄν τε
μένῃς παρ' ἐμοὶ χιλίους μόνους ὁπλίτας ἔχων, ἐγώ σοι τά τε
χωρία ἀποδώσω καὶ τἆλλα, ἃ ὑπεσχόμην. ὁ δὲ πάλιν εἶπε,
Ταῦτα μὲν ἔχειν οὕτως οὐχ οἷόν τε· ἀπόπεμπε δὲ ἡμᾶς. Καὶ
μήν, ἔφη ὁ Σεύθης, καὶ ἀσφαλέστερόν γέ σοι οἶδα ὂν παρ'
ἐμοὶ μένειν ἢ ἀπιέναι. ὁ δὲ πάλιν εἶπεν, Ἀλλὰ τὴν μὲν σὴν
πρόνοιαν ἐπαινῶ. ἐμοὶ δὲ μένειν οὐχ οἷόν τε· ὅπου δ' ἂν
ἐγὼ ἐντιμότερος ὦ, νόμιζε καὶ σοὶ τοῦτο ἀγαθὸν ἔσεσθαι.
ἐντεῦθεν λέγει Σεύθης, Ἀργύριον μὲν οὐκ ἔχω ἀλλ' ἢ μικρόν

---

dass man für erwiesene κακόνοια Niemanden beschenkt. — ἔσοιτο, nämlich μοι, zu Theil werden würde. — οὐκ ἐνεπίμπλασο, konntest dir nicht genug thun, im Versprechen.
47. ὅτι σοι δόξει — διδάξειν, was das anlangt, dass du dich entschliessen wirst zu zahlen, so vertraue ich, dass — dich es lehren wird, eine gedrängte Gedankenverbindung, in der die πιστεύω vorausgehenden ebenso wie die ihm folgenden Worte von ihm abhängen. — προεμένους, gleichsam verschleudernd, da sie den Sold nicht bekamen. — Ueber καὶ nach οἱονπερ s. zu I, 3, 16.
49. Ueber τε καὶ nach ἀνομοίως s. zu I, 10, 4.
50. χωρία, VII, 6, 43. Vrgl. VII, 2, 38.
53. ἀλλ' ἤ, wie IV, 6, 11.

τι, καὶ τοῦτό σοι δίδωμι, τάλαντον· βοῦς δὲ ἑξακοσίους καὶ πρόβατα εἰς τετρακισχίλια καὶ ἀνδράποδα εἰς εἴκοσι καὶ ἑκατόν. ταῦτα λαβὼν καὶ τοὺς τῶν ἀδικησάντων σε ὁμήρους προσλαβὼν ἄπιθι. γελάσας ὁ Ξενοφῶν εἶπεν, Ἢν οὖν μὴ 54 ἐξικνῆται ταῦτ' εἰς τὸν μισθόν, τίνος τάλαντον φήσω ἔχειν; ἆρ' οὐκ, ἐπειδὴ καὶ ἐπικίνδυνόν μοί ἐστιν, ἀπιόντα γε ἄμεινον φυλάττεσθαι πέτρους; ἤκουες δὲ τὰς ἀπειλάς. τότε μὲν δὴ αὐτοῦ ἔμεινε.

Τῇ δ' ὑστεραίᾳ ἀπέδωκέ τε αὐτοῖς ἃ ὑπέσχετο καὶ τοὺς 55 ἐλάσοντας συνέπεμψεν. οἱ δὲ στρατιῶται τέως μὲν ἔλεγον, ὡς ὁ Ξενοφῶν οἴχοιτο ὡς Σεύθην οἰκήσων καὶ ἃ ὑπέσχετο αὐτῷ ληψόμενος· ἐπεὶ δὲ εἶδον, ἥσθησαν καὶ προσέθεον. Ξενοφῶν 56 δ' ἐπεὶ εἶδε Χαρμῖνόν τε καὶ Πολύνικον, Ταῦτα, ἔφη, σέσωσται δι' ὑμᾶς τῇ στρατιᾷ καὶ παραδίδωμι αὐτὰ ἐγὼ ὑμῖν· ὑμεῖς δὲ διαθέμενοι διάδοτε τῇ στρατιᾷ. οἱ μὲν οὖν παραλαβόντες καὶ λαφυροπώλας καταστήσαντες ἐπώλουν, καὶ πολλὴν εἶχον αἰτίαν. Ξενοφῶν δὲ οὐ προσῄει, ἀλλὰ φανερὸς ἦν οἴκαδε 57 παρασκευαζόμενος· οὐ γάρ πω ψῆφος αὐτῷ ἐπῆκτο Ἀθήνησι περὶ φυγῆς. προσελθόντες δὲ αὐτῷ οἱ ἐπιτήδειοι ἐν τῷ στρατοπέδῳ ἐδέοντο μὴ ἀπελθεῖν πρὶν ἀπαγάγοι τὸ στράτευμα καὶ Θίβρωνι παραδοίη.

Ἐντεῦθεν διέπλευσαν εἰς Λάμψακον, καὶ ἀπαντᾷ τῷ VIII Ξενοφῶντι Εὐκλείδης μάντις Φλιάσιος ὁ Κλεαγόρου υἱὸς τοῦ

---

8. **Inhalt**: Das Griechische Heer wird nach Lampsakos (auf der Asiatischen Seite des Hellesponts) übergesetzt. Von da geht es durch Troas über das Idagebirge nach Antandros, Theben, Adramyttion, Pergamos in Mysien. Von Pergamos aus, wo er im Hause des Eretriers Gongylos gastfreundliche Aufnahme findet, unternimmt Xenophon mit einigen ihm besonders befreundeten Lochagen und ihren Leuten einen

---

53. ὁμήρους. S. zu VII, 4, 13.
54. μὴ ἐξικνῆται — εἰς τὸν μ., nicht ausreicht für den (vollständigen) Sold. — τίνος — ἔχειν, d. h. wem soll ich es geben? — φυλάττεσθαι πέτρους. Vergl. VII, 6, 10: καταλευσθέντα. — ἔμεινε, und machte noch keine Anstalt, das Versprochene zu geben.
55. τοὺς ἐλάσοντας, Treiber für das Vieh. S. II, 3, 5 zu ὁ τολμήσων.

— ὡς vor Σεύθην, wie I, 2, 4. — οἰκήσων, bei Seuthes.
56. δι' ὑμᾶς. S. zu V, 8, 13. — πολλὴν — αἰτίαν, wegen Unterschleifs.
57. οὐ προσῄει, zur Vertheilung, um mit der leidigen Sache nichts weiter zu thun zu haben. — ψῆφος αὐτῷ ἐπῆκτο, war über ihn abgestimmt. — περὶ φυγῆς. S. zu V, 3, 7.

τὰ ἐνύπνια ἐν Λυκείῳ γεγραφότος. οὗτος συνήδετο τῷ Ξενοφῶντι, ὅτι ἐσέσωστο, καὶ ἠρώτα αὐτὸν, πόσον χρυσίον ἔχει. 2 ὁ δ' αὐτῷ ἐπομόσας εἶπεν ἦ μὴν οἴεσθαι μηδὲ ἐφόδιον ἱκανὸν οἴκαδε ἀπιόντι, εἰ μὴ ἀπόδοιτο τὸν ἵππον καὶ ἃ ἀμφ' 3 αὐτὸν εἶχεν. ὁ δ' αὐτῷ οὐκ ἐπίστευεν. ἐπεὶ δ' ἔπεμψαν Λαμψακηνοὶ ξένια τῷ Ξενοφῶντι καὶ ἔθυε τῷ Ἀπόλλωνι, παρεστήσατο τὸν Εὐκλείδην· ἰδὼν δὲ τὰ ἱερὰ ὁ Εὐκλείδης εἶπεν, ὅτι πείθοιτο αὐτῷ μὴ εἶναι χρήματα. Ἀλλ' οἶδα, ἔφη, ὅτι κἂν μέλλῃ ποτὲ ἔσεσθαι, φαίνεταί τι ἐμπόδιον, ἂν μηδὲ 4 ἄλλο, σὺ σαυτῷ. συνωμολόγει ταῦτα ὁ Ξενοφῶν. ὁ δὲ εἶπεν, Ἐμπόδιος γάρ σοι ὁ Ζεὺς ὁ μειλίχιός ἐστι, καὶ ἐπήρετο, εἰ ἤδη θύσειεν, ὥσπερ οἴκοι, ἔφη, εἰώθειν ἐγὼ ὑμῖν θύεσθαι καὶ ὁλοκαυτεῖν. ὁ δ' οὐκ ἔφη ἐξ ὅτου ἀπεδήμησε τεθυκέναι τούτῳ τῷ θεῷ. συνεβούλευσεν οὖν αὐτῷ θύεσθαι καθὰ εἰώ- 5 θει καὶ ἔφη 'συνοίσειν ἐπὶ τὸ βέλτιον. τῇ δὲ ὑστεραίᾳ ὁ Ξενοφῶν προελθὼν εἰς Ὀφρύνιον ἐθύετο καὶ ὠλοκαύτει χοίρους 6 τῷ πατρίῳ νόμῳ καὶ καλλιερεῖται. καὶ ταύτῃ τῇ ἡμέρᾳ ἀφικνεῖται Βίων καὶ Ναυσικλείδης χρήματα δώσοντες τῷ στρατεύ-

---

Zug gegen einen sehr begüterten Perser, Asidates, in der Ebene des Flusses Kaikos. Zuerst zwar misslingt das Unternehmen, am anderen Tage aber führt es zur Gefangennehmung des Persers nebst seiner Familie und zur Gewinnung bedeutender Schätze. Xenophon, vorher von allen Mitteln entblösst, kehrt nun reich nach Pergamos zurück und übergiebt hier im März 399 das Heer dem Thibron, der es zum Kampf gegen Tissaphernes und Pharnabazos verwendet. — Dass Xenophon darauf seinen Entschluss (VII, 7, 57) nach Hause abzureisen ausgeführt habe wird nicht erwähnt und ist nicht wahrscheinlich. Wenigstens war er bereits im nächsten Frühjahre (398) wieder in Asien bei seinen alten Waffengefährten unter Derkylidas. Im J. 394 kehrte er mit Agesilaos, als diesen der Korinthische Krieg vom Kriegsschauplatze in Asien abrief, nach Griechenland zurück. Ueber seine weiteren Schicksale s. zu V, 3, 7.

---

1. τὰ ἐνύπνια ἐν Λυκείῳ, Titel eines nicht weiter bekannten Werkes.

2. ἦ μὴν, wie II, 3, 26.

3. παρεστήσατο, zog er hinzu. — μέλλῃ ποτὲ ἔσεσθαι, einmal im Begriff bist, Geld zu bekommen. — σὺ σαυτῷ. Wie Eukleides das versteht, zeigt das Folgende. Xenophon aber scheint bei seiner Antwort zu meinen, Eukleides sehe in seiner uneigennützigen, freigebigen Gesinnung den Grund weshalb er keine Reichthümer sammle.

4. ὁ μειλίχιος, der Gnädige unter welchem Namen Zeus in Athen am Feste der Diasia angerufen und verehrt wurde. — ὥσπερ — εἰώθειν, Uebergang in or. recta. — οὐκ ἔφη, negavit.

5. Ὀφρύνιον, Stadt in Troas.

6. ἀφικνεῖται, Singular wie 1, 4, 16. — Βίων καὶ Ναυσικλείδης

μάτι καὶ ξενοῦνται τῷ Ξενοφῶντι καὶ ἵππον, ὃν ἐν Λαμψάκῳ ἀπέδοτο πεντήκοντα δαρεικῶν, ὑποπτεύοντες αὐτὸν δι' ἔνδειαν πεπρακέναι, ὅτι ἤκουον αὐτὸν ἥδεσθαι τῷ ἵππῳ, λυσάμενοι ἀπέδοσαν καὶ τὴν τιμὴν οὐκ ἤθελον ἀπολαβεῖν.

Ἐντεῦθεν ἐπορεύοντο διὰ τῆς Τρῳάδος καὶ ὑπερβάντες 7 τὴν Ἴδην εἰς Ἄντανδρον ἀφικνοῦνται πρῶτον, εἶτα παρὰ θάλατταν πορευόμενοι εἰς Θήβης πεδίον. ἐντεῦθεν δι' Ἀδραμυτ- 8 τίου καὶ Κυτωνίου ὁδεύσαντες παρ' Ἀδαρνέα εἰς Καΐκου πεδίον ἐλθόντες Πέργαμον καταλαμβάνουσι τῆς Μυσίας.

Ἐνταῦθα δὴ ξενοῦται Ξενοφῶν Ἑλλάδι τῇ Γογγύλου τοῦ Ἐρετριέως γυναικὶ καὶ Γοργίωνος καὶ Γογγύλου μητρί. αὕτη δ' αὐτῷ φράζει, ὅτι Ἀσιδάτης ἐστὶν ἐν τῷ πεδίῳ ἀνὴρ 9 Πέρσης· τοῦτον ἔφη αὐτόν, εἰ ἔλθοι τῆς νυκτὸς σὺν τριακοσίοις ἀνδράσι, λαβεῖν ἂν καὶ αὐτὸν καὶ γυναῖκα καὶ παῖδας καὶ τὰ χρήματα· εἶναι δὲ πολλά. ταῦτα δὲ καθηγησομένους ἔπεμψε τόν τε αὐτῆς ἀνεψιὸν καὶ Δαφναγόραν, ὃν περὶ πλείστου ἐποιεῖτο. ἔχων οὖν ὁ Ξενοφῶν τούτοις παρ' ἑαυτῷ 10 ἐθύετο. καὶ Βασίας ὁ Ἠλεῖος μάντις παρὼν εἶπεν, ὅτι κάλλιστα εἴη τὰ ἱερὰ αὐτῷ καὶ ὁ ἀνὴρ ἁλώσιμος εἴη. δειπνήσας 11 οὖν ἐπορεύετο τούς τε λοχαγοὺς τοὺς μάλιστα φίλους λαβὼν καὶ πιστοὺς γεγενημένους διὰ παντός, ὅπως εὖ ποιῆσαι αὐτούς. συνεξέρχονται δὲ αὐτῷ καὶ ἄλλοι βιασάμενοι εἰς ἑξακοσίους· οἱ δὲ λοχαγοὶ ἀπήλαυνον, ἵνα μὴ μεταδοῖεν τὸ μέρος, ὡς ἑτοίμων δὴ χρημάτων.

Ἐπεὶ δὲ ἀφίκοντο περὶ μέσας νύκτας, τὰ μὲν πέριξ ὄντα 12 ἀνδράποδα τῆς τύρσιος καὶ χρήματα τὰ πλεῖστα ἀπέδρα αὐτοὺς παραμελοῦντας, ὡς τὸν Ἀσιδάτην αὐτὸν λάβοιεν καὶ τὰ ἐκείνου. πυργομαχοῦντες δὲ ἐπεὶ οὐκ ἐδύναντο λαβεῖν τὴν 13 τύρσιν, ὑψηλὴ γὰρ ἦν καὶ μεγάλη καὶ προμαχεῶνας καὶ ἄν-

---

von Thibron abgesendet. — τὴν τιμὴν, die Summe dafür.

8. τῆς Μυσίας hängt von Πέργαμον ab: eine St. Mysiens. — Γογγύλου, des Verräthers, der es 480 mit Xerxes gehalten und dafür von ihm mit zwei Ortschaften in dieser Gegend beschenkt worden war. Xen. Hell. III, 1, 6.

11. διὰ παντός, durchweg. — βιασάμενοι, die sich aufdrängten. — ὡς — δὴ χρημάτων, als ob die Schätze nur so da lägen zum Zugreifen. Ueber ὡς s. zu I, 1, 3. Denn ὄντων kann fehlen.

12. τῆς τύρσιος, abhängig von πέριξ.

δρας πολλούς και μαχίμους έχουσα, διορύττειν επεχείρησαν τον πύργον. ὁ δὲ τοῖχος ἦν ἐπ' ὀκτὼ πλίνθων γηίνων τὸ εὖρος.
14 ἅμα δὲ τῇ ἡμέρᾳ διωρώρυκτο· καὶ ὡς τὸ πρῶτον διεφάνη, ἐπάταξεν ἔνδοθεν βουπόρῳ τις ὀβελίσκῳ διαμπερὲς τὸν μηρὸν τοῦ ἐγγυτάτω· τὸ δὲ λοιπὸν ἐκτοξεύοντες ἐποίουν μηδὲ παριέ-
15 ναι ἔτι ἀσφαλὲς εἶναι. κεκραγότων δὲ αὐτῶν καὶ πυρσευόντων ἐκβοηθοῦσιν Ἰταβέλιος μὲν ἔχων τὴν ἑαυτοῦ δύναμιν, ἐκ Κομανίας δὲ ὁπλῖται Ἀσσύριοι καὶ Ὑρκάνιοι ἱππεῖς καὶ οὗτοι βασιλέως μισθοφόροι ὡς ὀγδοήκοντα καὶ ἄλλοι πελτασταὶ εἰς ὀκτακοσίους, ἄλλοι δ' ἐκ Παρθενίου, ἄλλοι δ' ἐξ Ἀπολλωνίας καὶ ἐκ τῶν πλησίον χωρίων καὶ ἱππεῖς.
16 Ἐνταῦθα δὴ ὥρα ἦν σκοπεῖν, πῶς ἔσται ἡ ἄφοδος· καὶ λαβόντες ὅσοι ἦσαν βόες καὶ πρόβατα ἤλαυνον καὶ ἀνδράποδα ἐντὸς πλαισίου ποιησάμενοι, οὐ τοῖς χρήμασιν ἔτι προσέχοντες τὸν νοῦν, ἀλλὰ μὴ φυγὴ εἴη ἡ ἄφοδος, εἰ καταλιπόντες τὰ χρήματα ἀπίοιεν, καὶ οἵ τε πολέμιοι θρασύτεροι εἶεν καὶ οἱ στρατιῶται ἀθυμότεροι· νῦν δὲ ἀπῇεσαν ὡς περὶ τῶν χρημά-
17 των μαχούμενοι. ἐπεὶ δὲ ἑώρα Γογγύλος ὀλίγους μὲν τοὺς Ἕλληνας, πολλοὺς δὲ τοὺς ἐπικειμένους, ἐξέρχεται καὶ αὐτὸς βίᾳ τῆς μητρὸς ἔχων τὴν ἑαυτοῦ δύναμιν, βουλόμενος μετασχεῖν τοῦ ἔργου· συνεβοήθει δὲ καὶ Προκλῆς ἐξ Ἁλισάρνης καὶ
18 Τευθρανίας ὁ ἀπὸ Δαμαράτου. οἱ δὲ περὶ Ξενοφῶντα ἐπεὶ πάνυ ἤδη ἐπιέζοντο ὑπὸ τῶν τοξευμάτων καὶ σφενδονῶν, πορευόμενοι κύκλῳ, ὅπως τὰ ὅπλα ἔχοιεν πρὸ τῶν τοξευμάτων, μόλις διαβαίνουσι τὸν Κάρκασον ποταμόν, τετρωμένοι ἐγγὺς
10 οἱ ἡμίσεις. ἐνταῦθα δὲ Ἀγασίας ὁ Στυμφάλιος λοχαγὸς τιτρώ-

---

14. διεφάνη, unpersönlich: sobald es durchschien, eine Oeffnung entstanden war.
15. αὐτῶν, die im Thurme. — καὶ οὗτοι, und zwar.
16. καὶ ἀνδρ. um es hervorzuheben, hinter ἤλαυνον gestellt, gehört zu ὅσοι ἦσαν. — προσέχοντες τὸν νοῦν ist hinter ἀλλὰ zu wiederholen. — καὶ — εἶεν hängt auch von μὴ ab. Sinn: Sie würden die Beute im Stiche gelassen haben, wenn nicht ihr Rückzug dann wie eine Flucht ausgesehen hätte. — νῦν δὲ, (Gegensatz zu εἰ καταλ.—ἀπίοιεν) jetzt aber, d. i. wie sie es aber jetzt machten, nämlich die Beute mit sich führend, zogen sie ab, als ob (ὡς) sie —.
17. βίᾳ τῆς μητρὸς, gegen den Willen der M. — ὁ ἀπὸ .Ιαμαράτου, Nachkomme des Dam., über welchen s. zu II, 1, 3.
18. πορευόμενοι κύκλῳ, wobei alle die Schilde so halten, dass der geschlossene Kreis gegen die Geschosse möglichst geschützt ist. — οἱ ἡμίσεις, partitive Apposition zum

σκεται, τὸν πάντα χρόνον μαχόμενος πρὸς τοὺς πολεμίους. καὶ διασώζονται ἀνδράποδα ὡς διακόσια ἔχοντες καὶ πρόβατα ὅσον θύματα.

Τῇ δὲ ὑστεραίᾳ θυσάμενος ὁ Ξενοφῶν ἐξάγει νύκτωρ πᾶν 20 τὸ στράτευμα, ὅπως ὅ τι μακροτάτην ἔλθοι τῆς Λυδίας, εἰς τὸ μὴ διὰ τὸ ἐγγὺς εἶναι φοβεῖσθαι, ἀλλ' ἀφυλακτεῖν. ὁ δὲ 21 Ἀσιδάτης ἀκούσας, ὅτι πάλιν ἐπ' αὐτὸν τεθυμένος εἴη ὁ Ξενοφῶν καὶ παντὶ τῷ στρατεύματι ἥξοι, ἐξαυλίζεται εἰς κώμας ὑπὸ τὸ Παρθένιον πόλισμα ἐχούσας. ἐνταῦθα οἱ περὶ Ξενο- 22 φῶντα συμπεριτυγχάνουσιν αὐτῷ καὶ λαμβάνουσιν αὐτὸν καὶ γυναῖκας καὶ παῖδας καὶ τοὺς ἵππους καὶ πάντα τὰ ὄντα· καὶ οὕτω τὰ πρότερα ἱερὰ ἀπέβη. ἔπειτα πάλιν ἀφικνοῦνται εἰς 23 Πέργαμον. ἐνταῦθα τὸν θεὸν ἠσπάσατο Ξενοφῶν· συνέπραττον γὰρ καὶ οἱ Λάκωνες καὶ οἱ λοχαγοὶ καὶ οἱ ἄλλοι στρατηγοὶ καὶ οἱ στρατιῶται, ὥστ' ἐξαίρετα λαβεῖν καὶ ἵππους καὶ ζεύγη καὶ τἆλλα· ὥστε ἱκανὸν εἶναι καὶ ἄλλον ἤδη εὖ ποιεῖν.

Ἐν τούτῳ Θίβρων παραγενόμενος παρέλαβε τὸ στράτευμα 24 καὶ συμμίξας τῷ ἄλλῳ Ἑλληνικῷ ἐπολέμει πρὸς Τισσαφέρνην καὶ Φαρνάβαζον.

Subject von διαβαίνουσι. S. zu III, 1, 3.

19. ὅσον θύματα, nur soviel als zum Opfern nöthig waren.

20. μακροτάτην, näml. ὁδόν, wovon τῆς Λυδίας abhängt. — εἰς τὸ μὴ — φοβεῖσθαι, zu dem Zwecke, dass sie (Asidates mit den Seinen) — keine Furcht hegten.

21. ἐπ' αὐτὸν, d. i. zum Behufe des Zuges gegen ihn. — ἐχούσας, die sich befanden.

22. τὰ πρότερα, §. 10, mit Bezug auf das §. 20 vollzogene Opfer. — ἀπέβη, (bonum) eventum habuerunt.

23. τὸν θεὸν ἠσπάσατο, brachte dem Gotte seinen Dank dar, der sich nun auch ihm als μειλίχιος (§. 4) erwiesen hatte.

KRITISCHER ANHANG.

Die Handschriften der Anabasis theilen sich in zwei Klassen. Zur einen gehören — wie sie von L. Dindorf in der Oxforder Ausgabe von 1855 bezeichnet sind — A. B. C. E. und für das erste Buch auch D., zur anderen D. für die Bücher II—VII., und F. G. H. bis Z. Obwohl sämmtliche Handschriften vielfach verderbt sind, so gilt diess doch bei weitem mehr von der zweiten Klasse als von der ersten. Unter den codices der letzteren zeichnet sich an Güte vor allen C.*) aus, der, sowie er von allen der älteste ist, so auch am häufigsten allein, oder im I. Buch mit D. gemeinsam, das Ursprüngliche erhalten hat. Er ist aber durchweg von drei verschiedenen Händen corrigirt, welche Correcturen meist mit den Lesarten geringerer codices übereinstimmen. Mit der ursprünglichen Hand von C. stimmen am häufigsten A. B. und im ersten Buch auch D., weniger oft E., aber ohne C. geben sie mit ein paar Ausnahmen (IV, 5, 3. VI, 2, 10.) nirgends was sich vor Anderem empfiehlt. Namentlich ist A. (Vatic. 987) weit öfter als die anderen besseren durch Nachlässigkeiten aller Art, durch Auslassungen, durch absichtliche, seltsame oder verkehrte Aenderungen entstellt: nimmermehr hat er den Werth, der ihm früher (besonders von Poppo p. XXXV. und Kühner p. XXV, zu II, 4, 4 u. a.) und noch neuerdings von Cobet (Nov. Lect. p. 422., 472. u. a.) beigelegt wurde. — Bei solcher Beschaffenheit der Handschriften scheint es gerechtfertigt, bei Gestaltung des Textes C. von erster Hand (C. pr.) zu Grunde zu legen und nur da von ihm abzuweichen, wo andere das evident Ursprünglichere bieten oder ihn nothwendig ergänzen. Vor Allem sollte es feststehen, dass an den unzähligen Stellen, an denen die Wagschale bei Entscheidung für die Lesart der einen oder für die der anderen Familie schwankt, den codd. A. B. C. der Vorzug zu geben ist. Dass dieser Grundsatz nicht von allen Herausgebern — obwohl von allen A. B. C. als die besseren gewürdigt werden — thatsächlich anerkannt worden ist, darauf beruht wesentlich der grosse Uebelstand, dass in den verschiedenen gangbaren Schulausgaben der Text sich so sehr verschieden gestaltet hat. Ist man

---

*) Pariser Pergament-Hdschr. d. Kaiserl. Bibl. No. 1640, geschrieben im J. 1320, von Fr. Dübner mit der grössten Genauigkeit verglichen.

einmal darin einverstanden, dass eine oder mehrere Handschriften im Ganzen glaubwürdiger sind als alle anderen, dann scheint es auch nicht gerathen, von der im Allgemeinen wohlbegründeten Regel, dass das Seltenere als das Ursprünglichere anzusehen ist, zum Nachtheil der besseren Handschriften eine zu weitgreifende Anwendung zu machen, besonders in solchen Fällen, wo das Ungewöhnlichere auch auf einer willkührlichen Aenderung beruhen kann, oder wo ein Missverständniss oder ein Schreibfehler möglich war. Bei Auslassungen bloss entbehrlicher, nicht zugleich aus irgend einem Grunde verdächtiger Worte ist, zumal bei Xenophon, dessen obwohl einfache Darstellung doch auch um der Deutlichkeit willen gern, besonders durch Wiederholungen, etwas breit wird und gelegentliche nicht streng zur Sache gehörende Bemerkungen anzubringen liebt, der Autorität der besseren Hdschr. weit mehr Gewicht beizulegen, als es von Bisshop, Cobet und seiner Schule geschieht. Was im Uebrigen Cobet's kritisches Verfahren anlangt, obwohl man ihm in der Anabasis eine Reihe vortrefflicher Verbesserungen verdankt, so ist doch darüber im Betreff Xenophon's im Allgemeinen dasselbe zu sagen, was L. Herbst (in seiner gediegenen Schrift: Ueber C. G. Cobet's Emendationen im Thuk.) über dessen Leistungen für Thukydides urtheilt. Auch hier ist die Willkühr in der Bestimmung dessen, was allein attisch oder überhaupt sprachrichtig sein soll — eine Willkühr, der leider auch L. Dindorf mehr und mehr (ed. Teubn. 1864) zustimmt — als durchaus nicht, und noch weit weniger als bei Thukydides, begründet zurückzuweisen.

Im Folgenden soll nun darüber Rechenschaft gegeben werden, wie nach den ausgesprochenen Grundsätzen der Text der Anabasis in dieser Ausgabe behandelt worden ist.

I, 1, 6: ἀφεστήκεσαν A. B. C. D. M. N. X. für ἀπέστησαν. Jenes ist nothwendig; denn der Sinn kann nur sein: damals waren sie bereits abgefallen. Cobet ἀφέστασαν, worauf die vulgata zu führen scheint. — 8. ἔτι, vor ἐτύγχανον eingeschoben, wird sich durch die z. d. St. gegebene Erklärung rechtfertigen. Cobet will wie Krüger ὃν Τισσαφέρνους ἐτύγχανεν ἔχων. — αὐτῷ nach ὄντα mit C. pr. D. weggelassen. I, 2, 2: παύσεσθαι für παύσασθαι, nothwendig wegen μὴ πρόσθεν — πρίν. — 5. Τισσαφέρνους mit C. pr. D. für παρὰ Τισσ. — 9. Dass Ἀγίας statt Σοφαινέτος zu lesen (Köchly u. Rüstow Gesch. d. Kriegsw. d. Gr. S. 101) scheint unzweifelhaft. Wegen des ähnlichen folgenden Wortes Σοφὰς ist Ἀγίας ausgefallen und dann durch Σοφ. ersetzt worden. — 13. δὲ ἐλαύνει C. pr. D. für δὲ ἐξελαύνει. — καὶ κνημῖδες fällt sehr auf ohne Attribut, wie es κράνη u. s. w. haben, wohl zu streichen. — 18. ἐπὶ τῆς C. pr. D. für ἐκ τῆς. S. d. Anm. zu d. St. — ἔφευγον ist, nach dem vorhergehenden ἔφυγε, in A. B. C. D. in ἔφυγον corrigirt, ebenso ἐθαύμαζε in ἐθαύμασε. S. zu Hellen. IV, 5, 3.

— 20. Für πρὸς Διάναν ist mit Rehdantz zu lesen εἰς Θόανα nach Steph. Byz. V. Τύανα. Arrian. Peript. P. E. p. 6. — 21. A. B. C. D. E. haben ὅτι umgestellt vor τὸ Μένωνος mit Weglassung von τε nach τό. — 23. A. B. C. E. Ταρσὸν; doch haben §. 25 u. 26 alle codd. Ταρσούς. — ἡμέραις A. B. C. für ἡμέρας. Obwohl der Accusativ das Seltenere, so müssen doch bei so häufig vorkommender Verwechselung der Endungen αις und ας die besseren codd. den Ausschlag geben. Vergl. I, 4, 7: ἡμέραις A. für ἡμέρας, I, 5, 8: ταῖς ἁμάξαις F. I. K. L. T. für τὰς ἁμάξας, III, 1, 5: ταῖς Ἀθήναις D. H. I. K. L. für τὰς Ἀθήνας, III, 1. 42: τὰς ψυχὰς D. für ταῖς ψυχαῖς. Hier haben überall die geringeren codd., niemals aber C., die falsche Endung. Daher ist auch I, 7, 12 mit C. pr. ἡμέραις für ἡμέρας u. V, 4, 33 mit B. C. ἃς für αἷς geschrieben.

I, 3, 2: ἐξέφυγε μὴ C. pr. D. für ἐξέφυγε τὸ μὴ oder τοῦ μὴ. — 3. ἀλλ' vor οὐδὲ mit C. pr. D. weggelassen. — 6. Dass οὐδὲ ἕπεσθαι in A. C. D. E. als überflüssig scheinend weggelassen wurde, ist wahrscheinlicher als dass es in die übrigen Hdschr. eingeschwärzt worden ist. — 7. παρὰ βασιλέα passt hier ebensowenig als unser: zum König. Es ist wohl πρὸς β. zu schreiben. — 11. ἕως γε A. B. C. D. E. für ἕως τι. — ὅπως — μενοῦμεν statt ὅπως — μένωμεν scheint nothwendig wegen der folgenden Futura ἄπιμεν u. ἔξομεν. In C. pr. D. fehlen die Worte. — 12. Das erste φίλος fehlt in A. C. pr. Ich mag es nicht missen. — ἔχει δὲ δύναμιν A. B. C. D. für ἔτι δὲ — ἔχει, das keinen passenden Sinn giebt. — 16. ὃν B. C. für ᾧ. — 17. αὐταῖς ist wohl zu tilgen mit C. pr. D. Denn mit ταῖς τριήρεσι scheinen die Trieren des Kyros gemeint zu sein. — οὐκ ἔσται C. pr. D. für οὐχ οἷον ἔσται. — 18. Nachdem ἢ vor ἡ ausgefallen, wurde es in A. B. C. D. E. hinter πρᾶξις eingefügt. — 20. ἀκούει B. C. für ἀκούοι. — Nur D. hat φύγῃ für φεύγῃ.

I, 4, 2. δ' αὐταῖς C. pr. D. für δ' αὐτῶν. — 3. παρὰ A. B. C. D. E. die anderen κατὰ. Welches von beiden die Erklärung des anderen ist fraglich. — 5. C. pr. βιασάμενος und lässt παρελθοιεν weg. Es ist zweifelhaft, ob dem zu folgen und mit Cobet βιασόμενος zu schreiben ist. — ἤκουσε A. B. C. E. H. L. T. für ἤκουε. Die Verwechselung der Endungen ε und σε des Imperfectums und Aorists kommt so oft vor, dass die Annahme, die Nähe eines oder mehrerer Aoriste habe die Aenderung des Imperfectums in den Aorist veranlasst oder umgekehrt, nur dann statt haben kann, wenn der Sinn deutlich mehr für das eine als für das andere Tempus spricht; ist das nicht der Fall, dann muss lediglich die Güte der Hdschr. entscheiden. — 6. A. B. C. D. E. ἐπὶ τῇ, wohl nur Correctur für ἐν τῇ. — In A. B. C. D. E. fehlt οὖν nach ἐπεὶ δ sieht aber nicht aus wie ein Einschiebsel. — 7. C. pr. ἔμεινεν, statt ἔμειναν, wie es scheint, wegen des vorhergehenden ἐξελαύνει. Ebenso §. 11. — 15. B. C. D. φίλοι für φίλον.

I, 5, 2. πολλαὶ — αἱ μεγάλαι statt πολλοὶ — οἱ μεγάλοι ist nothwendig, wenn nicht φεύγουσα — ἅρπασα — χρωμένη §. 3 unverständlich sein soll. Auch haben nicht bloss die Hdschr. ausser A. B. C. v. sp. G. D. *αἱ μεγάλαι*, sondern auch C. pr. *ἡ*, d. i. *αἱ*, vor *μεγάλοι*. — Nach *διαδεχόμενοι* ist *τοῖς ἵπποις* mit C. pr. D. u. Demetr. Phal. de eloc. 5. 93 gestrichen. — 3. A. B. C. D. *αἴρουσα*, Correctur nach *φεύγουσα — χρωμένη* für *ἄρασα*. — 9. C. pr. D. *ὅσῳ θᾶττον* für *ὅσῳ μὲν θ.*, vielleicht richtig.

I, 6, 2. *ἄν* vor *ἕλοι* mit C. pr. D. die *ἀνέλοι* haben. — 3. Das zweite *δίδωσιν* A. B. C. D. E. R. statt *δείκνυσιν*. S. zu Hellen. III, 3, 3. — 4. *Πέρσας τοὺς ἀρίστους* C. pr. D. statt *Περσῶν τοὺς ἀρίστους*. — *παρ' ἑαυτοῦ* in C. pr. (D. *παρ' ἑαυτὸν*) für *περὶ αὐτὸν* ist unmöglich, weil man nicht sagen kann *καλεῖν τινα παρ' ἑαυτοῦ*. — 10. *ἔφη* vor *κελεύοντος* geben A. B. C. — *ἔλαβον* A. C. D. *ἔλεγον* B. für *ἐλάβοντο*, das nur mit *τῆς ζώνης τοῦ Ὀρόντα* stehen könnte, wie Cyrop. V, 5, 7: *λαβόμενος τῆς δεξιᾶς τοῦ Κυαξάρου* (Kühner). — 11. A. B. C. D. E. *εἰσηνέχθη* für *εἰσήχθη*, sehr fraglich.

I, 7, 5. *τοῦ* nach *κινδύνου*, in A. B. C. ausgefallen, ist nicht zu entbehren. — *μεμνήσεσθαί σε* nothwendig statt *μεμνῆσθαί σε*. — 11. *αὖ* A. C. D. nach *οὗτοι δὲ* ist nicht zu erklären. Stellen, wie sie Kühner zu Comment. I, 2, 12 anführt, sind ganz anderer Art. — 12. *καὶ στρατηγοὶ καὶ ἡγεμόνες* nach *ἄρχοντες* als offenbares Glossem gestrichen. Am Rande stand vermuthlich *στρατηγοὶ ἢ ἡγεμόνες*, wie Hellen. VI, 1, 8 der Rand von Codex C. zu *ταγός* als Erklärung *ὁ ἄρχων (ἢ) ἡγεμών* giebt. — Wegen *ἡμέραις* s. zu I, 2, 25. — 18. *ἀπ' ἐκείνης ἡμέρᾳ* C. pr. für *ἀπ' ἐκείνης τῆς ἡμέρας*.

I, 8, 3. *ἐνεδύετο* C. pr. für *ἐνέδυ*. — 4. *τοῦ κέρατος* nach *τὰ δεξιὰ* mit Matthiä getilgt. Denn von dem rechten Flügel des ganzen Heeres kann es nicht gesagt sein, da es dem folgenden *τὸ εὐώνυμον κέρας τοῦ Ἑλληνικοῦ* gegenüber steht, *τὰ δεξιὰ τοῦ κέρατος* aber mit Kühner für *τὸ δεξιὸν κέρας* zu nehmen nach Analogie von *ἄρτων ἡμίσεα* I, 9, 26 sprachlich unzulässig ist. — *καὶ τὸ στράτευμα* nach *Μένων δὲ* ist als Einschiebsel aus I, 4, 17 gestrichen. — 6. *οἱ* vor *ἱππεῖς*, das nur A. D. geben, ist nicht nöthig, da aus §. 21. 24. 25 keinesweges folgt, dass die 600 Reiter früher schon des Kyros stehende Begleitung waren. Nach Diodor XIV, 22 hatte Kyros 1000 auserlesene Reiter vor sich. — Die Worte *λέγεται δὲ καὶ τοὺς ἄλλους Πέρσας ψιλαῖς ταῖς κεφαλαῖς ἐν τῷ πολέμῳ διακινδυνεύειν* nach *καθίστατο* sind als offenbares Scholion weggelassen. — 9. *τούτων* nach dem ersten *ἐχόμενοι δ'* ist in C. pr. wohl nur deshalb weggelassen, weil es beim zweiten nicht steht. — 13. *μέσον τῶν ἑαυτοῦ* A. B. C. E. für *μέσον τὸ ἑαυτοῦ*. Vergl. §. 22. — 14. C. pr. D. *προσῄει*, wozu *ὁμαλῶς* weniger passt, wohl nur Schreibfehler für *προῄει*, wie *προιέναι* und *προσιέναι* fortwährend verwechselt werden. — 16. *ὁ δὲ* ohne *Κλέαρχος*, das A. B. C. M., und ohne *Ξενοφῶν*, das die anderen codd. hinzufügen, ist das Ursprüngliche. Gemeint kann aber nur Xenophon sein. — F. G. *ὅ τι καὶ εἴη* vielleicht das Ursprüngliche für *ὅτι εἴη*. S. zu Hellen. III, 3, 11. —

ὅτι vor Ζεὺς weggelassen mit A. B. C. — 17. ἤρχοιτο — ἰέναι ist einfacher und gerechtfertigter als ἰέναι zu streichen und mit B. C. E. R. προήρχοντο zu schreiben. Ein Imperfect von ἔρχεσθαι kennen die Attiker nicht. IV, 6, 22 ist ᾤχοντο das Richtige statt ἀπήρχοιτο. Auch die Stellen aus Thucyd., auf die sich Kühner stützt, sind von E. Herbst: Ueber Cobet's Emend. im Thuc. S. 9 beseitigt. — 29. A. αὐτὸν vor ἐπισφάξασθαι für ἑαυτὸν kann auf αὐτὸν führen, das der strenge Gegensatz fordert, doch ἑαυτόν in den besseren codd. überwiegt.

I, 9, 6. Nach τὰς ὠτειλὰς lassen ausser C. pr. auch A. und Suidas (der dafür ἔτι giebt) φανερὰς weg. — 13. στερουμένους alle codd. S. Kühner zu d. St. — 15. ἀξιοῦν B. D. M. O. ἀξιοῦ mit überschriebenem σαι C. das Medium ἀξιοῦσθαι passt nicht. Cobet ἀξιῶν, ohne Noth. — 17. C. pr. οἳ (oder οἱ) statt οὓ vor χρημάτων und lässt nachher ἀλλ᾽ ἐπεὶ vor ἔγνωσαν weg. Letzteres ist erst eingefügt, nachdem οἳ nach λοχαγοὶ ausgefallen und dann durch οὓ ersetzt oder gleich anfangs in οὓ corrumpirt war. Dass kein Strateg oder Lochag um des Gewinnes willen zu Kyros gekommen sei, hat Xenophon schwerlich sagen können. Vergl. VI, 4, 8. — C. pr. ἄρχειν für πειθαρχεῖν. Der Sinn ist aber: das Heer war in vortrefflich disciplinirtem Zustande, denn auch den Strategen und L. dünkte es grösserer Gewinn, dem Kyros mit Ehren zu dienen, als u. s. w. — 22. εἰς γε ἀνήρ C. pr. für εἰς γε ὢν ἀνήρ. Auch schwankt die Stellung von ὢν in den besseren Hdschr. — 23. κόσμον vor πέμποι mit C. pr. gestrichen. — 27. C. pr. δὲ δύναιτο, für δ᾽ ἐδύνατο, widerstrebt nicht dem Sinne; vergl. I, 5, 5. Auch ist die Corruption jener Lesart in diese sehr leicht und häufig.

I, 10, 1. Nach βασιλεὺς δὲ ist καὶ οἱ σὺν αὐτῷ mit Cobet getilgt. Dicht vor διώκων ist es grammatisch unmöglich und, da es sich §. 2 wiederholt, kaum erträglich. — 3. ἡ νεωτέρα (woraus dann in A. C. ἦν νεωτ. ἢ λήψ. in B. ἢ νεωτ. ἦν λήψ. entstand) nach Μιλησία ist, als vom Rande in den Text gekommen, weggelassen. — 4. πάντα — πάντα (nach II, 1, 1) C. pr. statt πάντας — πάντες, verdirbt den schönen Sinn der Stelle. Das Helden-Häuflein Hellenen meinte, ihr Sieg entscheide das Ganze; die ungeheuren Schaaren der Perser glaubten, da sie die lange Schlachtlinie des Ariäus in die Flucht getrieben, müsse ihr ganzes Heer Sieger sein und überliessen sich also der Plünderung. — 9. C. pr. lässt πρὸς vor τὸ κέρας weg und scheint προάγοιεν zu geben. Das würde heissen: Die Hellenen fürchteten, die Perser möchten, die Flanke vorn, d. i. in Marschkolonne, vorrücken, womit so gut wie nichts gesagt wäre, während das folgende περιπτύξαντες ἀμφοτέρωθεν zeigt, dass die Hellenen vielmehr fürchteten, ihr (jetzt) rechter Flügel möchte von beiden Seiten umfasst werden; weshalb sie eben den rechten Flügel zurücknehmen und ihr ganzes Heer rückwärts rechts schwenken lassen, so dass sie den Fluss in den Rükken bekommen. Deshalb ist προσάγοιεν πρὸς τὸ κέρας nothwendig. — 6. C. pr. προσιόντας, bei vorhergehendem und folgendem βασιλεύς schwerlich richtig. — 10. ὥσπερ τὸ πρῶτον μαχούμενος συνῄει nach τὴν φάλαγγα habe ich gestrichen, als einen späteren Zusatz. Die Worte würden nur den mehr als überflüssigen Zusatz geben: die Perser standen nun den Hellenen nicht mehr schräg gegenüber wie vorher (§. 9), sondern parallel wie I, 8, 17. — 12. Dass die Hellenen vor dem Hügel eine Weile anhielten, erklärt sich nicht daraus, dass man sah, was auf dem Hügel vorging — auch ging ja nichts vor —, sondern nur daraus, dass man nicht sehen konnte, was hinter dem Hügel vorging. Folglich ist μὴ vor γιγνώσκειν nicht mit C. pr. wegzulassen. — ἐπὶ ξύλου hinter πέλτης (A. B. C. πέλτῃ) ist gestrichen. Es sollte nur das im ungewöhnlichen Sinne gebrauchte πέλτης erklären. — 16. παρέει, ankäme, d. h. dass man bis jetzt Niemanden kommen sah, entschieden besser als παρείη, das nur A. D. geben. — 17. οὖν nach ἔδοξε weggelassen mit A. C. pr.

II, 1, 11. παρέχοιεν A. B. C. E. für παρέχοι. — 12. Θεόπομπος A. B. C. E., die anderen Ξενοφῶν. Es ist zwar auffallend, dass in so wichtiger Sache ein junger, sonst nicht erwähnter Mann das Wort ergreift, aber noch viel weniger denkbar ist es, dass Xenophon, wie wir uns seine Persönlichkeit denken müssen, zu der Anrede ὦ νεανίσκε, noch dazu im verächtlichen Sinne, Veranlassung geben konnte. — 21. C. pr. προσιοῦσι für προϊοῦσι. Letzteres verlangt der Gegensatz zu μένουσι. Sie sollen auf der Stelle bleiben, wo sie sind, weder in der bisher eingeschlagenen Richtung vorwärts gehen, noch auch sonst wohin (καὶ ἀπιοῦσι).

II, 2, 1. αὔριον Cobet für αὐτός. C. pr. hat αὐ..ον. — 13. ἢ φυγεῖν Cobet für ἢ ἀποφυγεῖν. — 20. C. pr. lässt τοῦτον vor ἀντιπεῖν und nachher ἀργυρίου weg; fraglich.

II, 3, 4. ἦσαν, ἠρώτα konnte ebenso leicht aus ἦν, ἠηρώτα, das A. B. C. E. haben, entstehen, nachdem ἦν umgesetzt war, als dieses aus jenem. Die Güte der Hdschr. muss also entscheiden. — 7. A. B. C. D. ἔσοιντο, Correctur für ἔσονται nach ἥκοιεν. S. die Anm. zu d. St. — 10. σπονδὰς ποιησάμενος C. pr. für σπ. ποιησόμενος, nothwendig. Es ist hier von dem vorläufigen Waffenstillstande die Rede, der zu den folgenden Verhandlungen nöthig war, wie sich aus §. 7 u. 24 ergiebt. — 16. A. B. D. ἐθαύμασαν, Correctur für ἐθαύμαζον wegen ἔφαγον. — 18. Nach πολλὰ ist κακὰ weggelassen mit C. pr. u. Suidas. Dieselben ἔχειν für ἕξειν. — C. pr. ἐδίωξε statt ἐδίωξα. Hier kommt es aber darauf an, dass Tiss. seine Verdienste geltend macht, auf die er seine Bitte gegründet hat. — 20. βουλεύσεσθαι C. pr. für βουλεύσασθαι, nothwendig wegen des Gegensatzes zu ἐρέσθαι — ἐκέλευσεν. — 23. πορευόμεθα δὲ οἴκαδε A. B. C. E. für πορευοίμεθα δ' ἂν οἴκαδε, das den vorhergehenden Gliedern nachgebildet ist. — ἀδικοῦντας A. C. E. für ἀδικοῦντα, zweifelhaft. — 26. Die codd. ausser A. C. παρέχωμεν ἀγοράν für ἢ πρίασθαι. Beides scheint interpolirt. — 27. πορεύσεσθαι für πορεύεσθαι, nothwendig wegen ὁπόταν μὴ — παρέχωμεν.

II, 4, 4. ὡς — εἴη A. B. C. E. für ὡς — ᾖ, richtig, weil ἴσως — ἀποσκάπτει = ἀποσκάπτοι ἄν. Ebenso III, 2, 36. — 17. A. B. C. D. E. παρὰ τὴν γέφυραν könnte nur heissen: neben die Brücke, vielleicht versteckt, um die Zerstörer unvermuthet überfallen zu können: hier nicht passend, zumal mit πέμψαι verbunden. — 19. A. B. C. lassen τε vor ἐπιθήσεσθαι weg. S. aber über τὲ — καί bei Begriffen von Gleichheit und Verschiedenheit zu I, 10, 4. — 26. δ' οὖν mit Matth. für δ' ἄν, das alle Hdschr. haben.

II, 5, 2. χρήζει A. B. C. für χρήζοι. — 5. A. B. C. D. οὔτ' εὖ βουλομένους, nicht zu erklären. — 14. C. pr. Dind. lassen τῳ und εἶναι weg, was sich empfiehlt. — In C. pr. fehlen τοῦ und μόνον, in A. καί. — Nur A. B. D. nicht C. geben ἧς nach χάριτος für ἦν. — καὶ ἀκούων A. B. C. für ἀκούων. — 19. Dind. ἡττώμεθα ohne Hdschr. für ἡττώμεθα, ohne alle Noth. — 21. ἐν ἀνάγκῃ C. für ἀνάγκῃ. — 22. τὸ τοῖς A. B. C. E. entschieden das Ursprüngliche für τοῦ τοῖς, wofür der Deutlichkeit wegen wenigstens ὁ τοῦ τοῖς stehen müsste. Aus der Lebhaftigkeit der Rede erklärt sich ὁ ἐμὸς ἔρως — τὸ statt τοῦ ähnlich wie §. 15 τὸ ὄνομα τίς — ἐστὶ δεινὸς für τοῦ — ὄντος δεινοῦ. — 27. ἐκέλευε C. pr. für ἐκέλευσε. S. zu I, 4, 5. — 33. Nach ἱππασίαν ist αὐτῶν weggelassen mit C. pr. — 37. ἐπισιτιζομένοις C. pr. A. für ἐπισιτιζόμενος. — 39. ὡς nach ὤμνυτε getilgt mit C. pr. Zwischen die engverbundenen Glieder τούς τε und καὶ τοὺς gesetzt lässt es sich weder durch Anakoluthie, noch durch Mischung zweier Constructionen erklären. Es müsste wenigstens vor προδόντες stehen. — 41. C. pr. ἐπὶ τούτῳ. Der Sinn verlangt aber: gleich auf dieses, nicht: gleich auf diesen.

II, 6, 3. αὐτοῦ nach ὄντος weggelassen mit C. pr. — 11. ἐν τοῖς προσώποις ohne ἄλλοις, das A. B. C. E. nach τοῖς einfügen. Kühner's Erklärung, nach welcher der durch στυγνόν bezeichnete Gesichtsausdruck des Klearch auf den Gesichtern Anderer als φαιδρόν erscheinen soll, ist nicht zu fassen. Aber der Plural προσώποις, vom Antlitz des Kl. verstanden, ist allerdings anstössig und durch dichterischen Gebrauch (Lob. Soph. Ai. 231) nicht zureichend gerechtfertigt. Wer aus Missverständniss ἄλλοις in den Text brachte, änderte natürlich auch das ursprüngliche τῷ προσώπῳ in den Plural. — 12. πρὸς ἄλλον ἀρχομένους C. pr. für πρὸς ἄλλους ἀρχομένους. — 14. Vor εὐτάκτους ist αὐτοὺς weggelassen mit C. pr. — 22. Nach ἀληθές ist ἐνόμιζε getilgt mit A. B. C. — 26. C. pr. τοῦτο für τούτους. Zu letzterem passt κτήσασθαι entschieden besser.

III, 1, 2. C. pr. σύν..... όμενοι, wonach mit Cobet συν-
επισπόμενοι für συνεπόμενοι zu lesen scheint. — 5. Für ὑπαίτιον,
das ohne Anstoss, hat ἐπαίτιον von den besseren Hdschr. nur A. mit
C. von späterer Hand. — 6. A. B. C. κάλλιστα ohne ἄν. — 7. C.
pr. τότ' ἐπυνθ. für τοῦτ' ἐπυνθ. verkehrt; denn τότε nach einem Par-
ticip ist: dann erst. Der Sinn ist: Xenoph. hätte dem Gotte die
Entscheidung darüber lassen müssen, ob er reisen solle; statt dessen
habe er darüber selbst entschieden, und vielmehr danach (τοῦτο)
gefragt, wie er am Besten reisen könne. — 9. ὅτι — ἀποπέμψειν B. C.
ὅτι — ἀποπέμπειν A. für ὅτι — ἀποπέμψει. Vergl. VII, 5, 8. zu Hellen.
II, 2, 2. — 10. A. B. C. πολλοί für οἱ πολλοί giebt nicht den rechten
Sinn. — 11. C. pr. πᾶσα, wohl nur Correctur für πᾶσαν. — 13. Nur
A. giebt μέντοι, das vor μὲν δή keinesweges den Vorzug verdient. —
14. ἀναμείνω C. pr. für ἀναμένω. — 16. παρασκευάσασθαι A. B. C. E.
für παρεσκευάσθαι. — 17. καὶ ὁμοπατρίου, das C. pr. weglässt, scheint
verdächtig. — 23. Passender als οἱ δὲ ἄνδρες wäre οἵ τε ἄνδρες, und
so sind die L. u. s. w. Kurz vorher geben umgekehrt die Hdschr.
ausser A. B. C. ἔχομέν τε statt ἔχομεν δέ. — 26. ταῦτα nach ἀκούσαν-
τες weggelassen mit B. C. E. — 38. ὠφελῆσαι A. B. C. E. für ὀνῆσαι. —
40. A. B. C. E. νῦν ohne μέν. — 42. A. B. C. πολεμίους· τούτους γὰρ
ἐπί, willkührliche Aenderung.

III, 2, 1. καί vor ἔδοξεν giebt bloss A. Es ist wohl mit Krü-
ger ἔδοξε δ' zu schreiben. — 3. Dind. ändert mit marg. D. u. marg.
T. ἐλθεῖν in τελέθειν, Cobet in εἶναι, weil ἐκ τῶν παρόντων nur heisse
pro praesenti rerum statu. Allein diese Bedeutung ist hier eben so wenig
angemessen als wenn Xen. III, 1, 44 seiner Ermahnung zu äusserster
Tapferkeit ein Beschränkendes „nach den Umständen" hätte beifügen
wollen. Hier passt nur der Gedanke: aus der höchst gefahrvollen Lage
müssen wir als tapfere Männer herauskommen. Mit Wyttenbach ist
daher ἐξελθεῖν geschrieben. — 8. Nur A. giebt βουλόμεθα für βουλευό-
μεθα, C. βολ..όμεθα mit radirtem ευ. — 10. H. M. O. παρὰ τοὺς
ὅρκους für καὶ τοὺς ὅρκους. Was C. von erster Hand für καί hatte, ist
ungewiss. — 11. A. B. C. E. geben, wie es scheint durch ein sachliches
Missverständniss, αὖθις vor τὰς Ἀθήνας. Kühner erklärt mit Spohn:
in cum statum redacturi urbem, quo Athenae nondum exstructae erant,
was nur einen Sinn hätte, wenn Athen nicht lange vorher erst gegründet
gewesen wäre. — 12. A. B. C. καὶ ἔτι νῦν für καὶ ἔτι καὶ νῦν. — 18.
In A. B. C. ist αὖ vor ὑμῶν ausgefallen. — 19. A. B. C. lassen γε nach
τῶν weg und geben δέ statt δ' ἔτι. — ἡμᾶς, das in A. B. C. nach, in
den anderen vor οἱ ἱππεῖς steht, ist gestrichen. Nur Spätere sagen
προέχειν τινά τινι. — 22. A. C. D. F. προσιοῦσι für προϊοῦσι nicht zu-
treffend, wo nicht das Herantreten an die Quellen, sondern nur der Marsch
nach denselben gemeint sein kann, als die einzige Mühe, deren es be-
darf, um aus dieser Noth heraus zu kommen. — 23. A. B. C. μηδείς

ἡμῖν φανεῖται. — οἳ ἐν βασιλέως χώρᾳ C. pr. und E. wo aber ἄκοντος hinter χώρᾳ steht, für οἳ βασιλέως ἄκον.ος ἐν τῇ βασιλέως χώρᾳ. — 26. A. B. C. E. οἴκοι σκληρῶς ἐκεῖ πολιτεύοντας halte ich nur für eine Corruption. ἐκεῖ scheint um des Gegensatzes zu ἐνθάδε willen eingefügt. — 30. καὶ, das sehr oft mit ἢ verwechselt wird, ist in A. B. C. E. H. L. T. Z. nach ἢ ausgefallen. — C. pr. mit A. H. L. T. ψηφίσασθαι, das Cobet recipirt, indem er mit D. F. G. H. I. K. L. das zweite ἢν tilgt. Letzteres kann aus Wiederholung der vorhergehenden Silbe HI entstanden sein. — 34. C. pr. lässt δῆλον ὅτι weg, vielleicht richtig, da es hier auch allein das der wahren Lesart προσδεῖν δοκεῖ sich annähernde προσδοκεῖν giebt statt der vulg. προσδοκᾶν δοκεῖ. — 36. εἴη A. B. C. E. für ᾖ. S. zu II, 4, 5. — 37. Muret's Conjectur ἄλλο τις statt ἄλλος τις ist ganz unnöthig. — A. B. C. E. ὀπισθοφυλακοῖμεν den vorhergehenden Optativen nachgebildet, für ὀπισθοφυλακῶμεν. — νεώτεροι A. B. C. E. für νεώτατοι.

III, 3, 6. εἰς τετρ. B. C. für ὡς τετρ. — 7. ἐγένοντο B. C. für ἐγένετο. — 9. ἐκ πολλοῦ, das C. pr. weglässt, ist für den Gedanken wesentlich. — 12. A. B. C. E. οὐ δυναμένους, wohl nur Schreibfehler für οὐδὲν δυν. — 15. ὀλίγον δὲ, das die schlechteren Hdschr. haben. ist, dem vorhergehenden πολὺ μὲν entsprechend, statt ἐν ὀλίγῳ δὲ geschrieben, wonach dann das Einschiebsel ἔνθα nothwendig wurde. — 16. μέλλοιμεν A. B. C. statt μέλλομεν. S. zu Hellen. IV, 8, 5. — 18. A. B. C. E. τούτῳ μὲν, nur eine Corruption von τούτων τῷ μὲν, wenn man nicht mit Rehdantz vorzieht τούτων μὲν δῶμεν ἀργύριον ohne αὐτῶν, das E. weglässt. Cobet: τούτοις μὲν δῶμεν ἀργύριον. — 19. τῶν Κλεάρχου C. pr. für τῷ Κλεάρχῳ. — 20. A. B. C. E. ἔδοξε καὶ ταῦτα. — Nur E. hat δὲ nach ἵππαρχος.

III, 4, 10. Vor μέγα ist mit C. pr. πρὸς τῇ πόλει getilgt; auch κείμενον ist verdächtig. — 11. Nur A. giebt ἀπώλεσαν für ἀπώλλυσαν, das ohne Anstoss, da die Königin ebenso gut während als nach der Katastrophe in Mespila Zuflucht suchen konnte. — 14. Nach τάξεων ist εἴχεν mit C. pr. weggelassen. — 15. In A. B. C. ist Σκύθαι vor τοξόται ein Glossem; die anderen haben daraus Σκυθοτοξόται gemacht. — 21. οὗτοι, von Weiske mit Unrecht in οὕτω geändert, geht auf die 6 Lochen. Aber οἱ λοχαγοὶ nach ὕστεροι ist als unhaltbar getilgt, auch schwankt seine Stelle in den Hdschr. — Mit τοὺς δὲ, das A. B. C. statt τότε δὲ geben, ist nichts anzufangen. — 33. πολὺ — διέφερον — ὁρμῶντες — πορευόμενοι könnte nur den Sinn geben: sie waren weit geschickter sich von der Stelle aus zu vertheidigen als u. s. w. Der Schriftsteller will aber ohne Zweifel sagen: es war ein grosser Unterschied, sich von der Stelle aus u. s. w. Diesen Sinn giebt allein διέφερεν — ὁρμῶντας — πορευομένους, wie auch Suidas (v. ἀλέξασθαι) liest. — 34. Nach νυκτὸς fügen A. B. C. οἱ Ἕλληνες ein. — 36. A. C. E. λύειν αὐτοὺς für λυσιτελεῖν αὐτοῖς, ein seltener dichterischer

Gebrauch, der hier schwerlich zu statuiren. — 46. A. B. C. πορευόμεϑα, das hier (anders als II, 5, 18) wegen τὴν λοιπὴν nicht gut statt haben kann. — 48. Eberhard verlangt μόλις ἑπόμενος, was sich empfiehlt.

III, 5, 7. ἦλϑον A. B. C. ἀπῆλϑον würde nur dann passen, wenn nur die Truppen des Cheir., die jetzt in's Lager zurückkehren, gemeint wären. Es sind aber die des Xen., die jetzt zuerst hier ankommen, auch mit gemeint. — 13. ἢ πρὸς Βαβυλῶνα hinter εἰς τοὔμπαλιν ist unhaltbar. Denn der Weg, der dem nach Babylon führenden entgegengesetzt war, ist nach §. 7 unmöglich. Also ist ἢ falsch. Aber auch nach dessen Streichung widerstrebt πρὸς Βαβυλῶνα dem Zusammenhange. Da die Griechen nicht gerade vorwärts gehen können, derselbe Weg zurück aber sie nach den abgebrannten Dörfern geführt hätte, so gehen sie zwar rückwärts, aber dem Herwege etwas zur Seite εἰς τὰς ἀκαύστους κώμας. Zur Bezeichnung dieser kurzen rückgängigen Bewegung kann unmöglich πρὸς Βαβυλῶνα gesagt werden, da Babylon von hier einige 40 Tagemärsche entfernt war. πρὸς Βαβυλῶνα ist eine blosse Glosse zu εἰς τοὔμπαλιν und ἢ (*II*) ist, wie Krüger bemerkt, aus dem folgenden π (*Π*) entstanden. — 14. ἐπὶ τὰ ἔπιτ. A. B. (ἐπεὶ) C. für ἀμφὶ τὰ ἐπιτ. das erst entstand, nachdem ᾔεσαν (ᾖσαν) in ᾖσαν verdorben war.

IV, 1, 2—4 fehlen in B. C. E. und sind vielleicht nur eine später eingefügte weitere Ausführung des bereits III, 5, 7. 17—18 Gesagten. Doch ist es nicht undenkbar, dass Xenophon diese speciellere, anschaulichere Schilderung (besonders §. 2) selbst geliefert hat, ohne danach das Frühere zu ändern. — 10. Nach κατάβασις ist mit A. B. C. E. εἰς τὰς κώμας weggelassen, wofür A. C. ein zweites ἐγένετο setzen. — 14. ὑποστήσαντες B. C. ἐπιστήσαντες E. für ὑποστάντες. S. zu Hellen. IV, 1, 26. — 24. A. B. C. ἐτύγχανε für τυγχάνει, zweifelhaft.

IV, 2, 6. Nach πολεμίους ἦν sind die Worte οἳ ἐπὶ τῇ φανερᾷ ὁδῷ ἐκάϑηντο gestrichen, die nicht bloss überflüssig, sondern auch störend sind. Denn die πολέμιοι sind die eben erwähnten φύλακες und die φανερὰ ὁδός ist die eben erwähnte στενὴ ὁδός, die durch das Einschiebsel als die §. 1. 2. 8 durch φανερὰ bezeichnete erklärt werden sollte. — 12. ὁρῶσιν A. B. C. für ὁρῶντες, das sich durch III, 2, 12 nicht rechtfertigen lässt; eher durch Stellen, wie ich sie zu Hellen. III, 2, 21 angeführt habe. Doch würden hier ὁρῶντες und αὐτοῖς gar zu nahe bei einander stehen. — 13. καταλίποι für καταλείποι, weil B. C. καταλίπῃ geben. — 15. Nach τὰ ὄπισϑεν ist γιγνόμενα gestrichen. Denn wie nachher Xenophon, wie aus §. 17 hervorgeht, vom μαστός aus nicht sah, was auf der untersten Anhöhe vorging, so konnten es auch die Karduchen von derselben Stelle aus nicht sehen. Sie sahen nur den langen Zug der Nachhut, der sich durch den Hohlweg bewegte. Dafür passt aber nicht γιγνόμενα. — 17. οἱ vor ἀπὸ τοῦ habe ich als unentbehrlich eingeschoben, aber πρῶτον nach ἀπὸ τοῦ mit B. C. pr. weggelassen. — 19. τὰς οἰκίας A. C. pr. für τὰς κώμας. Beides kann interpolirt sein. Doch beweisen I, 6, 2. III, 5, 6 nichts, wo kurz vorher das Object dem καίειν beigefügt ist, oder VI, 3, 19, wo der folgende Relativsatz das Object vertritt. — Hinter πάντες ist οἱ C. pr. οἳ getilgt, durch welches ausgedrückt wäre, dass hier welche standen, die sich von hier aus mit den im Wege Marschirenden vereinigten. Vielmehr sind Alle in Bewegung, theils im Zuge, theils zur Deckung des Zuges ausser dem Wege, strömen aber hier, unter dem μαστός, alle in den Weg zusammen. Weil C. pr. ἵσταιτο weglässt, verbindet Rehdantz πάντες οἱ ἐκ τούτου τοῦ τόπου συνερρύησαν ἐνταυθοῖ (für ἐνταῦθα οἱ) πολέμιοι. Von in dieser Gegend bisher zerstreuten Feinden ist aber hier nirgends die Rede. — 20. Nach ἵεντο δὴ habe ich οἱ πολέμιοι gestrichen, das man eingeschoben, nachdem das Verständniss der Stelle durch die falsche Interpunction vor καί, ἐπεί getrübt war. — 22. Suidas v. κεκονιαμένοις: οἶνος δὲ ἦν, ὃν ἐν λάκκοις κονιατοῖς εἶχον, Ξενοφῶν φησι. Doch ist ὥστε nach der in der Anm. gegebenen Erklärung nicht anstössig. Dind. vergleicht wegen πολύς, ὥστε passend III, 4, 17. Bei πολύς ist übrigens zu denken: für ein Gebirgsland.

IV, 3, 6. Nach ἀνεχώρησαν ist οὖν weggelassen mit B. C. — 9. ἐπὶ τοῦ πρ. C. pr. für ἀπὸ τοῦ πρ. — 21. Vor τοῦ ποταμοῦ ist ἀπὸ mit A. C. E. getilgt. Man sah nicht, dass der gen. von dem nachstehenden ἄνω abhängt.

IV, 4, 9. C. pr. Cobet κατίδοιεν νύκτωρ πολλὰ πυρὰ φαίνοντα. — 10. A. B. C. E. συναιθριάζειν, nicht weniger verkehrt (Kühner: simul disserenascere, nimirum praeterquam quod hostes in vicinia erant), als wenn man συννύειν oder συννίφειν bilden wollte, in dem Sinne: zugleich regnen oder schneien, nämlich, indem zugleich etwas anderes geschieht. — 14. εἰς τὰς κώμας εἰς στέγας. S. zu Hellen. IV, 3, 8. Dass aber das erste εἰς in C. fehlt, macht εἰς τὰς κώμας verdächtig. — A. C. ὅσοι δὲ πρότερον ἀπῄεσαν καὶ τὰς οἰκίας ἐνέπρησαν, was nur den Sinn haben könnte, dass alle beim früheren Weggehen die Häuser angezündet hätten. Man hat nur die Wahl zwischen der Vulg. und der Lesart in D. (ohne καί) τὰς οἰκίας ἐμπρήσαντες. — ὑπὸ ἀτασθαλίας A. B. C. E. marg. D. Das sieht doch gewiss weniger als die Lesart der anderen codd. ὑπὸ τῆς αἰθρίας wie ein interpretamentum aus. — 17. δὲ ποδαπὸς A. C. E., die anderen δὲ τὸ ποδαπὸς, Cobet δ᾽ ὁποδαπός.

IV, 5, 1. πρὶν ἢ A. B. C. wie Cyrop. I, 4, 23, Ages. II, 4. Thucyd. V, 61, 1. Die andern πρὶν ohne ἢ. — 3. πέντε A. für das unmögliche πέντε καὶ δέκα. Das ist die einzige Stelle, wo A. allein das Ursprüngliche bewahrt hat. Die anderen codd. haben, weil durchschnittlich der Tagemarsch 5 Parasangen beträgt, gedankenlos auch hier dasselbe Mass festgehalten. — 27. εἰς τὸ στόμα μύζειν C. pr. für εἰς τὸ στόμα ἀμύζειν. — 32. ἐπικύψαντα Schneider für ὑποκύψαντα, das A. B. C. E. statt κύψαντα geben.

IV, 6, 13. ἄλλῳ vor ὄρει, weggelassen mit A. B. C. E. ist ungeschickt eingeschoben als Gegensatz zum vorhergehenden ταύτῃ. — ἄν, das, wie häufig nach γάρ, nach μένοιεν γάρ in den codd. ausgefallen ist, darf nicht fehlen. Aus dem vorhergehenden Satze, in welchem ein anderer modus, kann man es nicht ergänzen, noch ist μένοιεν ein Optativ der or. obliqua, den man durch ein hinzu zudenkendes ὅτι zu erklären pflegt; vielmehr wird die or. recta fortgesetzt. — 15. Nachdem ἄρα nicht verstanden und in A. B. C. in γάρ verwandelt war, schrieb man κλέπτειν τε καὶ πειρᾶσθαι, Infinitive, welche nach eingeschobenem καὶ οὐκ αἰσχρὸν — καλόν unmöglich mit ὅπως von μελετᾶν abhängen können. — μέντοι vor μὴ lassen A. B. C. weg. S. zu Hellen. III, 5, 25. — 22. A. B. C. E. ἀπῄρχοντο für ᾤχοντο. S. zu I, 8, 17. οἴχεσθαι ist das gewöhnliche Verbum für das Sich aufmachen, um einen Auftrag auszuführen. — 18. εἰς τὸ ἴσον fehlt in A. C. und steht in den geringeren vor ἡμῖν. — 24. Nach πολλοὺς geben A. B. C. E. ἀλλήλων für ἀλλήλοις. Der gen. ist nicht durch Soph. Phil. 1218 zu rechtfertigen. Aber auch ἀλλήλοις ist für unecht zu halten. Ohne ἀλλήλοις steht ὁμοῦ εἶναι oder γίγνεσθαι IV, 2, 22. V, 4, 25. 6, 32. Auch Cyrop. VII, 1, 9 hängt ἀλλήλοις nicht von ὁμοῦ — γιγνώμεθα ab, sondern von προσιόντες.

IV, 7, 2. Cobet: ἀλλ' ἀποπόταμον für ἀλλὰ ποταμὸς. Jenes bildet keinen passenden Gegensatz zu οὐ γὰρ ἦν ἀθρόοις περιστῆναι. — 4. A. B. C. E. lassen Ἀλλὰ weg, wohl nur weil man ΑΛΛΑ ΜΙΑ für ein doppeltes ΑΛΛΑ las. — 7. A. C. pr. βαλλώμεθα für βουλώμεθα, fraglich. — 8. Bloss A. hat ἡ vor ἡγεμονία. Der Artikel ist nicht nöthig. — 12. ὁρᾷ und παραθεῖ C. pr. u. Suidas v. ἴτυς für ἑώρα u. παρέθει. — 20. εἰς χωρίον, ὅθεν πέντε ἡμερῶν ὄψονται. So alle codd. Die Umstellung von πέντε ἡμερῶν vor εἰς χωρίον ist ganz unnöthig. Da man ohne Zweifel sagen kann πέντε ἡμερῶν ὄψονται θάλατταν (vergl. I, 7, 18), warum nicht dasselbe, abhängig von ἄξει — ὅθεν? — A. B. C. E. εἰς τὴν ἑαυτοῦ πολεμίαν, wohl nur Correctur für εἰς τὴν ἑαυτοῖς πολεμίαν. Ueber den Plural. ἑαυτοῖς s. zu Hellen. IV, 8, 24.

IV, 8, 2. ὑπὲρ δεξιῶν A. B. C. nothwendig statt ὑπερδέξιον, das mit εἶχον verbunden keinen Sinn hat, da ὑπερδέξιος nichts weiter heisst als editus. — 10. δοκοίη C. pr. für δοκεῖ. — 11. ὦμεν A. B. C. für ἴωμεν. — Nur A. lässt πῇ weg nach ἀθρόων. — 14. A. B. C. E. πάλαι ἐσπεύδομεν, für πάλαι σπεύδομεν. — 23. A. B. C. E. ἐνταῦθα. Dadurch wird ὁρμώμενος, das in den geringeren codd. fehlt, verdächtig. — 27. ἕτεροι καὶ, wohl nur ein späteres Supplement. Steph. beruft sich dafür auf vetera quaedam exemplaria, die er in Venedig gesehen haben will. — 28. Nach ἐγίγνετο ist αὐτῶν weggelassen mit C. pr.

V, 1, 2. Nach Ὀδυσσεὺς ist καθεύδων gestrichen mit A. B. C. — 4. καὶ nach ναυαρχῶν δὲ geben A. B. C. E. es verdirbt aber den Gedanken: er ist jetzt gerade Nauarch. Darauf kommt es hier allein an. Verkehrt wäre: auch ist er jetzt gerade N. — 8. A. B. C. E. βέλτιστον für βέλτιον. — 9. Nach κατὰ μέρος steht in den codd. die Glosse μερισθέντες. — 10. Eberhard will ἄγῃ an die Stelle von ἔλθῃ setzen und es, wo es jetzt steht, streichen. — 16. χρήσαιντο A. B. C. E. für ἐχρήσαντο. — 17. ἐλάμβανον A. B. C. E. für ἐνετύγχανον.

V, 2, 4. δισχίλιοι ἄνθρωποι für εἰς δισχιλίους ἀνθρώπους, denn εἰς fehlt in A. B. C. — 13. E. τάξις, A. B. C. παράταξις für παράταξις, zweifelhaft. — 21. καταλιπόντες οἱ λοχαγοὶ A. B. C. für κατέλιπον δὲ οἱ λοχαγοί. — 26. τὸ vor στόμα, obwohl es nur F. K. T. Z. haben, ist schwerlich zu entbehren. — Dass ἦσαν nach δῆλοι, in A. B. C. weggelassen, fehlen darf, belegt Dindorf hinlänglich mit Beispielen. Nur A. giebt φέρειν für φορεῖν. — 29. Nach Μυσὸς ist τὸ γένος weggelassen mit A. B. C. E. — 30. Nur vor, nicht nach τῷ Μυσῷ hat das Komma einen Sinn. Das Signal kommt von Xenophon und gilt dem Mysos.

V, 3, 3. A. B. C. σὺν τοῖς ὅπλοις für ἐν τοῖς ὅπλοις. — Nach ἐσώθησαν ist ein späterer Zusatz ἐκ τῶν ἀμφὶ τοὺς μυρίους gestrichen mit A. B. C. E. — 4. ἀπὸ τῶν A. B. C. E. für διὰ τῶν, das hier gar nicht passt. — Ἀρτέμιδι, ἔλαβον mit Matth. für Ἀρτέμιδι, διέλαβον — 6. Nach ἐδόκει ἰέναι ist mit A. B. C. weggelassen μετὰ Ἀγησιλάου ἐν Κορωνείᾳ. — ἦν δέ τι πάθῃ A. B. C. E. für εἰ — πάθοι. Anderer Art sind die Fälle, wo εἰ δὲ μή (alioquin) ohne Verbum einem ἐὰν μὲν folgt, wie Comment. II, 6, 37. III, 9, 11. — 7. Die Lesart der codd. κατοικισθέντος wäre gut, wenn παρὰ τὴν Ὀλυμπίαν fehlte. — 8. Für διαρρέων διὰ τοῦ giebt C. erst von späterer Hand, was E. hat, διὰ μέσον ῥέων τοῦ, wofür in B. eine Lücke. — ἐν vor Σκιλλοῦντι fügen A. B. C. ein. S. zu Hellen. V, 2, 29. — 9. παρεῖχε A. B. C. D. für παρέχει. — 11. ἡ χώρα A. B. C. E. für ὁ τόπος und nachher χώρῳ A. B. C. für τόπῳ. Vielleicht ist an beiden Stellen beides unecht.

V, 4, 2. ᾗ διὰ A. B. C. E. für ᾗ ὡς διὰ. — 3. A. B. C. E. οὗτοί εἰσιν, ganz unverständlich. Aber τούτοις εἰσὶν ergiebt sich aus dieser und aus der Lesart der anderen codd. εἰσὶν αὐτοῖς. — 6. Nur A. hat ἠδικήκασι für das unverwerfliche ἠδίκησαν. — 11. Für ἔμενε scheint ἐνέμενε zu lesen. So würde man leichter erkennen, dass nachher in μένοντες ein anderes Subject. Auch verliert die Stelle nicht an Deutlichkeit dadurch, dass mit A. B. C. E. οἱ μὲν vor λαβόντες gestrichen ist. — 12. A. B. C. E. F. ἐξετάζοντο, D. H. T. ἐξητάζοντο, für ἐξετάξαντο, passt nur gezwungen. Die Aenderung lag nicht fern, kann auch auf einem blossen Schreibfehler beruhen. — A. B. C. E. τοῦ ξύλου für αὐτοῦ τοῦ ξύλου nach ὄπισθεν δέ. Dass die Stelle verdorben, zeigt auch ἔμπροσθεν in A. B. C. E. statt ὄπισθεν. Daher ist das mehr als überflüssige αὐτοῦ τοῦ ξύλου getilgt. — 20. ἀμελήσαντες A. B. C. E., vielleicht Glossem, für ἀφροντιστήσαντες. — σὺν nach ἅπερ lassen A. B. C. weg. Vergl. zu Hellen. V, 3, 8: μετ᾽ αὐτοῦ δὲ ὥσπερ Ἀγησιλάου (πέμπουσιν) εἰς τὴν Ἀσίαν τριάκοντα Σπαρτιατῶν. Zu Oecon. X, 10. — 22. Nach λόχων ist ὀρθίων ὄντων weggelassen. In A. B. C. E. fehlt zwar nur ὄντων; will man aber ὀρθίων behalten, so bleibt besser auch ὄντων im Text. — Für ὑπολειπομένους, das in Betracht des folgenden γὰρ keinen rechten Sinn giebt, ist vielleicht ὑπολειπομένου zu schreiben: Die Lochen der Hopliten blieben etwas hinter den Leichtbewaffneten zurück; denn diese mussten zunächst die Steinschleuderer der Feinde, von denen die Hopliten belästigt wurden, zurücktreiben. — 26. A. B. ἔλιπον ἅπαντες, C. ἔλειπον ἅπαντες für ἅπαντες λιπόντες, eine Correctur in Folge des missverstandenen καὶ ἐντεῦθεν. — A. B. C. Cobet u. Rehdantz οὐδὲ ὁ ἐν τῷ für οὐδὲ οἱ ἐν τῷ, wonach in dem ersten, dem zweiten ganz nahe gelegenen, χωρίον (§. 23) ebenfalls ein βασιλεύς gesessen haben müsste. — 27. νέον δ᾿ ἔτι σῖτον für τὸν δὲ νέον σῖτον, denn A. νεῶν ἔτι τὸν σῖτον, C. νεὸν ἔτι τὸν σῖτον, B. νέον ἔτι τὸν σῖτον. Rehdantz emendirt: ἄρτων νενημένων πρωπερυσινῶν, ὡς ἔφασαν οἱ Μ., τὸν δ᾿ ἔνον σῖτον ἔτι, weil Suidas περυσινῶν statt πατρίους lies't und jenes Wort nach diesem auch in einigen der geringeren Hdschr. steht. — 33. Wegen ἃς für αἷς s. zu I, 2, 25. — 34. Nach ποιήσειαν ist mit A. B. C. E. Eustath. ein alberner Zusatz ἄλλως (D. F. G. H. I. K. L. ἄλλοι) δὲ οὐκ ἂν τολμῷεν weggelassen. — A. B. C. E. μετ᾿ ἀλλήλων für μετ᾿ ἄλλων. Was Bornem. conjicirt ἅπερ ἂν ἄλλοι μετ᾿ ἀλλήλων ὄντες ist wohl das Rechte.

V, 5, 3. Was A. B. C. E. geben, führt auf ἀποικίαν, ὄντας δ᾿ ἐν τῇ statt ἀποίκους οἰκοῦντας ἐν τῇ. Aber nicht bloss die Härte der Synesis, sondern mehr noch das fade ὄντας macht jene Lesart unerträglich. Es scheint ἀποικίαν wegen πόλιν aus ἀποίκους entstanden und dann ὄντας δ᾿ hinzugefügt. — 10. Nach Τραπεζούντιοι ist ὡσαύτως weggelassen mit B. C. E. — 19. A. B. C. lassen προσεφέροντο ἡμῖν weg. Die Worte sind freilich entbehrlich. Dieselben codd. lassen aber auch nicht selten Unentbehrliches weg. — 22. Da φίλον ποιήσομεν und πειρασόμεθα φίλοι γίγνεσθαι zweimal dasselbe sagen, so ist οὖν nach πειρασόμεθα mit A. B. C. E. getilgt und mit D. F. H. L. T. φίλον ποιεῖσθαι geschrieben. — 25. A. B. C. E. φιλικὰ für ἐπιτήδεια, für welches Wort wenigstens φίλος öfter als interpretamentum vorkommt. Schneid. vergleicht Cyrop. IV, 1, 12: καὶ ἔλεγον οἷα ἐπιτήδεια ἐδόκουν εἶναι ὑπὲρ ὧν ἐδέοντο.

V, 6, 1. Nach μόνοι γὰρ geben ἂν, das auch fehlen könnte, A. B. C. E. S. zu IV, 6, 13. — 12. Vor ἕνα steht in allen Hdschr. ἀριθμῷ, das ich mit Bisshop und Cobet nur für eine spätere Ergänzung zu ἱκανὰ halte. — ἡμεῖς ἂν πλέοιμεν A. B. C. E. für ἡμεῖς δὲ πλέοιμεν, das unverwerflich wäre, wenn ἂν hinzukäme. Hier ist ΑΝ in ΔΕ corrumpirt. — 18. καὶ διέσωσεν ἐκεῖ A. B. C. E. (E. ἐκ für ἐκεῖ) für διεσεσώκει. Ebenso ist ἐκεῖ = illuc Hellen. I, 2, 10. VII, 1, 27. — 20. ὡς, das A. B. C. E. vor οἴκαδε einfügen, giebt keinen erträglichen Sinn. Als Gegensatz zu ἐν τῷ ἀπόπλῳ verträgt οἴκαδε ἀπελθόντας kein ὡς, das aus den beiden folgenden Buchstaben entstanden sein mag. — ὁποίαν ἂν βούλησθε Cobet; ὅπῃ ἂν βούλησθε A. B. C. und (mit βούλοισθε E.; die anderen ὅπῃ βούλεσθε. — 25. A. B. C. ξένων ἐμηχανᾶτο, von Rehdantz aufgenommen, für Ξενοφῶντι ἐμάχετο. — τῷ βουλομένῳ ἐνοικεῖν, τῷ δὲ βουλομένῳ ἀπιέναι οἴκαδε (ohne μὴ noch τῷ δὲ), nicht anders als §. 20, wenn dort auch μὲν vor dem ersten ἐθέλοντα steht: dagegen anders §. 30, wegen des Gegensatzes von ἤδη und ἐπεὶ κτήσαιτο, der μὴ nöthig macht, denn dieses μὴ ist: nicht jetzt schon. — 27. μὴ κοινούμενον (A. B. C. κοινωνοῦντα T. κοινοῦντα d. a.) τῇ στρατιᾷ, ein Glossem zu ἰδίᾳ. — 32. Cobet und Rehdantz, mit A. C. δύνασθαι als abhängig von δοκεῖτε und ohne Hdschr. ἀπαλλάξαι. Die gewaltsame Aenderung des letzteren Wortes sowie die häufige Verwechselung von αισθε und ασθε und ασθαι (B. δυνασθε) lassen die Emendation bedenklich erscheinen. — 35. Nach ἐψευσμένοι ἦσαν fügen die codd. τῆς μισθοφορᾶς oder μισθοφορίας ein, eine Erklärung zu τὰ — χρήματα. — 37. A. B. C. E. γνώμην οὐκ ἐκκλησιάζειν. Der einzig mögliche Sinn: man solle keine Versammlung berufen, verlangt μή. Nachdem es wegen der vorhergehenden Silbe ausgefallen, ist das falsche οὐκ eingefügt worden.

V, 7, 1. ταραττόμενοι statt ταραττόμενα, wofür die codd. πραττόμενα. — 5. ἀδικεῖν A. B. C. für ἀδικῶν. — Rehdantz mit A. B. C. L. χρῆσθαι für χρῆσθε, als abhängig von einem aus οὐ χρή zu entnehmenden χρή. — 6· ἔνθα δὲ Schaef. f. ἔνθεν δὲ. — 13. A. B. C. δοκοῦσι — πάλιν ἀπῆλθον, eine unerträgliche Anakoluthie. Die Beispiele, die Dind. anführt, wo οἴεσθε oder δοκεῖς in die Frage eingeschoben wird (Aristoph. Ach. 12: πῶς τοῦτ' ἔσεισέ μου δοκεῖς τὴν καρδίαν;) sind ganz anderer Art. Cobet schreibt δοκεῖν δ' ἐμοὶ — ἀπῆλθον. — 18. A. B. C. E. lassen σφεῖς λέγειν weg, Worte, die nicht wie interpolirt aussehen. — λέξαι A. B. C. E. für λέξειαν. — A. B. C. E. lassen τοὺς τούτου δεομένους weg, wie es scheint, weil αὐτοὺς missverstanden war. — 22. A. B. C. E. δ' ἔνδηλοι, matt, für δὲ νὴ Δία. — 30. ἀφικνῆσθε B. C. E. für ἀφικνεῖσθαι. — 32. A. B. C. πῶς ἂν ἢ θεοῖς θύσωμεν, gut, wenn man ἂν streichen will.

V, 8, 1. Nur E. giebt ἄρχων vor αἱρεθείς. — 2. Nach Ξενοφῶν ist ἀναστὰς weggelassen mit A. B. C. E., ebenso πρῶτον nach τὸν πρῶτον. — 3. C. Ἀλλὰ μὴν ἄλλα χειμῶνός γε. Daher Rehdantz Ἀλλὰ μὴν ἅμα χειμῶνος γε. Ausser A. B. C. Z. haben alle codd. Ἀλλὰ μὴν καὶ χειμῶνός γε, das ich recipiren möchte. S. zu Hellen. V, 2, 17. — 13. δι' ἡμᾶς und καὶ ὑμῶν ist das allein Richtige. Nur A. E. geben δι' ἡμᾶς und καὶ ἡμῶν. — 14. Das zweite μόλις lassen A. B. C. E. weg. — 16. παίοιντο A. B. C. für παίοιτο. — 18. Mit A. B. C. E. ist ἐγὼ γὰρ hinter ὁ λόγος weggelassen.

VI, 1, 2. Vor ἀδικεῖσθαι ist αὐτὸς getilgt mit A. B. C. E. — 4. A. B. C. E. σκίμποσιν für στιβάσιν. Letzteres hat auch Athen. XI, p. 476. C. — πεπληγέναι τὸν ἄνδρα möchte ich mit Cobet tilgen. Die geringeren geben πεπληχέναι τὸν ἄνθρωπον. — 19. A. B. C. E. ἕκαστος ohne τις. — 20. Nur A. hat πῇ μὲν statt τῇ μὲν. — 22. διαπορουμένῳ A. B. C. E. für ἀπορουμένῳ. — 23. Ob die nahe liegende Aenderung von ὥσπερ in ὅνπερ nöthig, ist fraglich. — πετόμενον A. B. C. E. für περιπετόμενον. Hier handelt sich's nur um den Gegensatz von καθήμενον. — 26. Krüger ἐπείπερ für εἴπερ. — 29. ὅτι, das vor ὅστις A. B. C. E. weglassen, ist an sich gut. S. zu Hellen. II, 2, 2. Doch scheint es erst dann eingefügt zu sein, als in den meisten Hdschr. στασιάζει oder στασιάζοι geschrieben und τοῦτον, das A. B. C. E. erhalten haben, getilgt war. Vergl. zu VII, 1, 5. 36. — 30. B. C. πολὺ πλείονες ohne Zweifel eine beabsichtigte Verbesserung für πολὺ μᾶλλον. Hellen. IV, 4, 4 haben alle codd. μᾶλλον, wo man πλείονες erwartet. — Nach ἔχοι lassen B. C. E. ὡς weg, wofür bloss A. εἰ giebt. Es ist daher nach Tilgung von ὡς oder εἰ mit Rehdantz ὀργιοῦνται als Nachsatz zu εἰ — ἔχοι zu fassen. So giebt εἶπεν, ὅτι γελοῖον εἴη keinen ungenügenderen Gedanken; denn durch εἰ οὕτως ἔχοι wird er nicht deutlicher.

VI, 2, 1. Die Worte παραπλέοντες ἐθεώρουν bis τοῦτον δὲ sind als spätere Ausführung zu παραπλεύσοντες (nach V, 6, 9) gestrichen. Dass Xenophon in der Erinnerung sich so sehr geirrt haben sollte, dass er die Jasonische Küste, den Thermodon, den Iris und Halys zwischen Sinope und Herakleia verlegte, ist undenkbar. - - 5. Nach ἄλλος δ᾽ εἶπε ist μηνὸς μισθὸν mit A. B. C. weggelassen. — 7. οὖν vor οὗτοι getilgt mit A. B. C. E. — 10. ὅλου B. für ἄλλου, ein vereinzelter Fall, wo B. allein das Ursprüngliche überliefert. — 11. A. B. C. E. λοχαγοὺς für στρατηγοὺς, wie es scheint, nach VI, 3, 6, wo aber die Bedeutung des Wortes erst durch §. 2. verständlich wird. — 16. A. B. C. E. lassen καὶ πεντακόσιοι weg und τοὺς vor τετταράκοντα.

VI, 3, 1. Vor Ἔπραξαν geben die codd. ausser A. B. C. E. die Worte: Ὃν μὲν οὖν τρόπον ἤτε Χειρισόφου ἀρχὴ τοῦ παντὸς κατελύθη καὶ τῶν Ἑλλήνων τὸ στράτευμα ἐσχίσθη, ἐν τοῖς ἐπάνω εἴρηται. — 3. συνεβάλλοντο alle codd., συνεβάλλοντο edd. vett. — 16. ἀποπλευσούμεθα alle codd., ἀποπλευσόμεθα Ald. — In A. B. C. E. — L. T. fehlt ἢ ἐβάδιζον, als Glosse nicht leicht zu fassen. In E — L. T. fehlt auch ἔκαιον.

VI, 4, 3. οἰκῆσαι Steph. für οἴκησις oder οἰκήσεις, scheint interpolirt. — 5. Mit A. B. C. τὸ ἐν τῷ λιμένι weggelassen nach τὸ δὲ ὄρος. — 9. καλὰ beibehalten mit A. B. C. E. gerade deshalb, weil sie es bei ἱερὰ γίγνεσθαι nicht bloss sonst, sondern auch §. 13 (22) u. VI, 5, 2 weglassen, wo es die schlechteren codd. haben. S. zu Hellen. III, 1, 17. — Nach μέγα ist καὶ πυρὰν μεγάλην getilgt mit A. B. C. — 12. δῆλον ὅτι neben ὡς ἔοικε will Krüger mit Recht streichen. — 16. θυομένῳ A. B. C. E. vielleicht nur Correctur für θυομένων. — 22. προθυμεῖσθαι giebt allerdings nur gezwungen einen Sinn, aber προθύεσθαι, das Bornem. vorschlägt, giebt gar keinen, denn es hat nicht die Bedeutung: statt eines Anderen opfern. — 23. In ἦν μὲν στρατηγὸς κατὰ τὸ Χειρισόφου μέρος; — δὲ erkennt Rehdantz eine

Interpolation (nach §. 11), mit Recht. — 25. ἀποφευγόντων A. B. C. E. für ἀποπεφευγότων.

VI, 5, 2. B. C. ἐπ' ἐξοδία ohne iota subscr. Dind. ἐπ' ἐξοδίᾳ, Schneid. ἐπ' ἐξόδῳ für ἐπεξόδια. — 6. B. ἔνθα δὲ, A. C. ἐνθάδε δὲ, was wohl mit Rehdantz aufzunehmen ist. — 7. προάγοντες, A. B. C. für προαγαγόντες. — 13. A. B. C. Rehdantz συνῆλθεν, für συνῆλθον, nur für Xenophon nicht nachgewiesen. — Nachdem εἰ nach εἴη, das nur C. R. erhalten haben, ausgefallen war, wurde διαβατέον ἐστὶ, das A. B. C. E. geben, in den anderen Hdschr. in διαβαίνειν geändert und in Folge dessen βουλῆς weggelassen. — τοιοῦτον νάπος B. C. für τοιοῦτον ὂν τὸ νάπος. — 17. ἐπιοίην mit Cobet für ἐποίμην. — αὐτοὺς vor δέξασθαι, das A. B. C. E. geben, sieht nicht aus wie ein Einschiebsel. — 18. ἀπὸ τοῦ A. B. C. E. für ὑπὸ τοῦ. Hier handelt sich's nur um indirecte Einwirkung. S. L. Herbst: über Cobet's Emend. in Thuk. S. 49 ff. — 21. πάντως A. B. C. für πάντας. — 31. πρὸς τοῦτο A. B. C. für πρὸς τούτους, das zwar an sich gut, aber wegen des folgenden ἐπὶ τούτους gesetzt zu sein scheint.

VI, 6, 3. A. B. C. E. κατῆγον für κατεῖχον. — Vor πάντων ist πολλὴ weggelassen mit A. B. C. E. — 5. Nach ἄλλοι fügt Schneid. ἄλλη ein, ohne Noth. — Nach εἰς τὸ ὄρος lässt καὶ bloss D. weg, mit Recht; denn im Folgenden ist nur von der Beute der ἄλλοι die Rede. — αὐτοῖς nach διασώσαντα geben A. B. C. E. — 9. ἀποπλευσεῖσθαι alle codd. — 11. διέβαλλεν alle besseren codd. und fast alle anderen für διέβαλεν. — A. B. C. D. F. I. K. lassen τὸ πρᾶγμα weg, schwer entbehrlich. — 16. οὐδ' ὅμοιοι A. B. C. richtig, wegen der mit ἀντὶ δὲ τούτων anhebenden Anakoluthie, für μηδ' ὅμοιοι. — 19. ἐπορεύετο B. C. E. für ἐπορεύοντο. — 20. ἐκέλευσε A. B. C. E. für κελεύουσι, das dem folgenden ἀξιοῦσι seinen Ursprung verdankt. — εἴ τι οὖν alle codd. Für das folgende εἴτε καὶ ἄλλον geben A. B. C. E. εἴτε δὲ καὶ ἄλλον, wofür vielleicht, doch nicht nothwendig mit Rehdantz zu lesen εἰ δὲ καὶ ἄλλον. — 25. Cobet's βίαια ist wahrscheinlich, da E. N. βίαν, A. B. C. βία, die übrigen codd. δίκαια haben. — 28. τοιοῦτος B. Statt dessen hat C. eine Lücke von höchstens 4 Buchst. E. αὐτὸς, A. lässt es weg ohne Lücke, die übrigen τορὸς, womit nichts anzufangen. — 34. Bloss A. lässt τι weg nach παραδιδῶσι. — 35. συνεβάλλοντο, das imperfect. alle codd. — 36. B. C. οὐ τελέθει, A. οὐκ ἐτελέθη für οὐκ ἐθέλει γίγνεσθαι. Bei Xenophon findet sich das nur dichterische τελέθειν sonst nicht.

VII, 1, 5. ὅτι οὐ μεταμελήσει A. B. C. für οὐ μεταμελήσειν. Vergl. zu VI, 1, 29. — 6. ἀσφαλὲς fügen A. B. C. E. R. hinzu, vielleicht mit Cobet zu streichen. — 9. Nach δεόμενοι ist καὶ οὐκ ἔχοντες getilgt mit A. B. C. E. — 11. προσανεῖπεν A. B. C. für προσανειπεῖν. — 17. τὸ τεῖχος C. pr. für τοῦ τείχους. — 22. εὖ γε A. B. C. F. für εὖ τε. — Naber und Cobet ἴσχειν für σχεῖν. — Vor τίθεσθαι ist das sinnlose καὶ getilgt; Krüger streicht auch τίθεσθαι τὰ ὅπλα, Rehdantz verdächtigt auch παρεγγυᾶν. — 26. οἷος δὲ πόλεμος A. B. C. E. für οἷος δ' ὁ πόλ. — 27. Eberhard κατασκάπτειν für κατασχεῖν. — 36. ὅς ἂν für ὅτι ὅστις ἂν und ὅτι πεπράσεται für πέπρασεται mit A. B. C.

VII, 2, 3. Nach οἱ δὲ καὶ geben die Hdschr. διδόντες τὰ ὅπλα κατὰ χώρους, wovon vielleicht διδόντες (oder nach Bornem. διαδόντες) beizubehalten. — 18. A. B. C. ᾤοντο für ᾤετο und A. C. ᾔσθοντο für ᾔσθετο, nur möglich, wenn man ἐπιτυγχάνει, das alle codd. haben, in den Plural ändern will. — 21. A. B. C. περὶ αὐτὸν für περὶ αὐτήν, zweifelhaft. — 25. A. B. C. E. εἴη für εἶπεν. Das eine wie das andere scheint unecht. — 33. δυνατὸν A. B. C. E. für δυνατὸς. — Nach dem zweiten ἀποβλέπων ist mit A. B. C. E. ὥσπερ κύων weggelassen. Dass Xen. solche Vergleiche liebt (s. Dind. zu d. St. besonders IV, 5, 32. Cyrop. VIII, 4, 20), kann eben so gut gegen als für die Echtheit der Worte geltend gemacht werden.

VII, 3, 3. Nach Ἀρίσταρχος ist ὅδε getilgt mit A. B. C. E. — 5. Nach dem ersten λαμβάνειν ist τὰ ἐπιτήδεια weggelassen mit A. B. C. — 14. Es scheint mit Krüger ἐπιψηφίζεσθε zu schreiben zu sein. — 21. A. B. C. E. ἦσαν statt ὅσον εἴκοσι. Letzteres kann nicht willkürlich erfunden sein. — B. C. Rehdantz ὅτι ἂν αἰτῆται, passt nicht zu der Schilderung bei Xenophon trotz Thuk. II, 97. — 31. ἐθέλοντες A. B. C. E. Q. R. Die anderen lassen es weg, Athen. IV, p. 150. F. βουλόμενοι. Es scheint demnach eingeschoben, weil man nicht sah, dass die Infinitive von προϊέμενοι abhängen können. — 32. Die Hdschr. συγκατεσκεδάσατο, unbrauchbar, dem συνεξέπιε offenbar nachgebildet. — A. B. C. E. N. μετὰ τοῦτο τὸ κέρας, D. u. Athen. Eustath. Il. p. 707. Suid. μετ' αὐτοῦ τὸ κέρας, F. H. I. K. L. τῷ μετ' αὐτοῦ τὸ κέρας, woraus sich das Richtige ergiebt τῶν μετ' αὐτοῦ τὸ κέρας. — Die Lesart μεγάδιν oder μιγάδιν in A. B. C. E. führen Bisshop und Matthiä wohl richtig auf μαγάδισι (oder vielmehr μαγαδῖδι) zurück. ΔΙ = Ν. — 34. Nach ὥρα ist εἴη gestrichen mit A. B. C. E. — 46. ἄλλων fehlt in den Hdschr. ausser B. E. Da es unentbehrlich ist, Ἑλλήνων dagegen überflüssig, so mag ursprünglich bloss ἄλλων geschrieben sein.

VII, 4, 16. Nach ἐτῶν ist ἤδη mit den geringeren codd. gestrichen. — 23. Mit A. B. C. ist ἂν nach οὐκ weggelassen; sie geben aber σπείσασθαι für σπείσεσθαι. Doch halte ich auch σπείσασθαι ohne ἂν für ebenso gerechtfertigt wie Hellen. V, 1, 32: οὐκ ἔφη δέξασθαι τοὺς ὅρκους, ἐὰν μὴ ὀμνύωσιν, wozu s. m. Anm.

VII, 5, 1. Nach Ὀδρύσου ist ἀρχαίου τινὸς weggelassen, ein offenbares Scholion. — 2. Cobet ἐκέλευσεν ἓν λαβεῖν, ohne Noth. — 8. παραδώσειν A. B. C. παραδώσω D. F. I. K. L. παραδώσοι H. παραδώσει d. übrigen. — 9. ὑπισχνεῖται A. B. C. für ὑπισχνεῖτο. — Dieselben haben καὶ vor στρατεύεσθαι gesetzt, nachdem τε dahinter ausgefallen war. — 13. ἁρπάζοντας πολλοὺς A. B. C. E. für ἁρπάζοντες πολλοὶ, zweifelhaft. — 14. γεγραμμέναι fügen A. B. C. hinzu, vielleicht eine Glosse. — 15. συνεπεστρατεύοντο nach B. C., die συνεπιστρ. geben für συνεστρατεύοντο. — πεδίῳ τῷ mit Cobet für πεδίῳ.

VII, 6, 2. κάλλιστόν τι, weil A. B. C. E. κάλλιστόν τε geben. — 9. A. B. C. E. lassen Ἀλλ' ἡμεῖς μὲν weg. — 10. ἐπὶ τοῖς A. B. C. für ἂν ἔτι τοῖς. — 14. τί A. B. C. E. für εἴ τι mit Weglassung von εἴπατε nach ἐδόκει. — 16. ἐστιν A. B. C. E. für ὅτι, das ohne Zweifel hier fehlen darf. — 20. ποιήσεσθαι A. B. C. für μοι ἔσεσθαι. — 22. Vielleicht ist καὶ nach εἴγε ausgefallen: denn wenn es auch gegen Freunde eine φυλακὴ giebt. — 24. ἐπεὶ statt εἰ, das keinen Sinn giebt und leicht vor προσ. corrumpirt werden konnte. A. B. C. (ohne εἰ) προσίητι πόλιν und Ἀρίσταρχος δ' ἡμᾶς. — ὅτων Steph. ὅταν A. B. C. E. δτοι d. übr. — 33. ἀπῇα A. C. D. für ἀπῆρα — 37. A. B. C. D. F. T. Z. ἐπεθυμεῖτε πάλαι für ἐπιθυμεῖτε πάλαι, wie IV, 8, 14. Vergl. Cyrop. V, 4, 32: οὗ δὴ πάλαι ἐπιθυμῶ, wo Andere ἐπεθύμουν. — 39. Auf οὐ τὼ σιὼ, das D. giebt, führen auch die Spuren in F. οὔτ' ὡσίως, in K. L. T. Z. οὑτωσὶ ὦ oder ὤ, für οὑτωσί. — 41. ἐνετὸς D. F. αἴνετοὶς A. B. C. für ἀναστάς. Das folgende ὑπὸ giebt nur Z. für ὑπέρ. Mit dem Inhalte der Rede des Polykrates stimmt ἀναστὰς ὑπὲρ Ξενοφῶντος in keiner Weise. ἐνετός, angestiftet, ist geschützt durch Thuc. VI, 29: ῥήτορας ἐνιέντες.

VII, 7, 7. ἐχόντων A. B. C. für ἐκόντων. (Krüger und) Cobet ἐλόντων. — 8. A. B. C. E. ἀλλὰ πορευομένοις, verdorben für ἀλλ' ἀποπορ. — 10. Cobet ὦ θαυμασιώτατοι. — 24. ἀνύτεσθαι marg. D. Dind. ἀνύεσθαι F. O. ἂν ἔσεσθαι die anderen codd. ἀνύσεσθαι Reisk. ἀνύσασθαι, Valcken. — 25. οἶδ' ὅτι alle codd. wofür Muret οἶσθ' ὅτι, ohne Noth. — 31. Wegen ἂν—ἀναπράξωσιν scheint συστρατεύσεσθαι zu lesen. — 34. A. B. C. Rehdantz τοῦτο für τούτοις. — A. C. ταῦτα τοι, B. E. ταῦτα, σοι für ταῦτά τε. Rehdantz τούτοις τε. — 43. πάντας die codd. nur Q. πάντων, Schaefer πάντως. — 46. N. O. ἀποκεῖσθαι statt ἀποδείκνυσθαι. Ich vermuthe ἀποδεδεῖχθαι. — 55. B. C. Rehdantz ἐλάσαντας, worunter R. die Leute versteht, die das Vieh hierher in das Lager getrieben haben.

VII, 8, 2. οἴεσθαι A. B. C. E. für ἔσεσθαι. — 5. A. B. C. D. Steph. προσελθών, das Rehdantz zurückruft, als ganz eigentlich von Gängen zu religiösen Verrichtungen; ob aber in dieser Bedeutung passend verbunden mit εἰς Ὀφρύνιον? — A. B. C. E. ἐκαλλιέρει (D. καλλιερεῖτο) für καλλιερεῖται wohl nur Correcturen nach den vorhergehenden Imperfecten. — 7. Vor εἰς Θήβης steht in A. B. C. E. die Glosse τῆς Ἀσίας, wofür die anderen codd. τῆς Λυδίας· Poppo τῆς Μυσίας. — 8. παρ' Ἀταρνέα fehlt in A. B. C. E., verdächtig. — παρ' vor Ἑλλάδι weggelassen mit A. B. C. — 22. A. B. C. E. συντυγχάνουσι für συμπεριτυγχ. — 23. ἠσπάσατο A. B. C. für ᾐτιάσατο, vor welchem Leuncl. οὐκ einfügte. — 25—26, ein später hinzugefügtes Verzeichniss der Satrapen und Völker des Persischen Reiches nebst Angabe der zurückgelegten Tagemärsche und Parasangen sowie der dazu gebrauchten Zeit, sind weggelassen.

BERICHTIGUNGEN.

ERSTE HAELFTE.

S. 9. Anm. zu I, 2, 10 lies: ἦσαν, für ἦν (bei neutralem Subject), auf das Prädikat bezogen. Doch s. auch zu I, 2, 23.

S. 15. Text §. 5 lies μεθ' ὑμῶν εἶναι.

S. 15. Anm. zu I, 3, 3 l. (zu εἰς ὑμᾶς).

S. 18. Anm. zu I, 3, 17 vor ὅθεν l. ᾧ durch Attraction für δν. S. zu I, 1, 8.

S. 23. Text §. 8. l. βούληται, συλλαβὼν καὶ αὐτοὺς —. ἀλλὰ ἴτωσαν, εἰδότες.

S. 25. Anm. zu I, 4, 15 l. καὶ nach εἴ τις wie §. 12 nach ὥσπερ. — Anm. zu §. 17 l. von fast viertelstündiger Breite. — Anm. zu §. 18 l. Wegen εἰ μὴ nach οὐπώποθ' s. zu I, 5, 6.

S. 30. Text §. 16 l. καὶ ὑμᾶς οὐ πολὺ.

S. 35. Text §. 4 l. καὶ αἰσχύνεσθαί μοι, ebenso in der Anm.

S. 38. Text §. 20 l. τῇ τε τρίτῃ.

S. 42. Text §. 18 l. τὸ ὑπολειπόμενον. Ebenso in der Anm.

S. 48. Text §. 11 l. ποιοῖντο καὶ πειρῷντο.

S. 56. Text §. 3 l. περιμενοῖεν αὐτοὺς.

S. 56. Text §. 4 l. μάχην νικώντων.

S. 67. Anm. zu II, 3, 13 l. dieses — Landstriches.

S. 70. Text §. 23 l. πορευόμεθα δὲ οἴκαδε.

S. 75. Text §. 19 l. ὅτι ἐπιθεμένους.

S. 75. Text §. 22 l. ὑποπέμψαιεν.

S. 85. Anm. zu II, 5, 41 l. ἐπὶ τούτοις, gleich darauf. Der kurze Sinn u. s. w.

S. 87. Text §. 6 l. εἰρήνην ἄγειν ἄνευ.

S. 89. Anm. zu II, 6, 14 l. in Folge der Furcht vor Klearch.

S. 94. Text §. 5 l. ὑπαίτιον.

S. 98. Text §. 29 l. ἀμύνασθαι.

S. 113. Text §. 15 l. καταλαμβάνοι ἐκ τόξου.

S. 121. Text §. 39 l. ὁρᾶν· κατείληπται.

S. 124. Text §. 1. l. πεδίῳ τῷ παρὰ.

BERICHTIGUNGEN.

S. 130. Text §. 10 l. κατάβασις, τότε.
S. 131. Anm. zu IV, 1, 20 l. μία — ὁδὸς Prädikat, αὕτη Subject.
S. 133. Inhalt Z. 18 von u. l. und eilt nach der ersten zurück, wo.
S. 133. Anm. zu IV, 2, 1 tilge die Worte: καὶ τοὺς μὲν ἄνω ὄντας, und diese nun, wenn sie oben wären.
S. 135. Text §. 5 l. καὶ οὗτοι μὲν πρῶτον.
S. 135. Anm. zu IV, 2, 12 l. ἕκαστος, collectiv mit dem Plural d. V.
S. 141. Text p. 12 l. καὶ διαβάντες, λαβόντες τὰ ἱμάτια.
S. 151. Text §. 10 l. ἀλλ' ἀπέχει ὅσον und §. 15 οὐκ ἔφασαν πορεύεσθαι.
S. 154. Text §. 32 l. ἔνθεν ἐπικύψαντα.
S. 163. Text p. 18 l. ἐκ τούτων οἱ Ἑλλ.

ZWEITE HAELFTE.

S. 11. Text §. 7 l. ἐπειδὴ δ' ἔφευγεν.
S. 25. Text §. 12 l. εἰ μὲν πλοῖα ἔσεται ἱκανά.
S. 26. Text §. 21 l. Βοιώτιον ταὐτὰ ἐροῦντας.
S. 30. Text §. 3 l. συλλέξαι ἀγοράν.
S. 36. Text §. 7 l. διέδωκα ἄλλοις ἄγειν.
S. 50. Anm. zu VI, 3, 4 l εἰς τὸ συγκείμενον, nach dem verabredeten Orte, jener Anhöhe.
S. 52. Anm. zu VI, 3, 16 nach ἡμῖν l. Statt eines zweiten οὔτε tritt δὲ — οὐδὲ ein wegen des Gegensatzes von μένουσι zu ἀποπλευσούμεθα.
S. 91. Text §. 48 l. πρόβατα δ' ἄλλα.
S. 96. Die Worte in d. Anm. zu VII, 5, 6: διεβεβλήκει, hatte er in böswilliger Absicht gesagt, gehören zu §. 8.